böhlau

Aus dem Englischen übersetzt von
Hans-Jürgen Wagener

János Kornai

Kraft des Gedankens

Ungewöhnliche Erinnerungen an eine intellektuelle Reise

Böhlau Verlag Wien · Köln · Weimar

Titel der englischen Originalausgabe: By Force of Thought: Irregular Memoirs of an Intellectual Journey.
The MIT Press, Cambridge 2007

Gefördert mit Mitteln der Fritz Thyssen Stifung für Wissenschaftsförderung

Bibliografische Information der Deutschen Nationalbibliothek:

Die Deutsche Nationalbibliothek verzeichnet diese Publikation in der Deutschen Nationalbibliografie; detaillierte bibliografische Daten sind im Internet über http://dnb.d-nb.de abrufbar.

ISBN 978-3-205-78715-0

Umschlaggestaltung: Michael Haderer

Umschlagabbildung: *Schamane mit Schüler*, mexikanische Tonfiguren ca. 1500 v. Chr., The Art Museum, Princeton University

Gedruckt auf umweltfreundlichem, chlor- und säurefrei gebleichtem Papier.

Druck: Balto print, Vilnius

Vorwort zur deutschen Ausgabe

Für einen Autor sind alle Leser wichtig. Dennoch ist es für mich etwas Besonderes und Aufregendes, meine Autobiografie deutschsprachigen Lesern vorzulegen.

Mein Leben ist mit der deutschen Sprache, Kultur, Wissenschaft, Gelehrsamkeit und Geschichte auf das Engste verbunden. Ich wuchs zweisprachig auf. Die Muttersprache lernte ich von Munyó, meiner Mutter, deren Erinnerung dieses Buch gewidmet ist. Zur gleichen Zeit sprach unsere österreichische Gouvernante, meine geliebte Liesl, immer Deutsch mit mir. Acht Jahre lang ging ich in Budapest auf die Reichsdeutsche Schule, wo uns gebildete, liberal eingestellte Lehrer unterrichteten, bis ich zusammen mit meinen anderen jüdischen Mitschülern 1941 relegiert wurden. Ich hatte viele nette deutsche Freunde. Noch nach sechs Jahrzehnten korrespondiere ich gelegentlich mit Ulli, dem hübschen, blonden Mädchen mit dem sanften Lächeln. Doch wie schmerzlich ist die Erinnerung an den Sohn des österreichischen Botschafters, mit dem ich oft gespielt hatte und der nach dem Anschluss zu einem Braunhemd mutierte.

Mein Vater war lange Zeit Rechtsberater der Deutschen Gesandtschaft in Budapest. Dort galt er als hervorragender Rechtsanwalt, der mit hoher Kompetenz seine deutschen Mandanten vor ungarischen Gerichten vertrat. Als Hitlers Truppen Ungarn besetzten, zählte mein Vater zu den ersten Geiseln, die in ein Internierungslager gebracht wurden. Deutsche Freunde versuchten noch, bei dem gefürchteten Gauleiter zu seinen Gunsten zu intervenieren. Der warf sie nur wütend aus seinem Büro. Mein Vater wurde in einen Eisenbahnwaggon verfrachtet und starb in Auschwitz.

Wenn mich später Familienmitglieder oder Freunde fragten, ob ich Hass, Rachsucht oder irgendeine Voreingenommenheit hege gegenüber Deutschen im Allgemeinen hinsichtlich einer Kollektivschuld, antwortete ich beharrlich mit einem entschiedenen Nein. Ich habe mich immer gegen eine solche Einstellung zum ganzen deutschen Volk gewandt mit dem Hinweis, dass sie psychologisch zwar verständlich, moralisch aber unhaltbar sei. Meine Erinnerungen und die Erfahrungen über ein langes Leben sind geprägt von den hellen und den dunklen Seiten der deutschen Geschichte und der deutschen Kultur. Als Junge hockte ich von Angst gekrümmt im Kino, getroffen vom Film *Jud Süß*. Als Erwachsener las ich die antisemitischen Ausbrüche von Martin Luther und Richard Wagner. Doch meine Schlüsselerlebnisse mit der deutschen Kultur hatte ich bei Bach und Mozart und – ja – bei den *Meistersingern von Nürnberg*. Für mich bedeutet die deutsche Sprache Schillers *Bürgschaft*, die ich in der Schule auswendig lernte und die mir mein ganzes Leben vor Augen hielt, was Freundschaft bedeute. Die deutsche Zunge, das ist Thomas Mann. Mein Lieblingsbuch zu der Zeit, ein kleiner Band *Tonio Kröger*, hatte ich 1944 bei mir, als der Rest meiner Bibliothek während der Belagerung von Budapest verloren ging. Es steht noch heute auf meinem Regal. Die deutsche Sprache, das sind für mich die Schriftsteller, Dichter und Denker, die 1945 beispielhaft damit begannen, ihre Vergangenheit und ihre Verstrickung zu untersuchen, die Geschichte neu zu interpretieren und die besten Traditionen des deutschen Geistes wiederzubeleben. Ich wollte, mein Heimatland wäre dem deutschen Vorbild gefolgt und hätte einen ähnlich gründlichen Selbstreinigungsprozess durchgemacht.

Mein Deutsch ist leider verrostet, von der englischen Sprache meines Berufs überlagert. Doch ich erinnere mich gut an die Zeit nach der Niederlage der Revolution von 1956, als ich, aus meiner Stelle an der Akademie entlassen, mich daran machte, im Selbststudium meine Ausbildung fortzusetzen. Wie half mir damals mein Deutsch über die Anfangsschwierigkeiten hinweg! Erich Schneiders *Einführung* war das erste Werk westlicher Wirtschaftstheorie, das ich gründlich durcharbeitete. Später habe ich in meinen eigenen Arbeiten oft den großen Einfluss unterstrichen, den vier Giganten der Ökonomie auf mich ausgeübt haben: Marx, Schumpeter, Hayek und Keynes. Drei von ihnen schrieben Deutsch: drei Namen, drei philosophische und politische Positionen, drei wissenschaftliche Methoden – jeder der drei (das wird dieses Buch noch deutlicher machen) prägte unauslöschlich mein Denken. Die Wirkung der deutsch-österreichisch-schweizerischen Schule der Sozialwissenschaft, Ökonomie und Philosophie, die sich in so viele Richtungen aufgliedert und doch so viel Gemeinsames aufweist, kann von den Anfängen meiner Laufbahn bis heute in meinen Arbeiten nachgewiesen werden.

Für mich als Bürger eines kommunistischen Landes gab es viele Hürden, in den Westen zu gelangen, mich in die westliche Ökonomie einzufügen, die dortigen Forschungsergebnisse aufzunehmen und die Fachgenossen dort mit meiner Arbeit bekannt zu machen. In diesem Prozess halfen mir meine deutschen, österreichischen und Schweizer Kollegen und Freunde. Sie unterstützten die Publikationen meiner Bücher und Artikel auf Deutsch und sorgten dafür, dass ich an Universitäten dieser Länder Vorlesungen halten konnte. Meine Frau und ich haben einige Sommermonate genossen, die wir 1973 auf Einladung von Carl Christian von Weizsäcker in Rheda bei Bielefeld verbringen durften, ebenso die Zeit in Gräfelfing bei München, wohin ich 1983 in Verbindung mit dem Humboldt-Preis eingeladen wurde. Da hatten wir anregende Gespräche, bewunderten die großartige Landschaft und fanden Entspannung in Oper und Konzert.

Zu den wichtigsten Themen meiner Forschung zählen Gegenüberstellung und Vergleich der sozialistischen und kapitalistischen Systeme. Nirgendwo materialisiert sich dieses fundamentale Problem anschaulicher als im Schicksal des geteilten Deutschland. Ich reiste mehrfach nach Deutschland beiderseits des Eisernen Vorhangs. Zwar war die Redefreiheit im Osten äußerst eingeschränkt, doch auch dort traf ich Leute, deren Ideen den meinen nahe standen. Tatsächlich brauchten wir kaum Worte, um einander zu verstehen. Wer sich mit den charakteristischen Eigenschaften des kommunistischen Systems auskannte, durchschaute leicht, wie das Leben in der DDR lief und wie das politische und ökonomische System funktionierte. Ich hoffe, dass die Lektüre meiner Erfahrungen jene Menschen, deren Schicksal mit der DDR verbunden war, zu erneutem Nachdenken darüber veranlasst, und genauso diejenigen, die Verwandte und Freunde im Osten hatten oder sich einfach dafür interessierten, was im östlichen Teil ihres Landes passierte.

Fast zwanzig Jahre bin ich nun Fellow des *Collegium Budapest*, eines ungewöhnlichen Forschungsinstituts, an dem Gelehrte aus vielen Fachrichtungen und aus allen Teilen der Welt an ihren selbstgewählten Projekten arbeiten und mit ihren Ideen einander befruchten. Vorbild des Instituts ist das *Princeton Institute of Advanced Study*, das von Beginn an unter einem deutschen Einfluss stand. Denn der Keim des Instituts war die Anwesenheit von Albert Einstein, der aus seinem Heimatland vertrieben war. Später kamen das ungarische mathematische Genie John von Neumann hinzu, der in Budapest und Zürich studiert hatte, und der große österreichische Mathematiker und Philosoph Kurt Gödel. Das *Wissenschaftskolleg zu Berlin* folgte dem Vorbild Princetons und entwickelte es weiter. Die Initiative, das erste osteuropäische Institut für fortgeschrittene Studien in Budapest zu gründen, ging vom damaligen Direktor des *Wissenschaftskollegs*, Wolf Lepenies, und dem Sekretär Joachim Nettelbeck aus. Sie fanden Paten und Sponsoren, die bereit waren, die Arbeit des Instituts finanziell zu unterstützen. Ohne die deutsche Initiative und Unterstützung wäre das *Collegium Budapest* nie entstanden und hätte auch nicht überlebt – ein Bollwerk unabhängigen Denkens und intellektueller Aufrichtigkeit in Osteuropa, wo der Gedankenfreiheit so viele Gefahren drohen.

Mein Dank gilt allen Institutionen und Einzelpersonen, die dazu beigetragen haben, dass meine Autobiografie auf Deutsch erscheinen kann. Die Hilfe nahm viele verschiedene Formen an, und es ist deshalb schwer, hier eine Rangordnung anzubringen. Deshalb zähle ich sie alphabetisch auf: Collegium Budapest, Fritz Thyssen Stiftung Köln, Kulturstiftung Landes & Gyr Bern und das Wissenschaftskolleg zu Berlin. Persönlich: Hugo Bütler, Martin Garstecki, Vera Kempa,

Paul Lendvai, Wolf Lepenies, Joachim Nettelbeck, Jürgen C. Regge, Heinz-Rudi Spiegel, Katalin Szécsi und Hanna Widrich. Besonders hervorheben möchte ich den großen Beitrag des Übersetzers Hans-Jürgen Wagener, der für diese Aufgabe Gewissenhaftigkeit und Ausdauer, sprachliches Geschick und seine gründliche Kenntnis des Gegenstands dieses Buches mitbrachte. Dem Böhlau Verlag, und hier persönlich Dr. Eva Reinhold-Weisz, bin ich dafür dankbar, dass sie bereit sind, das Buch zu einer Zeit zu veröffentlichen, da das Verlagswesen auf der ganzen Welt vor großen Problemen steht.

Dieses kurze Vorwort sollte deutlich machen, wie viel ich von deutscher Kultur und Wissenschaft, aber auch von meinen deutschsprachigen Freunden und Kollegen profitiert habe. Kann ich mit diesem Buch etwas davon zurückgeben? Meine augenblicklichen Gefühle gehen über die übliche Erwartung und Ungeduld eines Autors hinaus, und so warte ich gespannt auf die Reaktionen, die diese deutsche Ausgabe meiner Autobiografie hervorrufen wird.

Für meine Mutter, Munyó

Inhaltsverzeichnis

Vorwort . . . 17

1 Familie und Jugend – 1928–1944 . . . 27
Mein Vater . . . 27
Meine Familie . . . 31
Die Reichsdeutsche Schule . . . 35
Auf der Suche nach einem geistigen Weg . . . 36
1944: Das Schicksal meines Vaters . . . 39
1944: Mein Entkommen . . . 42

2 Wie ich Kommunist wurde – 1945–1947 . . . 51
Identifikationsstufen . . . 51
Die Reaktion auf das Trauma von 1944 . . . 53
Intellektuelle Bekehrung und Übernahme kommunistischer politischer Ideen . . . 57
Charismatische Persönlichkeiten . . . 64
Zugehörigkeit zu einer Gemeinschaft . . . 66
Zufälle und eigene Fähigkeiten . . . 67

3 Bei einer kommunistischen Zeitung – 1947–1955 . . . 71
Vorwärts und hinauf . . . 71
Motive . . . 74
Leben in der Redaktion . . . 78
Wie ich die Ökonomie wahrnahm . . . 80
Geistige Leere . . . 84
Moralische Rechenschaft . . . 86

4 Erwachen – 1953–1955 . . . 89
Der „Neue Kurs“ . . . 89
Begegnung mit einem Ex-Gefangenen . . . 91
Klärende Gespräche und Lektüre . . . 93
Ein erster Fall von „Insubordination“ . . . 97
Schriften von Imre Nagy rezensieren . . . 98
Aufstand beim *Szabad Nép* . . . 100
Das Ende meiner Zeit beim *Szabad Nép* . . . 101

5 Der Beginn einer wissenschaftlichen Karriere – 1955 – 23. Oktober 1956 . . . 105
Überzentralisierung . . . 105
Der Hintergrund . . . 105
Geistige Anregung . . . 108
Bruch mit der Marxschen politischen Ökonomie . . . 113
Ich fange an zu forschen . . . 117
Schlussfolgerungen meiner Dissertation . . . 122
Erste Reaktionen auf mein Buch . . . 128
Politische Hintergründe . . . 131

6 Revolution und danach – 23. Oktober 1956–1959 . . . 137
Imre Nagys neues Regierungsprogramm . . . 137
Magyar Szabadság – Eine neue Zeitung . . . 141
Unruhige Tage, unruhige Jahre . . . 144
Overcentralization macht seinen Weg . . . 145
Rausschmiss aus dem Institut . . . 149
Auf freiem Fuß, aber unter der Drohung einer Gefängnisstrafe . . . 153
Freundschaft und Solidarität . . . 160

7 Meine Universitäten – 1957–1959 . . . 165
Selbststudium . . . 165
Die Lange-Hayek-Debatte . . . 167
Weitere Untersuchungen zur Leichtindustrie . . . 169
Distanzierung . . . 171
Eine Sackgasse . . . 173
Entscheidungen fürs Leben . . . 175

8 Die ökonomische Anwendung mathematischer Methoden – 1957–1968 . . . 179
Zwei-Ebenen Planung . . . 179
Bekanntschaft mit Tamás Lipták . . . 179
Eine mathematische Untersuchung der Erfolgsbeteiligung . . . 181
Programmierung der Textilindustrie . . . 185
Zwei-Ebenen-Planung . . . 187
Ein idealisiertes Modell der Zentralplanung . . . 189
Prinzipien der nationalen Wirtschaftsplanung . . . 193
Die Berechnungen . . . 196

Hat es sich gelohnt? 199
Zusammenarbeit mit Mathematikern 205

9 Reisen in den Westen – 1963 und danach 207
Vorspiel 207
Cambridge 208
An der London School of Economics 210
Dasselbe mit den Augen von Spionen und Spitzeln gesehen 212
Allgemeine Bemerkungen zu meinen Reisen und Veröffentlichungen im Ausland 218
Ein vereitelter Versuch, ein Verfahren zu „fabrizieren“ 222

10 Gegen den Strom – 1967–1970 229
Anti-Äquilibrium 229
Die Vorgeschichte des Buchs 229
Was veranlasste mich, das Buch zu schreiben? 231
Ähnlichkeiten, die nachdenklich stimmen 233
Was darf man von einer allgemeinen Theorie erwarten und was nicht? . . . 235
Rationale Entscheidungen 238
Nicht-Preis-Indikatoren 241
Gleichgewicht und Käufer- und Verkäufermärkte 242
Die politische Interpretation der allgemeinen Gleichgewichtstheorie 244
Reform und Revolution in der Wissenschaft 245
Erste Aufnahme und längerfristige Wirkung 246
Hat es sich gelohnt? 248
Einige abschließende persönliche Anmerkungen 250

11 Institut, Universität und Akademie – 1967 und danach 255
Der Ökonomie-Boss 255
Als ob nichts geschehen wäre 256
Vertrauen und Toleranz 258
Eine fehlgeschlagene Institutsreform 262
Lehrverbot und dennoch Lehre 265
Wie ich Akademiemitglied wurde 268
Die Privilegien eines Akademiemitglieds 272

12 Suche und Vorbereitung – 1971–1976 275
Forciertes oder harmonisches Wachstum 275

Nicht-Preis-Kontrolle . . . 275
Wachstum: forciert oder harmonisch . . . 275
Eine Einladung nach Cambridge . . . 277
Bis zur Taille in Gips – Keynes und Hirschman . . . 278
Lehre in Princeton . . . 280
Fortsetzung in Stanford und Washington . . . 283
Autonome Kontrolle . . . 286
Die knirschende Anpassungsmechanik . . . 291
Ein neues Heim . . . 293
Marktorientierte Reformen mit den Augen von Maoisten in Kalkutta . . . 294

13 Die Teile passen zusammen – 1971–1980 . . . 297
Die Ökonomie des Mangels . . . 297
Anregende Umgebung . . . 297
Die Botschaft des Buches . . . 300
Selbstzensur . . . 303
Verlagsgutachter . . . 305
Erste Eindrücke . . . 307
Eine Auseinandersetzung mit der „Ungleichgewichtsschule" . . . 308
Diskussion mit einem orthodoxen russischen Ökonomen . . . 311
Ein Beitrag zur Erosion des Systems . . . 312
Noch einmal zum politischen und ethischen Dilemma des Publizierens . . . 315

14 Ein Durchbruch – 1979 und danach . . . 319
Die weiche Budgetbeschränkung . . . 319
Die Bedeutung des Begriffs . . . 319
Die Vorläufer . . . 321
Empirische Bestätigung . . . 325
Die mathematische Modellierung des Phänomens . . . 326
Die Geschichte hinter dem ersten zusammenfassenden Artikel . . . 328
Lehren aus dem Vorfall . . . 330

15 Freundlich distanzierte Kritik – 1968–1989 . . . 339
Der ungarische Reformprozess: Visionen, Hoffnungen und Realität . . . 339
Halb erfüllte, halb vereitelte Hoffnungen . . . 339
Vom naiven Reformer zum kritischen Analytiker . . . 342
„Statt zu sagen, was zu tun ist ..." . . . 347
Effizienz und sozialistische Ethik . . . 349

Die Bedeutung von Eigentumsrechten 352
Das Lange-Modell und die Realität der ungarischen Reform 353
Ein Exkurs: Ein anderes Stück ungarischer Realität 355
Ein Rückblick aus heutiger Sicht 356

16 Harvard – 1984–2002 359
Princeton, Institute for Advanced Study 359
Wie Harvard seine Professoren ernennt 362
Umzug nach Cambridge 368
Freuden und Sorgen der Lehre 371
Vielfalt und Toleranz 373
Ethische Strenge 375

17 In Ungarn und der Welt zu Hause – 1985 und danach 379
Was band mich an Ungarn? 379
Vergleiche: das Leben in Cambridge und in Budapest 382
Ein Zentrum der Weltkultur 385
Freunde 386
Unter den Ökonomen Europas und der Welt 391
Ein Besuch in China 392
Sich zu Hause fühlen 396

18 Synthese – 1988–1993 401
Das sozialistische System 401
Wie das Buch geschrieben wurde 401
Die Absicht einer Synthese 404
Positive Analyse und Werte 407
Allgemeine Modelle 408
Zu spät oder zu früh? 411
Anerkennung aus Ost und West 412
Ablehnung von rechts und von links 413
Eine bizarre Episode 415

19 Wendepunkt – 1989–1992 417
Der Weg in eine freie Wirtschaft 417
Die Beschränkungen von Vorhersagen 417
Entscheidungen im Park der Business School von Harvard und auf dem Budapester Gellért Hügel 419

Wie *The Road to a Free Economy* geschrieben wurde 421
Erste Reaktionen 423
Ende der Simulation 425
Für eine gesunde Entwicklung des Privatsektors 427
Verantwortung für öffentliches Vermögen 431
Stabilisierungsoperationen 432
Für und wider 434

20 Auf der Grenze zwischen Wissenschaft und Politik – 1990 und danach 439
Hauptstraße und Nebenwege 439
Agonie und Hoffnung 439
Wohlfahrt, Wahlfreiheit und Solidarität in der Transformation 439
Stellungnahmen zu Ungarns makro-ökonomischer Politik 440
Reform des Gesundheitssystems 445
Fragen sie einen? Folgen sie einem? 449
Die tatsächliche Wirkung 453
Geldpolitik 455
Bemerkungen zur Transformation in anderen Ländern 457

21 Fortsetzung – 1990 und weiter 461
Was der Systemwandel bedeutet und was nicht 461
Ehrlichkeit und Vertrauen 461
Den Systemwechsel interpretieren 461
Erwartungen und Enttäuschungen, Optimismus und Pessimismus 463
Collegium Budapest 470
Ein schönes Intermezzo: mein siebzigster Geburtstag 472
Harvard: Lehre und Abschied 474
Zu Hause zurück 479
„Woran arbeiten Sie gerade?“ 481

Literaturverzeichnis 483
Bildnachweis 502
Stichwortverzeichnis 503

Vorwort

Warum diese Erinnerungen? Und für wen? Selbst nachdem ich diese Memoiren zum größten Teil zu Papier gebracht hatte, war ich mir noch immer im Unklaren darüber, warum ich dieses Unternehmen begonnen hatte.

Ich bin ein eher zurückhaltender Mensch und spreche selten und wenig über mein Leben. In den aufregendsten Tagen der ungarischen Transformation vom Ein-Parteien-Staat zur Demokratie versuchte ein Journalist, mich zu einem ausführlichen biografischen Interview zu drängen. „Später wird das niemanden mehr interessieren“, meinte er. Das war vor fünfzehn Jahren, und ich hoffe, dass ich jetzt nicht zu spät komme.

Jahrelang drängte mich meine Frau, die Geschichte meines Lebens aufzuschreiben, aber ich habe das immer wieder aufgeschoben. Schließlich habe ich mich um die Mitte des Jahres 2003 hingesetzt und zu schreiben begonnen. Zwei Jahre lang flossen dann all meine Zeit und Energie in diese Memoiren auf Kosten anderer Projekte. Die Beharrlichkeit meiner Frau war das entscheidende Motiv. Müsste ich den Namen eines einzelnen Lesers nennen, für den das Buch geschrieben wurde, dessen interessierte Zustimmung es gewinnen sollte, dann wäre das Zsuzsa.

Natürlich hoffe ich, mit meiner Autobiografie auch viele Menschen zu interessieren: meine Kinder und Enkel und andere Mitglieder der Familie, meine Freunde, Kollegen von heute und aus vergangenen Tagen und die Leser meiner Bücher und Artikel. Das ist kein kleiner Kreis. Wer mich persönlich oder aus meinen früheren Publikationen kennt, hat schon eine gewisse Vorstellung von mir. Ich möchte, dass sich dieses Bild mit dem Selbstbild verbindet, das ich in meinem Lebensbericht entwerfe. Mehrere hundert Besprechungen meiner Bücher können jetzt mit meiner Selbsteinschätzung verglichen werden. In diesen Memoiren geht es darum, wie ich meine Arbeit sah, als sie verfasst wurde, und wie ich sie heute sehe. Auf Besprechungen habe ich öffentlich nie reagiert und ließ mich ganz selten auf einen Disput ein, wenn ich auf Widerspruch stieß. Die vorliegenden Erinnerungen sollen eine umfassende und chronologische Übersicht über mein Werk liefern.

Im Großen und Ganzen gehe ich chronologisch vor, doch handelt es sich hier nicht um ein Tagebuch. Jedes Kapitel orientiert sich an einem Thema, sei es ein Einzelereignis, eine meiner Arbeiten oder ein Ort, an dem ich einmal gelebt habe. Deshalb geben die Überschriften von Kapitel zu Kapitel fortlaufend die entsprechenden Zeitperioden an, die sich auch überschneiden, wenn es das Thema erfordert.

Unter den Lesern des Buches gibt es sicher manchen, der keines meiner früheren Werke kennt, sondern einfach an der Zeit interessiert ist, in der ich gelebt habe. Das Buch widmet sich jedoch nicht den Aufgaben eines Historikers: Es bietet keine umfassende, objektive Beschreibung und Deutung wichtiger Ereignisse. Wer die sozialistische und post-sozialistische Periode in Ungarn und in anderen ehemals kommunistischen Ländern studieren möchte, kann auf eine umfangreiche Literatur zurückgreifen. Ich war nur ein Teilnehmer der Ereignisse und da nicht besonders wichtig. Was ich zu sagen habe, steht in Beziehung zu meinem eigenen Leben, ist der soziale und historische Kontext, in dem sich mein Leben abgespielt hat.

Dem an Osteuropa Interessierten zeigen sich in meinen Erinnerungen möglicherweise Details, die andere Quellen über Osteuropa ergänzen, über Aufstieg und Fall des kommunistischen Systems und über die Dilemmata, mit denen die osteuropäische Intelligenz konfrontiert war. Die Berichte, Tagebücher und Autobiographien von Menschen, die in dieser Zeit gelebt haben, sind für künftige Wissenschaftler unersetzliche Quellen. Mit meinen Erinnerungen möchte ich als Zeuge des Geschehenen zu diesem Material beitragen. Tatsächlich waren auch meine früheren akademischen Schriften als Zeugnis ihres historischen Zeitabschnitts gedacht, und ich versuchte, sie so objektiv wie möglich abzufassen. Diese Memoiren sind aber auch eine subjektive Ergänzung meiner wissenschaftlichen Arbeit. Hier kommt einiges zur Sprache, was bei *Economics of Shortage* und *Das sozialistische System* unberücksichtigt bleiben musste, weil das Material zu persönlich war oder weil ich meine Meinung nicht offen äußern konnte. Der Charakter dieses Buches erlaubt es mir, meine persönlichen Meinungen zu verschiedenen ethischen, politischen und wissenschaftlichen Fragen darzulegen, denn subjektive und persönlich gefärbte Stellungnahmen in wissenschaftlichen Arbeiten zu genau umschriebenen Themen unterzubringen, hielt ich nie für angebracht.

Über den möglichen Titel dieses Buches habe ich lange nachgedacht. Ursprünglich dachte ich an *Verstehen* … In erster Linie war ich es selbst, den ich verstehen wollte. Ich versuchte zu erklären, was ich wann und warum dachte, was mein Denken und Handeln beeinflusste, und dann, wie mein Denken sich änderte. Ich wollte auch jene besser verstehen, mit denen ich übereinstimmte oder gerade nicht übereinstimmte, und jene, die zu mir hielten bzw. sich von mir abgewendet haben.

„Verstehen" kann moralische Billigung einschließen oder zumindest ein gewisses Einverständnis. Aber das ist es nicht, was mir vorschwebt. Auf keinen Fall geht es hier darum, mich selbst zu entlasten oder über andere ein Urteil zu fällen, genauso wenig wie ich das in meinen früheren wissenschaftlichen Arbeiten getan habe. Ich möchte verstehen, was ich erlebt habe. Es ist manchmal ziemlich schwierig, die Antriebskräfte hinter den Ereignissen zu entdecken, die Fehler in einem Argument, die tieferen Motive der Menschen und die offenen und verborgenen Gründe für Konflikte. Meine eigene Vergangenheit zu untersuchen, fiel schon nicht leicht, die Vergangenheit anderer zu analysieren, ist offensichtlich noch sehr viel schwerer.

Am Ende wählte ich einen anderen Titel: *Kraft des Gedankens*. In diesen Worten schienen mir die wesentlichen Themen dieser Erinnerungen am besten zusammengefasst zu sein. Ich habe weder nach Macht oder Reichtum gestrebt, sondern vor allem nach einem geistigen Leben. Wenn ich von Zeit zu Zeit einen gewissen Einfluss auf den Gang der Dinge ausübte, dann war das nicht, weil ich anderen aus einer höheren Stellung Vorschriften gemacht oder ihre Mitarbeit zu einem hohen Preis erkauft hätte. Wenn ich irgendeinen Einfluss auf Menschen oder Ereignisse hatte, dann auf Grund meiner gedruckten oder geäußerten Gedanken.

Ein Leser des Manuskripts wendete ein: „Es ist naiv zu glauben, Argumente, Überzeugungen oder Gedanken hätten Einfluss. Die wirklich treibenden Kräfte hinter historischen Ereignissen sind Interessen." Als professioneller Beobachter und Analytiker des sozialen Wandels mache ich mir keine Illusionen und versuche, die verschiedenen Ursachen beobachteter Ereignisse ihrem jeweiligen Gewicht entsprechend zu berücksichtigen. Doch Macht und Reichtum sind in Händen von Leuten der Tat, von Individuen, die unter Alternativen wählen können. Viele Faktoren üben Einfluss auf sie aus, und Werte, Prinzipien und Ideen zählen dabei bestimmt nicht zu den unbedeutendsten. Darüber hinaus wird der Gang der Dinge sicher auch von den Gedanken und Einstellungen der Millionen und Abermillionen beeinflusst, die weniger mächtig und reich sind. Die Arbeit meines ganzen Lebens würde ihren Sinn verlieren, wenn ich nicht felsenfest davon überzeugt wäre, vom Gedanken gehe Kraft aus.

Natürlich hat diese Kraft des Gedankens ihre Grenzen. Das ist eines der Hauptthemen dieser Erinnerungen: Wann und warum gingen meine Ideen in die Irre und mussten deshalb von Neuem gefasst werden, wie haben mich die Ideen anderer beeinflusst und wie sind meine Art zu denken, meine Analysen und meine Empfehlungen mit denen anderer in Konflikt geraten? Die Gedanken unterliegen einer stetigen Prüfung ihrer Stärke. Jedes Kapitel berichtet von solchen Prüfungen, unabhängig davon, ob sie zu Erfolg oder Misserfolg geführt haben.

Im Untertitel nenne ich diese Memoiren „ungewöhnlich", weil sie sich von den meisten Lebenserinnerungen in zweierlei Hinsicht unterscheiden. Beim Berichten einzelner Ereignisse meines Lebens halte ich von Zeit zu Zeit inne und bringe meine Überlegungen zu bestimmten Episoden zum Ausdruck. Der Akzent liegt nicht auf dem Erzählen einer Geschichte, sondern auf der Analyse des Problems und seiner Zusammenhänge. Solche Kommentare beziehen sich auf Aspekte der Sozialwissenschaften, der politischen Philosophie, der Ethik, des Forschungsprozesses und der Kreativität, der Wissenssoziologie oder verschiedener anderer Gebiete und können als unabhängige Mini-Essays gelesen werden. Das Buch ist also eine Kombination von Erinnerungen und eingestreuter, damit nur locker verbundener Essays. Deshalb handelt es sich hier um „ungewöhnliche Erinnerungen".

Und zweitens behandeln die meisten Erinnerungen das Privatleben des Autors. Obwohl mein Bericht persönlich und subjektiv ist, handelt es sich im Wesentlichen um eine intellektuelle Autobiografie. Dieser Begriff kann weit ausgelegt werden und umfasst die politischen und öffentlichen Aspekte meines Lebens, aber auch meine Freundschaften und andere persönliche Beziehungen, die mit meiner beruflichen und öffentlichen Tätigkeit verbunden waren.

Familienmitglieder und Familienereignisse erwähne ich immer wieder im Buch. Doch diesem privaten Bereich mit seinen zahllosen Freuden und Leiden wird in diesen Memoiren sehr viel weniger Raum und Bedeutung beigemessen, als er im realen Leben hatte. Vielleicht zeigen die Fotografien etwas von dieser persönlichen Sphäre, das nicht mit Worten ausgedrückt wird. Das Buch ist so auch deshalb eine ungewöhnliche Autobiografie, weil es kaum erwähnt, was ich für rein persönliche Angelegenheiten halte.

Ein paar Worte zum Genre und zum Stil des Buches sind vielleicht angebracht. Die letzten fünfzig Jahre habe ich mit dem Verfassen von Analysen verbracht und dem Versuch, meine Einsichten in klar verständlichen Argumenten auszudrücken. Ich werde jetzt nicht plötzlich zum Schriftsteller. Deshalb sollte man von mir nicht erwarten, dass ich malerische Landschaften beschreibe, mir Gespräche wörtlich ins Gedächtnis zurückrufe, Portraits von Freunden zeichne oder impressionistische Bilder von spannenden Augenblicken anbiete. Schriftsteller lassen mit Absicht oder zufällig Probleme ungelöst und Gedankengänge unabgeschlossen. Ein wissenschaftlicher Forscher kann sich das nicht erlauben. Ich bleibe Wissenschaftler auch beim Schreiben meiner Erinnerungen. Ich versuche, jede Zweideutigkeit in Stil, Aufbau und Ausdrucksmittel zu vermeiden.

Früher hatte ich beim Schreiben meiner Bücher im Allgemeinen ein deutliches Bild der Leser vor mir, die ich ansprechen wollte. Und dieses Publikum bestimmte weitgehend, was ich erklären musste und was ich als bereits bekannt voraussetzen konnte. Das ist jetzt anders. Ich denke, dass die Leser dieses Buches nicht nur Ökonomen, sondern allgemein gebildete Menschen sind, Vertreter der jüngeren und der älteren Generation, Ungarn und Ausländer, Leute, die im Osten und die im Westen leben. Ich habe mich angestrengt, es allen leicht zu machen, meinen

Gedanken zu folgen. An verschiedenen Stellen des Buches stand ich vor einem Dilemma. Sollte ich mich bemühen, so genau wie möglich zu sein, womit detaillierte Definitionen und Vorbehalte erforderlich würden sowie eine exakte Beschreibung der Annahmen hinter einer Theorie? Dieser Ansatz enthielt die Gefahr, es dem ökonomisch nicht vorgebildeten Leser zu schwer zu machen. Sollte ich also eine einfachere Darstellungsform wählen, auf die Gefahr hin, zu sehr zu vereinfachen? Da ich keine akademische Abhandlung schreibe, gebe ich dem letzteren Risiko den Vorzug. Wer keine meiner wissenschaftlichen Schriften kennt, kann sich aus diesem Buch ein Bild davon machen, was ich in meinen anderen Büchern und Artikeln zu sagen habe. Den anderen dient es vielleicht zur Erinnerung an diese Schriften. Dabei möchte ich mich gleich bei jenen entschuldigen, die finden, ich sei an bestimmten Stellen zu sehr ins Detail gegangen.

Selbstverständlich waren meine eigenen Erinnerungen die wichtigsten Quellen für diese Memoiren. Doch habe ich den Schreibprozess nicht als Test für mein Erinnerungsvermögen aufgefasst. Ich habe mich nicht nur auf die eigenen Gedanken und Gefühle verlassen, sondern die Fakten so sorgfältig wie möglich in anderen Publikationen überprüft. Viele Quellen standen mir zur Verfügung. Wie erwähnt habe ich auf jene Werke von mir zurückgegriffen, die ich für besonders wichtig halte.* Waren sie einmal im Druck erschienen, nahm ich sie normalerweise nicht mehr zur Hand. Jetzt habe ich sie jedoch nacheinander wiedergelesen, zusammen mit vielen zeitgenössischen Besprechungen und späteren Kommentaren zu diesen Arbeiten.

Ich habe nie Tagebuch geführt. Aber da ich vor allem Forscher war, habe ich viele Notizen aufgehoben und ein Archiv mit ungezählten Dokumenten angelegt. Dies alles ist wohl organisiert und in Hunderten von Ordnern katalogisiert, so dass es leichten Zugang erlaubt. Die meisten an mich gerichteten Briefe sind noch vorhanden, zusammen mit Kopien meiner eigenen Briefe. Beim Schreiben des Buches konnte ich auf all das zurückgreifen.

Das Material meiner eigenen Sammlung wurde durch Nachforschungen in verschiedenen öffentlichen Archiven ergänzt, wo ich und meine Kollegen viele interessante Informationen entdeckten. Die Dokumente der früheren ungarischen Staatssicherheit zu lesen, erwies sich als äußerst aufregend. Die jüngere ungarische Gesetzgebung erlaubt es Bürgern, die sie betreffenden Dokumente einzusehen. Es war eine deprimierende und manchmal erschütternde Erfahrung, die Berichte von

* Die Auswahl kann aus dem Inhaltsverzeichnis entnommen werden. Behandelt ein Kapitel eine oder mehrere meiner Veröffentlichungen im Einzelnen, erscheinen der oder die Titel im Untertitel des Kapitels.

Spitzeln zu lesen, die Protokolle polizeilicher Untersuchungen zur Vorbereitung von politischen Prozessen und die Notizen der Offiziere von Staatssicherheit und Geheimdienst. In diesem Buch behandle ich viele der mich betreffenden Dokumente der politischen Polizei und der Staatssicherheit.

Es ist mir wichtig, dem Leser gleich deutlich zu sagen, dass dieses Buch nicht nur auf meinen Erinnerungen beruht, sondern auch auf dem Studium anderer Dokumente. Ich hoffe, eine breitere Leserschaft damit nicht abzuschrecken. Der Schwerpunkt liegt weniger auf der trockenen Wiedergabe von Archivnachforschungen, als auf der persönlichen Behandlung von Erinnerungen. Was folgt, ist der Bericht einer langen und abenteuerlichen intellektuellen Reise mit hellen und dunklen Episoden und anregenden und bitteren Erfahrungen. Am Ende des Buches sollten die Leser, so hoffe ich, mein Leben, meine Werke und die Zeit, in der ich lebte, besser verstehen gelernt haben.

Der Osiris Verlag (Osiris Kiadó) hat die ungarische Fassung meiner Memoiren im April 2005 veröffentlicht. Das vorliegende Buch ist eine Übersetzung der englischen Fassung von 2006, die einige Änderungen enthielt. Ich habe einige geringfügige Irrtümer und Ungenauigkeiten verbessert, die nach der ersten Auflage des Buches deutlich geworden sind. Auch habe ich mich bemüht, die Formulierung an einigen Stellen zu präzisieren, wo eine Passage nach dem Urteil von Lesern zweideutig war. Zwischen dem Abschluss des ungarischen Manuskripts und der deutschen Übersetzung sind mehr als fünf Jahre vergangen. Natürlich ist das Leben nicht stehengeblieben. Doch mit ganz wenigen Ausnahmen sind Ereignisse aus dieser Periode nicht in den Text dieser Ausgabe aufgenommen worden.

Um das Lesen zu erleichtern, seien dem Leser einige praktische Hinweise gegeben. Die Literaturliste am Ende des Buches beschränkt sich auf Arbeiten, die im Text erwähnt werden. Sie kann folglich nicht als umfassende Bibliografie gesehen werden, die die behandelten Themen abdeckt. Bei Büchern, die in mehreren Auflagen erschienen sind, führe ich die nach meinem Wissen neueste Auflage an und füge das Jahr der Erstauflage in Klammern hinzu.

Der Text des Buches wird von zwei Arten von Noten ergänzt, von Fußnoten und von Endnoten. Dieses etwas ungewöhnliche Verfahren habe ich gewählt, um es dem Leser einfacher zu machen. Da mein Buch weder der schöngeistigen noch der wissenschaftlichen Literatur zuzurechnen ist, sondern eine Zwischenform darstellt, ist diese Lösung wohl gerechtfertigt. Die Fußnoten enthalten Informationen, die nach dem Charakter des Buches auch in den Haupttext aufgenommen werden könnten. Sie erscheinen in der Fußnote, da sie eine gewisse Abweichung von der Gedankenführung des Haupttextes darstellen. Diese Abweichungen bieten erläuternde Beispiele, Daten, Episoden und manchmal Anekdoten oder Witze.

Ich hoffe, wer sich entscheidet, den Haupttext zu lesen, wird auch die Fußnoten nicht übergehen.

Die Endnoten enthalten das, was Forscher den kritischen Apparat nennen. Wie erwähnt basieren diese Memoiren auf einem breiten Fundament von Material. Ist die Quelle einer bestimmten Information ein Archivdokument, dann findet man den üblichen Verweis in der Endnote. Sehr oft werden auch publizierte Arbeiten angeführt. Werden sie einfach im Text erwähnt, dann findet der Leser die vollen bibliografischen Angaben in der Literaturliste. Ist der Hinweis im Text jedoch nur indirekt oder wird eine Arbeit wörtlich zitiert, dann folgt eine Endnote.* Ich erwarte nicht, dass viele Leser den genauen Quellen verschiedener Informationen nachgehen wollen. Indem ich solche Quellen in die Endnoten verbannt habe, dachte ich, ihnen entgegenzukommen. Man kann alle Aussagen des Buches verstehen, ohne einmal die Endnoten zu Rate zu ziehen. Wer allerdings das eine oder andere Problem genauer verfolgen will, oder wer auf einem der in diesem Buch behandelten Gebiete wissenschaftlich arbeitet, findet alle notwendigen Informationen in den Endnoten.

* Da Fußnoten selbst nicht wieder mit Fußnoten versehen werden können, enthalten die Fußnoten die auf sie bezogenen Verweise.

Danksagung

Ich bin allen dankbar, die mir geholfen haben, meine Autobiografie zu schreiben. Meine Assistentin Katalin Szabó hat die mit der Arbeit verbundene Dokumentation und Organisation mit hingebungsvoller Aufmerksamkeit erledigt und die aufeinander folgenden Fassungen des Manuskripts äußerst sorgfältig betreut. Ich hatte das Glück, vier tüchtige und geduldige junge Forschungsassistenten zu gewinnen, den Historiker János Molnár und die Ökonomen Gábor Iván, Noémi Péter und László Tóth, die mir halfen, Daten und Dokumente zu sammeln, Quellen und Informationen zu überprüfen, den Index zu erstellen und das Manuskript gewissenhaft fertig zu stellen.

Mein Dank geht auch an alle, die bei der Vorbereitung des Buches beteiligt waren, indem sie frühere Fassungen des Manuskripts oder einzelner Teile davon kommentierten, Archivmaterial sammelten, Büchern und Artikeln nachspürten, bestimmte wissenschaftliche Probleme klärten oder auf vielerlei andere Art halfen. Erwähnt seien insbesondere: Francis Bator, Tamás Bauer, Kata Csankovszki, Karen Eggleston, Hédi Erdős, Peter Eső, Ica Fazekas, Luca Gábor, Jerry Green, János Gyurgyák, Márton Karinthy, Péter Kende, János Kenedi, Anikó Környei, Éva Sz. Kovács, Mária Kovács, Zdenek Kudrna, Mihály Laki, Helga Lénárt-Cheng, Pál Lőcsei, Ilona Lukács, László Majtényi, Brian McLean, Péter Mihályi, András Nagy, Judit Négyesi, Gábor Pajkossy, Julianna Parti, Richard Quandt, János M. Rainer, Sándor Révész, Pál Réz, Gérard Roland, Henry Rosovsky, Éva Sarnyai, Ágnes Schönner, András Simonovits, Robert M. Solow, Susan Suleiman, János Szegő, Mehrdad Vahabi, László Varga und Sofia Weibull. Dank gebührt auch jenen, die hier nicht namentlich erwähnt sind, mir aber durch die Beantwortung von Fragen oder die Klärung von Informationen geholfen haben.

Der ungarische Nationale Wissenschaftliche Forschungsfonds (OTKA T 046976) hat die Forschungskosten finanziell unterstützt. Das Institut für Ökonomie der Ungarischen Akademie der Wissenschaften half dadurch, dass es die OTKA-Subvention verwaltungstechnisch betreute. Wie bei allen meinen Arbeiten der letzten fünfzehn Jahre war das Collegium Budapest mein Arbeitsplatz und bot mir eine anregende Umgebung und praktische Hilfe beim Abfassen des Buches.

1 Familie und Jugend – 1928–1944

Weder bin ich Marcel Proust noch Péter Esterházy. Deshalb versuche ich gar nicht erst, Gefühle meiner Kindheit oder die Stimmung unseres Hauses wach zu rufen. Wie jeder andere kenne auch ich den Duft von Kuchen und die Stimmen meiner Eltern, doch mir fehlt die literarische Gabe, es den Lesern dieser Erinnerungen sinnlich zu vermitteln.

Stattdessen bleibe ich in dem mir vertrauten Genre und gehe entsprechend analytisch an jene Welt heran.

Überdies möchte ich jetzt, im Alter von 77 Jahren versuchen, mich selbst zu verstehen. Wie und warum bin ich der geworden, der ich heute bin? Deshalb will ich von meiner Kindheit, meiner Jugend und meiner Familie nur so viel erzählen, wie es zum Verständnis meiner selbst und jener Zeit beiträgt.

Mein Vater

Mein Vater, Dr. Pál Kornhauser, wurde 1880 geboren. Ich habe denselben Nachnamen geführt, bis ich mich 1945 entschloss, den Namen Kornai anzunehmen. Mein Großvater väterlicherseits, Károly Kornhauser, war Schmied. Die Familie lebte in Trencsén (Trenčín), das damals zu Ungarn gehörte und jetzt zur Slowakei. Mein Vater war immer stolz darauf, dass mein Großvater Teile der Brücke von Trencsén in seiner Schmiede angefertigt hatte. Die Leute staunten später, wenn er davon erzählte, dass ein Jude in einer Provinzstadt des 19. Jahrhunderts den Beruf des Schmieds ausgeübt haben sollte und nicht etwa eine Gastwirtschaft oder einen Laden führte.

Die Eltern meines Vaters starben, als er noch ein Junge war. Sein älterer Bruder kümmerte sich um seine Erziehung. Doch eigentlich ging er aus eigenem Antrieb auf das Piaristen-Gymnasium, eine berühmte katholische Schule, und später auf die Universität zum Jurastudium, um Anwalt zu werden. Dem Vorbild meines Vaters habe ich es sicher zu verdanken, dass auch ich ein „Selfmademan" wurde.

Wie so viele Menschen aus Oberungarn beherrschte mein Vater drei Sprachen fließend: Ungarisch, Deutsch und Slowakisch. Er war wohl wirklich talentiert und fleißig, denn schon in jungen Jahren machte er eine glänzende Karriere. Weil er gut Deutsch konnte und die Materie ihn interessierte, verlegte er sich auf die Rechtsgeschäfte deutscher Unternehmen in Ungarn. Diese konsultierten ihn so häufig, dass er sich später offiziell „Rechtsanwalt der Deutschen Gesandtschaft“ in Budapest nennen durfte. Dies war ein Privileg und keine Anstellung beim deutschen Staat. Die Gesandtschaft empfahl ihn an deutsche Firmen, die Verträge in Ungarn schließen wollten oder dort Rechtsstreitigkeiten hatten. Mein Vater hat niemals andere Fälle angenommen – keine Scheidungen, keine Strafsachen und auch keine handelsrechtlichen Fälle von ungarischen Mandanten. Er war ausschließlich auf die Geschäfte deutscher Unternehmen in Ungarn spezialisiert.

Unsere Wohnung und das Büro meines Vaters lagen in der Akademiestraße in Budapest. Das war eine gute Adresse, eine Straße, an deren einem Ende das Hauptgebäude der Ungarischen Akademie der Wissenschaften und am anderen das Parlament lagen. Heute ist in jenem Haus der Stab des Ministerpräsidenten untergebracht. Vor kurzem war ich dort. Ein merkwürdiges Gefühl, Vaters ehemaliges Büro zu betreten und dort einen befreundeten Ökonomen bei der Arbeit anzutreffen. Das Arbeitszimmer meines Vaters stand voller ungarischer und deutscher Rechtsbücher. Weder er noch meine Mutter sammelten anderes. Erst durch meine ältere Schwester und mich kamen literarische Werke hinzu. So kann ich nicht wie so viele Kinder aus gebildeten Kreisen behaupten, die Literatur im Elternhaus schätzen und lieben gelernt zu haben.

Aus den Erzählungen meiner Mutter und Schwester weiß ich, dass mein Vater in seiner Jugend viel las und oft in die Oper ging. Wagner schätzte er besonders. Später verflüchtigte sich dieses Interesse, und seine Aufmerksamkeit galt ausschließlich seinem Beruf.

Kehren wir zu seiner Tätigkeit für die Deutsche Gesandtschaft zurück! Viele Jahre nach dem Tod meines Vaters erwähnte meine Mutter, er sei als Rechtsanwalt der Gesandtschaft einem Herrn Dr. Miklós Káldor nachgefolgt. Der Name kam mir bekannt vor, und ich fand heraus, dass Lord Nicholas Kaldor, der große Ökonom und Berater des britischen Schatzkanzlers, Sohn jenes ungarischen Anwalts war. Ich unterhielt mich einmal mit Kaldor in seiner Cambridger Wohnung, als wir auf unsere Väter zu sprechen kamen. Da erinnerte sich der damals schon betagte Kaldor an ein altes Familienressentiment: Fünfzig Jahre zuvor scheint die Familie Kaldor mehr als einmal den jungen Kornhauser verwünscht zu haben, weil er den alten Káldor aus dem Geschäft gedrängt habe.

Mein älterer Bruder Bandi und meine Schwester Lilly genossen als Kinder viel Zuwendung von unserem Vater. Lilly war jedes Mal gerührt, wenn sie sich später daran erinnerte, an die gemeinsamen Spaziergänge, die Spiele, die Gespräche. Als das zweite Kinderpaar geboren wurde, mein älterer Bruder Tomi und ich, hatte mein Vater wohl nicht mehr die Energie und Geduld, sich intensiv seinen Kindern zu widmen. Ich erinnere mich nicht an eine einzige vertraute Stunde mit ihm, nicht an ein einziges bedeutungsvolles Gespräch. Hier bemerke ich zum ersten Mal, dass ich keine wirklichen Lehrer hatte, was sich in diesen Memoiren wiederholt zeigt. Allen Knaben und jungen Männern ist der Vater Vorbild, so auch für mich. Doch intellektuell war er weder mein Lehrer noch mein Meister. Vater war ein intelligenter und gebildeter Mann, aber er hat mich nie an seinen Ideen, seinem Wissen oder seiner Erfahrung teilhaben lassen.

Als ich am 21. Januar 1928 geboren wurde, war mein Vater 47 Jahre alt. Sein fortgeschrittenes Alter, aber auch seine geänderte berufliche Situation sowie die politische Lage waren sicher Gründe für die spärliche Aufmerksamkeit, die er meinem Bruder und mir schenkte. Ich war noch keine fünf, als Hitler an die Macht kam. Sein Aufstieg verursachte übrigens durchaus keinen plötzlichen Bruch im lokalen Netzwerk der deutschen Niederlassungen, genauso wenig wie in vielen anderen Bereichen. Es dauerte Jahre, bis die Nazi-Macht totalitär wurde und in jede Zelle des Systems eindrang. Ich weiß nicht, wann genau mein Vater das Recht verlor, seinen Titel als „Rechtsanwalt der deutschen Gesandtschaft“ zu führen. Anfänglich hatte das nur zur Folge, dass die Botschaft es unterließ, ihn weiterhin deutschen Firmen zu empfehlen. Die eingeführten Unternehmen durften vorläufig den Kontakt zu ihm aufrechterhalten. Jedoch allmählich fielen die Mandanten einer nach dem anderen ab. Allerdings gab es auch deutsche Unternehmer in Ungarn, die bis zu seinem Tod treu zu meinem Vater standen.

Mit der Zahl der Mandanten verringerte sich natürlich das Familieneinkommen. Mein Vater sprach nie mit uns über Geldangelegenheiten. Aber später wurde mir klar, dass wir mehr von seinem ersparten Vermögen gelebt hatten als von den laufenden Einnahmen. Wir jüngeren Kinder verstanden nicht viel von diesen finanziellen Problemen. Wir lebten wohlsituiert in einer geräumigen und teuren Wohnung im Stadtzentrum und zogen jeden Sommer in eine schöne Villa auf dem Rosenhügel auf der Hügelseite von Budapest. Als wir klein waren, hatten wir eine deutsche Gouvernante, mehrere Dienstboten und einen Gärtner. Um den Rückgang des Einkommens aus der Anwaltskanzlei wettzumachen, ließ sich Vater einen Teil seiner Lebensversicherung ausbezahlen und verkaufte Familienjuwelen und Kunstwerke.*

---

* Vor einiger Zeit fielen mir meines Vaters Notizen mit einer detaillierten Aufstellung seiner Lebensversicherungspolicen in die Hände. Er hatte sich große Mühe gegeben, für meine Mutter vorzusorgen. Doch alle seine Pläne liefen am Ende auf nichts hinaus, wie viel Sorgfalt er auch darauf verwendet hatte. Die Policen, die er vor dem Ersten Weltkrieg erworben hatte, waren auf Grund der großen Inflation im Gefolge des Krieges wertlos geworden. Nachdem er so seine Lektion gelernt hatte, erwarb er Anfang der 1930er-Jahre teure neue Policen von einer deutschen Versicherungsgesellschaft, einer der größten in der Welt. Sie waren indexiert, um inflationsbeständig zu sein, und an den „Wert des Golddollars“ gebunden.

Aus seinem Beruf gedrängt zu werden, war für meinen Vater ein schwerer Schicksalsschlag. Er konnte noch immer voll auf seine intellektuellen Fähigkeiten und seine professionelle Erfahrung bauen, und seine Aufgabe als Anwalt galt ihm besonders viel. Weit ernster aber waren die Probleme und Sorgen, die jene giftige historische Entwicklung auslöste, die, neben vielem anderem, den Wechsel in seiner beruflichen und finanziellen Lage verursacht hatte. Hitlers Herrschaft zeigte mehr und mehr ihr erbarmungsloses Wesen. Nachrichten über Judenverfolgungen erreichten uns. Deutschland besetzte Böhmen und Mähren, Österreich wurde annektiert (mein Vater hatte eine Schwester in Wien). Auch in Ungarn erließ man die ersten anti-jüdischen Gesetze, schließlich brach der Krieg aus.

Es gehörte zu den eisernen Prinzipien meines Vaters, keiner politischen Partei oder Bewegung beizutreten. Er hatte schlechte Erinnerungen an die Zeit der Kommune von 1919, jener kurzlebigen kommunistischen Herrschaft, die von Terror begleitet und gefolgt war. Dennoch stand er weit von dem entfernt, was man zu jener Zeit einen Konservativen nannte. Ich hörte ihn sich niemals gegen Linke aussprechen. Er hatte eine liberale Morgenzeitung abonniert, und jede andere Zeitung, die er kaufte, war genauso liberal. Soweit ich aus seinen gelegentlichen Bemerkungen schließen kann, war er auch liberal in seinem Denken. Selbst wenn er es vorgezogen hätte, sich von der Politik fern zu halten, die Geschichte fing an, in sein Familienleben einzugreifen – zuerst als fernes Donnergrollen, später mit unmittelbaren Blitzschlägen.

Mein Vater leugnete nie, Jude zu sein, aber er trug es auch nicht zur Schau. Es gab eine ganze Reihe von Juden in seinem gesellschaftlichen Umfeld, doch hatte er auch nicht-jüdische Freunde. Er glaubte an Gott, verhielt sich jedoch nicht religiös, ging weder in die Synagoge, noch hielt er sich an die Gebräuche der jüdischen Religion. Wenn er allerdings eine wohltätige Spende machte, ging sie an das

---

Diesmal hielt er seine Versicherung für absolut sicher. Wie konnte er vorhersehen, dass die ungarische Niederlassung dieses Berliner Unternehmens in den 1940er-Jahren vom kommunistischen Regime verstaatlicht werden würde, die, das Prinzip der Werterhaltung mit den Füßen tretend, den Wert eines Golddollars mit einem Forint festlegte und meiner Mutter eine lächerlich niedrige Rente ausbezahlte? Es war schockierend zu sehen, wie Vaters Umsicht und liebevolle Vorsorge von der geschichtlichen Entwicklung zunichte gemacht wurde.

Mein Vater gab seinen Erben minutiöse Anweisungen, was mit den Versicherungspolicen zu geschehen habe. Ich erkenne mich in dieser peniblen Genauigkeit wieder: Normalerweise überfalle ich meine Kollegen oder Familienmitglieder in ähnlicher Weise mit Anordnungen. Manche nehmen meine Anweisungen dankbar an, manche lächeln nur, während andere sie verärgert zurückweisen. Woher rührt diese Ähnlichkeit mit meinem Vater? Sah ich als Kind Beispiele solchen Verhaltens (ich kann mich nicht daran erinnern) und folge nun dem Muster? Oder ist es möglich, dass ein derartiges Verhalten Teil meines genetischen Erbes ist?

Knaben-Waisenhaus der jüdischen Gemeinde. Vielleicht erinnerte er sich daran, selbst einmal Waise gewesen zu sein. Er hegte nicht im Entferntesten die Absicht, seine Assimilation durch Übertritt zum Christentum unter Beweis zu stellen.

Auf eines war mein Vater stolz: seine Leistung im Ersten Weltkrieg. Er hatte es zum Hauptmann gebracht und war hoch dekoriert worden. Er zögerte nicht, sich einen Ungarn zu nennen. Als mein Bruder Bandi seinen Militärdienst abgeleistet hatte und im Rang eines Korporals entlassen wurde, ließ mein Vater für sich und seinen Sohn neue Uniformen schneidern. Dann ließen sie sich fotografieren, den Blick forsch geradeaus gerichtet, als Vater und Sohn in ihren Hauptmanns- und Korporalsuniformen. Ein oder zwei Jahre später verlud die ungarische Polizei meinen Vater in einen Güterwagen Richtung Auschwitz, während der Sohn als Zwangsarbeiter unter ungarischem Kommando im Don-Bogen an Krankheit und Erschöpfung starb.

Meine Familie

Mein Vater war uns gegenüber sehr großzügig, selbst in den Jahren, als sein Einkommen zurückging. Als Halbwüchsiger entwickelte ich eine Leidenschaft für Fotografie, und er kaufte mir sofort einen der besten Fotoapparate, die damals zu haben waren. Alles was ich an technischer Ausrüstung brauchte, um Bilder zu entwickeln und zu vergrößern, wurde umgehend besorgt. Als ich meine Liebe zu Büchern entdeckte, unterstützte er das finanziell. Doch Zentrum und Quelle der Wärme in der Familie war nicht mein Vater, sondern meine Mutter – Munyó, wie wir sie nannten. Ihr Geburtsname lautete Aranka Schatz.

Als Kleinkinder wurden wir liebevoll von Gouvernanten betreut. Ich hege herzliche Erinnerungen an sie, und in die letzte, die schlanke, hübsche Liesl, war ich richtig verliebt. Selbst wenn die tägliche Pflege in den Händen eines „Fräuleins" lag, umgab uns meine Mutter immer mit großer Zärtlichkeit. Sie hatte keine höhere Bildung genossen, besaß jedoch von Haus aus einen scharfen Verstand. Ihre vornehme und interessante Schönheit verband sich mit einer angeborenen, natürlichen Eleganz. Es war wohl Freud, der schrieb, dass Selbstvertrauen und Ehrgeiz im erwachsenen Alter weitgehend davon abhängen, wie viel Liebe Kinder in den frühen Jahren von ihren Müttern erhalten. Ich erhielt sehr viel davon. Eine der Geschichten, die Munyó gerne immer wieder erzählte, handelte davon, dass ich unter den vier Kindern dasjenige gewesen sei, das ihr während der Schwangerschaft die größten Beschwerden verursacht habe. Sie litt damals ständig unter Schmerzen, doch der Arzt tröstete sie: „Sie werden sehen, gnädige Frau, dieses

Kind wird Ihnen die größte Freude bereiten." Das hörte ich oft von ihr, auch als ich noch klein war. Nie verbarg sie, dass ich unter ihren vier Kindern ihr Liebling sei. Sie freute sich an meinen kleinen Erfolgen, lobte und unterstützte mich. Ich kann mich nicht daran erinnern, jemals von ihr gescholten worden zu sein. Nie überwachte sie meine Schulaufgaben. Wenn ich mich in der Grundschule über Misserfolge oder Schwierigkeiten beim Lernen beschwerte, stärkte sie mir den Rücken, erteilte jedoch nie irgendwelche Ratschläge: „Du wirst schon dahinter kommen", sagte sie immer, „Ich mache mir keine Sorgen um dich, du schaffst es." Ich kann mir keinen stärkeren Ansporn vorstellen als diese Art von mütterlicher Aufmunterung und bedingungslosen Vertrauens.

Körperstrafen gab es in meiner Familie nicht. Mein Bruder Tomi, drei Jahre älter als ich, fing als Teenager einmal mit einem unserer jungen Zimmermädchen an zu ringen. Es war nicht das, was man heute sexuelle Belästigung nennen würde, ging aber über das hinaus, was meine Eltern für akzeptabel hielten. Nach diesem Vorfall kam mein Vater nachts in unser Zimmer und trat – nicht Tomi, sondern das Bett, in dem er lag. Dieser Tritt und einige tadelnde Worte reichten aus, seinen ganzen Unmut auszudrücken. Das war die strengste „Bestrafung", an die ich mich während meiner ganzen Kindheit erinnern kann. Erst 1944, als ich menschliche Grausamkeit unmittelbar zu Gesicht bekam, musste ich erfahren und mit ansehen oder anhören, wie Menschen anderen absichtlich körperliche Schmerzen verursachen, wütend brüllen und verbale Beleidigungen ausstoßen. Ich fühlte eine tiefe Abneigung gegen erhobene Stimmen oder Geschrei, ganz zu schweigen von physischen Demütigungen, Schlägen oder Folterungen.

Für meinen ältesten Bruder Bandi, 1914 geboren, begann das Leben erfreulich und vielversprechend. Gegen Ende seines Universitätsstudiums machte sich einer seiner Freunde auf, nach England auszuwandern. Auch Bandi wollte gehen, aber mein Vater ließ es nicht zu. Ich kenne Vaters Gründe nicht genau, doch hörte ich später von meiner Schwester, er habe gesagt, wir seien Ungarn und unser Platz sei hier, und dem offenbar hinzugefügt, der älteste Sohn müsse bei der Familie bleiben. Mein Bruder war kein rebellischer Geist und fügte sich Vaters Wünschen. Sein kurzes Leben endete, wie schon erwähnt, an der russischen Front. Ich hatte auf Grund des großen Altersunterschieds nur wenig Kontakt zu ihm, doch habe ich sein freundliches Wesen und seinen feinen Humor in warmer Erinnerung, und es tut mir in der Seele weh, wenn ich daran denke, wie jung er sterben musste.

Die engsten Gefühlsbindungen und intellektuellen Kontakte hatte ich zu meiner Schwester Lilly, geboren 1919. Sie war neun Jahre älter als ich. Wir lasen Gedichte miteinander, und sie führte mich in die Erzählungen von Frigyes Karinthy ein, einem der populärsten ungarischen Schriftsteller des 20. Jahrhunderts, der vor allem für seine satirischen Schriften bekannt ist. Sie spielte mir als erste Debussy und Schumann auf dem Klavier vor. Es muss mir Selbstvertrauen gegeben haben – mir, einem gehemmten, schüchternen Jungen, dünn wie eine Bohnenstange – eine so schöne und kluge ältere Schwester zu haben, die mich ernst nahm. Sie besprach die großen Themen des Lebens mit mir, und ich durfte sie überallhin begleiten. Bis zum Tage ihres Todes hatten wir ein inniges Verhältnis, das nicht nur auf Sympathie, sondern auch auf gemeinsamen geistigen Werten beruhte. Selbst mit der Lilly der späteren Jahre, leidend ans Krankenbett gefesselt, konnte ich mühelos eine lebendige politische Diskussion führen oder literarische Erfahrungen austauschen.*

Ganz anders war mein Verhältnis zu meinem 1925 geborenen Bruder Tomi. Lange Zeit gingen wir in dieselbe Schule und hatten dieselbe Gouvernante. Wir spielten viel zusammen und stritten uns zuweilen, wie unter Brüdern üblich, mal mehr, mal weniger freundlich. Doch als Tomi anfing, sich für Mädchen zu interessieren, wurde ich ihm völlig gleichgültig. Wir gingen nicht mehr miteinander aus, hatten keine gemeinsamen Freunde und nie mehr ein ernsthaftes Gespräch. Daran änderte sich auch später wenig. Trafen wir uns, ging die Unterhaltung über oberflächliches Geplauder und Gewitzel nicht hinaus. Das scheint mir zu beweisen, dass das gemeinsame Erbgut in unseren Hirnzellen und ein fast identisches Familien- und Schulmilieu nicht ausreichen, zwei Brüder eng aneinander zu binden. Unsere individuellen Eigenschaften und die Art, wie wir uns unterschieden, hatten nicht nur größere Auswirkung auf unser Verhältnis, sondern auch auf die Entwicklung unserer sehr verschiedenen Charaktere und Lebensgeschichten.**

Die Eltern und wir vier Kinder der Kornhauser Familie liebten einander aufrichtig, auch wenn wir nicht täglich etwas miteinander unternahmen, ja uns manchmal nicht einmal sahen. Zwar standen sich Vater und Mutter besonders nahe; doch jedes der Kinder führte sein eigenes Leben.

---

* Lilly (Frau Andor Gárdonyi) arbeitete als Wirtschaftsprüferin und ging als leitende Controllerin ihres Betriebes in den Ruhestand. Die entschlussfreudige und resolute Person lebte nach strikten Prinzipien. Von sich selbst sprach sie wenig, doch für die Probleme anderer hatte sie immer ein offenes Ohr. Die alte, ans Bett gefesselte Dame hatte ein rührendes Verhältnis zu unserer Tochter Judit und unseren schwedischen Enkeln Zsófi und Anna, die sie heiß liebten. Lilly starb 2002.

** Mein älterer Bruder Tomi (Tamás Kornai) absolvierte die Akademie für angewandte Kunst und wollte Grafiker werden. Doch bald nachdem er aus der Zwangsarbeit zurückgekehrt war, änderte er seine Pläne und arbeitete für den Rest seines Lebens in der Werbebranche. Er war einer der Manager der einzigen staatlichen Werbeagentur und arbeitete später für die Nationale Sparkasse (Országos Takarékpénztár, oder OTP). Sein ganzer Stolz waren die ersten Anzeigen für das ungarische Lotto, die er entworfen hatte, mit Slogans, die zu geflügelten Worten wurden. Tomi starb 1996.

Nachdem mein Vater sein Büro in unsere Wohnung verlegt hatte, kam es manchmal vor, dass sich meine Mutter für den Abend elegant anzog und sich zu den Mandanten ins Wartezimmer setzte. So gab sie ihm zu verstehen, dass es Zeit sei, den Arbeitstag zu beenden, weil es schon spät abends war. Da blieb Vater dann keine Wahl, er musste aufhören und mit unserer Mutter ausgehen. Sie speisten fast jeden Abend außer Haus – ohne uns. Familienmahlzeiten gab es nicht. Jeder aß allein zu Mittag oder zu Abend, gerade wie es ihm passte. Nur selten saß die Familie gemeinsam am Tisch, höchstens gelegentlich im Sommer, im Garten unseres Ferienhauses. Dann besuchten wir vielleicht auch einmal eine Veranstaltung im Freien miteinander oder sahen uns am 20. August das Feuerwerk zum Stephanstag an, zur Feier des Gründers Ungarns. Doch waren das eher Ausnahmen. Meine Eltern und Geschwister kümmerten sich nie darum, wie ich meine Zeit einteilte, was ich lernte und wie lange, mit wem ich meine Freizeit verbrachte, was ich las oder welches Theater ich besuchte.

Mit 13 oder 14 fasste ich selbständig den Entschluss, nun regelmäßig Konzerte zu besuchen. Später äußerte ich den Wunsch, Klavier spielen zu lernen, und mein Vater half mir, einen Lehrer zu finden. Natürlich nicht einen beliebigen. Frigyes Sándor, damals als Dirigent gerade arbeitslos, wurde später ein großer Musikpädagoge und gründete das berühmte Franz Liszt Kammerorchester. Er unterrichtete mich, bis die deutsche Besetzung 1944 unseren Stunden ein Ende bereitete. Ungefähr in der Mitte meiner Gymnasialzeit beschloss ich, außerhalb der Schule Englisch zu lernen. Meine Eltern kamen für alles auf, aber ich tat es nicht auf ihren Rat oder ihre Empfehlung hin. Es war meine eigene Idee, meine eigene Entscheidung.

Mir fällt es nicht leicht, die Wirkung einer solchen Erziehung einzuschätzen oder zu bewerten. Einerseits fühlte ich mich damals einsam und mit meinen Wünschen und Empfindungen allein gelassen. Andererseits wurde mir ein für allemal klar oder es schien mir zumindest so, dass ich mein Leben *unabhängig*, dem Diktat meiner eigenen Vorstellungen folgend, gestalten müsse. Das traf auf alle Angelegenheiten zu, die großen und die kleinen. Dabei wurde ich durchaus nicht zum Egoismus erzogen, denn jedes Mitglied unserer Familie bemühte sich, den anderen gegenüber Takt zu wahren, ihnen Erregung und Ärger zu ersparen. Wir halfen einander, wo es ging, aber eine „Familiengemeinschaft" war es nicht. Heute halte ich mich für einen selbstbewussten Individualisten und glaube, dass Respekt vor der Eigengesetzlichkeit des Individuums zu den wichtigsten ethischen Imperativen zählt. Gleichzeitig halte ich mich selbst in erster Instanz verantwortlich für mein Leben, für meine Erfolge und meine Misserfolge. Ich fühle mich zwar verpflichtet, anderen zu helfen, doch bin ich kein „Gemeinschaftsmensch". Im Gegenteil leiste ich jedem Versuch, mich in eine kollektive Herde zu zwängen, Widerstand. Was ich heute nach vielen Richtungsänderungen und Abwegen bewusst formulieren kann – Einsichten, zu denen mir die Lektüre der Philosophen und lebenslange Reflektion verholfen haben – wurde mir tief eingepflanzt durch die Erfahrungen meiner Kindheit und Jugend und durch unser Familienleben.

Die Reichsdeutsche Schule

Meine Schulzeit begann ich an der Reichsdeutschen Schule in Budapest. Dank der perfekten Deutschkenntnisse meiner Eltern und dank der deutschen Fräulein, die sich nacheinander um mich gekümmert hatten, wuchs ich zweisprachig auf. Es machte mir also keineswegs Schwierigkeiten, dass hier, mit Ausnahme der ungarischen Sprache, Literatur und Geschichte, auf Deutsch unterrichtet wurde. Ich war etwas zu früh eingeschult worden und so kam es, dass mein Eintritt in die deutsche Schule 1933 mit dem Beginn der Nazi-Herrschaft zusammenfiel.

Mancher wird sich fragen, wie es meinen jüdischen Eltern einfallen konnte, mich auf diese Schule zu schicken. Wie ich schon sagte, fühlte mein Vater sich stark zu den Deutschen hingezogen. In seiner Erziehung hatte die deutsche Kultur eine große Rolle gespielt, und neben dem ungarischen Recht hatte er das deutsche studiert. Seine Mandanten waren Deutsche, und Deutsch war die Sprache, in der er einen großen Teil seiner Arbeit erledigte.

Bestimmt hat mein Vater gewusst, dass Hitler und seine Anhänger virulente Antisemiten waren. Doch wie viele Menschen in Deutschland und anderswo war er wohl davon überzeugt, dass dieses Regime sich nicht halten werde. Wie konnte der deutsche Geist, wie konnte eines der zivilisiertesten Völker das alles tolerieren? Nicht im Traum hätte er sich vorstellen können, dass dieser Weg des Hasses, den Deutschland eingeschlagen hatte, am Ende in die Gaskammern führen würde.

Meine Eltern schickten mich auf die Reichsdeutsche Schule, die einen exzellenten akademischen Ruf genoss, um meine Sprachkenntnisse zu fördern. Die Kinder der deutschen Diplomaten und Geschäftsleute lernten dort, aber auch Kinder anderer Ausländer. Neben Ungarn traf ich in meiner Klasse Österreicher, Deutsche, Amerikaner und Türken. So hat diese Schule berühmte Leute hervorgebracht: Miklós Gimes, den Journalisten, Politiker und Märtyrer von 1956, Iván Darvas, den gefeierten Schauspieler; Éva Székely, Olympiasiegerin im Schwimmen, Ferenc Karinthy, Autor von Romanen und Kurzgeschichten und schließlich Előd Halász, einen hochangesehenen ungarischen Germanisten.

Wir hatten geduldige, erfahrene und kluge Lehrer. In den acht Jahren, die ich dort verbrachte, fiel kein einziges antisemitisches Wort. Auch kann ich mich nicht erinnern, je ein lobendes Wort über Hitler und seine Regierung gehört zu haben. Als aus Berlin die Anordnung kam, die jüdischen Schüler müssten die Schule verlassen, setzte der jüdische Religionslehrer die Eltern taktvoll davon in Kenntnis, ihre Kinder seien im Herbst 1941 anderswo einzuschreiben. Und selbst dann erlaubte man jenen, die nur noch das letzte der zwölf Jahre zu absolvieren hatten, im folgenden Jahr als Privatschüler das Abitur zu machen. Ich nehme an, dass die deutschen Lehrer an unserer Schule Deutschland ihrer liberalen Gesinnung wegen verlassen hatten, um im Ausland, z.B. bei uns in Ungarn, ihr Brot zu verdienen. Unsere Schule war eine Insel der Seligen nicht nur in den Fluten des Nationalsozialismus, sondern auch generell im ungarischen Schulsystem, wo Hitlers Ideen spürbar an Boden gewannen.

Ich denke an meine Lehrer auf der deutschen Schule in Dankbarkeit und mit Respekt zurück. Sie brachten mir klares Denken bei sowie gründliches Arbeiten und profundes Wissen. Von all diesen Fähigkeiten mache ich heute noch Gebrauch. Leider gab es unter meinen Lehrern keinen wirklich großen Mann. Ich hatte keinen charismatischen Lehrmeister, der mit seiner Persönlichkeit und seinem Unterricht ein intellektuelles und ethisches Vorbild hätte sein können.

Als großen Gewinn nahm ich von der Reichsdeutschen Schule eine lebenslange Freundschaft mit. Von der ersten Klasse an war einer meiner Mitschüler Péter Kende, später Journalist, Wissenschaftler, Politologe und einer der führenden Intellektuellen der Emigrantengemeinschaft nach 1956. Acht Schuljahre haben wir miteinander verbracht und später gemeinsam in der Jugendbewegung und als Journalisten gearbeitet. Gemeinsam haben wir manchen Kampf durchgestanden. Zwar schuf Péters Emigration nach Paris für mehr als dreißig Jahre eine geographische Distanz zwischen uns, unsere Freundschaft blieb indessen bestehen und ist weiter gewachsen, bis zum heutigen Tag. Nur wenige Menschen haben über siebzig Jahre lang einen wirklichen Freund. Ich bin stolz darauf.

Auf der Suche nach einem geistigen Weg

Die deutsche Schule war zu einem gewissen Grad kosmopolitisch mit ihren Schülern aus mehreren Ländern, und sie war der Koedukation verpflichtet, damals noch eine Ausnahme. Jetzt kam ich in eine neue, konservative Umgebung, nämlich in das Werbőczy-Knabengymnasium in Buda. Die meisten der Schüler dort stammten aus wohlsituierten Häusern des Mittelstands.

Zu dieser Zeit tobte schon der Krieg. Auf der deutschen Schule sprachen wir weder über Krieg noch Politik. Hier aber hatte ich einen Klassenlehrer, der lauthals die deutsche Kriegsführung pries und immer wieder den deutschen Sieg vorhersagte, selbst zur Zeit der Schlacht von Stalingrad 1942–1943. Er unterrichtete uns in drei Hauptfächern: Latein, ungarischer Literatur und Geschichte. Er erklärte öffentlich, er werde keinem Juden je eine Eins in allen drei Fächern geben, und er hat Wort gehalten. Zwei von uns Juden in der Klasse hätten wirklich eine Eins in allen drei Fächern verdient, doch Herr Hegedűs gab die Bestnote nur in zwei Fächern und stufte uns im dritten herunter. Das war meine erste Erfahrung mit offener Diskriminierung.

Meine zweite derartige Erfahrung hatte nichts mit dem persönlichen Vorurteil eines Lehrers zu tun, sondern mit einer allgemeinen staatlichen Verordnung, die alle betraf. Ungarns Teilnahme am Krieg äußerte sich offiziell unter anderem darin, dass alle Oberschüler als Mitglieder einer unter dem Namen *Levente* bekannten Bewegung eine militärische Grundausbildung erhielten. Solange ich auf der deutschen Schule war, gingen alle Jungen gemeinsam zum Levente-Training. Mein Übertritt zur ungarischen Schule fiel zusammen mit einer Verordnung, die das vormilitärische Training für nicht-jüdische und jüdische Schüler trennte. Ich kann nicht behaupten, dass wir besonders brutal behandelt worden wären. Was ich entwürdigend fand, war einfach die Existenz einer „Jüdischen Levente" und der Ausschluss und die Segregation, die damit verbunden waren.

Der Großteil der Klasse war bereits vier Jahre zusammen, als ich hinzukam. Die Jungen nahmen mich zwar freundlich auf und mit einigen von ihnen besuchte ich Theater und Konzerte, mit anderen diskutierte ich Bücher. Aber eine engere Freundschaft kam nicht zustande. So hielt ich mich weiter an meine Freunde vom deutschen Gymnasium. In der neuen Schule war es übrigens genauso wie in der alten: Es gab unter den Lehrern keine große Persönlichkeit. Ich erinnere mich an ein paar Scherze von manchen und an einige ihrer Marotten. Doch wirkliche geistige Anregung fand ich nirgends.

Die reinen Fakten, die vermittelt wurden, weckten mein Interesse. Alles andere, was ich in der Schule über Geschichte, Philosophie und den menschlichen Geist hörte, ließ mich kalt. Ich erzog mich selbst, entwickelte meinen eigenen Geschmack und meine eigenen Ideen. Hungrig nach intellektueller Nahrung verschlang ich ein Buch nach dem anderen. Ich kaufte mir ständig Bücher und kam so zu einer ansehnlichen Bibliothek.*

---

* In den Monaten der Verfolgung wurde sie von Freunden der Familie sorgfältig aufbewahrt. Sobald wir die Keller verlassen konnten, eilte ich, meine Bücher nach Hause zu schaffen, um sie wieder um mich zu haben. Sie hatten die Belagerung von Budapest überlebt, die von Weihnachten 1944 bis Mitte Februar 1945 gedauert hatte, und ebenso die Luftangriffe und die Plünderungen. Nur ein paar Wochen später gingen dann alle bis auf einen Band verloren, als im Frühjahr 1945 Sowjet-Soldaten uns plötzlich anwie-

Aus einer nahe gelegenen Leihbibliothek schaffte ich Lesestoff nach Hause. Die Entscheidung, was zu lesen war, fiel mir durchaus schwer. So hielt ich mich an Antal Szerbs historische Übersichten der ungarischen Literatur und der Weltliteratur. Unser Klassenlehrer hatte sie als „Schund" bezeichnet und uns mehr oder minder verboten, sie zu lesen (Szerb war Jude). Ich aber fand darin unschätzbare Anregungen. Die Werke Szerbs ergänzte ich mit Mihály Babits' Literaturgeschichte Europas. Ich versuchte alle Bücher zu lesen, die darin als „große Werke" genannt wurden. Heute scheint es fast unglaublich, wie viel Zeit ich darauf verwenden konnte. Ich stand normalerweise bei Sonnenaufgang auf und erledigte meine Schularbeiten in ein, zwei Stunden. Nach der Schule ging ich nachmittags und abends entweder zu Freunden, um mit ihnen zu diskutieren, oder ich las. In der einen Woche vergrub ich mich in *Krieg und Frieden*, in der nächsten in die *Brüder Karamazov*. Ich las Balzac und Flaubert, die klassischen ungarischen Schriftsteller Kálmán Mikszáth und Zsigmond Móricz, die herrlichen Gedichte von János Arany und Attila József, die brillianten Versübersetzungen aus verschiedenen Sprachen von Árpád Tóth und Dezső Kosztolányi. Ich könnte stundenlang die Bücher aufzählen, die ich verschlang.

Auf der Suche nach Lesestoff ging ich auch die Artikel zu Literatur und Kunst in den Wochenendbeilagen der Tageszeitungen durch. Die intellektuellen Tagesmoden führten mich dann zu Ortega y Gasset, Huizinga und Oswald Spengler. Gern griff ich zu Werken, die einen Überblick über bestimmte Felder der Wissenschaft boten, wie Will Durants Geschichte der Philosophie. Wahrscheinlich habe ich höchstens die Hälfte von dem verstanden, was ich zwischen 14 und 16 las. Ich hatte niemanden, der mir einen klaren Blick auf die Welt vermitteln konnte – weder meine Eltern, noch meine Geschwister oder meine Lehrer, auch nicht meine Religionslehrer. Ich war offen für alle neuen Ideen. Ich war hin- und hergerissen zwischen den jeweiligen Antworten auf zentrale Fragen der Welt. Mal stand ich unter dem Einfluss Dostojevskis und dachte, ich müsse Christ werden. Dann blätterte ich in Anatole France und war von seiner ironischen Weltsicht gebannt, die Voltaires *Candide* noch verstärkte.

In jenen Jahren wusste ich noch nicht, was ich werden wollte. Mein Cousin Pál Győrfi plante schon im Kindergarten, Rettungssanitäter zu werden, und so geschah es. Ich fühlte keine Berufung. Vielleicht entwickelten sich bei mir damals schon Eigenschaften, die später in meiner wissenschaftlichen Arbeit zum Tragen kamen. Hatte ich einmal etwas angefangen, musste ich es zu Ende bringen.

---

sen, unsere Wohnung zu verlassen. Der einzige Überlebende ist eines meiner Lieblingsbücher, Thomas Manns *Tonio Kröger*.

Machte ich Photoaufnahmen, konzentrierte ich all meine Energie darauf. Wenn ich Bücher sammelte, musste jedes Buch, das als Meisterwerk galt, in meiner Bibliothek stehen, und wenn ich mich aufs Briefmarkensammeln verlegte, sollte mein Album so vollständig sein wie möglich. Schon als Junge störten mich Chaos, Unordnung und halbe Sachen.

Doch das alles hatte nichts mit meinen geistigen Interessen zu tun. Extrapoliere ich heute *ex post* die intellektuelle Entwicklung meines 14- bis 16-jährigen Ichs in die späteren Jahre, sehe ich einen studierten Bücherwurm, jemanden, der vielleicht Literaturkritiken schreibt oder Fragen der Ästhetik behandelt. Nichts wies darauf hin, dass ich mich dringenden gesellschaftlichen Problemen zuwenden und zwölf oder fünfzehn Jahre später Wirtschaftswissenschaftler sein würde.

Damals glaubte ich noch, die Voraussetzung, die Welt zu begreifen, sei großes Wissen. Tag für Tag wurde eine Einsicht von der nächsten überschrieben, um ein Bild aus der Computersprache zu verwenden. Mit offenem Herzen und wachem Verstand wartete ich auf einen starken geistigen Anstoß. Der kam dann 1945 – aber ich will nicht so weit vorgreifen. Wir sind erst bei den letzten Jahren meiner Oberschulzeit, und das Trauma von 1944 lag noch vor mir.

1944: Das Schicksal meines Vaters

Der 19. März 1944 fing an wie jeder andere Sonntag auch. Ich machte mich fertig, um mit einem Freund ein Morgenkonzert zu besuchen. Doch das Konzert wurde abgesagt: Die deutsche Armee hatte mit der Besetzung Ungarns begonnen.

Ein oder zwei Wochen später erhielt mein Vater einen Gestellungsbefehl, ähnlich wie die Juden, die zur Zwangsarbeit ausgehoben wurden. Achtundvierzig Stunden später hatte er an einem bestimmten Ort zu sein, mit Feldausrüstung von der Decke bis zum Blechgeschirr und mit kalter Verpflegung für zwei Tage. Da mein Vater zu dieser Zeit bereits seinen dreiundsechzigsten Geburtstag hinter sich hatte, konnte man ihn nicht mehr zum normalen Arbeitsdienst einberufen, denn dort galt eine Altersgrenze von sechzig Jahren.

Böse Vorahnungen quälten meine Eltern. Telefonisch hatten sie erfahren, dass bekannte jüdische Intellektuelle und auch Geschäftsleute wie mein Vater aufgerufen worden waren. Wir Kinder ahnten nichts von der Panik unserer Eltern. Erst später konnte ich aus Andeutungen meiner Mutter rekonstruieren, welche Pläne beide erwogen hatten.

Der gemeinsame Selbstmord, den meine Mutter vorschlug, wurde verworfen: Wie hätten sie die Familie in einer so gefährlichen Zeiten allein lassen können!

Darauf bat meine Mutter ihren Ehemann unterzutauchen. Freunde, sogar einige Deutsche, waren bereit, ihn zu verstecken. Er wies auch diesen Vorschlag kategorisch zurück, aus zwei Gründen. Einmal hielt er das Risiko für zu groß. Sollte er aufgespürt werden, fürchtete er blutige Vergeltungsmaßnahmen gegen sich und die Familie, die ihn versteckte. Zum anderen enthielt der Gestellungsbefehl eine staatliche Anordnung mit der Pflicht, ihr zu folgen. Das war typisch für die weltanschaulichen Prinzipien meines Vaters. Er war ein Mann des Rechts, nicht irgendein Anwalt, sondern ein Mann mit kompromisslosem und leidenschaftlichem Respekt vor dem Gesetz. Sicher kannte er Fälle, in denen Moral und Gesetz in Konflikt miteinander geraten waren. Wahrscheinlich hat er immer wieder darüber nachgedacht, was das für ein Gesetz sei, das ein Tyrann diktierte, das ein Scheinparlament verabschiedete und dabei fundamentale Menschenrechte mit Füßen trat. Doch als er sich selbst und sein Leben mit diesem Dilemma konfrontiert sah, hat dieser moralische Mann, der es mit Ehrlichkeit und Unbestechlichkeit so genau hielt, die einfachste Formel gewählt. Eine staatliche Anordnung war eine staatliche Anordnung, ein Befehl war ein Befehl. Man hatte zu gehorchen.

Es stellte sich heraus, das ein- oder zweihundert prominente Mitglieder der Budapester jüdischen Elite in den ersten Wochen der deutschen Besetzung als Geiseln genommen wurden. Zu Anfang brachte man sie im Rabbinischen Seminar in der Rökk-Szilárd-Straße zu erträglichen Bedingungen unter und ließ sie von der ungarischen Polizei bewachen.[1] Einige Wochen später durften die Familien sie besuchen. Meine Muter, meine Schwester und ich gingen hin. Meine beiden Brüder waren zu diesem Zeitpunkt schon zur Zwangsarbeit eingezogen, der Ältere, Bandi, an die russische Front und Tomi nach Bor in Jugoslawien. Wir trafen Vater im Hof des Seminars. Seine Haltung und seine Worte waren ruhig und sogar, wenn mich meine Erinnerung nicht täuscht, fast heiter. Es fiel kein emotionales Wort. Er gab meiner Mutter einige praktische Ratschläge, denn sie hatte sich bis dahin nur um Gäste, Freunde und die Verwandtschaft gekümmert und um die Kinder, während mein Vater das Bürokratische und die Geldangelegenheiten des Haushalts erledigt hatte. Das alles kam nun plötzlich auf meine Mutter zu, und mein Vater versuchte, es ihr zu erklären. Später schickte er ihr einen Brief mit Vorschlägen, was mit unserer Wohnung zu tun sei und mit Anweisungen, wo die Akten seiner Anwaltskanzlei aufzubewahren seien.* Über die in der Familie übliche zärtliche Begrüßung hinaus gab es weder bei diesem Treffen noch in dem späteren Brief Abschiedsworte von seiner Seite.

---

* Ist es denkbar, dass ich den Drang, meine Akten und Notizen in peinlicher Ordnung zu halten, geerbt habe, oder folge ich da nur dem Vorbild meines Vaters?

Wir haben keine weitere Zeile von meinem Vater erhalten und wir haben ihn nie wieder gesehen.

Solange er sich noch im Seminargebäude befand, hat man Schritte für seine Freilassung unternommen. Einige seiner treuen deutschen Mandanten bildeten eine kleine Delegation und begaben sich zu Botschafter Edmund Veesenmayer, dem Gauleiter, der zur Besatzungszeit in Ungarn eingesetzt war und einen furchtbaren Ruf hatte. Die Delegation bat die Deutschen, bei den ungarischen Autoritäten eine Eingabe für die Entlassung meines Vater zu machen. Sie führten zu seinen Gunsten an, wie gut sich der Anwalt Dr. Pál Kornhauser über Jahrzehnte hinweg für deutsche Geschäftsinteressen in Ungarn eingesetzt habe. Ein Mitglied der Delegation erzählte meiner Mutter später, was darauf folgte: Veesenmayer geriet in Wut und drohte den Bittstellern, sie zusammen mit Kornhauser einzukerkern, falls sie nicht schleunigst sein Büro verließen.

Darüber, was mit meinem Vater danach geschah, weiß man nichts Genaues. Die ganze Gruppe wurde wohl für einige Zeit in ein Lager in Horthy-liget (dem heutigen Szigetszentmiklós) verlegt, wo sich die Internierung noch eine Zeit lang fortsetzte, die Bedingungen aber härter waren.[2] Doch am Ende wurden alle in einen Zug verfrachtet, der Deportierte aus der Provinz in das Todeslager Auschwitz brachte.

Der Tod all der sechs Millionen Opfer des Holocaust war insgesamt ein tragisches Schicksal. Dem Tod jedes einzelnen Opfers ging ein einmaliges, individuelles Leben voraus. Trotzdem war das Schicksal meines Vaters eigentümlich. Denn er wurde vom *deutschen* Terrorregime umgebracht, unter bereitwilliger Mithilfe der ungarischen Autoritäten. Sein Tod ereilte ihn, obwohl er seit früher Jugend die deutsche Kultur geschätzt hatte, obwohl er mit seiner Anwaltstätigkeit deutsche Industrie- und Handelsinteressen zu fördern bemüht war, und obwohl er sich dabei für Ehrlichkeit und Gesetzestreue in den deutsch-ungarischen Beziehungen eingesetzt hatte. Natürlich hatte er nie Hitler unterstützt oder mit den Nazi-Autoritäten kollaboriert. Er musste sterben, nicht weil er passiv abseits gestanden hätte, sondern weil er Jude war.

Einen anderen Aspekt der Tragödie meines Vaters habe ich bereits erwähnt: Er war ein treuer Diener der Legalität und wollte sich deshalb nicht gegen die Autorität des Staates stellen. Er ging als wehrloses Lamm zur Schlachtbank, ein Opfer des himmelschreiendsten und unmenschlichsten Missbrauchs von Recht und Staatsgewalt.

1944: Mein Entkommen

Wäre mein Vater noch zu Hause gewesen, hätte er mir sicher geraten, was zu tun sei. Ich weiß nicht, wessen Wille stärker gewesen wäre – Vaters, der bekanntlich meinen Bruder Bandi in einem kritischen Moment daran gehindert hatte zu emigrieren, oder meiner. Denn ich war gewohnt, sehr selbstständig zu handeln, schon bei weniger wichtigen Angelegenheiten

Da mein Vater fort war und meine Mutter meine Entscheidungen nicht beeinflussen konnte und wollte, blieb ich mit meinem 16-jährigen Urteilsvermögen mir selbst überlassen. Es ging in diesem Fall um sehr viel wichtigere Dinge als die Frage, welche Bücher ich lesen oder welche Sprache ich lernen sollte. Das Jahr 1944 brachte Entscheidungen über Leben und Tod.

Es kursierten Gerüchte über Deportationen. Es war für uns damals unvorstellbar, dass man Deportierte in Gaskammern umbrachte. Wir glaubten, sie würden in die Lager zur Zwangsarbeit geschickt, wie sie meine Brüder Bandi und Tomi leisten mussten. Wir hatten Nachricht von ihnen und wussten, wie schwer sie es hatten, wie sehr sie unter Hunger und Kälte litten und unter der oft unmenschlichen Behandlung. Doch wir hofften inständig, dass sie den Krieg überleben würden.

Ich hatte gehört, dass man Juden, die in Waffenfabriken arbeiteten, nicht deportierte (was sich später als Gerücht erwies). Deshalb entschloss ich mich zusammen mit zwei Freunden, freiwillig als Arbeiter in die Nagybátony-Újlak Ziegelei am Stadtrand auf der Buda-Seite zu gehen.* Der Oberschüler, der nie Handarbeit geleistet hatte und ausgesprochen unsportlich und schwach war, sah sich plötzlich als Schwerstarbeiter. Geübte Facharbeiter hoben die ungebrannten, mit Wasser voll gesogenen schweren Ziegel aus der kontinuierlich arbeitenden Presse und schichteten sie auf eine Lore, die auf Schienen lief. Wir Hilfsarbeiter mussten die Loren dann zu den Schuppen schieben und dort die Ziegel ordentlich aufstapeln.

Eine Zeit lang gingen wir morgens in die Fabrik und abends wieder nach Hause, mit dem obligatorischen gelben Stern an der Kleidung. Später wurde eine Ausgangssperre verhängt, die unsere Bewegungsfreiheit einschränkte. Nach der

---

* Auch wenn es noch kein vorsätzliches Prinzip war, lernte ich instinktiv unter dem Zwang der Umstände, dass man im Leben mit Alternativen konfrontiert eine Wahl treffen muss. In mir entwickelte sich ein Widerwille, mich passiv dem Schicksal zu ergeben. Stattdessen wollte ich versuchen, mein Leben in eigene Hände zu nehmen. Später habe ich dieses Verhalten bewusst zu einem Grundsatz meines Lebens gemacht. Der Entschluss, eine Wahl zu treffen, garantiert natürlich nicht, dass die Entscheidung immer richtig ist. Die Arbeit in der Ziegelei zum Beispiel entpuppte sich als überflüssig, wie man gleich sieht.

Schicht war es dann zu spät, um nach Hause zu gehen. Uns blieb nichts anderes übrig, als in einem der Fabrikschuppen zu schlafen, so gut es eben ging.*

Das ungewohnte Leben hat bei mir keine bitteren Erinnerungen hinterlassen. Im Gegenteil, es hatte etwas von jenen Sommerlagern für junge Leute Ende der 1940er-Jahre, mit Arbeit in der Landwirtschaft oder auf dem Bau. Uns trieb zwar die Angst, aber wir gingen dort „freiwillig" zur Arbeit. Wir legten vertrauensvoll all unsere Kraft in die Arbeit und passten uns den Bedingungen an. Mit großer Erleichterung stellten wir fest, dass die Facharbeiter der Ziegelei, die jetzt unsere Kollegen waren, nie ein abschätziges Wort über uns verloren. Es gab weder Kommentare zu dem Stern, der auf unserer Kleidung leuchtete, noch antisemitische Beschimpfungen. Wenn wir uns ungeschickt anstellten, zeigten sie uns, wie wir es zu machen hätten oder pfiffen uns an, wie sie es mit jedem Anfänger getan hätten, der Ausschuss produzierte. Ein älterer Arbeiter lud uns zu sich nach Hause ein und bot uns zu essen und trinken an. Dort sah ich, wie sie lebten. Sie hatten ordentliche und saubere kleine Wohnungen, aber wie unglaublich arm erschienen sie mir im Vergleich zu dem Wohlstand, in dem meine Freunde und ich gelebt hatten. Ich hatte zu Hause schon immer ein gutes Verhältnis zu unseren Leuten, sprach oft mit ihnen, besuchte sie zu Hause und lernte ihre Familien kennen. Doch das waren paternalistische Verhältnisse zwischen Angestellten und einem Familienmitglied des Arbeitgebers und grundverschieden von dieser ersten wirklichen Begegnung mit der „Arbeiterklasse". Ich hatte plötzlich eine andere Welt betreten und ein Leben in fast hermetisch abgeschlossenem Wohlstand und Komfort für eines eingetauscht, das harte physische Arbeit in einer technologisch veralteten Fabrik und eine ärmliche Wohnung bedeutete. Ich fand mich unter Leuten, die ich aufrichtig für ihr hartes Leben und ihre natürliche Menschlichkeit bewundern konnte.

Die Nagybátony-Újlak Ziegelei wurde später eines der Durchgangslager für Massendeportationen. Sie kommt in den Erzählungen vieler Leute vor, die nach der Deportation zurückgekehrt sind. Mehrere von ihnen berichteten, Arbeiter von dort hätten ihnen geholfen. Es kam zu scharfen Auseinandersetzungen zwischen den Ziegeleiarbeitern und den Beamten, Gendarmen und Polizisten, die die Deportationen durchführten. Angeblich mussten einige Arbeiter ihre Bereitschaft, den Deportierten zu helfen, mit ihrem Leben bezahlen. Für diese Behauptung habe ich leider nie zuverlässige Bestätigung gefunden.

---

* In der Zeit, als ich in der Ziegelei lebte, mussten meine Mutter und Schwester unsere Wohnung in der Akadémia Straße verlassen. Die Juden wurden in die so genannten „Stern"-Häuser verlegt, die mit einem Davidstern gekennzeichnet waren. Meine Mutter und Schwester wurden von alten Freunden meiner Eltern aufgenommen, die in einem der „jüdischen Häuser" an der Pozsonyi Straße wohnten.

Im Sommer 1944 ließ der Druck auf die Budapester Juden etwas nach. Der Abtransport der Juden aus den Provinzen war abgeschlossen, und man hörte, Juden aus Budapest würden überhaupt nicht deportiert. Inzwischen hatte ich einen freundlichen Arzt gefunden, István Szabó, der bereitwillig das Risiko auf sich nahm und mir eine falsche Bestätigung ausstellte, ich sei untauglich für schwere körperliche Arbeit. So durfte ich die Ziegelei verlassen.

Der Herbst kam näher und damit der Beginn des neuen Schuljahrs. Ich sollte eigentlich das letzte Jahr vor dem Abitur beginnen. Doch ich beschloss, dass ich die Klasse nicht mit einem gelben Stern auf der Brust betreten würde. Zugunsten meiner Klassenkameraden ist zu sagen, dass ich nie ein einziges antisemitisches Wort von ihnen gehört habe; doch ich nahm ihnen übel, dass ich auch nie irgendein Zeichen von Sympathie von ihnen bekam, genauso wenig wie von nicht-jüdischen Freunden und Bekannten von anderen Schulen. Weder besuchten sie mich, noch riefen sie mich an. Als ich zufällig ein paar von ihnen nach dem Krieg wiedertraf, hielt ich ihnen ihr Schweigen vor, doch sie schauten mich an, als verständen sie nicht, dass sie etwas versäumt hatten. Sie hätten doch oft an mich gedacht und gerne gewusst, was aus mir geworden sei ... Die Schulen, die wir besuchten, und die Familien, die uns erzogen, hatten uns nicht gelehrt, Empathie, Mitgefühl oder Solidarität offen zu zeigen.

Ich verbrachte den Sommer und den Frühherbst mit Nichtstun. Wir zogen aus dem „Stern"-Haus in die Wohnung meiner Schwester. Mit dem offiziellem Mieter, einem Gendarmerie-Hauptmann, wurde ein eigenartiger Vertrag geschlossen: Meine Schwester vereinbarte mit ihm, sollten wir umkommen und er und seine Familie überleben, dann würde die Wohnung mit dem gesamten Inhalt ihnen gehören. Sollten wir aber den Sturm überleben und zurückkehren, würden sie sich ein anderes Unterkommen suchen. Wir überlebten, doch im Sommer 1944 konnte man das nicht vorhersehen. Meine Mutter hantierte in der Küche und wir drei – meine Schwester Lilly, die nette und humorvolle Frau des Hauptmanns, die im sechsten Monat schwanger war, und ich – erzählten einander Witze, wie sie 16-jährige machen, und lachten laut wie Leute, die nichts zu verlieren haben.

Am 15. Oktober verkündete das ungarische Staatsoberhaupt Reichsverweser Horthy seine berühmte Proklamation über einen Waffenstillstand, den er mit der Sowjetarmee schließen wolle. Kurz darauf fingen Banden ungarischer Nazis, der Pfeilkreuzler, an, die Straßen unsicher zu machen. Auf der Seite von Pest wütete der Terror zehn Wochen. Zunächst waren es nur Einzelfälle, bald aber begann ein Massenmorden und es dauerte noch Wochen, bis die Deutschen und die ungarischen Pfeilkreuzler auch von der Buda-Seite vertrieben werden konnten.

Ein paar Tage, nachdem die Pfeilkreuzler die Macht ergriffen hatten, wurden alle Juden zur Zwangsarbeit einberufen, auch jene, die jünger oder älter waren als die Altersgruppe zwischen 18 und 60, die bislang zum Militärdienst verpflichtet war. Auch ich befand mich unter den Einberufenen und kam in eine Arbeitskompanie aus Jungen meines Alters und alten Männern. Die Truppen marschierten von der Pferderennbahn ab, wo die neuen Arbeitsdienstmänner sich sammelten und in Kompanien eingeteilt wurden. Unser Quartier für die erste Nacht befand sich in einem noch nicht fertig gestellten Flügel des Flughafens Ferihegy. Dort konnte jeder von uns seinen Rucksack als Kissen benutzen. Als es hell wurde, lag ein alter Mann regungslos in meiner Nähe. Die Aufregung und der Marsch waren für ihn zu viel gewesen. Zum ersten Mal in meinem Leben sah ich einen Toten.

In Vecsés, einer Kleinstadt ungefähr 20 km von Budapest entfernt, quartierte man uns in Ställen ein. Da lagen an die hundert Mann Seite an Seite auf Stroh. Das war nicht mehr die fröhliche Lageratmosphäre unserer Nächte in der Ziegelei. Die älteren Mitglieder der Kompanie litten. Wer nachts aufstehen musste, fiel in der Dunkelheit über die anderen. Jeden Morgen versuchten die Männer, an warme Badezimmer gewöhnt, sich so gut es ging mit eiskaltem Wasser zu waschen. Zu essen bekamen wir herzlich wenig. Draußen in den Feldern, wo wir Gräben zu ziehen hatten, suchten wir nach Möhren, um den ärgsten Hunger zu stillen. Die Leute der Kompanie blieben sich fremd. Die Zeit war zu kurz, um irgendwelche kameradschaftlichen oder freundschaftlichen Bande zu knüpfen. Ich hatte niemanden, an den ich mich mit meinen Sorgen und Problemen hätte wenden können.

Doch sogar da begegnete ich Wärme und Menschlichkeit. Eines Tages mussten wir einen Privatgarten umwühlen, denn unsere Lageraufseher hatten uns befohlen, dort einen Graben auszuheben. Die Eigentümer ließen ihren Zorn über den Schaden nicht an uns aus. Im Gegenteil, ein niedliches kleines blondes Mädchen erschien plötzlich mit einem Topf Bohnensuppe für die hungernde Gruppe. Das Mädchen hieß Márta, und ich traf sie zufällig viele Jahre später wieder. Sie arbeitete als Schreibkraft in dem Büro, in dem ich Journalist war. Wir erzählten einander von den Kriegszeiten und kamen darauf, dass ihre Eltern unsere Schutzengel gewesen waren und dass ich einer von jenen gewesen war, denen sie so selbstlos geholfen hatten. Es war eine kleine gute Tat, ein Topf Suppe. Ich führe sie als eines von vielen Gegenbeispielen an, wenn jemand verallgemeinernd davon redet, alle Ungarn hätten ohne Mitleid zugesehen, wie die Juden verfolgt wurden.

Wir konnten bereits die Sowjet-Artillerie aus nächster Nähe hören, als wir am 2. November 1944 den Befehl erhielten, unverzüglich Vecsés zu verlassen und nach Budapest zu marschieren. Die Kompanie zog an Allerseelen ab, in Ungarn der Tag, an dem man der Toten gedenkt. Ein paar Dutzend Jungen und vielleicht 100 bis 150 alte Männer. Feldgendarmen begleiteten uns bis an die Stadtgrenze von Budapest. Sie sorgten für ebenso strikte Disziplin auf der Straße wie während unseres Aufenthalts in Vecsés. Aber sie machten sich keinen Spaß daraus, uns zu quälen oder sadistische Befehle zu erfinden, die zu einem plötzlichen Zusammenbruch oder Tod geführt hätten. Sie legten einen raschen, aber noch immer erträglichen Schritt vor.

Seitdem bin ich oft an den Kasernen in der Üllői-Straße vorbeigekommen, wo die Milizionäre der Pfeilkreuzler-Partei in ihren grünen Hemden mit Armbinden damals die Kompanie von den Lageraufsehern übernahmen. Im nächsten Moment wurde der erste neue Befehl herausgebrüllt: „Schritt verdoppeln!". Die jungen unter uns konnten noch rennen, selbst nach dem Marsch von mehreren Kilometern von Vecsés nach Budapest. Doch einige der alten Männer fingen an zurückzubleiben. Die jungen Pfeilkreuzler trieben jeden, der stehen blieb, mit ihren Gewehrkolben an. Das ging so über die ganze Üllői-Straße bis hinunter zur Miklós-Horthy-(heute Petőfi-)Brücke. Ich sah, wie erbarmungslos auf die Leute vor und hinter mir eingeschlagen wurde. Fünf oder sogar mehr alte Männer wurden vor meinen Augen buchstäblich zu Tode geprügelt. Nie werde ich die Schreie der gequälten Sterbenden vergessen. Als wir die Brücke erreichten, brachen zwei Leute aus dem Glied aus und sprangen in die Donau. Die Pfeilkreuzler schossen auf sie. Ich weiß nicht, ob sie getroffen wurden oder ob sie davon gekommen sind.

Völlig erschöpft und psychisch gebrochen kamen wir in Albertfalva an, wo wir die Nacht verbrachten. Es war tatsächlich Allerseelen, ein Tag der Toten gewesen. Die 20 km von Vecsés nach Albertfalva sind schon für gesunde Leute eine beachtliche Entfernung. Am nächsten Morgen in aller Frühe beschloss ich zu fliehen.

Und ich hatte Glück, denn es bot sich gerade eine gute Gelegenheit. Der mutige schwedische Diplomat Raoul Wallenberg führte zu dieser Zeit in ganz Budapest eine Rettungskampagne durch, wozu er unterschiedliche Mittel verwendete. Einige Leute erhielten schwedische Pässe, nicht genau die gleichen wie tatsächliche Bürger Schwedens. Das Dokument hatte den deutschen Aufdruck *Schutzpass*, womit beurkundet wurde, der Halter sei schwedischer Staatsbürger. Andere erhielten nur einen *Schutzbrief*, ein Dokument mit geringerem rechtlichem Gewicht, das besagte, dass der Halter unter dem Schutz der Schwedischen Botschaft in Budapest stehe. Das eine Dokument musste selbst die Pfeilkreuzler-Regierung respektieren, das andere hatte in Wirklichkeit keinerlei völkerrechtliche Bedeutung oder Wirkung.

Dieses zweite Dokument befand sich in meiner Tasche: von außen eindrucksvoll, bei genauerem Hinsehen aber von geringer Bedeutung. Ernő Wahrmann, ein

Freund unserer Familie und einer der Bewunderer meiner Schwester Lilly, hatte es mir verschafft. Eines frühen Morgens befahl einer der Pfeilkreuzler-Kommandeure, Leute mit schwedischen Pässen sollten vortreten. Mir blieb nur ein Moment zur Entscheidung. Wenn ich mich zu den Schweden stellte und man herausfand, dass ich keinen echten schwedischen Pass hätte, würde ich womöglich auf der Stelle erschossen werden. Aber ich beschloss, das Risiko einzugehen und mich als Schwede einzureihen.

Glücklicherweise bemerkte der junge Kerl, der die Dokumente prüfte, nicht den feinen Unterschied zwischen einem *Schutzpass* und einem *Schutzbrief* und beließ mich in der Gruppe der Schweden. Man verlud uns auf einen Lastwagen und schickte uns nach Pest. Der Rest der Männer blieb zurück, und man munkelte, sie würden weiter nach Westen getrieben. Zufällig traf ich viele Jahre später einen der Überlebenden und erfuhr von ihrem weiteren Schicksal. Die meisten waren schon tot, als man die österreichische Grenze erreichte. Schläge, Hunger und das hohe Marschtempo hatten den Rest umgebracht.

Die Gruppe Schweden von Albertfalva kam mit einigen weiteren schwedischen Gruppen in Pest in das weitläufige Hauptquartier einer Gewerkschaft. Auch wenn wir auf dem Boden schlafen mussten, für uns war es ein Gefühl der Befreiung. Niemand würde uns misshandeln! Wir wurden von freundlichen regulären Rekruten bewacht. „Schwedische" Offiziere, die unter den ungarischen Juden ausgesucht worden waren und früher im Rang von Reserveoffizieren gestanden hatten, sorgten für Ordnung. Doch so erträglich das Leben hier war, ich befürchtete, die Pfeilkreuzler würden uns nicht lange in Frieden lassen. Später stellte sich heraus, dass meine Angst berechtigt gewesen war. Denn auch diese Gruppe wurde nach kurzem Aufenthalt nach Westen getrieben.

Aus dem schwedischen Haus zu entkommen, war ein Leichtes. Einer der Offiziere war ein Freund der Familie und sorgte dafür, dass die Wachen wegsahen, als ich mich entfernte. Nun konnte ich ungehindert durch die Straßen von Pest gehen. Doch wie frei war ich? Ich trug keinen gelben Stern, ich hatte keine gefälschten Papiere. Doch wenn irgendein Pfeilkreuzler, Polizist, Soldat oder ziviler Kollaborateur Verdacht schöpfen sollte, konnte ich ins Gefängnis und zu brutalen Verhören geschafft werden. Also musste ich untertauchen.

Zuerst kam ich bei der lieben Lujza unter, unserer ehemaligen Putzfrau. Ihr Mann war Hausmeister in einem großen Wohnblock, und ich schlief dort in einem der Räume. Sie wollten mich nicht allein in der Wohnung lassen, wenn sie tagsüber zur Arbeit gingen, und so baten sie den einen oder anderen Bewohner, mich zu verstecken. Einen Tag verbrachte ich im Zimmer eines Straßenbahnführers, den nächsten kam ich bei einer Prostituierten unter. Jeder von ihnen kannte das nicht kalkulierbare Risiko, das sie eingingen. Juden oder Deserteuren Unterschlupf zu gewähren, wurde mit „Vernichtung“ bestraft, wie die allgegenwärtigen Anschläge drohten. Doch taten sie es dennoch, ein weiteres Beispiele dafür, wie falsch es ist zu verallgemeinern, wie ungerecht, in den Ungarn nur sadistische Pfeilkreuzler und Schurken zu sehen. Denn einige Ungarn halfen uns selbstlos und aus freien Stücken, aus Menschlichkeit und unter großer Gefahr für sich selbst.

Aber auf die Dauer konnte es nicht gut gehen, jeden Tag ein anderes Versteck aufzutreiben. Und wieder hatte ich Glück. Der Freund der Familie, der mir den Wallenberg-Schutzbrief beschafft hatte, setzte jetzt seine Beziehungen zu den Jesuiten ein. Die Patres willigten ein, eine Gruppe Juden zu verstecken, darunter auch mich und den Mann meiner Schwester. Derselbe Freund hatte auch einen Unterschlupf für meine Mutter und meine Schwester bei den Nonnen von Sacre Coeur gefunden. Bevor ich mich in mein neues Versteck begab, besuchte ich sie dort, denn wer wusste, wann wir uns je wiedersehen würden. Ohne Stern, ohne Papiere, aber mit einem Blumenstrauß hastete ich zum Kloster. Außer sich vor Freude begrüßten mich meine Mutter und Schwester, und wir nahmen Abschied voneinander.

Das Jesuitenkloster (heute das Gebäude des Rajk Kollegs, Wohnheim und Studienort für Ökonomiestudenten) empfing uns freundlich. Vielen Flüchtlingen gewährte der Ordensobere, Pater Jakab Raile* dort Asyl[3]. Ich war unter allen der einzige Jugendliche und hatte deshalb keinen richtigen Gesprächspartner. Mein Schwager und ich pflegten, wie man das so tut, die Verwandtschaftsbeziehungen. Aber wir hatten uns weder emotional noch intellektuell viel zu sagen. Wieder einmal fand ich mich in einer Gemeinschaft, in der ich mehr oder weniger für mich blieb.

Einer der Patres, dessen Namen ich leider vergessen habe, lud mich mehrfach zu Gesprächen über Glaubensfragen ein, über Gott, die christliche und jüdische Religion und Philosophie. Anderen müssen wir ein merkwürdiges Schauspiel geboten haben – ein Jesuitenpater und ein schlaksiger Teenager mit verstrubbeltem Haar, die ins Gespräch vertieft im Garten auf- und abgingen, während draußen die Artillerie donnerte.

Zu dieser Zeit hatte die Sowjetarmee den Ring um Budapest geschlossen und in den äußeren Stadtteilen setzten die Straßenkämpfe ein. Wir lebten im Glau-

* Jakab Raile war 1944 Ordensprovinzial der Jesuiten in Ungarn. Es gibt keine verlässlichen Daten über die Zahl der Leute, die im Hause versteckt gehalten wurden. Eine Quelle schätzt sie auf 100, eine andere auf 150. 1992 erhielt Pater Raile den Titel eines „Gerechten unter den Völkern“ von der israelischen Organisation Yad Vashem. Diese Ehre wird jenen zuteil, die sich für die Rettung verfolgter Juden im Holocaust besonders eingesetzt haben.

ben, das Ansehen der Jesuiten würde die Pfeilkreuzler außerhalb der Klostermauern halten. Doch eines Morgens wurden wir von den Patres alarmiert, die Pfeilkreuzler hätten damit begonnen, das Gebäude zu durchsuchen. Ich stürzte ins Treppenhaus und hörte dort zwei bewaffnete Männer herumschreien, wobei ich nicht genau sah, ob es Soldaten oder Pfeilkreuzler-Milizionäre waren. Mein Schwager und ich flüchteten in Panik aufs Dach und legten uns flach auf die Latten, die die Kaminkehrer benutzen, um an die Schornsteine zu gelangen. Ich wusste nicht, wovor ich mehr Angst haben musste, vor der Razzia im Gebäude oder dem Beschuss der Stadt. Die Bomben, die in der Nähe einschlugen, und das Artilleriefeuer machten einen fürchterlichen Lärm. Darüber hinaus hatte ich Angst, von der schmalen Planke herabzufallen. Die Situation war schrecklich, aber gleichzeitig bot die Silhouette der Stadt eine teuflische Schönheit mit dem aufblitzenden Kanonenfeuer, das man vom Dach aus sah. Obendrein hatte die Situation auch eine groteske Seite: ein junger jüdischer Bankangestellter und ein Schüler und Bücherwurm, die sich platt gedrückt an Latten auf dem Dach eines Jesuitenklosters klammerten.

Wir überlebten die Razzia, aber unsere Gastgeber schickten uns jetzt in den Keller. Da unten lebten wir, wenn ich mich recht erinnere, zwei Wochen in beengten, doch relativ zivilisierten Verhältnissen. Das Kloster versorgte uns mit Essen; wir waren sicher besser ernährt als die meisten Leute in Budapest in jenen Tagen. Vor Beginn der Belagerung waren die Häuser in ihren Kellern durch die Luftschutzräume, soweit möglich, miteinander verbunden worden. Eines Morgens ging die Tür zum Keller des Nachbarhauses auf, und ein Zug deutscher Soldaten erschien. Was wollten sie? War das eine Razzia? Wollten sie uns hinaustreiben? Nein, das war jetzt ihre geringste Sorge – sie versuchten zu fliehen. Sie waren erschöpft, gebrochene Männer, die sich von einem Keller in den nächsten schleppten.

Vielleicht ein, zwei Tage nach diesem Besuch geschlagener deutscher Soldaten trafen die Russen ein. Ich werde den Anblick nie vergessen. Im Haus führte eine Treppe in den Keller, in dem wir uns verbargen. Wir saßen da unten, von Angst erfüllt, als plötzlich oben auf der Treppe drei Männer erschienen. Das war Pater Raile, der Obere, im Habit eines Jesuitenpriesters. Neben ihm stand ein stocksteifer Sowjetoffizier in Kosakenuniform. Eine solche Uniform, die schweren Patronengürtel über die Brust gekreuzt, hatte ich zuvor nur in Operettenfilmen gesehen. Der dritte Mann war einer von uns, der Kantor einer Synagoge in Subkarpathien*, der Russisch und Ukrainisch sprach und jetzt zwischen dem Jesuiten und dem Sowjetoffizier dolmetschte. Wir vernahmen ein paar freundliche Begrüßungsworte,

* Diese Region war 1944 Teil Ungarns. Heute gehört sie zur Ukraine.

und dann waren die Verfolgung, das Verstecken und die Belagerung der Stadt für uns vorbei.

Aber die Szene setzte sich bizarr fort. Die Stufen hinunter zu uns, die wir verfolgt worden waren, die wir uns im Haus der Jesuiten wochenlang verborgen gehalten hatten und die wir nur einen Moment zuvor befreit worden waren, stürzten plötzlich ein paar russische Soldaten. Unter „davaj časi"-Gebrüll befreiten sie uns alle von unseren Armbanduhren. Ich verstand nicht so recht, was sie eigentlich wollten oder warum sie das taten, doch ich übergab ihnen ohne weiteres die meine.

Wir blieben noch ein oder zwei Tage, bevor sich alle, die wir im Hause der Jesuiten Schutz gefunden hatten, dankbar verabschiedeten, und jeder seines Weges ging.

Ich ging zum kleinen Ring und fand mich bald vor der Hauptsynagoge in der Dohány-Straße. Erschrocken und erschüttert sah ich erfrorene, nackte Körper auf der Straße aufgeschichtet. Haushoch stapelten sich die Leichname der Juden, die im Ghetto um die Synagoge herum umgekommen waren.

Ich eilte weiter zur Wohnung meiner Schwester in der Pozsonyi-Straße. Ich trat ein, und da waren meine Mutter und meine Schwester. Alle drei hatten wir die Belagerung von Budapest überlebt!

Und damit ging ein Kapitel meines Lebens zu Ende. Ich stand nur wenige Tage vor meinem siebzehnten Geburtstag. Nach dem Gesetz war ich noch nicht volljährig, doch das Jahr 1944 bedeutete, dass ich mich ein für alle Mal nicht mehr als Kind oder Minderjähriger fühlte, der nicht die volle Verantwortung für sich selbst trug.

Anmerkungen

1 Zu den jüdischen Geiseln, die im Rabbinischen Seminar in der Rökk Szilárd Straße festgehalten wurden siehe Braham 1981, 1:482–3; Brámer 1997.

2 Fóthy 1945. Fóthys Buch erwähnt meinen Vater nicht mit Namen, es behandelt aber die Anwälte, die aus der Rökk Szilárd Straße nach Horthy-liget und kurz darauf in die Todeslager verlegt wurden.

3 Braham 1981, 2:325; Thassy 1996: 372–6, 394–6, 418–9.

2 Wie ich Kommunist wurde – 1945–1947

Es war 1975 und ich war gerade in Schweden tätig, als ich für einen Aufenthalt in New York ein Visum bei der US-Botschaft in Stockholm beantragen musste. Nach den damaligen amerikanischen Vorschriften lautete eine Frage auf dem Formular, ob ich jemals in meinem Leben Mitglied der Kommunistischen Partei gewesen sei. Der Botschaftsangestellte nahm meinen Antrag entgegen und sah, dass ich die Frage mit Ja beantwortet hatte. Hilfsbereit und freundlich suggerierte er: „Man hat Sie dazu gezwungen …" – „Absolut nicht", antwortete ich. „Ich trat aus freien Stücken bei. Denn damals war das meine Überzeugung."

Seit meine kommunistische Überzeugung ins Wanken geriet und sich schließlich ganz verlor, ist ein halbes Jahrhundert vergangen. Dennoch sind die Fragen, wie und warum ich Kommunist wurde, für meine Lebensgeschichte immer noch aktuell.

Identifikationsstufen

Ganz so einfach, wie man meiner Aussage damals in der Botschaft hätte entnehmen können, ist die Sache natürlich doch nicht. Der Beitritt zur Partei setzt eine formelle schriftliche Erklärung voraus, ein zwar wichtiger und folgenreicher Schritt, aber nur eine Stufe im Bekehrungsprozess. Dieser beginnt außerhalb der kommunistischen Partei und endet in völliger Identifikation mit ihr. Das kann einige Zeit dauern und hängt von den Umständen und der jeweiligen Person ab. Auch verläuft die Bekehrung in Ländern, in denen die kommunistische Partei herrscht, anders als in Ländern, wo sie noch um die Macht kämpft, legal oder illegal. Hier aber geht es um den Fall einer herrschenden Partei.* In Ungarn folgte auf den Zusammenbruch des Pfeilkreuzler-Regimes unmittelbar eine Koalitionsregierung, in der die Kommunisten einflussreiche Posten erhielten. Erst später übernahm die Kommunistische Partei die Alleinherrschaft.

Die Identifikation mit der Kommunistischen Partei vollzieht sich normalerweise in fünf Schritten:

* Die Kommunistische Partei Ungarns hat ihren Namen mehrfach geändert. Die „Ungarische Kommunistische Partei" (1944–48) wurde die „Ungarische Arbeiterpartei" (1948–56) und dann die „Ungarische Sozialistische Arbeiterpartei" (1956–89). In diesem Buch verwende ich einfach die Bezeichnung „Kommunistische Partei".

Zunächst ist man Sympathisant außerhalb der Partei. Man fühlt sich von ihren Ideen angezogen, ist bereit, bestimmte Aktionen zu unterstützen, und stimmt für sie bei Wahlen. Man ist „fellow traveller", will aber noch nicht die Verpflichtungen einer Mitgliedschaft auf sich nehmen.

In der zweiten Phase wird man Parteimitglied (ohne qualifizierendes Adjektiv). Mitglieder können engagiert sein oder aber zurückhaltend und kaum sichtbar in der Organisation. Aus aufrichtiger Sympathie für die Partei nehmen sie die Disziplin und gewisse Pflichten der Mitgliedschaft auf sich. Opportunisten, die nur die mit einer Mitgliedschaft verbundenen Vorteile im Auge haben, bleiben dagegen die kommunistischen Ideen fremd.

Dann folgt die aktive, engagierte Parteimitgliedschaft. Regelmäßig besucht man die Sitzungen der Parteigruppe, leistet Parteiarbeit und vertritt seine kommunistische Gesinnung.

Die vierte Stufe bildet der echte Kommunist. Er ist geschulter Marxist-Leninist, aber nicht nur das. Man erinnere sich nur an Stalins bekanntes Wort zum Tode Lenins: „Genossen, wir Kommunisten sind Menschen von besonderem Schlag. Wir sind aus besonderem Material geformt."[1] Echte Kommunisten, echte Bolschewiken unterscheiden sich sowohl intellektuell von Nicht-Kommunisten als auch in ihrer Haltung und ihrem Charakter. Sie verhalten sich „parteilich". Jede persönliche Beziehung zu Familie, Freunden oder Kollegen muss sich den Parteiinteressen unterordnen. Echte Kommunisten gehorchen diszipliniert jedem Befehl der Partei, selbst wenn sie anderer Meinung sind. Für die Partei sie sind zu jedem Opfer bereit.

Zwischen der dritten und vierten Stufe gibt es keine scharfe Trennlinie. Überzeugte Mitglieder möchten gern echte Kommunisten werden. Das ist ihre Idealvorstellung vom Menschen – ein sehr „dialektisches" Ideal. Echte Kommunisten quälen sich mit inneren Zweifeln an ihrer marxistischen Schulung und fragen sich, ob sie ausreichend diszipliniert und aufopferungsbereit seien. Je stärker ihr selbstkritisches Bewusstsein, desto authentischer, gefestigter und echter wirkt ihr Kommunismus nach außen.

Auf der fünften Stufe steht der Parteikämpfer, der hauptberufliche Parteiarbeiter. Er geht voll und ganz im Dienst der Partei auf und widmet seine Zeit ausschließlich der Parteiarbeit. Er ist Parteisekretär oder Angestellter im Parteiapparat, Fabrikdirektor oder Offizier der Staatssicherheitspolizei (Államvédelmi Hatóság oder ÁVH). Auf jeden Fall muss er für diesen Posten von der Partei ausgewählt worden sein, die ihn auch zu jeder Zeit wieder abberufen kann. Auf welcher Position auch immer, die Partei befiehlt und ihre Interessen haben Vorrang.

Die Reihenfolge dieser fünf Phasen der Entwicklung verläuft nicht immer ganz genau so, denn vieles passiert gleichzeitig. Manch einer bleibt auf der ersten oder einer der nächsten Stufen stehen. Ich erklomm die gesamte Stufenleiter. Dies ist zwar meine ganz persönliche Geschichte, doch am Ende ist sie zweifellos in vieler Hinsicht auch für andere ziemlich typisch.

Im Frühjahr 1945 ging ich noch zur Schule und bereitete mich am Gymnasium der Reformierten Kirche in der Provinzstadt Kiskunhalas auf das Abitur vor. Ein Freund hatte mich für ein paar Monate dahin eingeladen, man kam dort leichter an Nahrungsmittel. Als ich im Sommer 1945 dann, nach bestandener Prüfung, wieder in Budapest war, besuchte ich häufiger die Gruppe des demokratischen ungarischen Jugendbundes (Magyar Demokratikus Ifjúsági Szövetség oder MADISZ) im fünften Bezirk, eine von Kommunisten kontrollierte, landesweite Organisation. In diesen ersten sechs oder acht Monaten des Jahres wurde aus einem, der dem Kommunismus fern stand, ein Sympathisant (erste Stufe).

Im Sommer trat ich dem MADISZ bei und wurde immer aktiver. Meine Sympathie wuchs weiter, und ich trug mich mit dem Gedanken, Parteimitglied zu werden. Ende des Jahres trat ich in die ungarische Kommunistische Partei ein und wurde Funktionär in der Budapester MADISZ-Zentrale. Zu diesem Zeitpunkt überschnitten sich die zweite und dritte Phase: Ich war bereits Aktivist einer kommunistisch geführten Organisation, als ich der Partei beitrat. Es zeichnete sich damals schon ab, dass ich auch die fünfte Stufe erreichen würde, den „hauptberuflichen Parteikämpfer".

In der Budapester MADISZ-Zentrale nahm meine Absicht, echter Kommunist zu werden, Gestalt an. Später wurde ich befördert und in die nationale Zentrale des MADISZ versetzt. Ich war auf dem Höhepunkt meiner Karriere als Funktionär der Jugendbewegung. Von nun an betrachtete ich mich als echten Kommunisten und wurde als solcher auch von meiner Umgebung wahrgenommen. Ich war auf der vierten oder fünften Stufe angelangt. Mehrere Faktoren hatten mich dorthin gebracht. Ich möchte sie als eine Art Bekehrung schildern, allerdings nicht chronologisch, und dabei das Modell der fünf Phasen zur Erklärung verwenden.

Die Reaktion auf das Trauma von 1944

An eine besondere Affinität zwischen Juden und der Führung kommunistischer Parteien zu glauben, halte ich für grundfalsch. Nur Dummheit und Ignoranz können behaupten, Juden hätten „Kommunismus im Blut". Marx war Jude, Engels, Lenin und Stalin jedoch nicht. Béla Kun und Mátyás Rákosi, die Führer der ungarischen

Kommunisten im Jahre 1919 und nach 1945, waren Juden, aber weder der Deutsche Walter Ulbricht, noch der Pole Bolesław Bierut oder der Chinese Mao Zedong. Man kann den rassistischen Vorwurf auch *e contrario* widerlegen und statt die jüdischen Politiker zu nennen, die der kommunistischen Sache gedient haben, die jüdischen Führer der Sozialdemokraten, der Liberalen oder Konservativen aufzählen.

Zahlreiche junge und alte jüdische Intellektuelle Ungarns fühlten sich bedingt durch die traumatischen Erlebnisse von 1944 zur Kommunistischen Partei hingezogen. Die Verfolgung der ungarischen Juden hatte ja nicht erst 1944 begonnen. Sie wurde unmittelbar von den Maßnahmen des Horthy-Regimes (1920–44) ausgelöst: den anti-jüdischen Gesetzen, die den Antisemitismus zur offiziellen Politik erhoben, dem Bündnis mit Hitler, aus dem man sich Hilfe für die Revision der ungarischen Grenzen erhoffte und schließlich der Eintritt in den Zweiten Weltkrieg an Hitlers Seite. Viele Juden glaubten daher, sie müssten unbedingt die Kommunisten unterstützen, die ja dem Regime den schärfsten Widerstand geleistet hatten und die als illegale Organisation während der gesamten Horthy-Periode verfolgt worden waren.

In den Wochen und Monaten nach der Befreiung sprach man viel über den ungarischen Widerstand. Die Kommunisten erklärten, ihre eigenen Leute seien in diesem Kampf am aktivsten gewesen und hätten die größten Opfer gebracht. In Wahrheit war der bewaffnete Widerstand in Ungarn schwach, wirkungslos und von sehr beschränktem Umfang. Das Verhältnis von Kommunisten zu Nicht-Kommunisten in der kleinen Gruppe bewaffneter Widerständler habe ich nicht näher untersucht. Durch die Annäherung an die Partei war ich mit Kommunisten zusammengekommen, die gegen den Faschismus die Waffen erhoben hatten, ich achtete und bewunderte sie, und ich fühlte mich schuldig, nur meine eigene Haut gerettet und nicht einmal versucht zu haben zu kämpfen. Meine Jugend konnte nicht als Entschuldigung gelten. Denn im MADISZ des fünften Bezirks gab es Leute, jünger als ich, die alle Welt als Widerstandshelden feierte, zum Beispiel Homok (Ferenc Várnai) oder Gabi Papp.

Nicht nur ihre Verdienste in der Vergangenheit, dem bewaffneten Widerstand gegen das Horthy-Regime, machten die Kommunisten in den Augen eines jüdischen Jungen ehrenwert und sympathisch. Es war auch die Angst vor der Zukunft. Vielleicht würde sich diese Tragödie noch einmal wiederholen? Ich will hier nicht nach der Antwort auf diese Frage suchen und nicht das Schicksal der ungarischen Demokratie oder Ungarns Beziehungen zum demokratischen Westen diskutieren. Ich möchte einfach nur wiedergeben, was mir als Siebzehnjährigem durch den Kopf ging – und vielen anderen jungen Leuten, die ein ähnliches Trauma erfahren hatten. Es war gleichgültig, welches sozialökonomische System die Kommunistische Partei versprach oder wie das System in der Sowjetunion aussah. Die Kommunistische Partei bot dank ihrer politischen Präsenz, ihrer Rolle in der Regierung und ihrer Macht die beste Garantie gegen ein Wiederaufleben des Faschismus – und das schien mir ausreichend, sie zu unterstützen.

Und das war es auch, was die Kommunistische Partei für Juden attraktiv machte, nicht etwa irgendeine genetische Affinität. Allerdings war es damals wie heute unmöglich, die Kommunistische Partei und die Sowjetunion unabhängig voneinander zu sehen. Wer enthusiastisch über die Sowjetunion dachte, sympathisierte auch mit der ungarischen Kommunistischen Partei, und wer die Sowjetunion verabscheute oder hasste, war auch gegen die ungarischen Kommunisten.

Als die Sowjettruppen im Januar und Februar 1945 die deutsche Armee und ihre ungarischen Pfeilkreuzler-Henker verjagten, hatte ich aufrichtig das Gefühl, wir seien befreit worden. Die Sowjetsoldaten hatten mein Leben gerettet, und ich dachte mit Dankbarkeit an die schrecklichen Verluste, die sie für mich erlitten hatten. Dieses Dankbarkeitsgefühl verschleierte in mir die Wahrnehmung, dass sich viele Soldaten der Roten Armee brutal aufführten und dass ihre Vorgesetzten dieses Verhalten duldeten. Den kuriosen Raub unserer Uhren im Augenblick der Befreiung, von dem ich schon erzählte, fand ich eher amüsant. Mir verging allerdings das Lachen, als ich miterleben musste, wie unsere Wohnung gleich mehrfach geplündert wurde. Eine Horde russischer Soldaten stürmte mit vorgehaltenen Maschinenpistolen herein, trieb uns in den Luftschutzkeller, griff zu und verschwand, bepackt mit unseren Sachen. Sogar einen „Stammkunden" hatten wir, der uns mehrmals ausraubte. (Wir nannten ihn *Bunker Idi* – „Marsch, in den Bunker!" auf Russisch –, denn das schrie er, wenn er uns mit der Waffe die Kellertreppe hinunter trieb.) Ein enger Freund erzählte mir verzweifelt, dass sie seine Mutter vergewaltigt hätten.

Ich wurde mehrfach für *malinki robot* (kleine Arbeit) eingespannt: in Budapest eine Maschinengewehrstellung ausheben oder auf dem Lande Pferde zusammen treiben. Glücklicherweise bin ich immer wieder mit heiler Haut davongekommen. Viele Zivilisten, so hörten wir nämlich, waren für kleine Arbeiten herangezogen worden, und dann hatte man sie zu den Kriegsgefangenen gesteckt und in die Sowjetunion abtransportiert.

Was in mir vorging, ist der Psychologie als Verminderung der kognitiven Dissonanz bekannt. Jahrelang verdrängte ich diese entsetzlichen Erfahrungen. Denn hätte ich sie mir eingestanden, wäre mein Vertrauen in die Sowjetunion zerstört worden. Ich suchte nach Erklärungen und Entschuldigungen für das unannehmbare und unentschuldbare Verhalten. Nur so konnte mein Vertrauen zur Sowjetunion bis zu dem Punkt wachsen, wo es bedingungsloser, blinder Glaube wurde.

Bevor ich auf weitere Gründe für meine Bekehrung zu sprechen komme, möchte ich etwas zu meinem Judentum sagen. Mit der Annäherung an die Kommunistische Partei verschwand mein Judentum fast völlig, zumindest aus meinem vordergründigen Bewusstsein. Ein alter Klassenkamerad berichtete, er bereite die Auswanderung nach Israel vor. Es ließ mich völlig kalt.* Der Gedanke, für die Verfolgung der Juden Rache zu nehmen, stand mir fern. Wie viele Juden in der Parteiführung saßen, war für mich bedeutungslos. Dass sie Juden waren, brachte sie mir nicht näher. Andererseits kam es mir nie in den Sinn, dass viele Ungarn sie deshalb vielleicht abstoßend fänden. Die Gesellschaft war schließlich lange genug vom Antisemitismus vergiftet worden.

Den Namen Kornhauser – der deutsch klang und damit einen jüdischen Hintergrund andeutete – in etwas ungarisch Klingendes wie Kornai zu ändern, erschien mir natürlich. Niemand hatte mir dazu geraten. Ich fasste von mir aus den Entschluss, meinen Namen zu ändern, was auch ein Schritt in meinem Bemühen war, der leidvollen Erfahrung der Diskriminierung durch „Assimilierung" an die ungarische Gesellschaft zu begegnen.

Änderungen im ungarischen Recht und im öffentlichen Leben erleichterten es mir natürlich, meine jüdische Identität abzulegen. Die Religionszugehörigkeit brauchte nicht länger offiziell angegeben zu werden. Von einer „christlichen Ordnung" mit einem diskriminierenden Unterton war keine Rede mehr. Die offene rassische und religiöse Diskriminierung der Juden, ihre Ausgrenzung und Beschränkung auf Ghettos verschwanden aus den Gesetzen. Auch die persönliche, informelle Diskriminierung wurde schwächer oder verlor sich.** Diese zwei Jahre brachten der ungarischen Gesellschaft in dieser Hinsicht einen besonders raschen Wandel zu liberaleren Verhältnissen.

Mit meiner jüdischen Identität beschäftigte ich mich erst wieder, als der öffentliche Antisemitismus erneut sichtbar und hörbar wurde und wieder in der Presse auftauchte. Ich werde mehr darüber sagen, wenn ich auf diese Periode zu sprechen komme.

---

* Natürlich hätte ich in viele andere Länder und nicht ausgerechnet nach Israel auswandern können. Damals, und noch mehrmals in meinem Leben, stand ich vor der Alternative, in Ungarn zu bleiben oder auszuwandern. Darüber werde ich genauer in einem späteren Kapitel berichten.

** Leute, die in von Juden verlassene Wohnungen gezogen oder sich ihre Sachen angeeignet hatten, waren natürlich nicht glücklich darüber, wenn die Überlebenden zurückkehrten. Wer vor 1945 in tiefster Seele antisemitisch war, behielt nach 1945 seinen Hass gegen Juden. In den ersten Jahren gab es sogar einige Pogrome, doch wurden solche Vorkommnisse vertuscht. Zumindest wurde mir nichts Derartiges bekannt.

Das Trauma, das ich als Jude erlitten hatte, brachte mich der Kommunistischen Partei näher und hat, wie schon erwähnt, gleichzeitig meine jüdische Identität in mir absterben beziehungsweise in einen Winterschlaf fallen lassen.* Ich sehe darin keinen Widerspruch, und die beiden Prozesse griffen auch psychisch ineinander. Je mehr ich in eine kommunistische Umgebung eintauchte, desto weniger maß ich der Tatsache Bedeutung bei, als Jude geboren worden zu sein.

Die Erinnerung an die Erniedrigung, Stigmatisierung und Diskriminierung brachte viele Juden und auch mich dazu, einer Gemeinschaft beizutreten, die keine Unterschiede hinsichtlich Rasse oder Religion machte und alle gleich behandelte. Von Anfang an impfte uns die kommunistische Philosophie zwar Vorurteile ein, doch Rassismus gehörte nicht dazu. In kommunistischen Kreisen bin ich nie nach meinem Glauben oder dem Glauben meiner Eltern und Großeltern gefragt worden. Ich wurde als einer der ihren anerkannt. Nach dem schrecklichen Trauma der Diskriminierung übte die Erfahrung, akzeptiert zu sein, eine große Anziehungskraft aus und wirkte beruhigend.

Intellektuelle Bekehrung und Übernahme kommunistischer politischer Ideen

Was ich im letzten Abschnitt zu rekonstruieren versucht habe, war mehr eine Kette emotionaler Ursachen und Wirkungen als eine Folge logischer Überlegungen. Meine intellektuelle Entwicklung verlief parallel dazu. Die Analyse meiner Bekehrung ergibt, dass dieser geistige Prozess nichts zu tun hatte mit meinem Judentum oder mit dem Trauma von 1944. Hier ging es um neue Ideen, die mit älteren im Streit lagen und diese sehr bald völlig überlagerten. Wenn ich beschreibe, wie sich mein Denken veränderte, möchte ich auf jeden Fall den Eindruck vermeiden, meine Bekehrung sei das Resultat der Übernahme kommunistischer Ideen gewesen. Ich entsprach keineswegs dem zögerlichen Intellektuellen, den erst kommunistische politische Traktate und Vorlesungen davon überzeugen, die Partei sei der rechte Platz für ihn.

---

* Mein Fall war nicht ungewöhnlich. Jahrzehnte später traf ich „Kaderkinder", deren Eltern Juden waren und die ungefähr zur gleichen Zeit wie ich der Kommunistischen Partei beigetreten waren. Sie erzählten mir, ihre Eltern betrachteten sich als ungarische Kommunisten und hätten überhaupt keine jüdische Identität, obwohl sie sich völlig im Klaren darüber seien, dass sie nach Nazi-Recht als Juden angesehen würden. Sie fühlten sich fast peinlich berührt, als ihr Judentum zur Sprache kam, nicht weil sie sich dessen schämten, sondern weil sie es für irrelevant hielten.

In der Darstellung der Periode bis 1944 hatte ich meine Weltanschauung offen und flexibel genannt. Ich stürzte mich auf Lesestoff und ließ mich leicht von jeder zwingenden Idee beeinflussen, bis diese von der nächsten verdrängt wurde. Anfang 1945 hatte ich weniger Zeit, Bücher zu lesen. Ich musste nämlich den Stoff eines Schuljahres in einigen Wochen nachholen. Doch las ich immer noch Zeitung und hielt mich so auf dem Laufenden. Die Kriegsereignisse und die Anwesenheit der Sowjetarmee weckten mein Interesse an der Sowjetunion. Ich wusste kaum etwas über die Frage, die mich später für Jahrzehnte wissenschaftlich beschäftigen sollte: Wie funktioniert das kommunistische System? Die militärische Stärke der Sowjetarmee lag offen zu Tage, als sie die schreckliche deutsche Armee aus unserem Land vertrieb. Die Sowjetunion schuf unübersehbar eine neue Welt, die sich deutlich von jener unterschied, in der ich gelebt hatte. Ich fing an, daran zu glauben, diese neue Welt werde über die alte triumphieren. Gleichzeitig sah ich allerdings auch, dass die Sowjetsoldaten – dieselben Männer, die mich befreit hatten – die Zivilbevölkerung brutal misshandelten und häufig unentschuldbare Verbrechen begingen.

Mit dem Verstand versuchte ich beides miteinander in Einklang zu bringen: meinen Glauben an die Zukunft und meine Erfahrung in der Gegenwart. Ungefähr zu jener Zeit verspürte ich zum ersten Mal in meinem Leben den Drang zu schreiben. Ich verfasste eine ziemlich lange Studie – oder einen Essay, wie ich es heute nennen würde – mit dem Titel „Saat unter dem Schnee". Das Manuskript ging leider verloren, doch kann ich ziemlich genau rekonstruieren, was darin stand. Ich wendete Oswald Spenglers historische Theorie der „kulturellen Zyklen" auf die Welt an, die mich umgab. Nach Spengler schreitet die Menschheit nicht gradlinig voran, sondern ist einem zyklischen Wandel unterworfen. Kulturen werden geboren, blühen auf, verfallen und sterben. Dieses Muster, so behauptete der deutsche Historiker, legt auch die westliche Kultur an den Tag, wie der Titel seines bahnbrechenden Werkes *Der Untergang des Abendlandes* unterstellt. Von Zeit zu Zeit taucht eine Kultur auf, voll frischer Energie und roher, barbarischer Kräfte. Dann wandelt sie sich in eine Zivilisation, die mit Dekadenz einhergeht, weil sich ihre ursprüngliche Kraft abschwächt. In diesem letzteren Stadium befindet sich die westliche Welt, so Spengler.

Mein Essay untersuchte die Idee, dass die Sowjetunion einen neuen kulturellen Zyklus in Gang setze und sich noch in einem rohen, energiegeladenen, unzivilisierten Zustand befinde. Wie bedauerlich es auch sei, die Barbarei verursache Schmerzen, doch gerade diese Schmerzen seien Kennzeichen der Jugend und Frische der Kultur. Der zweite Teil meines Essays war inspiriert von einem Gedicht von Endre Ady (1877–1919). Ich gab das wunderbare Gedicht ganz wieder und übernahm seinen Titel für mein Werk. Einige Verse berührten mich tief auf Grund meiner traumatischen Erfahrungen von 1944: „Folterten und zerrissen mich ... ich füge mich neu zusammen aus Blut, Ächzen und Feuer ...“ Eine andere Zeile des Gedichts war ein Echo auf Spenglers Idee: „Lass mich meine Augen richten auf eines neuen Menschen neue Welt.“[2]

Die Argumentation war an einigen Stellen etwas weit hergeholt und die Identifikation mit dem Gedicht Adys ein wenig schwülstig. 1915 konnte sich Ady zu Recht dem Gefühl hingeben, er und andere Gleichgesinnte würden die alten Werte in eine neue Welt retten. Das ist es ungefähr, worauf der Titel „Saat unter dem Schnee“ anspielt. Doch welche Werte konnte ich, ein unreifer junger Mann, in die neue Ordnung retten, die unausweichlich war und unvermeidlich in Barbarei begann?

Es war der erste Essay meines Lebens und blieb für lange Zeit das einzige Stück mit einem eigenen Gedanken. Natürlich enthielt er auch die Pose eines intellektuellen Jünglings. Die Logik war nicht schlüssig und seine Aussage schlecht begründet, aber es war so etwas wie Originalität darin. Noch heute bin ich entsetzt bei dem Gedanken, wie die kommunistische Ideologie mein unabhängiges Denken lahmgelegt hat.

Anfang 1946 – ich arbeitete bereits in der Budapester Zentrale des MADISZ – zeigte ich meinen ein paar Monate zuvor geschriebenen Essay Károly Csendes. Er war damals stellvertretender Generalsekretär der Organisation in Budapest. Jahre später erwarb sich Csendes einen schrecklichen Ruf als stellvertretender Oberstaatsanwalt, in jenen Tagen jedoch hatte er noch überhaupt nichts Furchterregendes. Er erschien im Gegenteil als ein ruhiger, verständnisvoller Mann. Er las die Studie und zeigte sie einigen Freunden am Győrffy-Kolleg, einem Zentrum junger Linksintellektueller, die, wie er meinte, gebildeter seien als er. Seinen Kommentaren entnahm ich, dass er von meinem Stück beeindruckt war. Er ging so weit zu behaupten, ihm sei bislang keine ähnliche Schrift mit einer solch ambitiösen Zielsetzung unter die Augen gekommen. Auch sei er froh, dass ich mich zugunsten der neuen Ordnung geäußert hätte, auch wenn meine Argumentation merkwürdig sei. Dennoch kam er zu dem Schluss, dass meine Gedanken konfus seien. „Du solltest etwas genauer Marx, Lenin und Stalin lesen“, lautete sein Rat.

Bereits bevor mir dieser Ratschlag erteilt wurde, hatte ich mit eisernem Willen diese Lektüre begonnen. Das erste Werk eines sowjetischen Autors, das ich las, war wohl Stalins Schrift „Über den dialektischen und historischen Materialismus“. Erst sehr viel später erfuhr ich, dass sie ursprünglich als Kapitel des Standardlehrbuchs über die Geschichte der sowjetischen Kommunistischen Partei (Bolschewiken) veröffentlicht worden war. Die heutigen Marxisten sind selbstverständlich der Ansicht, Stalin habe den Marxismus auf unzulässige und plumpe Weise vereinfacht, vergröbert und entstellt. Doch ich möchte hier weder allgemein die marxistische Philosophie bewerten, noch Stalins Schrift analysieren. Mir geht es nur um die Erinnerung daran, wie es mich damals gepackt hat, als ich das kleine weiße Pamphlet mit dem Portrait Stalins in Marschallsuniform auf dem Titelblatt in Händen hielt.

Stalin war gleichzeitig Staatsoberhaupt eines großen Landes, siegreicher Feldherr im Weltkrieg und Philosoph. Das erregte meine Bewunderung. In meinem Kopf war es wild durcheinander gegangen: Philosophiebruchstücke, Weltanschauungen, Denkrichtungen. Doch dieses kleine Buch hier besaß militärische Präzision. Jede einzelne Behauptung erschien zutreffend, alles kam anscheinend auf seinen Platz zurecht. Das traf selbst auf komplizierte Probleme zu, die berühmte Philosophen zu entwirren versucht oder die sie mit quälenden Beweisführungen noch weiter verwirrt hatten, jedenfalls glaubte ich das damals. Stalin löste sie endgültig mit einem knappen Satz. Gerade die Einfachheit, die ein kundiger Kritiker bemängelt hätte, zog mich an. Eine leicht verständliche, klare und zusammenhängende Darlegung, so schien es mir.

Leider durfte das Buch nicht von versierten Philosophieprofessoren kritisch durchleuchtet werden, die leichtgläubigen Studenten mühelos die Oberflächlichkeit des Werks hätten zeigen können, die offenen Widersprüche, die schwachen Argumente, die unzureichende Klassifikationsmethode. Ich diskutierte das Buch mit niemandem und hatte daher keine Gelegenheit, die Zweifel anderer in Erwägung zu ziehen.

Als Jugendlicher hatte ich versucht, meinen Lesestoff bewusst zu wählen und mir, kundig unterstützt von Antal Szerb und Mihály Babits, die besten und einflussreichsten Werke vorzunehmen. Nach derselben Methode ging ich nun bei der Auswahl der politischen Lektüre vor, in der Annahme, die marxistischen Klassiker seien das Beste und Bedeutendste, nämlich die Schriften von Marx, Engels, Lenin und Stalin. Damit musste ich mich also zu allererst gründlich beschäftigen. Die vier haben ganze Bibliotheken voll geschrieben. Da galt es, die wichtigsten Werke auszuwählen. Am besten begann man mit den jeweiligen „Ausgewählten Schriften“. Die hatte ich im Handumdrehen gelesen, und ein, zwei Jahre später war ich ein schriftkundiger Marxist, der alle wichtigen Werke der Klassiker kannte und genau wusste, welches Thema an welcher Stelle abgehandelt wurde.

Das Kapital von Marx war am schwersten zu verdauen. Ich arbeitete damals mit meinem Freund Péter Kende zusammen, der die MADISZ-Zeitschrift *Magyar Ifjúság (Ungarns Jugend)* herausgab und seinen Schreibtisch im Budapester Hauptquartier der Organisation hatte. Ich saß im selben Raum mit ihm und war mit

Fragen der Erziehung und Ausbildung beschäftigt. Auch außerhalb der Dienststunden trafen wir uns häufig. Halb im Ernst, halb im Spaß beschlossen wir, einen „demokratischen Legionärsroman" zu schreiben. Wir wollten ihn im Stil von P. Howard verfassen (das Pseudonym eines populären ungarischen Romanciers, Jenő Rejtő, der sehr lustige Geschichten über einen Ungarn in der französischen Fremdenlegion geschrieben hatte). Der Roman sollte dadurch demokratisch werden, dass wir die Partei der Eingeborenen gegen die bösen Kolonialherren ergriffen. Wir schrieben unter viel Gelächter ein paar Seiten, bis uns dämmerte, dass wir unsere Zeit besser verwenden könnten. Wir beschlossen, statt einen Legionärsroman zu schreiben, lieber gemeinsam *Das Kapital* zu lesen.

Wir lasen es auf Deutsch und machten uns eifrig Notizen. Jeder von uns verfasste ein Exzerpt, und wir gingen das Werk fast Zeile für Zeile durch und verglichen unsere Interpretationen mit den Marxschen Aussagen. Die Sprache war nicht das Problem, doch der Text war äußerst komplex. Keiner von uns beiden hatte sich je mit Ökonomie beschäftigt. Wären wir mit Ricardo oder Adam Smith vertraut gewesen, hätten wir verstanden, wo Marx sich auf sie bezieht und wo er von ihnen abweicht. Unsere fehlende Vorkenntnis machte die Lektüre sehr mühsam.

Ich besitze noch immer meine handgeschriebenen Notizen. Mit Péter las ich über mehrere Wochen nur den ersten Band. (Den zweiten und dritten nahm ich mir allein vor.) Mit unermüdlicher Ausdauer gingen wir von Seite zu Seite und überdachten unsere Anmerkungen zu jedem Satz. Wir näherten uns dem Werk mit Ehrfurcht und Demut, wie gläubige Menschen der Bibel, und lasen es andächtig, jedes Wort sehr ernst nehmend.

Ich habe weiter oben Stalins Schrift nicht kritisch analysiert und will auch Marx nicht kritisch untersuchen. Das haben andere unternommen. In späteren Kapiteln werden Anmerkungen zum Marxismus auftauchen, hier möchte ich mich auf die Feststellung beschränken, wie sehr mich *Das Kapital* damals bewegt hat. Es faszinierte mich. Vor allem beeindruckte mich die logische Klarheit des Marxschen Arguments, auch wenn die Gedankenführung abstrakt war und sein Stil häufig auf deutsche Art umständlich. Akzeptierte man seine Voraussetzungen, seinen konzeptuellen Rahmen und seine Argumentationsweise, dann war alles folgerichtig. Die ersten Schlussfolgerungen ergaben sich mit rasiermesserscharfer Logik aus den zugrundeliegenden Annahmen, sie wurden wiederum Ausgangspunkt für weitere Schlüsse und so weiter. Marx erwies sich, wie Károly Csendes bemerkt hatte, keineswegs als verwirrt, sondern glasklar. Ich brauchte viel Zeit, Erfahrung und Einsicht, bevor mir deutlich wurde, wo Marx' Voraussetzungen falsch und wo sein scheinbar stringentes Argument nicht folgerichtig waren. Der junge Mann, der als Jugendlicher fieberhaft Aufklärung in Dutzenden von Büchern gesucht hatte, fand sie nun strahlend wie die Sonne in diesen tausend Seiten.

Die logische Klarheit machte großen Eindruck auf mich, aber ich schätzte *Das Kapital* auch deshalb besonders, weil es nicht mit grauer Gleichgültigkeit, sondern mit Leidenschaft geschrieben war. Voller Empörung spricht es über Kinderarbeit und die Ausbeutung des Proletariats. Doch überwuchern die Gefühle bei Marx nicht seine logische Analyse. Er schrieb die Übel des Kapitalismus nicht der üblen Gesinnung der Kapitalisten zu. Als ich mich Jahrzehnte später mit der Kritik des Sozialismus beschäftigte, versuchte ich zu zeigen, wie verschiedene Krankheitssymptome wie Mangel und forciertes Wachstum sich aus dem *System* ergeben und nicht aus Fehlleistungen der Menschen. Diese Sichtweise habe ich mir mit der Lektüre des *Kapitals* angeeignet, und sie bestimmt noch heute mein Denken.

Die Lektüre des *Kapitals* brachte mich zu dem Entschluss, Ökonom zu werden, eine Option, die mir früher nie in den Sinn gekommen war. Ich hatte mich mehr für Literatur, Geschichte und Philosophie interessiert. Als Péter und ich ans Ende unseres gemeinsamen Studiums gekommen waren, hatte ich keine Zweifel mehr darüber, welchen Beruf ich ergreifen sollte. Unklar blieb nur, wie dieser Plan in die Realität umzusetzen war.

Marx' Werk steckt voll intellektueller Arroganz. Er respektiert Ricardo und Adam Smith und wo er von ihnen abweicht, tut er das höflich. Doch über Zeitgenossen und Gegner schreibt er mit Spott und Hohn und hält sie für dumm und böswillig („Er weiß nicht einmal ..." – „Er bemerkt nicht einmal ..."). Das macht Marx auch in anderen Schriften, und einer ähnlichen Arroganz, Überheblichkeit und Intoleranz Andersdenkenden gegenüber begegnen wir bei Engels, Lenin und Stalin. Heute schäme ich mich zu sagen, dass ich von dieser Art eingenommen war und nicht etwa abgestoßen. So musste man mit Gegnern umspringen!

Ein anderer wichtiger Einfluss auf mein Denken, wenn auch weniger mächtig als Marx, ging von György (Georg) Lukács aus. Ich stieß auf seine kulturkritischen Arbeiten in den hier beschriebenen Jahren.[3] Lukács' Ideen über die „großen Realisten" vermittelten auf praktische Weise zwischen meinen literarischen Erlebnissen vor 1944 und meinen frisch erworbenen marxistischen Anschauungen. Tolstoi und Dostoevskij waren gläubige Christen? Dostoevskij sogar eifriger Anhänger des Zarismus? Balzac Reaktionär oder Thomas Mann eingefleischter Bourgeois? Kein Problem, stellte György Lukács beruhigend fest. Man braucht den philosophischen oder politischen Positionen dieser Autoren keine Beachtung zu schenken, Hauptsache, sie waren große Realisten, Schriftsteller, die die Wirklichkeit wiedergaben. Lukács gelang es, mich gegen die schädlichen Einflüsse ihrer philosophischen oder politischen Gedanken zu impfen, und erlaubte mir gleichzeitig, ihre Werke wie damals als Junge zu bewundern.

Lukács war in meinen Augen eine absolute Autorität, die dadurch ein zusätzliches Gütesiegel erhielt, dass Thomas Mann ihn schätzte.[4] Das war eine weitere Brücke zwischen meiner alten und neuen Geistesverfassung. Thomas Mann verdankte ich meine erhellendsten und hinreißendsten literarischen Erlebnisse. Hielt Thomas Mann jemanden für groß, musste er es sein.* Deshalb kann ich Lukács nicht verzeihen, sich niemals kritisch über die Sowjetunion geäußert zu haben. Er war doch dort gewesen! Er hatte mit eigenen Augen gesehen, wie es wirklich um die Sowjetunion stand. Er wusste von den Schauprozessen, den Verfolgungen unschuldiger Opfer, dem Terror, und er kehrte nach Ungarn zurück, ohne den geringsten Hinweis zu geben, dass mit jenem System vielleicht nicht alles zum Besten stand. Natürlich verstehe ich, dass er Angst hatte. Aber dann hätte er besser geschwiegen, statt zu versuchen, die Verbrechen mit seiner Reputation zu bemänteln. Naive, leichtgläubige und unerfahrene junge Intellektuelle wie ich glaubten blind an die Märchen von der Schönheit des sowjetischen Lebens, weil nicht einmal György Lukács daran zweifelte.

Je tiefer ich in den Marxismus-Leninismus eindrang, desto mehr wuchs meine Überzeugung, den Schlüssel zum Verständnis der Welt in Händen zu halten. Welches Problem auch auftauchte, ich besaß das Wissen, es zu lösen. Es gab kein Phänomen, das sich nicht in das Koordinatensystem des Marxismus einordnen oder mit einem marxistischen Argument widerlegen ließ. Diese Überzeugung schuf einen intellektuellen Hochmut, der gefährlicher ist als ein arroganter Diskussionsstil. Doch für mich, einen jungen Kopf auf der Suche nach Ordnung und Klarheit, war dies der attraktivste Aspekt des Marxismus-Leninismus.

Schon in meiner Jugend hatten die Beschreibungen der Armut auf dem ungarischen Land, die in den Arbeiten der soziographischen Schriftsteller zu finden waren, mein Mitgefühl für das Leben der Armen und Unterdrückten geweckt. Indirekt durch Bücher angeregt, verstärkte sich dieses Gefühl durch meine direkten Erfahrungen im Jahr 1944. Ich hatte mit eigenen Augen, wenn auch nur für ein paar Wochen, das Leben gesehen, das die Ziegeleiarbeiter führten. Mit dem Studium des Marxismus erhielt diese spontane Sympathie ihren richtigen Platz. Die politische Ökonomie erklärt, wie die Arbeiter und die Dorfarmut ausgebeutet werden. Doch dieses neu erworbene Wissen veranlasste mich keineswegs, mit jenen armen Menschen, die ich kennen und lieben gelernt hatte, weiterhin aktiv zu

---

* Von Thomas Manns respektvollen Worten über György Lukács erfuhr ich zum ersten Mal, als ich die Werke von Lukács las. Erst sehr viel später las ich Thomas Manns tatsächliche Bemerkungen.

verkehren. Es bestärkte mich vielmehr darin, alle meine Energie darauf zu verwenden, die Gesellschaft entsprechend der marxistischen Theorie zu transformieren, um die Armut ein für allemal auszurotten.

Charismatische Persönlichkeiten

Nicht nur die Schriften der Klassiker machten die Partei attraktiv für mich, sondern auch die Beredsamkeit und die Ausstrahlung einiger kommunistischer Führer.

József Révai habe ich später persönlich kennen gelernt. In jenen Tagen hörte ich auf Versammlungen seine Reden oder bei verschiedenen Gelegenheiten seine Vorträge. Was er in Büchern oder in Leitartikeln der Parteizeitung schrieb, stimmte mit seinen Reden vollständig überein. Für mich repräsentierte er den kommunistischen Intellektuellen auf höchstem Niveau.

Révai war ein flammender Redner. Am meisten beeindruckte mich die logische Klarheit seiner Reden und Artikel. Er hatte, das war mein Eindruck, originelle Einfälle und führte sie auch überzeugend aus, dabei gab er seinen Ausführungen einen klaren Rahmen. Er war ein hervorragender Debattierer, der seinen Gegnern ihre eigenen Behauptungen entgegenhielt und sie dann auseinander nahm und das alles fehlerlos in wohlgesetzter und gebildeter Sprache. Höre ich heute Politiker ihre Ansichten, mit denen ich übereinstimmen mag, öffentlich vortragen, ungeordnet, monoton, grammatisch fehlerhaft, staubtrocken, dann wünsche ich mir im Stillen, die rhetorischen Gaben eines Révai möchten auf sie herabkommen.

Heute weiß ich, dass József Révai uns gerade über die wichtigsten Dinge getäuscht und unsere Köpfe mit schädlichen und schändlichen Ideen verseucht hat. Er hatte dabei jedoch so viel Erfolg, weil seine Reden und Schriften leidenschaftlichen Glauben und Gewissheit ausstrahlten, die der hochtalentierte Redner und Schreiber mit schlüssiger Logik äußerte.

Ervin Hollós war die andere charismatische Persönlichkeit, die mich nachhaltig beeindruckt hat. Seine Talente und sein öffentliches Gewicht konnten sich natürlich nicht mit Révai messen. Ich erwähne ihn, weil ich damals eng mit ihm zusammenarbeitete. Er war Generalsekretär in der Budapester Zentrale des MADISZ, als ich dort im höheren Stab tätig war. Er beaufsichtigte meine Arbeit in der Bewegung, und ich nahm an seinem Parteiseminar teil. Nach 1956 leitete Hollós im Rang eines Oberstleutnants die Polizeiabteilung, die die Vergeltungsprozesse vorbereitete. Vielleicht hatte er schon früher Verbindungen zur Staatssicherheit – das ist sogar wahrscheinlich. Nach 1956 wurde er einer der erbarmungslosen

Organisatoren der Repression. Aber greifen wir nicht voraus. Hier spreche ich von dem jungen Ervin Hollós, mit dem ich häufig im MADISZ-Hauptquartier in der Rózsa-Straße zusammentraf.

Er war nicht annähernd so gebildet wie Révai und gab sich auch nicht den Anschein. Was er auf andere Menschen übertrug, auch auf mich, war das innere Feuer seiner Überzeugung. Er tat sich schwer mit Worten, Ausdrucksweise und Ton waren oft wenig elegant, doch was er sagte, war elektrisch geladen. Er glaubte so sicher an seine Wahrheit, dass er nicht verstehen konnte, wenn jemand die Dinge anders sah. Eine solche Aura des Glaubens fehlte den Parteibürokraten der Kádár-Periode (1956–1988) völlig. Und ich muss hinzufügen, sie geht auch vielen der besten Politiker der heutigen parlamentarischen Demokratie ab.

Ervin Hollós hämmerte uns die vielen Ideen ein, die wir brauchten, um „Leute aus einem besonderen Holz" zu werden (wie Stalin einen echten Kommunisten charakterisierte). Von ihm hörte ich zum ersten Mal, dass es nur ein einziges Kriterium gebe, einen Kommunisten von einem Pseudo-Kommunisten oder sonst jemandem zu unterscheiden, und das war die bedingungslose Ergebenheit der Sowjetunion gegenüber. Ich wiederhole, der Sowjetunion gegenüber und nicht dem Marxismus oder dem Willen, die Diktatur des Proletariats oder eine klassenlose Gesellschaft zu errichten. Ein Kommunist war, wer der Sowjetunion bedingungslos treu war. Diese Überzeugung führte unmittelbar zu den Prozessen, in denen Leute wie Ervin Hollós den Aufstand gegen die Sowjetunion rächten.

Durch Ervin Hollós prägte sich mir der Ausdruck „Berufsrevolutionär" tief ein. Wir, die wir vollzeitlich für den MADISZ arbeiteten (wie die Kader der Partei und der „Massenorganisationen"), waren nicht Funktionäre irgendeiner Bewegung oder Angestellte irgendeiner Organisation, sondern Berufsrevolutionäre. Es gab auch andere Berufspolitiker, doch nichts verband uns mit ihnen, denn wir und nur wir waren die Revolutionäre. Diese Identität teilten wir mit den Führern der Großen Sozialistischen Oktoberrevolution, den Helden der anti-faschistischen kommunistischen Bewegung, den Kommissaren der Roten Armee und den Führern im Kampf gegen den Kolonialismus. Der Ausdruck „Berufsrevolutionär" verlieh der eigentlich ganz gewöhnlichen Tätigkeit, eine Massenbewegung zu organisieren, ihre eigene Würde. Er weckte in uns nicht nur Stolz, sondern ein Überlegenheitsgefühl und Selbstzufriedenheit. Unsere Arbeit hob sich aus dem Alltäglichen heraus und war wertvoller als das, was nicht-berufsmäßige Revolutionäre oder normale Parteimitglieder taten. Wenn die Partei als Vorhut gesehen wurde, dann waren wir die Vorhut der Vorhut.

Zugehörigkeit zu einer Gemeinschaft

Kommen wir kurz auf einen früheren Lebensabschnitt zurück. Im Frühjahr 1945 ging ich in dem Landstädtchen Kiskunhalas zur Schule, fuhr aber öfter nach Budapest. Einmal schlenderte ich am 1. Mai 1945 ohne konkretes Ziel durch die Andrássy-Straße, als ich plötzlich vom Mai-Aufmarsch mitgerissen wurde. Es war der erste Straßenaufmarsch, den ich in meinem Leben sah (mit Ausnahme der Nazi-Spektakel, die in der Wochenschau gezeigt wurden). Die Menschen im Zug waren enthusiastisch und trugen rote Fahnen, ungarische Trikoloren und Spruchbänder. Ich konnte einfach nicht anders, als dabei zu sein und mit zu marschieren.

Wie oben erwähnt, trat ich 1945 in die Jugendbewegung ein. Ich wollte einfach zu einer Gemeinschaft gehören. Es war Sommer, und einer meiner Freunde forderte mich auf, ihn ins MADISZ-Heim am Szent István Ring Nr. 2 zu begleiten. Das Haus hatte früher den Pfeilkreuzlern gehört, jetzt organisierte die Jugendbewegung dort interessante Veranstaltungen. Ich ging also mit. Irgendjemand hielt einen spannenden Vortrag, und die Menschen waren umgänglich und freundlich. So kam ich immer wieder, um mich in der munteren und anregenden Umgebung gut zu unterhalten. Ein paar Wochen später beteiligte ich mich schon an der Arbeit der Organisation. So begann mein Leben in der Bewegung.

Immer öfter nahm ich an Ausflügen, nachmittäglichen Tanzveranstaltungen und Jugendtreffen teil. Im Herbst schwärmten wir aus und klebten Plakate für die erste Parlamentswahl. Niemals – weder vorher, noch danach – war das Gefühl, zu einer kleinen Gemeinschaft zu gehören, stärker als bei der MADISZ des fünften Bezirks.

Später war mir die große Parteigemeinschaft (Partei sehr groß geschrieben!) wichtiger als die kleine Gemeinschaft. Da kam es darauf an, zur vierten Stufe zu gehören, die mehr als aktive und engagierte Parteimitgliedschaft erforderte. Da galt es, ein echter Kommunist zu werden.

In dieser Entwicklung spielten erfahrene Kommunisten, die ich bewusst oder unbewusst imitierte, eine wesentliche Rolle. Ein Beispiel: Mein unmittelbarer Vorgesetzter im nationalen Hauptquartier der MADISZ war András Hegedűs. Seine Karriere erreichte schwindelnde Höhen, als er Sekretär von Ernő Gerő (dem zweiten Mann der Parteihierarchie) wurde, dann Landwirtschaftsminister und schließlich Ministerpräsident der Ungarischen Volksrepublik. In dieser Eigenschaft unterschrieb Hegedűs 1955 den Warschauer Pakt und dann jenen Brief, der die Sowjettruppen nach der Revolution von 1956 ins Land rief. Später hat er mit dem Stalinismus gebrochen und als Wissenschaftler in der Soziologie Rang und Ansehen sowie beachtlichen Einfluss gewonnen. Als ich ihn kennenlernte, sah man davon noch wenig. Er hatte nicht das Charisma eines Ervin Hollós, dennoch glaubte ich in ihm den archetypischen Kommunisten zu sehen und das nicht zuletzt deshalb, weil er mir in seinem Habitus sehr ähnelte – zumindest damals. Hegedűs hatte kein inneres Feuer wie Hollós. Er trat geschäftsmäßig auf und objektiv, doch zeigte er sich auch als unnachgiebiger Bolschewik, äußerst sorgfältig und unermüdlich arbeitend, und pochte auf die Unfehlbarkeit der Partei. Hollós beeinflusste mich durch seine Worte und seine Lehren, Hegedűs durch sein Beispiel. Er war ein Mann, von dem ich glaubte, ihn erfolgreich nachahmen zu können.

Zufälle und eigene Fähigkeiten

In meinem späteren Leben gab es Zeiten, in denen ich mir ein langfristiges Ziel setzte mit einer bewussten Strategie oder einem Plan, es zu verwirklichen, nicht aber in der Zeit, von der hier die Rede ist. Zu Beginn dieses Kapitels habe ich die fünf Phasen der Identifikation mit der Kommunistischen Partei geschildert. Ich hatte nie vor, sie alle zu durchlaufen. Als aus mir von einem der Partei Fernstehenden ein Sympathisant wurde, hatte ich vom folgenden Schritt nicht die geringste Vorstellung. Für mein Alter las ich viel und konnte geschickt argumentieren, doch meine intellektuelle Schärfe war mit Naivität, Oberflächlichkeit und Verantwortungslosigkeit verbunden. Ich kletterte sozusagen blind eine Leiter hinauf. Wenn ich heute die manchmal recht offenherzigen Interviews auf der letzten Seite der populären ungarischen Wochenzeitung HVG *(Heti Világgazdaság* oder *Weltwirtschaftswoche)* lese, bin ich entsetzt darüber, wie mancher zynisch eingesteht, der Partei nur um ihrer Karriere willen beigetreten zu sein. Zwar belasten einige meiner Ideen und Entscheidungen von früher mein Gewissen, doch mein Handeln wurde niemals von einem derartigen Karrierezynismus motiviert.

Manchmal greift eben der Zufall ein. Wenn jener Freund mir nichts von der MADISZ im fünften Bezirk erzählt hätte – wenn er stattdessen den sozialdemokratischen Jugendklub empfohlen und ich dort zufällig eine Gruppe netter Leute getroffen und mich wohl gefühlt hätte – wer weiß, ich wäre vielleicht dort geblieben.

Meine erste Aufgabe im Büro des fünften Bezirks bestand darin, die Mitgliedschaftsakten zu ordnen. Die Unterlagen befanden sich in einem wilden Durcheinander. Immer wieder habe ich gezeigt, dass ich Dokumente und Informationen klassifizieren, in Ordnung halten und verwalten kann. Hier war die erste Gelegenheit, diese Fähigkeit unter Beweis zu stellen, und bald wurde der Kaderoffizier (in der Sprache der heutigen Geschäftswelt: der Leiter der Personalabteilung) auf mein Talent aufmerksam. Sofort wurde ich mit der größeren Aufgabe eines „Propagandisten“ beauftragt, d.h. ich musste Bildungsveranstaltungen und Meetings organisieren.

Und wieder ein Zufall: József Lukács, später Philosoph und Mitglied der ungarischen Akademie der Wissenschaften, damals aber, ähnlich wie ich, in der Budapester Zentrale der MADISZ, wollte seine Stellung aufgeben, um sich ganz auf sein Universitätsstudium konzentrieren zu können. Er suchte einen Ersatzmann, und als jemand meinen Namen erwähnte, trafen wir uns. Ich erinnere mich an stundenlange Spaziergänge durch die Straßen, wobei die Worte, mit denen er seine Aufgabe erklärte, aus Lukács nur so hervorsprudelten. Mir brummte der Kopf von all den Namen der Leute, mit denen ich in Kontakt treten und von all dem Wissen, das ich an den Mann bringen sollte. Das alles war mir fremd und beunruhigend, dennoch übernahm ich die Aufgabe. Nie hätte ich mir vorstellen können, bezahlter Funktionär einer Massenbewegung zu werden. Als sich aber die Gelegenheit bot, schien mir die Aufgabe interessant, und ich nahm an. Von oben betrachtet war meine Wahl koordinierte „Kaderarbeit“. Lukács hatte sich wohl bei den Bezirksorganisationen erkundigt, sich bei Bezirkssekretären oder Kaderoffizieren informiert und mich dann ausgewählt. Aus meiner Perspektive von unten war es ein Zufall. Bestimmte Theorien der ökonomischen Soziologie beschreiben Verhalten nicht als Folge bewusster Strategien, sondern als Ergreifen von Chancen und Fortschreiten, wenn es die Gelegenheit erlaubt. Das Modell passt genau auf dieses Stadium meiner Karriere.

Ich hatte, wie gesagt, im Herbst 1945 eine volle Anstellung in der Budapester Zentrale der MADISZ angetreten. „Voll“ bedeutete, dass sie mein Arbeitsbuch erhielten und ich meine Tage von morgens früh bis abends spät in der Jugendbewegung verbrachte. Ich bekam sogar ein Gehalt, allerdings in einer Inflationswährung, deren Wert ständig verfiel. Mein Gehalt reichte nicht weit, doch brauchte ich wenigstens meiner Mutter nicht auf der Tasche zu liegen. Ich wohnte allerdings weiterhin bei ihr und meiner Schwester. Sie machten sich wahrscheinlich ihre eigenen Gedanken darüber, welcher Sache ich all meine Zeit und Energie widmete, doch zogen sie es vor zu schweigen. Ich sollte selbst entscheiden, was ich mit meinem Leben anfing. Ein wenig Ironie konnten sie sich allerdings nicht verkneifen und nannten mich den „MADISZ“ statt mit meinem Namen.*

---

* In jenen Jahren schlug sich Munyó durch, indem sie Teile des Familienschmucks verkaufte. Auch versuchte sie es mit verschiedenen Geschäften, die alle schief gingen. Auf den Rat ihres Schwiegersohns kaufte sie – zu einem absoluten Tiefstpreis – eines der feinsten Budapester Kaffeehäuser (das „New York“, den legendären Treffpunkt von Schriftstellern und Künstlern). Nach dem vergeblichen Versuch, das Kaffeehaus wiederzubeleben, sah sie sich bald gezwungen, es mit gewaltigem Verlust zu verkaufen.

Ich wurde in der kommunistischen Bewegung rasch befördert. Ich gehörte nämlich zu einer Gruppe von Kadern, für die es in der Partei große Nachfrage, aber nur ein mageres Angebot gab. Ich brachte mit meiner bürgerlichen Vergangenheit gute Eigenschaften mit: Belesenheit, gutes Auftreten und Sprachkenntnisse. Auch weitere meiner Talente, wie organisatorische Fähigkeiten und geschickter Umgang mit Menschen, fielen bald angenehm auf. Dazu konnte die Kommunistische Partei auf meine bedingungslose Loyalität zählen. Ich war keiner Verstellung fähig. Als Neuling aus der Mittelklasse gab ich mir mehr Mühe, mich anzupassen, mich zu identifizieren und dem kommunistischen Verhaltensmuster zu entsprechen, als jeder ältere, sturmerprobte Genosse. Alle alten Mitglieder der illegalen Partei gerieten irgendwann in Konflikt mit der Partei, nicht so die eifrigen Rekruten wie ich und meine Altersgenossen, die zuverlässiger und anstelliger waren. Auch wenn es damals nicht ausdrücklich in den Berichten stand, haben die Kaderoffiziere, die mich auf der Leiter immer höher schoben, diese Eigenschaften doch intuitiv wahrgenommen.

Anmerkungen

1 Stalin 1952: 41.
2 Ady 2004: 724.
3 Lukács 1973 [1945], 1978 [1950].
4 Siehe Réz 1961 über das, was Thomas Mann Anfang der 1920er-Jahre gesagt hatte.

Solange sie das Kaffeehaus besaß, lud sie mich mit großem Vergnügen auf eine heiße Schokolade mit Schlagrahm und einen Napfkuchen ein. Munyó setzte sich dann in der hohen Halle, die mit Fresken des großen ungarischen Malers Károly Lotz und den berühmten Korkenziehersäulen dekoriert war, neben mich und sah dem hungrigen MADISZ beim Essen und Trinken zu.

3 Bei einer kommunistischen Zeitung – 1947–1955

Im Frühsommer 1947 teilten die Herausgeber des *Szabad Nép (Freies Volk)*, des Zentralorgans der Kommunistischen Partei, mir mit, sie würden mich gerne in ihren Redaktionsstab aufnehmen. Péter Kende, der damals schon einige Zeit dort arbeitete, hatte mich Miklós Vásárhelyi empfohlen, einem der Mitherausgeber der Zeitung. Ich fühlte mich durch die Einladung geehrt und herausgefordert. Also zögerte ich nicht, sie anzunehmen.

Ich begann meine Arbeit beim *Szabad Nép* im Juni 1947 und verließ die Zeitung acht Jahre später, im Sommer 1955, nachdem mir aus disziplinären Gründen gekündigt worden war. Die ersten sechs Jahre verbrachte ich in unerschütterlichem Glauben und bedingungsloser Hingabe für meine Arbeit. Erste Risse im Fundament meiner Weltanschauung zeigten sich 1953–54. Über meine Desillusionierung werde ich später sprechen; hier soll es vor allem um jene sechs Jahre gehen.

Vorwärts und hinauf

Man setzte mich in der innenpolitischen Redaktion ein, die Miklós Gimes leitete. Wer hätte damals gedacht, dass dieser bedächtige Mann, voller Vertrauen in den Kommunismus, Held der Revolution von 1956 werden und als Märtyrer auf dem Schafott enden würde? Ein paar Tage nach meinem Antritt fand eine Redaktionssitzung statt. Aus irgendeinem Grund sollte ein Redaktionsmitglied gerügt werden. Doch Gimes konnte nicht hart sein und bat Miklós Vásárhelyi, dies auf seine Art zu tun, die jovial, aber wenn nötig auch sarkastisch war.

Kurz darauf erhielt ich meinen ersten Auftrag. Die Zeitung besaß einen neuen Wagen, der eingefahren werden musste. Das brauchte ja nicht gerade auf Leerfahrten zu geschehen. Meine Anweisungen kamen von Oszkár Betlen, einem der Herausgeber. Peter und Paul stand vor der Tür, und die Ernte war in vollem Gang. Ich sollte einen Bericht über die „sausenden Sensen im Korn“ schreiben, hatte aber weder je einen Zeitungsbericht verfasst, noch je einer Kornernte zugesehen. Wie dem auch sei, wir fuhren los, hielten hier und dort an, und ich schrieb meinen Jungfernbericht, der am nächsten Tag im *Szabad Nép* stand. Danach erschienen häufig Arbeiten von mir – Berichte, Interviews, Nachrichten. Es vergingen kaum sechs Monate und ich verfasste meinen ersten Leitartikel. Er erschien im Dezember 1947 mit meinen Initialen. Darin analysierte ich die Investitionen der vorangegangenen Monate.

Obwohl ich keine ökonomische Ausbildung hatte, war man sicher, dass ich an ökonomischen Themen interessiert sei und mich in diesem Feld spezialisieren wolle. Es gab zwar auch andere in der innenpolitischen Redaktion, die sich mit ökonomischen Fragen beschäftigten. Doch nach ungefähr zwei Jahren wurde ich zum Chef der Wirtschaftsredaktion befördert. Péter Kende übernahm gleichzeitig die Leitung der außenpolitischen Redaktion. Beide waren wir 21 Jahre alt und hatten drei, vier Jahre Parteimitgliedschaft hinter uns. Als der Chefredakteur József Révai davon hörte, fragte er die Herausgeber – Márton Horváth, Oszkár Betlen, Miklós Vásárhelyi und Géza Losonczy – offensichtlich leicht irritiert: „Was zum Teufel stellt ihr euch vor? Wollt ihr aus der Zeitung einen Kindergarten machen?“ Aber am Ende stimmte er zu.

Révai hatte zwar zunächst den Kopf über meine Ernennung geschüttelt, aber als *Das Kapital* von Marx in ungarischer Übersetzung erschien und er feststellen musste, dass ich einer der wenigen unter seinen Leuten war, die das deutsche Original gelesen hatten, ließ er mich die Übersetzung rezensieren.

1949 wurde ich zur Parteischule abgeordnet, wo die höheren Parteiränge Aufbaukurse im Marxismus-Leninismus erhielten. Ich wohnte als permanenter Vertreter der Zeitung den Sitzungen der Wirtschaftskommission bei, des höchsten Wirtschaftsorgans der Kommunistischen Partei. Vorsitzender war Ernő Gerő und István Friss Sekretär. Die Kommission diskutierte alle wichtigen Wirtschaftsentscheidungen, und legte ihre Vorschlägen dem Politbüro zur Abstimmung vor. An den Sitzungen der Wirtschaftskommission teilnehmen zu dürfen, war nicht nur eine große Ehre, meine Arbeit wurde sogar mit zwei staatlichen Auszeichnungen anerkannt.

1952 forderte *Szabad Nép* mich auf, über den offiziellen Besuch einer Partei- und Regierungsdelegation in der Deutschen Demokratischen Republik zu berichten, unter anderem weil ich gute deutsche Sprachkenntnisse besaß und mit Presseberichten keine Mühe haben würde. Der eigentliche Grund lag aber sicher im Vertrauen, das man mir entgegenbrachte. Denn jeder, der mit Mátyás Rákosi und Ernő Gerő im gleichen Regierungszug fuhr, musste absolut vertrauenswürdig sein.

Und hier stellt sich mir eine wichtige Frage: Was hatte mir zu meinem raschen Aufstieg verholfen? Damals sprach ich mit keinem meiner Vorgesetzten darüber, aber heute suche ich nach einer Erklärung. Die Frage nach den Gründen, die bei mir persönlich liegen, werde ich später erörtern. Hier möchte ich die Kriterien meiner Vorgesetzten rekonstruieren, indem ich mein heutiges Verständnis des Sozialismus auf meinen Fall anwende.

Zwei Kriterien sind wesentlich für Ernennungen, Beförderungen und Entlassungen im Kommunismus. Das eine ist Loyalität der Partei gegenüber, das andere sind Fähigkeiten. Viele andere Faktoren werden natürlich mit einbezogen, doch diese zwei haben das größte Gewicht. Abhängig von der jeweiligen Position ist eine gewisse Loyalität erforderlich, um eine Ernennung überhaupt in Erwägung zu ziehen, aber ein höherer Grad an Loyalität als minimal erforderlich kann Defizite des Kandidaten bei den erwarteten Fähigkeiten kompensieren. Der umgekehrte Fall ist auch denkbar: Besondere Talente können fehlenden politischen Enthusiasmus ausgleichen. Je stärker ein Kandidat in beiden Bereichen ist, desto höher natürlich seine Chance, rasch befördert zu werden.

Ein ökonomisch versierter Leser wird die beiden Kriterien in Form von Indifferenzkurven betrachten, die den Parteioberen vorschweben, wobei die beiden Variablen Loyalität und Fähigkeit sind. Die höheren der parallelen Indifferenzkurven entsprechen höheren Positionen. So liegt die Indifferenzkurve für einen Minister über der Kurve für einen Abteilungsleiter im Ministerium, die des Chefredakteurs über der eines Redaktionsnovizen, und so weiter. Die Indifferenzkurven unterscheiden sich von Land zu Land und von Periode zu Periode. In der frühen, revolutionären Periode liegt das größte Gewicht auf der Loyalität. Fähigkeiten gewinnen in der späteren, eher technokratisch geprägten Periode an Bedeutung. Die Kurven hängen auch vom Tätigkeitsfeld ab. Große Unterschiede zeigen sich zum Beispiel zwischen Akademikern im Universitätsbereich und der politischen Polizei. Allen gemeinsam ist die Dualität der Selektionskriterien.

Als Révais „Kindergarten"-Bemerkung fiel, und auch später noch, war mein Ranking auf beiden Skalen sicher hoch. Denn meine Fähigkeiten wiesen eine glückliche Mischung aus bürgerlicher Bildung, einschließlich der zu Hause erworbenen Sprachkenntnisse, und einer gründlichen marxistischen Schulung auf. Ich konnte mich gewandt und fehlerlos ausdrücken, und wie sich bald herausstellte, kam ich gut mit Menschen aus. Ich verstand es, Leute zum Sprechen zu bringen und von hochgestellten Persönlichkeiten Interviews zu erhalten. Und als ich schließlich Leiter eines Redaktionsstabs war, zeigten sich auch Führungsqualitäten.

Diese Fähigkeiten gingen mit bedingungsloser Loyalität einher. Vorgesetzten, die mich gut kannten, entging nicht, dass ich mich trotz meines bürgerlichen Hintergrunds und einer entsprechenden Erziehung völlig mit den kommunistischen Idealen identifizierte. Als meine Ernennung zum leitenden Wirtschaftsredakteur zur Diskussion stand, war auch György Nemes Mitglied der Redaktion. Er gab später *Irodalmi Újság* (*Literaturnachrichten*) heraus. Fünfzehn Jahre älter als ich, ein erfahrener Journalist, ein kultivierter Mann, der hervorragend schrieb und Ökonomie studiert hatte, warum wählte man mich und nicht ihn? Nach der Situation zu urteilen – und nicht nach dem, was mir unter der Hand zugetragen wurde – glaube ich, weil man mir mehr vertraute. Jugend und Unerfahrenheit waren keineswegs ein Nachteil in den Augen der Oberen. Jugend und mangelnde Lebenserfahrung würden mich leichtgläubiger machen. Und nicht geplagt von Zweifeln würde ich der Sache der Kommunistischen Partei ohne Zögern und Schwanken dienen.

Motive

Nachdem ich beschrieben habe, wie meine Vorgesetzten mich sahen, möchte ich nun meine eigene, „innere" Sicht auf die Periode schildern. Dabei soll mein jetziger Standpunkt so weit wie möglich unberücksichtigt bleiben. Es geht darum, was ich damals dachte und fühlte.

Meine Worte, Taten und Anschauungen wurden hauptsächlich vom Glauben bestimmt. Ich stand vollkommen im Bann der marxistisch-leninistischen Ideologie und war überzeugt, jedes ihrer Worte sei wahr. Ich hatte zur Partei grenzenloses Vertrauen und hielt es für selbstverständlich, dass die Partei wahre Ideen, reine Moral und den Dienst an der Menschheit verkörpere. Nie kam mir in den Sinn, meine Bewunderung und mein Respekt vor Stalin oder Rákosi könnten als „Personenkult" gesehen werden. Und dass ich die Logik und Argumente ihrer Schriften und Reden überzeugend fand, verstärkte nur mein Vertrauen.

Angst ist eine der Kräfte, die den bürokratischen Apparat zusammenhält, der über das kommunistische System herrscht. Ich darf behaupten, in jenen Jahren niemals auch nur für einen Moment so etwas wie Angst gespürt zu haben. Ich war überzeugt, wer festgenommen und verurteilt wurde, sei auch schuldig. Als mir später die Wahrheit dämmerte und wir unter Freunden über den Terror der Rákosi-Ära sprachen, sträubten sich viele zu glauben, ich hätte davon nichts gemerkt. So unglaubwürdig es klingen mag, es ist wahr. Ich muss mir nicht vorwerfen, indifferent gewesen zu sein oder den Kopf eingezogen zu haben, aber sehr wohl, in selbstgewählter Isolation den harten Realitäten gegenüber blind gewesen zu sein.

Das Hauptquartier der ÁVH, der Staatssicherheitspolizei, in der Andrássy-Straße 60 habe ich nur einmal von innen gesehen. Es gehörte nicht zu meinen Aufgaben, die Verbindung zur Staatssicherheit aufrecht zu erhalten. Doch dieses eine Mal sollte ich Informationen einholen über einen anstehenden Prozess, bei dem ein dort angestellter Offizier in ein Wirtschaftsverbrechen verwickelt war. Ich trat ein, sprach mit dem Offizier und ging wieder so gelassen, als wenn dies das Transportministerium oder eine Bezirksparteileitung gewesen wäre. Ich hatte keine Ahnung, dass dort Geständnisse unter Folter herausgepresst oder Unschuldige zu falschen Aussagen gezwungen wurden. Keinen Augenblick dachte ich daran, ich könnte jemals selbst dort festgehalten werden.

Ich studierte gerade an der Parteischule, als bekannt wurde, Außenminister László Rajk sei mit seinen Komplizen verhaftet worden. Man klärte uns über die Verbrechen auf, die ihnen zur Last gelegt wurden: eine Verschwörung zum Sturz der ungarischen Regierung. Ich akzeptierte die Erklärung ohne Fragen oder den geringsten Argwohn, die Vorwürfe könnten falsch sein. Die Blitze schlugen um mich herum ein. Ich kannte damals und in späteren Jahren einige der Leute, die festgenommen und fälschlich beschuldigt wurden. Auf meine Unschuld vertrauend war ich sicher, mir drohe keine Gefahr, obwohl es sich später herausstellte, dass ich nur viel Glück gehabt hatte. Man hätte mich ohne jeden ersichtlichen Grund festnehmen können, so wie es in jenen Tagen vielen Leuten geschah. Vor kurzem erhielt ich Zugang zu vertraulichen Polizeiakten* und musste feststellen, dass ein Informant vom *Szabad Nép* mich mit frei erfundenen Beschuldigungen denunziert hatte.[1] Mit meinem heutigen Wissen um die Wirklichkeit von damals denke ich voll Schrecken zurück und komme mir wie ein Schlafwandler vor. Ich spazierte hoch über der Straße auf einem schmalen First, ohne Furcht, herunter zu fallen.**

Viele kommunistische Kader wurden vom Machthunger motiviert. Der Leser wird gemerkt haben, dass ich in diesen Erinnerungen um selbstkritische Offenheit bemüht bin. Nach gründlicher Gewissenserforschung kann ich sagen, keine Spur von Machtstreben in mir gefunden zu haben. Ein derartiges Verlangen war mir fremd und blieb es. Ich habe mich bei meinen Vorgesetzten nie eingeschmeichelt, um befördert zu werden.

Doch abgesehen davon umgaben sich meine Kollegen und ich zweifellos mit einer Aura von „Szabad-Nép-Arroganz". Wir waren die „Stimme der Partei" – unsere Worte waren wertvoller und wichtiger als die anderer Journalisten. Wenn ich mit Kollegen, Bekannten oder Fremden sprach, blieb ich bescheiden und frei von Hochmut. Doch unter dem äußeren Verhalten lag eine tiefere Schicht. Unser Überlegenheitsgefühl beruhte auf der Überzeugung, dass wir dank unserer marxistisch-leninistischen Schulung und unserer Position beim Parteiorgan unfehlbar seien.***

* Die meisten Staatssicherheitsunterlagen aus der Zeit vor 1956 sind angeblich vernichtet – zumindest gelang es mir nicht, weitere Akten einzusehen. Aber es könnte noch weitere Anschuldigungen gegen mich gegeben haben.

** Ich hielt das Bild des Schlafwandlers, um meine merkwürdige Blindheit und Taubheit zu beschreiben, für meine ureigenste Erfindung, bis ich auf die Autobiographie von Ernő Gáll (2003: 96–7) aufmerksam wurde, eines Intellektuellen aus Siebenbürgen, der das gleiche Bild verwendet: „Ich verzichtete auf jede unabhängige, persönliche Überlegung und nahm einen völlig unkritischen Standpunkt ein … Meine Geistesverfassung und mein Verhalten zu jener Zeit kann mit einer Art ‚ideologischen Somnambulismus' verglichen werden."

*** Seither habe ich dieses „Wunderkind-Phänomen", eine Spielart selbstsicherer intellektueller Arroganz, immer wieder angetroffen – zum Beispiel bei den jungen Titanen der ungarischen politischen Szene in

Die Privilegien, die wir genossen, waren für mich kein wirklicher Anreiz. Wir hatten natürlich gewisse materielle Vorteile gegenüber dem Durchschnittsbürger. Als ich aus der elterlichen Wohnung auszog (mit 21, was damals früh war), wurde mir vom Verlagsbüro eine „Dienstwohnung" zugewiesen. Ich lebte noch allein und konnte in ein kleines Ein-Zimmer-Studio einziehen, das mit geschmacklosen Möbeln aus den Lagern der Regierungskommission für herrenlosen Besitz ausgestattet war. 1952 heiratete ich, und meine Frau Teréz Laky, ebenfalls Journalistin beim *Szabad Nép*, erwartete unser erstes Kind. Sofort erhielten wir eine größere Dienstwohnung zugewiesen, ein Drei-Zimmer-Appartement auf dem vornehmen Rosenhügel, das wir mit unseren eigenen Ersparnissen bescheiden möblierten. Das alles war sehr billig und bestand aus wenig ansprechender Massenware von geringer Qualität.

Die Angestellten des *Szabad Nép* erhielten etwas höhere Gehälter als andere Journalisten. Nachdem ich bei der Zeitung befördert worden war, standen mir die Ferieneinrichtungen für Angestellte der Parteizentrale offen. In den neun Jahren bei der Zeitung war ich insgesamt viermal im Ausland, jeweils nur für ein paar Tage, die ganz in Arbeit aufgingen. Dreimal reiste ich in ein anderes sozialistisches Land und einmal, ziemlich am Anfang, nach Wien. Das war eine denkwürdige Reise. Ich konnte kaum eine der Sehenswürdigkeiten besuchen. Von den Reisespesen zweigte ich ein paar Schilling ab und erstand mit schlechtem Gewissen feine Seidenstrümpfe für meine Mutter. Ich erinnere mich an den Einkauf in einem Palmers-Laden, wo ich von jungen Damen in grünen Uniformen zuvorkommend bedient wurde. Da überkam mich das Gefühl, es gehöre sich nicht für einen kommunistischen Journalisten, Geld an einem solchen Ort zu vergeuden. Was trotzdem von den Spesen noch übrig blieb, gab ich im Büro zurück. Leute, die in der späten Kádár-Periode trickreich und zynisch mit ihren Reisegeldern umgingen, werden über einen so naiven Puritanismus lächeln.

Für die Beschäftigten der Zeitung, des Verlagshauses und der Druckerei gab es eine Kantine. Sie war ausreichend und regelmäßig versorgt, auch wenn andere mit Mangelerscheinungen zu kämpfen hatten. Doch das Angebot war keineswegs luxuriös. Eine weitere Vergünstigung bestand im Recht, sich im Kútvölgyi-Krankenhaus behandeln zu lassen. Die Privilegien wurden scherzhaft die drei Ks genannt: Kékestető für den Urlaub, Kútvölgyi für die medizinische Versorgung und

---

den 1990er-Jahren und bei den jungen westlichen Beratern, die nach der Wende in Osteuropa einflogen. Es spricht vielleicht nicht das Alter aus mir, sondern die Erinnerung an meine eigene Jugend, wenn ich behaupte, in solchen Fällen trage mangelnde Lebenserfahrung dazu bei, junge Leute zu selbstsicher zu machen und damit offen für extreme geistige Einflüsse.

Kerepesi-Straße für den exklusiven Friedhof, auf dem die Beerdigungen von der Partei bezahlt wurden.

Ich hielt unsere Versorgung für gerechtfertigt, das heißt in Übereinstimmung mit dem Prinzip der „Verteilung nach der Arbeit", das die Politik und die marxistische politische Philosophie damals allgemein hochhielten. Ich hatte nicht das Gefühl, außergewöhnliche Privilegien zu genießen. In meiner Kindheit hatte ich Überfluss kennen gelernt, und im Vergleich dazu (oder zu dem Leben eines westlichen Journalisten) war mein Leben beim *Szabad Nép* bescheiden. Privilegiert war es nur, weil es über den Durchschnitt einer Gesellschaft hinausging, die unter dem Diktat eines extremen Egalitarismus stand. Meine Lebensführung war eher von Askese als von Privilegien bestimmt. Ab und zu besuchten wir die Oper, ein Konzert oder das Theater oder wir gingen zu Freunden, doch die meiste Zeit verbrachten wir mit harter, engagierter Arbeit.

Praktisch gab es für mich kein wirkliches Leben außerhalb der Redaktionsräume. Als Gábor, unser erstes Kind, 1952 geboren wurde, hatte ich Nachtschicht. Ich hielt es für selbstverständlich, dass die Geburt eines Kindes kein ausreichender Grund sei, den Nachtdienst abzusagen. Ich telefonierte ständig mit dem Krankenhaus, aber erst früh am nächsten Morgen konnte ich Gabi aufsuchen.

In meiner Zeit als MADISZ-Funktionär und danach beim *Szabad Nép* kam unter den Kollegen und Altersgenossen immer wieder die Frage auf: Sollten wir nicht dieses Leben als „professionelle Parteiarbeiter" aufgeben und ein ordentliches Universitätsstudium aufnehmen? Ich habe das nicht ernstlich erwogen, denn meine Antwort hatte ich ohne Zögern parat: Es war unvergleichlich wichtiger, den Platz auszufüllen, auf den die Partei mich gestellt hatte. Viele Parteifunktionäre hatten doch auch keinen Universitätsabschluss und verrichteten dennoch gute Arbeit.

Viele Jahre später, als Universitätsprofessor in Amerika, habe ich die Studenten in Erinnerung an meine eigene Vergangenheit so manches Mal beneidet. Wir haben damals in unserem mörderischen Arbeitstempo die Jahre verloren, die sie mit sorglosem Studium, mit der Vorbereitung auf ihre Zukunft und den Freuden des Lebens verbrachten.

Die gleichen Faktoren, die hier meine Geistesverfassung und Motivation wiedergeben, habe ich auch in meinem Buch *Das sozialistische System* im Kapitel über die Bindungskräfte der Macht und die Motive der Kader beschrieben. Glaube und Überzeugung, Machthunger, Angst und Privilegien beeinflussen den Einzelnen mit unterschiedlicher Intensität. Bei mir waren Glaube und Überzeugung die vorherrschenden Motive. Ich halte mich nicht für durchschnittlich, doch es wäre ebenso falsch zu glauben, ich sei in dieser Hinsicht etwas Besonderes gewesen. Andere in der Redaktion hatten ähnliche Motive.

Leben in der Redaktion

In den hier behandelten Jahren unterlag Ungarn epochalen Wandlungsprozessen. Als ich in die Redaktion eintrat, wurde das Land von einer Koalition regiert, und andere Parteien hatten ihre eigenen Zeitungen. Doch die Kommunistische Partei fegte die konkurrierenden politischen Kräfte hinweg und gewann auf Betreiben und mit aktiver Unterstützung der sowjetischen Besatzer das vollständige Machtmonopol. Man installierte die Institutionen eines totalitären Systems. *Szabad Nép* hatte am Ende keine Rivalen mehr. Er war politisch gesehen die einzige „offizielle" Zeitung, das wichtigste Sprachrohr und Propagandainstrument der Partei. Er erreichte jede Parteiorganisation und jedes Amt im Lande, war Pflichtlektüre für jedes Parteimitglied und jeden Partei- und Staatsfunktionär.

Wie schon betont, beabsichtigt dieses Buch nicht, die Geschichte der ungarischen Politik und Gesellschaft zu schildern. Es ist nur ein persönlicher Lebensbericht. Deshalb versuche ich erst gar nicht, die Rolle von *Szabad Nép* zu analysieren. Viel bescheidener und enger gefasst will ich auf den folgenden Seiten das Leben der Redaktion in einem „Stillleben" festhalten und einige seiner typischen Ereignisse beschreiben, vor allem natürlich soweit sie mich betrafen.

Die Feststellung, *Szabad Nép* sei die Stimme der Partein gewesen, ist keine leere Phrase. Häufig klingelte morgens das Telefon des Chefredakteurs. Mátyás Rákosi war am Apparat und kritisierte etwas aus der gestrigen Ausgabe oder gab Anweisungen. Es konnte auch die Stimme von Gerő oder Révai sein. Bei anderer Gelegenheit kam Betlen aus einer Parteiversammlung und erklärte den Abteilungsleitern anhand seiner Notizen, welche Aufgaben die Parteiführung der Zeitung zugewiesen hatte. Ich erhielt regelmäßig Instruktionen von István Friss, dem Leiter der wirtschaftspolitischen Abteilung in der Parteizentrale. Ich hatte sozusagen zwei Chefs gleichzeitig, den Chefredakteur und den Leiter der wirtschaftspolitischen Abteilung der Partei. Die leitenden Redakteure der übrigen Sparten unterstanden in gleicher Weise einer doppelten Autorität.

Die Kontrolle war zwar streng, ging aber selten ins Detail. Der Chefredakteur und die Abteilungsleiter verfügten über einen weiten Handlungsspielraum. Im Rückblick bin ich überrascht, wie viel Entscheidungsfreiheit ich mit meinen zwanzig und ein paar Jahren darüber hatte, was ich schreiben und welche Artikel meiner Untergebenen ich publizieren wollte.

Die Redaktion des *Szabad Nép* hatte keine festen Dienststunden. Dienstbeginn und Dienstschluss richteten sich nach den Aufgaben, die zu erledigen waren. Bei Bedarf arbeiteten wir auch während des Wochenendes. Disziplin und Hingabe waren selbstverständlich, Zwang überflüssig. Ich kann mich an keinen Fall erinnern, dass jemand wegen Faulheit gerügt worden wäre. Vielleicht war ich blind für so etwas, aber ich kann mich auch nicht an bösartige Intrigen unter den Mitarbeitern entsinnen. Wir bildeten eine Truppe, eine Gemeinschaft von Kameraden wie im Krieg, die an vorderster Front kämpfen.

Ich habe dort Freundschaften für mein Leben geschlossen. Mein alter Freund Péter Kende wurde mir noch vertrauter, als wir beim *Szabad Nép* arbeiteten. Zeitweilig teilte ich ein Büro mit Pál Lőcsei, der 1956 zu den Führern der Revolution zählen sollte. Auch er wurde bald ein enger Freund. Er spielte für meine politische und intellektuelle Entwicklung eine wichtige Rolle, wie das folgende Kapitel zeigen wird. Besonders nah stand uns Duci – Frau Géza Fónyi, geborene Auguszta Majláth, die aber jeder nur Duci (Klößchen) nannte, obwohl sie in Wirklichkeit eine schmale, zarte Frau war. Sie hatte das hervorragende Archiv der Zeitung aufgebaut und leitete es. Ihre kleine Wohnung, vollgestopft mit Büchern, war geradezu ein Wallfahrtsort. In den *Szabad-Nép*-Jahren und auch später, selbst nach 1956, kamen oft Leute vorbei, und sei es nur für ein kurzes Gespräch.*

Seit dieser Zeit bemühe ich mich stets, mit den Menschen, die unter meiner Leitung arbeiten, engere Beziehungen zu pflegen als zwischen Vorgesetzten und Untergebenen üblich und auch freundschaftliche Bindungen zu ihnen zu entwickeln. Die Art der Beziehungen zwischen den Redaktionsmitgliedern hing ganz von den jeweiligen Charakteren ab. Oszkár Betlen strahlte die erbarmungslose Strenge eines Parteikämpfers aus, seine Klugheit ging gepaart mit herablassender Kälte und Sarkasmus. Vásárhelyi verbreitete dagegen Gelassenheit, Humor, Intelligenz und freundliche Ironie. Umfassende Bildung und sichere analytische Urteilskraft machten den Umgang mit Miklós Gimes zu einem intellektuellen Vergnügen.

* Nach der Revolution standen zwei Fotografien auf Ducis Bücherbord: Die eine von Miklós Gimes und die andere von György Sárközy. Es gibt in Ungarn eine fast unüberbrückbare Trennung, ja einen Abgrund zwischen zwei Gesellschaftsschichten, jenen, die „urban" sind, und jenen, die sich als Repräsentanten des „Volks" verstehen und für gewöhnlich ihre Wurzeln im ungarischen Dorf haben. Duci war mit ihrer Person eine lebende Brücke zwischen beiden. Sie hatte Freunde unter den Leuten vom *Szabad Nép* und später im Kreis von Imre Nagy, die der städtischen Intelligenz verbunden waren. Sie hatte auch Freunde unter den Herausgebern und Redakteuren der Zeitschrift *Válasz*, wo sich die „Volksschriftsteller" zusammenfanden. Sie war lange Zeit mit György Sárközy befreundet, dem Gründer und ersten Herausgeber der Zeitschrift, und mit seiner Frau Márta, die später Herausgeberin, Patronin und integrierender Mittelpunkt von *Válasz* wurde. Duci starb 1988.

Wie ich die Ökonomie wahrnahm

Ich habe keine ökonomische Fakultät besucht. Kein akademischer Lehrer hat mir erklärt, wie eine sozialistische Wirtschaft funktioniert. Meine erste Lektion über die Arbeitsweise des Systems erhielt ich unmittelbar an der Basis, als ich beim *Szabad Nép* arbeitete.

Dort gewann ich gründliche Einsichten in die Funktionsbedingungen einer Wirtschaftsordnung, die ich in meinen späteren Schriften „klassisches sozialistisches System" genannt habe. In den Sitzungen der Wirtschaftskommission konnte ich von Nahem wahrnehmen, was extreme Zentralisierung des Managements bedeutet. Ein Beispiel: Der Produktionsplan für das nächste Jahr hängt in einer Marktwirtschaft von anonymen Prozessen ab – den Intentionen von Millionen von unabhängigen Marktteilnehmern. Hier konnte er von Ernő Gerő beschlossen werden, der von der Partei absolute Autorität über die Wirtschaftsführung erhalten hatte. Seine Entscheidungen wurden vom Apparat in der Parteizentrale und in der Regierung vorbereitet, die manchmal Alternativen vorlegten. Doch letztlich war in den Sitzungen seine Stimme entscheidend. Mir schien er kalt und berechnend, mit scharfem Verstand zwar, aber unfähig, menschliche Gefühle zu zeigen. Er war kein ausgebildeter Ökonom, doch besaß er ein außergewöhnliches Gedächtnis. Bei Auseinandersetzungen über die Wirtschaftspolitik konnte er präzise alle relevanten Daten, Informationen und Meinungen aus den verschiedensten Quellen wiedergeben. Das machte tiefen Eindruck auf die Führung des Landes und verstärkte den Respekt, den er als höchste Autorität in Wirtschaftsfragen genoss. Meine damaligen Kenntnisse erlaubten mir kein Urteil über den Sachverstand hinter Ernő Gerős entschlossenem Auftreten. Auch ich ließ mich von seiner Persönlichkeit beeindrucken, vom Ernst und der Sicherheit, die seine Worte ausstrahlten.

Ich kam oft mit Ministern, stellvertretenden Ministern und höheren Ministerialbeamten zusammen. Diese für gewöhnlich offenen und professionellen Diskussionen machten in vielerlei Hinsicht deutlich, wie die Wirtschaft geführt wurde. Ich besuchte auch häufig Fabriken und traf dort Manager, Betriebsparteisekretäre, Meister und Arbeiter. Die unmittelbaren Beobachtungen ergänzten meine Mitarbeiter mit detaillierten Berichten über ihre jüngsten Erfahrungen. Zweifel sind natürlich angebracht. Vielleicht waren manche unter meinen Gesprächspartnern nicht immer ganz ehrlich, aber am Ende hatte ich viele wertvolle Informationen.

Bei den Vorbereitungen für diese Erinnerungen habe ich noch einmal meine Artikel gelesen und ich sah die Schwierigkeiten, die mir damals am meisten zu schaffen machten. Ich zitiere in Klammern – als aufschlussreichen Kontrast – den

Titel oder ein paar Zeilen aus dem jeweiligen Leitartikel, den ich zu den fraglichen Themen geschrieben habe. Diese Zitate zeigen, dass ich mir der Probleme bewusst war, nur war meine Diagnose falsch und die vorgeschlagene Therapie völlig abwegig.

Mir war beispielsweise klar, ein zentralisiertes System kann nur mit Disziplin funktionieren. Es war jedoch offenkundig, wie oft Plandisziplin, Arbeitsdisziplin und Lohndisziplin verletzt wurden. Darüber schrieb ich mehrere Artikel, doch suchte ich die Lösung noch am falschen Ort. Die Beziehung zwischen Leistung und Leistungsanreiz verstand ich nicht. Ich hielt es für ausreichend, die Bedeutung von Disziplin herauszustellen, die Leute zur Befolgung der Anweisungen anzuhalten, oder nach Strafen zu rufen, um an den Undisziplinierten ein Exempel zu statuieren.

Ich sah, wie die Arbeiter immer wieder die Produktionsnormen für ihre Stücklöhne zu senken versuchten und ungerechtfertigte Lohnforderungen stellten. Bestürzt musste ich aber feststellen, dass die Manager sie hierbei geradezu unterstützten. Ich wetterte in meinen Artikeln gegen die Verletzung der Lohndisziplin und griff Betriebsleiter und Parteifunktionäre an, die Disziplinverletzungen duldeten („Wir müssen genau auf die Einhaltung der sozialistischen Lohn- und Arbeitsdisziplin achten", schrieb ich und fügte hinzu: „Arbeitskampagnen können nur dann wirklich zur Planerfüllung beitragen ... wenn unberechtigte Lohnerhöhungen und unnötige Überstunden vermieden werden.")[2] Ich war blind für die Tatsache, dass wir es hier mit einem der unausweichlichen Probleme von Staatseigentum zu tun haben. Statt das Lohnniveau in Tarifverhandlungen zwischen dem Arbeitgeber – dem Eigentümer – und den Arbeitnehmern auszuhandeln, versuchen die Bürokraten, den Druck der Arbeiter für Lohnerhöhungen durch Festlegung von Lohnquoten einzudämmen.

Es gab zahlreiche Beispiele für Verschwendung und ineffiziente Produktion in den Betrieben („Ökonomische Effizienz – Die Schlüsselaufgabe einer Arbeitskampagne" lautete der Titel eines meiner Leitartikel.)[3] Auf der Suche nach einer Lösung erklärte ich in zahlreichen Artikeln die Bedeutung der ökonomischen Effizienz und versuchte, die Manager davon zu überzeugen, nicht einfach die Produktionsmengen zu erhöhen, sondern gleichzeitig auch höhere Qualität und niedrigere Kosten anzustreben. Doch sowohl die finanziellen wie die moralischen Leistungsanreize stimulierten sie nur, das Produktionsvolumen zu vergrößern.

Ich dachte, der Kern des Problems liege darin, dass die Betriebsleiter ihre Aufgabe nicht ordentlich erfüllten, dass sie die Produktion schlecht organisierten, nicht sorgfältig genug seien und nicht auf die Arbeiter hörten, die vor Schwierigkeiten warnten. Diese Kritik erstreckte sich manchmal auch auf die mittlere

Ebene der Wirtschaftsverwaltung in den Ministerien und Bezirksparteileitungen. Ich warf den Kadern vor – mit den damals gebräuchlichen Schlagworten – sie „würden im Strom der Massen mitschwimmen“, um populär zu sein, und nicht wagen, die notwendige Härte an den Tag zu legen. („Disziplinlosigkeit tolerieren kann nur im Interesse des Feindes liegen. Ist es unpopulär, mit fester Hand für die Einhaltung der Arbeitsdisziplin zu kämpfen und die Arbeitszeit voll auszunutzen? So ein streitbarer Direktor kann nur in den Augen eines rückständigen Arbeiters unpopulär sein.“)[4] Oder ich roch mangels anderer Erklärungen Sabotage in einem Missstand. Das war nicht nur falsch, sondern verhängnisvoll, denn so wurde mit Hilfe der ökonomischen Rhetorik die unbarmherzige Verfolgung angeblicher „Saboteure“ unterstützt.

Nicht einen Augenblick glaubte ich, die Schwierigkeiten seien systembedingt, würden also dem System selbst entspringen. Im Gegenteil, auch wenn ich viele Probleme und Fehler wahrnahm, blieb ich überzeugt davon, dass der Sozialismus dem kapitalistischen System überlegen sei. Schwierigkeiten seien Übergangserscheinungen. Ich unterschrieb Ernő Gerős auf Stalin zurückgehende Feststellung, das seien nur Wachstumsschmerzen. Die würden wir überwinden. Gesellschaftliches Eigentum müsse produktiver sein als Privateigentum. Zentrale Planung müsse effizienter sein als die Anarchie des Marktes. In meinem Kopf herrschte eine heillose Verwirrung zwischen normativem und positivem Denken, zwischen Idealvorstellungen des sozialistischen Systems und seiner Realität.

Ganz wichtig schien mir die Erwartung, die Arbeiter eines sozialistischen Betriebes würden besonders sorgfältig arbeiten, da „die Fabrik ihnen gehöre“, wohingegen die Arbeiter eines kapitalistischen Unternehmens ausgebeutet und ihrer Arbeit entfremdet seien. Dieses neue Verhältnis zur Arbeit würde zu Arbeitskampagnen führen, zu freiwilligen Planübererfüllungen und zu Stachanov-Leistungen weit über dem Durchschnitt. Das war der Hauptgrund für die Überlegenheit des sozialistischen Systems, so glaubte ich damals, und deshalb widmete ich allen Formen von Arbeitskampagnen fanatische Aufmerksamkeit („Der Triumph des Sozialismus verlangt von uns, die Arbeitsproduktivität des Kapitalismus zu übertreffen“, schrieb ich in einem Leitartikel. „Deshalb müssen wir auf breiter Front neue Technologie und Maschinen einführen und uns mit schärferem sozialistischem Wettbewerb und der Stachanov-Bewegung um höhere Produktivität bemühen.“)[5]

Mein forciertes Arbeitstempo schloss mich vom Morgengrauen bis tief in die Nacht in meinem Redaktionsbüro ein. Ich hörte auf, das tägliche Leben anderer zu teilen. Ihre alltäglichen Sorgen rührten mich nicht, und ich traf außerhalb meiner Arbeit fast niemanden. Wie ein guter Marxist konzentrierte ich mich auf die Produktion, nicht auf den Konsum. Auch wenn ich sie aus eigener Erfahrung kaum wahrnahm, erhielt ich doch Hinweise auf Versorgungsengpässe und entsprechende Unzufriedenheit. Doch die Signale waren undeutlich, und ich schenkte entferntem Donnergrollen keine Aufmerksamkeit. Es gab sicher Leute in meiner Umgebung, die über die gravierenden Mängel informiert waren, aber sie hüteten sich, offen mit mir darüber zu sprechen.

Munyó und meine Schwester Lilly ließen bei meinen häufigen Besuchen höchstens vage Bemerkungen über Versorgungsengpässe fallen. Das traf bei mir auf taube Ohren. Später fragte ich Lilly immer wieder, warum sie nie offener und ehrlicher mit mir geredet hätten. Sie hätten sich nicht getraut, darüber zu sprechen, meinte Lilly. Nicht dass sie für einen Moment daran gedacht hätten, ich würde mich gegen sie wenden. Sie wollten mir vielmehr nicht lästig fallen, da ich sowieso schon überanstrengt gewesen sei. Ich würde ihnen doch nicht geglaubt haben, wozu also die Mühe? Trotz aller Liebe hatte sich langsam eine unsichtbare Wand zwischen uns geschoben.

Insgesamt sammelte ich zahlreiche Beobachtungen und machte viel Erfahrungen, doch die Art und Weise, wie ich dieses Material in meinem Kopf einordnete und in einen Kausalzusammenhang brachte, war auf Axiome gegründet, wie das bei jedem der Fall ist. Die Axiome werden nicht rein vom Verstand formuliert. Zu einem bedeutenden Teil beruhen sie auf meta-rationalen Faktoren: Überzeugungen, Vorurteilen, Erwartungen, Wünschen und ethischen Urteilen. Die metarationalen Faktoren verhalten sich wie Pförtner und entscheiden, welches Tor für eine Idee oder einen Eindruck offen steht und welches nicht. Die Pförtner in meinem Kopf arbeiteten damals nicht ordentlich. Ich schloss alle Erfahrungen und Ideen aus, die meinen Glauben erschüttert hätten. Es stellte sich der Verdrängungsmechanismus ein, der theoretisch als kognitive Dissonanz beschrieben wird. Informationen, die meinen tiefen Überzeugungen widersprochen hätten, wurden eingekapselt, so dass ich von der Richtigkeit meiner ursprünglichen Weltanschauung überzeugt bleiben und meinen inneren Frieden wahren konnte.

Sollten sich die Axiome – auch unter dem Einfluss meta-rationaler Faktoren – ändern, wird dieselbe Erfahrungsmenge plötzlich anders eingeordnet, und neue Kausalketten bestimmen die wahrgenommenen Prozesse. Auch ich machte eine solche Transformation durch, wie in den folgenden Kapiteln ausführlicher geschildert werden soll. Der Vorgang gleicht der Anordnung von Eisenspänen auf einem Blatt Papier, unter das ein Magnet gehalten wird. Sie zeigen ein bestimmtes Muster – bewegt man den Magneten, dann ändert sich das Muster. Oder ein anderer Vergleich: Eine berühmte Zeichnung des holländischen Grafikers M.C. Escher zeigt schwarze Wildgänse, die am Himmel von links nach rechts fliegen. Ändert der Betrachter die Einstellung seiner Augen, wird plötzlich deutlich, dass da weiße und nicht schwarze Wildgänse fliegen und zwar von rechts nach links und nicht umgekehrt. Es dauerte einige Jahre, bevor ich in der Lage war, meine Erfahrungen beim *Szabad Nép* mit anderen Augen zu sehen.

Geistige Leere

Meine Jugendlektüre blieb während dieser Jahre praktisch ungenutzt. Ein, zwei Zitate von historischen Persönlichkeiten Ungarns oder den bekanntesten klassischen Dichtern mochten sich in meinen Arbeiten finden. Verweise auf eine andere Lektüre gibt es nicht. Der einzige Vorteil, meine Karriere als gebildeter Mensch begonnen zu haben, bestand vielleicht darin, dass ein paar Schriftsteller meiner Redaktion zugewiesen wurden. István Örkény und Ferenc Karinthy zählten zu den regelmäßigen externen Mitarbeitern. Ich kam mit ihnen gut aus; sie sahen in mir nicht den Chef oder den Parteifunktionär, sondern einen Freund, mit dem man sich kultiviert und anregend unterhalten konnte. Jeder von beiden machte gelegentlich kritische Bemerkungen über die herrschenden Zustände, Örkény vielleicht etwas lauter als Karinthy. Doch kann ich nicht behaupten, mit den Augen eines Schriftstellers hätten sie die Dinge klarer gesehen als der Wirtschaftsjournalist. Sie waren genauso wie ich mit politischer Blindheit geschlagen.

Selten kam ich zu anderen Büchern als der zeitgenössischen ungarischen und sowjetischen Literatur. Es hätte neben der hektischen Redaktionsarbeit auch kaum Zeit zum Lesen gegeben. Andererseits nahm ich die Schriften des Marxismus-Leninismus methodischer und gründlicher auf als zuvor. Ich hatte ein gutes Gedächtnis und konnte die Botschaft meiner Artikel mit Zitaten unterstreichen, die anderen vielleicht nicht in den Sinn kamen.

Von heute aus betrachtet bin ich über meinen Mangel an ökonomischer Bildung erstaunt. Ich setzte mich in jener Buchbesprechung des *Kapitals* mit den „bürgerlichen" Theorien der Zeit auseinander, aber meine Beweisführung beruhte fast ausschließlich auf Sekundärquellen: Die Werke, die ich kritisierte, hatte ich nicht gelesen. Andere machten das gleiche. Niemand brachte mir eine Grundvoraussetzung intellektueller Aufrichtigkeit bei – man muss eine Idee erst selbst studiert haben, bevor man sie kritisiert. Natürlich hätte ich selbst darauf kommen können, aber das war nicht der Fall. Folgendes Ereignis macht das allgemein niedrige wissenschaftliche Niveau besonders deutlich. Der Ökonom Tamás Nagy hatte den Auftrag erhalten, die neu gegründete marxistische Wirtschaftsuniversität einzurichten. Meine Besprechung des *Kapitals* und meine guten Leistungen bei der Parteischulung genügten ihm, mich zu bitten, an der Fakultät für Politische

Ökonomie zu unterrichten. Ich schlug die Einladung aus, aber nicht weil ich mich überfordert gefühlt hätte, sondern weil ich meine ganze Energie auf die Arbeit beim *Szabad Nép* konzentrieren wollte.

Beim Wiederlesen meiner Arbeiten nach einem halben Jahrhundert war ich nicht nur von den Fehlern darin schockiert. Mich bestürzte auch ihr geistiges Mittelmaß, wenn man das vom Inhalt trennen kann. Der Stil war einigermaßen gewandt, ohne die ungeschickte Ausdrucksweise vieler Zeitungsartikel. Ärgerlich waren aber die naiven Lobpreisungen für gute Leistungen und gute Ergebnisse. Stieß ich auf ein Problem, war meine Lösung damals regelmäßig, die Menschen – im Imperativ – aufzufordern, ihre Fehler zu korrigieren.

Die Schriften waren transparent strukturiert mit Einleitung und Schluss. Das scheint ein bleibendes Charakteristikum meines Denkens zu sein. Doch die Argumentation wies wenig Inspiration auf. Man kann gescheit und geistreich schreiben, auch wenn die Schlussfolgerungen falsch sind; dafür fand ich in jenen Artikeln aber kaum Beispiele. Ob Leitartikel oder Situationsberichte, sie führten in der Regel Zahlen an. Einige sind voll davon. Ich bin ganz sicher, niemals Daten, die ich meinen Quellen entnahm, geändert zu haben, um einen bestimmten Zweck oder einen Effekt zu erzielen. Aber ich erinnere mich, dass ich nicht stets die Quellen prüfte oder Zahlen, die ich verwenden wollte, mit anderen verglich. Die Daten sind in den Artikeln häufig willkürlich gewählt. Ungarischen Statistiken werden Angaben aus entwickelten kapitalistischen Ländern gegenübergestellt, ohne die Grundvoraussetzungen der Vergleichbarkeit zu erfüllen. Aggregierte Daten werden mit sektoralen verglichen oder eine Veränderung mit einer Zustandsvariablen. Ich könnte als Entschuldigung anführen, dass niemand es mir beigebracht hatte, dass mich niemand vor den Fallgruben gewarnt hatte, in die man bei sorglosem Umgang mit Daten gerät. Doch hätte ich auf diese Regeln von selbst kommen können, wäre ich nicht von dem Wunsch besessen gewesen, Propagandaparolen um jeden Preis hochzuhalten.

Ich schrieb schnell und viel, was sich an der Oberflächlichkeit der Ergebnisse zeigt. Ich brauchte keine fünfzig Jahre, um mir dieses Fehlverhalten einzugestehen. Nachdem ich ein paar Jahre später mit dem Journalismus aufgehört und mich der Wissenschaft zugewandt hatte, schauderte es mich beim Blick zurück auf meinen früheren Stil. Ich fing an, den Journalismus mit seiner überhasteten und improvisierten Art, Informationen zu sammeln und zu übermitteln, zu verachten. Heute weiß ich, dass auch dieses Urteil, wenn man es verallgemeinert, zu verkehrten Schlüssen führt. Es gibt Journalisten, die gewissenhafte Arbeit verrichten, die ihre Fakten überprüfen und die auf hohem intellektuellem Niveau schreiben. Doch mir war die Sache über, und ich wollte kaum zugeben, wie lange ich Journalist gewesen war.

Lese ich meine Arbeiten in chronologischer Reihenfolge, kann ich keine geistige Entwicklung feststellen. Eher wurden sie mit der Zeit langweiliger und monotoner. 1953 war ich 25 Jahre alt. Was für ein herrliches Alter, in dem viele Intellektuelle den größten Teil ihres Universitätsstudiums hinter sich und ein bahnbrechendes Werk geschrieben haben. Ich hatte nur die Redaktionstretmühle zum Drehen gebracht, inhaltslose Arbeiten ausgespuckt und Artikel von Kollegen, Ministerialbeamten oder Betriebsfunktionären, die unfähig waren sich auszudrücken, in ordentliches Ungarisch übersetzt. Meine Geistesverfassung war öder als damals, als ich mit 17 meinen Essay „Saat unterm Schnee" geschrieben hatte.

Moralische Rechenschaft

Dieses Buch soll keine Übung in öffentlicher Selbstkritik werden. Ich will erzählen, was mir in meinem Leben widerfahren ist und warum sich Dinge so entwickelten, wie sie es taten. Der Leser mag, wenn er will, nach seinem eigenen Wertekanon urteilen. Auch ich fälle mein Urteil, aber für mich nach meinem eigenen Gewissen. Ich biete allen, denen ich mit meinen Schriften geschadet habe, meine Entschuldigung an; doch Taten sind wichtiger als noch so aufrichtige Entschuldigungsworte.

Viele Leute sehen in einem moralischen Rechenschaftsbericht einen Vorgang der Buchführung: Einige Ereignisse erhalten ein Plus, andere ein Minus. Zählt man zusammen, ergibt sich eine Bilanz – schön, wenn sie positiv ist. Eine solche Auflistung liegt hinter der Idee von Schuld und Sühne. Manch einer denkt: „Ich habe Sünden begangen, aber ich kann sie mit guten Taten abarbeiten." So dachte, glaube ich, auch mein Freund Miklós Gimes. Er kämpfte für die geschlagene Revolution im Untergrund weiter, bis er festgenommen wurde. Wenn es sein musste, ging er in den Tod, aber er wollte für die schweren Sünden büßen, die er in seiner früheren politischen Tätigkeit begangen hatte.*

Ich achte Leute, die Buße und Sühne grundsätzlich in Taten und nicht nur in Worten üben, aber ich selbst sehe in einem solchen Ansatz kein Heil. Ich glaube nicht, den Schaden, den man in einem Lebensabschnitt verursacht hat, durch verdienstvolles Verhalten in einem anderen wieder gut machen zu können. Sünden sind nicht aufhebbar. Ihre Opfer sind vielleicht nicht mehr am Leben, wenn die angebliche Buße geleistet wird, oder sie sind nicht unter den Nutznießern der

* Man kann allerdings darüber streiten, ob Gimes eine derartige Absicht, Sühne und Wiedergutmachung zu leisten, hatte.

guten Taten. Selbst wenn sie noch leben, selbst wenn sie oder ihre Nachkommen in den Genuss der guten Taten kommen, kann der Schaden, der zuvor angerichtet wurde, so nicht wieder gut gemacht werden.

Ich hatte nicht nur begriffen, dass ich in der ersten Phase meines Erwachsenenlebens einen falschen Weg eingeschlagen hatte, ich betrat auch entschlossen einen neuen. Ich bin sicher, in den vergangenen Jahrzehnten vieles geleistet zu haben, was meinen Mitmenschen nützte. Aber ich habe all das nicht als „Wiedergutmachung" unternommen. Das führe ich auf einer gesonderten Rechnung, während meine Zeit beim *Szabad Nép* auf einem anderen Konto verbucht bleibt.

Anmerkungen

1 ÁBTL V-145-288-a: 514–15. Datum: 14. Juni 1950.
2 Kornai 1951d: 5.
3 Kornai 1951c.
4 Kornai 1951b: 1.
5 Kornai 1951a: 1.

4 Erwachen – 1953–1955

Stalins Tod am 5. März 1953 beendete eine Epoche in der Geschichte der kommunistischen Länder und eröffnete eine neue. Der radikale politische und soziale Wandel veränderte auch meine Weltsicht, meine Ideen und mein Verhalten, allerdings mit signifikanter Verzögerung.

Der „Neue Kurs“

In Ungarn machten sich der politischen Wandel und der Führungswechsel in der Sowjetunion erst ein paar Monate später bemerkbar. Eine Delegation der Staats- und Parteiführer wurde im Juni 1953 nach Moskau einbestellt und scharf gerügt für die katastrophale politische und wirtschaftliche Situation, die sich in Ungarn entwickelt hatte. Mátyás Rákosi ließ sich gerne „Genosse Stalins besten Schüler in Ungarn“ nennen und hatte sich immer bemüht, Stalins Anweisungen als einer der Eifrigsten unter den osteuropäischen kommunistischen Führern in die Tat umzusetzen. Jetzt bezog er für seinen Übereifer Schelte von den neuen Parteiführern in Moskau. Man nahm ihm die alleinige Führung, beließ ihn aber in seiner Machtstellung als Generalsekretär der Partei und machte Imre Nagy zum Ministerpräsidenten. Nagy war in der provisorischen Regierung von 1945 erster Landwirtschaftsminister gewesen und daher für die Bodenreform verantwortlich. So hatte er bei der Landbevölkerung den Ruf gewonnen, er habe die großen Güter verteilt. Er war alter Kommunist und zusammen mit Rákosi und Gerő im Moskauer Exil gewesen, wo er sich mehrfach gegen die von Rákosi geführte Parteilinie gestellt hatte. Ihm blieb das Schicksal von László Rajk erspart, der hingerichtet wurde. Er kam auch nicht ins Gefängnis wie János Kádár. Aber er gehörte auch nicht zur Clique der Vertrauten Rákosis und seiner Regierung. Er zeichnete sich unter den anderen kommunistischen Führern durch sein Auftreten und seine wohlgewählten Worte aus, aber vor allem durch sympathische Volksnähe.

Mit einer Resolution des Zentralkomitees im Juni übernahm die ungarische Partei sofort die Instruktionen aus Moskau. Dann folgten Regierungsbildung und Grundsatzrede Imre Nagys als Ministerpräsident vor dem Parlament. Die „Juni-Resolution“, die „Imre-Nagy-Rede“, das „Regierungsprogramm“, der „Neue Kurs“ – diese Schlagworte wurden Synonyme für das post-stalinistische Programm der Ungarischen Kommunistischen Partei.

Fassen wir kurz das Programm zusammen und geben dabei soweit wie möglich die Phraseologie jener Tage wieder:

- Bis 1953 habe die Politik schwere Fehler begangen. Das Problem liege nicht in den Ideen der Partei, sondern darin, wie diese Ideen in die Tat umgesetzt worden seien. Die Irrtümer müssten korrigiert werden, aber die Grundlagen des Systems seien unverändert zu bewahren.
- Auch die Wirtschaftspolitik der Partei weise schwere Fehler auf. Man habe der Hebung des Lebensstandards zu wenig Aufmerksamkeit geschenkt.
- Die heraufgesetzten Ziele des Fünf-Jahr-Planes seien unrealistisch. Die Forcierung der sozialistischen Industrialisierung sei überzogen. Gleichzeitig bleibe die Haltung der Partei zur Eigentumsfrage unverändert: Staatseigentum sei vorherrschend.
- Die Landwirtschaftspolitik sei unausgewogen. Das Ziel der Kollektivierung bleibe richtig, aber der Beitritt zu den Genossenschaften solle freiwillig erfolgen („Freiwilligkeitsprinzip").
- Die „sozialistische Legalität" sei ernstlich verletzt worden. (Das war der Parteijargon für zahlreiche Schauprozesse, Folter, Massenverhaftungen, Arbeitslager und andere Formen brutaler Unterdrückung.) In Zukunft könnten solche Übergriffe nicht mehr geduldet werden.
- Die kommunistische Partei habe sich von den Massen entfernt. Man müsse eine Volksfront bilden. Das ganze ungarische Volk müsse wieder hinter der Parteiführung stehen.

Das Programm des Neuen Kurses enthielt bereits viele gedankliche Elemente, die später als Reformkommunismus bekannt wurden. In den folgenden Monaten kamen noch Ergänzungen hinzu. Doch zwei Punkte, die für den Reformkommunismus besonders wichtig sind, tauchten nicht auf. Der eine ist Marktsozialismus, die partielle oder totale Abkehr von der bürokratischen Zentralplanung, die durch Marktkoordination zu ersetzen ist. (Darüber wird in diesem Buch noch Vieles zu sagen sein.) Der andere ist „Demokratismus", hier bewusst in Anführungszeichen gesetzt. Dieser verdrehte Begriff jener Tage drückte inkonsistente Wünsche aus. Einerseits sollten die Bürger mehr Mitspracherechte in öffentlichen Angelegenheiten erhalten („Demokratie am Arbeitsplatz" und „Demokratie in der Partei"), doch andererseits wollte man das Machtmonopol der Partei bewahren. In den späteren Entwicklungsphasen des Kommunismus gewann „Demokratismus" noch größere Bedeutung, zum Beispiel im Konzept des „Sozialismus mit menschlichem Gesicht" im sogenannten Prager Frühling 1968.

Und wie dachte ich selbst 1953–54? Wie viele andere Kommunisten fühlte ich den Tod Stalins als großen Verlust, aber erwartete keinen historischen Wendepunkt. Ich glaubte, die Nachfolger würden seine Linie weiterverfolgen, so wie sie es in ihren zeremoniellen Grabreden gelobt hatten.

In der Juni-Resolution des Zentralkomitees der ungarischen Partei und der Rede Imre Nagys lagen die damit verbundenen einschneidenden Veränderungen nicht offen zutage. Ich fand das Juni-Programm sympathisch, aber fühlte mich weder erleichtert noch gar begeistert. Da ich in der Zeit davor nicht gelitten hatte, schien mir nicht, jetzt könne man erleichtert aufatmen. Die Partei hatte entschieden, und ich nahm die Entscheidung ruhig und diszipliniert zur Kenntnis. Der grundlegende Wechsel in der Parteilinie erstaunte mich nicht; hatte es doch in der Geschichte der sowjetischen Partei zum Beispiel mehrere „neue", radikal konträre Perioden gegeben. Das erwartete ich auch in diesem Fall. Die Ein-Mann-Herrschaft Rákosis durch zwei Führer an der Spitze zu ersetzen, fand ich unerheblich, was als weiterer Beweis für meine damalige politische Naivität und Unreife gelten mag. Die ersten Artikel, die ich in der Zeit des Neuen Kurses schrieb, waren nicht anders als sonst, vielleicht nur etwas weniger leidenschaftlich, etwas zurückhaltender und objektiver.

Begegnung mit einem Ex-Gefangenen

Dann aber geschahen Dinge, die mich sehr verwirrten und am Ende wach rüttelten. Im Spätsommer 1954 traf ich während des Urlaubs in einer Ferienanlage am Plattensee Sándor Haraszti, der nach mehreren Jahren im Gefängnis gerade freigelassen worden war. Schon zu Horthys Zeiten Kommunist, war er nach 1945 Chefredakteur der zweiten kommunistischen Zeitung *Szabadság (Freiheit)*. Wir trafen uns manchmal, und ich hegte Gefühle freundschaftlichen Respekts für ihn. Er war Schwiegervater von Géza Losonczy, der tragisch als Märtyrer der Revolution von 1956 enden sollte. Losonczy, ein altes und anerkanntes Parteimitglied, gehörte zur Leitung des *Szabad Nép*, als ich bei der Zeitung anfing, doch kannte ich ihn nur flüchtig. Haraszti war 1950 festgenommen worden, Losonczy 1951. Später stellte sich heraus, dass Rákosi und seine Komplizen beide in einem öffentlichen Prozess gegen János Kádár mit anklagen wollten. Dieser zweite Schauprozess – nach dem von Rajk – fand nicht statt, doch sie blieben im Gefängnis, bis sie im Zuge der Politik des *Neuen Kurses* frei kamen.

Ich hatte von dem, was ihnen passiert war, keine Ahnung. Nachrichten über Festnahmen akzeptierte ich damals mit Gleichgültigkeit. Wenn die Partei beschloss, so etwas ihren alten Mitgliedern anzutun, dann würde sie sicher sorgfältig untersucht haben, ob sie schuldig waren oder nicht. Dass die Gefangenen unschuldig sein könnten, kam mir nicht in den Sinn, denn ich glaubte bedingungslos an das Urteil der Partei.

Jetzt, ein paar Jahre später, auf dem Rasen eines Ferienorts am Plattensee, saß mir Sándor direkt gegenüber und erzählte mit ruhigen Worten, was für schreckliche Grausamkeiten er hatte erdulden müssen und wie man ihn zu zwingen versucht hatte, falsche Anschuldigungen einzugestehen. Als Zureden nicht half, hatte man ihn brutal gefoltert.

In der Vorbereitung von Prozessen dieser Art teilte man jeden Angeklagten einem Offizier der Staatssicherheitspolizei zu, der die Untersuchung leitete. Sándors Offizier war M. M., den ich zufällig aus dem Jahr 1945 kannte, als wir beide Mitglieder der kommunistischen Jugendbewegung MADISZ im fünften Bezirk von Budapest gewesen waren.* M.M. hat den alten Sándor Haraszti nicht selbst geschlagen, aber er hat Befehl gegeben, wann und wie hart er zu schlagen sei. 1945 war M.M. genau wie ich ein begeistertes und treues Mitglied der MADISZ gewesen. Ich habe ihn nie wieder getroffen, aber ich bin überzeugt davon, dass er kein Sadist im psychiatrischen Sinn war. Er ließ Sándor Haraszti nicht deshalb schlagen, weil er die Brutalität genossen hätte, sondern weil das der normale Gang der Dinge an seinem Arbeitsplatz war. Jedem als Parteifeind Gebrandmarkten musste die „Wahrheit“ entrissen werden, selbst wenn es Folterung einschloss. Und die „Wahrheit“ ist natürlich immer die Geschichte von Spionage und Sabotage, die dem Untersuchungsoffizier als Grundlage für Verdacht und Anklage von seinen Vorgesetzten vorgelegt worden war. Sie bildet, wenn nicht überhaupt erfunden, eine kunstvolle Mischung aus Wahrheit und Lüge. Der Verdächtige wird dann solange verhört, bis er gesteht, dass die erdichteten Anklagepunkte wahr sind, bis er bereit ist, die von der Anklage vorgesehene Rolle des Bösen im Prozess zu spielen.

Und all das von dem Opfer des Dramas selbst zu erfahren! Ich war besonders schockiert, weil ich den Gegenspieler ja kannte, den Mann, der die Folter befohlen hatte. Er war sicher nicht von Grund auf schlecht. Er hatte sein Leben mit edlen Intentionen begonnen. Ich war entsetzt, weil diese Enthüllung deutlich machte, dass die Tragödie nicht von persönlichen Eigenschaften der Beteiligten verursacht wurde. Im System selbst musste etwas grundlegend falsch sein.

Das Zusammentreffen mit Sándor Haraszti hat die moralischen Grundlagen untergraben, auf denen sich meine kommunistische Überzeugung gründete. Die

* Die Initialen „M.M.“, „N.N.“ sind hier wie an anderer Stelle nicht die wirklichen Initialen der betroffenen Personen. Auf das Problem, echte Namen zu nennen, komme ich später zurück.

Partei hatte gelogen, als sie behauptete, Haraszti sei schuldig, und ich hatte die Lüge geglaubt. Wenn dieser Prozess auf einer Lüge beruhte, dann musste das bei den anderen genauso der Fall gewesen sein. Wir waren von Lügen umstellt, und ich hatte sie in meiner Dummheit ohne zu fragen geglaubt. Und ich hatte wohl oder übel einige der Lügen selbst verbreitet.

Sándor Haraszti war ein Mann des geschriebenen Wortes wie ich. Und auch wenn mein Arbeitsgebiet sich geändert hat, bin ich bis auf den heutigen Tag ein Mann des geschriebenen Wortes geblieben. Für ihn wie für mich ist entscheidend, ob das, was wir schreiben, wahr ist. Mir schwirrten nach dem Treffen die Begriffe Aufrichtigkeit und Täuschung, Wahrheit und Unwahrheit durch den Kopf. Die Tatsache, dass im zwanzigsten Jahrhundert Menschen gefoltert wurden, in welcher Absicht auch immer, erschien mir unvorstellbar und unakzeptabel. Ich lehne schon Folterung von Kriminellen ab – aber erst die von Unschuldigen! Die Partei, die sich berufen fühlte, der Menschheit mit Humanität voranzugehen, sollte sich dessen schuldig gemacht haben?

Ich hatte mich seit 1947 mit Ökonomie beschäftigt, mit Planung und Produktion, und wie ich im vorangegangenen Kapitel dargelegt habe, war mir dabei in der Wirtschaft einiges negativ aufgefallen. Daraus folgte aber nicht, wie man vermuten müsste, eine Untersuchung, die zur Erkenntnis führte, es sei etwas faul in der marxistischen politischen Ökonomie, der Planungstheorie oder in der ungarischen Wirtschaftspolitik. Meine Weltsicht war erst erschüttert, als ihr ethisches Fundament zusammenstürzte. Ich spürte, dass ich einfach alles, was ich bislang geglaubt und gedacht hatte, überprüfen müsse. Wenn das ethische Fundament schwach und verwerflich war, dann konnte ich das geistige Gebäude, das darauf aufbaute, nicht ohne neuerliche Untersuchung akzeptieren.

Ich behaupte nicht, dass das Ideengebäude in meinem Kopf mit einem Schlag einstürzte. Ich musste jedes Stockwerk prüfen und jedes Element genau überdenken. Das nahm seine Zeit in Anspruch. Doch von jenem Tag an gab es mehr Fragen als Antworten bei jeder Behauptung und jedem Befehl der Kommunistischen Partei. Bislang hatte ich alles kritiklos hingenommen und geglaubt.

Klärende Gespräche und Lektüre

Ich kannte glücklicherweise Menschen, die mir halfen, meine Ideen zu überprüfen. Pál Lőcsei griff als erster das Thema der Juni-Resolution und der Politik von Imre Nagy auf. Pál ging ein Risiko ein, wenn er solche Gespräche führte, denn nach den Begriffen der Kommunistischen Partei vertrat er einen „parteifeindlichen Standpunkt". Doch glaubte er zu Recht, auf unsere Freundschaft bauen zu können. Und er zählte darauf, dass seine Argumente mein Denken beeinflussen würden.

Wir führten eine Reihe vertraulicher Gespräche über zahlreiche grundlegende Fragen der Politik. Er war für die Landwirtschaftsredaktion des *Szabad Nép* verantwortlich gewesen und wusste daher viel über Imre Nagys Spezialgebiet: die Zwangskollektivierung, den Einsatz von Gewalt gegen Bauern und die Geschichte der Kulakenverfolgung.

Ich war ehrlich erschüttert über die Zahlen der Gefängnis- und Lagerinsassen, die Lőcsei auch mir mitteilte, sobald er davon erfahren hatte. An eine Zahl erinnere ich mich genau, nämlich die mehr als 40 000 politischen Gefangenen in Ungarn zur Zeit von Stalins Tod bei einer Bevölkerung von weniger als 10 Millionen. Sie enthielt die Verurteilten, die Untersuchungsgefangenen und jene, die einfach in Internierungslager gesteckt worden waren.* Diese Zahl, zusammen mit der persönlichen Geschichte Sándor Harasztis, änderte mich und mein Denken radikaler und tiefer als beispielsweise die Erkenntnis, dass die heraufgesetzten Ziele des Fünf-Jahr-Plans unrealistisch waren und deshalb den ungarischen Lebensstandard herabdrücken würden. Ich schrieb damals die wirtschaftlichen Probleme noch Planungsfehlern und nicht einem Systemfehler zu. Doch das gewaltige Ausmaß politischer Repression wies bereits auf andere, tiefer liegende Probleme hin.

Die ausführlichen Diskussionen mit Lőcsei, die mir zu denken gaben, bereiteten mich auf Miklós Gimes' Bemühen vor, mich auf den rechten Weg zu bringen. Er erinnerte mich an den Tag, als wir zum ersten Mal vom Juni-Aufstand in Berlin erfuhren. Wir hatten damals nur ein paar Worte darüber gewechselt. Die Nachricht kam mir zunächst nicht als besonders wichtig vor, ihm dagegen sehr wohl. Nun, ein paar Monate später, erklärte er mir die historische Bedeutung des Ereignisses. Seit der Niederlage des Matrosenaufstands von Kronstadt in der So-

* Vor dem Politbüro der sowjetischen kommunistischen Partei gab Mátyás Rákosi die folgenden Daten an: Die Zahl der in Ungarn Inhaftierten und Internierten betrug zur damaligen Zeit 45 000 (Baráth 1999: 42). Was während der Sitzung in Moskau gesprochen wurde, blieb strikt vertraulich, doch diese Zahl muss irgendwie aus der ungarischen Parteizentrale durchgesickert sein und ihren Weg zu Lőcsei gefunden haben. Ich konnte die exakte Zahl der Staatsgefangenen nicht ermitteln. Eine andere, noch aufschlussreichere Information wurde im November 1953 der Parteiführung vom stellvertretenden Innenminister László Piros und dem Oberstaatsanwalt Kálmán Czakó mitgeteilt (Rainer 1999: 24–5; diese Information drang damals nicht an die Öffentlichkeit): Die sogenannte Amnestieaktion erfasste ungefähr 748 000 Personen. Darunter fiel jeder, der aus Gefängnissen und Internierungslagern entlassen wurde, der aus der Verbannung zurückkehren durfte oder dessen Strafverfahren bzw. polizeiliches Untersuchungsverfahren abgeschlossen war. Diese dreiviertel Million Menschen umfassten immerhin 8 Prozent der Bevölkerung.

wjetunion von 1921 hatte es keinen Aufruhr der eigenen Bevölkerung gegen eine kommunistische Macht gegeben. Genau das war in Berlin geschehen. Auch wenn der Aufstand ohne große Mühe mit Hilfe sowjetischer Panzer im Keim erstickt wurde, war es bemerkenswert, so erklärte mir Gimes, dass Arbeiter die Arbeitermacht angegriffen hatten. (Ich möchte in Gimes' Worte keine Vorhersagen hineinlesen, doch er hatte wohl den Verdacht, was in Berlin begonnen wurde, werde eines Tages fortgesetzt.)

Einen Satz, den Miklós mir aus einem Gespräch zwischen ihm und Révai zitierte, konnte ich nicht vergessen. Sie sprachen darüber, dass in der Sowjetunion und später in Osteuropa „das Volk" nicht immer auf der kommunistischen Seite gestanden habe. Dennoch sei es unbedingt erforderlich gewesen, die Macht der kommunistischen Partei zu etablieren und für alle Zukunft zu verteidigen, wenn notwendig (und hier benutzte Révai den deutschen Ausdruck) „mit barbarischen Mitteln". Ich werde nie diesen knappen Ausdruck des kommunistischen Messianismus und ungezügelten Machiavellismus vergessen. Ich sah, dass ich mit beidem brechen müsse: mit der Idee, dem Volk ein System aufzuzwingen, um es zu erlösen, und mit der Idee, dass alle Mittel erlaubt seien für den messianischen Zweck, einschließlich Einschüchterung, Massenverhaftungen und Folter.

Gimes hatte lange Zeit als Korrespondent des *Szabad Nép* in Genf gelebt. Er war tief beeindruckt vom Reichtum, vom Überfluss, von der Ruhe der Stadt und von der Überlegenheit des Kapitalismus gegenüber dem Sozialismus, die er dort erlebt hatte, und er machte mir seine Eindrücke drastisch deutlich.

Im vorangegangenen Kapitel erwähnte ich die Türhüter, die aus meta-rationalen Gründen Gedanken hereinlassen oder sie aussperren. Nach Jahren geistiger Isolation fing ich wieder an zu lesen, mehr noch, ich verschlang geradezu die kritischen Schriften zur stalinistischen Politik. Ich war zu jener Zeit noch ein halber oder dreiviertel Kommunist. In diesem Zustand beeinflussen den Zweifler nicht so sehr Arbeiten, die den bisherigen Auffassungen diametral entgegengesetzt sind, also nicht die Angriffe von außen. Was mich am meisten bewegte, war Kritik von innen. Ich las auf Deutsch das große Buch von Isaac Deutscher über Stalin und sah plötzlich Stalins Persönlichkeit mit ganz anderen Augen. An Titel und Autor eines weiteren Buches, das ich damals ebenfalls auf Deutsch las, kann ich mich nicht mehr erinnern; es stellte die Geschichte der sowjetischen Partei in ein neues sozialistisches, aber anti-stalinistisches Licht.

Weitere Anregungen fand ich bei mehreren jugoslawischen Autoren, unter anderem in den Pamphleten von Edvard Kardelj.[1] Er hatte sie veröffentlicht, nachdem der Konflikt zwischen Stalin und Tito ausgebrochen war und Stalin in seiner Wut die jugoslawische Partei aus der Kommunistischen Internationalen ausgeschlossen hatte. Das zwang die jugoslawischen Führer, einen anderen Weg als Stalin zu gehen, und dieses Bemühen verband sich natürlich mit heftiger Kritik am Stalinismus. Die jugoslawischen Autoren brachten mich zum ersten Mal auf die Idee, dass die stalinistische Form der sozialistischen Wirtschaft bürokratischen Zentralismus beinhalte und dass eine dezentrale Lenkung der sozialistischen Wirtschaft gesünder und effizienter wäre. Dabei griffen sie nicht auf Oskar Langes Untersuchung des Marktsozialismus[2] zurück und die daran anschließende Debatte im Westen in den 1930er-Jahren. Sie zogen es vor, die Verbindung von gesellschaftlichem Eigentum und Marktkoordination als eigene Idee zu propagieren und sie in ihrer eigenen marxistischen Terminologie zu formulieren. Nach dem jugoslawischen Ansatz enthält Dezentralisierung zwei Prozesse: eine Abkehr von der zentralistischen Wirtschaftslenkung auf Grundlage von Plandirektiven und die Einführung der „Selbstverwaltung". Letztere versprach größere Autonomie in gewählten Bezirksversammlungen und gewählten Arbeiterräten der Betriebe. Die Kritik der jugoslawischen Autoren an den Lenkungsmethoden, die man in den Jahren zuvor bis ins Kleinste aus der Sowjetunion übernommen und angewendet hatte, klang nach meinen eigenen Erfahrungen mit der Zentralisierung einleuchtend. Die jugoslawische Innovation der „Selbstverwaltung" schien der Forderung des Neuen Kurses in Ungarn nach Demokratie am Arbeitsplatz einen konkreten Inhalt geben zu können.

Viele ehemals gläubige Anhänger brachen schrittweise mit der Ideologie der kommunistischen Partei. In einem ersten Schritt wendete man sich gegen den brutalen Terror des stalinistischen Regimes, behielt aber alle Dogmen des Marxismus-Leninismus bei, einschließlich der „Diktatur des Proletariats" (d.h. des Machtmonopols der kommunistischen Partei). So habe Stalin „schwere Irrtümer" begangen und sei vom wahren leninistischen Weg abgewichen, auf den der Kommunismus nun wieder zurückkehren müsse. Weitere Schritte folgten, in denen vormalige Anhänger begriffen, dass das reale System, das sich in der Sowjetunion und den anderen kommunistischen Ländern entwickelt hatte, in seinen Grundideen nicht nur von Stalin, sondern auch von Lenin und sogar von Marx geprägt war. Ich habe den ganzen Weg der Ernüchterung von der kommunistischen Ideologie durchlaufen. Aber in den Monaten, die dieses Kapitel beschreibt, befand ich mich noch auf der ersten, anti-stalinistischen Stufe, auch wenn ich bei einigen Themen (bei der Zentralisierung und der Frage des Marktes) schon etwas weiter war.

Ein erster Fall von „Insubordination"

Die Veränderungen in meinem weltanschaulichen Denken wirkten sich auch auf mein Verhalten aus. Bislang hatte ich den Befehlen der Partei aus Überzeugung, nicht aus Furcht gehorcht. Als die Überzeugung schwand, ließ auch die Disziplin nach.

Die Anweisungen der Partei, was in *Szabad Nép* über die Wirtschaftspolitik zu verlautbaren sei, wurden mir bislang von István Friss übermittelt. Friss war inzwischen von seinem Posten in der Parteizentrale abgelöst worden, deshalb teilte mir Ernő Gerő seine Wünsche gelegentlich direkt mit. So im Winter 1953–54, als die Energieversorgung ernstlich unterbrochen war. Es gab in diesen Wochen ständig nicht angekündigte Stromabschaltungen, sowohl in den Betrieben als auch in Wohngebieten. *Szabad Nép* hielt sich lange Zeit still, aber schließlich war klar, dass etwas gesagt werden müsse. Ich sprach mehrmals am Telefon mit Gerő, der mich aufforderte, die Zeitung möge „objektive Umstände" als ausschließliche Ursache der Probleme nennen. Ich sah in der Sache ein Beispiel für das Dilemma, das mich sowieso plagte: ich wollte Lügen vermeiden und aufrichtig die Wahrheit sagen. Zum ersten Mal widersprach ich Ernő Gerő, den ich noch vor nicht allzu langer Zeit hoch geachtet hatte. Ich weigerte mich, in einem Artikel die wahre Ursache der Probleme in der Elektrizitätsversorgung abzustreiten, nämlich die Fehler bei der Planung von Angebot und Nachfrage in der Energieproduktion. Außerdem werde der Strom in weiten Bereichen ohne vorherige Planung und Warnung abgeschaltet, anstatt ein rationales Versorgungsschema einzurichten. Diese einfachen und offen zu Tage liegenden Wahrheiten beschrieb ich in einem Leitartikel.[3]

Später erst erfuhr ich von Ernő Gerős Ruf als Kommissar der kommunistischen Brigaden im spanischen Bürgerkrieg. Die Leute hatten ihn wegen seiner Schonungslosigkeit fürchten gelernt, und Dutzende treuer Kämpfer der anti-frankistischen Linken sind auf seinen Befehl hingerichtet worden. Hätte ich das damals gewusst, wäre ich vorsichtiger gewesen, denn inzwischen waren mir die Schrecken des Terrors bekannt. Doch mir kam nicht in den Sinn, irgendetwas befürchten zu müssen, wenn ich mit Ernő Gerő über Energiemangel stritt. Noch dämmerte mir nur, was der ökonomische Grund für diesen Mangel sein könnte. Erst sehr viel später begann ich, über solche Fragen wirklich nachzudenken. Im Rückblick mag es bemerkenswert sein, dass mein erster Akt der „Insubordination" mit einem schweren Fall von Warenmangel zu tun hatte. Doch offen gestanden konzentrierte ich mich damals ganz auf die Entscheidung zwischen Wahrheit und Unwahrheit.

Schriften von Imre Nagy rezensieren

Die Erklärungen meines Freunds Pál Lőcsei und viele weitere Informationen führten mir deutlich vor Augen, dass die in Deklarationen zeremoniell beschworene „Einheit der Partei" nur eine rhetorische Floskel war. Tatsächlich tobte in der Partei ein Machtkampf zwischen den Anhängern Mátyás Rákosis und denen Imre Nagys. Natürlich hatten solche Auseinandersetzungen auch persönliche Gründe. Ungeachtet der Lippenbekenntnisse zur kollektiven Führung war das klassische System des Sozialismus die Diktatur eines obersten Führers, der sich mit einer kleinen Clique umgibt, die seine Entscheidungen mitträgt. Die Mitglieder der Clique teilen sich die Arbeit und überwachen sich gegenseitig in ihren Verlautbarungen. Darüber steht der oberste Führer, in dessen Händen sich die Macht letztlich konzentriert. Damals ging es um die Frage, wer in der ungarischen Partei die Spitzenposition einnehmen solle, Rákosi oder Nagy.

Doch der Machtkampf, der in Ungarn ausgetragen wurde, war nicht nur ein Führungsstreit zwischen zwei Politikern. Es war auch ein Kampf zwischen zwei Linien, zwei politischen Programmen. Mátyás Rákosi wollte die stalinistische Linie mit geringfügigen Abstrichen fortführen, Imre Nagy sein Juni-Programm durchsetzen, den Reformkommunismus des Neuen Kurses. Lange Zeit schienen beide Seiten gleich stark zu sein. Beide hatten, das war wichtig, ihre Stichwortgeber und Anhänger in Moskau.

Beim *Szabad Nép* hatten sich führende Redaktionsmitglieder dafür ausgesprochen, eine Seite, nämlich die Imre-Nagy-Linie, aktiv und konsequent zu unterstützen. Am rührigsten zeigten sich dabei in alphabetischer Reihenfolge: Lajos Fehér, Sándor Fekete, Miklós Gimes, Péter Kende, ich, Pál Lőcsei, Tibor Méray und Sándor Novobáczky. Wer hätte gedacht, dass die Ereignisse von 1956 diese Leute, die so eng miteinander befreundet waren und sich so oft trafen, in so viele verschiedene Richtungen auseinander treiben würden? Gimes würde den Märtyrertod sterben, Fekete, Lőcsei und Novobáczky würden Jahre in den Gefängnissen Kádárs verbringen und Kende und Méray zu Führern der ungarischen politischen Emigration in Paris werden. Am wenigsten ließ sich die Entwicklung von Lajos Fehér voraussehen, der Imre Nagy am nächsten gestanden hatte, sich am 4. November 1956 sofort auf die Seite Kádárs schlug und für den Rest seines Lebens Mitglied des von Kádár geführten Politbüros blieb.

Kehren wir zum Ende des Sommers 1954 und zu meiner eigenen Tätigkeit zurück! Ich war also fest entschlossen, die Politik des Neuen Kurses aktiv zu unterstützen. Bislang befassten sich meine Artikel fast ausschließlich mit wirtschaftlichen Themen. Jetzt überschritt ich bei verschiedenen Gelegenheiten diese Grenzen.

In der Ausgabe des *Szabad Nép* vom 6. Oktober 1954 erschien eine lange Rezension über zwei Bände mit Reden und Artikeln Imre Nagys aus den vergangenen zehn Jahren.[4] Ich betonte Aspekte im Denken von Nagy, die von der typischen stalinistischen Propaganda abwichen. Ein paar hervorstechende Zitate aus seinen Schriften sollen das verdeutlichen: „Kommunisten haben die Menschen in den Dörfern nicht herum zu kommandieren. … Arroganz und Unzugänglichkeit führen dazu, dass die ernsthafte, zielgerichtete und nachhaltige Parteiarbeit vernachlässigt wird. An ihre Stelle tritt leere Rhetorik. … Eine bestimmte Art von Drill, anders kann man es nicht nennen, breitet sich mehr und mehr aus: Überbetonung von Äußerlichkeiten, leere Geschäftigkeit, übertriebenes, endloses rhythmisches Händeklatschen, stehende Ovationen, Worte, die den Leuten schon im Vorhinein in den Mund gelegt werden – all das würgt die Initiative ab.“[5]

Nagys Äußerungen zur Landwirtschaft ähnelten dem, was Nikolaj Bucharin einst in der sowjetischen Partei vertreten hatte. „Die kapitalistische Gefahr zu übertreiben“ hielt er für falsch und ebenso, dass „breite Kreise der Partei und selbst ihre führenden Organisationen aus Antipathie, Verständnislosigkeit und sogar aus Angst ablehnten, die Produktivkräfte der kleinen und mittleren Bauern zu fördern.“[6]

Diese Auswahl zeichnet ein gutes Bild von Imre Nagy. Er war ein kommunistischer Politiker, der den geistigen Rahmen des Marxismus-Leninismus nicht verlassen würde, der aber eine Version davon entwickeln wollte, die flexibler, zugänglicher und für die Bauern akzeptabler war als Rákosis Version. Meine Rezension nahm sich vor, dieses Bild den Lesern zu vermitteln.

Kurz danach, in der ersten Oktoberhälfte 1954, hielt die Partei eine Sitzung des Zentralkomitees ab und bestätigte die Position des Imre-Nagy-Flügels. Die führenden Redaktionsmitglieder des *Szabad Nép* hatten zu dieser Zeit Zugang zu vielen vertraulichen Informationen. Wir wussten, dass dieser Sieg nur die augenblickliche Machtverteilung widerspiegelte. Es war keineswegs sicher, dass Imre Nagy und seine engsten Anhänger über längere Zeit an der Regierung bleiben würden. Deshalb glaubten wir, es sei für die Zeitung wichtiger denn je, den Neuen Kurs offen zu unterstützen.

Ich schrieb bei zwei Gelegenheiten einen Leitartikel zu diesem Thema. Der Titel des ersten lautete: „Weiter auf der Straße des Juni mit der zentralen Führung als Wegweiser.“[7] Er beschreibt sehr gut den Standpunkt, den ich in meiner politischen Entwicklung erreicht hatte. Wie Imre Nagy, dessen Ideen ich unters Volk bringen wollte, ging es mir um Wandel innerhalb der kommunistischen Partei, um Reformen, die das sozialistische System weiter verbessern würden. Was den internen Machtkampf betraf, stand ich eindeutig auf Imre Nagys Seite und brachte das in meinen Artikeln auch zum Ausdruck.

Aufstand beim *Szabad Nép*

Ungefähr zu dieser Zeit regte Pál Lőcsei an, wir sollten unsere Unterstützung des Neuen Kurses nicht auf Veröffentlichungen beschränken. Jeder in der Zeitung gedruckte Artikel ging über den Schreibtisch des Chefredakteurs Oszkár Betlen oder seines Stellvertreters Imre Komor, und beide standen auf Seiten Rákósis. Ihre Kontrolle führte unvermeidlich dazu, dass unsere Texte verwässert wurden. Lőcsei schlug vor, eine Parteiversammlung einzuberufen, um unsere Ansichten offener und entschiedener äußern zu können. Auf Grund der zentralen Position des *Szabad Nép* im Propagandaapparat der Partei ließ sich erwarten, dass die Kommentare seiner führenden Journalisten sich rasch durch Mund-zu-Mund-Propaganda ausbreiten würden.

Lőcsei war die treibende Kraft hinter den Vorbereitungen und auch ich gehörte zu den Organisatoren. Wir legten im Vorhinein fest, was jeder sagen würde. Die Sitzung dauerte zwei Tage.[8] Für Lajos Fehér war die wichtigste Aufgabe des *Szabad Nép*, ehrlich über die Probleme des Landes zu berichten. Er kritisierte offen Ernő Gerős jüngste Rede. Lőcsei engagierte sich vor allem für „Legalität", d.h. gegen brutale Unterdrückung, und verlangte eine Erneuerung der politischen Moral. Novobáczky sprach die Ungesetzlichkeiten der vergangenen Jahre an: „Wie lange soll es noch dauern, bis die wahren Verantwortlichen zur Rechenschaft gezogen werden?" Tibor Méray ging auf die Frage von Wahrheit und Unwahrheit ein und forderte ein „reinigendes Gewitter"[9], das dann auch zwei Jahre später kam. Kende kritisierte Gerő und Friss und ich Mihály Farkas, den Parteifunktionär, dem der *Szabad Nép* unterstand. Ich stellte fest: „Es ist die Parteiführung, die in erster Linie für die Irrtümer des *Szabad Nép* verantwortlich ist." Einer nach dem anderen* ergriffen die Redakteure das Wort, kritisierten scharf die Parteiführung und die stalinistischen Mitglieder des Herausgeberkollegiums und forderten, das Juni-Programm entschlossen durchzusetzen und eine stalinistische Restauration zu verhindern.[10]

Aus heutiger Sicht scheint die Kritik auf halbem Wege stehen geblieben zu sein. Die verantwortlichen Politiker und ihre schädlichen Maßnahmen und Entscheidungen wurden zu Recht verurteilt, aber nicht das System, das diese Leute an die Spitze gestellt, ihnen unbegrenzte Macht gegeben und ihre falschen Entscheidungen ermöglicht hatte. Doch der moralische Mut der Teilnehmer verdient un-

---

* Alle, die auf jener Sitzung kritisch und aufrührerisch geredet haben und bislang noch nicht erwähnt wurden, verdienen es, hier mit Namen genannt zu werden: István Almási, Emil Balázs, Tibor Gallé, Ernő Gondos, Frau János Gyenes, Ilona Jászai, Zsuzsa Koroknai, Erzsébet Kovács, Endre Kövesi, Gábor Mocsár, Sándor Nagy, Mária Pásztor, Lajos Szilvási, Kálmán Takács, Tibor Tardos und József Vető.

seren Respekt. Jeder äußerte scharfe Kritik an Parteiführern, die noch im Politbüro und in hohen Regierungsämtern saßen (und bald wieder an die uneingeschränkte Macht kommen würden). Wir wussten, dass unsere Initiative sie aufbringen würde und dass sie zum Gegenschlag ausholen würden.

Das Ethos der Journalisten, die auf der Sitzung sprachen, verdient auch heute noch Respekt. Sie verurteilten Lügen und leere Phrasen und forderten, Journalisten müssten ehrlich und wahrheitstreu schreiben.

Das Ende meiner Zeit beim *Szabad Nép*

Die Nachricht vom Aufruhr beim *Szabad Nép* verbreitete sich schnell. Mehrere Kopien des Sitzungsprotokolls wurden angefertigt und verteilt. (Vor der Zeit des Photokopierers, ganz zu schweigen vom Internet, eine mühevolle Aufgabe.) Unser Vorbild trug zweifellos dazu bei, dass man auch in anderen wichtigen Organisationen ähnliche Sitzungen abhielt. Nicht lange danach begannen sich die Machtverhältnisse in der Kommunistischen Partei zu verschieben. Rákósi und seine Anhänger saßen wieder oben.

Als erstes wurde die Leitung des *Szabad Nép* am 24. November 1954 vor das Politbüro zitiert und heftig gerügt.[11] Am 1. Dezember traf der Rüffel jene, die sich geäußert hatten. Die Sitzung, so sagte Mihály Farkas, habe „die Parteiführung auf untragbare Weise kritisiert. ... Anti-marxistische Anschauungen waren reihenweise zu hören. Die Sitzung beim *Szabad Nép* hatte Vorbildfunktion: Ähnliche Versammlungen fanden dann unter den Rundfunkredakteuren statt, in der Redaktion des *Szabad Ifjúság*, im Szikra Verlag, an den Universitäten von Budapest und Debrecen und ... sogar unter Schriftstellern."[13] Am Ende der Diskussion machte Mátyás Rákosi seinem Unmut Luft: „Was erwarten die Genossen vom *Szabad Nép*? ... An erster Stelle müssen Presse und Rundfunk mit fester Hand geführt werden, und, wenn nötig, sind organisatorische Maßnahmen zu ergreifen. ... Allen Zeitungen ist die Anweisung zu erteilen, den Verunglimpfungen über die Vergangenheit der Partei ein Ende zu machen und ebenso der ungezügelten Äußerung offener Kritik."[14]

Zwei Politkommissare wurden den Redaktionen zur Wiederherstellung der Ordnung zugeteilt, und die Parteiführer gaben sich die Türklinke in die Hand, um die Journalisten zu bearbeiten. Was sie verlangten, war eine Erklärung der Parteimitglieder in der Redaktion, in der sie ihre vorherige Position widerriefen. Diese Erklärung bekamen sie nicht. Dass die Aufrührer bei ihrem Standpunkt blieben, ließ die Rákosi-Leute toben.

Unter diesen Umständen wollte ich nicht mehr die Verantwortung für die ökonomische Redaktion der Zeitung tragen. Glücklicherweise wurde gerade der Posten des „Sekretärs des Herausgeberkollegiums" frei. Er war für die technische und administrative Seite des Zeitungmachens verantwortlich. Formell war das eine hohe Stellung, doch der Sekretär brauchte keine Artikel zu schreiben und hatte den Kollegen auch keine Anweisungen zu geben.

Inzwischen traf die Parteizentrale Vorbereitungen für „organisatorische Maßnahmen". Bereits im Dezember 1954 stellte man Säuberungslisten zusammen,[15] auch wenn eine endgültige Entscheidung nicht vor der politischen Wende in der Partei gefällt wurde. Das Zentralkomitee trat Anfang März 1955 wieder zusammen und verabschiedete eine Resolution, die dem Beschluss von einigen Monaten zuvor widersprach.[16] Imre Nagy wurde als „Rechtsabweichler" gebrandmarkt und aus der Partei ausgeschlossen. Obwohl die Parteiresolution vom Juni 1953 in ein paar leeren Phrasen für weiterhin gültig erklärt wurde, nahm man sie tatsächlich Punkt für Punkt zurück, und die Partei kehrte auf ihren alten politischen Kurs zurück. Rákosis Reputation war inzwischen so beschädigt, dass er seine absolute Vorherrschaft nicht wiedergewinnen konnte, aber der Sieg im Machtkampf zwischen den Rákosi- und Nagy-Flügeln lag eindeutig auf seiner Seite.

Als Ersten entließ man bereits im Dezember 1954 Kende; er war stellvertretender Parteisekretär zur Zeit der Sitzung und trug bei der Zeitung die Verantwortung für Parteiangelegenheiten. Gleichzeitig entfernte man auch zwei begabte junge Journalisten, Endre Kövesi und Lajos Szilvási. Es ist nicht bekannt, ob der Zorn sie wegen ihrer gut recherchierten Berichte oder wegen ihrer scharfen Worte auf der Sitzung traf.

Am 28. April fasste das Politbüro auf Vorschlag von Mátyás Rákosi den Beschluss[17], mehrere Anführer der Rebellengruppe in der Redaktion des *Szabad Nép*, mich eingeschlossen, zu feuern.* Ich sollte hinzufügen, dass die Entlassung auf „post-stalinistische" Weise erfolgte. Noch kurz zuvor hätten solche und selbst geringere Vergehen für die Entlassenen Lager oder Gefängnis bedeutet oder bestenfalls körperliche Arbeit auf einer Baustelle. In unserem Fall erhielten wir alle neue Arbeitsplätze. Lajos Fehér wurde zum Leiter eines Staatsguts ernannt. Die anderen fanden in der Presse Arbeit in unteren Stellungen bei weniger prestigeträchtigen Zeitungen. Ich war der einzige, der in den akademischen Bereich hinüberwechselte.

---

* Das Politbüro beschloss, Lajos Fehér, János Kornai, Teréz Laky, Gábor Lénárt, Tibor Méray, Sándor Novobácky und Imre Patkó zu entlassen. Teri hatte bei der Sitzung nicht geredet: Sie wurde wohl aus der Zeitung entfernt, weil sie meine Frau war. Pál Lőcsei war gerade Student am Lenin-Institut, einer der Parteischulen, und konnte deshalb formell nicht aus seiner Stellung beim *Szabad Nép* entlassen werden.

Bevor man unsere Versetzungen entschied, wurden wir einem entwürdigenden Prozess unterzogen. Uns wurde klargemacht, unsere Überführung auf einen neuen Arbeitsplatz hinge davon ab, ob wir „Selbstkritik übten". Für Altkommunisten, die mit dem Moskauer Exil Bekanntschaft gemacht hatten, eine Routineangelegenheit. Sie hatten gelernt, ohne zu zögern und ohne ihr Gewissen zu befragen, tun zu müssen, was immer man ihnen befahl. Für mich war es eine neue, erniedrigende und beschämende Prozedur. Ich wurde einfach zum Lügen gezwungen. Ich war zwar Opfer, hatte aber gleichzeitig eine moralische Niederlage erlitten. Mit Blick auf ein halbes Jahrhundert erfolgreicher Forschungsarbeit kann ich mich mit dem Gedanken trösten, dass, die paar Worte auszusprechen, der Preis dafür war, eine wissenschaftliche Karriere einschlagen zu dürfen. Doch ist in einem solchen Dilemma Platz für irgendwelche Kosten-Nutzen-Abwägungen?

Das Scheitern des „Juni-Regierungsprogramms", der Sturz Imre Nagys und die Vergeltungsmaßnahmen gegen uns waren zu erwarten gewesen. Wir hatten das Risiko einer Niederlage bewusst einkalkuliert, bevor wir uns öffentlich für den Neuen Kurs einsetzten. Wir hätten, so glaube ich heute, auch auf einen schlimmeren Ausgang und härtere Vergeltungsmaßnahmen gefasst sein müssen. Seit Stalins Tod waren erst zwei Jahre vergangen und niemand konnte vorhersehen, wie brutal man noch vorgehen oder wie weit man sich mäßigen würde. Was passierte, überraschte mich nicht, aber es war mir doch gründlich zuwider.

Um es kurz zu machen, der Disziplinarbeschluss der Partei erfüllte mich mit Abscheu. In jenen Monaten breiteten sich Desillusionierung, Bitterkeit und Entsetzen in mir aus. Mein früherer blinder Glaube war ein für allemal dahin. Meine Augen waren weit geöffnet worden für das, was geschah. Himmelschreiende Lüge, schändliche Verleumdungen, scheinheilige Argumente, hinterhältiger Einsatz wahrer und falscher Berichte zusammengestellt von Denunzianten, Drohungen und Erpressungen, mentale Folter und Erniedrigung von Gegnern, all das gehörte zu den „normalen" Waffen, die in kommunistischen Flügelkämpfen zum Einsatz kamen. Was für eine Partei war das, wenn ihr oberstes Organ, ihre zentrale Führung sich mit dem Wind drehte, eine bestimmte Politik verfolgte und sie dann wieder verwarf und verurteilte? Ich wollte so weit wie möglich weg von diesem Schmutz. Ich sah, wie sehr in der Partei Leute gebraucht wurden, die den Kampf für das Gute gegen die Vertreter des Bösen aufnahmen, aber ich selbst wollte das nicht länger tun.

Der Erkenntnisprozess von 1953–55 ging mit einem akuten Verlust an Selbstvertrauen einher. Ich hatte kein Recht auf ein eigenes politisches Urteil, wenn ich so grausam getäuscht werden konnte. Was hatte ich mit meinem guten Verstand und meinen kritischen Fähigkeiten gemacht, wenn man mich so viele Jahre an der Nase herumführen konnte? Zuerst waren es nur Ressentiments, aber Schritt für Schritt gelangte ich zu einer bewussten Entscheidung, nie wieder irgendjemandem ohne kritisches Nachdenken zu trauen. Meine erste Reaktion auf jede intellektuelle oder politische Äußerung würde künftig sein: Stimmt das? Ist das Argument für einen Vorschlag oder ein Programm haltbar? Steht dahinter nicht eine abgefeimte Absicht? Nachdem ich mich für mehrere Jahre einer eisernen Disziplin unterworfen hatte, beschloss ich, nie wieder Parteikämpfer zu sein.

Ich verließ den *Szabad Nép* nach acht Jahren. Für eine einzige Nacht bin ich im Oktober 1956 dorthin zurückgekehrt. (Ich werde später davon erzählen.) Doch davon abgesehen, habe ich die Redaktionsräume des *Szabad Nép* nie wieder betreten. Vor ein paar Jahren druckte man dort rechtsgerichtete Zeitungen. Ende des Sommers 2005 hat man das Gebäude abgerissen.

Anmerkungen

1 Ich konnte nicht mehr genau rekonstruieren, was genau ich von Kardelj nach 1953 gelesen hatte. Als Quelle verwende ich Kardeljs Memoiren: Die Herausgeber haben einige seiner bedeutenderen Arbeiten in einen Anhang aufgenommen, einschließlich seiner Äußerungen zur Selbstverwaltung, die man in Reden und Artikeln aus der Zeit zwischen 1945 und 1955 findet (Kardelj 1982). Ich nehme an, das eine oder andere davon ist mir damals in die Hände gefallen.
2 Lange 1968 [1936–7].
3 Kornai 1954b.
4 Kornai 1954c.
5 I. Nagy 1954: 169.
6 I. Nagy 1954: 132.
7 Kornai 1954a.
8 Für die Ereignisse der „Rebellen-Sitzung" habe ich folgende Quellen benutzt: Aczél und Méray 1960; Kende 1966; Lőcsei 1995; C. Nagy 1994; Szalay 1994. Das Protokoll der Sitzung ist zu finden in der Akte MOL M-KS 276. f. 89/206 ő.e., dort auch die Protokolle der Sitzungen vom 22., 23. und 24. Oktober 1954, die Resolution, die auf der Sitzung angenommen wurde, und der Bericht der Agitprop-Abteilung über die Sitzung.
9 Aczél und Méray 1960.
10 MOL M-KS 276. f. 89/206. ő.e.: 161–219.
11 MOL M-KS 276. f. 53/205. ő.e.: 1–3, 7–76.
13 MOL M-KS 276. f. 53/206. ő.e.: 34.
14 MOL M-KS 276. f. 53/206. ő.e.: 73, 74, 76.
15 MOL M-KS 276. f. 53/208. ő.e., und 276. f. 53/206. ő.e.
16 Magyar Dolgozók Pártja Központi Vezetősége 1955.
17 MOL M-KS 276. f. 53/228. ő.e.

5 Der Beginn einer wissenschaftlichen Karriere – 1955 – 23. Oktober 1956

Überzentralisierung*

Im Juni 1955 nahm ich meine Tätigkeit am Institut für Ökonomie der Ungarischen Akademie der Wissenschaften auf. In meinem Leben fing eine neue Periode an. Von nun war Wissenschaft mein Lebensinhalt.

Die ersten Schritte auf dieser neuen Laufbahn fanden vor einem ungewöhnlichen, historischen Hintergrund und im Rahmen von ungewöhnlichen Ereignissen statt. Die wachsenden Spannungen und Umwälzungen, die sich offen in der politischen Arena, aber noch viel intensiver unter der Oberfläche abspielten, gipfelten in der ungarischen Revolution von 1956.

Der Hintergrund

Anfang der 1950er-Jahre führte man in Ungarn ein System wissenschaftlicher Ränge und akademischer Grade nach sowjetischem Muster ein. Der erste Rang oder Grad in einer wissenschaftlichen Disziplin (wie z.B. Medizin oder Ökonomie) war der „Kandidat“. Eine Kandidatur entspricht etwa einem amerikanischen Ph.D. oder einem westeuropäischen Doktorat. Man erwirbt diesen Grad ungefähr im gleichen Alter und verfasst dafür auch eine Dissertation im Umfang eines Buches.**

---

* Anm. des Übersetzers: Kornai fügt bei diesem und den meisten folgenden Kapiteln der Überschrift den Titel des für die betreffende Periode wichtigsten seiner Werke hinzu, hier *Overcentralization*. Ich übersetze diese Titel ins Deutsche, auch wenn es, wie in diesem Fall, keine deutsche Ausgabe des Werkes gibt. Im Text wird natürlich auf die im Literaturverzeichnis anzutreffende deutsche oder englische Ausgabe verwiesen.

** Vom Inhalt der Arbeiten abgesehen (was im Fall der Mathematik oder Physik sicher keine Rolle spielt) besteht der wesentliche Unterschied zwischen den beiden Systemen in den Voraussetzungen für die Zulassung zur Promotion. Amerikanische Studenten eines Ph.D.-Programms absolvieren ein zweijähriges, sehr intensives Kursprogramm auf hohem Niveau, das den Austausch mit vielen Professoren erlaubt und von Prüfungen abgeschlossen wird. Studenten, die auf eine Kandidatur hinarbeiten, erhalten keinen zusätzlichen Unterricht nach dem Studium für den ersten Universitätsabschluss. Sie machen ein paar Examen, auf die sie sich privat vorbereiten, und legen eine Dissertation vor, die öffentlich verteidigt wird. Ein weiterer wichtiger Unterschied: Im Westen wird der Doktorgrad von den Universitäten verliehen, im sowjetischen System verleiht die Akademie der Wissenschaften oder eine angeschlossene Institution

Ich hatte mich im August 1953 um Zulassung zur Kandidatur beworben und erfuhr im Dezember, ich sei zugelassen worden. Eigentlich hätte ich hierfür einen Universitätsabschluss vorweisen müssen, so wie man an einer westlichen Universität für die Zulassung zu einem Graduiertenprogramm einen Bachelor oder ein Diplom haben muss. Diesen Abschluss besaß ich nicht. 1945 war ich zwar an der Fakultät für Geistes- und Sozialwissenschaften der Budapester Universität eingeschrieben und hatte Vorlesungen hauptsächlich in Philosophie und Geschichte besucht. Damals war ein externes Studium noch erlaubt. Man ging nicht in die Vorlesungen und kam am Ende des Semesters, um sich das Studienbuch von den Professoren abzeichnen zu lassen, und verschob die Prüfungen auf später. Zwei Jahre lang war ich externer Student. Dann gab ich das Universitätsstudium auf; denn meine Arbeit beim *Szabad Nép* beanspruchte meine ganze Energie. Als ich mich nun für das Kandidatsprogramm bewarb, verzichtete die Zulassungsstelle auf einen ersten Abschluss. Ich hatte niemanden, der das für mich eingefädelt hätte, aber ich vermute, dass bei der Entscheidung über den Antrag meine hohe Position bei der Zeitung berücksichtigt worden war. Ich erhielt schließlich im Jahr 1956 den Grad eines Kandidaten, ohne je einen ersten Abschluss erworben zu haben.

Meine Dissertation für die Kandidatur wurde offiziell von Prof. Tamás Nagy betreut, dem zweiten Mann hinter dem Rektor der Karl Marx Wirtschaftsuniversität, nach akademischer Reputation und Autorität allerdings der erste. Er war der Übersetzer von Marx' *Kapital* ins Ungarische und hatte an der Universität den Lehrstuhl für Politische Ökonomie inne. Als belesener Ökonom (und das nicht nur im Marxismus) wusste er seine Vorlesungen und Zusammenfassungen wissenschaftlicher Debatten amüsant zu gestalten, denn er dachte klar und drückte sich deutlich aus. Zwar war er kein kreativer Wissenschaftler und hinterließ kein Werk von bleibender Bedeutung, doch wie viele andere Volkswirte denke auch ich dankbar an die Hilfe und die Anregungen zurück, die wir von ihm erhielten. Tamás Nagy ließ mich mein Arbeitsgebiet frei wählen. Ich interessierte mich zwar für Fragen der Planung und Wirtschaftslenkung, wusste aber noch nicht genau, was ich untersuchen wollte und mit welchen Methoden.

Die erforderlichen Prüfungen für die Kandidatur erledigte ich rasch und ohne Schwierigkeit. Ich war das, was man einen „korrespondierenden Aspiranten“ nannte, und studierte neben der vollen Arbeitsbelastung in meiner Freizeit. Es gab auch „Stipendiumsaspiranten“, die sich ganz dem Studium und der Disser-

---

(in Ungarn z.B. das Komitee für wissenschaftliche Qualifikation) den Grad eines Kandidaten oder höhere Grade.

tation widmen konnten. Andere schließlich waren bei Forschungsinstituten oder Universitäten angestellt und konnten so ihre Institutsarbeit mit der Arbeit für die Kandidatur verbinden. In den Jahren 1952–1953 habe ich meine Vorgesetzten zweimal gebeten, mich vom *Szabad Nép* freizustellen, da ich lieber forschen wolle. Das wurde aber umgehend mit den Worten abgewiesen: „Die Partei braucht dich hier beim *Szabad Nép*". Ich gehorchte.

Was veranlasste mich, den Beruf wechseln zu wollen? Damals hatte ich noch keinerlei politische Motive, mich von der Hexenküche der Politik fernzuhalten. Mich trieb eher ein wachsender Widerwille gegen die Tretmühle einer Tageszeitung. Die Oberflächlichkeit und Hetze des Journalismus schmeckten mir nicht. Ich hatte keine Ahnung, was eine wissenschaftliche Karriere bedeutete, aber ich wünschte sie mir. Das zeichnete sich bereits ab, als ich mehrmals freiwillig über die Zusammenstellung des Wissenschaftsrates und andere akademische Ereignisse berichtete, obwohl das gar nicht zu meinem Aufgabenbereich gehörte. Von den politischen Kämpfen, die sich hinter den Kulissen von Wissenschaft und Forschung abspielten, hatte ich keine Ahnung. Der einzige Grund für solche Ausflüge war mein Interesse an der Welt der Wissenschaft.

Ein oder zwei Jahre waren vergangen, seit meine Eingaben abgelehnt worden waren. Der Sturm über den Aufruhr beim *Szabad Nép* tobte noch, als Miklós Gimes eines Tages zu mir sagte: „Politik ist nicht dein Ding. Werde Wissenschaftler! Das passt besser zu dir." Ich weiß noch genau, wo er mir diesen Rat gab. Nach einer unangenehmen Sitzung standen wir vor dem Aufzug.

Ich durfte natürlich nicht einfach meinen Arbeitsplatz verlassen oder gar meinen Beruf wechseln. Erst als ich zusammen mit anderen vom obersten Parteiorgan entlassen wurde, bot sich dafür endlich eine Chance, und ich ergriff sie. Das Institut für Ökonomie war kurz zuvor errichtet worden, und István Friss, den ich seit Jahren kannte und der mir Anweisungen erteilt hatte, als er die wirtschaftspolitische Abteilung in der Parteizentrale leitete, war dort Direktor. Ich bat ihn um die Versetzung in sein Institut.

Meine Laufbahn am Institut begann mit einer radikalen Herabstufung. Ich verlor eine hohe Stellung in der Redaktion und fand mich auf der untersten Stufe wieder, als „wissenschaftlicher Assistent". Ich erhielt nur 40 Prozent meines bisherigen Gehalts.* Vorher saß ich in einem hübschen, geräumigen Büro, jetzt teilte ich mir einen Raum mit zwei Kollegen. Doch diese Kollegen, Péter Erdős und Róbert Hoch, waren intelligent und interessiert und behandelten mich freundschaftlich.

---

* Um mein Einkommen aufzubessern, schrieb ich Buchrezensionen und Artikel. Dank der Hilfe der Herausgeber erschienen diese Arbeiten, aber nur anonym oder unter einem Pseudonym.

Allerdings war es schwer, sich hier zu konzentrieren, weil die beiden in jenen turbulenten Monaten lieber ständig diskutierten.

Geistige Anregung

Auch mit anderen Institutskollegen gab es interessante und anregende Diskussionen. Anfang 1956 zog ich in das Institut in die Nádor-Straße 7, ein schönes, neoklassisches Gebäude, das der berühmte ungarische Architekt Mihály Pollack entworfen hatte. Heute befinden sich dort Büros der Ungarischen Akademie der Wissenschaften. Die Abteilung von Tamás Nagy, zu der ich gehörte, hatte ihre Räume auf der zweiten Etage. Dort saß auch Antal Máriás, in jungen Jahren bekannt geworden für seinen Artikel über Effizienz im Außenhandel, den er zusammen mit Tibor Liska verfasst hatte.[1] Später leitete er das Institut für Wirtschaftspolitik an der Universität. Im Nachbarraum saß Béla Csendes und ein paar Zimmer weiter Ferenc Vági. Beide standen am Beginn ihrer Karriere als Agrarökonomen. Béla wurde später Vizepräsident des Nationalen Planungsamts und Feri Leiter der Abteilung Agrarökonomie der Wirtschaftsuniversität. Auch András Nagy war bei uns. Nach vielen anderen Tätigkeiten war er zu uns gestoßen. Er hatte hohe Positionen in Jugendorganisationen innegehabt, hatte politische Ökonomie gelehrt und wurde dann nach dem Rajk-Prozess zum Bauarbeiter degradiert. Erst als die neue Zeit anbrach, durfte er in einen intellektuellen Beruf zurückzukehren. Róbert Hoch, Sándor Ausch, Ferenc Molnár, András Bródy – ich könnte fortfahren, Namen zu nennen. Wer sich mit der Entwicklung der ungarischen Wirtschaftswissenschaft in den folgenden Dezennien beschäftigt hat, kennt sie alle.

„Gyepsor“ – das falsche Ende des Dorfes – nannten wir einen der Flure des Instituts bzw. die jungen Forscher, die dort arbeiteten.* Eigentlich war es eine ziemlich bunte Truppe. Einige stammten vom Lande, andere hatten ihr ganzes Leben in der Stadt verbracht, manche waren von vornherein Akademiker, an-

* Vor dem Krieg wurde der Teil des Dorfes, wo die Ärmsten lebten, der Gyepsor genannt, wie Péter Veres in seiner Erzählung *Mittagessen im Gyepsor* schreibt: „Der Gyepsor liegt am Rande des Dorfes. Dahinter breiten sich die endlosen, kahlen und versalzten Felder aus bedeckt mit dem Dung von Gänsen, Schweinen und Rindern. Das heißt, nur solange bedeckt, wie der Dung braucht um zu trocknen, so dass die Bewohner des Gyepsor ihn als Heizmaterial einsammeln können“ (Veres 1997 [1939]: 32). Ich habe dieses Zitat einer Studie von György Péteri (1998: 198–205) entnommen, der die Leute im Gyepsor der Nádor-Straße und ihr Gemeinschaftsleben anschaulich und mit vielen aufschlussreichen Informationen beschreibt.

dere aus fremden Berufssparten zur Forschung gestoßen. Trotzdem hatten wir viel gemeinsam. Alle waren wir enttäuscht von Rákosis stalinistischer Version der kommunistischen Herrschaft und hätten gerne einen humaneren und gleichzeitig effizienteren Sozialismus gesehen. Wir alle hassten die kalten und sinnentleerten Wirtschaftsstudien, die bisher üblich waren. Wir wollten die Wirklichkeit untersuchen. Keiner von uns war qualifizierter Ökonom im modernen, westlichen Sinn, und so konnten wir nicht allzu viel über Ökonomie voneinander lernen. Doch die unterschiedlichen Erfahrungen und glaubwürdigen Berichte jedes einzelnen waren enorm aufschlussreich, dazu die offenen politischen Debatten, immer mit gegenseitigem Respekt geführt. Wir hatten viel Spaß, zogen einander auf. Die Atmosphäre war lustiger als fast alles, was ich danach erlebt habe.

Doch nicht im Institut erhielt mein ökonomisches Denken die beiden stärksten Impulse. György Péter, den Präsidenten des Zentralamts für Statistik, kannte ich zwar schon von früher, aber durch Péter Kende wurde unser Kontakt intensiver. Zu Anfang trafen wir uns zu dritt, später kamen in der Regel nur György Péter und ich zu vertraulichen Gesprächen zusammen. Ein paar Mal besuchte er mich in unserer Wohnung, doch meistens ging ich zu ihm in sein schönes, elegantes Appartement. Seine Frau Emmi Péter (Pikler), eine bekannte Kinderpsychologin und Pädagogin, brachte uns Kaffee, wir wechselten ein paar Worte, dann ließ sie uns für unsere Gespräche allein.

György Péter war fünfundzwanzig Jahre älter als ich und altgedienter Kommunist. Jeder in der Partei wusste, dass er zehn Jahre in Horthys Gefängnissen verbracht hatte, länger als jeder andere außer Mátyás Rákosi und Zoltán Vas, einem zweiten prominenten Parteiführer. András Hegedűs, später zeitweise sein Stellvertreter im Zentralamt für Statistik, hat ihn zutreffend als „bolschewistischen Grandseigneur" beschrieben.[2] Auf Grund seiner kultivierten Persönlichkeit, seiner Großzügigkeit und Ironie ragte er aus der Masse der grauen Parteibürokraten heraus.

Als er schließlich nach ein oder zwei Zusammenkünften merkte, dass er mir vertrauen konnte, rückte er mit seinen Ideen zur Ökonomie heraus. Der Marktmechanismus und nur dieser sei fähig, Angebot und Nachfrage effektiv zu koordinieren. Damit der Markt funktioniere, müssten die Preise von ihren Fesseln befreit werden. Angebot und Nachfrage, freie Preise, der Marktmechanismus, Effizienz – mit all diesen Begriffen wird ein Ökonomiestudent an einer westlichen Universität in der ersten Vorlesung zur Mikroökonomie vertraut gemacht. Péter legte uns Ideen vor, die in einem anderen politischen Kontext, z.B. in der akademischen Welt des Westens, völlig unspektakulär wären. Für mich waren sie einfach revolutionär.

Noch im Gefängnis hatte György Péter das Lehrbuch von Farkas Heller, vor dem Krieg der bekannteste Ökonomieprofessor in Budapest, in die Hände bekommen.[3] Péter hatte Mathematik studiert und brachte sich aus Hellers Buch die Grundlagen der „bürgerlichen", d.h. nicht-marxistischen Ökonomie bei. Auch wenn er den Gegenstand nicht weiter verfolgte, beeinflusste ihn diese intellektuelle Jugenderfahrung für den Rest seines Lebens. Was er an Theorie bei Heller gelernt hatte, fand er durch seine persönlichen Beobachtungen bestätigt. Er nahm regelmäßig an Sitzungen der *UN Economic Commission for Europe* in Genf teil und erzählte wiederholt, welche Offenbarung die Schweiz sei, so stabil und gefestigt, ein Land des Reichtums und Überflusses verglichen mit der Armut und dem Mangel in Ungarn und den übrigen sozialistischen Ländern. György Péter war nach Miklós Gimes der zweite meiner engen Freunde, der von seinen Erfahrungen in der Schweiz überwältigt war. Er sah in der Eleganz der Zürcher Bahnhofstraße mit ihrem unglaublichen Warenangebot und der äußerst zuvorkommenden Bedienung einen handfesten Beweis für die Effektivität des Marktes.

Péter dachte nicht an einen „Systemwandel" im heutigen Sinn. Er glaubte, er könne seine kommunistischen Überzeugungen bewahren und gleichzeitig in der Lage sein, die zentralistische Befehlswirtschaft abzuschaffen und dafür Marktkoordination einzuführen. Anfänglich äußerte er diese Ideen nur im privaten Kreis. Später, in den Jahren 1954 und 1956, veröffentlichte er zwei Artikel, in denen er sein Reformkonzept darlegte und verteidigte.[4] Die Entwürfe hatte er mit ein, zwei Kollegen und mit Freunden außerhalb des Zentralamts für Statistik besprochen, so auch mit mir. Mein Beitrag bestand darin, dass ich Anmerkungen und Formulierungsvorschläge für ein paar Absätze machte, besonders für die Endfassung der zweiten Arbeit. Ich glaube, auch andere haben gute Ideen beigetragen. Doch der Grundgedanke kam eindeutig von ihm.*

Die fast religiöse Ehrfurcht, die Péter im Gespräch und in seinen Schriften dem Markt entgegenbrachte, ist der marxistischen politischen Ökonomie völlig fremd. Eine Grundidee von Marx beruht auf der Gewissheit, dass Märkte Anarchie erzeugen. Wirtschaftlicher Fortschritt verlange, dass die Menschheit von der Anarchie des Marktes befreit werde und Ordnung an ihre Stelle trete. Indem Péter und Hellers Lehrbuch, das er empfahl, mich lehrten, die Vorzüge des Marktes einzusehen, halfen sie mir sehr, mit dem Marxismus zu brechen.

---

* György Péters Ideen wiesen deutliche Verwandtschaft mit Oskar Langes „Marktsozialismus" auf, doch bin ich sicher, dass er, genau wie Kardelj (den ich im vorigen Kapitel erwähnt hatte) und andere jugoslawische Autoren, Langes Arbeit nicht kannte. Diese Wiederentdeckung von Konzepten und Theorien ist typisch für Autodidakten.

Neben unserem intellektuellen Austausch verband György Péter und mich eine echte Freundschaft.*

Die kritischen Bemerkungen und häretischen ökonomischen Auffassungen Péters waren den konservativen Kräften ein Dorn im Auge. Aus nichtigem Anlass leitete man 1969 eine polizeiliche Untersuchung gegen ihn ein und stellte ihn unter Hausarrest und zwar nicht in seiner Wohnung, sondern im Krankenhaus. Dort fand man ihn tot – mit einem Messer im Herzen. Wahrscheinlich war es Selbstmord. Vielleicht hatte er die Erniedrigung nicht länger ertragen können. Allerdings kann man auch Mord nicht ausschließen.**

Kehren wir in die Jahre 1955–56 zurück. Ein wichtiger Teil meiner geänderten Auffassungen über Ökonomie entstand aus den intensiven Gesprächen, die ich mit meinem engsten Freund Péter Kende führte. Wie schon im 2. Kapitel berichtet, betraten wir das Reich des Marxismus gemeinsam, indem wir *Das Kapital* peinlich genau lasen und exzerpierten. Diese Geschichte findet ihren Abschluss in der Art und Weise, wie wir jenes Reich gemeinsam wieder verließen Noch immer musste man die intellektuelle Grenze heimlich überschreiten. Wir hatten viele, viele Auseinandersetzungen, doch dann entschieden wir uns, unsere Gedanken zu Papier zu bringen. Als erster setzte sich Kende hin und schrieb auf, was er vom Marxismus hielt. Es wurde die Studie „Kritische Bemerkungen über die Wirtschaftstheorie des Marxismus“.[5] Danach verfasste ich einen Aufsatz unter dem Titel „Über ‚Das Kapital‘ und die wirtschaftlichen Probleme des Sozialismus“. Damit hatten wir einen Rahmen für unsere weiteren Diskussionen.

Als ich die ungarische Fassung dieser Erinnerungen schrieb, lag mir Kendes Studie bereits vor. Er hatte sie mit in die Emigration genommen und mir dann wieder zugänglich gemacht. Meinen Aufsatz hielt ich damals für verloren. Vor kurzem aber, nach der Veröffentlichung der ungarischen Fassung dieses Buches, jedoch bevor die englische in Druck ging, tauchte unerwartet eine Kopie des Aufsatzes auf.***

---

* Nach 1965 brachte mir György Péter mehrmals Ökonomiebücher aus dem Westen mit, und über ihn konnte ich Briefe mit meinen emigrierten Freunden austauschen. Das sind nur Einzelbeispiele für seine wohlmeinende und freundliche Hilfe. Über György Péter habe ich an anderer Stelle (Kornai 1994c) etwas mehr geschrieben.

** Auf einer Gedächtnisveranstaltung für den großen Reformökonomen im Jahr 1994 hielt der Rechtsanwalt Sándor Nyíri einen Vortrag über das strafrechtliche Verfahren gegen György Péter und berichtete, dass die Polizei bei der Untersuchung am Ort des Todes schwerwiegende Fehler begangen hatte. Die Körperlage wurde verändert, viele wichtige Details nicht registriert usw. Deshalb ist die genaue Todesursache heute auch nicht mehr festzustellen (Nyíri 1994: 45–7).

*** Im Archiv von Pál Lőcsei lag eine Kopie, die ich ihm im Jahr 1955 gegeben hatte. Ich erhielt sie im Januar 2006 zurück

Es war bewegend, diese beiden Arbeiten von vor 50 Jahren jetzt wieder zu lesen. Allein der Umfang ist eindrucksvoll.* Wir stellten unsere Botschaft in einen klar strukturierten Rahmen und formulierten sie mit großem Nachdruck. Wir zeigten die Artikel nur wenigen Leuten, hatten aber auf sie nicht weniger Sorgfalt verwendet als für eine Veröffentlichung in einem angesehenen Verlag.

Was die Reife der Aussagen betrifft, so war Péter mir in der Kritik des Marxismus um einen wichtigen Schritt voraus. Er machte keinen Hehl aus seinem Zweifel an Marx' Werttheorie und Mehrwerttheorie, während ich sie damals noch gegen Péter verteidigte. Ich kann den raschen Wandel in meinem damaligen Denken nicht genau rekonstruieren, aber es dürfte noch mehrere Monate gedauert haben, bis auch ich in dieser Frage meine Meinung änderte.**

Beide kritisierten wir heftig Methode und Theoreme von Marx. Péter machte seine Meinung über die sozialistische Wirtschaft kurz deutlich; ich widmete dieser Frage den halben Aufsatz. Da die Studie nicht an die Öffentlichkeit dringen würde, wollte ich Gedanken äußern, die ich in meiner Kandidatsdissertation nicht schreiben durfte.*** Ich wollte für mich selbst und für Gleichgesinnte den theoretischen Hintergrund des entstehenden Buches klären.

Später zeigte sich, dass die beiden illegal verteilten Studien nicht nur in die Hände unserer wenigen treuen Freunde geraten sind, sondern auch in die Archive der politischen Polizei. Als Sándor Fekete 1958 festgenommen wurde, schrieb er in seinem eigenhändig während der Untersuchung verfassten Geständnis einen detaillierten Bericht in elf Punkten über meine Person. Punkt 2 referiert meine Arbeit mit Kende und erwähnt unsere Studien, die „die Grundsätze des *Kapitals* von Marx über den Haufen werfen".[6] Fekete setzt diese Charakterisierung in Anführungszeichen und fährt dann fort: „Ich hörte das zum

* Péters Papier hat zweiundsiebzig Schreibmaschinenseiten, meines ist noch länger.

** Eine spätere Fußnote berichtet von den Gesprächen, die ich Ende 1956, Anfang 1957 mit Sándor Fekete führte. Zu diesem Zeitpunkt – etwa ein Jahr nach Abfassung der Aufsätze – hatte ich mich bereits von Marx' Werttheorie abgewandt.

*** Überrascht finde ich schon in diesem Aufsatz einige Ideen, die ich erst später voll entwickelt habe. Zum Beispiel ging ich über mehrere Seiten auf das Phänomen des überzogenen Wachstumstempos ein, das ich damals „Stoßwachstum" *(rush)* nannte. Anderthalb Jahrzehnte später brachte ich auf Englisch ein Buch zu diesem Thema heraus und verwendete darin denselben Begriff zur Beschreibung des Phänomens.
Am Ende des Aufsatzes von 1955 schrieb ich Folgendes: „Es ist vielleicht sinnvoll, wenn ein Sprinter am Zielband seine Brust nach vorne wirft, um so den letzten Zentimeter zu gewinnen, der den Sieg ausmacht. Für einen Langstreckenläufer ist es dagegen völlig sinnlos, mit vorgestreckter Brust zu laufen – das führt nur zu nutzloser Ermüdung." Ein schönes Bild – leider habe ich es vergessen und deshalb in meinen veröffentlichten Schriften nie verwendet.

ersten Mal von Gimes, der die Studie sehr lobte; Ende 1956 zeigte Kornai sie auch mir.“*

An diesem Punkt unserer Entfremdung vom Marxismus wussten wir herzlich wenig über alternative Theorien. Es war keine Frage von „eine Theorie verwerfen und eine andere annehmen“. Wie Baron Münchhausen zogen wir uns an unseren eigenen Haaren aus dem Sumpf des Marxismus. Den beiden Studien kann man entnehmen, dass wir bei der Kritik der Marxschen Ideen noch immer das marxistische Vokabular verwendeten (Wert und Gebrauchswert, usw.). In unseren Gesprächen und Schriften versuchten wir zu klären, warum wir uns von der Marxschen politischen Ökonomie abgewandt hatten und was wir von einer wirklich wissenschaftlichen ökonomischen Theorie erwarteten.

Bruch mit der Marxschen politischen Ökonomie

Mehrfach habe ich schon den starken Einfluss betont, den Péter Kende mit seinen Arbeiten und in seinen Gesprächen auf mich ausübte. Unsere ökonomischen und politischen Anschauungen wandelten sich fast parallel. Dennoch kann ich hier allein von mir berichten. Damals am Beginn meiner Laufbahn als Wissenschaftler war ich in einen Prozess der emotionalen und intellektuellen Umorientierung verwickelt, der Jahre dauerte. Es ist nicht leicht, den Standpunkt von 1955–56 zu rekonstruieren, ohne dabei auch Gefühle und Ideen aus späteren Perioden einfließen zu lassen. Wenn mir das schon für mich selbst kaum gelingt, wie dann für jemand anderen, auch wenn er mir so nah stand wie Kende.

Die Marxsche Lehre hat zahllose Kritiker. Kleiner, aber immer noch beachtlich ist die Zahl derer, die diese Aufgabe mit wissenschaftlicher Objektivität und analytischer Tiefe unternommen haben wie zum Beispiel Eugen von Böhm-Bawerk.**

* In Punkt 5 dieser Erklärung beschreibt Fekete, wie er mir seine „Hungaricus“-Studie zeigte, die – und hier zitiere ich sein schriftliches Geständnis – „unter anderem eine Bemerkung enthielt über die ‚jungen Titanen, die Marx widerlegen‘, was auch gegen ihn gerichtet war. Bei einem Treffen in meiner Wohnung widersprach Kornai der Feststellung in ‚Hungaricus‘, dass Marx' Werttheorie und Theorie des historischen Materialismus den gleichen Stellenwert in der universellen Wissenschaft haben wie, sagen wir, Keplers astronomische Thesen. Nachdrücklicher als zuvor behauptete er, die marxistische politische Ökonomie sei von Beginn an fehlerhaft.“ Nach fünfzig Jahren mutet es einen heute merkwürdig an zu lesen, wie eine Diskussion über die Werttheorie von Marx eine strafrechtlich relevante Tat werden konnte. Auf die Erklärung von Sándor Fekete werde ich im nächsten Kapitel zurückkommen.

** Damals las ich z.B. den berühmten Aufsatz „Zum Abschluß des Marxschen Systems“ des großen österreichischen Ökonomen Eugen von Böhm-Bawerk (1896/1926), der überzeugend den Widerspruch zwischen dem ersten und dem dritten Band des *Kapitals* aufdeckt.

Dem habe ich nicht viel hinzuzufügen. Meine Absicht ist es nicht, hier mit dem Marxismus kurzen Prozess zu machen. Dennoch sind meine Gedanken vielleicht von Interesse, weniger wegen ihres kritischen Inhaltes, sondern um darzustellen, wie der Prozess der Desillusionierung bei mir verlaufen ist und vor welchem logischen Hintergrund sich mein Bruch mit dem Marxismus vollzogen hat.

Im vierten Kapitel habe ich berichtet, dass sich meine Anschauungen nicht auf der rationalen, sondern auf der meta-rationalen Ebene zu ändern begannen. Mein Glaube an den Kommunismus bröckelte, als ich die Lügen und Unmenschlichkeiten um mich herum wahrnahm. Die moralische Basis meiner Weltanschauung löste sich auf. Wenn das, um ein geologisches Bild zu verwenden, die tiefste Schicht war, dann lag darüber im rationalen Bereich eine zweite, die epistemologische Basis des Marxismus. Der Marxismus nennt sich Theorie des wissenschaftlichen Sozialismus. Er setzt sich von unwissenschaftlichen sozialistischen Ideen ab und brandmarkt diese als naiv und utopisch. Für sich selbst nimmt er in Anspruch, die einzige wissenschaftliche Methode zu besitzen, um die Gesellschaft zu erforschen und das damit verbundene Wissen zu verstehen.

Ich brach mit dem Marxismus, weil ich die Überzeugung gewann, dass er genau in diesem Punkt unzureichend begründet war. Zugegeben, ich bewege mich auf schwankendem Boden, wenn ich mich über Wissenschaftstheorie und Methodologie äußere. Allerdings herrscht unter Philosophen keineswegs Einmütigkeit, wenn es darum geht zu bestimmen, was eine Feststellung „wissenschaftlich“ macht oder wann die Wahrheit einer Aussage als bestätigt angesehen werden kann. Ich will mit meiner intellektuellen Autobiografie so etwas auch gar nicht zu entscheiden versuchen. Mir geht es ausschließlich um meine persönliche Geschichte.

Bis ins Jahr 1955 betrachtete ich den geschlossenen Charakter des Marxschen intellektuellen Gebäudes und seine transparente logische Struktur als hinreichende Beweise für die Behauptung, es sei nicht nur geschlossen und logisch, sonder auch wahr. Als ich anfing, innerlich diese theoretische Überzeugung zu revidieren, verlegte ich mich, desillusioniert und misstrauisch wie ich war, mehr und mehr auf einen anderen Ansatz. Ich verglich die Theorie mit der Realität. Die Tatsache, getäuscht worden zu sein, machte ein solches Herangehen noch zwingender. Wie verhielt sich die „Werttheorie“ zu den realen Preisen? Wie war die „Verelendungstheorie“ mit der historischen Entwicklung des Lebensstandards in Einklang zu bringen? Wie bildete die „Krisentheorie“ die tatsächlichen konjunkturellen Schwankungen ab? Wie wurden die „Klassentheorie“ und die „Theorie des Klassenkampfs“ mit der Schichtenbildung in der Gesellschaft und den sozialen Konflikten fertig? Problematisch war nicht nur, dass bei all diesen Vergleichen die Marxschen Theorien schlecht abschnitten und das Marxsche Dogma die Realität nicht erfasste. Das eigentliche Problem lag darin, dass Marx selbst und seine späteren Anhänger es nicht für ihre primäre wissenschaftliche Pflicht gehalten hatten, sich an das Grundprinzip der Wissenschaft zu halten, nämlich ihre Theorien an der Empirie zu testen.

Der Marxismus ist nicht die einzige sozialwissenschaftliche Schule, die sich dieser Todsünde schuldig macht. 1955–56 verlangte ich aber vom Marxismus, der Grundanforderung an die Wissenschaft zu entsprechen und die Theorie mit der realen Welt zu vergleichen. Die Sozialwissenschaften befinden sich da zweifellos in einer schwierigeren Position als die Naturwissenschaften. Letztere können theoretische Sätze leichter und mit größerer statistischer Genauigkeit bestätigen. Doch selbst wenn die Möglichkeiten der empirischen Überprüfung bei sozialen Phänomenen beschränkter sind, muss, wer in diesem Bereich forscht, die äußerste Anstrengung darauf verwenden, seine Aussagen zu kontrollieren. Das heißt, er muss so sorgfältig wie möglich und mit den besten verfügbaren Methoden die Theorie an der Realität testen. Und wenn er sieht, die Realität weicht in entscheidendem Maße von der Theorie ab, muss er die Theorie anpassen oder, falls das nicht möglich ist, sie verwerfen.

Kehren wir zu dem geologischen Bild zurück. Eine Masse falscher theoretischer Aussagen wurde auf der Schicht eines falschen theoretischen Ansatzes und falscher Methodologie abgelagert. Solche Ablagerungen falscher Theorie waren möglich, weil derjenige, der die Theorie entworfen hatte, weder sich noch andere dazu anhielt, die Prüfung an der Realität vorzunehmen. Die Aussagen des Marxismus blieben als überholte Lehrmeinungen am Leben, wie Versteinerungen längst ausgestorbener Arten. War ein Marxist trotz allem gezwungen zuzugeben, eines der Dogmen sei falsch, war in aller Regel ein armer Schüler des Meisters der Dumme; er habe, so hieß es, die wahre Lehre verfälscht. In Wirklichkeit jedoch hatte Marx ihm (und uns) schlechte Denkgewohnheiten beigebracht. Und weiter in dem geologischen Bild*: Anhänger der marxistischen politischen Ökonomie sehen in der Werttheorie die tragende Schicht der gesamten Marxschen Ökonomie. Damit will ich mich kurz befassen.

---

* Diese Metapher hat mich in eine bizarre Situation gebracht. Ich kritisiere den Marxismus und verwende gleichzeitig eine unter Marxisten sehr beliebte Formel, indem ich das tiefere „Wesen" der oberflächlichen Erscheinung gegenüberstelle. Wir können uns vielleicht damit trösten, dass selbst Psychologen, die dem Marxismus weit entfernt stehen, bei der Beschreibung des Geistes und des Denkens gerne von Schichten sprechen, die tiefer oder näher an der Oberfläche liegen. Ich werde wiederholt zeigen, dass ich vieles von dem, was Marx und seine Anhänger behauptet haben, nach wie vor brauchbar und erhellend finde. Deshalb verbietet mir die Tatsache, dass Marxisten ein Bild häufig verwendet haben, nicht automatisch, es selbst zu gebrauchen.

Schon zu Beginn meiner Untersuchungen wurde mir klar, warum die Allokation der Ressourcen in einem sozialistischen System so schlecht funktioniert. Es lässt sich kaum klären, welche Rolle Preise in einem solchen System spielen. Marx hat sich nie die Mühe gemacht, genau anzugeben, wie ein sozialistisches System koordiniert wird. Doch seine Schriften hätten zumindest zeigen müssen, wie das im Kapitalismus abläuft. Die Frage zu stellen, deutet schon an, dass Marx die Antwort schuldig geblieben ist. In seinen Schriften weist er häufig darauf hin, dass „Wettbewerb" die Preise bestimme. Aber wie? Band 1 des *Kapitals* hängt in der Luft. Seine zentrale Behauptung, dass allein Arbeit Wert schaffe, ist eine Aussage, die nicht getestet oder widerlegt werden kann, d.h. unwissenschaftlich ist. Außerdem kann man aus den Grundlagen des ersten Bandes nicht auf eindeutige Weise die Ideen des dritten Bandes ableiten. Dort wird der „Mehrwert" in den Durchschnittsprofit transformiert, der dem eingesetzten Kapital proportional ist. Es gibt zwar einige falsifizierbare Sätze, doch bewähren sie sich schlecht auf dem Prüfstein der Realität. Was angeblich den Profit erklären soll, erfasst nur unzureichend die Faktoren, die im Kapitalismus den Profit tatsächlich hervorbringen. Mit einem Wort, die Werttheorie von Marx, so schloss ich, kann nicht auf die Wirklichkeit angewendet werden.

Die weiteren Aussagen der marxistischen Ökonomie sind, um im Bild zu bleiben, auf den bisher besprochenen Schichten abgelagert. Nur ein Beispiel: die Behauptung der Verelendung der Arbeiterklasse. Sie folgt nicht deduktiv aus einem der vorangegangenen Sätze. Akzeptiert man Marx' Werttheorie, die Theorien des Durchschnittsprofits und des Produktionspreises und alle anderen Hilfssätze des *Kapitals*, dann lässt sich in Übereinstimmung damit behaupten, der Lebensstandard der Handarbeiter sinke, stagniere oder steige relativ (d.h. im Vergleich zu anderen Gruppen) oder absolut (d.h. im langfristigen Vergleich). Was den empirischen Test betrifft, so hat die Geschichte die Marxsche Behauptung eines langfristigen Trends zur Verelendung widerlegt. Die Statistiken bestätigen für alle kapitalistischen Länder eindeutig, dass der materielle Konsum der arbeitenden Bevölkerung innerhalb von einem oder zwei Jahrhunderten signifikant gewachsen ist und sich ihre Lebensbedingungen verbessert haben.

Viele Intellektuelle, die einmal marxistischen Überzeugungen anhingen, bringen es einfach nicht über sich, damit radikal zu brechen. Sie führen verzweifelte Nachhutgefechte, einer fast geschlagenen Armee gleich, die sich zurückzieht und ihre Position nur Straße für Straße, Haus für Haus aufgibt. So lange wie möglich klammern sie sich an theoretische Aussagen und an die wissenschaftliche Erkenntnismethode. Als ich meine Anschauungen neu ordnete, wählte ich eine andere Strategie. Zu einem bestimmten Zeitpunkt gegen Ende des Jahres 1955 machte ich mit dem Marxismus Schluss. Ich wollte nicht länger Marxist sein; das musste ich erst einmal mir selbst sagen. Ich würde nicht jede Methode oder Behauptung der Theorie verwerfen (wie ich in späteren Kapiteln des Buches näher erläutere), aber ich würde den „-ismus“ als solchen ablehnen, das Marxsche Geistesgebäude. Engen Freunden beschrieb ich meinen Zustand manchmal damit, dass ich den Marxismus „abgebucht“ hätte.* Ich wollte nichts mehr akzeptieren, nur weil ich loyal einer Theorieschule verpflichtet war. Nach dieser „Abbuchung“ müsse ich erst einmal im Licht vorausgegangener Ereignisse verständliche und berechtigte Zweifel überwinden. Danach könnte ich mich vielleicht durchringen, einige marxistische Behauptungen oder Denkweisen nicht rundheraus abzulehnen, wenn ich sie für vertretbar hielt.

Die Strategie, einen klaren Schnitt zu machen, war in meinem Fall offensichtlich gut. Ich öffnete mich neuen Ideen. Es war nicht mehr notwendig, Zeit damit zu vergeuden, jede abweichende Idee mit dem marxistischen Dogma zu vergleichen. Denn das hatte ich von vornherein ad acta gelegt. Ich gewann dadurch einen großen Vorsprung vor jenen Kollegen, die gleichzeitig mit mir Marxisten geworden waren, aber nun viel mehr Zeit, zum Teil Jahrzehnte, brauchten, um sich aus den Fesseln ihres Denkens zu befreien. Viele Ökonomen, Philosophen und Historiker der Budapester Intelligenz experimentierten in den 1960er- und 1970er-Jahren mit einer „Renaissance des Marxismus“ und untersuchten ein Element der Doktrin nach dem anderen daraufhin, ob es verworfen oder beibehalten werden solle. Ich dagegen hatte schon lange diese Phase der Quälerei überwunden, die nur das Denken behindert.**

Ich fange an zu forschen

Als ich mit meiner Dissertation anfing, war ich mit 27 noch nicht zu alt, d.h. ziemlich genau in dem Alter, in dem amerikanische Graduierte das Gleiche tun. Amerikanische Ph.D.-Studenten wissen dann schon ziemlich genau, wie ihre Professoren beim wissenschaftlichen Arbeiten vorgehen. Viele haben als Assistent Erfahrungen gesammelt, später steht ihnen offiziell ein Betreuer zur Seite. Die Betreuer geben ihre Forschungsmethoden an die Studenten weiter, die wiederum

* Ich machte einen radikalen Bruch mit der marxistischen Theorie und Ideologie. Aber ich glaubte noch für eine längere Zeit, dass der Sozialismus reformiert werden könne. Weiter unten werde ich mehr dazu sagen, wie ich langsam aufhörte, ein „naiver Reformer“ zu sein.

** Der bekannte Philosoph Mihály Vajda hat diesen Prozess wie folgt beschrieben (Pogonyi 2003: 14): „Ich erinnere mich, Mitte der 1970er-Jahre meinen ‚Lukácsistischen‘ Freunden dies gesagt zu haben: ‚Ich glaube nicht, weiter ein Marxist zu sein.‘ Nicht weil sie die ganze verdammte Geschichte im Namen des Marxismus gemacht haben, sondern weil der Marxismus nicht erklärt, was um mich herum vorgeht.“

Lehrer werden und eine neue Generation an die Wissenschaft heranführen, so wie in den Zünften einst die Meister und Gesellen ihre Lehrlinge ausbildeten. Ich hatte keine Chance, die Forschungstechniken von Lehrmeistern zu übernehmen. Mein Betreuer Tamás Nagy, der als Leiter der Abteilung für allgemeine Theorie im Institut auch mein Vorgesetzter war, machte viele nützliche Anmerkungen zu meiner Arbeit. Er besaß taktisches Geschick und wusste, wie weit man sich innerhalb der politischen Beschränkungen der Zeit vorwagen durfte. Aber da er selbst nicht wissenschaftlich arbeitete, war er nicht mit den Methoden und Techniken empirischer Forschung vertraut und konnte sie mir daher auch nicht vermitteln.

Monatelang suchte ich nach einem Thema. Offiziell arbeitete ich als Forschungsassistent für Péter Erdős. Ich begleitete ihn, und wir unterhielten uns oft. Was ihn wirklich interessierte, war die reine Theorie, was sich auch in seiner späteren Arbeit niederschlägt. Mit empirischer Forschung hatte er keine Erfahrung. Er sammelte die Meinungen der Wirtschaftsführer zu Problemen der Planung und Lenkung. Wegen seiner scharfen, oft arroganten Einwürfe waren seine Gesprächspartner auf der Hut. Er war geistreich, intelligent und mit einer vernichtenden Ironie begabt. Weh dem, den er kritisieren wollte! Im politischen Regime des Stalinismus und in der erstarrten Ideologie des Marxismus gab es vieles, was sein Missfallen und seine Kritik herausforderte. Er wusste, dass er von mir, einem gerade beim *Szabad Nép* gefeuerten Oppositionellen, nichts zu befürchten hatte, und deshalb nahm er mir gegenüber kein Blatt vor den Mund. Doch diese Offenheit blieb ziemlich einseitig. Denn trotz aller Kritik stand er äußerst treu und loyal zur kommunistischen Partei und marxistischen Theorie. Ich hütete mich, ihm zu zeigen, wo ich in meiner Ablehnung des Marxismus und der kommunistischen Ideen angelangt war, und begnügte mich mit zustimmendem Gebrumm, wenn ich seinen kritischen Ergüssen lauschte. Das reichte für eine kollegiale Beziehung mit ihm aus.

Weder Erdős noch Tamás Nagy hatten Einwände, als ich nach einigen Monaten um die Erlaubnis bat, in Zukunft selbständig arbeiten zu dürfen. Ich hatte beschlossen, meine Untersuchung auf das enge Feld der Leichtindustrie zu beschränken, denn wahrscheinlich wäre es schwieriger gewesen, Informationen über die Schwerindustrie zu erhalten, deren Daten wegen der militärischen Verflechtung vielfach geheim bleiben mussten. Wie funktionierte die Wirtschaftslenkung? Was bedeutete Zentralplanung in der Praxis? Außerdem interessierte ich mich für das Verhältnis von Produktion und Konsum, was sich leichter in einem Wirtschaftszweig untersuchen ließ, dessen Erzeugnisse vom breiten Publikum gekauft werden.

Als ich mit der Untersuchung begann, hatte ich keine positive Arbeitshypothese. Meine Fragen waren vielmehr von einer grundlegenden negativen Hypothese bestimmt: Die offizielle Behauptung der Lehrbücher und Parteipropaganda, dass das Planungsamt Pläne vorschreibe und die realen Prozesse in der Wirtschaft diesen Vorgaben folgten, ist nicht zu halten.

Meine Untersuchungsmethode wählte ich, ohne zu zögern oder zu experimentieren. Im Zentrum stand eine gründliche Befragung der Leute, die sich mit wirtschaftlicher Planung und Lenkung befassten. Instinktiv hatte ich das Gefühl, dass nur sie genau wüssten, was in den Köpfen der Manager vorging und was sie taten. Ich stellte meine Fragen Leuten in hohen, mittleren und niederen Positionen. Zumeist waren es Gespräche unter vier Augen, aber es gab auch Gruppendiskussionen. In manchen Industriezweigen traf sich die Gruppe öfter, weil mehrere Stunden Meinungsaustausch sich als zu kurz erwiesen, jedes relevante Thema abzuhandeln.

Fast ausnahmslos beantworteten die Leute ohne Umstände meine Fragen und übten offene Kritik an den herrschenden Zuständen. Schon damals wunderte ich mich über diese Bereitwilligkeit. Es lag vielleicht daran, dass sich jeder gerne beschwert, vor allem die Ungarn. Noch wichtiger war wohl ihr Gefühl, dass ich an dem, was sie zu sagen hatten, wirklich interessiert war. Ich hakte nicht mechanisch einen vorbereiteten Fragebogen ab, sondern nahm sichtlich aufmerksam und begierig ihre Informationen auf. Ich klagte mit ihnen über die idiotische Bürokratie und wetterte gegen Verschwendung, Missachtung von Konsumentenwünschen und engstirnige Vorgesetzte. So entstand ein gutes zwischenmenschliches Verhältnis. Als ich ein paar Jahre später aus dem Institut für Ökonomie entlassen wurde und Arbeit in der Leichtindustrie suchte, nahmen mehrere von ihnen das Risiko auf sich und versuchten mir zu helfen.

Doch ich greife vor. Bleiben wir bei meiner Untersuchungsmethode von 1955–56. Woher hatte ich die Idee, das empirische Material für die Studie hauptsächlich aus Interviews zu beziehen? Hier hat wohl meine Erfahrung als Journalist eine Rolle gespielt. Falls ich mich recht erinnere, habe ich beim *Szabad Nép* das, was wir einen „Analysebericht" nannten, eingeführt. Er ging über eine ganze Seite der Zeitung und nicht nur ein bis zwei Spalten wie die üblichen Berichte. Zu zweit oder dritt blieben wir tagelang in einer Fabrik, sprachen mit den Leuten und fragten die Arbeiter, was sie von der Arbeit dort hielten. Der befragte Manager hatte zu mir, dem Journalisten einer kommunistischen Zeitung, natürlich ein ganz anderes Verhältnis als später zu dem Wissenschaftler. Doch ich hatte etwas von der Technik begriffen und von den Möglichkeiten, die sie bot.

Die große ungarische Tradition der „literarischen Dorfstudien" inspirierte mich ebenfalls. In einigen Werken dieses Genres fand ich besonders viele Anregungen.*

* Ungefähr zu dieser Zeit las ich Zoltán Szabós *A tardi helyzet* (Die Situation in Tard, 1936/1986) und

Sie zeigten mir, wie viel konkretes Wissen daraus zu schöpfen war, Leuten zuzuhören. Natürlich bezog ich mein empirisches Material nicht ausschließlich aus eigenen Interviews. Was ich gehört hatte, ergänzte ich durch die Untersuchung von gesetzlichen Vorschriften und Anweisungen, numerischen Daten und statistischen Tabellen zu den Unternehmen und Industriezweigen. Sehr früh wurde mir klar, wie breit der Graben zwischen einer Anordnung und ihrer Ausführung sein konnte, wie sehr die Einschätzung eines Phänomens davon abhängen konnte, ob jemand weiter oben oder weiter unten in der Hierarchie damit befasst war. Dieser Kontext machten die Untersuchung und die Entdeckung der Wahrheit aufregend.*

Niemand brachte mir bei, wie man mit modernen Methoden quantitative Daten untersucht. Die Techniken der Ökonometrie, wie sie heute nicht nur für eine Dissertation, sondern bereits für eine Diplomarbeit obligatorisch sind, waren mir fremd. Soll ich mich für mein damaliges Unwissen schämen oder eher stolz darauf sein, dass ich trotz fehlender Grundausbildung in der Lage war, einige wichtige Zusammenhänge aufzudecken? Heute, fünfzig Jahre später, wage ich eine kühne Behauptung. Ich komme in diesem Buch immer wieder auf die Nachteile zurück, die ich auf Grund meiner fehlenden methodischen Ausbildung als Ökonom hatte. Das klingt aus dem Mund eines von seinem Fach begeisterten Professors nach Kritik, aber mein Unwissen brachte auch Vorteile. Gerade weil ich keinen Lehrmeister hatte, dessen Vorbild ich bescheiden folgte, musste ich kreativ sein. Und gerade weil ich die modernen Methoden ökonomischer Forschung nicht kannte, verlor ich mich nicht in technischen Formalitäten, kümmerte es mich nicht, ob meine Regressionen stimmten, und konnte ich die technischen Anforderungen von Top-Zeitschriften und anonymen Verlagsgutachtern unberücksichtigt lassen. Nichts war wichtig, außer zu verstehen, wie der merkwürdige Mechanismus der Produktionslenkung in diesem Land funktionierte.

Der Historiker György Péteri beschreibt das Vorgehen am Institut von Friss und meine eigene Arbeitsweise als „naiven Empirismus“[7]. „Naiv“ ist das passende Wort. Meine Arbeit hatte die Einfachheit von naiven Malern oder Künstlern, die

---

Imre Kovács' *A néma forradalom* (Die stille Revolution, 1937/1989). Was sie über das Leben auf dem Lande berichteten, war hochinteressant, aber vor allem der methodische Ansatz dieser beiden Schriftsteller und Soziographen, die zu der einflussreichen Gruppe der „Volksschriftsteller“ gehörten: Menschen zu befragen, Daten mit Fragebögen zu erheben und die Erfahrungen aus erster Hand mit knappen statistischen Übersichten zu ergänzen. Als ich diese beiden Studien kennenlernte, hatte ich noch keine Ahnung von den Methoden der modernen Soziologie.

* Der Ansatz ist nach wie vor brauchbar. Wir hätten z.B. besser verstanden, was in der post-kommunistischen Transformation Osteuropas, der Nachfolgestaaten der Sowjetunion und Chinas vorging, wenn die Wissenschaft eine ähnliche Methode der Tiefeninterviews nicht nur sporadisch, sondern systematisch angewendet hätte.

aus dem Gefühl arbeiten. Sie war primitiv und unverfälscht. Ich musste noch die Feinheiten meines Berufs lernen. Die Arbeit mochte zwar roh sein, zeigte aber vielleicht gerade deshalb jugendlichen Elan und ehrliches Streben nach Wahrheit.

„Empirismus" ist nur die halbe Wahrheit. Ich habe gerade über die Luftschlösser der marxistischen Theorie geschrieben. In diesem geistigen Klima war es eine revolutionärer Tat, die Unterscheidung zwischen „konkreter" und „abstrakter" Arbeit nicht zu berücksichtigen, die Regel, dass „die Summe der Werte gleich der Summe der Preise" sei, und ähnliche leere Theoreme zu verwerfen und stattdessen eine Kehrtwendung um 180 Grad zu machen und aus der Erfahrung zu lernen.

Es blieb nicht dabei, Realität abzubilden und einfach empirische Fakten zu sammeln. Ich ging weiter als die soziographischen Dorfschriftsteller und habe versucht, meine Erfahrungen einer klaren Struktur zu unterwerfen und die Regelmäßigkeiten aufzuzeigen, die hinter den Phänomenen liegen. Ich versuchte eine Kausalanalyse, ohne zu einer ausgearbeiteten Theorie zu gelangen. Gott sei Dank, denn ich war noch weit davon entfernt, eine genaue Vorstellung der zugrundeliegenden Beziehungen zu haben. Dem aufmerksamen Leser wurde aber klar, dass sich hier allgemeine Schlussfolgerungen aus Einzelbeobachtungen gewinnen ließen.

Meine Arbeitsweise zeigte auch die Entschlossenheit, Ordnung in meine Gedanken zu bringen. Es lag mir nicht, tagaus, tagein nur Notizen zu machen. Ich gewöhnte mir lange „Arbeitsspaziergänge" durch die Wälder oder die Straßen an, auf denen ich das gesammelte Material und seine schriftliche Ausarbeitung durchdachte. Ab und an holte ich aus meiner Tasche Block und Bleistift und notierte einen Gedanken.*

Damals arbeitete ich lieber nicht im Institut, sondern zuhause oder irgendwo anders, wo ich ungestört war. Die meisten Kollegen gingen täglich ins Büro, aber ich verbrachte viel Zeit zuhause und schrieb. Ich entwickelte arbeitsstimulierende „Rituale", wie sie Leute in Berufen wie meinem haben: die zeremonielle Zubereitung und der Genuss von einer Tasse Kaffee, Musik bei der Arbeit, Spaziergänge nach ermüdenden Stunden am Schreibtisch und ähnliches. Mein Sohn Gábor war zu der Zeit drei oder vier Jahre alt. Ich brachte ihn oft zur Schule (der Rückweg zählte als „Arbeitsspaziergang"). Er gewöhnte sich ziemlich rasch daran und dass ich bei meiner Arbeit zuhause nicht gestört werden durfte, genauso wie später mein zweiter Sohn András. Die Wünsche, so viel Zeit wie möglich mit den Kinder zu verbringen und so viel wie möglich bei der Arbeit, führten natürlich

* Einmal wurde ich auf einem solchen Spaziergang von einem Passanten verfolgt, der mich schließlich aufgebracht zur Rede stellte: „Sie arbeiten für Autodiebe, schreiben Nummernschilder auf, oder nicht?"

zu Problemen. Soweit ich mich erinnere, kam es aber nie zu einem ernsthaften Konflikt.* Doch die Kinder oder Teri haben die Situation vielleicht anders im Gedächtnis.

Wissenschaftlich zu arbeiten machte mir großen Spaß. Die Gespräche waren packend, ich arbeitete gerne an meinen Notizen und schrieb mit Vergnügen. Die Momente, in denen ich auf etwas stieß, etwas entdeckte, zählten zu den glücklichsten meines Lebens. Endlich hatte ich den richtigen Platz gefunden.

Schlussfolgerungen meiner Dissertation

Der erste Entwurf meines Buches war in weniger als einem Jahr abgeschlossen. Ich folgte dem Rat von Kollegen und korrigierte noch einiges. Doch blieb die Arbeit im Wesentlichen unverändert, als ich sie im Sommer 1956 als Kandidatsdissertation vorlegte und im September 1956 beim Verlag für Wirtschaft und Recht zur Veröffentlichung einreichte. Sie erschien auf Ungarisch unter dem Titel *Überzentralisierung in der Wirtschaftsverwaltung* (Englische Übersetzung: *Overcentralization in Economic Administration*[8]; im Weiteren: *Overcentralization*).

Als ich das Buch nach fast fünfzig Jahren wieder zur Hand nahm, hatte ich beim Lesen ein gutes Gefühl. Einige Passagen reflektieren wohl meine damalige politische Naivität, aber den Rest kann ich auch heute noch akzeptieren** und bin als Autor stolz darauf. (Wie sich noch zeigen wird, kann man dasselbe nicht von allen meinen Arbeiten sagen.)

Das Programm ist im Vorwort klar umrissen: „Es gibt natürlich Dutzende Lehrbücher und Sammelbände für den Hochschulgebrauch, die unsere Methoden der Wirtschaftsverwaltung und Planung beschreiben, unser Preis- und Lohnsystem usw. Sie alle haben jedoch einen Fehler: Statt darzustellen, wie unsere Wirtschaft *in Wirklichkeit* funktioniert, beschreiben sie nur, wie sie funktionieren würde, wenn es nach den Wünschen der Autoren ginge. … Eine konsistente Beschreibung des tatsächlichen Funktionsmechanismus unserer Wirtschaft stellt

* Wie viele Eltern vergesse ich nicht die Zeit, die ich an der Bettkante meiner Kinder mit Vorlesen verbracht habe. Als die Buben etwas älter wurden, lasen wir *Winnie der Bär, Alice im Wunderland* und viele lustige Geschichten von Frigyes Karinthy. Sicher übertreibe ich nicht, wenn ich glaube, diese frühen literarischen Abenteuer und unsere Späße haben bei meinen Söhnen Sinn für Humor geweckt – den haben sie noch als Erwachsene.

** Darin stehe ich nicht allein. In Ungarn brachte der gleiche Verlag fünfunddreißig Jahre später eine zweite Auflage mit einer neuen Einleitung heraus. Oxford University Press druckte nach mehr als drei Jahrzehnten ebenfalls eine Neuauflage der englischen Übersetzung.

eine Aufgabe dar, die in der ökonomischen Literatur unseres Landes bisher nicht unternommen wurde."[9]

Zunächst gehe ich auf das System der Plananweisungen ein. Man würde meinen, eine Planwirtschaft beabsichtige in erster Linie, mehrere Jahre im Voraus zu denken. Keineswegs. Selbst der Jahresplan wurde von den Betrieben nicht ganz ernst genommen, vor allem weil damit keine Anreize verbunden waren. (Hier spricht *Overcentralization* gezielt das Problem der Anreize an, das einige Jahrzehnte später eines der zentralen Themen in der Ökonomie werden sollte.) Es gab Lieferunterbrechungen bei Rohstoffen und Halbfertigwaren und unvorhergesehene Nachfrageänderungen. Ergänzend sorgten laufende Änderungen des Volkswirtschaftsplans für ständige Unsicherheit. Das veranlasste die Firmen, nicht zu sehr auf die Gültigkeit der jährlichen Planvorgaben zu vertrauen. Den größten Einfluss auf die Produktion hatte der Quartalsplan. Doch der wurde nicht vom Betrieb selbst erstellt, sondern von der vorgesetzten Behörde, der Industrieverwaltung. Die oft zitierte Unabhängigkeit der Unternehmen gab es ganz einfach nicht, sie war nirgendwo Realität. Die Ziele, die der Quartalsplan vorgab, konnten ebenso wenig erfüllt werden. Ein Betrieb, der sich strikt daran zu halten versuchte, war mit ständigen operativen Änderungen konfrontiert. Wenn allerdings die Erfüllung des Quartalsplans nicht strikt durchgesetzt wurde, dann verlor er seine Bedeutung. „Unter den gegebenen Umständen kann keine (harte oder liberale) Änderung der Planauflagen diesen Widerspruch lösen, denn seine Wurzeln liegen tiefer, nämlich in den Widersprüchen unserer Planungsmethoden."[10] Bemerkungen wie diese brachten die Apologeten der Befehlswirtschaft in Rage. Ich erinnere mich noch gut daran, wie in einer Diskussion jemandem der Kragen platzte: „Es ist Ihnen so nicht recht und anders auch nicht … Was wollen sie eigentlich?"

Die wichtigste Kennziffer war der „Produktionswert". Im Betrieb lernt man rasch, dass der Produktionswert nicht nur mit „korrekten und angemessenen" Methoden erhöht werden kann, sondern auch mit einfallsreichen Tricks. Zum Beispiel kann man das Produktsortiment zu Gunsten eines höheren Anteils materialintensiver Erzeugnisse mit einem höheren Preis ändern. *Overcentralization* griff hier ein Problem auf, das die Leute auch heute noch irritiert, die sich mit Anreiztheorie und ihrer Praxis beschäftigen. Welche quantitative Kennziffer man auch mit einem Bonus oder einer Strafe verbindet, ihr Wert kann immer verzerrt werden. Welche Strategie der Designer eines Anreizsystems auch wählt, diejenigen, die es betrifft, finden im Handumdrehen eine Gegenmaßnahme.

Das Buch behandelt auch die übrigen Planziele im Detail. Es zeigt über vierundsechzig Seiten im Einzelnen, wie inkonsistent das System der Planauflagen war und welche unerwünschten Nebenwirkungen es aufwies. Ein Kapitel widmet sich den nützlichen und schädlichen Auswirkungen der Anreize, der materiellen wie Gehälter und Boni und der moralischen Anreize. Die Rolle der administrativen Kontrollen und Strafen wird untersucht (Disziplinarverfahren, strafrechtliche Verfahren, Gefängnisstrafen usw.). „Je weniger das System auf materielle Anreize vertraut (und je weniger es auf die Begeisterung der Menschen rechnen kann), desto mehr muss es Zwangsmethoden anwenden.“[11] Die Inkonsistenz des Systems fordert den Manager geradezu heraus, Regeln zu brechen, deren Einhaltung man schwer überwachen kann. Tut er das und wird dabei erwischt, muss er bestraft werden.

Eine der zentralen Schlussfolgerungen meines vier Jahrzehnte später geschriebenen Buches über das sozialistische System lautete, dass partielle Reformen oder ein „Lockern“ des sozialistischen Systems seine Funktionsfähigkeit untergraben. Es gibt kein sozialistisches System ohne Repression. Beim erneuten Lesen meines ersten Buches stieß ich auf eine frühe Vorwegnahme dieses Gedankens. Der „Neue Kurs“ brachte es mit sich, so schrieb ich in *Overcentralization*, dass die höheren Instanzen sehr viel weniger auf administrative Methoden (verschiedene Strafen und andere Zwangsmaßnahmen) zurückgriffen, um die Disziplin zu stärken. „Diese Lockerung setzte zu einer Zeit ein, als noch kein besseres und umfangreicheres System der materiellen Stimulierung das bestehende System abgelöst hatte. Der alte ökonomische Mechanismus blieb ohne Änderung gültig. Doch das war eine Maschinerie, die ohne das ‚Schmiermittel‘ großzügig eingesetzter administrativer Maßnahmen nicht reibungslos laufen konnte. Ohne sie kam der Mechanismus nicht zufriedenstellend in Gang. Diese unbestimmte und schlecht koordinierte Situation war ein wesentlicher Grund für die zahlreichen Schwierigkeiten jener Zeit.“[12]

Planauflagen und Anreize hatten bestimmte empirischen Regelmäßigkeiten zur Folge. *Overcentralization* hebt eine Reihe davon hervor:

1. Die Manager achten vor allem auf Mengen. Das ist soweit nützlich, als eine Ausweitung des Produktionsumfangs im öffentlichen Interesse liegt.
2. Die Prioritäten werden falsch gesetzt. Kostensenkungen oder technische Entwicklungen zum Beispiel sind weniger wichtig, weil weder Planauflagen noch Anreize sie stimulieren.
3. Der „100 Prozent-Fetisch“. Nimmt man den Plan ernst, dann ist eine Planerfüllung unter 100 Prozent ein Versagen. Das hat den bizarren und oft ausgesprochen schädlichen Effekt, dass das Management um jeden Preis aus seinem Betrieb die Produktionssteigerung herauspressen will, die für eine hundertprozentige Planerfüllung erforderlich ist.

4. „Spekulation im Rahmen des Planes". So nannte ich Aktivitäten, bei denen die Manager sich nur an den Buchstaben des Gesetzes und ihrer Plananweisungen halten, um Produktions- und Verbrauchsziffern zu erreichen, die ihnen Bonus und Anerkennung sichern. In Wirklichkeit ignorieren sie dabei die eigentlichen Interessen der Wirtschaft.
5. Kampf um harte oder weiche Pläne. Damit wird in *Overcentralization* beschrieben, was später in Ungarn „Planfeilschen" und von westlichen Sowjetologen „Sperrklinkeneffekt" genannt wurde.* Wenn ein Betrieb seinen Plan erheblich übererfüllt, um einen höheren Bonus oder mehr Anerkennung zu erhalten, dann wird dieses höhere Niveau in die folgenden Pläne eingebaut. Das einmalige Resultat von 105 oder 110 Prozent wird für das nächste Jahr als 100 Prozent vorgeschrieben. Der Betrieb sieht sich deshalb gezwungen, seine Leistung einzuschränken und sie ja nicht über 100 oder 102 Prozent ansteigen zu lassen. In den Unterhandlungen vor der Verabschiedung des Plans stellen die Manager ihre Kapazitäten möglicherweise niedriger dar, als sie sind, und übertreiben die Risiken, um einen „weicheren" Plan zu erhalten.
6 Periodische Fluktuationen in der Produktion. Die Produktion schwankt auf merkwürdige Weise, wobei sich „Stoßzeiten" und Flauten ablösen. Diese Fluktuationen stehen in einem engen Verhältnis zum Kalenderrhythmus der Planung. Nähert sich die Planperiode ihrem Ende und geraten Planerfüllung und Bonus in Gefahr, dann setzt eine Beschleunigung ein.**
7. Konflikt zwischen „heute" und „morgen". Das ist ein fundamentales Problem der Ökonomie, vor allem mit Blick auf den heutigen Konsum und die Ersparnisse und Investitionen für morgen. *Overcentralization* zeigt den Konflikt aus einem anderen Blickwinkel. Die Manager konzentrieren ihre volle Energie auf die Erfüllung kurzfristiger Pläne und vernachlässigen längerfristige Aufgaben, als da sind: technische Entwicklung, Einführung neuer Produkte, Modernisierung der Arbeitsorganisation usw. Das aber würde zur Effizienz der zukünftigen Produktion beitragen.

Overcentralization nennt diese Regelmäßigkeiten „Tendenzen, die man nicht einfach wegwünschen kann. Mit erklärenden Worten kann man sie nur bemänteln,

* Ein Zahnrad mit einer Sperrklinke, die einen Rücklauf, aber nicht den Vorwärtslauf verhindert, ist ein anschauliches Bild für ein typisches Element von Planverhandlungen: Die höhere Instanz erwartet von der unteren Instanz, ein einmal erreichtes Leistungsniveau künftig immer zu erfüllen. Ein Zurück gibt es nicht.

** András Bródy (1956) hat als erster die Fluktuationen der Produktion und ihre Ursachen untersucht. Seine Methode und seine Schlussfolgerungen haben mich überzeugt und weitergebracht.

nicht ausrotten. Um diese Tendenzen zu beseitigen, müssen unser Planungs- und Anreizsystem, unsere wirtschaftlichen Lenkungsmethoden selbst zum Gegenstand umfassender und weitreichender Reformen gemacht werden.“[13]

Vergleichen wir diesen Ansatz kurz mit der Art und Weise, wie die bisherige polit-ökonomische Literatur Stalin bei der Diskussion „des Gesetzes der planmäßigen proportionalen Entwicklung“ gefolgt ist. Die Autoren solcher Arbeiten postulierten, die Wirtschaft solle sich planmäßig und proportional entwickeln. Diese normative Forderung wurde dann „Gesetz“ genannt, eine Bezeichnung, die man ausschließlich der positiven Wissenschaft vorbehalten sollte. Für die Wissenschaft führen nur tatsächliche Ereignisse zu einem Gesetz. Die in *Overcentralization* beschriebenen Regelmäßigkeiten oder „notwendigen Tendenzen“ wurden allmählich bekannt und haben so die Behauptung widerlegt, es könne so etwas wie ein „Gesetz der planmäßigen proportionalen Entwicklung“ geben.

In einem Kapitel des Buches widmete ich mich einem Problem, das später zentrales Thema meiner Arbeit werden sollte: Mangel. Da ich die Produktion behandelte, stand Materialmangel im Mittelpunkt der Untersuchung. Ich erfasste bereits damals die Folgen des Mangels: Er vermindert die Effizienz und liefert die Abnehmer dem Wohlwollen der Lieferanten aus. *Overcentralization* zeigt, wie eng die Beziehung zwischen Mangel und Zentralisierung ist, wie Mangelerscheinungen die Tendenz zur Zentralisierung fördern und die Zentralisierung Mangelerscheinungen hervorruft.*

Ich suchte bereits damals die Stellen, wo in einer sozialistischen Wirtschaft der Mangel chronisch wird. Einige Ursachen (aber nicht die wichtigsten) werden in *Overcentralization* beschrieben, doch es waren weitere Untersuchungen erforderlich, bevor man die tieferen Ursachen ermitteln konnte.

Im nächsten Kapitel des Buches werden die Schlussfolgerungen verallgemeinert. Die Betriebe unterstanden einem doppelten Einfluss. Sie hatten horizontale Beziehungen mit anderen Betrieben und vertikale Beziehungen mit einer übergeordneten Stelle. In der sozialistischen Planwirtschaft herrschen die vertikalen Beziehungen vor, während die horizontalen Beziehungen schwach sind. Soweit ich sehe, war dies die erste Arbeit, die diese inzwischen gängige Unterscheidung macht.

Das letzte Kapitel beginnt mit einer knappen Zusammenfassung einer der Grundideen des Buches: „Überzentralisierung ist ein einheitlicher, kohärenter Me-

---

* *Überzentralisierung* enthält nur ein einziges Marxzitat und das bezieht sich auf das Phänomen des Mangels. Marx hat nur spärliche Hinweise darauf gemacht, wie das sozialistische System seine Wirtschaft verwalten wird. Ein kurzer Exkurs zu dieser Frage findet sich in Band 2 von *Das Kapital* (1963 [1885]: 464–5), wo Marx eine „fortwährende relative Überproduktion“ empfiehlt, um so Produktionsschwankungen zuvorzukommen (d.h. dass die Lager mit der Produktion wachsen sollten).

chanismus mit einer eigenen Logik und verschiedenen eigenen Regelmäßigkeiten und Tendenzen."[14] Das bedeutet allerdings nicht, dass dieser Mechanismus harmonisch wäre. Im Gegenteil, er weist tiefe Widersprüche auf. Er versucht, alles durch Anweisungen zu regeln, alles zu zentralisieren, was nun einmal unmöglich ist.

Diese Feststellung enthält genau das, was ich später das „Systemparadigma" genannt habe. Es genügt nicht, die Details zu verstehen, denn das Ganze ist mehr als die Summe seiner Teile. Es reicht nicht, ein oder zwei Details zu ändern. Kleine Detailanpassungen können einen integralen Wandel nicht ersetzen. Das letzte Kapitel versucht, die Ursachen der Überzentralisierung zu klären, aber geht hierbei nur den halben Weg. Ich verstand noch nicht, wie tief die Wurzeln reichten, tief hinunter in die politische Struktur und das System der Eigentumsrechte. Erwähnenswert ist aber eine Passage zur Furcht vor Spontaneität; diese paar Absätze scheuchten die orthodoxen Marxisten-Leninisten unter den Lesern des Buches gehörig auf.*

Schließlich macht *Overcentralization* deutlich, dass die zögerlichen Reformversuche bislang gescheitert sind und warnt vor konservativen Kräften, die weiteren Reformen im Wege stehen. Das Buch konzentriert sich auf eine positive Beschreibung und Analyse und macht keine eigenen Vorschläge zur Reform. Nur die letzten Zeilen geben dem Leser Hoffnung mit der Feststellung, dass „die Aufgabe, Überzentralisierung abzubauen … am Ende von Erfolg gekrönt sein wird."[15]

Als ich 2003 einige Wochen damit verbrachte, meine *Szabad-Nép*-Artikel und *Overcentralization* noch einmal durchzulesen, war ich über den auffälligen Stilwandel in letzterem ehrlich erstaunt. Ich hatte mich endlich selbst gefunden und meine früheren enthusiastischen Loblieder und fortwährenden Ermahnungen, die Arbeitsleistungen zu erhöhen, durch einen sachlichen, objektiven Stil ersetzt. Auf den meisten der ungefähr 200 Seiten des Buches stehen Fakten.

Die Botschaft des Buches findet sich nicht nur in dem, was der Text enthält, sondern auch in dem, was er nicht enthält. Er verwendet eine „neutrale" technische Sprache und vermeidet den üblichen marxistischen Jargon der Politökonomie. In der Debatte über den Wirtschaftsmechanismus sagten damalige Reformökonomen nicht, wir sollten dem Markt mehr Raum geben, sondern wir sollten „dem Wertgesetz erlauben, sich freier zu entfalten". In der Sowjetunion beschrieben Leonid Kantorovič und noch viele Jahre später die mathematischen Ökonomen in seiner Nachfolge die sogenannten Schattenpreise, die aus der Linearprogrammierung hervorgehen, in marxistischem Jargon.

---

* Diese Absätze sind unglücklicherweise nicht in die englische Ausgabe aufgenommen worden. Das nächste Kapitel wird die Umstände der Textkürzungen kurz erläutern.

Die Sprache hat große Bedeutung, wenn es darum geht, Ideen zu vermitteln. Ich übte in *Overcentralization* oder späteren Publikationen nie offen Kritik an der Marxschen Theorie. Doch ich habe mir konsequent und sehr bewusst Mühe gegeben, den marxistischen Jargon zu vermeiden, was die kundigen Leser sehr rasch wahrnahmen. Das konsequente und bewusste Bemühen erklärt sich aus meinen Bemerkungen am Anfang des Kapitels über meinen Bruch mit dem Marxismus und meinen unveröffentlichten Aufsatz, der *Overcentralization* ergänzte. Meine Absicht war zu zeigen, dass sich nur dann sinnvoll argumentieren lässt, wenn man den marxistischen Begriffsapparat beiseite legt, denn dieser Apparat stellt einem intellektuelle Fallen. Einige ungarische Ökonomen sind meinem Vorbild gefolgt, doch die Verwendung des Marxschen Begriffsapparats hat noch lange Zeit eine freie Entfaltung der Gedanken in anderen sozialistischen Ländern und in anderen sozialwissenschaftlichen Disziplinen in Ungarn behindert.

Erste Reaktionen auf mein Buch

Die ersten Leser der Dissertation, Kollegen und enge Freunde, haben es ganz unerwartet enthusiastisch aufgenommen. Mein Selbstvertrauen als Wissenschaftler war am Anfang meiner Laufbahn nicht groß. Deshalb gab mir diese wohlwollende Aufnahme neue Kraft. Auch bei Diskussionen im Institut hörte ich viel Positives. Es sprach sich bald herum, wie in Budapest üblich, dass dies keine gewöhnliche Dissertation sei, sondern ein „politisches Gustostückerl".

Nach den ungarischen Bestimmungen muss eine Kandidatsdissertation öffentlich verteidigt werden. Das Komitee für wissenschaftliche Qualifikationen, das die akademischen Grade verleiht, benennt sowohl die Opponenten als auch die Kommission, die nach der Debatte entscheidet, ob dem Kandidaten der Grad verliehen wird. Die meisten Kandidatsdebatten haben zwanzig oder dreißig Zuhörer: Familie und Freunde des Kandidaten und eine kleine Zahl am speziellen Thema Interessierter. Die Debatte zu *Overcentralization* fand am 24. September 1956 vor großem Publikum statt.[16] Vielleicht täuscht mich die Erinnerung, aber ich glaube, es waren mehr als 200 Personen anwesend.

Den Vorsitz hatte György Péter. Ich möchte ihn hier wörtlich zitieren: „Ich habe einmal Physik studiert und gelernt, dass in der Physik wirkliche Wissenschaft mit Galileo begann. Was es davor gab, war Spekulation, Denken über die Dinge. Galileo war der erste, der mit Maß, Uhr und Gewicht die Phänomene in der Physik gemessen hat. Und so begann die Geschichte der exakten Wissenschaften. Daran erinnert mich die objektive Disziplin dieser Dissertation, die saubere, von jeglichen Emotionen unbeeinflusste Behandlung der Dinge. Das ist so und das ist so; er legt die Dinge unter das Mikroskop, seziert die Phänomene und schreibt auf, was er sieht."[17] Die Analogie zu Galileos Leistungen war natürlich eine gewaltige Übertreibung (und was Galileos Instrumente betrifft, ist sie wissenschaftsgeschichtlich nicht einmal ganz korrekt). Doch sie verdeutlicht, warum Péter im Vergleich zu den üblichen wirtschaftswissenschaftlichen Untersuchungen in *Overcentralization* einen Wendepunkt für die sozialistische Welt sah. Spekulation im leeren Raum wurde nämlich durch objektive Beobachtung der Realität, Messung der Phänomene und genaue Beschreibung ersetzt.

In der Debatte war der Staatssekretär im Ministerium für Leichtindustrie Miklós Ajtai einer der Opponenten. Er setzte sich nachdrücklich und zustimmend für die Dissertation ein. Unter dem Kádár-Regime war Ajtai später stellvertretender Vorsitzender des Nationalen Planungsamts. Als *Overcentralization* dann groben Angriffen ausgesetzt war, bat ich ihn mehrmals, seine Meinung in einer Rezension zu veröffentlichen; doch dieser Bitte ist er nie nachgekommen.

Die zweite Opponentin war Mária Augusztinovics, die ebenfalls ein sehr positives Votum abgab.[18] Sie kritisierte, dass die Arbeit sich zu wenig auf die Abstraktionsmethode stütze, also zu wenig theoretische Analyse enthalte. In meiner Antwort reagierte ich leicht irritiert auf ihre Worte. Ich bezweifelte nicht die Bedeutung der Abstraktion oder der „reinen Theorie" für die Erklärung komplexer realer Beziehungen, aber Guszti, wie jeder sie nennt, verlangte das zum falschen Zeitpunkt und am falschen Ort von mir. Jetzt sei es dringend erforderlich, den leeren Abstraktionen, die nur den Marxschen Denkstil nachahmen, ein Ende zu setzen.

Aus dem Publikum kamen ebenfalls viele interessante Kommentare. Große Aufmerksamkeit erhielt Péter Mándi, der auch in den späteren Verrissen am häufigsten erwähnt wurde.[19] Ich kannte ihn bereits. Er hatte eine Zeitlang in der Parteizentrale gearbeitet und dann in der Abteilung von István Friss. Er bemängelte, dass meine Dissertation mit ihren Schlussfolgerungen nicht weit genug gehe. Man könne die Ursache der Probleme nicht einfach in einem spezifischen Wirtschaftsmechanismus suchen. „Wenn das System schlecht ist", so Mándi, „dann reicht es nicht, die Fehler einzeln zu beseitigen, sondern man muss integral das ganze System ändern."

Ich weiß nicht, was Mándi unter System verstand. Ich kann nur sagen, dass ich mit heutigen Augen die Dinge genauso sehe. *Overcentralization* bleibt an einem kritischen Punkt der Kausalanalyse stehen. Die Arbeit stellt fest, dass zu den Ursachen der Probleme die Befehlswirtschaft zählt, der hohe Grad der Zentralisierung und der Ausschluss des Marktes als Koordinationsinstrument. Tiefer geht sie nicht. Politische Unterdrückung, das ideologische Monopol und Staatseigentum, das den Privatsektor verdrängt, werden nicht als wesentliche, den Wirtschaftsablauf störende Faktoren identifiziert. Diese Zusammenhänge hat Mándi damals wohl verstanden. Mein eigener Reifungsprozess dauerte etwas länger. Ich glaubte noch immer, man könne die sozialistische Wirtschaft reformieren. Ich war noch immer, wie ich mich in einem späteren Papier beschrieb, ein naiver Reformer.

Ich glaubte so stark an die Möglichkeiten eines Wandels, dass ich im Frühjahr 1956 akzeptiert hatte, eine Arbeitsgruppe zu leiten, die für Partei und Regierung die Reformvorschläge des Instituts zusammenfassen sollte. Mehrere Institutsmitglieder und Außenstehende erhielten die Gelegenheit, unter meiner Leitung entsprechende Konzepte auszuarbeiten. András Nagy, Péter Bod und Aranka Rédey waren unter denen, die mir halfen. Im August legten wir ein Konvolut von 120 Seiten vor, das in bedachtsamen und vorsichtigen Worten den detailliert ausgearbeiteten Vorschlag enthielt, in Ungarn „Marktsozialismus“ einzuführen.[20] Das Material beschränkte sich ganz bescheiden auf die Leichtindustrie, doch die Botschaft zielte auf breitere Wirkung. Man kann darin einen ersten rohen Entwurf des „Neuen Wirtschaftsmechanismus“ sehen, der schließlich im Jahr 1968 eingeführt wurde. Der Reformvorschlag war von György Péters Artikeln und von meinem Buch *Overcentralization* inspiriert.

Das Konzept wurde innerhalb des Instituts unter Hinzuziehung auswärtiger Experten gründlich und objektiv diskutiert, wobei die grundlegenden Ideen auf Zustimmung trafen. István Varga las mein Buch und den Entwurf und versah beide mit detaillierten Anmerkungen. Varga war früher der führende Wirtschaftspolitiker der *Kleine-Landwirte-Partei* und wurde 1957 vom Kádár-Regime aufgefordert, die Kommission für Wirtschaftsreformen zu leiten. Auch Tamás Nagy, mein Vorgesetzter im Institut und Begleiter meiner Kandidatsdissertation, nahm beide Dokumente sorgfältig durch. Ihn ernannte die Partei später zum Sekretär der Kommission, die die Reform von 1968 vorbereitete. Viele von denen, die sich von dem Buch oder dem Entwurf aus dem Sommer 1956 beeinflussen ließen, arbeiteten später in der Varga-Kommission von 1957 und in der von Nagy geleiteten Kommission der 1960er-Jahre. Ich bin überzeugt, dass meine damaligen Ideen auf sie und andere bleibenden Einfluss ausgeübt haben. Er setzte sich fort und verstärkte sich sogar, als ich selbst das Stadium des naiven Reformers hinter mir gelassen hatte und daran zweifelte, ob man bei partiellen Reformen des Sozialismus stehen bleiben könne oder solle.

Mein früherer Arbeitgeber *Szabad Nép* bat mich um einen Artikel, der Dissertation und Grundideen des Reformvorschlags zusammenfasste. Mein Stück erschien zufällig (und unerwartet glücklich) in derselben Ausgabe vom 14. Oktober[21], in der auch die Nachricht stand, Imre Nagy sei wieder in die Partei aufgenommen worden.

Ich hatte meine Laufbahn am Wirtschaftswissenschaftlichen Institut mit der Herabstufung zum wissenschaftlichen Assistenten begonnen. Jetzt betonte der Direktor István Friss mit Nachdruck und öffentlich die Verdienste meiner Arbeit, beförderte mich zum wissenschaftlichen Mitarbeiter, erhöhte mein Gehalt und gab mir einen Bonus. Nur anderthalb Jahre waren vergangen, seitdem ich beim *Szabad Nép* entlassen worden war, und mit meiner Karriere ging es wieder rasch bergauf.

Politische Hintergründe

Wäre all dies in den Vereinigten Staaten passiert, an der Harvard Universität oder dem MIT auf der *Massachusetts Avenue* in Cambridge, dann würde man einfach sagen, Kornai habe den Beruf gewechselt. Er war Journalist und hat sich jetzt der Wissenschaft zugewandt, und da kommt er gut an. Doch hier war Budapest in Osteuropa. Ich war kein Doktorand in der stillen Bibliothek einer friedlichen Universitätsstadt, der sich mit einem eingegrenzten Thema abmüht, das ihm sein Professor gestellt hat. Nachdem ich mich in diesem Kapitel bisher ganz auf den Beginn meiner wissenschaftlichen Karriere konzentriert habe, wird es höchste Zeit, die politischen Hintergründe zu schildern.

Als ich im Institut anfing, waren Rákosi und seine Clique noch am Ruder und fest davon überzeugt, sie hätten ihre Macht wieder konsolidiert. Acht Monate später wurden die kommunistischen Länder vom Sturm des Zwanzigsten Parteitags der KPdSU erfasst, auf dem Nikita Chruščev seine berühmte Rede über die Sünden Stalins hielt. Die Politik in Ungarn wurde plötzlich wieder lebendig. Die Intelligenz war bald in Aufruhr, und in rasch aufeinander folgenden Diskussionen des Petőfi-Kreises, dem Klub radikaler Intellektueller, hörte man immer schärfere Kritik und Anklagen. Zunehmend lauter wurden die Forderungen, zum „Neuen Kurs" zurückzukehren, sowie Rákosi aus seiner Stellung zu entlassen und Imre Nagy in die Partei und an die politische Spitze zurückzuholen.

Meine Schriften erschienen in diesem politischen Kontext, was ihre Wirkung im Lande verstärkte. Ich gab mich nicht der Illusion hin, das große Publikum wäre wegen eines besonderen akademischen Interesses an meiner Dissertation zu ihrer Verteidigung gekommen. Viele kamen, da sie gehört hatten, mein Buch übe heftige Kritik an den herrschenden Zuständen. Der 24. September 1956 war nur einen Monat vor Ausbruch der Revolution von 1956. Der Himmel hatte sich verdunkelt; das „reinigende Gewitter“, das Tibor Méray auf der Rebellensitzung beim *Szabad Nép* erwartet hatte, zog auf. Diese Umstände können erklären, warum die Presse über die Verteidigung meiner Dissertation berichtet hatte. Normalerweise schreiben Tageszeitungen nicht über Dissertationen, weder in Ungarn noch anderswo. Sie berichteten, weil es hier um mehr als eine akademische Veranstaltung ging. Es war ein politisches Ereignis.

Jeder Autor fühlt sich geschmeichelt, wenn er besondere Aufmerksamkeit erhält. Auch ich freute mich, war aber gleichzeitig peinlich berührt. Um meine Reaktion verständlich zu machen, muss ich erklären, wie ich damals das Verhältnis von wissenschaftlicher Forschung und Engagement im politischen und öffentlichen Leben sah. Als ich meine Anstellung an einem Institut der Ungarischen Akademie der Wissenschaften erhielt, nahm ich mir fest vor, künftig mein ganzes Interesse der Wissenschaft zu widmen. Selbst als ich im Journalismus arbeitete, fühlte ich dazu keine wirkliche Berufung. Ich hatte von 1945 bis 1955 eine politische Laufbahn eingeschlagen, so schien mir, und es war sekundär, ob ich meine politische Aufgabe als Funktionär der Jugendbewegung oder als leitender Redakteur einer Parteizeitung erfüllte. Jetzt wollte ich ein für allemal mit dieser politischen Karriere Schluss machen. Nicht nur intellektuelles Interesse brachte mich zur Wissenschaft, sondern auch die Hoffnung, dort meine Talente entwickeln zu können. Doch mindestens ebenso wichtig war das negative Motiv, von der Politik loszukommen.

Die Politik hatte mich ernüchtert, angeekelt und getäuscht, wie ich am Ende des dritten Kapitels geschildert habe. Einen weiteren Aspekt sollte ich gleichfalls nennen. Das vorangegangene Jahrzehnt war eine lange Prüfung für mich, und ich sah, dass ich sie nicht bestanden hatte. Es braucht zwei, um getäuscht zu werden: den, der täuscht und den, der sich täuschen lässt. Ich erinnere mich, mit meinem Sohn András als Teenager über die frühen 1950er-Jahre gesprochen zu haben. Er stellte mir die Frage: „Vater, du bist ein kluger Mann. Wie konntest du nur so blöd sein?“

In früheren Kapiteln habe ich versucht, detailliert und ehrlich darüber zu berichten, wie dieser Prozess verlaufen ist. Es gibt Erklärungen und Entschuldigungen, doch die Frage von András ist berechtigt, auch wenn sie die Dinge stark vereinfacht. Für einen erfolgreichen Politiker sind verschiedene Eigenschaften unabdingbar. Man braucht dafür nicht nur bestimmte geistige Fähigkeiten, wie sie in vielen anderen Berufen ebenso gefordert werden. Darüber hinaus müssen Politiker fest an das glauben, was sie tun, und in der Lage sein, diesen Glauben anderen zu vermitteln. Das gelang mir eine Zeitlang, doch 1955 beschloss ich, damit für immer Schluss zu machen. Ich wollte frei sein, alles anzweifeln, und das verträgt sich nicht mit Erfolg in der Politik. Erfolgreiche Politiker werden vom Streben nach Macht angetrieben. Dieses Motiv war bei mir schwach entwickelt, auch als ich noch in der Politik arbeitete. Nachdem ich die Verbrechen machtbewusster Menschen erlebt hatte, wusste ich, dass ich nicht in diese Richtung gehen wollte. Ich würde alle Positionen ausschlagen, in denen auch nur die Versuchung, Macht auszuüben, auftauchen konnte.

Politiker erreichen nicht viel, wenn sie nicht ein Mindestmaß an Rücksichtslosigkeit und Skrupellosigkeit aufbringen. Sie brauchen ein dickes Fell, um Beleidigungen aufzufangen und darauf nicht übereilt, sondern mit kalter politischer Berechnung zu reagieren. Der Dienst an einer politischen Idee, der Bewegung oder der Partei ist ihnen wichtiger als die Freude an der Familie, an Freundschaft, Kunst oder Natur. Ich hatte nie ein starkes politisches Temperament. Müsste ich mich selbst charakterisieren, dann würde ich sagen, jede meiner Eigenschaften war genau das Gegenteil von dem, was ich gerade für Politiker aufgelistet habe. Ich wollte bestimmt nicht die geistige Verfassung eines Politikers haben.

Auch wollte ich mich nicht auf den Versuch einlassen, die Rolle eines Politikers mit der eines Wissenschaftlers irgendwie zu verbinden. Ich fürchtete (und ich denke zu Recht), dass man nicht beides zugleich mit Erfolg sein kann. Die Schwierigkeit bestand nicht allein darin, dass bei einem solchen Versuch die beiden Funktionen in einen ständigen Wettstreit um meine Zeit und Energie geraten wären. Darüber hinaus hätte beides meine Denkweise beeinflusst. Niemand kann am Morgen ein leidenschaftlich parteiischer Politiker sein und am Mittag unparteiisch objektiv urteilen. Ich könnte nicht an graden Tagen bedingungslos an meine Unfehlbarkeit glauben und an ungraden eigene Analysen mit Skepsis betrachten.

Ich wählte die Wissenschaft. Ich behaupte nicht, immer zu 100 Prozent zu dieser Entscheidung gestanden zu haben. Wer vermag völlig konsistent zu sein? Doch ich darf sagen, dass ich mit wenigen Ausnahmen dieser Wahl fast ein halbes Jahrhundert treu geblieben bin.

Da bleibt aber natürlich noch ein ernstes Problem. Wo läuft die Trennlinie zwischen den beiden Geschäften? Es kam mir nie in den Sinn, in der Welt der Wissenschaft ein völlig unpolitisches Feld zu wählen, auch wenn ich das gekonnt hätte. In der Ökonomie gibt es Forschungsfelder rein methodologischer, technischer Natur, und sie sind hochgeschätzt. Doch sie interessierten mich nicht sonderlich. Ich wollte vor allem verstehen, was um mich herum geschah. Ich wollte wissen, worin die Schwierigkeiten des sozialistischen Systems bestanden. Keinen Moment lang glaubte ich, die Hinwendung zur Wissenschaft würde mich meiner Verantwortung für das Land oder die Menschheit entheben. Ich wollte „engagierte" Wissenschaft betreiben.

Zurück also zur Frage, wo in meinem Fall die Grenze zwischen „Politik" und „Wissenschaft" verläuft. Die Grundentscheidung (Wissenschaft, nicht Politik) stand fest, aber über die Grenze zwischen beiden hatte ich keine klare Vorstellung. Bald war mir klar, dass es zwischen beidem keine scharfe Trennungslinie gibt, sondern ein weites Niemandsland. Ich versuchte, und tue es noch immer, mich in jedem einzelnen Fall langsam voranzutasten, wobei ich Fehler mache, wenn es darum geht, etwas anzunehmen oder auszuschließen. Dabei habe ich einige Orientierungspunkte. Wenn man etwas zur Wissenschaft beitragen will, muss man seine Ergebnisse veröffentlichen. Ich hatte damals keine Vorstellung davon, wie im Westen Veröffentlichungen und akademische Karriere miteinander verbunden sind. Mir kam nicht der Gedanke, dass meine Schriften mir einen Lehrstuhl an einer Universität einbringen könnten. Doch aus der Wissenschaftsgeschichte wusste ich, dass eine Arbeit, die in der Schublade liegt, vielleicht später eine Handvoll Gelehrter beeindruckt, aber ohne Einfluss bleibt. Wenn ich in einem Land ohne Redefreiheit und mit politischen Einschränkungen für legale Veröffentlichungen arbeitete, dann musste ich diesen Umständen realistischerweise Rechnung tragen. Später komme ich im Einzelnen auf diese ungemein wichtige Frage (legale oder illegale Veröffentlichung) zurück, doch schon hier ist zu erwähnen, wie ich es zu jener Zeit mit diesem schwierigen Dilemma hielt.

Miklós Gimes hatte die lange Studie gelesen, in der ich auf die Arbeit von Péter Kende reagierte und meine Ansichten über den Marxismus darlegte. Er lobte sie und bot an, sie in vervielfältigter Form zu verbreiten. Ich lehnte ab, um nicht die legale Veröffentlichung meiner Dissertation zu gefährden. Dieses Stück hatte seinen Zweck erfüllt, meine Gedanken zu klären. Im Hinblick auf meine Dissertation war mir wichtig, einen klaren Kopf zu haben und beurteilen zu können, was ich wusste und veröffentlichen würde und was ich wusste, aber nicht veröffentlichen würde. Das hieß, einen Teil meiner Botschaft würde ich für mich behalten, und dieses erzwungene Schweigen tat weh. Ein paar Dutzend, vielleicht ein paar Hundert Leute, die vielleicht eine illegal verbreitete Studie gelesen hätten, würden anregender Ideen beraubt werden. Aber das legal veröffentlichte Buch erreichte Tausende von Lesern in Ungarn und im Ausland und hatte bleibenden Einfluss.

Die Zusammenkünfte im Petőfi-Kreis waren politisch und intellektuell aufregend, und ich besuchte mit einer Ausnahme alle. Doch nur einmal ergriff ich selbst das Wort, als ich es in der ökonomischen Diskussion nicht unterlassen konnte, eine Frage zu stellen. Obwohl ich viele Aufsätze zu den behandelten Fragen geschrieben hatte, machte ich nicht den Versuch, einen Vortrag zu halten. Als Zuhörer fühlte ich mich von der Atmosphäre der Zusammenkünfte magnetisch angezogen. Nur sah ich mich nicht so recht als potenziellen Referenten in dieser Umgebung. Die Sitzungen waren eine merkwürdige Mischung aus Expertengesprächen unter Intellektuellen und politischen Versammlungen. Die Redner mussten sich nicht nur objektiver Argumente bedienen, sondern auch der Instrumente der Massenpsychologie. Ich spürte, dass die Debatten im Petőfi-Kreis wichtige und wünschenswerte Änderungen voran brachten. Aber eine nüchterne Einschätzung meiner eigenen Fähigkeiten überzeugte mich, dass dies nicht mein Stil sei. Mir liegt das Fragen und Antworten nach einem akademischen Vortrag. Das passt zur Rolle des Wissenschaftlers; da reicht es, kompetent und schlagfertig zu sein. Auf Sitzungen mit stark politischem Inhalt muss man dagegen Begeisterung oder Empörung über den Gegner wecken, und ich glaube, dafür fehlt mir jegliches Talent.

Das hieß: entweder – oder. Einigen erschien die Wahl, die ich getroffen hatte, zu streng, andere akzeptierten sie mit taktvollem Verständnis. Wie auch immer die Reaktion sein würde, ich hatte mich entschieden, ganz in der Welt der Wissenschaft zu bleiben und mein Engagement nicht zu teilen.

Anmerkungen

1 Liska und Máriás 1954.
2 Hegedűs 1990.
3 Heller 1988.
4 Péter 1954, 1956.
5 Kende 1955. Das Manuskript ist im Besitz des Autors.
6 ÁBTL V-145-288/Dokument 2: 325–6. Sándor Feketes handgeschriebenes Geständnis Punkte 2 und 5. Datum 18. Dezember 1958.
7 Péteri 2001: 51; eine Übersicht bietet Péteri 1997.
8 Kornai 1959.
9 Kornai 1994b [1959]: viii–ix.
10 Kornai 1994b [1959]: 27.
11 Kornai 1994b [1959]: 112.
12 Kornai 1994b [1959]: 114.
13 Kornai 1994b [1959]: 146.
14 Kornai 1994b [1959]: 215.
15 Kornai 1994b [1959]: 236.
16 MTALt TMB 891/368 – das Protokoll der Debatte über János Kornais Dissertation. Datum 24. September 1956. Siehe auch Esze 1956.
17 MTALt TMB 891/368: 41. Ich habe György Péter mit nur kleinen sprachlichen Korrekturen unmittelbar aus dem Protokoll zitiert.
18 Damals lautete der Ehename von Mária Augusztinovics Gerő Tamásné (Frau Tamás Gerő) und unter diesem Namen ist ihr Beitrag zur Debatte im Protokoll verzeichnet.
19 MTALt TMB 891/368: 2–11.
20 Eine Kopie des Vorschlags befindet sich in meinem Privatarchiv.
21 Kornai 1956.

6 Revolution und danach – 23. Oktober 1956–1959

Die ungarische Revolution von 1956 kam nicht völlig unerwartet. Ich erinnere mich, dass zwei meiner Freunde – Miklós Gimes und Péter Kende (ich glaube unabhängig voneinander) – über verschiedene Anzeichen sprachen, dass sich politische Anspannungen aufbauten und die Unzufriedenheit im Herbst auf die ein oder andere Weise ausbrechen könne. Im September und Oktober beschleunigten sich die Ereignisse offensichtlich. Doch wahrscheinlich hätte niemand, und sicher nicht ich, genau vorhersagen können, wann und wie die Explosion stattfinden werde.

Imre Nagys neues Regierungsprogramm

In den frühen Nachmittagsstunden des 23. Oktobers unterhielt ich mich mit Ferenc Donáth. Es stellte sich heraus, dass wir beide an einer Diskussionsrunde im Büro von Zoltán Vas teilnehmen sollten. Donáth war ein erfahrener, anerkannter Kommunist, der als Staatssekretär unter Imre Nagy im Landwirtschaftsministerium gearbeitet hatte. Später leitete er Mátyás Rákosis Sekretariat. Doch während der Vorbereitungen des Prozesses gegen János Kádár wurde er verhaftet und blieb für mehrere Jahre im Gefängnis. Nach seiner Freilassung im Jahr 1954 ernannte man ihn zum stellvertretenden Direktor des Instituts für Ökonomie unter István Friss. Er galt als führende Figur unter den „Rechten", die zu jener Zeit im Abseits standen. Ich schätzte ihn sehr, und das beruhte auf Gegenseitigkeit. Als er 1960 wieder aus dem Gefängnis entlassen worden war und auch unter dem Kádár-Regime litt, wurden wir Freunde.

Auch Zoltán Vas, in dessen Büro wir gingen, war alter Kommunist. Er hatte zusammen mit Mátyás Rákosi mehr als 15 Jahre im Csillag-Gefängnis von Szeged gesessen. 1945 erwarb er sich legendären Ruhm als Bürgermeister von Budapest. In seiner durchwachsenen Karriere leitete er den Hohen Rat für Ökonomie und das Nationale Planungsamt, wo ich ihn kennen gelernt hatte. Je nach Laune Rákosis wurde er befördert oder abgesetzt. 1956 war er Präsident des Nationalen Genossenschaftsrats.

Damals unterstützte Vas die Gruppe Imre Nagy. Während des Gesprächs in seinem Büro klingelte ständig das Telefon, und Vas erhielt Bericht über die Menge, die sich vom Bem-Platz in Richtung Technische Universität bewegte. Donáth sah in Imre Nagy schon den neuen Ministerpräsidenten. Wir sollten unbedingt die Rede vorbereiten, mit der er im Parlament sein Programm vorlegen werde. Zuerst ging es darum, wer die erste Fassung schreiben solle. Irgendjemand, es war wohl Tamás Nagy, schlug mich für den ökonomischen Teil vor. Béla Csikós-Nagy drängte sich auf und wollte das gern machen. Doch Donáth entschied sich für mich. Imre Karczag, ehemals Staatssekretär für Industrie, gab mir eine Zusammenfassung seiner Vorschläge. Júlia Zala, eine enge Mitarbeiterin von György Péter, war bereit, mir mit Daten zur Seite zu stehen und schlug vor, im Zentralamt für Statistik zu arbeiten. György Péter befinde sich im Ausland und wir könnten sein Arbeitszimmer zusammen mit seinem Sekretariat nutzen. Ich nahm die Aufgabe an.[1] An jenem Nachmittag ahnte niemand, was der 23. Oktober einmal bedeuten würde. Wie alle fühlte auch ich, dass wir historische Stunden erlebten und unter dem Eindruck dieses dramatischen Augenblicks schob ich meinen Entschluss beiseite, mich nicht mehr mit Politik zu beschäftigen.

Auf der Sitzung wurde ausführlich über den Inhalt des Programms debattiert. Als ich spät abends nach Hause kam, erfuhr ich von Freunden am Telefon von den jüngsten Entwicklungen, auch den Ereignissen beim Radiosender, wo die ÁVH (die Staatsicherheitspolizei) auf unbewaffnete Demonstranten geschossen hatte. Am nächsten Morgen ging ich ins Zentralamt für Statistik, setzte mich an György Péters Arbeitsplatz und machte mich an die Ausarbeitung des Entwurfs.

Unglücklicherweise ist mein Entwurf verloren gegangen. Nach dem 4. November bat ich meine Schwester Lilly, ihn für mich zu aufzubewahren. Denn ich fürchtete, die Polizei würde meine Wohnung durchsuchen und ihn finden. Das mochte noch angehen, aber kurz darauf bat ich Lilly und meine Mutter, Miklós Gimes für einige Tage zu verstecken. Am Tag, nachdem er die Wohnung meiner Mutter verlassen hatte, wurde er verhaftet, und nun hatte Lilly guten Grund zu befürchten, man werde auch ihre Wohnung durchsuchen. Deshalb verbrannte sie meine Papiere einschließlich des Programmentwurfs, den ich im Oktober verfasst hatte. So kann ich ihn nur noch aus der Erinnerung rekonstruieren.

Ich schreibe normalerweise leicht und rasch, wenn ich weiß, was ich sagen will. Ich erinnere mich nicht, wie oft ich diesen Text neu beginnen musste, nur um einen Anfang zu finden. Nach zwei, drei Tagen lag ein grober Entwurf vor. Meine Aufgabe bestand darin, ein Wirtschaftsprogramm zusammen mit den sozialen und politischen Maßnahmen zu seiner Realisierung zu entwerfen. Man erwartete von mir keine gesetzgeberischen, partei- oder außenpolitischen Pläne. Ich erwähnte bereits, dass wir in Zoltán Vas' Büro am 23. Oktober einige Aspekte der zu entwerfenden Wirtschaftspolitik diskutiert hatten. Doch fühlte ich mich frei aufzuschreiben, was ich für richtig hielt. Imre Nagy und seine unmittelbaren Mitarbeiter würden meinen Entwurf durchsehen und entscheiden, was sie beibehalten und was sie geändert sehen wollten.

Wäre der Entwurf übernommen worden, hätte der Ministerpräsident die Absicht verkündet, das System der Plananweisungen nach einer erforderlichen Übergangszeit abzuschaffen und anstelle der Planwirtschaft eine Marktwirtschaft einzuführen. In Verbindung damit hätte er den Arbeitern bei Unternehmensentscheidungen ein Mitspracherecht eingeräumt und so die Demokratie am Arbeitsplatz institutionalisiert. Ich war gerade zwei, drei Tage an der Arbeit, als über die Bildung von Arbeiterräten berichtet wurde. Das bestätigte meine Überzeugung, das Programm müsse eine Art Arbeiterselbstverwaltung enthalten.

Der Entwurf ermunterte Handwerker und Händler, sich wieder selbständig zu machen. Doch die Idee, Staatsunternehmen zu privatisieren, kam nicht auf. Im Gegenteil: Staatseigentum müsse geschützt werden. In der Landwirtschaft könne man zwangsweise organisierte Genossenschaften auflösen und private Bauern wieder zulassen, wo das die Genossenschaftsmitglieder wünschten. Auf der anderen Seite wurde jenen Genossenschaften, die fortbestehen wollten, Unterstützung zugesagt. Das Programm schlug in alle Richtungen erweiterte Außenhandelsbeziehungen vor, ohne jedoch Ungarn aus dem RgW* zu nehmen oder den Außenhandel vollständig zu liberalisieren. Die makro-ökonomischen Spannungen fanden Erwähnung, wobei wir unterstrichen, dass der erreichte Lebensstandard nicht gefährdet werden dürfe. Doch weitere, rasche Verbesserungen versprachen wir nicht.**

Mein Entwurf setzte unmittelbar den „Neuen Kurs" von 1953 fort, unter Berücksichtigung der spezifischen wirtschaftlichen Situation drei Jahre später. Die Aufnahme von „Marktsozialismus" und „Demokratie am Arbeitsplatz" in das Programm ging über das frühere Konzept hinaus. Im Juni 1953 war das kein Thema. Ich vertrat diese Ideen, weil meine Forschung der letzten zehn oder zwölf Monate mich in diese Richtung gelenkt hatte und weil unser Reformvorschlag von Experten positiv aufgenommen worden war.

Kehren wir kurz ins Jahr 1954 zurück. Hätte Imre Nagy im Oktober 1954, einige Wochen nach seinem zeitweiligen Sieg in der zentralen Führung der Partei, vor dem Parlament gestanden, wäre mein Entwurf ein guter Anfang für ein Programm gewesen. Er war wirklich auf Imre Nagy zugeschnitten. Mehr konnte seinem radikalen,

* Der Rat für gegenseitige Wirtschaftshilfe (RgW) koordinierte die Wirtschaftsbeziehungen zwischen der Sowjetunion und den kommunistischen Ländern Osteuropas. Im Westen war er allgemein unter dem Namen Comecon bekannt.

** Hierüber gab es in der Sitzung am 23. Oktober eine Diskussion. Einige Teilnehmer wollten für Imre Nagy ein möglichst populäres Programm zusammenstellen. Auch hier trat das Dilemma auf, das Politiker beschäftigt und unterscheidet. Ich bin damals wie heute für nüchterne, vertretbare Versprechungen.

reformkommunistischen Denken nicht zugemutet werden. Doch die Geschichte war nicht im Oktober 1954 stehen geblieben. Was am 23. Oktober 1956 begann, ging weit über diesen Rahmen hinaus. Die ersten paar Tage mag man es für denkbar gehalten haben, das Ein-Partei-System in einer reformierten, „demokratisierten" Form zu erhalten. Doch schon bald war klar, dass sich der Wandel beschleunigte. Eine Koalitionsregierung wurde gebildet, vorläufig mit den alten Koalitionspartnern von 1945. Mehr als zwanzig politische Parteien wurden im Lauf von wenigen Tagen wieder zugelassen, und das politische System steuerte auf einen Pluralismus zu. Am dritten oder vierten Tag kam ich zur Überzeugung, mein Entwurf entspreche nicht mehr der politischen Realität. Und ein Wirtschaftsprogramm für eine Mehr-Parteien-Koalition zu entwerfen, darauf war ich nicht vorbereitet.

Man kann sich kontrafaktuell das Wirtschaftsprogramm von Imre Nagys Koalitionsregierung kaum vorstellen, hätte sich die Situation ausreichend stabilisiert, um es der Öffentlichkeit vorzustellen. Am 3. November 1956, einen Tag vor der sowjetischen Intervention, ging Géza Losonczy während einer Pressekonferenz auf die Frage eines Korrespondenten ein: „Die Regierung hält einmütig an den Errungenschaften der letzten zwölf Jahre fest. Sie wird weder die Bodenreform aufgeben, noch die Verstaatlichung der Fabriken, noch die Sozialreform ... Die Regierung hat einstimmig beschlossen, unter keinen Umständen eine Restauration des Kapitalismus zu dulden."[2] Meine eigenen Bedenken über das Wirtschaftsprogramm der Regierung waren mir einige entscheidende Tage vor Losonczys Pressekonferenz gekommen. Ich gestehe, größte Zweifel über die politische Zukunft des Landes gehabt zu haben. Ich schloss nämlich keineswegs die Möglichkeit aus, dass Ungarn weit über eine sozialistische Reform hinausgeht und ein westliches Wirtschaftssystem einführt.

Die aufgeheizte Atmosphäre, die Anzeichen von Extremismus, all das beunruhigte mich. Ich hatte keineswegs etwas gegen die politische und weltanschauliche Richtung, in die sich die Dinge bewegten. Im Gegenteil freute ich mich darüber, dass Ungarn auf die Demokratie zuzusteuern schien. Aber mir fehlten Informationen und Erfahrung, um ein Programm zu erstellen, das der neuen politischen Realität Rechnung getragen hätte. Auch wenn mich Ferenc Donáth, Zoltán Vas oder Tamás Nagy für einen guten Ökonomen halten mochten, war mir doch klar, dass ich kaum wusste, wie man von einem Ein-Partei-System zu einem Mehr-Parteien-System und von einer sozialistischen Wirtschaft zu einer echten Marktwirtschaft, einem kapitalistischen System, kommen kann.*

---

* 30 Jahre später lag der Fall anders. Da hatte ich zu den Dingen eine ausgereifte und wohlüberlegte Botschaft, die sich auf Wissen gründete. Als ich 1989 mein „leidenschaftliches Pamphlet" (den ungarischen

Nach mehreren Tagen schmerzlicher Zweifel zog ich einen Schlussstrich und beendete die Arbeit am Programm. Donáth zeigte Verständnis für meine Entscheidung. Über seine Sekretärin ließ ich ihm meinen Text zukommen, aber offenbar ging auch diese Kopie verloren. Die Aufgabe fallen zu lassen, fiel mir unglaublich schwer – ein professionelles und politisches Versagen. Der Sturm der Geschichte wütete um mich herum, und ich mit meinem engen, oberflächlichen Wissen hatte über den Papieren gebrütet, unvorbereitet und unfähig, sie zum Abschluss zu bringen.

Magyar Szabadság – Eine neue Zeitung

Nachdem ich tagelang regungslos an meinem Arbeitsplatz gesessen oder freundlichen und dienstbereiten Sekretärinnen in Péters Büro diktiert hatte, strebte ich hinaus, mich in der Stadt umzusehen. Am Morgen des 29. Oktober lief ich zu Péter Kende hinüber, der ganz in der Nähe wohnte. Zusammen gingen wir dann zu Pál Lőcsei. Ich erinnere mich an den lustigen Anblick, als er uns in einem rosa Nachthemd empfing. Er zog sich rasch an, und zu dritt eilten wir zur Kreuzung Nagykörút- und Rákóczi-Straße, wo sich mehrere Tageszeitungsredaktionen befanden. Ich habe Kendes Erinnerungen an diesen Tag gelesen.* Unsere Erinnerungen an die Geschehnisse stimmen überein. Was ich dem zuzufügen habe, ist nur, was in meinem Kopf vorging und was ich dabei fühlte.

Als erstes gingen wir zum New York Palace, wo die Tageszeitung *Magyar Nemzet* vor der Revolution ihr Büro hatte. Dort trafen wir Gyula Obersovszky, der in den letzten Tagen eine neue Zeitung mit Namen *Igazság (Wahrheit)* herausgebracht hatte. (Obersovszky wurde unter dem Kádár-Regime zum Tode verurteilt und nur auf Grund vehementer Proteste gegen dieses Urteil begnadigt.) Mit Enthusiasmus erzählte er, seine Zeitung diene jenen Leuten als Sprachrohr, die mit Todesverachtung zu den Waffen gegriffen hätten. Er lud uns zur Mitarbeit ein. Pál und Péter führten das Wort, ich blieb stumm. Ich musste anerkennend ihren Mut bewundern und spürte, dass die bewaffneten Aktionen einen Wendepunkt bringen würden. Doch was für Leute waren das? Ich kannte keinen von ihnen. Kämpften sie wirklich für Ideale? Oder waren es junge Abenteurer, denen das

---

Vorläufer zu *Road to a Free Economy*) schrieb, hielt ich mich für fähig, die meiner Ansicht nach wichtigen Aufgaben in Worte zu fassen und sie denen zu vermitteln, die sie ausführen konnten, wenn sie wollten.

* Kende veröffentlichte seine Erinnerungen in einem Interview für das Oral History Archiv (OHA Interview Nr. 84 vom 5. – 20. September 1987, S. 358–9, 372). Sándor Révész (1999, S. 317–22) berichtet in seinem Buch über Miklós Gimes ausführlich über die Gründung von *Magyar Szabadság*.

Herz beim Anblick eines Gewehrs höher schlug? Wer hatte ihnen die Waffen gegeben? Und konnte ich überhaupt froh darüber sein, wenn geschossen wurde? Führte kein anderer Weg zur Demokratie als Blut zu vergießen? Ich fühlte weder ein moralisches oder politisches Recht noch eine Neigung dazu, Sprachrohr für die Aufständischen zu sein. Soviel war sicher. Ich erlaubte mir kein Urteil über die Erhebung, denn der Sieg der Revolution erfüllte mich mit Begeisterung. Doch verwirrt und unfähig wie ich war, fiel es mir schwer, mich in den Ereignissen und den sich darin entfaltenden Kräften zu orientieren.

Wir verließen Obersovszky und sein Team im gegenseitigen Einvernehmen und wechselten hinüber zum *Szabad-Nép*-Gebäude. Seit mehr als zwei Jahren war ich nicht mehr dort gewesen. Inzwischen waren wir drei uns einig, bei keiner anderen Zeitung mitzuarbeiten, sondern unsere eigene aufzumachen. Das Haus war von neuen politischen Kräften übernommen worden, Aufständischen unterschiedlichster Couleur unter der Führung von István Dudás. (Dudás wurde während der Vergeltungsmaßnahmen des Kádár-Regimes zum Tode verurteilt und unverzüglich hingerichtet.) Lőcsei verhandelte mit ihnen und erreichte, dass Dudás und seine Leute uns keine Steine in den Weg legen würden, wenn wir eine Zeitung herausbrächten.

Inzwischen war Miklós Gimes eingetroffen und willigte ein, für die erste Nummer den Leitartikel unter der Überschrift „Magyar Szabadság" („Ungarische Freiheit") zu schreiben, was dann auch der Name der Zeitung wurde.[3] Auch Lőcsei und Kende gingen sofort an die Arbeit und schrieben je einen Artikel, Lőcsei über Innenpolitik, Kende über Außenpolitik. Mir blieb die Aufgabe, etwas zur wirtschaftlichen Situation und den damit verbundenen Herausforderungen zu schreiben. Als ich am Regierungsprogramm arbeitete, hatte ich Tage damit verbracht, die Sache in den Griff zu bekommen. Ich fing wieder an, aber gab sehr viel schneller auf. Ich wollte mich allerdings von dem gemeinsamen Unternehmen nicht verabschieden, und so übernahm ich die Aufgabe, die mich in den letzten paar Wochen beim *Szabad Nép* beschäftigt hatte, machte den Umbruch und war technischer Herausgeber. Indem ich dazu beitrug, die Maschinerie einer Tageszeitung am Laufen zu halten, leistete ich in meinen Augen nützliche Arbeit.

Am selben Tag stellten sich später andere Mitarbeiter ein, unter anderem Gábor Lénárt, Erzsi Kovács und László Horváth. Alles alte Kollegen, wenn ich mich recht erinnere. Hier traf ein Journalistenteam zusammen, das mit einer Vergangenheit beim *Szabad Nép* belastet war. Die Leitung übernahmen jene, die auch dort intellektuell den Ton angegeben und sich kouragiert an der damaligen „Rebellion" beteiligt hatten. Uns verbanden die gemeinsame Vergangenheit und einige Ideale: Demokratie, Unabhängigkeit und Freiheit. Wir glaubten an eine Art

Sozialismus, wussten aber nur, dass er sich fundamental vom kommunistischen System der Rákosi-Diktatur unterscheiden musste.

Ich litt an einer vollständigen Schreibblockade, da meine politischen Vorstellungen unklar waren. Die klugen Leute mit den hehren Absichten, die da zusammentrafen, wussten nur genau, was sie nicht wollten. Sie fanden keine Gelegenheit, gründlich darüber zu diskutieren, was sie anstelle der Vergangenheit, die es auszulöschen galt, lieber sehen würden. Mit wem würden sie sich taktisch oder dauerhaft verbünden? Mit wem würden sie absolut nicht zusammengehen? Welche Mittel hielten sie zur Erreichung ihrer politischen Ziele für zulässig und welche waren auszuschließen?

Jahrzehnte später, nach zahlreichen schwierigen Entscheidungen, bin ich eher in der Lage, meine Fähigkeiten und Defizite objektiv einzuschätzen. Mein Urteil hat sich immer dann als einigermaßen zuverlässig erwiesen, wenn es intellektuell und moralisch fest untermauert war. Des Weiteren brauche ich ausreichend Zeit, die Dinge sorgfältig abzuwägen und meine erste, improvisierte Reaktion wiederholt zu überprüfen. Für all das fehlte damals an jenem dramatischen 29. Oktober in den ehemaligen Büroräumen des *Szabad Nép* die Zeit. Mein altes kommunistisches Weltbild war zusammengebrochen, und ich hatte gerade damit angefangen, für mich ein neues zu entwerfen. In meinem Kopf war es nur halbfertig. Wie sollte ich aus solchen unausgegorenen Voraussetzungen Schlüsse für die Tagespolitik ziehen? Es gibt Menschen mit politischem Instinkt, der sie bei solchen Gelegenheiten leitet. Meine Instinkte blieben stumm. Ich habe mich weiter oben als Schlafwandler bezeichnet, der auf einem Balkongitter oder einem Dachfirst ohne Furcht ausschreitet. Jetzt war ich aufgewacht. Die vergangenen zwei Jahre und vor allem der 23. Oktober hatten mich gründlich wach gerüttelt, aber gleichzeitig mein Selbstvertrauen zerstört.

Jahre später sprach ich mit Alíz Halda, der Partnerin von Miklós Gimes, über jenen Nachmittag. Wir verglichen Miklós' Gedanken und Taten mit den meinen. Ich zitiere unser Gespräch, wie sie es in ihrem Buch wiedergegeben hat.[4] (Alízs Äußerungen in Normalschrift, meine kursiv.)

Ich konnte keine Zeile schreiben. Ich wusste einfach nicht, was ich dem ungarischen Volk in jener Situation raten sollte. Da wurde mir klar, dass das nicht meine Aufgabe sei …

Letztlich ist das kein großes Problem. Menschen haben ihre Aufgabe in der Gesellschaft, und niemand wäre nützlicher als du gewesen.

So einfach ist es nicht. Wie du dir vorstellen kannst, habe ich im Lauf der Jahrzehnte tausend Mal darüber nachgedacht und mein eigenes Verhalten der Selbstaufopferung von Miklós gegenübergestellt. Er trug offensichtlich die Fähigkeit in sich, in solchen Situationen Entscheidungen zu fällen.

… Ich denke, dein Verhalten war auch von Gewissensbissen motiviert.

Ja, ich hatte auch Gewissensbisse. Wie hätte ich sie nicht haben sollen? Aber das bedeutete unglücklicherweise nicht, dass ich gewusst hätte, was zu tun sei. Zum Vergleich: Wenn ich jemanden überfahren habe und kein Arzt ist in der Nähe, fange ich nicht an, selbst zu operieren. Die Tatsache, dass ich das Opfer überfahren habe, macht keinen Arzt aus mir.

Ich blieb nicht beim *Magyar Szabadság*. Die folgenden Tage ging ich ins Institut, durchstreifte die Stadt und traf Freunde. Lajos Fehér, ein früherer „Rebellionsgenosse", suchte Redakteure für die Zeitung *Népszabadság (Volksfreiheit)*, die gerade in Planung war. Ich sagte nein. István Friss rief mich zu Hause an und drängte mich, zum Radio zu gehen, damit man eine nüchterne Stimme hören könne. Ich lehnte wiederum ab. Ich versuchte zu verstehen, was um mich herum vorging. Ich freute mich über gute Nachrichten und befürchtete, dass sich die Dinge zum Schlechten wendeten. So ging es bis zum 4. November. Da erschienen die sowjetischen Panzer.

Unruhige Tage, unruhige Jahre

Hier breche ich meinen chronologischen Bericht ab. Die zwei oder drei folgenden Jahre waren die unruhigste Zeit in meinem Leben, so wie sie es auch für viele andere Ungarn gewesen sind. Wäre ich Filmregisseur und wollte darstellen, wie mein Leben verlaufen ist, würde ich eine Folge von Einzelszenen drehen: Angsterfüllt vor einem Verhör im Gefängnis in der Gyorskocsi-Straße.* An einem Tisch fleißig

* Verhöre zu Vorfällen, für die ich zu den Vorgeladenen gehörte, fanden in den Gebäuden des Innenministeriums in der Gyorskocsi-Straße 31 im zweiten Budapester Bezirk statt. Der offizielle Name der Behörde lautete „Ermittlungsdezernat, Politische Untersuchungsabteilung, Nationales Polizeihauptquartier, Innenministerium". Das Ermittlungsdezernat befand sich im Hinterhaus eines gewaltigen Blocks, der hinten auf die Gyorskocsi-Straße hinausgeht und vorne an der Fő-Straße liegt. Dort wurde jeder, dem man einen politischen Prozess machen wollte, für die Dauer der Ermittlungen in Untersuchungshaft gehalten. Darunter befanden sich auch Freunde von mir, über die ich in diesem Kapitel noch berichten werde. Imre Nagy wurde dort festgesetzt, nachdem er aus Rumänien zurück gebracht worden war, genauso wie die übrigen Angeklagten im Imre-Nagy-Prozess.
Normalerweise befanden sich in den Gebäuden an der Fő-Straßen-Front der militärische Gerichtshof und die dazugehörige Staatsanwaltschaft. Einer der Räume wurde für den geheimen Nagy-Prozess gewählt, was sehr praktisch für die Anklagevertretung war. So brauchte man die Angeklagten für die Sitzungen nicht mit dem Auto durch Budapest zu fahren. Man schaffte sie von der Ermittlungsbehörde innerhalb desselben Blocks ins Gericht und erleichterte sich so die Geheimhaltung. Imre Nagy, Pál Maléter und Miklós Gimes wurden in der Fő-Straße 70 zum Tode verurteilt. Der Platz mit der Grünanlage an einer Seite des Blocks heißt heute Nagy-Imre-Platz. „Gyorskocsi-Straße" wurde für uns das Synonym für die Verhöre der Politischen Polizei.

Notizen zu Paul Samuelsons *Foundations of Economic Analysis* machend. Unruhig auf einem Krankenhausflur auf die Geburt unseres zweiten Kindes wartend, und die Hebamme kommt und bringt die gute Nachricht: Es ist ein gesunder Junge!* Mit Freunden im Institut flüsternd: Eine Delegation aus der Kommunistischen Partei überprüft die Mitarbeiter und eine Säuberung ist fällig. Ein Moment der Freude: Die Korrekturfahnen der englischen Ausgabe von *Overcentralization* sind eingetroffen. Entsetzliche Nachrichten: die Festnahme enger Freunde. Und so weiter. Eine Serie von Aufnahmen, schreckliche und beruhigende, glückliche und bittere, aufschlussreiche und groteske.

Ich bin kein Filmregisseur. Ich muss auf den Versuch verzichten, die Stimmung jener bedrückenden Zeit, das ständige Kreisen meiner Gedanken und das nervöse Auf und Ab meiner Gefühle wiederzugeben. Meine Erinnerungen erfordern Analyse, wenn sie ihren Zweck erfüllen sollen. Ich muss die Fäden auseinanderhalten. In diesem und im nächsten Kapitel behandle ich verschiedene Aspekte meines Lebens. Doch habe ich jeglichen Ehrgeiz aufgegeben, verständlich zu machen, in was für innere Konflikte und Angstzustände mich die jeweiligen Auswirkungen dieser zeitgleichen Ereignisse gestürzt haben.

Overcentralization macht seinen Weg

Nicht lange vor der Revolution hatte ich das Manuskript von *Overcentralization* bei KJK (Közgazdasági és Jogi Könivkiadó), dem Verlag für ökonomische und juristische Literatur, eingereicht. In den frühen Novembertagen ging ich wieder hin und erbat das Manuskript zurück. Wusste man denn, was passieren würde? Ich wollte das Manuskript lieber bei mir haben. Als sich die Lage nach dem 4. November etwas beruhigt hatte, erschien ich damit wieder beim Verlag. Mein Vorwort zur ungarischen Ausgabe vom Januar 1957 vermerkt, ich hätte das Manuskript im Oktober 1956 eingereicht, und fährt fort:

> Das Erscheinen ist erst jetzt möglich geworden. Natürlich habe ich es noch einmal durchgelesen, doch hielt ich es nicht für angebracht, Änderungen vorzunehmen. Erst die Zeit wird zeigen, ob dieses mit wissenschaftlicher Absicht verfasste Werk Bestand

---

* Im Juni 1957, als András geboren wurde, lagen die Dinge anders als bei Gábors Geburt 1952. Damals war sein verrückter Vater noch überzeugt, die Welt und die Zeitungsgebäude würden einstürzen, oder er begehe zumindest ein ruchloses moralisches Verbrechen, wenn er wegen einer privaten Angelegenheit seinen Posten verließe und jemand anderes bäte, ihn für die Dauer der Geburt seines Kindes zu vertreten. Dieses Mal verhielt ich mich wie ein normaler Mensch.

hat. Ereignisse, die für Jahrzehnte in diesem Land wichtig bleiben, sind in den letzten paar Monaten eingetreten. Viele Leute hielten es für notwendig, ihre Einstellung zu grundlegenden politischen und ökonomischen Fragen innerhalb weniger Monate zu ändern, und das vielleicht mehr als einmal. Ich dagegen glaube, was sich am 22. Oktober als wahr erwies, blieb am 24. Oktober wahr und ebenfalls im Januar 1957. Die Frage lautet doch eher, ob es überhaupt je die Wahrheit gewesen ist. Und da ich überzeugt bin, die Wahrheit über die Lage in den Jahren 1955–1956 geschrieben zu haben (ob zu Recht, bleibt dem Urteil meiner Kritiker überlassen), habe ich die Studie nicht überarbeitet.[5]

Diese frechen Bemerkungen erregten die Wut jener, die später das Buch angriffen. Doch greifen wir nicht voraus. Wir befinden uns noch immer am Anfang des Jahres 1957. Die Regierung wurde von János Kádár und Ferenc Münnich angeführt, die all ihr Bemühen darauf konzentrierten, die Nachwehen des Aufstands unter Kontrolle zu bekommen, die streikenden Arbeiter zu beruhigen und zur Vergeltung anzusetzen. Für Buchpublikationen blieb da keine Energie mehr. Zum Glück für mich waren der Verlagsleiter von KJK, Tibor Keresztes, und die Lektorin des Manuskripts, Margit Siklós, risikobereit und gaben das Buch zum Druck. Es erschien nach wenigen Monaten und war bald ausverkauft.

Wenige Monate zuvor, Ende des Jahres 1956, hatte die Zeitschrift *Közgazdasági Szemle* eine hervorragende Zusammenfassung von Zsuzsa Esze über die Debatte anlässlich der Verteidigung meiner Dissertation veröffentlicht.[6] Das machte viele Leute auf mein Buch aufmerksam. Wie bei der Verteidigung erschienen ein oder zwei positive Besprechungen. Ich möchte jene von György Péter hervorheben, die er absichtlich in der Wochenzeitschrift der neu formierten Rákosi-Fraktion untergebracht hatte und die sich uneingeschränkt für das Buch aussprach.[7]

Doch die Zeiten änderten sich und die lobenden Worte wurden seltener. Im Frühjahr 1957 setzte eine Reihe von Angriffen auf das Buch ein, in ökonomischen Zeitschriften, in Wochenblättern, in der Tageszeitung *Népszabadság* und in vervielfältigten Hochschulskripten Das Verdikt: ein Musterbeispiel des „Revisionismus".* Man kritisierte, dass ich die Grundlagen einer Planwirtschaft ablehne und die spontanen Marktkräfte freisetzen wolle. Mit den Worten von Géza Ripp: „Die revisionistischen Anschauungen in der Ökonomie … wurden mit den ideologischen Vorbereitungen für die Konterrevolution verbunden und schufen so eine Art ökonomische Fundierung für diese."[8] Endre Molnar schrieb:

* Die Bezeichnung „Revisionist" wurde im Jargon der Kommunistischen Partei jenen angeheftet, die sich Marxist nannten, aber ein oder zwei Grundsätze von Marx revidieren wollten. Auf mich traf das nicht zu, denn ich wollte nicht den Marxismus ändern. Ich hatte damit gebrochen.

„Es stimmt nicht, dass die reine Ökonomie nichts mit der Konterrevolution zu tun hätte. ... Wir lernen daraus, selbst mit den ersten Keimen des Revisionismus nicht nachsichtig umzugehen“, und er führte dann mein Buch als eklatantes Beispiel an.[9] „Kornais Dissertation“, schrieb Emil Gulyás im Unterrichtsmaterial für die Parteihochschule[10], „fügte sich perfekt in die politische und ideologische Kampagne ein, mit der die Konterrevolution intellektuell vorbereitet wurde.“*

Im September 1957 besuchte ich nichtsahnend einen Vortrag von István Friss, den der Direktor unseres Instituts in der Politischen Akademie der reorganisierten Kommunistischen Partei hielt. In der zweiten Hälfte nahm er sich die „revisionistischen“ Ökonomen einen nach dem anderen vor. György Péter kam noch gnädig davon, doch Tamás Nagy und Péter Erdős erhielten strenge Verweise. Ich kam als letzter an die Reihe. Niemals vergesse ich den Schock und die Aufregung, die mich da so unter den Zuhörern sitzend erfassten. Erstaunt vernahm ich, wie Friss, der ein Jahr zuvor das Buch gelobt, mir einen Bonus gegeben und mich befördert hatte, das gleiche Buch zerpflückte. Meine Botschaft, so sagte er, müsse als Ablehnung des sozialistischen Systems verstanden werden. Wenn Kornai das denkt, dann habe er nicht nur anti-marxistische Anschauungen, dann lehne er vielmehr den Marxismus ab.

Mit gemischten Gefühlen las ich damals die Angriffe und als ich sie mir jüngst wieder vornahm, war es genauso. Wenn ich überdachte, was tatsächlich gesagt worden war, musste ich zu dem Schluss kommen, dass die Kritiker eigentlich Recht hatten. *Overcentralization* ging weiter, als nur ein paar Fehlentwicklungen aufzuzeigen und einen engen Bereich der Wirtschaftsverwaltung zu kritisieren. Das Buch zeigte, dass die Befehlswirtschaft als System schlecht funktioniere. *Overcentralization* war Teil einer intellektuellen Strömung, und die hatte die Grundlagen des sozialistischen Systems in Frage gestellt und so die Revolution vom 23. Oktober ideologisch vorbereitet. Sein Autor hatte in der Tat mit dem Marxismus gebrochen. Ich nehme die Beschuldigung an.

Doch das ist nur die halbe Geschichte. Die andere Hälfte hing nicht mit dem Wahrheitsgehalt der Argumente und Gegenargumente zusammen, sondern mit dem Kontext, in dem die Attacken vorgebracht wurden. Hier ging es nicht um eine intellektuelle Debatte, bei der die Parteien chancengleich waren, etwa János Kornai sagte dies und Géza Ripp, Endre Monár, Emil Gulyás und István Friss

---

* Auch József Révai wetterte in einem Artikel von 1957 über die Ideologen, die die Konterrevolution vorbereitet hätten, und äußerte sich in starken Worten über die Gleichgültigkeit bei der intellektuellen Auseinandersetzung. Mein früherer Chefredakteur hatte ebenfalls einige denunzierende Worte für mich. Selbst Kádárs Parteiführung fand seinen Artikel zu schrill und verhinderte eine Veröffentlichung (PIL 793.f.2/116.ö.e., S. 14).

sagten das. Alle hatten freie Bahn für ihre Angriffe, ich dagegen konnte meine Position weder offen noch öffentlich verteidigen und meine Argumente vorbringen. Man schrieb das Jahr 1957. Zu jener Zeit saßen einige meiner engsten Freunde im Gefängnis, andere waren aus ihrer Stellung entlassen. Jeder, der auf Seiten der Revolution gestanden hatte, wurde verfolgt. In dieser Situation bedeutete die Etikettierung „Revisionist“ oder „Ablehnung der sozialistischen Wirtschaft“ eine ernstliche Gefahr. Endre Molnár hatte schließlich die Leser gewarnt, „auch mit den ersten Keimen des Revisionismus nicht nachlässig zu sein.“

Darüber, wie sich die Bedrohungen materialisierten, will ich später berichten. Denn erst möchte ich den Weg des Buches weiter verfolgen. Während sich in Ungarn die Angriffe fortsetzten, eröffneten sich für *Overcentralization* neue Möglichkeiten. István Zádor, ein junger Ökonom, der sich nach England absetzen wollte, wurde von András Nagy aufgefordert, eine kurze Zusammenfassung des Buches mitzunehmen und britischen Ökonomen zu zeigen. Die Zusammenfassung landete schließlich bei John Hicks, Oxford Professor und einer der bedeutendsten Köpfe in der modernen Ökonomie (er erhielt später den Nobelpreis). Auch Anthony de Jasay (Antal Jászay), ein englischer Ökonom ungarischer Abkunft, hatte das Buch gelesen und machte ebenfalls Hicks darauf aufmerksam.* Hicks schlug Oxford University Press die Veröffentlichung vor. Kurze Zeit darauf erhielt ich ein Vertragsangebot.

Diese unerwartete Gelegenheit wollte ich natürlich nutzen, doch die Regeln schrieben vor, die Erlaubnis dafür beim Institutsdirektor István Friss einzuholen. Friss hatte zwei, genau genommen mehrere Seiten. Nachdem er mich für das Buch in den Himmel gelobt und dann am Boden zerstört hatte, gestattete er jetzt die englische Ausgabe.** Die Arbeit an der Übersetzung begann. Ich hatte

* Zádor beging später Selbstmord. So hatten wir nie Gelegenheit, über die Geschichte des Buches zu sprechen. Jahre später tauschten Professor Jasay und ich Briefe aus, aber es ließ sich nicht feststellen, ob Zádors und seine Bemühungen parallel verliefen oder irgendwie abgestimmt waren. Ich war allen dreien – Hicks, Jasay und Zádor – dankbar dafür, dass sie die englische Ausgabe ermöglichten. Hier eine Passage aus einem Brief Jasays aus dem Jahr 1990, den ich in meinem Privatarchiv aufbewahre: „Sie sind mir keinerlei Dankbarkeit – verspätet oder nicht – schuldig. Ich habe Ihr Buch damals 1957 Oxford University Press zur Veröffentlichung empfohlen, weil es mir besonders originell und publikationswürdig erschien. Mein einziges Verdienst bestand darin, dass ich Ungarisch las und es wahrnehmen konnte, und John Hicks glaubte mir bereitwillig.“

** Friss verband die Veröffentlichung des Buches mit Bedingungen. Er verlangte, das ursprüngliche Vorwort zu streichen. Ich wollte es beibehalten. Doch stimmte ich zu, den oben zitierten aufsässigen Satz herauszunehmen. Zusätzlich schrieb ich ein Vorwort für die englische Ausgabe, in dem ich unterstrich, dass das Buch keine allgemeine Beschreibung der sozialistischen Planwirtschaft, sondern an einen bestimmten Ort und eine bestimmte Zeit gebunden sei, und dass seit seinem Erscheinen Reformfort-

Glück, Mária Knapp, eine Klassenkameradin aus der deutschen Schule, hatte einen älteren Bruder János (John), der als Ökonom in England lebte. Er übernahm die Aufgabe und leistete äußerst sorgfältige Arbeit. Ich bin gerade noch einmal unsere lange Korrespondenz durchgegangen, in der wir die Terminologie und die problematischen Formulierungen klärten. Es war nicht einfach, den Kommentaren des Übersetzers gerecht zu werden und meinem Text treu zu bleiben. Seine Veröffentlichung im Westen war schließlich ein Risiko für mich, wenn die ungarische Presse ihn gleichzeitig schmähte und als gefährliches konterrevolutionäres Machwerk hinstellte.

Nach dem Erscheinen der englischen Ausgabe 1959[11] wurde man auch im Westen rasch darauf aufmerksam. In drei britischen Zeitungen, *Financial Times, Times Literary Supplement* und *Guardian*, erschienen lobende Artikel,[12] und die führenden Ökonomiezeitschriften brachten ausführliche positive Rezensionen. Der *American Economic Review* schrieb: „Das ist nun wirklich ein wichtiges Buch, offen im Ton, reich an Einsichten, ergiebig in stichhaltigen Analysen."[13] Die Londoner Zeitschrift *Economica* äußerte: „Herr Kornai hat uns alle sich verpflichtet, indem er ein zusammenhängendes und logisch formuliertes Bild zeichnet[;] … sein Werk ist bislang einmalig. Nirgendwo anders in der kommunistischen Welt ist eine vergleichbare Studie erschienen."[14] Jahre später traf ich persönlich mit Alec Nove, Joseph Berliner, David Granick, Nicholas Spulber und anderen zusammen, die das Buch rezensiert hatten. Sie erzählten, welche Aufregung es damals verursacht hatte. Man rätselte über die Person, die sich hinter dem Eisernen Vorhang zu sagen traue, was in dem Buch nun auf Englisch weltweit bekannt wurde.

Rausschmiss aus dem Institut

Einige entscheidende Ereignisse meines Lebens sind verbunden mit der Nádor-Straße in Budapest. Vor dem Krieg hatte mein Vater dort seine Rechtsanwaltskanzlei. Wie erwähnt war das Institut für Ökonomie dorthin gezogen.* Ende November 1956 stieß ich an der Ecke Nádor- und Mérlag-Straße mit einer jungen Frau zusammen. Sie war Bezirksparteisekretärin der Ungarischen Sozialistischen

---

schritte erzielt worden seien. Auch aus dem Text musste ich einige Passagen streichen, über die sich Friss und andere besonders aufgeregt hatten. Ich machte Zugeständnisse, doch im Rückblick scheinen sie mir die Sache wert gewesen zu sein – das Buch wurde im Ausland publiziert.

* Später befand sich auch das Staatliche Planungsamt in der Nádor-Straße. Ich suchte es oft in Verbindung mit unseren mathematischen Planungsmodellen auf. Und dort lernte ich meine zukünftige zweite Frau, Zsuzsa Dániel, näher kennen. Sie arbeitete im Planungsamt.

Arbeiterpartei, der reorganisierten Kommunistischen Partei, im fünften Bezirk. Ich kannte sie gut, wir hatten im selben Gästehaus einmal Urlaub gemacht. Wir kamen ins Gespräch, vor allem über die letzten Tage und die politischen Verhältnisse. Dabei eröffnete ich ihr, dass ich nicht mehr Marxist sei. Ich sagte das wohlgemerkt nicht im Vertrauen. Ich bat sie, die Tatsache in ihrer Funktion als Bezirksparteisekretärin zur Kenntnis zu nehmen.

Warum sagte ich das dieser freundlichen und wohlmeinenden Frau? Aus Wut und Trotz. Ich wollte mich von jenen distanzieren, die hastig ihre Position wechselten und die Revolution abschüttelten. Ich distanzierte mich vom Marxismus auch gegenüber mehreren Leuten im Institut, wo man gerade anfing, die Parteizelle zu reorganisieren. Reorganisation bedeutete, alle Mitgliedschaften wurden automatisch aufgehoben und mussten erneut beantragt werden. Die Arbeit machten meine früheren Zimmergenossen Péter Erdős und Róbert Hoch. Ich teilte mit, ich wolle nicht wieder eintreten, und meine Bemerkung zur Bezirksparteisekretärin erreichte bald das Institut. Dort erhielt die Kaderakte den unauslöschlichen Eintrag: János Kornai hat erklärt, er sein kein Marxist. Für István Varga, Ede Theiss oder Jenö Rácz, die sowieso als „bürgerliche" Ökonomen galten, war den Marxismus abzulehnen kein besonderes Vergehen. Doch ich war kein „Heide", sondern erst ein „Häretiker" und jetzt ein „Abtrünniger". Einst im Besitz der Wahrheit, hatte ich sie dann verraten. Schon immer nicht Mitglied der Partei gewesen zu sein, war ein akzeptabler Status. Kommunisten fassten Schweigen von Seiten der Nicht-Partei-Leute sogar als freundliche Geste auf. Doch wer die Partei verlassen und den Marxismus aufgegeben hatte, war Renegat und Verräter.

Die meisten meiner Kollegen am Institut entschieden sich nach längerer oder kürzerer Überlegung, der neuen Partei beizutreten. Eine Reihe hielt es für angebracht, zuvor in mein Büro zu kommen und ihr Verhalten zu erklären. Das war grotesk, denn es sah aus, als wollten sie um Erlaubnis oder spirituellen Dispens bitten. Zwei von uns, András Nagy und ich, blieben hart. Wir zogen einen Beitritt nicht einmal in Erwägung. Ich möchte heute, im Jahr 2004, Menschen nicht danach beurteilen, ob sie unter dem Kádár-Regime Parteimitglieder waren oder nicht. Ich weiß, dass es zahlreiche aufrechte und wohlmeinende Leute in der Partei gab und viele unaufrichtige Heuchler außerhalb. An diesem Punkt meiner Erinnerungen schreibe ich über die Jahre 1956–1957 und einen Arbeitsplatz, an dem mit wenigen Ausnahmen alle bis zum 23. Oktober Parteimitglieder gewesen waren. In den Tagen der Revolution hatte fast jeder im Institut Sympathie für die Veränderungen gezeigt, kaum einer hatte ein Wort dagegen geäußert. Dann wurde die Revolution von Sowjetpanzern niedergeschlagen. Nach diesem Ereignis zur Partei zurückzukriechen, hatte für mich einen besonderen Beigeschmack. So rasche Metamorphosen hinterlassen bei mir bis zum heutigen Tag Misstrauen und Zweifel an der Standfestigkeit und Konsequenz der Betreffenden.

Vielleicht war mein damaliges Urteil zu streng. Viele glaubten sicher weiter aufrichtig an den Sozialismus. Unter ihnen herrschte auch die Überzeugung, eher positiven Einfluss ausüben zu können, wenn man der Partei beitrat. Nicht wenige, so muss ich zugeben, blieben bei der Stange und arbeiteten als Parteimitglieder an Reformen und für das Wohl des Landes. Doch damals hatte ich für solche Ideen kein Verständnis.

Einige Wochen nach Beginn der Restauration rief mich aus der Parteizentrale der spätere Ministerpräsident Jenő Fock an. Ich war früher, als er Minister für Metallurgie und Maschinenbau war, mit ihm zusammengetroffen. Die Partei wolle den Wirtschaftsmechanismus reformieren. Er hatte von meiner Arbeit gehört und bat um meine Mitarbeit. Ich lehnte ab. István Varga setzte sich mit mir in Verbindung. Trotz seines umfangreichen Wissens über Ökonomie und seines ausgezeichneten Rufes war er während der Rákosi-Zeit kaltgestellt und übergangen worden. Jetzt trug ihm die Kádár-Münnich-Regierung den Vorsitz einer Expertenkommission an, die detaillierte Reformvorschläge ausarbeiten sollte. Ich hatte in den vergangenen Monaten mehrfach mit Varga gesprochen. Wie schon erwähnt, hatte er mein Buch und die Vorschläge, die im Sommer 1956 unter meiner Leitung ausgearbeitet worden waren, sorgfältig studiert. Er versuchte nun, mich zur Mitarbeit an dem Vorhaben zu gewinnen. Ich lehnte ab.

Warum die Ablehnungen? Nicht, dass ich schon damals theoretisch überzeugt gewesen wäre, das sozialistische System könne nicht reformiert werden, oder dass ich gar die Gegenseite hätte unterstützen wollen. Ich habe nie das machiavellistische Prinzip „je schlimmer, desto besser" akzeptiert. Eine gewisse Abschwächung der bürokratischen Zentralisierung hielt ich für reinen Gewinn. Ich widersetzte mich auch nicht als Ökonom der Reformaufgabe. Meine Gründe waren politischer Natur. Die sowjetische Intervention hatte mich zutiefst angewidert. Ich fühlte Empörung und Verachtung für János Kádár und seine Komplizen, die erst die Revolution unterstützt und sie dann verraten hatten. Die Zwangsexilierung von Imre Nagy und seinen Mitarbeitern war in meinen Augen ein monströser Vertrauensbruch. Oben habe ich meine innere Verwirrung während der siegreichen Tage der Revolution erwähnt. Ich war zu keiner Entscheidung fähig gewesen. Mein Instinkt hatte mir keine Richtung gewiesen. Das änderte sich schlagartig in dem Augenblick, als die Revolution ihre Niederlage erlitt. Da fühlte ich instinktiv, dass ich nein sagen musste.

Ende 1957 schickte die Parteizentrale eine Kommission, um zu untersuchen, wie sich das Institut vor, während und nach der „Konterrevolution" verhalten hatte.* Geleitet wurde sie von László Háy, dem Rektor der Karl Marx Universität für Ökonomie. (Er hatte einmal erklärt: „Solange ich Rektor bin, wird Kornai nicht an der Universität unterrichten.") Sekretär der Kommission war Endre Molnár, der die gehässigsten Artikel gegen mich verfasst hatte. Hinter der Bühne gab es ein Tauziehen.** Einige waren der Auffassung, das Institut sei eine Brutstätte des Revisionismus und müsse aufgelöst werden. István Friss und die Parteiorganisation im Institut, vor allem Erdős und Hoch, kämpften ums Überleben. Zwei von uns, András Nagy und ich, wurden den Löwen zum Fraß vorgeworfen.***

István Friss war es peinlich, uns die Entscheidung selbst mitzuteilen, und er wies Tamás Nagy an, das zu tun. Die Entscheidung überraschte uns nicht. Wir mussten uns einen neuen Job suchen. András, ein anerkannter Außenhandelsfachmann, ging in diese Richtung. Ich suchte in der Leichtindustrie eine Position. Mit Dankbarkeit erinnere ich mich an die Kollegen in der Leichtindustrie, György Sík, Miklós Simán, Sándor Fülöp und György Schiller. Sie halfen mir, eine Stelle zu finden. Ich fand nicht nur eine Einkommensquelle, sondern einen Posten, auf dem ich meine Forschungsarbeit unbemerkt fortsetzen konnte, zuerst im Planbüro der Leichtindustrie, später im Forschungsinstitut der Textilindustrie.

Die Suche wurde vom Institut für Ökonomie unterstützt. Ich kenne viele Geschichten, wie frühere Arbeitgeber entlassene Angestellte verfolgten und es ihnen so schwer wie möglich machten, einen neuen Job zu finden. Ich weiß nicht, wel-

---

* *Közgazdasági Szemle* brachte 1958 einen Artikel über die Parteiuntersuchung im Institut – unter den Initialen I.K., also nicht unter dem vollen Namen des Autors.

** Im Frühjahr 1958 schlug die Parteileitung des Instituts vor, Kollegen, die wie András Nagy und ich im Oktober 1956 aktiv gewesen waren, sollten die Gelegenheit der Personalversammlung vom Juni dazu benutzen, aufrichtig Selbstkritik zu üben. Sie sollten sich von der „Konterrevolution" und Imre Nagy distanzieren und sich loyal gegenüber der neuen Führung unter Kádár und zum Marxismus-Leninismus erklären. Die Versammlung wurde am 23. Juni 1958 abgehalten, nur wenige Tage, nachdem das Urteil gegen Imre Nagy veröffentlicht worden war. Viele Kollegen überschlugen sich, um ihre früheren Überzeugungen zu wiederrufen und ihre Aktivitäten zu verurteilen. Trotz wiederholter Warnung weigerten András und ich uns, das Gleiche zu tun. Wir machten aus, sollten unsere wohlmeinenden Kollegen darauf bestehen, dass wir uns äußerten, dann würden wir „Irrtümer" in politisch nicht relevanten ökonomischen Fragen zugeben. Ich verlor ein paar Worte über die Bedeutung der Zentralplanung und der ökonomischen Führung im Allgemeinen und gab dabei zu, dies in meinen Arbeiten nicht hinreichend unterstrichen zu haben. Ich übte allerdings keine politische Selbstkritik, verurteilte nicht die Oktoberrevolution oder Imre Nagy, noch gab ich eine politische oder ideologische Loyalitätserklärung ab. András machte es genauso. Dieses Verhalten (oder wie einige Kollegen, die im Institut verblieben, es formulierten, dieser „Starrsinn") beeinflusste zweifellos die Entscheidung, uns beide aus dem Institut zu entfernen.

*** Tamás Nagy erinnert sich an die Parteiuntersuchung in einem autobiographischen Interview für das Oral History Archiv: „Das Institut wurde als Geschwür beschrieben, und man warf eine Reihe von Leuten hinaus. Friss versuchte, das sei zu seinen Gunsten gesagt, für diese Leute erträgliche Jobs zu finden … aber er verteidigte sie nicht wirklich." (OHA 1986, Interview Nr. 26, S. 133).

che Telefongespräche hinter meinem Rücken geführt wurden, doch habe ich den Eindruck, dass István Friss wieder einmal seine gütige Seite zeigte. Auch wenn er bereit gewesen war, uns zu opfern, nicht aus eigenem Antrieb, sondern auf Geheiß von Háy und Molnár, wollte er uns doch helfen, unsere Karrieren als Ökonomen fortzusetzen.

Schweren Herzens verließ ich das Institut für Ökonomie am 15. September 1958. Formell wurde ich Angestellter der erwähnten Institutionen, doch in Wirklichkeit war ich mein eigener Herr. Ich arbeitete zum Teil im Ministerium für Leichtindustrie (gegenüber dem finsteren Block des Gefängnisses an der Fő- und Gyorskocsi-Straße, wo Freunde von mir festgehalten und wohin ich von Zeit zu Zeit zu Ermittlungen geladen wurde). Viel Zeit verbrachte ich zuhause. Zahlreiche Arbeitsbesprechungen fanden nicht in Büros, sondern im Gresham Café oder bei Gerbeaud statt. Selbst damals sah ich keinen Grund für Mitleid oder Selbstmitleid. Denn ich hatte das Prestige verloren, an einem Institut der Ungarischen Akademie der Wissenschaften zu arbeiten, und war auf mich allein gestellt. Doch unter mir spannte sich ein Sicherheitsnetz von Freunden und Kollegen.

Auf freiem Fuß, aber unter der Drohung einer Gefängnisstrafe

Am 6. Dezember 1956 traf ich in der Wohnung meiner Mutter mit Alíz Halda zusammen, der tapferen Gefährtin von Miklós Gimes. Zwei Tage zuvor hatte Miklós dort die Nacht verbracht, die folgende Nacht irgendwo anders. Jetzt erfuhr ich, dass er verhaftet worden war. Da spürte ich zum ersten Mal den Schatten des Gefängnisses über mir. Danach wachte ich häufiger bei einem nächtlichen Geräusch auf und eilte in die Küche, um auf die Straße zu schauen, ob ein Auto gekommen war, mich abzuholen. Wie erwähnt hatte ich in der Rákosi-Periode keine Angst vor dem Gefängnis, weil ich wie ein Schlafwandler kühn auf die Balkonbrüstung trat, ohne Furcht zu stürzen. Jetzt wusste ich mehr als genug über das System und hatte Angst.

Trotzdem verließ ich nicht das Land. Der Eiserne Vorhang war nach der Niederlage der Revolution für einige Wochen mehr oder minder hochgezogen, wodurch es kaum riskant war, die Grenze illegal zu überschreiten. Zwischen 200 000 und 250 000 Menschen flüchteten, darunter viele meiner engen Freunde – auch Péter Kende, der mir am nächsten stand. Es war völlig ungewiss, ob wir uns je wiedersehen. Würde es für mich eine Möglichkeit zu Besuchen im Ausland geben? Würde er nach Hause zurückkehren können? Meine Frau und ich entschieden uns zu bleiben. In einem späteren Kapitel wird mehr zur Frage „bleiben oder emigrieren" zu sagen sein. Die in der Kapitelüberschrift angesprochene Periode endete 1959. Das Jahr markiert einen Einschnitt in meinem Leben, nicht in der Geschichte Ungarns. Im Rückblick kann ich feststellen, dass die wiederholte Behelligung durch die Polizei und die deprimierenden Verhöre, denen ich ausgesetzt war, 1959 endeten.

Mit Sándor Fekete, einem der Rebellen vom *Szabad Nép*, unterhielt ich mich öfter darüber, wie wir uns wohl verhalten würden, wenn man uns festnimmt und zu Geständnissen drängt.* Er erklärte vollmundig, er würde nichts zugeben. Ich zweifelte – zu Recht, wie sich zeigen wird. Ich hatte mir viel früher meine eigene Meinung gebildet auf Grund von Gesprächen mit Leuten, die in den Folterkammern von Rákosi und Gábor Péter gelitten hatten. Und ich hatte manches gelesen, wie sowjetische, jugoslawische oder ungarische Geständnisse zustande kamen. Das ließ nur den einen Schluss zu, dass niemand fähig ist, auf Dauer zu widerstehen. Der Zeitpunkt der Kapitulation hängt von der physischen und mentalen Stärke des Gefolterten ab. Geht der Vernehmungsbeamte mit seinen Mitteln nur weit genug, wird der Gefangene alles tun.** Ich litt chronisch an einer Schulterverrenkung, die schrecklich weh tat, bis die Schulter wieder eingerenkt war. In meiner Phantasie male ich mir gewöhnlich unangenehme Dinge aus, die passieren könnten. Ich stellte mir also vor, was ich wohl tun würde, wenn sie mir absichtlich die Schulter verrenkten und sagten, sie würden sie erst wieder einrenken, wenn …

So beschloss ich, meine politische Aktivität so einzurichten, dass ich nicht gefoltert zu werden brauchte. Die kommunistische Restauration fand im Schatten sowjetischer Panzer statt. Wer wusste im Voraus, welche Mittel in der neuen Re-

---

* Ein solches Gespräch fand in Feketes Wohnung statt. Kürzlich stellte sich in Polizeiprotokollen heraus, dass die Wohnung damals abgehört wurde (ÁBTL 0–10986/1, S. 187–96. Abhörbericht aus Sándor Feketes Wohnung. Datum: 4. Juli 1958). Ich besuchte ihn am 4. Juli 1958. Wie immer sprachen wir über die verschiedensten Themen – hochtrabende (Giordano Bruno und das Schicksal anderer Märtyrer, die Zukunft Chinas) und weniger hochtrabende (die Vergesslichkeit des Personals im Hause Kornai oder die jüngste Mietenverordnung). Die Beamten, die die Gespräche abhörten und interpretierten, waren nicht in der Lage, unser Diskussion über die Frage zu folgen, wie viel moralische Stärke erforderlich sei, der Verfolgung zu widerstehen. Bei der Lektüre des Protokolls – voller Auslassungs- und Fragezeichen – habe ich heute nach 46 Jahren gemischte Gefühle. Man möchte gerne über die ungebildete Ignoranz der Beamten lachen und über die Missverständnisse, von denen das Protokoll voll ist, wenn ich – selbst nach so vielen Jahren – nicht noch immer entsetzt wäre über die brutale Gedankenkontrolle und das widerliche Eindringen in die Privatsphäre.

** George Orwell (1966 [1949], S. 196–202) gibt davon ein anschauliches Bild mit seiner Foltermaschine und ihrer numerischen Skala. Man dreht am Hebel, und die Qual nimmt zu. Es hängt vom Gefangenen ab, ob das Eingeständnis falscher Beschuldigungen oder der Verrat der Liebsten bei Grad 50 oder 70 eintritt. Ich hatte das Buch Fekete geliehen, kurz bevor er festgenommen wurde. (ÁBTL V–145–288/Dokument 2, S. 326. Datum: 18. Dezember 1958. Sándor Feketes eigenhändiges Geständnis, Punkt 6.)

pressionsperiode eingesetzt würden – welche Methoden Kádárs politische Polizei von der sowjetischen Čeka, dem NKVD (Volkskommissariat des Inneren) oder von Rákosis ÁVH übernehmen würde? Ich fürchtete die Folter. Aber ich fürchtete nicht minder, unter der Folter nicht standzuhalten und nicht nur mich selbst, sondern auch andere zu verraten. Vor dieser Schande wollte ich mich schützen, als ich beschloss, illegale Aktionen zu meiden. Ein Grund war die bittere, aber nüchterne Erkenntnis meiner eigenen Beschränkungen.

Hier ist die Geschichte von Sándor Fekete, meinem Gesprächspartner, am Platz. Er nahm an verschiedenen mutigen illegalen Aktionen teil. Er wurde festgenommen. Er wurde nicht physisch gefoltert, doch ihm wurde mit dem Galgen gedroht. In seiner Not gestand er nicht nur seine eigenen Taten, er erzählte auch alles, was er von seinen Freunden und Genossen wusste.* (Ich habe bereits erwähnt, dass er auch über mich sprach. Darauf komme ich zurück.)

Mein Entschluss stand fest, aber es war nicht möglich, genau anzugeben, wo die Grenze zwischen Legalität und Illegalität verlief. Solche Grenzen sind selbst in einem Rechtsstaat nicht immer klar, geschweige denn in einer kommunistischen Autokratie. In solchen Fällen lassen die Gesetzestexte weite Interpretationsspielräume offen, die der Polizei oder den Gerichten erlauben festzulegen, was und wann etwas ein illegaler Akt ist. Mein Entschluss, mich auf legale Aktivitäten zu beschränken, verringerte das Risiko, festgenommen oder verurteilt zu werden, aber er beseitigte es nicht.** Auch hielt ich mich nicht strikt daran. Manchmal war ich sorglos oder unvorsichtig und manchmal übertrat ich bewusst die Regeln, so dass es möglich wurde, mich „legal" zur Verantwortung zu ziehen. Merkwürdigerweise – so zeigt sich später – zogen mich die Ereignisse manchmal in Strafverfahren hinein, auch wenn ich bei meiner Entscheidung geblieben war und die Teilnahme an illegalen Aktionen abgelehnt hatte.

Ich wurde mehrfach vernommen, und nach einer gewissen Zeit entwickelte ich geradezu Routine dabei. Doch eigentlich waren es beklemmende Erfahrungen, an die ich mich nicht gewöhnen konnte. Wenn ich mich recht erinnere, erhielt ich

---

* György Litván berichtete 1981 auf einer Diskussionsveranstaltung über Sándor Feketes Verhalten: „Sie zeigten ihm ein Photo mit Gimes am Galgen – das berichtete er mir. Mit solchen Methoden wollten sie ihn bearbeiten. Schließlich wurde ihm klar, dass Leugnen seine Situation erheblich verschlechtern würde. Es stimmt, dass er alles gestand. Aber Tatsache ist auch, dass niemand auf Grund seiner Einlassungen festgenommen wurde. Das lag aber nicht nur an ihm. Denn sie wollten damals gerade diese Vernehmungen abschließen." Die Diskussion wurde von Zsolt Csalog, Gyula Kozák und Miklós Szabó moderiert. Das Protokoll liegt im Oral History Archiv (OHA 1981, Interview Nr. 800, S. 953).

** Ein Budapester Witz aus dem Jahr 1957: Zwei Leute unterhalten sich über Freunde, die verurteilt worden sind. „Ich verstehe, warum ‚A' acht Jahre gekriegt hat, aber warum bekam ‚B' vier? Er hat doch nichts getan." – „Nein, verstehe ich auch nicht. Normalerweise bekommt man zwei Jahre für nichts."

jedes Mal eine Vorladung, die mir eine gewisse Vorbereitung erlaubte.* Die Vorladungen gaben nie den Gegenstand des Verhörs an. Mit höchster Konzentration ging ich im Kopf eine Reihe von Möglichkeiten und Dialogen durch und arbeitete verschiedene Antworten auf denkbare Fragen aus. Manchmal ergab sich ein Hinweis aus dem, was ein Freund oder enger Bekannter vor mir gefragt worden war, so dass sich erraten ließ, was auf der Tagesordnung stand. Diese Art der Vorbereitung war eine intellektuelle Aufgabe, eigentlich ein mentales Duell zwischen dem Vernehmungsoffizier und dem Vernommenen. Aber es war eine ausgesprochen schwierige Übung. Mehr als einmal stellte ich zu meiner Überraschung fest, dass der Vernehmungsoffizier genau das wusste, was ich vor ihm zu verbergen versuchte. Erst hörte er sich meine teils zutreffenden, teils falschen Erklärungen an und dann kam er mit den Informationen heraus, die er bereits hatte.

Das eigentliche Problem war aber nicht das Informationsduell zwischen Inquisitor und Befragtem, sondern moralischer Natur. Wir, die wir noch auf freiem Fuß standen, versuchten zu vereinbaren, wie wir mit Informationen umgehen sollten. Das Einvernehmen schloss auch jene ein, die später verhaftet wurden. Die Absprache konnte vergeblich sein, wenn jemand sich nicht daran hielt. Das Problem wurde fast unerträglich auf Grund der Ungewissheit, wieweit die Vernommenen sich selbst und andere mit ihren Erklärungen belasteten. Wurde man als Zeuge gehört und verweigerte die Aussage, dann konnte man sicher sein, festgehalten zu werden. Wollte man nicht als Verdächtiger hinter Schloss und Riegel geraten, musste man irgendetwas sagen. Aber was? Darüber gab es keine Verständigung im Vorhinein. Wir konnten keinen Verhaltenscode für die Zeit der Vernehmung vereinbaren.

Ich versuchte, mir selbst Verhaltensregeln zu geben. Ich wollte kein halsstarriger Zeuge sein, der nichts sagt. Ich war bereit zu äußern, was der Vernehmer bereits wissen musste. Ich war bereit, Tatsachen offen zu legen, die den Festgenommenen meiner Ansicht nach nicht schaden konnten. Ich bin nicht sicher, ob es mir immer gelang, bei diesem Katz-und-Maus-Spiel zwischen Vernehmer und Vernommenem die selbst auferlegten Regeln exakt einzuhalten. Doch kann ich mich an keinen Fall erinnern, in dem ich sie gebrochen hätte. Ich bin mir bewusst, dass es sich dabei nicht um hehre Anforderungen an Helden handelt. Ich wollte kein politischer Held sein, der seine Verteidigung in eine Anklage ummünzt. Ich stellte an mich selbst den bescheideneren Anspruch, elementaren Anforderungen mensch-

* Einmal lag ich ernstlich krank im Bett. Ein Polizeibeamter kam in die Wohnung, setzte sich an mein Bett und fragte mich aus. Ich erinnere mich an meine Erleichterung, als er ging, und unsere Haushaltshilfe Magdi in der Tür mit einer Tasse Kaffee erschien.

lichen Anstands zu genügen, und versuchte, mich so gut wie möglich daran zu halten. Hier ein paar konkrete Fälle, nicht in der Reihenfolge der Vernehmungen, sondern der Ereignisse, auf die sich die Vernehmungen bezogen.

Das Verfahren gegen Pál Lőcsei schloss die Ereignisse vom 29. Oktober ein, als die Zeitung *Magyar Szabadság* gegründet wurde. (Das illustriert, was ich gerade allgemein feststellte. Ich hatte nicht für die Zeitung geschrieben und ich hatte das Redaktionsbüro nach einer Nacht verlassen. Das hinderte die Polizei aber nicht, mir damit lästig zu fallen.) Wir versuchten im Fall Lőcsei, unsere Erklärungen abzustimmen, die wir vor der Polizei machen würden, und wir sprachen auch mit seinem Verteidiger (ich glaube, vergeblich). Ich wurde während der Untersuchung und beim Prozess als Zeuge aufgerufen.[15] Nach seiner Freilassung kamen die Vernehmungen mehrmals zur Sprache. Lőcsei äußerte sich auf einer kleinen Veranstaltung unter engen Freunden aus Anlass meines 75. Geburtstags, und ich muss sagen, seine freundlichen Worte rührten und bestätigten mich moralisch. Er erinnerte sich an mein Verhör während des Prozesses, meine nervöse Stimme, meinen erschreckten Blick, der meinen Gedanken wiedergab: „Oh Gott, wenn ich nur vermeiden kann, Pali irgendwie zu schaden.“ Seinen Bemerkungen entnahm ich, dass ihn, wie er da allein auf der Anklagebank saß, am meisten der herzliche Blick aufgemuntert hatte, den ich ihm beim Herausgehen zuwarf.

In der ersten Novemberhälfte rief Miklós Gimes mich und einige andere frühere Journalisten zu sich in sein Büro im Corvina Verlag und schlug vor, den Kampf durch die Herausgabe und Vervielfältigung einer illegalen Zeitung oder Zeitschrift fortzusetzen. Ich lehnte die Teilnahme ab. Abgesehen von meinen bereits erwähnten persönlichen Überlegungen gefiel mir die Idee nicht, weil ich unter den herrschenden Umständen keinen Sinn darin sah. Die Revolution war mit brutaler militärischer Gewalt niedergeschlagen worden und die kommunistische Macht wiederhergestellt – wen konnte eine kleine, hektographierte Zeitung aufbieten und wie sollte sie ihre Leser mobilisieren? Meiner Ansicht nach stand das Risiko in keinem Verhältnis zur voraussichtlichen politischen Wirkung.

War meine Überlegung richtig? Ich bin mir auch heute noch nicht sicher. Stellt man eine Risiko-Nutzen-Rechnung auf, dann hatte ich Recht; nur ist das nicht die einzig mögliche Erwägung. Historisch betrachtet bedeuten Helden wie Miklós, die bereit sind, jede Gefahr auf sich zu nehmen, einen gewaltigen moralischen Gewinn für die ungarische Nation. Die Zeitung *Október 23* erschien und machte allein dadurch deutlich, dass das Regime den Geist der Revolution nicht völlig auszurotten vermochte.

Am 16. April 1957 war ich dran, in der Gyorskocsi-Straße ausgefragt zu werden, wer bei jenem Treffen im Corvina Verlag dabei gewesen war.[16] Ich zögerte und erklärte, ich könne mich nicht erinnern. Daraufhin las der Vernehmungsoffizier aus dem Geständnis vor, das einer der Teilnehmer, P.P., der sich bereits in Haft befand, am 10. April gemacht hatte und worin er das Treffen detailgetreu beschrieb.[17] Ich war fassungslos über das Vernommene. Ich konnte, so schien mir, nichts anderes tun, als P.P.s Teilnehmerliste zu bestätigen:

Frage: Was verlangte Gimes in dem Gespräch?
Antwort: Daran kann ich mich nicht erinnern, denn wir sprachen über verschiedene tagespolitische Fragen.
Frage: Nach uns zur Verfügung stehenden Informationen hat Gimes deutlich geäußert, er bringe eine illegale Zeitung heraus. Lassen Sie mich die entsprechende Passage aus P.P.s Geständnis zitieren. Gimes erklärte, er habe eine illegale, vervielfältigte Zeitung ins Leben gerufen und beabsichtige, sie regelmäßig herauszubringen. Wir erwarten Ihre Zeugenaussage hierzu.
Antwort: Daran kann ich mich weder erinnern, noch kann ich zu der Zeitung etwas sagen, da ich erklärt hatte, mich an keinerlei politischer Aktivität beteiligen zu wollen. Mehr habe ich nicht zu sagen.[18]

Ich glaube, mein Verhör war eine Nebensache in der Untersuchung. Die Nennung der Namen derer, die im November im Corvina Verlag anwesend waren, spielte für Gimes' „Verbrechen" nur eine geringe Rolle. Wenn überhaupt, dann zählte das Erscheinen der Zeitung, und das hat Gimes später unter schrecklichem Vernehmungsdruck selbst zugegeben.* Mein Verhör schockierte mich zutiefst. Zum ersten Mal war ich mit der Tatsache konfrontiert, dass ein Verhafteter, in diesem Fall P.P., entscheidende Beweise geliefert hatte gegen seine festgenommenen Kameraden und gegen frühere Kampfgenossen, die sich noch auf freiem Fuß befanden. Bei meinen Nachforschungen für diese Erinnerungen stieß ich nach 47 Jahren auf eine Reihe von Dokumenten in P.P.s Dossier, woraus ersichtlich wurde, dass er kurz nach seiner Festnahme über zahlreiche Leute ausführlich ausgesagt hatte.[19] In dem Gespräch im Corvina Verlag hatte ich zum zweiten Mal abgelehnt, mich an einer Aktion zu beteiligen. Aber das schützte mich nicht davor, wieder in die Gyorskocsi-Straße vorgeladen zu werden.

Der Fall Sándor Fekete lag wohl anders, und er macht deutlich, dass ich mit meiner Weigerung, an illegalen, konspirativen Aktionen teilzunehmen, nicht konsequent war. An der Jahreswende 1956–57 schrieb Fekete unter dem Pseu-

* Sándor Révész (1999) beschreibt in seinem Buch den unmenschlichen Druck, unter dem Gimes von seiner Festnahme bis zu seinem Prozess stand, in dem er zum Tode verurteilt wurde.

donym Hungaricus eine Studie mit der Absicht, die Revolution zu analysieren, ihre Ursachen, ihren Verlauf, die Erfolge und das Misslingen.[20] Er zeigte sie einer Reihe von Freunden, darunter auch mir. In seinem Geständnis vor der Polizei gab er dann exakt wieder, was ich in einem vertraulichen Gespräch gesagt hatte: Meiner Ansicht nach war seine Arbeit „zu marxistisch“, wie ich im vorigen Kapitel bereits erwähnt habe. Trotz meiner politischen und ideologischen Bedenken, war ich jedoch bereit, das Hungaricus-Papier für eine Publikation illegal auf den Weg in den Westen zu bringen. Ich hatte Fekete mit einem führenden jungen griechisch-zypriotischen Kommunisten, Jorgos Vassiliou, bekannt gemacht.* Jorgos war ein charmanter, aufgeweckter junger Mann, der bei István Friss sein Kandidatsexamen machen wollte. So kam er häufiger ins Institut und freundete sich mit András Nagy und mir an. Er konnte völlig legal nach Frankreich und England reisen und war bereit, Feketes Studie mitzunehmen und sie Péter Kende und Ferenc Fejtő zu übergeben, dem legendären Historiker und politischen Journalisten, der in Paris lebte.** Ich selbst bat ihn zwar nicht darum, aber ich wusste, was vorging. Aus den Polizeiverhören ergab sich, dass es für Fejtő und seine Gruppe wichtig war, dass Jorgos auch meinen Namen nennen konnte. Das half, die Pariser davon zu überzeugen, dass der Artikel keine Provokation war. Er erschien in wichtigen französischen Medien und sorgte für Aufregung.[21] Jorgos und ich hatten eine geheime Nachricht verabredet, wenn das Papier seine Adressaten erreicht haben würde. Jorgos wurde von der Polizei in die Mangel genommen.[22] Er war Parteimitglied, und man schloss ihn wegen dieser Sache aus. Kurz darauf verließ er Ungarn für immer. 1988, 30 Jahre später, wurde Jorgos Vassiliou Präsident der Republik Zypern.***

Zurück in die Gyorskocsi-Straße und die Jahre 1958–59! Man kam dahinter, dass ich Kontakt zu Péter Kende hatte und Bescheid wusste, wie der Hungaricus-Essay ins Ausland geschmuggelt wurde.[23] Nachdem Fekete und Vassiliou gestanden hatten, gab es da kein Leugnen. So lag der Beweis vor, ich hätte „meine

* András B. Hegedüs machte 1991 mit ihm ein Interview, das auf Ungarisch als Buch erschienen ist. Sein griechischer Name lautet da Georgios Vassiliou. Wir als Freunde des griechischen Jungen nannten ihn Jorgos. Und dabei möchte ich bei der Erinnerung an diese Ereignisse bleiben.

** Vor seiner Emigration war Ferenc Fejtő zusammen mit dem Dichter Attila József Herausgeber von *Szép Szó*. In Frankreich galt er als anerkannte Autorität für Osteuropa. Etwa zur gleichen Zeit, wie ich dies schreibe, feiert er seinen 95. Geburtstag mit ungarischen Freunden. Er starb 2008 im Alter von 99 Jahren.

*** 1990 nahm der Präsident der Republik Ungarn Árpád Göncz an einem Empfang in Japan teil. Jemand sprach ihn in fließendem Ungarisch, doch mit einem ziemlich fremden Akzent an: „Auch ich bin ein ungarischer Präsident.“ Es war Jorgos, der inzwischen Präsident von Zypern geworden war.

Meldepflicht vernachlässigt".* Indem ich mithalf, den Hungaricus-Artikel nach draußen zu befördern, verstieß ich eindeutig gegen meine Entscheidung, keine politischen Aktivitäten zu unternehmen und mich nicht an illegalen Aktionen zu beteiligen. Warum ich inkonsequent wurde, bleibt mir unerklärlich. Vielleicht konnte man nur schwer nein sagen, wenn man in ein Netzwerk freundschaftlicher Beziehungen eingebunden ist. Meinem eigenen Gebot getreu hatte ich eine Reihe von Aufforderungen enger Freunde abgewiesen, bei politischen Aktionen mitzumachen. Sándor Fekete zählte zu meinen Freunden, wenn auch nicht zu den engen wie Kende, Lőcsei oder Gimes. Als die Idee aufkam, den Hungaricus-Artikel ins Ausland zu schicken, befanden sich Kende bereits in Paris und Lőcsei und Gimes im Gefängnis. Vielleicht fürchtete ich, bei einer Ablehnung auch die Freundschaft von Fekete zu verlieren – dem einzig Übriggebliebenen unseres alten Freundeskreises. Die Freundschaft ging auf jeden Fall verloren.

Freundschaft und Solidarität

Ich hielt es für wichtig, sich jenen gegenüber solidarisch zu zeigen, die das Kádár-Regime verfolgte. Ich erinnerte mich, wie die Leute, die aus Rákosis Gefängnissen freigelassen wurden, sich darüber beklagten, dass frühere Freunde sie und ihre Angehörigen im Stich gelassen hatten.

Ein enger und hoch geschätzter Freund war Sándor Novobáczky, einer der Rebellen vom *Szabad Nép*. Er hatte vor der Revolution in den *Irodalmi Újság* (Literarische Nachrichten) einen viel diskutierten Artikel über kommunistische Arroganz geschrieben und dabei Stalin zitiert: „Wir Kommunisten sind Menschen von besonderem Schlag ..."[24] Die Parteioberen konnten ihm noch immer nicht seinen Spott verzeihen. Als Sándor abgeholt wurde, hatte ich keine Idee, warum er festgenommen wurde. Ich wollte mit Lajos Fehér sprechen, einem gemeinsamen Freund, den ich häufiger in Novobáczkys Wohnung getroffen hatte, als wir jenes aufrührerische Parteimeeting vorbereiteten. Fehér zählte früher zu Imre Nagys engsten Mitarbeitern, jetzt gehörte er dem innersten Kreis um Kádár an. Naiv wie ich war, wollte ich ihn bitten zu intervenieren, um Sándor wieder frei zu bekommen. Sein Büro befand sich im Parlament. Ich stieß bis zu seiner Sekretärin vor,

* All das wurde meinem Dossier hinzugefügt, das jedes Mal auf den Tisch kam, wenn mein Name in dem einen oder anderen Zusammenhang genannt wurde. „Er wusste darüber Bescheid, dass die konterrevolutionäre Publikation ‚Hungaricus' in den Westen geschickt wurde. 1957 hatte er Kontakt mit einem geflohenen Mitglied einer illegalen konterrevolutionären Gruppe. Am 9. Februar 1959 wurde er polizeilich verwarnt." So steht es im Dossier (ÁBTL C-R-N 0082-479-2. Datum: 21. Dezember 1966).

die ich aus meiner Zeitungszeit kannte und der ich gesagt hatte, warum ich ihren Chef sprechen wolle. Lajos Fehér ließ mir über sie die Nachricht zukommen, er könne mich nicht empfangen. Im Fall Novobáczky wolle er nichts unternehmen.

Zusammen mit einigen Freunden sammelten wir regelmäßig Geld für die Angehörigen der Verhafteten.[25] Das hielt ich für vereinbar mit meinen eigenen Restriktionen und sah darin keine politische, sondern eine humanitäre Aktivität. Schließlich konnte ich nicht tatenlos zusehen, wie Angehörige meiner Freunde in Not gerieten. In einigen Fällen waren es nicht nur Angehörige meiner Freunde, sondern selbst Freunde, wie Gizi Lőcsei oder Éva Novobáczky. Abgesehen davon glaubten wir, mit der Sammlung von Geld eine moralische Pflicht zu erfüllen und fanden, dass wir auch den Frauen und Kindern von Gefangenen helfen sollten, die wir nicht persönlich kannten.

Meine ursprüngliche Idee, dass Politik mit humanitären Aktivitäten nichts zu tun habe, erwies sich wieder als illusorisch. Bei der Untersuchung des Mérei-Litván-Fekete-Falles sahen die Autoritäten in den Geldsammlungen einen Aspekt der politischen Verschwörung. Ich nehme an, dass sich die Polizeioberen daran erinnerten, wie die Rote Hilfe, eine illegale kommunistische Organisation, die während des Horthy-Regimes die Familien der Genossen im Gefängnis unterstützte, es als merkwürdige „Massenbewegung" den isolierten Parteimitgliedern möglich machte, mit weiteren Kreisen von Sympathisanten in Kontakt zu treten. Sie müssen gedacht haben, unser Sammeln sei ein ähnlicher Deckmantel für eine Organisation. Sie konnten sich einfach nicht vorstellen, dass es aus menschlichem Mitgefühl und Solidarität mit Bedrängten, und nicht mit politischen Hintergedanken geschah.

Das war eine traurige Geschichte. Eine andere war völlig lächerlich. Als die Verhaftungen um uns herum im Gang waren, versuchten wir, die Stimmung hoch zu halten. Wir beschlossen, für das Ende des Jahres 1957 eine Sylvesterparty zu veranstalten. Sie fand in Péter Hanáks Wohnung statt und zwischen zehn und zwanzig Leuten nahmen teil. Péter und ich organisierten die Show. Wir führten wohl vorbereitete Kabarettnummern auf, wobei mir die erfolgreichste deutlich im Gedächtnis geblieben ist. Sándor Fekete und György Litván zogen ihre Hemden aus den Hosen, setzten den Gürtel darüber und trugen flache Mützen wie echte russische Bauern. Die Szene spielte in Sibirien. Litván war bereits dorthin deportiert, und der neu angekommene Fekete erzählte ihm, was so in Budapest passiert war: Einer der lautesten Revolutionäre war eben der Partei beigetreten, ein anderer gerade eingelocht, usw. Der Sketch löste schallendes Gelächter aus, doch sollte er sich in mancher Hinsicht als prophetische Vision erweisen. Die Feier ging in der Gyorskocsi-Straße weiter.[26] Unser Sylvester-Galgenhumor wurde ganz ernst genommen und für konspirativ erklärt. Man hielt es für einen Test, bei dem die vermeintliche Organisation herauszufinden versuchte, wie sie Leute rekrutieren und eine konterrevolutionäre Stimmung schaffen könne.

Inzwischen wurde deutlich – manchmal zur damaligen Zeit, manchmal Jahre später, als die Polizeidokumente und die Berichte der Informanten bekannt wurden –, dass nicht jede Freundschaft die schwierigen Jahre überleben werde. Doch jene, die standhielten, festigten sich. Es bedeutete mir viel, Menschen zu kennen, mit denen ich offen und ehrlich sprechen und denen ich in den schwierigsten Augenblicken vertrauen konnte. Vor allen ist hier meine erste Frau Teri zu nennen. Wir haben schwere Zeiten miteinander erlebt, und Teri stand mir immer bei. Auf ihr Verständnis, ihren Rat und ihre Hilfe konnte ich immer zählen. Besonders eng wurde damals unser Verhältnis zu Péter und Kati Hanák, Gizi Lőcsei, Duci Fónyi, Éva Csató, Gyuri und Éva Litván, András Nagy und Ági Losonczy. Vieles verband uns, der Austausch der neuesten politischen Nachrichten, lange Theoriedebatten, Scherze und die gemeinsame Hilfe für die in Bedrängnis Geratenen. Solche Freundschaften dauern ein Leben. Als ich später längere Zeit in Amerika lebte, fiel mir auf, wie schnell die Menschen dort das Wort „Freund" gebrauchen. Freunde können Leute sein, mit denen sie sich auf einer Party gut amüsiert oder die sie ein, zwei Mal in einer Universitätskommission getroffen haben. In unserer Zeit verwendeten wir das Wort nicht so schnell, es hatte Gewicht. Das Leben unter einer Diktatur wäre unerträglich ohne Freunde.

Anmerkungen

1 ÁBTL V-150-352/deoc. 1, S. 442. 16. April 1957. MOL XX-h. 1. d. 3.k. S. 92–97. 13. Juli 1957. Meine Beteiligung an der Ausarbeitung des Regierungsprogramms ging in meine Strafakte ein. (Meine Strafakte: ÁBTL C-R-N 0082-479-2. Ich konnte das Dossier vom 21. Dezember 1966 einsehen. Es muss auch schon früher ein ähnliches Dossier gegeben haben.)
2 Vida 1992, S. 4.
3 Gimes 1956.
4 Halda 2002, S. 167.
5 Kornai 1990a [1957], S. 6.
6 Esze 1956.
7 Péter 1957.
8 G. Ripp 1957, S. 3.
9 Molnar 1957, S. 45.
10 Gulyás 1957–8, S. 31.
11 Kornai 1994b [1959].
12 „Bureaucrats at Large" 1960; R.N.W.O. 1959; Devons 1959.
13 Spulber 1960, S. 763.

14 Nove 1960, S. 389.

15 MOL M-KS XX-5-h. 50.d.1.k. S. 48–54. Datum: 20. März 1957. MOL M-KS XX-5-h. 52. d.1.k. S. 10–13. Datum: 8. Mai 1958.

16 MOL M-KS XX-5-h. 1.d.4.k. S. 57–9. Datum: 16. April 1957.

17 MOL M-KS XX-5-h. 86.d.5. S. 49–67. Vernehmungsprotokoll von P.P.. Die Passage, auf die sich der Vernehmungsoffizier bezog, findet sich auf S. 51. Gimes' Plan, eine Zeitung zu gründen, und ihre Herstellung werden auf S. 51–4 besprochen. Datum: 10. April 1957.

18 MOL M-KS XX-5-h. 1.d.4.k. S. 57–9.

19 MOL M-KS XX-5-h. 86.d.4. und 5.k.

20 Die Arbeit von Hungaricus kam unmittelbar nach ihrer Abfassung heraus. Vervielfältigte Abzüge wurden nur in beschränkter Zahl einem engen Kreis von Leuten zugänglich gemacht. In gedruckter Form erschien der ungarische Text erst 1989.

21 Fejtö schrieb 1957 einen Artikel über die Hungaricus-Studie. Die Studie selbst wurde 1959 ungekürzt auf Französisch vom Imre Nagy Institut in Brüssel publiziert.

22 ÁBTL V-145-288/Dokument 3, S. 482–92. Vernehmungsprotokoll J. Vassiliou. Datum: 11. Juni 1959. Siehe auch Vasziliu 1999.

23 ÁBTL V-145-288/Dokument 2, S. 327. Sándor Feketes eigenhändiges Geständnis Punkt 11. ÁBTLV-145-288/Dokument 3, S. 482–92. J. S. auch Vasziliu 1999. ÁBTLV-145-288/Dokument 9, S. 156–60, 233.

24 Novobáczky 1956, S. 1.

25 ÁBTL V-145-288/Dokument 3, S. 482–92. J. Vassilious Vernehmungsprotokoll. Datum: 11. Juni 1959. ÁBTL V-145-288/Dokument 2, S. 326. Sándor Feketes eigenhändiges Geständnis Punkt 7.

26 ÁBTL V-145-288/Dokument 2, S. 327. Sándor Feketes eigenhändiges Geständnis Punkt 8.

7 Meine Universitäten – 1957–1959

„Meine Universitäten" nannte Gorki den Lebensabschnitt, als er von der Welt lernte und nicht von der Universität. Ich möchte die Bezeichnung für die Geschichte meiner Entwicklung übernehmen. Was ich vor 1955 an brauchbaren und ernüchternden Erfahrungen aufnahm, kann „Vorbildung" genannt werden. Doch auch als professioneller Wissenschaftler erwarb ich das Meiste selbst, wenn auch mit mehr Methode als zuvor.

Selbststudium

Als die Revolution niedergeschlagen war, beschloss ich, das Land nicht zu verlassen. Trotzdem wollte ich auch im Westen als Ökonom gehört werden. Hinter dieser bewusst „westlichen" Orientierung stand unter anderem meine Wut über den Einmarsch der sowjetischen Panzer. Ich las zwar noch immer mühelos Deutsch, aber mein Schulenglisch war eingerostet. Also begann ich das Jahr 1957 mit Englischstudien. Die ökonomische Literatur konnte ich bald mühelos lesen, beim Sprechen holperte es noch immer.

Ich „verschlang" die Bücher zwar nicht mehr (das tat ich als Teenager mit der schöngeistigen Literatur), doch las ich viel und systematisch. Vielleicht hatte ich einen guten Ratgeber bei der Wahl der ersten Einführungen oder auch einfach Glück, denn sie war ausgesprochen produktiv. Ich begann mit Paul Samuelsons berühmtem Lehrbuch[1] in deutscher Übersetzung. Als weiterführenden Text nahm ich mir die didaktisch hervorragenden drei Bände des westdeutschen Ökonomen Erich Schneider vor.[2] Damit war mein Studium grundlegender Lehrbücher abgeschlossen. Danach vertiefte ich mich in verschiedene Monographien, Sammelwerke und Zeitschriftenaufsätze. Hier sind zur Illustration einige Autoren, in alphabetischer, nicht in zeitlicher Reihenfolge: Kenneth Arrow[3]; Kenneth Boulding; Walter Eucken; Ragnar Frisch; Gottfried von Haberler; Friedrich von Hayek[4]; John Hicks[5]; Michał Kalecki; Arthur Pigou; Samuelson[6]; Heinrich von Stackelberg*; Jan Tinbergen[7]. Ich erwähne nur Autoren, die ich aufgrund meiner

* Die deutschen Ökonomen Eucken und von Stackelberg haben wichtige Beiträge geliefert. 1957 standen sie mir auf Deutsch zur Verfügung, wodurch ich ihre Ideen sehr viel leichter aufnehmen konnte als die Ideen der Englisch schreibenden Autoren.

späteren Auslandserfahrungen als große Wissenschaftler schätzen lernte.* Natürlich las ich auch vieles, was sich später nicht unbedingt als gute Wahl herausstellte. Man hätte die darauf verschwendete Zeit und Energie Wichtigerem widmen können. Da fehlte mir dann unglücklicherweise ein Lehrer mit profunder Kenntnis der neuesten Schriften, der mich hätte anleiten können.

Ich ging gründlich vor, las nicht nur über den Text hinweg, sondern notierte als Gedächtnisstütze die Hauptpunkte und löste Aufgaben. Aus dem Gelesenen versuchte ich fortwährend, Relevantes für die sozialistische Wirtschaft abzuleiten. Ich fragte mich, ob sich derselbe Apparat auf die Operationen einer ungarischen Unternehmung oder eines ungarischen Industriezweiges anwenden lasse oder gar auf die gesamte Wirtschaft? Ich studierte nicht nur die Ergebnissen der Arbeiten, sondern ihren Stil und ihre Methode. Dieser intellektuelle Ansatz blieb mein Leben lang gültig. Schlüsse wurden aus einem logischen Argument entwickelt, manchmal kompliziert, aber immer klar und folgerichtig, nicht aus leerer, doktrinärer Spekulation. Die Verfasser beriefen sich nicht auf Autoritäten als Ersatz für Argumente. Einem westlichen Studenten musste der Zwang zu argumentieren selbstverständlich erscheinen, mir nicht. Nach all den Schriften voller Zitate aus Marx, Engels, Lenin, Stalin und Rákosi war dies ein herrliches Gefühl.

Mein Interesse richtete sich auf Mikroökonomie und verwandte Gebiete, vor allem Wohlfahrtsökonomie und die Theorie des *rational choice*. John Maynard Keynes lernte ich erst später kennen. Ich machte mich von marxistischen Vorurteilen über die „bürgerliche Ökonomie" frei und wurde so für den „*mainstream*" des ökonomischen Denkens aufnahmefähig. Das bedeutete nicht automatisch die unkritische Übernahme eines „...ismus", wie es mir vor 10 oder 12 Jahren wiederfahren war, als ich Marxismus studierte. Die Erklärung wirtschaftlicher Phänomene, die ich in diesen Schriften antraf, schien mir überzeugend. Den Begriff „Neo-Klassik" kannte ich seit Samuelsons Lehrbuch. Am Ende meiner privaten Studien fehlte nicht viel und ich hätte mich als Anhänger des neoklassischen Denkens bezeichnet. Was mich daran hinderte, waren nicht wirkliche Zweifel oder Gegenargumente, sondern ein Eigensinn, der auf früheren Enttäuschungen beruhte und der Entschlossenheit, intellektuell unabhängig zu bleiben.

Niemand trieb mich an, niemand verlieh mir einen Grad, mit dem ich eine Karriere hätte beginnen können. Manchmal musste ich morgens zum Polizeiverhör

* György Péter und der spätere Direktor der Budapester Oper András Mihály brachten mir von ihren Reisen in den Westen Bücher mit. Andere fand ich in den Bibliotheken der Budapester Universität oder der Akademieinstitute.

und setzte mich trotzdem am Nachmittag hinter meine Bücher. Selbst wenn der Montag schreckliche Nachrichten brachte, dienstags und mittwochs arbeitete ich zäh das selbstgesetzte Pensum durch. Immer wenn ich mit ernstlichen Problemen zu kämpfen hatte, waren Studium und Arbeit Therapie, eine Möglichkeit, seelische Verletzungen zu heilen.

Ein kleiner Zeitsprung: Als ich später an amerikanischen Universitäten unterrichtete, fragten sich weder Kollegen noch Studenten, wo ich meine Ökonomiekenntnisse erworben hatte. Die Antwort schien ihnen selbstverständlich, was nicht der Fall war, nicht nur, weil ich die Budapester Karl Marx Universität für Ökonomie nicht besucht hatte. Selbst wenn ich ein Studium absolviert hätte – in den späten 1940er und frühen 1950er-Jahren, d.h. in der Periode, als die marxistische Ideologie sich durchsetzte und ein Deutungsmonopol erlangte, wäre das möglich gewesen – ich hätte nichts von moderner, westlicher Ökonomie erfahren.

Die Lange-Hayek-Debatte

Die westliche Sozialismusdebatte der 1930er-Jahre war für mich ein intellektuelles Faszinosum ersten Ranges. Der erste ökonomische Text, den ich auf Englisch las, war zufällig der klassische Aufsatz über den Sozialismus von Oskar Lange, dem berühmten polnischen Ökonomen, der zur Zeit der Abfassung in den USA lebte. Später las ich die wichtigsten Beiträge zur Sozialismusdebatte, auch den von Hayek herausgegebenen Band[8], der eine Breitseite auf die Planung abfeuerte und Abba Lerners berühmte *Economics of Control*. Bei der Auswahl der Lektüre half mir eine kluge Literaturübersicht von Abram Bergson. Als ich diese Arbeiten las, konnte ich mir nicht im Traum vorstellen, dass ich eines Tages persönlich mit Lange, Lerner oder Maurice Dobb zusammentreffen, oder dass mein Harvard-Büro neben dem von Bergson liegen würde. Später lebten wir sogar in benachbarten Wohnungen in Cambridge.

Hinweise und Schriften von György Péter und Beschreibungen des jugoslawischen Systems hatten mir klar gemacht, dass in einer sozialistischen Wirtschaft die Allokation der Ressourcen dem Markt überlassen bleiben sollte. Mein eigenes Buch richtete sich gegen die „Überzentralisierung". Jetzt erfuhr ich, dass zwanzig Jahre zuvor Ökonomen in Chicago, London und Cambridge (in beiden: also in England und in Massachusetts) auf hohem theoretischem Niveau darüber debattiert hatten, wie weit eine Wirtschaft, in der die Unternehmen dem Staat gehören, mit der Dezentralisierung gehen könne. Lange entwickelte ein theoretisches Modell, in dem die Produktion in Staatsbetrieben stattfindet, mit dem alleinigen wirtschaftlichen Ziel der Gewinnmaximierung*. Die Preise sind nicht frei, sondern werden von einer zentralen Planbehörde nach folgender, sehr einfachen Regel festgelegt: Übersteigt die Nachfrage nach einem Produkt das Angebot, wird der Preis heraufgesetzt; übersteigt das Angebot die Nachfrage, dann wird der Preis gesenkt. Die Zentralplaner brauchen nichts anderes zu tun, als Angebot und Nachfrage zu beobachten und die Preise entsprechend anzupassen. In Übereinstimmung mit den üblichen neo-klassischen Annahmen zu Märkten und Preisen stellt Lange fest, dass der Markt zu einem Gleichgewicht tendiere. In Langes Arbeit stieß ich zum ersten Mal auf den englischen Begriff „*trial and error*“[9]. Der Gleichgewichtspreis wird nach wiederholten Versuchen und zahlreichen Fehlschlägen gefunden. Begründet hatte die Theorie des allgemeinen Gleichgewichts der Franzose Léon Walras, einer der Heroen der Ökonomiegeschichte. Jede Zeile der Arbeit Langes atmete den Geist der walrasianischen Ökonomie.

Langes Aufsatz traf inhaltlich und zeitlich genau die theoretische und ideologische Nachfrage vieler westlicher Wirtschaftswissenschaftler mit linken Anschauungen. Ihre politischen Sympathien lagen auf Seiten eines sozialistischen Systems, andererseits verwarfen sie die Ablehnung des Markts bei Marx. Sie traten aus theoretischer Überzeugung und praktischen Gründen für den Markt ein. Vom Marxismus waren sie meilenweit entfernt und ergriffen Partei für Walras und die Neo-Klassik. Deshalb konnte Langes Synthese sie begeistern. Aus den gleichen Gründen erschien sie auch mir besonders sympathisch. Der ökonomische Gehalt überzeugte mich, und ich war beeindruckt von der Argumentation oder vielleicht sollte ich besser sagen von der „Ästhetik“ – der einfachen, klaren Harmonie seines theoretischen Gebäudes.

Aber meiner Ansicht nach war Hayeks Kritik ebenso relevant. Er stützte sich allerdings nicht so sehr auf theoretische als auf praktische Überlegungen. Wie können Zentralplaner Angebot und Nachfrage von Millionen von Gütern gleichzeitig feststellen? Seine Argumente kannte ich nur zu gut: die Beschränkung zentralisierten Wissens. Hayek legte zu Recht dar, dass der Markt nicht nur ein Ausgleichsmechanismus ist. Wissen ist in der Gesellschaft dezentralisiert. Nur ein dezentralisierter Markt und Privateigentum ermöglichen es einem, auf unmittelbare Anreize zu reagieren und dabei das vorhandene Wissen maximal zu nutzen. Die Lektüre von Hayek richtete meine Aufmerksamkeit auf die enge Beziehung zwischen Wissen, Anreizen und Eigentum. Die Struktur dieser Beziehung war mir damals noch unklar, doch ich begann zumindest, systematischer darüber nachzudenken. Ich möchte dabei nicht eine Position auf das Jahr 1957 rückprojizieren,

* Lange schrieb ursprünglich „Kostenminimierung“, doch das wurde in späteren Beiträgen geändert.

mit der ich erst später in mehreren Schriften die Ablehnung von Langes Vorschlag begründete. Mein späteres Gegenargument beruht auf der Untrennbarkeit von politischer Struktur, Eigentumsverhältnissen und Marktkoordination. 1957 stand mir das noch nicht klar vor Augen. Vielmehr reagierte ich auf die Debatte, ohne darüber urteilen zu können. Die Argumente von Lange und Lerner erschienen mir klug und konsistent, doch Hayeks Kritik überzeugte mich ebenfalls.

Der Stil der Debatte hat mich vielleicht genauso beeinflusst wie ihr Gegenstand. In Ungarn wurde damals ein eng verwandtes Thema diskutiert. György Péter und ich entwickelten Ideen, die denen von Lange und Lerner im Westen ähnlich waren. Wir wurden verunglimpft und bedroht. Drüben entfaltete sich auf zivilisierte Weise ein Diskurs mit Argumenten, die von Argumenten beantwortet wurden, und nicht mit Schaum vor dem Mund und Verleumdungen. Mir war klar, dass unsere Streitkultur nicht erst mit Endre Molnár oder Géza Ripp begonnen hatte. Gegner zu beleidigen und anderen Anschauungen mit verächtlicher Arroganz zu begegnen, entsprach einer Tradition, die auf Marx zurückging, von Lenin fortgesetzt wurde und in Stalin gipfelte. Und der beschimpfte seine Widersacher nicht nur, er ließ sie gleich erschießen.

Weitere Untersuchungen zur Leichtindustrie

Während ich eifrig las, wollte ich auch die Arbeit fortsetzen, die mit *Overcentralization* begonnen hatte, und sie in zwei Richtungen weiterentwickeln. Zum einen beabsichtigte ich, Themen einzubeziehen, denen ich zuvor nicht die erforderliche Aufmerksamkeit widmen konnte, wie Preise, Investitionen und das Steuer- und Kreditsystem. Zum anderen interessierten mich die methodischen Veränderungen in der Wirtschaftsverwaltung. Hatten die Vorschläge aus der Zeit vor der Revolution und diejenigen der Varga-Kommission (siehe Kapitel 5) irgendeine Wirkung? Beide wiesen in die gleiche Richtung und, wenn schon nicht auf die Abschaffung der Befehlswirtschaft, dann doch zumindest auf ihre Einschränkung und eine Raumerweiterung für den Marktmechanismus.

Ich setzte diese Untersuchung mit großer Intensität fort, nahm die Kontakte in der Leichtindustrie wieder auf und traf mich mit vielen neuen Leuten. Auch ging ich diesmal systematischer vor und arbeitete mit vorbereiteten Fragebögen. Zudem versuchte ich, mein neues Wissen aus der westlichen Literatur einzusetzen. Nachdem ich die Kostenfunktion einer Firma kennen gelernt hatte, verwendete ich dieses Konzept bei meinen nächsten Fabrikbesuchen. Ich versuchte, die reale Kostenfunktion einer Textilfabrik zu bestimmen unter Berücksichtigung der

Tatsache, dass es sich dabei um eine mehrstufige Produktion zahlreicher verschiedener Produkte handelte. Mit dem konzeptuellen Apparat von Substitution und Grenzrate der Substitution im Hinterkopf versuchte ich herauszubekommen, wie in Ungarn die Preise importierter und heimischer Vorprodukte festgelegt wurden. Wenn das ungarische Verfahren nicht hinreichend rational war, d.h. nicht dem normativen Modell entsprach, das ich aus der westlichen Literatur kannte, wie konnte man dann den Preisbildungsprozess ändern?

Studium mit Forschung zu verbinden, war ein gesunder Ansatz. Für einen Studierenden ist es didaktisch hilfreich, Modelle mit der Praxis vergleichen zu können. Auch wird dadurch das Erinnerungsvermögen gestärkt. Und man lernt so – noch wichtiger –, die Anwendbarkeit von Theorien zu überprüfen. Hier ging es nicht um gewichtige Hypothesen, sondern nur um kleine Bestandteile des umfassenden neo-klassischen Gebäudes. Sie waren für einen wiederholten Vergleich von Theorie und Praxis geeignet, was mir bei theoretischen Arbeiten des Marxismus fehlte. Neben der praktischen Anwendung und Bestätigung des frisch Erlernten in meinem Kopf und meinen Notizen versuchte ich, das Ganze auch in Aufsätzen unterschiedlicher Länge zu verarbeiten. Im Ergebnis erschien eine Reihe von Publikationen in technischen und kaufmännischen Zeitschriften mit geringer Auflage.* Dazu veranlasste mich Verschiedenes. Zum einen waren es Übungen. Ich bin ein „Graphomane", der es nicht lang aushält, ohne zu schreiben. Dann ging es mir darum, meine Gedanken zu ordnen. Beschäftigt mich ein Problem, dann muss ich meine verschiedenen Überlegungen aufschreiben, in einem Aufsatz, einem Brief an irgendjemanden (selbst wenn er nicht zur Post gebracht wird) oder in einer persönlichen Notiz. Klärung bedeutet für mich, die Dinge aufzuschreiben. Schließlich wollte ich meine Informationen auch anderen mitteilen. Hatte ich einmal das eine oder andere verstanden, dann sollten andere es ebenfalls lesen und verstehen. Keiner dieser kurzen Aufsätze trug zur Weiterentwicklung des ökonomischen Denkens bei. Sie bereicherten nicht das ökonomische Wissen, wohl aber meinen Werdegang als Ökonom. Im Rückblick würde ich sie mit dem Training eines Sportlers vergleichen.

---

* Ich schrieb auch Aufsätze zu anderen Themen, nicht nur zu Fragen, die eng mit meinen Studien verbunden waren. Mit Dankbarkeit erinnere ich mich an die Herausgeber der Zeitschriften *Élet és Tudomány* (Leben und Wissenschaft), *Figyelő* (Beobachter), *Közgazdasági Szemle* (Wirtschaftsüberblick) und *Statisztikai Szemle* (Statistischer Überblick), denen wohl bewusst war, dass die Mächtigen meine Arbeiten mit Missfallen gedruckt sahen, und die sie trotzdem herausbrachten – auch um mir ein kleines Extraeinkommen zu ermöglichen. Manchmal mussten sie meine Artikel anonym oder unter meinen (oder falschen) Initialen veröffentlichen.

Distanzierung

Die Struktur dieser Erinnerungen veranlasst mich, Geschichten zu trennen, die in Wirklichkeit eng miteinander verbunden waren. Das vorige Kapitel handelte von Stürmen um mich herum und in meinem Inneren. Dieses Kapitel geht bislang über ruhige geistige Aktivitäten – lesen, mit Kollegen sprechen, Notizen machen und Aufsätze schreiben, wie es jeder junge Wissenschaftler in Oxford, Princeton oder Kiel tut. Doch es sei wiederholt: Meine Situation war damals ganz anders. Meine Gedanken, Gefühle und freien Assoziationen wurden von wirtschaftlichem Studium und Polizeiverhören, Aufsatzschreiben und unheilvollen politischen Ereignissen, d.h. von gleichzeitigen und untrennbar miteinander verbundenen Erfahrungen bestimmt.

Die polizeiliche Untersuchung zu Sándor Feketes Hungaricus-Essay war noch im Gang, als mich ein alter Kollege aus dem Institut für Ökonomie ansprach. Er war aktives Parteimitglied mit ehrlicher Überzeugung. Er verhielt sich mir gegenüber immer wohlwollend, und wir waren ziemlich vertraut, so dass er über meine Anschauungen und meinen Freundeskreis Bescheid wusste. Wir sprachen über dieses und jenes. Dann stellte sich heraus, dass er eine Nachricht zu überbringen hatte: „Die Genossen würden es schätzen, wenn du dich irgendwie von Péter Kende absetzen könntest, der das Land von Paris aus angreift und dein Buch zitiert." Anonyme „Genossen" zu zitieren, war zu jener Zeit üblich. Weder damals noch später fragte ich ihn, wer ihn geschickt habe, und heute kann ich ihn nicht mehr fragen, da er nicht mehr am Leben ist. Ich vermute, dass die Nachricht von István Friss kam. Die Untersuchungsbeamten hatten ihn wahrscheinlich gefragt, was er von mir halte und hatten ihm die Hungaricus-Geschichte erzählt. Jorgos Vassiliou hatte bei ihm studiert, und der Vorfall machte ihm sicher Unannehmlichkeiten. Hinzukommt, dass er meinen Artikel für die Zeitschrift *Kösgazdasági Szemle* gelesen hatte, wovon ich gleich berichten werde. Aber all das sind Vermutungen. Es hätte auch jemand in der Parteizentrale oder von der Polizei sein können. Selbst wenn mein früherer Kollege diese Nachricht in freundlichem Ton überbracht hatte, spürte ich doch, dass die Absender damit eine starke Drohung verbanden.

Péter Kende hatte für eine französische Zeitschrift einen klugen, interessanten Artikel über die ungarische Planwirtschaft geschrieben und dabei mehrfach *Overcentralization* zitiert.[10] Er hielt es für wichtig, die Quelle bestimmter Ideen und Informationen exakt anzugeben, wie das in wissenschaftlichen Publikationen üblich ist. Er konnte sich auch zu Recht bis zu einem gewissen Grad an *Overcentralization* beteiligt fühlen, da unsere häufigen Gespräche mich beim Schreiben wesentlich beeinflusst hatten. Schließlich mag er gedacht haben, dass sich Autoren generell freuen, zitiert zu werden. Und das ist auch so – wenn es nicht gerade 1957 und von Péter Kende gewesen wäre. Es war wirklich unangenehm, denn Fekete und Vassiliou waren in der Gyorskocsi-Straße unter anderem zur Frage verhört worden, welche Rolle die Kornai-Kende-Verbindung bei der Veröffentlichung des Hungaricus-Essays gespielt hat. Bei meinem Verhör wurden mir die Protokolle ihrer Vernehmungen vorgehalten. (Wie schon erwähnt befand sich die „Kornai-Kende-Verbindung“ im Polizeidossier meiner angeblichen Verbrechen.)

Ich entschloss mich zu tun, was man mir „riet“. Ich arbeitete an einem Artikel über meine Forschung in der Leichtindustrie. Darin untersuchte ich, inwieweit das Managerverhalten von einer „Mengenperspektive“ oder einer „Wirtschaftlichkeitsperspektive“ beeinflusst werde.[11] Ich fügte deshalb einige eher weit hergeholte Sätze hinzu, mit denen ich mich von Péter Kende distanzierte. Ich verwahrte mich dagegen, er habe ein Scheitern des Sozialismus in mein Buch hineingelesen, und fügte selbstkritisch hinzu, dass fehlerhafte Formulierungen solche Schlussfolgerungen in *Overcentralization* möglich machten.

Dem Druck nachzugeben, war ein quälendes und entwürdigendes Gefühl. Ich schämte mich besonders, weil ich es Péter gegenüber tat. Ich konnte mich damit trösten, dass ihm, der in Paris in Sicherheit war, damit kein Schaden entstand, während es meine Situation leichter machte. Nüchterne Ökonomen nennen das gewöhnlich eine „Pareto-effiziente Lösung“*. So etwas mag man als Überlebensstrategie billigen, doch ich hatte das Gefühl, dass diese „Verleugnung“ jenen Normen widersprach, die ich im Zusammenhang mit Freundschaft für gültig hielt.

Wir trafen uns 1964 ein erstes Mal seit Péters Emigration wieder. Die Geschichte mit dem Artikel kam zur Sprache, aber Péter machte mir nur den Vorwurf, dass ich ihm keine Nachricht geschickt hatte und gesagt hatte: „Ich war gezwungen, das zu schreiben, aber natürlich meine ich es nicht so.“ Ich gab diesen Fehler zu, und wir kamen überein, nicht mehr davon zu sprechen. Wir trafen uns mehrfach in den Jahrzehnten, die er außerhalb Ungarns an verschiedenen Orten verbrachte – Paris, Venedig, Belgien, Holland, England, Schweiz und Deutschland – und nach der Wende auch in Budapest. Doch wir haben, wie 1964 verabredet, kein Wort mehr über dieses heikle Thema verloren. Ich glaube, Péters damalige Reaktion war eine Mischung vieler Gefühle, doch vielleicht überwogen sein Hu-

* Eine Änderung wird Pareto-Verbesserung genannt, wenn es die Situation eines Individuums oder einer Gruppe verbessert, ohne die Lage anderer zu verschlechtern. Der Zustand der Wirtschaft ist Pareto-effizient, wenn keine weiteren Pareto-Verbesserungen möglich sind. (Diese Konzepte hatte der Italiener Vilfredo Pareto in die Ökonomie eingeführt.)

mor und seine Ironie. Fünf Jahre später erschien in Frankreich ein Sammelband seiner Studien, der auch diesen Artikel enthielt.[12] Er schickte mir ein Exemplar mit einer Widmung: „Mit den Arbeiten meiner Feinde komme ich zurecht. Aber Gott schütze mich vor meinen Freunden! Ein Autor."

Eine Sackgasse

Vor nicht allzu langer Zeit ging ich die Publikationen durch, die aus den Untersuchungen in der Leichtindustrie hervorgegangen waren. Dabei fiel mir eine Arbeit besonders auf: „Sollte man das System der Gewinnbeteiligung ändern?"[13] Hinter diesem Titel verbirgt sich ein Thema, das auch heute noch spannend ist. Man hatte 1957 ein Verfahren entwickelt, um Manager und Arbeiter in Staatsbetrieben anzuspornen, den Gewinn zu steigern. Das scheint auf den ersten Blick eine vielversprechende Idee. Staatsbetriebe ersetzen „Mengenmaximierung" durch „Gewinnmaximierung", d.h. Anreize, wie sie für Marktwirtschaften mit Privateigentum typisch sind. So weit, so gut. Doch es stellte sich heraus, dass die Verteilung des Gewinns unter den Betrieben „unfair" war. Der eine Betrieb erzielte nur einen schmalen Gewinn auf Grund von externen wirtschaftlichen Bedingungen, die er nicht beeinflussen konnte, wenn zum Beispiel die Nachfrage nach Exportprodukten gesunken war. Ein zweiter erzielte einen niedrigen Gewinn, weil ein Eingriff von oben die Herstellung weniger profitabler Produkte erzwungen hatte. Ein dritter konnte seinen vergleichsweise enttäuschenden Gewinn auf das Fehlen avancierter Technik zurückführen, wofür er nicht verantwortlich war. Die Verantwortung lag bei denen, die für die Betriebe über Investition und technische Entwicklung entschieden. Die Firmen verlangten deshalb, die „Korrektur" der Gewinnmargen. Defizite, die außerhalb ihrer Kontrolle lagen, sollten kompensiert werden. Gewinn sollte nicht ein Marktergebnis sein, das exogen von Angebot und Nachfrage bzw. der Differenz der erzielten Preise und der angefallenen Kosten bestimmt wird, sondern eine faire Honorierung, die allein von der internen Leistung des Betriebes abhängt, der „gut" oder „schlecht" gewirtschaftet hat.

Mit jenem Artikel aus dem Jahr 1958 näherte ich mich Problemen, die ich zwanzig Jahre später als das Syndrom der „weichen Budgetbeschränkung" beschrieb. Betriebe versuchen, übergeordnete Institutionen dazu zu bringen, sie für Verluste zu entschädigen, für die sie nichts können. Der Gewinnanreiz übt aber nur dann seine volle Wirkung aus, wenn Unternehmen nicht aus finanziellen Notlagen gerettet werden, egal, ob diese selbstverschuldet oder Folge unglücklicher externer Umständen sind. Das mag nicht „fair" sein, aber es zwingt die Wirtschaftssubjekte, Probleme anzugehen, sich ungünstigen Bedingungen anzupassen und durch technische und kommerzielle Innovationen selbst in schwierigen Zeiten nach Gewinn zu streben. Betriebe für ungünstige Bedingungen zu kompensieren, macht sie dagegen passiv und gewöhnt sie daran, nach staatlicher Hilfe zu rufen, anstatt sich durchzukämpfen.* Das Erscheinen dieses Artikels lässt vermuten, dass ich möglicherweise meine späteren Entdeckungen früher hätte machen können, wäre ich in der Lage gewesen, meine Forschungen in einer freieren Atmosphäre fortzusetzen. Das war leider nicht der Fall.

Eine der Hauptfragen für die Untersuchungen in der Leichtindustrie, die ich 1957 begonnen hatte, erwies sich als besonders schwierig zu beantworten. Hat sich nach 1956 irgendetwas am Wirtschaftsmechanismus geändert? Hielt die Regierung ihr Versprechen, nicht zur alten bürokratischen Überzentralisierung zurückzukehren? Tatsächlich wurden herzlich wenige Schritte in Richtung Dezentralisierung unternommen; die Gewinnbeteiligung galt als einer davon. Und viel von dem, was passierte, wurde alsbald zurückgedreht. Das offen auszusprechen oder als wissenschaftliches Untersuchungsergebnis zu publizieren, war damals politisch undenkbar. Andererseits hielt ich es für wenig sinnvoll, etwas aufzuschreiben, um es dann in der Schublade verschwinden zu lassen. Die Tatsache, dass die weitreichenden Schlussfolgerungen meiner Forschung und das reichhaltige empirische Material nicht veröffentlicht werden konnten, zwang mich zur Einsicht, dass meine Arbeit an eine politische Grenze gestoßen war. Ich sah mich in einer Sackgasse. Heute, beim Schreiben meiner Erinnerungen, frage ich mich natürlich, ob meine Einschätzung der Situation zutreffend war. Hätte ich mich nicht an eine Fortsetzung von *Overcentralization* setzen sollen – wäre das die Sache nicht wert gewesen? Eines ist sicher: Damals dachte ich, dass die Antwort auf beide Fragen negativ lauten müsse. Ich kam zur Überzeugung, dass es nicht genügte, mein Untersuchungsthema ein bisschen anzupassen. Ich musste ein völlig neues Forschungsfeld wählen: die ökonomische Anwendung mathematischer Methoden. Das ist Gegenstand des nächsten Kapitels.

Die Zeitperiode dieses Kapitels endet 1959. Ich wechselte das Feld natürlich nicht über Nacht. Doch mit dem Jahresende 1959 hatte ich die Methoden der Wirtschaftsverwaltung in der Leichtindustrie nach 1956 ein für allemal hinter mir gelassen. Ich hatte viel Arbeit auf diese Forschungen verwendet. Trotz aller Anstrengungen gewann ich jedoch nur einige Trainingserfahrungen für meine eigene berufliche Entwicklung. Sonst war es fruchtlose, verschwendete Zeit. Mein Archiv

* Diese Überlegungen aus dem Jahr 1958 deuten einen Gedankengang an, der später in der Ökonomie in Verbindung mit dem Problem des *moral hazard* entwickelt wurde.

enthält tausende, sorgfältig katalogisierte Notizen. Als ich sie für diese Erinnerungen nach so vielen Jahren zur Hand nahm, wurde mir das Herz wieder schwer.

Entscheidungen fürs Leben

„Genossen, das geschieht nicht zufällig" lautete die abgedroschene Phrase, mit der man damals häufig eine Erklärung einleitete. Wer die Marxsche Philosophie kennt, wird kaum behaupten, Marx habe einen extremen Fatalismus an den Tag gelegt oder an die Vorsehung geglaubt. Doch im täglichen Leben des sozialistischen Systems liebten Parteisekretäre und Journalisten, Geschichtslehrer und Abteilungsleiter im Planungsamt die Feststellung, es gebe keine Alternative. Man müsse tun, was der historische Fortschritt diktiere. Und dieses Diktat fiel in der Regel mit ihren Anweisungen zusammen. Es gab keine andere Option, als die Landwirtschaft zu kollektivieren. Der Wirtschaftsplan wurde in einer einzigen Fassung konzipiert, die jede Organisation zu bestätigen hatte, mochte sie auch formell berechtigt sein, ihn abzulehnen oder zu akzeptieren. Es gab nur eine Partei, und die war zu wählen. In der zweiten Hälfte der 1950er-Jahre dämmerte es mir aus den verschiedensten Gründen und Erfahrungen: Es gibt eine Wahl.

Ich las damals die Stücke des großen ungarischen Schriftstellers László Németh. Sie mir eines nach dem anderen vorzunehmen und die jeweiligen Antworten zu sehen, die sie auf wirklich große Entscheidungsprobleme gaben, war eine erschütternde Erfahrung. Sie behandelten Jan Hus, den tschechischen Reformator des 15. Jahrhunderts, der ohne Zögern alle Konzessionen ablehnte – und verbrannt wurde; Galilei, der im letzten Moment Konzessionen machte – und nie mehr mit sich selbst ins Reine kam; Miklós Misztóthfalusi Kis, einen ungarischen Theologen und Typographen aus dem 17. Jahrhundert, der sein Wort zurücknahm – und durch sein prinzipienloses Zugeständnis seelisch verkrüppelt blieb; István Széchenyi, der erst wenig Begeisterung für die 1848er Revolution zeigte und dann ihren Zusammenbruch nicht ertrug – und Selbstmord beging; und Sándor Petőfi, der nicht aus eigenem Antrieb in die Schlacht zog, sondern um den Erwartungen seiner Umgebung zu entsprechen – und einen Märtyrertod starb. László Némeths Stücke zeigen allesamt nicht, wie eine gute Entscheidung aussieht. Sie zeigen alternative Lösungen für große tragische Dilemmata und die Qual, wählen zu müssen.

Ungefähr zur gleichen Zeit stieß ich auf die Existenzphilosophie. Als erstes las ich einen kurzen Text von Sartre. Dann nahm ich mir andere vor. Auch daraus zog ich den Schluss (vielleicht weil ich genau das in sie hineinlesen wollte): Wenn es keinen Gott gibt, sind die Menschen frei zu wählen. Es gibt keine ausweglosen Situationen, die einem keine Wahl lassen und einen damit der Entscheidungsverantwortung entheben. Für mich, dem man „die Partei entscheidet" eingebläut hatte, war es wichtig zu begreifen, dass ich für meine Entscheidungen selbst verantwortlich bin und nicht den Umständen die Schuld dafür zuschieben kann.

Damals war bereits das Modell des *rational choice* ein wichtiges Denkmuster für mich als Ökonomen. Ein späteres Kapitel geht genauer auf meine Kritik an dieser Theorie ein. Hier möchte ich von der großen Tugend des Modells sprechen. Ihrer Struktur unterliegt die Annahme, dass es eine Wahl gibt. Wendet man sie für Zwecke der positiven Analyse an, muss man im Rückblick – selbst kontrafaktuell – die möglichen, aber abgelehnten Alternativen ermitteln. Wendet man sie normativ an, sind die von uns unabhängigen Restriktionen für unsere Wahl zu bestimmen. Innerhalb dieser eingeschränkten Menge von Alternativen gibt es eine freie Wahl.

Fassen wir zusammen, wo ich mit meinen Entscheidungen um 1959 stand. Manche Leute wechseln ihre Laufbahn mit einer einzigen dramatischen Wendung. Ich brauchte ungefähr fünf Jahre, von 1954 bis 1959, um herauszufinden, wie ich in Zukunft leben wollte. Meine fundamentalen Entscheidungen gewannen Gestalt auf Grund einer Reihe von bewussten Überlegungen und Improvisationen, die miteinander verschränkt waren. Der Entscheidungsspielraum wurde immer wieder von externen Zwängen eingeengt. Doch es gab zu jedem Zeitpunkt eine Wahl. Trotzdem kann man im Rückblick feststellen, dass 1959 einige Grundentscheidungen bereits gefallen waren. Fünf davon hebe ich hier heraus:

1. Ich breche mit der Kommunistischen Partei.
2. Ich emigriere nicht.
3. Meine Berufung ist Forschung, nicht Politik. Ich stürze mich nicht in einen heroischen, illegalen Kampf gegen das kommunistische System. Ich wollte durch wissenschaftliche Arbeit zur Erneuerung beitragen.
4. Ich breche mit dem Marxismus.
5. Ich lerne die Grundlagen der modernen Ökonomie. Ich versuche, mit meinen Studien am westlichen ökonomischen Diskurs teilzunehmen.

Jede dieser Entscheidungen ist in einem der vorangehenden Kapitel behandelt worden. Aber hier möchte ich sie zusammen aufzählen und meine Entscheidungen insgesamt Revue passieren lassen. Keine versteht sich von selbst, keine war vorherbestimmt. Ich könnte zahllose Leute um mich herum anführen – Freunde und Bekannte –, die im jeweiligen Fall oder in allen eine andere Wahl getroffen haben. 1959 waren diese Entscheidungen nicht mehr unbestimmte, lose zusammenhängende Absichtserklärungen, sondern eine wohlüberlegte, bewusst gewählte Strategie für mein Leben. Mit meinen engsten Vertrauten sprach ich darüber.

45 Jahre sind seither vergangen, Zeit genug, um sagen zu können, dass diese fünf Entscheidungen für den Rest meines Lebens gültig geblieben sind. Ich behaupte nicht, sie alle ausnahmslos und jederzeit befolgt zu haben. Menschen sind schwach. Aber ich gab mir sicher Mühe, meine Lebensstrategie soweit wie möglich beizubehalten. Verstieß ich gegen eines meiner Prinzipien, machte ich mir später Vorwürfe. Ich lege großen Wert auf den moralischen Imperativ, sich selbst treu zu bleiben.

Anmerkungen

1 Samuelson 1980.
2 Schneider 1946–52.
3 Arrow 1951.
4 Hayek 1975 [1935].
5 Hicks 2001 [1939].
6 Samuelson 1983 [1947].
7 Tinbergen 2004 [1954].
8 Hayek 1975 [1935].
9 Lange 1968 [1936–1937], S. 70.
10 Kende 1959.
11 Kornai 1959.
12 Kende 1964.
13 Kornai 1958.

8 Die ökonomische Anwendung mathematischer Methoden – 1957–1968

Zwei-Ebenen-Planung

Im Verlauf meiner Studien wurde mir klar, welch wichtige Rolle die Mathematik in der modernen Ökonomie spielt. Ohne die mathematische Sprache zu verstehen, war ich nicht in der Lage nachzuvollziehen, was ich las. Wollte ich also ökonomische Forschung auf der Höhe der Zeit betreiben, musste ich mir die mathematischen Methoden aneignen. Doch ihre Anwendung erforderte eine weitgehende Änderung meines Forschungsprofils.

Bekanntschaft mit Tamás Lipták

Mein Hang zu logischer Klarheit erleichterte meinen Plan. Auf der Schule hatte ich immer Bestnoten in Mathematik und Physik erhalten. Jetzt machte ich mich daran, meine Mathematikkenntnisse aufzufrischen und sie weiterzuentwickeln. Ich lernte aus Büchern und belegte Kurse, wobei ich mich auf die Teilgebiete der Mathematik konzentrierte, die in der Ökonomie damals besonders aktuell waren: Analysis, Differential- und Integralrechnung und lineare Algebra.

Natürlich wollte ich die mathematischen Methoden dann auch in meiner Forschung anwenden. Bei den empirischen Arbeiten zur Transformation der Planungsmethoden in der Leichtindustrie nach 1957, die ich im letzten Kapitel beschrieben habe, fiel mir die Rolle der Unternehmensgewinne als besonders interessant auf. Für westliche Autoren ist es selbstverständlich, dass sich die Entscheidungsträger einer Firma vom Gewinnmaximum als Motiv leiten lassen. Also machte man in Ungarn nach 1957 Versuche, den Managern und selbst den Arbeitern in der Leichtindustrie Gewinnanreize zu geben. Verschiedene Boni wurden an die Gewinnerzielung gebunden, allerdings auf eine etwas eigentümliche Art und Weise. Die Gewinnbeteiligung hing nämlich davon ab, ob die Umsatzrentabilität ein bestimmtes Niveau überschritt. So wurden die Manager dazu angehalten, nicht eine absolute Summe, den Unternehmensgewinn, zu maximieren, sondern einen Quotienten, nämlich die Umsatzrendite, das Verhältnis von Gewinn und Umsatz. Auch wenn viele Leute glaubten, beide Anreize liefen auf das Gleiche hinaus, sah ich, das sie unterschiedliche wirtschaftliche Auswirkungen haben.

Ich machte mich daran, die beiden Maximumkriterien und die damit verbundenen Programmierungsaufgaben mathematisch zu formulieren, und schusterte ein Modell zusammen, mit dem ich aber nicht zufrieden war. In dieser Situation kam ich mit András Bródy ins Gespräch, einem ehemaligen Kollegen aus dem Institut für Ökonomie und mir bei der Anwendung mathematischer Methoden in der Ökonomie weit voraus. Bródy schlug vor, mich mit einem jungen Mathematiker am Institut für Mathematik der Ungarischen Akademie der Wissenschaften zusammenzubringen. Der Institutsdirektor, den er gut kannte, war der weltberühmte Mathematiker Alfréd Rényi. Von ihm hatte ich gehört, einer seiner Schüler, Tamás Lipták, interessiere sich für ökonomische Anwendungen.

So lernte ich Tamás kennen. Unsere Zusammenarbeit ließ sich gut an, und bald wurde daraus eine persönliche Beziehung. Rasch stellte sich heraus, dass wir auch in unseren politischen Anschauungen übereinstimmten. Man vergesse nicht: Wir schrieben das Jahr 1957. Als Gebildeter konnte man mit niemandem eng befreundet sein, den politisch zu fürchten man Grund hatte. Lipták war ein unglaublich dünner junger Mann und blieb auch sein ganzes Leben lang dünn. Er hatte schöne Gesichtszüge, eine angenehme Stimme und eine offene Art zu reden, die Menschen innerhalb von Sekunden für ihn einnahmen. Seine Erscheinung war nicht gerade vorteilhaft, aber die Frauen beteten ihn an.

Lipták besaß ein ungewöhnliches Talent für Mathematik und ihn genial zu nennen, ist vielleicht nicht übertrieben. Er verfügte über ein immenses Wissen und präsentierte irgendein Theorem oder eine Methode, von der er einmal gehört hatte, genau dann, wenn man sie gerade brauchte. Als Denker war er selbständig und innovativ. In den Jahren, in denen er mein privater Mathematiklehrer war, lernte ich unendlich viel von ihm. Er gab mir keinen systematischen Unterricht, sondern sprach die Themen an, die gerade aktuell waren. Er empfahl mir Literatur und half dann, sie zu verstehen. Abgesehen von dem Wissen, das ich mit seiner Unterstützung erwarb, lernte ich unendlich viel über die Art und Weise, wie man ein Problem anpackt. Nie versuchte er, die abstrakten Annahmen zu verbergen, auf die ein Modell sich gründete oder die Vereinfachungen, die es der Realität gegenüber vornahm. Er versuchte im Gegenteil, die Modellvereinfachungen völlig transparent zu machen.

Er forderte absolute Präzision. In seinem Fall war dieser lobenswerte und notwendige wissenschaftliche Anspruch bis ins Extrem gesteigert, worin sich vielleicht die ersten Symptome seiner späteren mentalen Probleme äußerten. Wir lebten in der Zeit vor dem Computer. Tamás schrieb also jede seiner Arbeiten mit der Hand, mit kalligraphischer Exaktheit. Fand er auf Seite zwanzig eines Textes voller Gleichungen einen kleinen Fehler, dann warf er eher alles fort und begann von Neuem, als dass er den Fehler korrigiert hätte. Ein Manuskript hatte makellos zu sein! Ich erreichte nie seine absolute Präzision, doch dank seines Beispiels strebte ich mehr und mehr in diese Richtung. Bemerke ich in einem meiner Texte eine kleine Ungenauigkeit, dann habe ich heute noch den Don Quixote der mathematischen Präzision vor Augen: Tamás würde jetzt den Text wegwerfen und neu anfangen.

Ich möchte Lipták hier nicht idealisieren. Dieser kreative Geist und unendlich liebenswerte Mensch war manchmal schwer zu ertragen. Ich zum Beispiel zwinge mich, äußerst pünktlich zu sein, und bin immer vor dem vereinbarten Zeitpunkt zur Stelle. Es irritiert, ja ärgert mich, wenn andere zu spät sind.* Ich strenge mich an, die verabredete Zeit einzuhalten, oder minimiere zumindest meine Verspätung und fühle mich schlecht, wenn ich es nicht schaffe. Tamás war in dieser Hinsicht das glatte Gegenteil. Selten kam er pünktlich zu unseren Treffen, nie hielt er eine Frist ein. Er hatte dann kindische Entschuldigungen für sein Zuspätkommen, für ein verpasstes Treffen oder wenn er versäumt hatte, einer Verpflichtung nachzukommen. Oder aber er erwähnte erst gar nicht, dass er im Verzug war. Dieser Temperamentsunterschied verursachte immer wieder Spannungen.

Eine mathematische Untersuchung der Erfolgsbeteiligung

Wenden wir uns dem ökonomischen Problem zu, das mich 1957 veranlasste, Kontakt mit Lipták aufzunehmen. Es stellte sich rasch heraus, das es mathematisch schwer zu behandeln war, wenn man genau sein wollte und die Sache nicht solange vereinfachte, bis die von der Realität verursachten Komplikationen verschwanden. Wir mussten eine bestimmte nicht-lineare Programmierungsaufgabe lösen. Wir setzten immer wieder neu an. Die Kapitel der Arbeit wurden in Dutzenden von Fassungen geschrieben. Nach viel Kopfzerbrechen und stundenlangen gemeinsamen Sitzungen stand schließlich ein Text von ungefähr 250 Seiten, den wir beide für akzeptabel hielten.

Dann wurde unsere Arbeit unterbrochen. Man nahm Tamás fest. Er hatte freiwillig bei einer Aktion mitgewirkt, die ich im letzten Kapitel ausführlich beschrie-

* Ich war noch journalistischer Anfänger, als Ernő Gerő, der „Zar" der Wirtschaftspolitik in der Kommunistischen Partei, mich zu einem bestimmten Termin in sein Büro bestellte. Ich wartete eine Zeit lang und erklärte der Sekretärin dann in gereiztem Ton, zwanzig Minuten seien seit dem vereinbarten Termin verstrichen und ging. Die Leute konnten meine Kühnheit kaum fassen. Gerő dagegen scheint von meinem Beharren auf dem vereinbarten Zeitpunkt beeindruckt gewesen zu sein und unterließ jede Bemerkung zu meinem ungewöhnlichen Schritt.

ben habe. Sándor Feketes Hungaricus-Essay, bei dessen Schmuggel ins Ausland ich geholfen hatte, war zuvor in Ungarn vervielfältigt und in intellektuellen Kreisen verbreitet worden. Daran war Tamás beteiligt gewesen, er hatte die Vervielfältigungsmaschine bedient. Wir kannten einander noch nicht, als wir beide unseren Teil zu dieser Aktion beitrugen. Als wir später den Kampf an der wissenschaftlichen statt an der politischen Front aufnahmen, sahen wir in dieser politischen Vergangenheit etwas Gemeinsames. Tamás' Verhaftung kam nicht überraschend für uns. Sein Name stand allerdings weit unten auf der Liste der Angeklagten. Er verbrachte ungefähr ein Jahr in Untersuchungshaft und dann im Gefängnis. Ich schrieb einmal eine Reihe mathematischer Probleme auf, die mit unserer gemeinsamen Arbeit zu tun hatten, und gab sie seiner Frau Manyi, damit er in seiner Zelle etwas zum Nachdenken habe. Die Probleme waren nicht dringend, doch ich dachte, sie könnten ihm helfen und seine Aufmerksamkeit vom Gefängnisalltag ablenken.* Aber weit entfernt, über mathematische oder ökonomische Probleme nachzudenken, unternahm der arme Tamás einen Selbstmordversuch. Das war eine schreckliche Ankündigung der Depression, die ihn später überkommen sollte. Glücklicherweise wurde sein Leben damals gerettet.

Tamás befand sich noch im Gefängnis, als ich aus dem Institut für Ökonomie entlassen wurde. Ich suchte beim Ministerium für Leichtindustrie Unterstützung für die Veröffentlichung unseres Manuskripts. Das Ministerium war zwar bereit, die Druckkosten zu übernehmen, allerdings nur, wenn der Name des Gefangenen Tamás Lipták nicht auf dem Umschlag erschien. Ich suchte Rat bei Alfréd Rényi, seinem Vorgesetzten und väterlichen Freund. Wir kamen überein, auf das Titelblatt „In Zusammenarbeit mit dem Institut für Mathematik der Ungarischen Akademie der Wissenschaften" zu setzen und Tamás' Namen weg zu lassen. Die Arbeit kam schließlich 1959 als Buch in primitiver, hektographierter Aufmachung heraus.[1] Die Bibliographie enthielt neben empirischen Studien über die ungarische Leichtindustrie auch einige westliche Arbeiten zur Ökonomie, die ich damals gerade gelesen hatte. Kapitel 5 zum Beispiel zitierte Erich Schneider und Jan Tinbergen. Heute wundert das niemanden, aber im Ungarn des Jahres 1957 war es absolut unüblich, die Namen „bürgerlicher" Ökonomen positiv zu erwähnen.

Nach Tamás' Entlassung beschlossen wir, unsere Resultate in einer englischsprachigen Zeitschrift im Westen zu veröffentlichen. Bei der Abfassung des Ar-

---

* Die Idee war gar nicht so abwegig. Wie man später erfuhr, hatte es unter den Verurteilten von 1956 Leute gegeben, die Fremdsprachen gelernt, Übersetzungen angefertigt oder als Schriftsteller versucht hatten, literarische Arbeiten zu verfassen.

tikels war Tamás in seinem Element.* Ich fing gerade erst an, mit dem Stil und den formalen Anforderungen mathematischer und ökonomischer Zeitschriften im Westen vertraut zu werden. Tamás hingegen las sie schon seit Jahren. Und so war der Inhalt des Artikels zwar unser gemeinsames Produkt, aber die mathematische Präzision und die westliche stilistische Aufmachung gingen ganz auf Tamás' Rechnung.

Damals, und noch lange Zeit später, durfte kein Autor seine wissenschaftliche Arbeit ohne vorherige Genehmigung in den Westen schicken. In den meisten Fällen war man an einem Forschungsinstitut oder einer Universität angestellt und legte die Arbeit üblicherweise dem Vorgesetzten vor, der sie seinerseits an seinen Vorgesetzten weiterreichte. War sie politisch heikel, ging sie gleichzeitig an die Parteizentrale.** Auf der einen oder anderen Ebene fiel dann die Entscheidung, ob man die Sache zur Veröffentlichung im Westen einreichen dürfe.

Lipták und ich beschlossen, eine solche Erlaubnis gar nicht erst einzuholen. Wir steckten den Artikel einfach in einen Umschlag und brachten ihn zur Post. Noch saßen die Leute, die man unter anderem beschuldigt hatte, die Arbeit eines ungarischen Autors (Sándor Fekete) illegal ins Ausland geschafft zu haben, im Gefängnis. In diese Affäre waren auch Lipták und ich verstrickt. Selbst wenn der Artikel, den wir jetzt verschickten, frei von politischen Aussagen war, taten wir doch etwas Illegales. Aber wir wollten uns keinesfalls an eine offiziell vorgeschrie-

* Der ungarische Text wurde unter dem Titel „A Mathematical Investigation of Some Economic Effects of Profit Sharing in Socialist Firms" übersetzt. Die Übersetzung fertigte Baron József Hatvany an, dessen Leben einen Roman und nicht nur eine Fußnote verdient. Das Mitglied der steinreichen, gefeierten Hatvany-Familie war Neffe von Lajos Hatvany, der zu den Entdeckern der eminenten Dichter Endre Ady und Attila József gehörte. Dieser Onkel unterstützte neben vielen anderen Schriftstellern die beiden lyrischen Größen großzügig und war ein begeisterter Organisator der ungarischen Literatur.
József Hatvany hatte in Cambridge Physik studiert und dabei die Sprache wie ein Engländer zu sprechen und zu schreiben gelernt. Er wurde Kommunist und fühlte sich nach dem Krieg verpflichtet, ins sozialistische Ungarn heimzukehren, nur um als offenkundiger britischer Spion im Gefängnis zu landen. Denn was anderes, so hieß es, hätte diesen enthusiastischen jungen Kommunisten veranlassen können, die Annehmlichkeiten eines akademischen Lebens in England und eine reiche, adlige Familie zu verlassen und nach Ungarn zurückzukehren? Er zählte zu jenen, die 1954 frei gelassen, aber nach 1956 wieder festgenommen wurden. Nach seiner zweiten Freilassung verdiente er für einige Zeit sein Geld mit Übersetzungen und suchte Manuskripte, die sein Interesse lohnten und gleichzeitig Geld einbrachten. So kam ich dazu, ihn zu bitten, mehrere Arbeiten von mir zu übersetzen. Später kehrte Hatvany ins akademische Leben zurück und wurde treibende Kraft in der Forschung zur Computertechnologie, was ihm internationale Anerkennung und Ruhm einbrachte.

** Zur Zeit (d.h. 2004–2005) durchläuft ein Buch von mir mit politisch angreifbaren Aussagen den Publikationsprozess in China. Der erste Verlag, der es annahm, hielt die Arbeit für problematisch und sandte sie zur Genehmigung an die chinesische Parteizentrale. Die Veröffentlichung wurde abgelehnt. Ein zweiter Verlag übernahm das Buch, und die Erlaubnis wurde zum zweiten Mal verweigert.

bene Prozedur halten. Für mich wurde es zum Präzedenzfall, dem ich danach mit allen meinen ausländischen Veröffentlichungen folgte. Ich bat gar nicht erst um die Erlaubnis meiner Vorgesetzten, sondern schickte die Arbeiten einfach an einen Verlag oder eine Zeitschrift. Damit verhielt ich mich anders als viele Kollegen in Ungarn und in anderen sozialistischen Ländern, die sich später darüber beklagten, sie hätten keine Erlaubnis erhalten, im Ausland zu publizieren. Ich folgte dem Beispiel von Hašeks Bravem Soldaten Schwejk aus österreichisch-ungarischer Zeit: nicht fragen, denn wenn du's tust, ist die Antwort nein.

Wir reichten unseren Artikel bei *Econometrica* ein, der führenden Zeitschrift für mathematische Ökonomie. Jahre später erfuhr ich, dass er in die Hände von Edmond Malinvaud geriet, dem französischen Mit-Herausgeber, der ihn sofort akzeptierte, ohne ein Wort oder ein Komma zu verändern.* Er erschien im Januar 1962.[2] Der Artikel behandelte ein sehr spezielles Problem, da er ausschließlich in Ungarn angewandte Anreize für Unternehmen analysierte. Er hob hervor, dass wir eine sozialistische Wirtschaft untersuchten. Schon die Problemstellung war eine intellektuelle Herausforderung:

- Der Anreiz ist nicht im Vorhinein festgelegt. Er ergibt sich nicht natürlich oder spontan aus Eigentumsrechten oder institutionellen Beziehungen. Er wird fallweise beschlossen. Dieser Ansatz kann als Vorläufer einer späteren Forschungsrichtung betrachtet werden – der umfangreichen Literatur zu Anreizmechanismen und der Prinzipal-Agent-Beziehung.
- Auch die Preise sind nicht im Vorhinein festgelegt. Sie werden nicht vom Markt bestimmt, sondern unterliegen der zentralen Preiskontrolle. Der Artikel untersucht das reiche Beziehungsgeflecht zwischen Unternehmensanreizen und Preisen auf der einen Seite und Mengen und Produktionsstruktur auf der anderen. Welcher Anreiz führt zu Über- oder Unterauslastung der Kapazität? In welche Richtung wird der Produktionsumfang gelenkt?

Von osteuropäischen Ökonomen habe ich oft gehört, sie hätten nicht in westlichen Zeitschriften veröffentlicht, weil die Herausgeber an ihrem Wirtschaftssystem nicht interessiert gewesen seien. Mit diesem *Econometrica*-Artikel und mit meinen späteren Publikationen machte ich die gegenteilige Erfahrung. Sie fanden

* Erst als ich sehr viel später mit den gebräuchlichen Beurteilungs- und Publikationsverfahren der führenden westlichen Zeitschriften näher bekannt wurde, nämlich die meisten Manuskripte abzulehnen und andere wiederholt zur Überarbeitung zurückzuschicken, wusste ich die Anerkennung zu schätzen, die in jener Akzeptierung ohne Änderung lag.

Aufmerksamkeit, gerade weil sie von einem Autor verfasst waren, der in einem sozialistischen Land lebte, einer Welt, die für die Herausgeber natürlich hinter dem Mond lag. Aber die Arbeit war in ihrer Sprache verfasst, der Sprache der modernen Ökonomie.

Programmierung der Textilindustrie

Die erste Arbeit von Tamás Lipták und mir war theoretischer Natur. Ich forschte gleichzeitig auch in einer anderen Richtung und wollte mathematische Methoden für Zwecke der Wirtschaftsplanung einsetzen. Hier ging es nicht um theoretische Ergebnisse, sondern um Berechnungen auf der Basis quantitativer Daten aus der realen Wirtschaft, die dann zur Vorbereitung aktueller Entscheidungen verwendet werden konnten. Mit anderen Worten: es ging um angewandte Ökonomie.

Ich tauchte in die Literatur ein. Da waren die aneinander grenzenden und sich überschneidenden Teilgebiete der Mikroökonomie, der Entscheidungstheorie, der Kosten-Nutzen-Analyse und des Operations Research durchzuarbeiten: Wie könnten sie im Kontext eines zentralisierten sozialistischen Wirtschaftssystems angewendet werden? Der mathematische Apparat für die Berechnungen wurde von der linearen Programmierung bereitgestellt. Ich eignete mir das konzeptuelle System dieser Methode an, die Struktur des linearen Programmierungsmodells und das Denkschema, mit dessen Hilfe praktische Entscheidungsprobleme in diese Sprache übersetzt werden. Zu jener Zeit machte ein Werk von Robert Dorfman, Paul Samuelson und Robert Solow größten Eindruck auf mich: *Linear Programming and Activity Analysis.* Dieser Text und die *Three Essays* von Tjalling C. Koopmans halfen mir zu verstehen, wie sich die Beziehungen, die ich aus der Mikroökonomie kannte, in der linearen Programmierung widerspiegelten. Nach einer gewissen Zeit fühlte ich mich in zwei Denkmethoden zu Hause: der theoretischen Mikroökonomie und der Praxis numerischer Berechnungen für Entscheidungsprobleme.*

Mein erstes lineares Programmierungsmodell suchte eine Antwort auf folgende Frage: Die Planer standen in der Baumwollindustrie vor verschiedenen technischen Entwicklungsmöglichkeiten. Sie hatten die Wahl, bei der vorhandenen Technologie zu bleiben, bescheidene technische Veränderungen zu relativ geringen Kosten vorzunehmen oder mit Hilfe umfangreicherer Ausgaben für Investi-

* Diese vier Heroen meiner Lehrzeit als Wissenschaftler später persönlich kennen zu lernen und mit ihnen zu verkehren, bedeutete mir sehr viel.

tionen und Importe die Produktivität erheblich zu steigern. Die Berechnungen sollten nicht eine einzige, einfache Antwort geben. Sie sollten vielmehr zeigen, wie die optimale Entscheidung numerisch von verschiedenen Faktoren abhing, wie Zinssatz, Wechselkurs und den künftigen Import- und Exportpreisen.

Angeregt von dem neuen Ansatz beteiligten sich Planer, Techniker, Außenhandels- und Computerfachleute der Leichtindustrie an der Untersuchung. Die Entwicklung von elektronischen Rechnern steckte damals in Ungarn noch in den Kinderschuhen. Auch in dieser Hinsicht lagen wir hinter dem Westen zurück. Allein unseren ersten Rechner zu sehen, war aufregend. Er arbeitete noch mit Röhren und nahm einen ganzen Raum ein. Diese riesige Anlage wurde vom Rechenzentrum der Ungarischen Akademie der Wissenschaften betrieben. Ihre Kapazität war winzig im Vergleich zu einem heutigen Laptop. Ein begeistertes Team von Mathematikern und Ingenieuren arbeitete wochenlang mit dieser Maschine an der Lösung eines Systems von 24 Gleichungen.* (Heutzutage kann man hundertmal größere Modelle innerhalb von Sekunden durchrechnen.) Wir waren stolz, Pionierarbeit auf zwei Schienen gleichzeitig zu leisten, der linearen Programmierung und dem praktischen Einsatz elektronischer Rechner in der ungarischen Wirtschaft.

Es entwickelte sich eine stimulierende Kooperation und Rivalität zwischen zwei Gruppen, die mathematische Methoden anwendeten, den linearen Programmierern und denen, die sich mit Input-Output-Analyse beschäftigten, einer Technik, die der aus Russland stammende amerikanische Ökonom Wassily Leontief entwickelt hatte. Dieser Ansatz, bei uns zuerst von András Bródy und später von Mária Augusztinovics verfolgt, wies viele Vorteile auf. Sie hatten früher angefangen und kannten sich bereits in der Input-Output-Literatur aus, als ich noch mit den Anfängen der linearen Programmierung beschäftigt war. Das Zentralamt für Statistik gab viel Geld aus für die statistische Erhebung und das Zusammenstellen großer Input-Output-Tabellen. Mit diesen Daten erhielten die Berechnungen eine solide empirische Basis. Die Parameter unserer linearen Programmierungsmodelle gingen dagegen im Wesentlichen auf Expertenschätzungen zurück, mit anderen Worten auf intuitive Angaben der tatsächlichen Werte.

Beide Ansätze wurden bei privaten Treffen und später auf Konferenzen ausführlich diskutiert. Vor allem theoretische Überlegungen veranlassten mich, beim Programmierungsansatz zu bleiben. Hinter der Input-Output Analyse sah ich eine deterministische Philosophie. Wenn der Vektor des Endverbrauchs gegeben

* Genau genommen handelt es sich bei der linearen Programmierung um Ungleichungen, d.h. Ober- und Untergrenzen für die Entscheidungen.

ist, und die Planer gaben sich alle Mühe, diesen Eindruck zu erwecken, dann sind damit Produktion und alle Input-Output-Kombinationen ebenfalls gegeben. Die lineare Programmierung unterstellt dagegen eine Wahlmöglichkeit. Ich erwähnte bereits, wie wichtig das für meine neue Weltsicht war.

András Bródy gelang es meisterhaft, mit Hilfe von Leontiefs Modellen die berühmten Reproduktionsschemata im zweiten Band von Marx' *Das Kapital* zu beschreiben.[3] Marx behandelt in einem zentralen Teil seines Werkes die durchschnittlichen Produktionskosten und den durchschnittlichen Gewinn, und das stimmt gut mit der Input-Output-Analyse überein. Denn jeder Input-Koeffizient repräsentiert genau so einen gesellschaftlichen Durchschnitt. Ich erkannte damals wie heute die Pionierleistung von Marx bei der Analyse von Wachstumsmodellen an, der erweiterten Reproduktion, wie es die Marxisten nennen. Trotzdem brachte mich ihre Übereinstimmung mit der marxistischen politischen Ökonomie nicht zur Input-Output-Analyse. Ich begann im Gegenteil an ihr zu zweifeln. Ich sah ganz richtig, dass etwas dabei verloren ging, nämlich eine Entscheidung, die Wahl der Technologie. Meine Sympathie lag bei der neoklassischen Ökonomie, der die lineare Programmierung entsprach. (Siehe das erwähnte Buch von Dorfman, Samuelson und Solow.) Die „marginalen" Größen, die in der westlichen Theorie eine wichtige Rolle spielen (Grenzkosten, Grenzrate der Substitution, Grenzertrag, Grenzprodukt usw.), können mit der Input-Output-Analyse nicht berechnet werden, während die lineare Programmierung diese Indikatoren automatisch hervorbringt.*

Da standen sich zwei „leere" mathematische Verfahren gegenüber, zwei Methoden frei von Politik oder Ideologie. Doch der theoretische Unterschied verlieh der Debatte eine bestimmte Färbung. Wenn auch unausgesprochen, drängte sich eine Frage in die wissenschaftliche Diskussion. Soll man den Marxismus mit Hilfe moderner mathematischer Techniken erneuern oder soll man ihn besser fallen lassen, wovon ich felsenfest überzeugt war?

Zwei-Ebenen Planung

Die Programmierung war für die Baumwollindustrie erfolgreich und wurde wissenschaftlich anerkannt. Dem folgten Berechnungen für andere Industriesektoren.

---

* In jedem der Fälle sprechen wir von der ersten Ableitung einer Variablen, d.h. über eine Differentialgröße. Hier ein etwas vereinfachtes Beispiel: Um wie viel steigen die Kosten, wenn wir die Produktion um eine Einheit erhöhen? Das ist die Bedeutung des Begriffs „Grenzkosten". Oder: Um wie viel steigt der Ertrag, wenn die verfügbaren Ressourcen um eine Einheit zunehmen? Das bedeutet der Begriff „Grenzertrag".

Als nächstes stellte ich mir die Frage, ob man diese sektoralen Daten nicht miteinander verbinden könne. Schon lange hatten gesamtwirtschaftliche Probleme mein eigentliches Interesse. Wie konnte man lineare Programmierung für die Gesamtwirtschaft einsetzen?

Die Wirtschaft als ganzes in einem einzigen Modell mit dem gleichen Grad an Detaillierung wie die Sektoralmodelle zu erfassen, hätte ein zwanzig- oder sogar fünfzigmal so großes Gleichungssystem bedeutet. Das war bei dem damaligen primitiven Stand der Rechnertechnik ausgeschlossen. So entstand die Idee, das umfangreiche Modell der Gesamtwirtschaft in kleinere Einzelteile zu zerlegen. Durch systematische Harmonisierung der sektoralen Berechnungen wäre es dann möglich, die „große" allgemeine Lösung zu erhalten. So genannte Dekompositionsalgorithmen der linearen Programmierung waren für solche Aufgaben bereits veröffentlicht. Hier war das Feld, in dem wir nach einem geeigneten Verfahren suchen mussten.

Ich schaute mir die Arbeitsweise des Nationalen Planungsamts an. Zu Beginn legte es gesamtwirtschaftliche Sollvorgaben fest und gliederte sie dann für die einzelnen Sektoren auf. Diese Aufgliederungen gingen an die Branchenministerien, die die Vorgaben des Planungsamts prüften. Dann setzten Verhandlungen mit den Zentralplanern ein, und das sektorale Soll konnte korrigiert werden. Nach einigem Hin und Her legte man sich auf einen nationalen Wirtschaftsplan und seine sektorale Aufspaltung fest.

Eine dritte Anregung fand ich in Samuelsons theoretischer Arbeit.[4] Selbst wenn es zu einem bestimmten Zeitpunkt Gütertransaktionen zu unterschiedlichen Preisen gab, würden sich die Preise aneinander angleichen, wenn der Markt ein optimales Gleichgewicht erreicht. Ein Gut – ein Preis.

Diese Überlegungen führten zum Grundkonzept eines Algorithmus der Zwei-Ebenen-Planung. Ich begann, ein Modell zu skizzieren. Die Zentrale teilt den Sektoren Mengen zu (Inputquoten und Outputvorgaben), und die Sektoren entwickeln so, wie wir bislang unsere sektorale lineare Programmierung vorgenommen hatten, optimale Pläne, um die Vorgaben der Zentrale zu erfüllen und melden dann Schattenpreise für ihre Ressourcen und die geplanten Outputs zurück.* Letzteres ist eine Art Wirtschaftlichkeitsbericht. Die Zentrale wendet dann das Prinzip des einheitlichen Preises an und stellt von Neuem einen Allokationsplan auf. Dabei verringert sie die Ressourcen dort, wo ihr Grenzertrag niedriger ist, und verschiebt sie dorthin,

---

* Tatsächliche Preise werden vom Markt bestimmt. Schattenpreise sind Rechnungsgrößen, die man für bestimmte Untersuchungen verwendet, z.B. für die Kosten-Nutzen-Analyse von Investitionsprojekten. Es gibt unterschiedliche Verfahren, sie zu berechnen. Eine lineare Programmierung erzeugt automatisch eine Menge von Schattenpreisen.

wo der Grenzertrag höher liegt. Die Produktionsauflagen werden in gleicher Weise umgeschichtet. Mit den neuen Vorgaben stellen die Sektoren neue Rechnungen auf, und der Prozess wiederholt sich, bis eine optimale Allokation erreicht ist.

Die Idee war geboren, aber ich war nicht im Stande, sie präzise zu formulieren. Ich konnte nur auf eine Analogie verweisen: Wenn Samuelson sein Theorem des Ausgleichs der Faktorpreise beweisen konnte, dann musste die gerade skizzierte Reallokationsregel ebenfalls zu einer optimalen Gleichgewichtslösung führen. Doch auf eine Analogie zurückzugreifen, ist nicht genug. Ein Satz muss bewiesen werden, und das überstieg meine Fähigkeiten. Wo ich versagte, hatte Tamás Lipták die brillante Idee, das Problem in einem spieltheoretischen Modell zu fassen. Der eine Spieler ist die Zentrale, der andere die Gemeinschaft der Sektoren. Diese Formulierung erlaubt eine exakte mathematische Aussage und den Beweis, dass das beschriebene Verfahren in der Tendenz zur Optimallösung konvergiert.

Die Arbeit zur „Zwei-Ebenen-Planung" war abgeschlossen.[5] Die grundlegenden ökonomischen Ideen und der Algorithmus stammten von mir, und ich interpretierte auch das mathematische Modell und den Algorithmus. Das Verdienst für die beeindruckende Exaktheit und Eleganz der Beschreibung liegt bei Tamás Lipták. Er kam auch auf den Trick, die Aufgabe als spieltheoretisches Problem zu reformulieren, wodurch dieses schwierige Problem für mathematische Methoden fassbar wurde und sich unsere Hypothesen beweisen ließen.

Wir wandten uns wieder an *Econometrica*: Und wieder wurde der Aufsatz sofort und ohne Änderung angenommen und 1965 publiziert.[6] Fast schlagartig waren die Namen der Autoren in der Welt der mathematischen Ökonomie bekannt. Die Arbeit wurde mehrere hundertmal zitiert, in viele Sprachen übersetzt und als Lehrmaterial in vielen Universitäten verwendet. Arrow sammelte 1971 in einem Band die 22 einflussreichsten theoretischen Arbeiten, die *Econometrica* veröffentlicht hatte; unseren Aufsatz „Two-Level Planning" nahm er darin auf.[7]

Der Artikel verband zwei meiner Ziele. Ich wollte von Modellen auf Branchenniveau zur Programmierung auf nationalem Niveau kommen und das mit einem Algorithmus, der es erlaubt, die Sektoralmodelle miteinander zu kombinieren. Dazu gleich mehr. Zuerst ein paar Worte über mein zweites Ziel, einer theoretischen Überprüfung der Zentralplanung.

Ein idealisiertes Modell der Zentralplanung

Die Zwei-Ebenen-Planung kann als idealisiertes Modell der Zentralplanung betrachtet werden. Sie zeigt einen Vorgang, durch den zentrale und sektorale Planer in gemeinsamer Anstrengung einen Plan aufstellen können, der folgenden Bedingungen genügt:

- Die Branchenpläne stimmen exakt mit dem Umfang des Zentralplans überein. Zentralplan und Branchenpläne sind vollständig konsistent.
- Der Plan ist ausführbar: Er entspricht den Ressourcenbeschränkungen auf der nationalen und der sektoralen Ebene.
- Der Plan ist der beste unter den ausführbaren Plänen. Er erfüllt die Menge der zentralen Vorgaben maximal.
- Der Plan wird nicht einfach von der Zentrale dekretiert. Er verlangt nicht, dass die Zentrale über alle Informationen verfügt. Er beruht wesentlich auf der Akkumulation dezentraler Informationen, d.h. in unserem Modell auf der sektoralen Ebene.

Mathematische Ökonomen im Westen waren vom theoretischen Modell der Zwei-Ebenen-Planung begeistert, weil es eine klare und eingängige Gegenposition zum Modell von Oskar Lange bot, das im vorigen Kapitel besprochen wurde. Lange hatte allerdings seine Ideen nicht in einem mathematischen Modell präsentiert. Das geschah später durch den großen französischen Ökonomen Edmond Malinvaud.[8] Sein Modell kennt wie unseres eine obere und eine untere Ebene, in seinem Fall die Zentrale und die Firmen. Doch der Informationsfluss im Lange-Malinvaud-Modell* verläuft in umgekehrter Richtung zu den Informationen im Kornai-Lipták-Modell. In ersterem werden die Preise zentral festgelegt, die Firmen passen sich an und melden dann Output- und Input-Mengen zurück an die Zentrale. Auf Grundlage dieser Rückmeldungen stellt die Zentrale fest, wo es Überschussnachfrage oder Überschussangebote gibt und in welche Richtung die Preise deshalb zentral geändert werden müssen. Das ist der Idealtyp des Marktsozialismus. In unserem Fall verlaufen die Ströme umgekehrt. Von oben nach unten werden nicht Preise, sondern Mengen mitgeteilt: Inputquoten und Produktionsziele. Von unten nach oben fließen Informationen über die Wirtschaftlichkeit bei der Verwendung der Ressourcen für die angewiesenen Outputziele. Das ist der Idealtyp der Zentralplanung.

---

* Lipták und ich kannten Malinvauds Modell nicht, als wir an der Zwei-Ebenen Planung arbeiteten. Als Malinvaud in seiner Funktion als Mit-Herausgeber von *Econometrica* unser Manuskript erhielt, reagierte er begeistert und setzte sich für die Publikation ein. Auch später nahm er jede Gelegenheit wahr, mich bei meiner Arbeit zu unterstützen.

Man kann den Vergleich weiterführen. Das Kornai-Lipták-Modell legt auf „perfekte Planung" Wert. Im Gegensatz dazu repräsentiert das walrasianische Modell der allgemeinen Gleichgewichtstheorie den „perfekten Markt". Ersteres bestätigt die theoretische Möglichkeit eines Systems, in dem vollständige Zentralisierung perfekt funktioniert, während letzteres das Gegenstück zeigt, nämlich ein theoretisch denkbares System, in dem vollständige Dezentralisierung perfekt funktioniert.

Dem seien noch ein paar Anmerkungen hinzugefügt. Ich beschreibe hier nicht, was ich von der Arbeit hielt, als wir sie beendet hatten, sondern was ich heute, im Jahr 2004 und 2005 denke. Es geht nicht um ein relativierendes Urteil über die Leistung zweier osteuropäischer Wissenschaftler, die von der Welt isoliert waren. Ich möchte vielmehr wissen, ob unser Artikel einen theoretischen Gehalt von dauerhafter Bedeutung hat. Und ich glaube, das hat er. Der große Vorzug mathematischer Modellierung liegt genau in ihrer Fähigkeit zu klären, unter welchen Bedingungen die abgeleiteten Sätze gültig sind. Wer eine theoretische Arbeit der mathematischen Ökonomie richtig zu interpretieren versteht, kann mit sehr viel mehr Klarheit über diese Bedingungen nachdenken.

Der Algorithmus der Zwei-Ebenen-Planung funktioniert unter den folgenden (und nur unter diesen) Bedingungen:

1. Die Zentralplaner des Modells haben wohl definierte Ziele, ausgedrückt in der Zielfunktion. Tatsächlich liegen die Dinge in der sozialistischen Wirtschaft anders. Die zentrale Führung ist nicht konsistent, ändert unerwartet ihre Politik, bewegt sich hin und her, zögert und krankt an internen Konflikten. Ihrer Wirtschaftspolitik gelingt es nicht, die unterschiedlichen Ziele aufeinander abzustimmen. Sie kann ihnen kein relatives Gewicht beimessen und macht nicht einmal Versuche in diese Richtung.
2. Die Wirtschaftszweige des Modells haben keine eigenen, davon abweichenden Zielvorstellungen. Sie ordnen ihre Zielsetzungen vielmehr den zentralen Vorgaben unter. In der Realität verfolgen alle Akteure auf allen Ebenen der Hierarchie einer sozialistischen Wirtschaft eigene Interessen.
3. Im Modell wird der Plan nur dann akzeptiert, wenn er verschiedenen oberen und unteren Beschränkungen genügt, in denen sich die aktuellen Bedingungen widerspiegeln. Im wirklichen Leben billigt man unrealistische, in der Regel zu ehrgeizige Pläne, obwohl man weiß, dass sie mit diversen Beschränkungen in Konflikt geraten werden.
4. Alle Informationen sind im Modell korrekt, unabhängig davon, ob sie von unten nach oben oder umgekehrt von oben nach unten fließen. Die Wirklichkeit

des sozialistischen Systems besteht darin, dass jede Information unsicher ist. Darüber hinaus lügen die Wirtschaftsakteure, um ihre eigenen Interessen zu fördern. Sie verfälschen die nach oben oder unten übermittelten Daten, je nachdem wie sich dadurch ihre Position verbessert.

5. Im Modell herrscht perfekte Disziplin. Die Daten der Zentrale werden rechtzeitig mitgeteilt und die Antworten der Sektoren erfolgen dementsprechend. Tatsächlich sind Unzuverlässigkeit und Verspätungen in einer sozialistischen Wirtschaft weit verbreitet, weil es Menschen sind und nicht Maschinen, die dort arbeiten.
6. Der Planungsapparat des Modells ist geduldig, solange die iterative Anpassung an die Optimallösung zwischen der Zentrale und den Sektoren abläuft. Im realen sozialistischen System werden die Pläne unter Termindruck aufgestellt. Selbst wenn man die Zielgrößen mehrfach korrigieren wollte, es fehlte die Zeit dazu.

Daraus folgt die Beweisführung:

Erstens, man realisiere sich die Aussage des theoretischen Modells: Zentralplanung funktioniert optimal, wenn…

Zweitens, man gehe diese „Wenns“ im Einzelnen durch und vergleiche die theoretischen Annahmen mit der Realität.

Drittens, man stelle fest, dass die Bedingungen nicht erfüllt sind, ja, dass es unmöglich ist, sie zu erfüllen.

Viertens und letztens, man ziehe aus diesen Wahrnehmungen den Schluss: Zentralplanung kann nicht perfekt funktionieren.

Ein Zweck eines theoretischen Modells besteht genau darin, die Voraussetzungen für eine solche Argumentation zu schaffen. In dieser Hinsicht bleibt das Modell der Zwei-Ebenen-Planung bis heute gültig und nützlich.

Hier ist ein persönlicher Kommentar angebracht. In den folgenden Kapiteln wird deutlich, dass ich später ausgesprochen kritisch wurde gegenüber dem neoklassischen Denken und seinem theoretischen Kern, der walrasianischen Gleichgewichtstheorie. Meine Kritik der herrschenden ökonomischen Lehre wurde vor allem von den gerade aufgestellten Überlegungen bestärkt, der Prüfung der Modellannahmen und ihrem Vergleich mit der Realität. Als wir jedoch das Modell der Zwei-Ebenen-Planung aufstellten, waren mir solch kritische Gedankengänge noch völlig fremd. Damals identifizierte ich mich vollständig mit dem neo-klassischen Mainstream. Seine Vordenker konnten sich deshalb zu Recht mit uns auf gleicher Wellenlänge fühlen. Diese Übereinstimmung steigerte ihr Interesse an meiner Arbeit und meiner Person.

Prinzipien der nationalen Wirtschaftsplanung

Als wir die Arbeit zur Zwei-Ebenen-Planung schrieben, interessierte Tamás sich vor allem für die theoretischen Aspekte. Den Mathematiker reizte die Formulierung des Problems. Mir ging es dagegen auch um die Anwendung der theoretischen Analyse in der Praxis.

Zu klären war die Frage, in welcher Beziehung die offiziellen Pläne des Nationalen Planungsamts und der Ministerien zum Plan stehen würden, den Wissenschaftler mit Hilfe mathematischer Modelle aufstellten. Die herrschende Theorie lässt die Wissenschaftler eine „Wohlfahrtsfunktion" formulieren, in der die gemeinsamen Interessen der Gesellschaft zum Ausdruck kommen. Sie dient dem Modell als Zielfunktion. Ein Plan ist optimal, wenn er die Wohlfahrt der Gesellschaftsmitglieder maximiert, unter Berücksichtigung der objektiven Einschränkungen. Aufgeklärte Wirtschaftswissenschaftler lassen größte Vorsicht walten, wenn sie die Wohlfahrtsfunktion formulieren und interpretieren. Sie wird den Vorstellungen über Wohlfahrt entsprechend spezifiziert, unter Berücksichtigung der materiellen und nicht-materiellen (kulturellen, strategischen, geopolitischen) Aspekte. Dabei spielt neben der gegenwärtigen auch die Wohlfahrt der künftigen Generationen eine Rolle. Verfügt man erst einmal über eine solche Wohlfahrtsfunktion, dann können mathematische Planer ihre Rechnungen anfertigen und einen Plan vorlegen mit dem Hinweis, dass die politischen Entscheidungsträger diesen Optimalplan übernehmen sollten, und nicht jenen, den die Planbehörden mit traditionellen Methoden ausgearbeitet haben.*

Angesichts dieser Aufgabe zog ich einen anderen Ansatz vor. Als ich die Ausgangspunkte meiner Forschung formulierte, ließ ich mich erst einmal von taktischen Überlegungen leiten. Ich wollte nämlich vermeiden, dass die Planer in Leu-

* In unseren Diskussionen kam die Idee auf, mathematische Planer sollten die obersten politischen Entscheidungsträger zu ihren Präferenzen befragen, die dann in die Zielfunktion Eingang finden würden. Auf diese Weise würde das Modell die Vorstellungen der Politik und nicht die Wünsche der Bevölkerung wiedergeben.

ten, die mit Modellen und Rechnern arbeiten, Rivalen sehen, die sie zu verdrängen versuchen. Ich suchte eine einvernehmliche Zusammenarbeit zwischen den traditionellen, nicht-mathematischen und den mathematischen Planern. Das haben wir im Wesentlichen erreicht. Die Leiter der langfristigen Planung im Nationalen Planungsamt, vor allem István Hetényi, zeigten großes Interesse an unserer Arbeit und unterstützten sie.*

Dann kamen mir erhebliche theoretische Bedenken. Ich konnte mich weder damals noch später mit dem Gedanken anfreunden, man könne eine aggregierte, allumfassende Wohlfahrtsfunktion bestimmen. Es gibt mit anderen Worten keine Möglichkeit, unzweideutig festzustellen, welches die Interessen der Gesellschaft sind. Die Gesellschaft ist keine homogene Einheit. Individuen und Gruppen sind völlig verschiedener Meinung über ihre Interessen, wie sie Wohlfahrt definieren und wie sie Kosten und Nutzen zwischen gegenwärtigen und künftigen Generationen verteilen wollen, usw. Interessengegensätze werden in der politischen Arena ausgetragen, wo über Haushalt, Wirtschaftsgesetze und Wirtschaftspläne entschieden wird. Diese Bedenken brachte ich auch schriftlich zum Ausdruck.**

Als ich in den 1960er-Jahren meine theoretischen Zweifel über die Wohlfahrtsfunktion vorbrachte, hatte ich keine Kenntnis von den grundlegenden Arbeiten. Eine der wichtigsten und fruchtbarsten Ideen war Kenneth Arrows berühmtes „Unmöglichkeitstheorem“[9], das sich seitdem zu einer bedeutenden und erfolgreichen Forschungsrichtung entwickelt hat.*** Folgender Satz lässt sich exakt beweisen: Es gibt kein demokratisches Entscheidungsverfahren, das unterschiedliche individuelle Präferenzen zu einer gemeinsamen Wohlfahrtsfunktion aggregieren

---

* Der Leser wundert sich vielleicht, warum ich so bereitwillig mit dem Nationalen Planungsamt kooperierte, während ich mich weigerte, mich in den von der Partei eingerichteten „Reformkommissionen“ zu engagieren. Darauf komme ich in Kapitel 15 bei der Diskussion der 1968er-Reform zurück.

** Jan Tinbergen nahm an der Diskussion teil und war mit Abram Bergson und Ragnar Frisch der Meinung, dass eine „Wohlfahrtsfunktion“ möglich und wünschenswert sei. Ich empfand es als große Ehre, dass Tinbergen unsere Debatte in seiner Nobelpreisrede erwähnte und vorschlug: „beide Seiten, der Osten und der Westen, sollten versuchen, ihre sozialen Wohlfahrtsfunktionen zu spezifizieren, um feststellen zu können, ob sich die Zielvorstellungen wesentlich unterscheiden oder nicht“ (Tinbergen 1981 [1969], S. 21). Tinbergens Vorschlag zeigt seinen tief empfundenen Wunsch nach friedlicher Koexistenz und Kooperation, macht aber auch deutlich, dass sich seine guten Absichten unglücklich mit politischer Naivität paarten.

*** Die Arbeiten von Amartya Sen (1997 [1982]) spielten bei der Vertiefung der Theorie des *Social Choice* eine herausragende Rolle. Ich hatte das Glück, zwei Jahrzehnte nach den hier beschriebenen Ereignissen Amartya Sen zum Kollegen und Freund an der Harvard Universität zu haben. Wir fanden häufig Gelegenheit, die Probleme des *Social Choice* zu diskutieren.

kann.* Das Studium der relevanten Literatur bestärkte mich darin, die Idee zurückzuweisen, dass ein einheitliches quantitatives „Optimalkriterium einer sozialistischen Wirtschaft“ die gesellschaftlichen Interessen wiedergeben kann.

Damit verbunden waren politische und ideologische Bedenken. Ich erwog sie genau, auch wenn ich sie nicht veröffentlichte. Ob es mir passte oder nicht, ich hatte zu akzeptieren, dass die grundlegenden Entscheidungen in einem Regime wie dem ungarischen an der Spitze der Parteihierarchie gefällt werden. Die Planer im Planungsamt und in den Ministerien passen sich daran an. Ihr Pflichtbewusstsein veranlasst sie vielleicht zu einem vorsichtigen Einwand, wenn die dekretierten Ziele unrealistisch erscheinen. Doch letztlich entsprechen sie den Anweisungen.

Im Haus der Planer, die traditionelle Methoden verwendeten, stellten wir Planberechnungen mit mathematischen Instrumenten auf. Dabei hielten wir uns von den Entscheidungsträgern fern. Statt mit ihnen darüber zu streiten, welche Wohlfahrtsfunktion eingesetzt werden müsse, arbeiteten wir nach einem einfachen Rezept. Wir nahmen den „offiziellen“ Plan als gegeben an und setzten seine quantitativen Daten als Beschränkungen in unser Modell ein. Damit verwendeten wir einen Indikator als Zielfunktion, dessen Verbesserung unbestritten nützlich sein musste. In unserem Fall konnte dies zum Beispiel eine Verbesserung der Zahlungsbilanz in konvertibler Währung sein. Das Modell generierte einen Plan, der alles produzierte, was der mit traditionellen Methoden erstellte Plan vorsah, und verringerte, sozusagen als Bonus, die Auslandsschulden Ungarns. Die Planer konnten ohne Rücksicht auf die mathematischen Programmierer einen Plan für das Land ausarbeiten. Wir nahmen ihn zur Kenntnis und versuchten dann, die wirtschaftliche Situation des Landes im Verhältnis dazu zu verbessern. Wie auch immer man die politischen Bedingungen und die Zukunft einschätzte, eine geringere Verschuldung war ein eindeutiger Gewinn für das Land. Darin konnten alle übereinstimmen.**

Auch in der Sowjetunion kam in jenen Jahren die Idee auf, mathematische Methoden zur Planung zu verwenden. Leonid V. Kantorovič, der die Grundlagen der linearen Programmierung erdacht und ausgearbeitet hatte, war Haupt einer

---

* Schon in den 1940er-Jahren hatte sich unter Wirtschaftstheoretikern eine Debatte entwickelt, wie das Konzept einer Wohlfahrtsfunktion zu interpretieren sei. Dabei standen vor allem die Ansätze von Abram Bergson und Paul Samuelson im Vordergrund. Die verschiedenen theoretischen Ansätze miteinander zu vergleichen, übersteigt den Rahmen dieser Erinnerungen.

** Wir experimentierten in unseren Rechnungen mit verschiedenen Zielfunktionen, so z. B. mit der Maximierung des privaten Konsums, wobei die übrigen Ziele des offiziellen Plans erfüllt bleiben mussten. Das führte zu verschiedenen Planvarianten und damit zu Wahlmöglichkeiten. Wieder versuchten wir, das Dogma zu überwinden, nur ein Plan sei möglich und nur ein Entwicklungspfad stünde offen.

Forschergruppe in Moskau und Novosibirsk, die sich mit Planmodellen beschäftigte. Der Ton der sowjetischen Schule unterschied sich allerdings deutlich von dem, was ich in Budapest empfahl. Dort nahm man für sich in Anspruch, „optimale Pläne" aufstellen zu können, was ich für falsche Versprechungen hielt, die in die Irre führen und nur Illusionen wecken. In Ungarn gab es ähnliche Auffassungen und es kam wiederholt zu Debatten. Unser Vorgehen hatte einen viel bescheideneren Anspruch, dass nämlich unsere Berechnungen im besten Fall zu Empfehlungen führen, die eine spürbare Verbesserung gegenüber dem offiziellen Plan bringen würden.

Zu keiner Zeit kam es mir in den Sinn, die lineare Programmierung für die operative Wirtschaftsplanung einzusetzen, d.h. die Ausarbeitung des Jahreswirtschaftsplans zu unterstützen. In meinen Augen war die aktuelle Koordination von Produktion und Konsum eindeutig eine Aufgabe für den Markt, nicht für ein mathematisches Modell. Ich wollte nur zur mittel- und langfristigen Planung beitragen. Schon bei der Programmierung auf dem sektoralen Niveau ging es um die Auswahl von Investitionsalternativen. Dies wollte ich auf nationalem Niveau fortsetzen.

Die Berechnungen

Zur praktischen Umsetzung unserer Ideen sind ein paar Bemerkungen angebracht. In den Jahren 1962–1963 lockerte sich allmählich die gnadenlose Unterdrückung nach den Ereignissen von 1956. Meine verhafteten Freunde fielen unter eine allgemeine Amnestie, und es gab Anzeichen, dass auch ich mein Exil in der Leichtindustrie würde verlassen können. Im Verlauf meiner Forschungen über die Textilindustrie arbeitete ich mit den Leuten vom Rechenzentrum der Ungarischen Akademie der Wissenschaften zusammen, das Ungarns ersten elektronischen Rechner betrieb. Sie forderten mich auf, dort zu arbeiten und ich nahm das Angebot gern an. Zudem stand ich in Verbindung mit dem Institut für Wirtschaftsplanung im Nationalen Planungsamt, das bereit war, die Möglichkeiten mathematischer Planungsmethoden auszuloten.* An der Programmierung der

* Die Leiter des Instituts für Wirtschaftsplanung wollten mir einen vollen Arbeitsplatz geben, doch dagegen legte der Personalchef des Nationalen Planungsamts sein Veto ein. Nachdem ich jetzt die damaligen Polizeidokumente einsehen konnte, lässt sich rekonstruieren, was vor diesem Veto passierte. Die Personalabteilung des Nationalen Planungsamtes stellte Nachforschungen bei den Personalchefs meiner früheren Arbeitgeber an. Die beiden Arbeitsstellen in der Leichtindustrie wollten mir nicht im Weg stehen und gaben ziemlich neutrale Erklärungen ab. Die Beurteilung aus dem Institut für Ökonomie der

nationalen Wirtschaftsplanung beteiligten sich dort mehrere Kollegen, tatkräftig unterstützt von einigen Direktoren des Amts.

Wir begannen, ein Modellnetzwerk zusammenzustellen nach Maßgabe der in der Kornai-Lipták-Studie beschriebenen Struktur: ein zentrales Modell und für die ersten experimentellen Berechnungen 18 Branchenmodelle. Für jedes Sektormodell engagierte ich mehrere Ökonomen aus verschiedenen Zentral- und Brancheninstituten und Ministerien. Gleichzeitig brachte ich eine Kerntruppe zusammen, die ihre ganze Zeit auf die Berechnungen verwendete, während andere bei besonderen Problemen mit Rat und Tat zur Stelle waren. Auf dem Höhepunkt der Arbeit waren wir eine kleine Armee von 150 bis 200 Mitarbeitern, die mit großem Einsatz am Modell arbeitete, Daten sammelte und die Berechnungen ausführte. Viele dieser „Zwei-Ebenen-Planungsleute" standen am Beginn ihrer Karriere, als sie zu uns stießen, erwarben sich später aber eine eigene Reputation als Wirtschaftspolitiker, Unternehmensleiter oder Wissenschaftler (Gusztáv Báger, Pál Benedek, Anna Jónás, András Nagy, Ferenc Rabár, Judit Rimler, György Simon, József Sivák, Márton Tardos und andere). Es war ein Team hervorragender Köpfe.

Die Frage der Finanzierung war eine Aufgabe für sich. Ich wandte mich an mehrere Regierungsstellen, um für die Branchenmodellierer finanzielle Unterstützung zu erhalten. Wir stellten auch eine Reihe von Broschüren her für die beteiligten Mitarbeiter und für Organisationen, leitende Beamte und für andere, die sich interessiert zeigten. Darin wurde verdeutlicht, wie die Modelle aufgebaut und welche Berechnungen erforderlich waren, oder sie boten theoretische Erklärungen. In andere berichteten wir über die Ergebnisse. Die meisten Broschüren schrieb ich

---

Ungarischen Akademie der Wissenschaften fiel *comme ci, comme ça* aus – man stellte meine professionellen Verdienste heraus, verbarg aber nicht meine Beteiligung an den Ereignissen von 1956 und danach – und machte unmissverständlich klar, dass ich aus politischen Gründen entlassen worden war. Diese Information ermunterte das Nationale Planungsamt nicht gerade, mich einzustellen. Sie baten auch das Innenministerium um eine Beurteilung. Polizeiobristen aus Abteilung III/III (Innengeheimdienst) und Abteilung III/II (Außengeheimdienst) des Ministeriums verständigten sich untereinander. Sie schauten in mein Dossier und stellten fest: „Der Obengenannte taucht in unseren Registern im Zusammenhang mit seinen Aktivitäten während der Konterrevolution auf" (ÁBTL V–145–288-a, S. 502-05. Die Aufforderung an Abteilung III/III, eine Untersuchung anzustellen, datiert vom 27. Dezember 1962.) Offensichtlich führte die Erlaubnisverweigerung aus dem Innenministerium im Nationalen Planungsamt zu einer Meinungsänderung und der Ablehnung meiner Anstellung. Kornais Rückkehr unter den Schirm der Ungarischen Akademie der Wissenschaften war eine Sache, ihn ins Nationale Planungsamt aufzunehmen, würde zu weit führen. Der Vorfall ist beispielhaft für die parallelen Dimensionen meines Lebens. Sichtbar war mein Bemühen, die mathematischen Planungsmethoden zu erforschen. Unsichtbar war das Netzwerk von Personalabteilungen und politischer Polizei, das mich beschattete und in mein Leben eingriff.

selbst. Im Laufe des Projekts kam ich auf mehr als 2000 Seiten, die vervielfältigt und an ungarische Ökonomen verteilt wurden.

Die erste Arbeitsphase, die ich leitete, begann 1963 und dauerte fünf Jahre.* Die meisten Kalkulationen für Branchen lagen vor, und wir hatten einige bemerkenswerte Ergebnisse. Viel Arbeit machten die zentralen Berechnungen. Es zeigte sich, dass der Kornai-Lipták-Algorithmus beim damaligen Stand der Rechnertechnologie sehr langsam war und zu viele Rechenoperationen erforderte. Er war elegant, aber nicht ausreichend effizient und musste durch gröbere, weniger exakte Verfahren ersetzt werden. Gleichzeitig konstruierten wir ein kleineres, aggregiertes Planungsmodell für die Gesamtwirtschaft und stellten damit eine Reihe von Berechnungen an. Dahinter stand die Idee, dass die Berechnungen des großen Zwei-Ebenen-Modells längere Zeit in Anspruch nahmen und wir deshalb mit einem kleinen Modell den Planern den Nutzen der linearen Programmierung beweisen konnten.**

Als die Jahre vergingen und immer neue Hürden bei der Datengewinnung und der Verarbeitung im Rechner auftauchten, kühlte sich die anfängliche Begeisterung ab. Das ehemals schwungvolle Team ermüdete und schrumpfte. Manche meinten, sie dürften das Projekt nicht im Stich lassen und müssten es zum Abschluss bringen. Doch die Endergebnisse der Kalkulationen fanden keine eindrucksvolle und entscheidende Präsentation. Wir konnten und wollten nicht behaupten (und taten das auch nicht): Hier haben wir einen nationalen Wirtschaftsplan, der auf Grund eines mathematischen Modells und basierend auf Computerberechnungen wissenschaftlich fundiert ist. Zum Ende des Projekts gab es gemischte Gefühle über Erfolg und Misslingen. Das Arbeitsteam setzte sich nie zusammen, um die Erfahrungen abschließend zu beurteilen. Einzelne Ergebnisse des riesigen Projekts wurden einfach von den Mitarbeitern in eigenen Studien veröffentlicht. Auch ich schrieb mehrere Artikel. Einige meiner Beobachtungen und Schlussfolgerungen gingen in mein Buch *Mathematical Planning of Structural Decisions* ein. Die zweite Auflage enthielt einen ausführlichen Bericht über das Modell der nationalen Wirtschaftsprogrammierung, die aufgestellten Berechnungen und über einige daraus folgende ökonomische Lehren.***

---

* Das letzte vervielfältigte Bulletin zur Wirtschaftsprogrammierung erschien 1968 und berichtete die Endergebnisse der Berechnungen. Nach Abschluss der ersten experimentellen Programmierung war ich nicht weiter direkt beteiligt. Andere Ökonomen und frühere Kollegen übernahmen das Projekt.

** Zsuzsa Dániel (damals Zsuzsa Újlaki und später meine zweite Frau) und ich arbeiteten zusammen ein Modell aus und veröffentlichten unsere Resultate in einem gemeinsamen Papier. Damals bauten wir eine enge Beziehung auf. Selbst wenn die Jahre der mathematischen Planung keinen anderen Ertrag gehabt hätten, dafür waren sie es wert.

*** Die erste Auflage erschien 1967 auch auf Deutsch unter dem Titel *Mathematische Methoden bei der Pla-*

Hat es sich gelohnt?

Wie soll ich heute dieses gewaltige Unternehmen beurteilen, das mir und meinen Projektmitarbeitern unendlich viel Zeit und Arbeit abverlangt hat? Ich will Punkt für Punkt vergleichen, was ich zu Beginn erwartet hatte und wie weit meine Erwartungen erfüllt worden sind. Dabei geht es vor allem um die Modellierung des nationalen Wirtschaftsplans, doch betrifft einiges, was ich zu sagen habe, auch andere Forschungsprojekte zur mathematischen Planung.

Da ist die Erwartung, die sich auf meine politische Umgebung bezog. Am Ende des vorigen Kapitels habe ich beschrieben, wie mich das Gefühl überkam, das empirische Forschungsprogramm, das ich mit *Overcentralization* begonnen hatte, sei in einer Sackgasse gelandet. Eine Fortsetzung hätte sicher zu heftiger Kritik am existierenden Regime der Wirtschaftsverwaltung geführt und damit eine Veröffentlichung undenkbar gemacht. Die Anwendung mathematischer Methoden schien das Dilemma zu lösen. Die Sprache der Mathematik war für Kommissare, Parteibeamte und all jene unverständlich, die über Institute, Verlage und Zeitschriften wachten. Beim Anblick von ein paar Gleichungen in einem Manuskript überkam sie ein Schaudern und sie legten es weg. Allein schon die Sprache bot einen gewissen Schutz vor den scharfen Augen der Politiker und der *polgazdosok*, den politökonomischen Wachhunden, die sie berieten und unterstützten. Der mathematische Formalismus weckte den Eindruck politischer Neutralität und das bis zu einem gewissen Grad zu Recht; denn eine Formel, eine Gleichung oder eine geometrische Figur kennt keine inhärente Parteiloyalität. Dieses Feld versprach zumindest relativ etwas mehr Ruhe. Diese Erwartung wurde erfüllt. Niemand hat je aus politischen Gründen Einwände gegen Arbeiten erhoben, in denen ich mathematische Methoden verwendete. Wie wachsam die Kommissare auch waren, mit der Wahl meines Forschungsgegenstands hatte ich sie überlistet. Dieser Erfolg stimmt mich auch heute noch zufrieden.

Ich glaubte weiter, die Anwendung der Mathematik in meiner Arbeit würde mich wissenschaftlich voranbringen und es mir erleichtern, die moderne Ökonomie zu verstehen. Auch diese Erwartung wurde voll und ganz erfüllt. Dann hoffte ich, über diese Beschäftigung nicht nur weiter zu lernen, sondern auch lehren zu können. In dieser Hinsicht wurden meine Erwartungen übertroffen. Von der

---

nung der ökonomischen Struktur – übrigens das einzige meiner Bücher, das in der DDR gedruckt wurde. Die zweite, erweiterte Auflage erschien 1972 auf Ungarisch und 1975 auf Englisch. Sieht man die dort zugefügten Ergänzungen als Teil meiner Forschung zur nationalen Wirtschaftsplanung, dann hat mich diese Arbeit ungefähr ein Jahrzehnt lang beschäftigt.

Universitätslehre war ich ausgeschlossen. Formell durfte ich keine Schüler haben. Doch als Direktor eines großen Forschungsteams (viel größer als anfänglich geplant) konnte ich schließlich unterrichten. Natürlich nicht in einer formellen Lehrer-Schüler-Beziehung, denn einige meiner Kollegen waren in meinem Alter oder älter, und ich war nicht ihr Vorgesetzter. Doch alle akzeptierten freiwillig, dass ich sie im Rahmen des Projekts in ihrer Arbeit anleitete. Und ich bin sicher, es gab vieles, was ich ihnen vermitteln konnte. Wie ich selbst fanden auch sie, dass Wirtschaftsprogrammierung ihnen half, die moderne Mikroökonomie zu verstehen.

Die Anwendung quantitativer Methoden in der Wirtschaftsplanung und -forschung blieb nicht ein rein methodisches Unterfangen. Sie entwickelte sich zu einer echten intellektuellen Bewegung. In diesem ziemlich exklusiven Kreis bildeten wir „Zwei-Ebenen-Planer" eine Fraktion, doch es gab auch andere Gruppen wie die „Input-Output-Leute", die Ökonometriker und die Operations-Research-Leute. Uns allen gemeinsam war die Entfremdung von der so genannten Politökonomie der 1950er-Jahre, bzw. ihre entschiedene Ablehnung, und der Vorsatz, die moderne (westliche) Ökonomie zu studieren und ihre Ergebnisse zu übernehmen. Wir organisierten Konferenzen. Einige taten sich zusammen und bildeten eine Sektion für mathematische Ökonomie in der Ungarischen Ökonomischen Gesellschaft.*

Weiter oben erwähnte ich bereits meinen ausgesprochenen Wunsch, in der westlichen ökonomischen Wissenschaft Fuß zu fassen. Hier haben die Ereignisse meine Erwartungen weit übertroffen. Ich merkte mit der Zeit, dass ich in einer starken westlichen Denkströmung mitwirkte. Seit den späten 1940er-Jahren waren in Frankreich, den Niederlanden, den skandinavischen Ländern und in anderen entwickelten Ländern nationale Wirtschaftsplanungsinstitutionen eingerichtet worden, die mit mathematischen Modellen arbeiteten. Entwicklungsökonomen entwarfen zusammen mit lokalen Wissenschaftlern Planungsmodelle für Indien, Mexiko und die Türkei. Indien richtete eine staatliche Planungskommission ein, in der mathematische Ökonomen großen Einfluss besaßen.

Die ungarische Planmodellierung stieß auf großes Interesse bei westlichen Kollegen. Es ging nicht nur um den theoretischen Vergleich der Lange-Malin-

* Zu dieser Zeit war ich bereits vertraut mit den Statuten der *Econometric Society* und so schlug ich vor, statt eines permanenten Vorsitzenden jedes Jahr einen neuen zu wählen. Das geschah, allerdings nur in unserer Sektion. Die ersten Vorsitzenden, mich eingeschlossen, übten ihr Amt jeweils nur ein Jahr aus. Doch die Prozedur der Rotation und Wahl durch die Mitglieder irritierte die uns übergeordnete Führung der Ungarischen Ökonomischen Gesellschaft. Dort war der Vorsitz sozusagen eine Lebenszeitstellung. Der Präsident konnte in seiner Position solange sitzen bleiben, wie es die höheren politischen Autoritäten erlaubten. Nach einigen Jahren wurde die Sektion für mathematische Ökonomie dazu verpflichtet, diesem Beispiel zu folgen.

vaud- und Kornai-Lipták-Modelle. Die Praktiker verglichen auch die Struktur der quantitativen Modelle, die Datengewinnung und die Modellanwendung, wie das alles von den französischen, niederländischen und indischen Planbehörden und vom ungarischen Nationalen Planungsamt gehandhabt wurde. Unsere Arbeit fand im Ausland als bemerkenswerte intellektuelle Leistung Anerkennung.

Vergleichen wir Erwartungen und Erfolg, dann stellt sich die Frage, ob die von uns eingeführte Methode Eingang fand in die Planungspraxis. Die Antwort darauf ist weniger deutlich. Einerseits wurden die Verfahren – die zuerst entwickelte Input-Output-Rechnung und die lineare Programmierung – vom Planungsamt und den Ministerien akzeptiert. Sie ließen einzelne Abteilungen und kleinere Einheiten diese Techniken anwenden und sich die Ergebnisse der Kalkulationen regelmäßig vorlegen. Die offiziellen Planer studierten sie vermutlich genau, doch ist schwer zu sagen, inwieweit die Resultate übernommen wurden.*

Andererseits hatte ich, solange ich die Situation von innen aus beobachten konnte, den Eindruck, dass die mathematische Planung den bürokratischen Organen der traditionellen Planung fremd blieb und dort nicht integriert wurde. Einige höhere Funktionäre im Nationalen Planungsamt und in den Ministerien zeigten durchaus Sympathie für unsere Arbeit, denn sie war mit einem gewissen Nimbus umgeben und erweckte den Eindruck, Planung sei wissenschaftlich und modern, verwendete sie doch Mathematik und elektronische Rechner. Wo lagen also die Probleme? Sie betrafen die sechs Fragen, die ich weiter oben im Zusammenhang mit dem theoretischen Modell der Zwei-Ebenen-Planung diskutiert habe. Nicht nur wich das theoretische Modell in wesentlichen Zügen von der Realität ab, auch seine Anwendung stimmte nicht mit der täglichen Praxis der realen sozialistischen Planung überein. Wollte man die Planung auf mathematische Modellierung gründen, waren die folgenden Probleme zu lösen:

1. Die Ziele der Wirtschaftspolitik müssen klar formuliert werden, und jedes Mal, wenn sich diese Absichten und Vorstellungen ändern, ist die Planung neu anzusetzen. Doch sind die Politiker bereit, sich daran zu halten? Politiker lieben Zweideutigkeiten. Sie stoßen sich nicht an widersprüchlichen Zielen. Sie verwenden gern Allgemeinplätze. Sie sind nicht bereit, die gleichzeitig angestoßenen politischen Vorhaben und Projekte mit Prioritäten oder gar mit numeri-

* Meine Arbeit nahm gegen Ende der 1960er-Jahre eine andere Wendung, so dass ich wenig direkte Erfahrung mit der staatlichen Planung der späteren Jahrzehnte hatte. Man hat die Techniken vielleicht intensiver verwendet, als ich vermute. Auch hat die Verbreitung und zunehmende Kapazität von Computern möglicherweise die Rolle mathematischer Planung verstärkt. Ein definitives Urteil ist nicht möglich. Denn der Apparat der Zentralplanung wurde nach dem Systemwechsel 1989 aufgelöst.

schen Gewichten zu versehen. Das heißt, sie stellen nicht die Informationen zur Verfügung, die ein Programmierungsmodell für seine Zielfunktion braucht. Sie scheuen davor zurück, denn solche Zahlen könnten später dazu benutzt werden, sie zur Verantwortung zu ziehen.

2. Als wir das Material für die nationale Wirtschaftsprogrammierung zusammengestellt und Zwischenergebnisse präsentiert hatten, mussten wir erfahren, dass jeder anders darauf reagierte. Unterstützten unsere Berechnungen zufällig das, was man sowieso tun wollte, wurden sie wärmstens begrüßt. Anderenfalls trat man ablehnend auf und meinte (zu Recht), das Modell vereinfache die Realität, vernachlässige dies und das, beruhe auf unsicheren Daten usw.
3. Oft fiel es schwer, den Wirtschaftspolitikern und ihren Planern den Unterschied klar zu machen zwischen Richtung und Ziel der wirtschaftspolitischen Intentionen und den Beschränkungen, die ihren Entscheidungen Grenzen setzten. Wie unter Punkt 1. erwähnt, sagen Wirtschaftspolitiker nicht gern, ob ihnen Wachstum wichtiger ist als Inflationsbekämpfung oder umgekehrt. Sie ziehen es vor, für beides Zielmarken zu setzen. Das schafft kein grundsätzliches Problem für die mathematische Struktur des Modells, in dem solche Makro-Absichten als Nebenbedingungen im mathematischen Sinn auftauchen können. Doch ist keineswegs sicher, ob solche wirtschaftspolitischen Absichtserklärungen miteinander vereinbar sind, d.h. gleichzeitig erfüllt werden können, und auch nicht, ob sie mit den objektiven externen Beschränkungen kompatibel sind, den verfügbaren Rohstoffen, der Produktionskapazität, dem Arbeitsangebot und den Importrestriktionen.
4. Wir konnten auch nicht den Daten vertrauen, mit denen wir unseren Rechner fütterten. Die Planer versuchten, uns diese Zahlen schmackhaft zu machen. Sie sträubten sich aber zu sagen, auf welchen Berechnungen ihre eigenen Schätzungen beruhten. Sie kritzelten Zahlen auf Zettel und ließen sie verschwinden, wenn sie konnten. Denn solche Zahlen waren Waffen in den Händen jedes Planers, wenn es galt, knappe Ressourcen zu bekommen oder zu hohe Zielvorgaben abzublocken.
5. Mit Hilfe von Computern des 21. Jahrhunderts hätten wir möglicherweise mit dem Zeitablauf der Planvorbereitung Schritt halten können. Damals war das nicht möglich. Unsere Berechnungen trafen zu spät ein. Es war leichter, bei den Zahlen einfach auf das geübte Auge zu vertrauen, um die Bilanzsalden des Plans abzuschätzen, anstatt sie mit einem exakten Gleichungssystem zu berechnen.

Alle diese Schwierigkeiten hatten eine gemeinsame Wurzel. Die sozialistische Planung war eine Küche, in der die Köche sich nicht von Fremden in die Töpfe gucken ließen. Sie vertrugen weder Publizität noch Transparenz. Das quantitative Modell hätte sie zur Disziplin angehalten und sie gezwungen zusammenzuzählen, was zusammenzuzählen war, und abzuziehen, was abgezogen werden musste. Das aber konnten sie nicht akzeptieren.

Kommen wir heute auf das Problem zurück, sehen wir die Übereinstimmung mit Hayeks bereits erwähntem Argument. Es ist unmöglich, alles Wissen und alle Information in einem Zentrum oder an einer zentralen Stelle und einigen zusätzlichen Nebenstellen zusammenzufassen. Wissen ist notwendigerweise dezentralisiert. Soll es vollständig und effizient genutzt werden, muss, wer darüber verfügt, in der Lage sein, das Wissen oder zumindest einen wesentlich Teil davon zum eigenen Nutzen zu gebrauchen. Dezentralisierte Information muss verbunden sein mit freiem Unternehmertum und Privateigentum. Nicht jede Einzelinformation, doch so viele wie möglich, sind dezentralisiert zu nutzen. Diese Beobachtung bringt uns von der engen Fragestellung, warum sich mathematische Planung nicht in den normalen Prozess der sozialistischen Zentralplanung einfügen konnte, zu der sehr viel allgemeineren, warum Zentralplanung in jener sozialistischen politischen und sozioökonomischen Umgebung nicht effizient und unverzögert funktionieren konnte.

Am Ende versöhnten mich all die Jahre, die ich in Planinstitutionen arbeitete, nicht mit der Idee der Zentralplanung. Im Gegenteil, ich nahm immer mehr Abstand. Vom bürokratischen Zentralismus hatte ich mich schon 1956 entschieden abgewandt. Danach untersuchte ich das Problem auf dem unteren Niveau der Unternehmen und der unteren Organe, die sie direkt verwalteten. Zwischen 1963 und 1968 fand ich heraus, was weiter oben in der Bürokratie passierte. All das bestärkte mich in der Überzeugung, dass sozialistische Planung, wie modern die eingesetzten Techniken auch sein mochten, nie die Hoffnungen erfüllen könnte, die Sozialisten in sie setzten.

Zum Schluss dieses Vergleichs von Erwartung und Realisierung möchte ich ein Wort anfügen zum Glauben, den man in das Planungsversprechen setzte. Dem Sozialismus wurde unterstellt, zukunftsorientiert und bewusst planen zu können. Das machte ihn für viele Leute attraktiv. Den menschlichen Geist an die Stelle spontaner blinder Marktkräfte für die Regulierung des Wirtschaftsgeschehens zu setzen, ist eine bestechende Idee. Erfolgreiche Planung auf nationalem Niveau würde das Vertrauen in die menschliche Rationalität rechtfertigen. Es lässt sich sogar behaupten: Die nationale Planung in den sozialistischen Ländern war der in der Geschichte beispiellose, kühne Versuch, diesen Glauben und diese Hoffnung in die Realität umzusetzen.

In diesen Erinnerungen versuche ich, die Stufen zu verdeutlichen, die mich zum Bruch mit den kommunistischen Ideen und der marxistischen Theorie gebracht haben. Ich lehnte das politische System rundweg ab, und auch von der marxistischen Politökonomie hatte ich mich weit entfernt. Doch immer noch glaubte ich, dass Zentralplanung eine progressive und effektive Rolle spielen könne, und zwar bei der Allokation von Investitionsmitteln und bei der Festlegung der langfristigen Entwicklung einzelner Wirtschaftssektoren, vor allem wenn das mit modernen Mitteln geschah (mit quantitativen Modellen und elektronischen Rechnern). Auch in dieser Hoffnung enttäuscht zu werden, war eine bittere Erfahrung.

In die Enttäuschung mischte sich aber die Erkenntnis, dass mich die Zeit, die ich unter Planern verbrachte, vieles gelehrt hatte. Es war wie bei einem Anthropologen, der Monate unter den Menschen lebt, die er untersucht. Ich kann meine Arbeiten authentisch nennen, denn ich lernte das sozialistische System von innen kennen. Aus diesem Blickwinkel betrachtet, war die große Aufgabe, die Volkswirtschaft zu programmieren, für mich von unschätzbarem Wert.

Verlassen wir für einen Moment den autobiographischen Bericht und fragen uns, welche Zukunft Planung heute, 2004–2005, haben kann. Ich halte es für bedauerlich, dass der Zusammenbruch des kommunistischen Systems die Idee der Planung in Verruf gebracht hat. Nicht nur Ungarns Nationales Planungsamt, auch der sowjetische Gosplan und die Planbehörden in allen ehemals sozialistischen Ländern sind aufgelöst worden. Die Reihen der Planer lichteten sich, und die Planungsorgane haben auch außerhalb des früheren Sowjetblocks an Einfluss verloren. Man braucht kein Kommunist zu sein oder marxistischen Denkgewohnheiten anzuhängen, um in der Wirtschaftsplanung auf dem nationalen Niveau noch Zukunft zu sehen. Das würde Rechnungen erfordern, die über ein oder zwei Haushaltsjahre hinausgehen und die konsistent die Entwicklungsalternativen eines Landes zu erfassen versuchen. Solche Planung sollte nicht ein Dokument produzieren, das den Wirtschaftsakteuren Anweisungen erteilt. Es genügt, alternative Entwicklungspfade zu berechnen, die die Politiker und anderen Entscheidungsträger als Hintergrundmaterial in ihren Diskussionen berücksichtigen. So hatten sich Ragnar Frisch, Jan Tinbergen und die französischen Planer das vorgestellt, als sie die indikative Planung, die mit der Marktwirtschaft kompatibel ist, anstelle der imperativen Planung einer kommunistischen Wirtschaft vorschlugen. Wenn sich eines Tages die schrecklichen Erinnerungen an die kommunistische Planung alten Stils verflüchtigt haben, erlebt der Planungsgedanke möglicherweise eine Renaissance. Und dann kommt die Erfahrung, die wir mathematischen Planer einmal zusammengetragen haben, vielleicht endlich zu ihrem Recht.

Zusammenarbeit mit Mathematikern

Kehren wir zu meiner persönlichen Geschichte zurück. Tamás Lipták und ich unternahmen mehrere Versuche, unsere gemeinsame Arbeit nach dem Erscheinen des Artikels von 1965 fortzusetzen. Doch unglücklicherweise war das nicht möglich. Tamás' psychische Probleme nahmen ständig zu und untergruben mit der Zeit seine Arbeitskraft. Nach dem Artikel zur Zwei-Ebenen-Planung hat er nie mehr echte wissenschaftliche Forschung betrieben, weder mit mir, noch mit einem anderen Autor, noch selbständig. Solange er in Ungarn war, versuchte ich, ihn mit Arbeit zu versorgen (oder zumindest mit einer Beschäftigung, die für seinen Lebensunterhalt ausreichte), und andere Freunde taten das ebenfalls. Dann verließ er Ungarn in Richtung England. Die Kollegen dort gingen anfänglich davon aus, dass er seinem Ruf entsprechend wissenschaftlich arbeiten werde. Doch musste man später mit Bedauern akzeptieren, dass dieser ehemals so kluge Kopf zu produktiver Arbeit nicht mehr fähig und auf die Zuwendungen des britischen Wohlfahrtsstaats angewiesen war. Er starb 1998 an den Folgen eines Unfalls, den er während eines Besuchs in Budapest erlitten hatte.

Als ich mit der mathematischen Modellierung anfing, schien es selbstverständlich, dass eine solche Aufgabe von einem Ökonomen und einem Mathematiker gemeinsam bearbeitet wird. Tamás und ich brachten aus unseren Disziplinen unterschiedliche Ansätze mit, die sich als komplementär herausstellten. Mathematiker werden zum höchsten Grad von Abstraktion geführt, während man Ökonomen daraufhin ausbildet, immer wieder zur praktischen Realität zurückzukehren. Ideal wäre es natürlich, in einem Kopf eine maximale Abstraktionsfähigkeit und einen maximalen Realitätssinn zu vereinen. Doch das kann man kaum leisten.

Nach dem Ende der Kooperation mit Tamás Lipták arbeitete ich an verschiedenen Forschungsthemen und Studien zusammen mit anderen Mathematikern bzw. Ökonomen mit mathematischer Ausbildung: Péter Wellisch, Bálint Dömölki, Béla Martos, Jörgen Weibull und András Simonovits. In jedem Fall ergänzten sich unsere Visionen und unser Wissen auf nützliche Weise. Als ich später die Wirtschaftsforschung im Westen genauer kennenlernte, musste ich leider feststellen, dass diese Art der Kooperation, die mir so offensichtlich erstrebenswert erschien, nur äußerst selten stattfindet. Ein ambitionierter Ökonom muss einfach die Fähigkeiten selbst erwerben, die er für den mathematischen Apparat seiner Arbeit benötigt. Eventuelle Koautoren sind in der Regel ebenfalls Ökonomen, versiert in mathematischen Methoden auf hohem Niveau.

Eine solche Eigenständigkeit hat zweifellos mehrere Vorteile. Ich möchte aus einer Schwäche keine Tugend machen. Mir stieß es oft bitter auf, dass ich keine normale Graduiertenausbildung genossen hatte, die mir Selbstvertrauen beim Einsatz komplizierter mathematischer Verfahren gegeben hätte. Doch vielleicht gibt es auch Nachteile, wenn Ökonomen sich auf *Do-it-yourself*-Mathematik beschränken. Sie müssen ihre Arbeit innerhalb der Grenzen ihres mathematischen Könnens halten, das professionelle Mathematiker in der Tat für beschränkt ansehen. Oft wurden die technischen Grenzen der mathematischen Ökonomie von Wissenschaftlern, die von Haus aus Mathematiker waren, erheblich erweitert, so zum Beispiel von John von Neumann und John F. Nash. Es gibt tatsächlich Probleme, deren mathematische Implikationen zu kompliziert sind, um von einem mathematisch gebildeten Ökonomen erfasst zu werden, während ein gelernter Mathematiker damit leicht fertig wird. Es wird heutzutage viel über die Bedeutung der interdisziplinären Forschung geredet. Vielleicht gibt es auf dem weiten Feld künftiger ökonomischer Forschung einen Platz für ökonomisch-mathematische Kooperation nach dem Vorbild von Kornai und Lipták.

Anmerkungen

1 Kornai und Lipták 1959.
2 Kornai und Lipták 1962b.
3 Bródy 1970.
4 Samuelson 1983.
5 Kornai und Lipták 1962a.
6 Kornai und Lipták 1971 [1965].
7 Arrow 1951.
8 Malinvaud 1967.
9 Arrow 1951.

9 Reisen in den Westen – 1963 und danach

Im Sommer 1963 erfüllte sich ein lang gehegter Wunsch von mir, als es mir gelang, zu einer Konferenz nach Cambridge in England zu fahren. Der Reise ging eine Reihe von Ereignissen voraus.

Vorspiel

Als mein Buch *Overcentralization* 1959 auf Englisch erschien, brachte der *Guardian* eine seitenlange Rezension von Professor Ely Devons, dem Dekan der Volkswirtschaftsabteilung der weltberühmten London School of Economics (LSE). Schon 1958 hatte mich Professor Devons eingeladen, die LSE zu besuchen. Meine einzigen Verpflichtungen sollten darin bestehen, Vorlesungen zu halten und ein Seminar zu leiten. Im Übrigen könne ich über meine Zeit frei verfügen. Diese Einladung, die erste an eine westliche Institution, wirkte elektrisierend auf mich. Sofort beantragte ich einen Pass. Nach langem Zögern wurde er abgelehnt. Ich stellte den Antrag erneut, er wurde wieder abgewiesen.

1962 erteilte man mir endlich eine Reiseerlaubnis – allerdings nur in andere sozialistische Länder, nicht in den Westen. Aber immerhin hatte die Repression sich gelockert. Freunden in der Leichtindustrie war es zu danken, dass ich in Ostdeutschland, Polen und der Tschechoslowakei Konferenzen besuchen und Vorträge halten durfte. Es war mein erstes akademisches Auftreten im Ausland. Des Weiteren erhielt ich, ebenfalls 1962, eine Einladung zu einer Round-Table-Konferenz von der *International Economic Association* (IEA), die in England an der Universität Cambridge stattfinden sollte. Das Thema lautete „Aktivitätsanalyse für langfristiges Wachstum und Planung". (Die Anwendung mathematischer Programmierung und ähnlicher quantitativer Techniken auf die Ökonomie nannte man damals Aktivitätsanalyse.) Einer der Organisatoren der Konferenz, Edmond Malinvaud, der Mitherausgeber von *Econometrica*, kannte die Arbeiten, die ich zusammen mit Tamás Lipták geschrieben hatte. Man wollte auch Lipták einladen. Doch angesichts seines „Strafregisters" bemühte er sich gar nicht erst um einen Pass. Ich reichte also wieder einen Reiseantrag ein, dieses Mal mit der IEA-Einladung anstelle der LSE-Einladung, und hatte damit endlich Erfolg.

Cambridge

Nach fünf Jahren Wartezeit ging die Grenze nach Westen auf. Besonders freute es mich, dass mein Freund András Nagy ebenfalls eingeladen war. Zusammen hatte man uns aus dem Institut für Ökonomie entlassen, und jetzt durften wir gemeinsam nach England reisen. Im Juli 1963 trafen wir mit dem Flugzeug in London ein und fuhren am nächsten Tag weiter nach Cambridge. Die Konferenz fand im Clare College statt, wo wir auch untergebracht waren. Cambridge ist ein Paradies für junge, wissensdurstige Menschen. Wir spazierten durch die ruhigen, harmonischen Anlagen von Clare und besuchten King's, Trinity und andere Colleges, voller Bewunderung für den berühmten englischen Rasen in den rechteckigen Innenhöfen. Ich bin seither weit gereist, doch finde ich, dass Cambridge mit seinen zahllosen herrlichen Gebäuden und Parks einer der angenehmsten Orte auf der Welt ist, ein Ort des Friedens und der Ruhe, an den ich aus dem hektischen Budapester Leben gekommen war.

IEA-Round-Table-Konferenzen sind exklusive Veranstaltungen und bringen die bekanntesten Experten auf einem bestimmten Gebiet zusammen. Zu den damaligen Teilnehmern und Rednern zählten Maurice Allais, Sukhamoy Chakravarty, Robert Dorfman, Terence Gorman, Frank Hahn, Leonid Hurwicz, Tjalling Koopmans, Lionel MacKenzie, Roy Radner und Richard Stone. (Allais, Hurwicz, Koopmans und Stone erhielten später den Nobelpreis.) Ich hatte ja inzwischen die einschlägige Literatur ausführlich kennen gelernt und die meisten Namen waren mir ein Begriff. Welches Vergnügen, jetzt Gesichter damit zu verbinden! Später lernte ich auch die Bedeutung einiger der übrigen Ökonomen kennen.

Die Vorträge und Diskussionen fanden auf hohem Niveau statt, unermesslich viel höher, als ich es aus Budapest gewohnt war. Alle waren freundlich, trotzdem beschlich mich während der Sitzungen das ängstliche Gefühl, ich würde nie den Rang dieser Gesellschaft erreichen.* Ich wagte noch nicht, auf Englisch vorzutragen. Ich sprach deutsch mit dem offiziellen Dolmetscher, manchmal auch mit Koopmans oder Hurwicz, die für mich übersetzten. Vor meinem Referat war ich schrecklich nervös.[1] Übrigens haben mich Nervosität und Lampenfieber vor einem Vortrag meine ganze Laufbahn über begleitet. Dennoch nehme ich, selbst um diesen Preis, gern mündlich zu meinen Ideen Stellung. Die Vorträge waren interessant und anregend. Sie wurden später in einem Band veröffentlicht.[2] Zum ersten Mal vernahm ich Details über Edmond Malinvauds Planungsmodell, das

* Mit einigem Vergnügen darf ich feststellen, dass ich zur Zeit, da ich diese Erinnerungen aufschreibe, gerade Präsident der IEA bin, die 1963 die Cambridge Konferenz organisierte.

im vorigen Kapitel erwähnt wurde. Auf der Konferenz verglich man es mit unserem Zwei-Ebenen-Modell.

Wir waren in Studentenzimmern untergebracht, die mir wie gut möblierte Studio-Appartements vorkamen – vor allem im Vergleich zu den überbelegten Räumen in den Studentenwohnheimen zu Hause. Eines Morgens klopften Tjalling Koopmans und Leonid Hurwicz an meine Tür. In einem kleinen Gespräch befragten sie mich über meine Arbeit und die Situation in Ungarn. Es war meine erste private Begegnung mit Koopmans, der mich als Freund adoptierte und mir später bei meiner Arbeit auf alle erdenkliche Weise half. Er war kein jovialer, Geist sprühender oder vertraulicher Mensch, aber er war offen, direkt, ernsthaft und menschlich, Eigenschaften, die sich nicht auf der emotionalen Ebene äußerten, sondern in seiner Art zu denken. Er nahm sich selbst nicht wichtig, sondern die Meinung anderer und hörte teilnahmsvoll und mit wachem Verstand zu, so auch damals.

Das Gespräch ähnelte einem Examen und dafür hätte ich keine besseren Partner wählen können. Gleichzeitig lernten wir uns kennen. Auf der einen Seite saßen zwei Wissenschaftler aus dem Westen, Koopmans, geboren in den Niederlanden, der sein Ökonomiestudium bei Jan Tinbergen begonnen hatte, und Hurwicz, aus Polen stammend, früher einmal Assistent bei Oskar Lange and Paul Samuelson. Beide lebten seit vielen Jahren in den USA, und dies war wohl die erste Gelegenheit, jemanden aus einem der Länder hinter dem Eisernen Vorhang zu treffen, der, obwohl des Englischen nur unvollkommen mächtig, sich mit ihnen doch in einer bekannten Sprache verständigen konnte. Das Treffen muss auch für sie interessant gewesen sein.

Am gleichen Abend gab mein Landsmann Nicholas Kaldor für die Konferenzdelegierten einen Empfang in seinem Haus. (Ich habe Kaldor bereits im ersten Kapitel erwähnt.) Dort nun erschien, in einen indischen Sari gehüllt, Joan Robinson, eine der herausragenden Persönlichkeiten der Ökonomie des 20. Jahrhunderts, Pionierin auf dem Gebiet der Theorie des unvollständigen Wettbewerbs. Ihren Namen kannte ich aus der Literatur.* Jetzt stand diese Legende leibhaftig vor mir.

* Joan Robinson wusste wissenschaftliche und politische Stürme zu entfachen. In höherem Alter wurde sie begeisterte Maoistin. 1977 trafen sich ein paar Leute in Kaldors Haus: Tibor Scitovsky und seine Frau Erzsébet, Zsuzsa und ich. Wir sprachen Ungarisch, als plötzlich Joan Robinson auftauchte – sie besuchte oft die Kaldors. Wir wechselten nicht sofort die Sprache. Joan Robinson hörte sich das eine Zeit lang schweigend an und erklärte dann mit Kommandostimme: „Kornai kommt mit mir.“ Sie nahm mich aus dem Kreis von Ungarn mit in ihr nahe gelegenes Haus und fing ein Gespräch über China an. Eifrig begann sie sodann, mich überzeugen zu wollen, dass man dort den wahren Weg zum Kommunismus gefunden habe. Denn die Staats- und Parteifunktionäre – ich zitiere Joan Robinson wörtlich – „dienten freiwillig dem Volk“ und nicht aus kommerziellen Interessen wie in der Sowjetunion. Gegenargumente oder die Erfahrungen aus Osteuropa wollte sie nicht hören.

Nach der Konferenz fuhr ich nach London und sprach an der LSE vor. Professor Devons, der mich früher eingeladen hatte, brachte mich zum Direktor, Sir Sidney Caine. Er war in Hemdsärmeln und sein Hemd hing vorne aus der Hose. Das passiert mir häufig auch. Wenn ich es dann merke oder man mich darauf aufmerksam macht, stecke ich es zurecht, aber im Gedanken an Sir Sidney höre ich auf, mich zu genieren. Wir verabredeten, dass ich, falls irgend möglich, im nächsten Jahr nach London zurückkehre solle.

An der London School of Economics

Der Plan war erfolgreich. Ich kam im April 1964 mit dem Zug in London an. In meiner Aufregung ließ ich meine Aktentasche im Bahnhof Victoria Station stehen und bemerkte das erst nach zwei oder drei Stunden. Ich eilte zurück und fand die Aktentasche dort, wo ich sie stehen gelassen hatte. Diese Erfahrung bestärkte mich in meinem Vertrauen zu Engländern.*

Den nächsten Tag war ich in der LSE, und bald fing ich an zu lehren. Meine Vorlesung behandelte die Wirtschaftsplanung und die damit verbundenen mathematischen Methoden. Meinem Eindruck nach verstand die Gruppe von zehn oder fünfzehn Doktoranden meinen Vortrag und mein Englisch, wenn auch mit Schwierigkeiten. Sie hörten aufmerksam zu, und danach kamen einige in mein Büro, um bestimmte Probleme der Vorlesung mit mir zu diskutieren. Vor allem Michael Ellman, schon damals ein kluger Kopf, zeigte großes Interesse. Später wurde er Professor an der Universität von Amsterdam, und wir haben unsere freundschaftliche professionelle Beziehung aufrechterhalten.

Vorlesungen zu halten, bereitet jungen Forschern im Westen keine besonderen Schwierigkeiten, denn sie haben dort schon als Studenten den Universitätsbetrieb mitgemacht. Doch ich war nie Ökonomiestudent gewesen, weder in Ungarn, noch im Ausland. In London war ich gezwungen, ins kalte Wasser zu springen. Es fiel mir schwer, denn ich musste meine Lehrmethoden selbst entwickeln.

Intellektuell war die LSE äußerst anregend. Ich besuchte Vorträge der LSE-Dozenten und Gastprofessoren. Zur Fakultät gehörte auch A.W. Phillips, der die nach ihm benannte Phillips-Kurve entwickelt hatte, eine häufig zitierte Konstruktion der Makroökonomie. Zwei große amerikanische Ökonomen, Lawrence

* Auch danach habe ich häufig Sachen stehen gelassen. Es ist nur gut zu wissen, dass dies in meinem Fall eine Charaktereigenschaft ist und nicht ein Zeichen von Alterszerstreutheit.

Klein und Robert Solow, sprachen vor dicht besetzten Hörsälen. Hier bekam ich den ersten Eindruck von der Volkswirtschaftslehre in diesem Teil der Welt.

Ich lernte viel, aber offen gesagt, fühlte ich mich einsam. Um mit den Studenten auszugehen, war ich zu alt. Und die Dozenten kümmerten sich wenig um mich. Vielleicht waren die Kontakte innerhalb der Fakultät generell locker. Der einzige, der mich wirklich freundschaftlich aufnahm, war der LSE-Fachmann für die Sowjetunion, Professor Alfred Zaubermann, ein Emigrant aus Polen. Eine weitere, dauerhafte Freundschaft entwickelte sich bei einem Besuch in Schottland, wo ich mit Alec Nove zusammentraf, dem weltberühmten Kenner der sowjetischen Geschichte und Wirtschaft und – mir wichtiger – ein liebenswürdiger, warmherziger und humorvoller Mensch. Auch später trafen wir uns bei verschiedenen Gelegenheiten und konnten miteinander diskutieren. Er bewahrte sich einen unerschütterlichen Glauben, zwar nicht an den „real existierenden Sozialismus", d.h. das System, das in der Sowjetunion und Osteuropa vorherrschte, wohl aber an den „machbaren Sozialismus", eine bessere, wünschenswertere Form des Sozialismus, und das zu einer Zeit, da die meisten von uns Osteuropäern längst desillusioniert waren.

Es gab noch einen weiteren Ungarn, der an der LSE lehrte, Imre Lakatos, ein brillanter Geist, was vielen an der Universität von London bereits auffiel. Später erwarb er Weltruhm als Autorität in der Wissenschaftsphilosophie. Seine Arbeiten werden immer noch zitiert. Ich hatte ihn in Budapest flüchtig kennen gelernt, und unsere gemeinsamen Budapester Bekannten schätzten seine außerordentlichen intellektuellen Fähigkeiten, doch hatte er wegen seiner politischen Vergangenheit einen schlechten Ruf. Er mag gespürt haben, dass ich das eine oder andere davon wusste oder fand mich einfach nicht geistesverwandt. Wir trafen ein paar Mal für Minuten zusammen, im Übrigen zeigte er sich nicht an meiner Bekanntschaft interessiert.

Glücklicherweise blieb Imre Lakatos' distanziertes Verhalten eine Ausnahme. Bei zahllosen Auslandsreisen kümmerten sich emigrierte Kollegen aus Ungarn fürsorglich und aufmerksam um mich, unterstützten mich in meiner Arbeit und im täglichen Leben. Die einfache Tatsache, dass ich aus Ungarn kam, reichte aus, ihre Solidarität und Hilfsbereitschaft zu wecken. Herz erwärmend war die Freundschaft von Béla Balassa, Thomas Balogh, William Fellner, János Harsányi, Nicholas Kaldor, Richard Quandt, Tibor Scitovsky und Thomas Vietorisz.

Mein Aufenthalt in London bedeutete mir mehr als nur die professionelle Erfahrung an der LSE. Schon lange wollte ich London besuchen. Ein Buch mit dem Titel *Hallo, It's London!* gehörte zu meinen Lieblingsbüchern als Kind.[3] Ich kannte die Namen der berühmten Straßen, Plätze, historischen Gebäude und

Denkmäler. Jetzt sah ich das alles mit eigenen Augen. Nach so vielen Jahren in einer Mangelwirtschaft war ich wie György Péter und Miklós Gimes überwältigt von dem Überfluss, dem Reichtum und dem Frieden. Mein kurzer Aufenthalt in Cambridge 1963 hatte mir einen flüchtigen Eindruck des englischen Lebens vermittelt. Jetzt hielt ich mich mehrere Monate in London auf. Vom Verstand her wusste ich natürlich im Vorhinein, wie sich das britische und das ungarische Leben voneinander unterscheiden. Doch es ist eines, darüber ein Buch zu lesen oder von anderen etwas zu erfahren, und ein anderes, es Tag für Tag selbst zu erleben. Das war sozusagen der wahre Beginn meiner Beschäftigung mit dem Systemvergleich, der künftig meine Arbeit kennzeichnete. Ich konnte die beiden Systeme theoretisch und statistisch miteinander vergleichen, doch hinter den Ideen lag die direkte, persönliche Erfahrung mit beiden, was die Ideen anregte und bestätigte.

Dasselbe mit den Augen von Spionen und Spitzeln gesehen

Vierzig Jahre nach den gerade beschriebenen Ereignissen erhielt ich Zutritt zu geheimen Dokumenten, aus denen ich eine Menge darüber entnahm, was hinter der Szene und ohne mein Wissen bei der politischen Polizei in Bezug auf meine Reisen passierte. Der Ökonom Tamás Bácskai arbeitete für die politische Polizei als Spitzel. Einer seiner handgeschriebenen Berichte betrifft mich[4]: „Vor ungefähr einem Monat sprach ich mit János Kornai. Er stellte fest, er sei kein Marxist … Er akzeptiert beispielsweise nicht die ‚absolute Verelendung der Arbeiterklasse'. Er akzeptiert nicht die Führungsrolle der Arbeiterklasse … Er akzeptiert nicht die Führungsrolle des Staates in der Wirtschaft."

Ich habe in den Dokumenten über mein Leben mehrere Spitzelberichte gelesen und sehe, dass sie einem standardisierten Schema folgen. Der Bericht wurde von dem zuständigen Polizeioffizier ausgewertet, der weitere Instruktionen für den Spitzel hinzufügte. Hier ein Zitat aus dem Kommentar des Polizeimajors zum gerade erwähnten Bericht:

Notiz: Kornai möchte im Herbst nach Großbritannien reisen.
Bewertung: Der Bericht ist brauchbar, weil er zeigt, dass Kornai seine frühere revisionistische Position nicht aufgegeben hat. In diesem Fall wäre es nicht gut für uns alle, wenn er nach Großbritannien reiste, denn [der imperialistische Feind] könnte leicht einen Einfluss auf Kornai ausüben oder ihn sogar rekrutieren.
Anweisung: Sprechen Sie mit Kornai und kommen Sie auf die Fragen zurück, über die Kornai nicht mit dem Marxismus übereinstimmt.

Die Berichte Tamás Bácskais füllen einen dicken Ordner.* Seine Kollegen, Freunde und Bekannten waren hauptsächlich Wirtschaftswissenschaftler, Schriftsteller und Filmleute. Über viele von ihnen schrieb er Berichte. Sogar aus Gesprächen mit seinem eigenen Vater und seiner jüngeren Schwester machte er Mitteilung. Ich würde Bácskai nicht einen Freund im engeren Sinn nennen, doch hatten wir mehrere Jahre kollegialer Beziehungen hinter uns.

Zum Text des Polizeidokuments habe ich eine eigene Hypothese, warum ich schließlich die Erlaubnis bekam, nach Großbritannien zu reisen. Die politische Polizei war die mächtigste Institution in den Jahren der finstersten Repression durch das Kádár-Regime bis zur Amnestie von 1962–63. In Fällen wie dem meinen wurden Passanträge abgelehnt. Als der Unterdrückungsapparat sich etwas lockerte und das Regime versuchte, dem Westen ein freundlicheres Antlitz zu bieten, überwogen kulturelle und außenpolitische Überlegungen bei der Polizei. Ich erhielt die Erlaubnis zu reisen, aber wie wir sogleich sehen werden, behielt mich die Geheimpolizei im Auge.

In London traf ich R.R., einen früheren journalistischen Kollegen. Zur Zeit meines Londoner Aufenthalts waren wir bereits seit 17 Jahren eng befreundet. Dass wir in Vielem politisch nicht übereinstimmten, war offensichtlich, denn er arbeitete in London als Korrespondent einer ungarischen kommunistischen Zeitung. Trotzdem dachte ich, wir seien Freunde. Ich hatte ihn mehrfach aufgesucht und regelmäßig für die Angehörigen der 1956er Gefangenen Geld gesammelt, bis die Polizei diese Aktion aufdeckte. In London hatten wir lange Gespräche. Er machte mit mir einen Ausflug in seinem Wagen. Er begleitete mich beim Kauf einer afrikanischen Schnitzerei, da er passionierter Kunstsammler war und wusste, wo man gute Stücke für wenig Geld bekam.

Vor kurzem erhielt ich Kopien der nachrichtendienstlichen und polizeilichen Dossiers über meine Person aus der damaligen Zeit. Erstaunt, ja bestürzt stellte ich fest, dass R.R. einen detaillierten Bericht über meine politischen Ansichten und unsere Gespräche an seine Vorgesetzten in der Geheimpolizei geschickt hatte.[5] Der Bericht stammt aus dem Jahr 1965. Damals interessierte sich die Geheimpolizei für Informationen über mich, und sie fanden heraus, dass R.R., einer ihrer regulären Mitarbeiter in London, mich recht gut kannte. Also erhielt der Agent

* Tamás Bácskais Spitzeltätigkeit wurde in einem Artikel von Erika Laczik (2005) an die Öffentlichkeit gebracht. Sie deckt die Zeit von fast fünf Jahren ab, vom 29. November 1956 bis zum 16. August 1961. Der Artikel geht im Einzelnen auf die Bereiche ein, in denen Bácskai seine Informationen sammelte, und auf die Personen, über die er berichtete. Bácskai hat das kurz nach Erscheinen des Artikels öffentlich eingestanden. Ich komme auf diesen Punkt sogleich zurück, um zu erklären, warum ich Tamás Bácskai beim Namen nenne und andere Spitzel nicht.

die Anweisung, einen ausführlichen Bericht über mich zu schreiben. Dem leistete er sofort Folge und kam für seinen Bericht auf die Gespräche zurück, die wir in London geführt hatten.

R.R. hatte sogar einen ordentlichen Decknamen. Er berichtete nicht nur über mich, sondern auch über andere. Seine Aufzeichnungen über meine Ansichten waren korrekt, sie beschönigten nichts (vom Standpunkt des Kádár-Regimes), aber übertrieben auch nicht meine Opposition den Zeitumständen gegenüber. Er teilte seinen Vorgesetzten nur mit, was ich in einem vertraulichen Gespräch unter Freunden gesagt hatte. Zitat: Kornai „sieht sich nicht als Kommunist. … Er möchte mit Politik nichts zu tun haben. … Er bat mich, Pál Lőcseis Frau zu helfen. … Er billigt nicht die Wirtschaftspolitik der Partei. … Er hält sie für unwissenschaftlich und für schlecht angesehen."

Hätte ich mit R.R. nicht offen reden sollen? Wem soll man vertrauen, wenn nicht Freunden? Oder war ich naiv und ausgesprochen weltfremd zu glauben, dass Freundschaft stärker sei als die Loyalität zur Kommunistischen Partei? Trotz unserer unterschiedlichen politischen Anschauungen hielt ich uns für Freunde. Doch in seinem Bild über mich berichtete er seinen Vorgesetzten: „Wir waren gute Freunde bis 1953–54. Danach tauchten weltanschauliche Differenzen auf, und die enge Freundschaft ging in die Brüche."

Auf Grund der von mir genau geprüften Dokumente weiß ich, wer R.R. war. Das gleiche gilt für all die anderen Spitzel, Verräter und Geheimagenten, die in diesem Buch durch zwei willkürliche (nicht ihre wahren) Initialen gekennzeichnet sind und später noch erwähnt werden. Der Leser mag sich wundern, warum ich ihnen nicht die wirklichen Namen gegeben habe, wenn ich sie kenne. Nach ungarischem Gesetz, wie es zur Zeit der Abfassung dieser Autobiographie gültig ist, haben die Bürger ein Recht zu erfahren, wer sie verraten und wer Berichte über sie geschrieben hat.* Sie haben aber nicht das Recht, diese Information publik zu machen.

In ganz Osteuropa wurde nach dem Fall des kommunistischen Regimes heiß diskutiert, was mit den Daten der ehemaligen Geheimdienste zu geschehen habe. Viele Leute sprachen sich für die radikale deutsche Lösung aus, die Stasi-Akten allgemein zugänglich zu machen. Auch in Ungarn gab es Stimmen dafür, doch das stieß auf den Widerstand der politischen Autoritäten, die die Sache zu entscheiden hatten. In der öffentlichen Debatte tauchten auch rechtliche, sicherheitspolitische und ethische Gegenargumente auf. Möglicherweise waren obendrein

* Dass man das Recht nicht immer ausüben kann, ist eine andere Sache, denn nicht immer steht die gesuchte Information zur Verfügung.

parteipolitische Überlegungen im Spiel. Parteipolitiker, auch wenn sie persönlich nicht betroffen waren, fürchteten vielleicht um den Ruf ihrer Partei, wenn herauskam, dass sich in ihren Reihen frühere Spione und Spitzel befanden. Immer wieder flammte die Diskussion auf, ob man die Gesetze nicht ändern und die Namen von Agenten, Informanten, Spionen und anderen Mitarbeitern des geheimen Netzwerks öffentlich bekannt machen solle. Anfang Februar 2005, als ich die Niederschrift dieser Autobiographie beendete, erfuhr die Debatte neuen Auftrieb in der Öffentlichkeit und hinter den Kulissen: Was sollte, konnte und durfte man nicht bekannt machen aus den Akten über Spitzel, ihre Führungsleute, ihre Opfer und jene, die sie unter Beobachtung gehalten hatten. Noch war nichts entschieden, als ich das Manuskript zum Druck gab.

Ich habe mich gefragt, ob ich die Namen nennen würde, wenn es nicht gegen das ungarische Recht verstieße. Ich möchte dem nicht unter Verweis auf die Gesetzeslage ausweichen. Es geht hier um ein ethisches und emotionales Dilemma, dem man sich stellen muss. Da solche Fälle in diesem Buch wiederholt auftauchen, kam das Problem immer wieder vor. Jede Geschichte ist anders. Es gab Informanten oder Leute, die Freunde und Bekannte auf andere Weise an die Geheimdienste verrieten, mit denen ich nur lose, oberflächliche Kontakte hatte, auch wenn sie mir nicht gänzlich unbekannt waren. Andere dagegen zählten zu meinen fünf bis zehn engsten Freunden. Ich rief mir die Gespräche ins Gedächtnis, die wir viele Jahre lang über die Arbeit, das öffentliche Leben, die Familie und die Kinder geführt hatten. Wie konnten ehemalige Freunde mich und wahrscheinlich auch andere Freunde verraten? Was veranlasste sie, bei diesem hässlichen Spiel mit zu spielen?

Ich weiß es nicht. Während der langen Jahre, die ich im Westen, vor allem in Amerika, verbrachte, hat sich mir ein wichtiger Begriff eingeprägt: Rechtsstaatlichkeit, das Recht auf ein ehrliches und faires Verfahren. Wer einer Sache verdächtigt oder angeklagt ist, sollte die Chance erhalten, sich zu verteidigen. Hält man den Verdacht oder die Anklage für falsch, sollte man die Chance haben, sie zu widerlegen. Gibt es mildernde Umstände, sollte man sie nennen dürfen. Wer einen Verdacht oder eine Anklage vorbringt, sollte unabhängig von Geständnissen des Verdächtigten oder Angeklagten in der Lage sein, die Beschuldigungen zu beweisen. Sind erschwerende oder mildernde Umstände bekannt, sind sie vorzubringen. Zeugen müssen gehört werden. Liegt ein Urteil vor, muss es eine Berufungsmöglichkeit geben, usw. Wer kann in unserem Fall heute, nach dreißig oder vierzig Jahren, ein solches ordentliches Verfahren garantieren, zumal einige der mutmaßlichen Verräter bereits tot sind?

Doch das ist nicht der wichtigste Grund für meine Entscheidung, die Namen nicht zu veröffentlichen. Ich habe kein Recht, moralische Urteile zu fällen. Ich will niemanden ohne Untersuchung freisprechen oder behaupten, die Spitzel wären selbst Opfer, die ein schreckliches, repressives System in diese Rolle gezwungen hat. Auch wenn man in erster Linie das System verurteilen muss, ändert das nichts daran, dass jeder einzelne für seine Taten verantwortlich ist. Es gab Leute, die Nein zu sagen wagten. Andere wurden erst gar nicht angesprochen, weil die Geheimpolizei nur zu gut wusste, dass sie nicht vertrauenswürdig seien. Doch verallgemeinere ich auch nicht in die andere Richtung. Ich möchte die Verfehlungen eines Spitzels nicht unbesehen verurteilen, denn ich bin nicht in der Lage, die Argumente auf beiden Seiten abzuwägen.

Ich fälle keine Urteile. Auch die Idee der Rache ist mir fremd. Würde ich Namen nennen, wäre das schon eine Strafe. Ich beanspruche nicht das Recht, R.R. oder andere zu bestrafen und damit vielleicht indirekt auch ihre Angehörigen. Tamás Bácskai tauchte in einer früheren Fassung meiner Autobiographie nicht namentlich, sondern nur unter zwei Initialen auf. Doch während der Überarbeitung des Manuskripts erschien der Artikel über ihn in der Presse, in dem erwähnt wurde, ich sei einer von jenen gewesen, über die Bácskai berichtet habe. Bácskai gab die Beschuldigung zu. Unter diesen Umständen sehe ich keine Veranlassung, ihn hier anonym zu behandeln.

In letzter Zeit hat die Zahl der Artikel zugenommen, in denen Informanten entlarvt werden. Mir geht es hier nicht um ein juristisches oder ethisches Urteil über dieses Phänomen. Ich möchte nur unterstreichen, dass ich mich an der Kampagne der Bloßstellungen nicht beteilige. Ich habe die gerade erwähnten Grundsätze noch einmal überdacht und möchte sie auch im Licht der jüngsten Entwicklungen beibehalten. Ich bin allerdings überzeugt, dass es diesen Prinzipien nicht widerspricht, den Namen eines Spitzels zu nennen, der bereits entlarvt ist und seine Tätigkeit eingestanden hat.

Kehren wir nach dieser Abschweifung zum eigentlichen Thema meiner Betrachtungen zurück. Aus den Dokumenten jener Zeit entnahm ich, dass es zwei parallele Geschichten gegeben hatte. In die eine war ich direkt verwickelt: Ich beantragte eine Reiseerlaubnis, wurde abgewiesen, dann erhielt ich die Erlaubnis, unternahm die Reise und kehrte schließlich nach Budapest zurück, immer in der Furcht, die Behörden würden mich das nächste Mal nicht mehr reisen lassen, usw. Inzwischen entfaltete sich ohne mein Wissen die zweite, geheime Geschichte. Berichte über mich wurden geschrieben, meine Bemerkungen wurden ausgewertet. Man analysierte, welche „Gedankenverbrechen“, um Orwells Ausdruck zu verwenden, ich begangen hatte.

Als die politische Geheimpolizei mit ihrem Informantennetz im Land und der Nachrichtendienst (beide arbeiteten in derselben Abteilung eng zusammen) beschlossen, ihren Einspruch gegen meine beantragten Reisen aufzuheben, machten sie sich auch Gedanken, ob sie mich nicht rekrutieren könnten. X.X., ein Botschaftsangehöriger und gleichzeitig Geheimagent in London, legte nach meinem ersten Besuch in London einen entsprechenden Vorschlag vor. Ich erinnere mich deutlich an X.X.s verbindliche Freundlichkeit. Damals war ich so naiv, dass ich nicht im Entferntesten daran dachte, er könne ein ungarischer Geheimagent sein.[6] Er zeigte mir ein Textilgeschäft, wo ich besonders guten englischen Tweed äußerst preiswert kaufte.*

X.X.s Vorschlag wurde ernstlich erwogen, und man untersuchte genau, wer ich sei und welche Anschauungen ich hätte. Ich zitiere die Entscheidung aus dem Dokument vom 26. März 1964: „Auf Grund der früheren Anregung des Genossen X.X. haben wir die operative Einsatzfähigkeit [von János Kornai] beurteilt. Dabei erwies sich diese Person allerdings als ungeeignet für eventuelle Informationen. Angesichts des schwankenden politischen Verhaltens über die letzten zehn Jahre werden wir kein Informationsgespräch mit ihm vor seiner Auslandsreise führen, weder namens des Außenministeriums noch in unserem eigenen Namen. … In Abhängigkeit von seinem Verhalten während seines Auslandsaufenthalts kann Genosse X.X. ihn verdeckt abschöpfen, allerdings nur zu Fragen, die von seiner legalen Tätigkeit an der Botschaft gedeckt sind."[7]

Eine kurze Erklärung mag hier am Platze sein, was die Ausdrücke „Informationsgespräch" und „verdeckt abschöpfen" im Jargon der ungarischen Geheimdienste bedeuteten. Westreisende, die möglicherweise nützliche politische Informationen beibringen konnten und dem politischen Regime gegenüber loyal waren, erhielten ein „Gespräch" vor ihrer Abfahrt. Die Einweisung fand im Personalbüro ihrer Arbeitsstelle statt, oder sie wurden ins Außenministerium oder zur Polizei gebeten. Man erklärte ihnen, wie sie sich im Ausland zu verhalten hatten, wen sie vielleicht treffen könnten, wem sie aus dem Wege gehen sollten und welche Informationen erwünscht waren. Die Behörde forderte den Reisenden auf, einen detaillierten Bericht über seine Auslandserfahrung zu verfassen. Der Auftrag bedeutete noch nicht, dass Personen formell rekrutiert waren, sondern nur, dass man mit ihnen in Kontakt stand, und die Möglichkeit, diesen in Zukunft zu festigen, blieb offen. Die politische Polizei und der Nachrichtendienst riskierten solche losen Kontakte nur mit Reisenden, von deren Loyalität sie überzeugt waren. Es hätte nämlich peinlich wer-

* Er war so hilfsbereit, dass ich ihm nach meiner Englandreise im Jahr 1963 und vor meinem Besuch 1964 aus Budapest einen Brief schrieb. Ich teilte mit, dass ich wieder nach London komme und einige Zeit dort verbringen wolle, um Englisch zu lernen. Ich bat um die Empfehlung eines guten Sprachkurses. Bestürzt entdeckte ich diesen freundlichen persönlichen Brief in X.X.s Dossier. Er hatte ihn seinem Bericht hinzugefügt.

den können, wenn der Reisende im Westen solche „Informationsgespräche" offen legen würde. In meinem Fall wusste die Geheimpolizei aus meinen Erklärungen und aus Berichten von Informanten Bescheid. Man musste davon absehen, mich formell einzubinden, und konnte mir nicht einmal einen „Informationsauftrag" anvertrauen. Meine Gesinnung schützte mich vor Versuchen, mich anzuwerben.

Für den anderen Ausdruck aus dem Geheimdienstjargon zitiere ich aus einem Wörterbuch, das János Kenedi zusammengetragen hat: ‚Verdeckte Abschöpfung': „Der Informant oder Agent sammelt im Laufe eines Gesprächs wertvolle Daten oder Informationen, wobei der Gesprächspartner darüber im Unklaren bleibt, dass er/sie mit einem Gegner spricht und dabei Informationen mitteilt, die der anderen Seite wichtig sind. Er/sie weiß nichts von den ‚verdeckten' Absichten des Gegenübers. Das Gespräch wird vom Agenten oder Informanten inszeniert."[8] Demzufolge versuchte X.X. bewusst, von mir Informationen zu erfahren, die für seine Vorgesetzten interessant waren, und das während wir zu besagtem Textilgeschäft in der Regent Street gingen und über die unterschiedlichsten Dinge sprachen. Eines ist sicher, sie erfuhren nichts von mir, was ihnen nützlich hätte sein können, auch wenn ich ihn nicht im Verdacht hatte, Geheimagent zu sein.

Ein anderes Dokument aus dieser Zeit möchte ich noch erwähnen. Ich erhielt fortwährend Einladungen ins Ausland und suchte deshalb immer wieder um Reiseerlaubnis nach. Einer dieser Anträge landete erneut auf dem Tisch der politischen Polizei. Der Berichterstatter, das macht der Wortlaut des Dokuments klar, war über meine Tätigkeit gut informiert. Ob diese Person nun Angestellter der politischen Polizei oder ein Gutachter von außen war, die fachliche Kompetenz macht jedenfalls deutlich, dass ein ökonomischer Kollege meine Arbeit beurteilte. Er oder sie stellte fest, Kornai „hat nach inländischen Maßstäben Pionierarbeit zur wirtschaftlichen Anwendung von elektronischen Rechnern (mathematische Programmierung) geleistet. All das basiert er fast ausschließlich auf westliche Quellen. Er bringt nichts, was im Westen nicht schon bekannt wäre. Seine Forschung rechtfertigt nicht die wiederholten Einladungen aus dem Westen. Kornai kann dem Westen nichts Neues bieten."[9]

Allgemeine Bemerkungen zu meinen Reisen und Veröffentlichungen im Ausland

In einem hatte der Gutachter, der meine Arbeit für die Geheimpolizei beurteilte, sicher Recht. Ich erhielt tatsächlich wiederholt Einladungen aus dem Westen. Er hatte auch darin Recht, dass man im Westen von mir nicht erfahren wollte, wie nützlich elektronische Rechner waren. Sie hatten viel modernere als unsere unförmigen, sowjetischen *Ural*-Maschinen, die total veraltet waren. Es entspricht ebenfalls den Tatsachen, dass ich die ökonomische Anwendung der linearen Programmierung aus westlichen Büchern gelernt hatte und nicht anders herum. Trotzdem konnte ich einem westlichen Publikum offensichtlich etwas Neues vermitteln, denn es wollte mich hören und sehen.

Meine Einladungen waren nicht nur bei der Geheimpolizei Gesprächsstoff. Sie wurden auch unter Kollegen diskutiert. In Budapest erfährt man nämlich in der Regel, was hinter dem Rücken über einen gesagt wird. Mir war bekannt, dass manche Leute glaubten, Kornai sei „geschickt", sich Verbindungen zu schaffen, und wisse es zu regeln, dass seine Bekannten ihn an interessante Orte einluden. Diesen sarkastischen Bemerkungen möchte ich entgegnen, dass, zumal auf meine Westreisen von 1963 und 1964, eine Reihe von Einladungen an andere Orte folgte. Ich reiste immer häufiger und regelmäßiger in den Westen. Ich will hier nicht allgemein den Gründen nachgehen, warum Wissenschaftler ins Ausland reisen. Denn die Erfahrungen von anderen Reisenden habe ich nicht untersucht. Ich schreibe nur über meine eigenen.

In jedem einzelnen Fall war der Anlass, mich einzuladen, eine positive Beurteilung meiner Arbeit. Wie schon erwähnt, wurde ich 1963 zur Konferenz in Cambridge gebeten, weil Professor Malinvaud, ihr französischer Organisator, von zwei *Econometrica* Artikeln beeindruckt war. Abteilungsleiter Devons an der LSE lud mich ein, weil ihm mein Buch bei Oxford University Press gefallen hatte. 1966 erhielt ich eine Einladung zu einer Tagung der *Econometric Society* nach Rom, denn Koopmans leitete dort eine Sitzung über Planung. Er hatte mich in Cambridge kennen gelernt, wo ihm mein Beitrag aufgefallen war. Dann traf ich in Venedig bei einem Seminar mit östlichen und westlichen Ökonomen zusammen, weil die Organisatoren auf mein Buch *Overcentralization* aufmerksam geworden waren.*

Ich könnte so fortfahren, aber das ist nicht nötig. Ich war an vielen Orten, ohne dass ich ein einziges Mal jemanden gebeten hätte, für mich eine Einladung zu arrangieren. Kam das Thema im Gespräch auf, riet ich jüngeren Kollegen immer, in Zeitschriften mit internationaler Reputation zu publizieren. Die Anstrengung

* Westliche Ökonomen kannten anfangs zwei Kornais. Für die Sowjetunion- und Osteuropa-Spezialisten, die Sowjetologen und Systemvergleicher, war ich der Autor von *Overcentralization*. Für die mathematischen Ökonomen war ich einer der Autoren des Kornai-Lipták-Modells. Mit wenigen Ausnahmen lasen Sowjetologen damals nicht *Econometrica*, und die Theoretiker kannten sich nicht in der Literatur zum kommunistischen Wirtschaftssystem aus. Die Einladungen erfolgten mal aus dem einen, mal aus dem anderen Lager. Es dauerte einige Zeit, bis die beiden Bilder, die aus den verschiedenen Aspekten meiner Arbeit entstanden waren, sich zu einem fügten.

würde irgendwann Früchte tragen und Aufmerksamkeit auf ihre Arbeit lenken. Einige folgten meinem Rat, andere nicht.

Heute wird viel geredet über die Bedeutung von Netzwerken in der Politik, der Wirtschaft, der Kultur und auch in der Wissenschaft. Einige machen *networking* zur wichtigsten Lebensstrategie. Zahlreiche nützliche Beziehungen zu haben, halten sie bereits für einen Erfolg. Ich möchte hier keine Diskussion entfachen über angemessene Strategien oder die Zweckdienlichkeit und den ethischen Wert von Verhaltensmustern. Einen Kontakt herzustellen kann meiner Ansicht nach niemals eine eigenständige Leistung sein. Das ergab sich einfach als Nebenerscheinung meiner Forschung, Lehre und Vortragstätigkeit. Ich traf mit Leuten vor allem auf Grund ihrer Reaktion auf meine Bücher, Artikel und Vorträge zusammen. Manche Beziehungen blieben auf dem Niveau professioneller Kollegialität oder eines Lehrer-Schüler-Verhältnisses. Andere entwickelten sich zu Freundschaften. Mein „Netzwerk" hat gewaltige Dimensionen angenommen mit eher Tausenden als Hunderten von Verbindungen. Aus primären Kontakten entstehen sekundäre. Nach einer gewissen Zeit schaffen Bekanntschaften und Reputation von selbst neue Verbindungen. Die Quelle der primären Kontakte, das möchte ich betonen, lag in meinem Fall in erster Linie im akademischen Erfolg.

Kommen wir zum Thema des Kapitels zurück, meinen Reisen. Ich verspreche, den Leser nicht mit Aufzählungen zu langweilen oder mit touristischen Berichten über die besuchten Orte. Dafür fehlt mir ohnehin das Talent. Komme ich aus dem Ausland nach Hause, kann ich nur selten eine farbige und amüsante Beschreibung meiner Reiseerfahrungen geben, selbst nicht für die Familie und Freunde. Stattdessen will ich meine Reisetätigkeit allgemein kommentieren und ein paar Regeln anführen, die ich mir selbst auferlegt habe für mein Auftreten im Ausland und meine Publikationstätigkeit, die eng damit zusammenhängt.

Nach meiner ersten Chance, 1963–64 in den Westen zu reisen, wurden meine Reiseanträge in der Regel bewilligt. Westliche Leser und jüngere Leute machen sich vielleicht nicht klar, dass in jenen Tagen der Besitz eines gültigen Reisepasses nicht ausreichte, Bürgern Ungarns die Ausreise zu gestatten. Man brauchte für jede Gelegenheit ein „Fenster", einen Ausreisestempel. Für jedes „Fenster" stellte man einen eigenen Antrag, der an der Arbeitsstelle vom Vorgesetzten, dem Personalleiter und dem Parteisekretär gegenzuzeichnen war. Der Vorgang war erniedrigend, selbst wenn man auf den guten Willen der Unterzeichner rechnen konnte. Auch wenn ich regelmäßig die Erlaubnis erhielt, fürchtete ich trotzdem, eines Tages abgelehnt zu werden.* Der Systemwechsel brachte ein echtes Gefühl der

* 1970 erhielt ich eine Einladung nach Bulgarien zu einer internationalen Konferenz der *European Eco-*

Befreiung, als dieser erniedrigende Prozess wegfiel und endlich jeder ins Ausland reisen durfte.

Nach der Rückkehr von jeder offiziellen Reise war ein Bericht für die Vorgesetzten zu schreiben. Bei meinen ersten Reisen in den Westen entsprach ich dieser Verpflichtung, auch wenn meine Berichte bereits eine bedeutungslose Formalität waren. Als meine professionelle Reputation in Ungarn an Gewicht gewann, hörte ich damit auf. Es gab ein oder zwei Anmahnungen, bis man sich damit zufrieden gab, von mir keine solchen Berichte mehr zu bekommen. Ich verweigerte mich, nicht weil die Nachrichtendienste daraus Informationen hätten gewinnen können, sondern weil ich mich nicht einer lästigen Pflicht unterziehen wollte, die ich für erniedrigend hielt.

Einladungen aus dem Ausland nahm ich nur an, wenn der Gastgeber alle Auslagen deckte.* Wo auch immer ich zu jener Zeit beschäftigt war, die jeweilige Organisation erhielt ihr Geld letztlich vom ungarischen Staat. Mein Grundsatz entsprang aber nicht einer staatsbürgerlichen Tugend, öffentliche Mittel zu sparen. Mich leitete vielmehr die Überlegung, dass die Budgetmittel für Reisen von Wissenschaftlern äußerst beschränkt waren und deshalb zu heftigen Streitigkeiten um ein solches Privileg führten. Vom menschlichen Standpunkt durchaus verständlich, wollten viele eine Chance erhalten, ins Ausland zu reisen. Deshalb beschloss ich, diesem Gerangel aus dem Weg zu gehen.

Ich gab mir Mühe, nicht mit zwei Gesichtern aufzutreten, indem ich zu Hause und in anderen sozialistischen Ländern das eine zeigte und im Westen das andere. Das war keine leichte Aufgabe, da die freie Luft des Westens ständig dazu ermunterte, offener zu reden, als man es daheim in der repressiven Atmosphäre von Bedrohung, Denunziation, Spitzelberichten, Zensur und Beschuldigungen getan hätte. Ich legte mir diese Regel als Selbstschutz zu und hielt meine Vorträge im Westen unter der Annahme, ein Informant der ungarischen Geheimpolizei könne jederzeit unter den Zuhörern sitzen. (Damit hatte ich Recht. Die Geheimdokumente zu meiner Person, die ich in letzter Zeit durchgesehen habe, enthielten ei-

---

nomic Commission der Vereinten Nationen. Ich erinnere mich gut an die deprimierende Unruhe, die eine Verzögerung der Ausreiseerlaubnis bei mir verursachte. Ich erhielt den Stempel buchstäblich in letzter Minute, ein paar Stunden vor der Abreise.

* Ausnahmen waren Reisen, die nicht auf eine Einladung zurückgingen, sondern bei denen ich von offiziellen Körperschaften des ungarischen Staates delegiert wurde. Die sowjetische und die ungarische Akademie der Wissenschaften kamen überein, dass jeder seine eigenen Delegierten für gegenseitige Besuche auswählen und auch finanzieren solle. Sowjetische Kollegen, die mich treffen wollten, konnten mir nicht einfach eine Einladung schicken. Sie mussten die sowjetische Akademie der Wissenschaften dazu bringen, der ungarischen Akademie zu empfehlen, mich zu delegieren.

nen Agentenbericht über eine Vorlesung, die ich 1985 in New York hielt. Darüber ist in einem späteren Kapitel noch mehr zu sagen.) Abgesehen vom Selbstschutz hatte ich auch moralische Bedenken, mich im Ausland anders als zu Hause zu verhalten. Die Grenzen waren unklar: Was ist selektiv reden und schreiben aus purem Selbstschutz und was Doppelzüngigkeit. Wo würde es enden, wenn ich hier in diesem Ton reden und schreiben würde und dort in einem anderen?

Im Privaten, unter engen Freunden verhalte ich mich entspannter als in der Öffentlichkeit. Das galt im Westen wie im Osten. Doch ich achtete darauf, dass meine öffentlichen Vorträge und Artikel in Osteuropa sich nicht von meinen Auftritten in Westeuropa oder den Vereinigten Staaten unterschieden. Die feste Absicht, nur ein Gesicht zu zeigen, ließ mich auch große Anstrengungen unternehmen, alle meine Schriften parallel auf Ungarisch und auf Englisch oder in einer anderen Weltsprache zu veröffentlichen. Es gibt keine bedeutende Arbeit von mir, die sich ausschließlich an ein Publikum östlich oder westlich des Eisernen Vorhangs richtet. Diese Entscheidung, die ich hier nüchtern und in trockenen Worten kurz zusammengefasst habe, war eine der quälendsten, die mich zwischen 1964 und 1989 beschäftigten. Der Systemwandel hat mir da eine schwere Last abgenommen.

Ein vereitelter Versuch, ein Verfahren zu „fabrizieren"

In dieses Kapitel, in dem ich viel über die Aktivitäten der Nachrichtendienste berichte, gehört eine weitere Geschichte. Mir liegt beim Schreiben die Photokopie eines Briefes vor, den John Michael Montias, amerikanischer Ökonomieprofessor der Yale Universität, am 14. Oktober 1964 an mich schrieb. Er beabsichtigte, mit einem Auslandsstipendium nach Ungarn zu kommen, und suchte Rat für seine Arbeit. Er erwähnte auch, dass er Ungarisch zu lernen begonnen habe.

Der Brief hat eine kurze Vorgeschichte. Ich erfuhr von Montias' Arbeit aus seinen Schriften, bevor ich ihn persönlich 1963 in Budapest kennen lernte, wo er an einer Konferenz zur mathematischen Ökonomie teilnahm. Montias zog die Aufmerksamkeit aller Konferenzteilnehmer auf sich, als er sich bereit erklärte, den Vortrag von Leonid Kantorovič simultan aus dem Russischen ins Englische zu übersetzen. Er dolmetschte auch die anschließende Diskussion in beide Richtungen. Er war offensichtlich nicht nur ein guter Ökonom, sondern auch besonders begabt für Sprachen. Ich traf ihn 1965 wieder in Venedig auf einer Konferenz westlicher und östlicher Ökonomen, die sich mit der Sowjetunion und Osteuropa beschäftigten.

Den Brief, um darauf zurückzukommen, habe ich nicht in meinem eigenen Briefarchiv gefunden, sondern im Archiv des Geheimdienstes.[10] Das persönliche Schreiben eines amerikanischen Professors an mich war in Budapest geöffnet und photokopiert, darauf neu verschlossen und von der ungarischen Post an mich ausgeliefert worden. Jeder vermutete, dass solche Dinge häufiger vorkamen, aber es war doch ein merkwürdiges Gefühl, einen direkten Beweis in Händen zu halten.

Zur damaligen Zeit nahm ich nur einzelne Teilepisoden des „Montias-Falls“ wahr. Jetzt gelang es mir, mehr oder minder die ganze Geschichte aus den Polizeiakten zu rekonstruieren. Montias war eine herausragende Figur unter den amerikanischen Sowjetologen. Die meisten seiner Kollegen kannten nur eine von den vielen Sprachen, die im Sowjetblock gesprochen wurden. Montias dagegen sprach mehrere und konnte weitere lesen. Die meisten Sowjetologen jener Tage waren zwar ausgebildete Ökonomen und wussten gut Bescheid über die politische und wirtschaftliche Situation der Sowjetunion oder einzelner osteuropäischer Länder. Doch verstanden sie wenig von moderner, mathematisch formulierter Wirtschaftstheorie. Montias gehörte dagegen einer neuen Generation an, die sich dieser Instrumente mit großem Geschick bediente. (Einen Aufsatz publizierte er zusammen mit dem in diesem Buch oft genannten großen mathematischen Ökonomen Koopmans.)[11]

Ich half Montias gern, seine Reise nach Budapest vorzubereiten. Ich beriet ihn bei seiner Themenwahl und bot an, ihn mit ungarischen Kollegen bekannt zu machen. Wir wechselten mehrere Briefe. Montias reichte einen offiziellen Antrag ein, in dem er sein Forschungsprogramm und seine ungarischen Kontakte offenlegte. Auch mein Name taucht in der betreffenden Rubrik des Antragsformulars auf.[12] Während sich im Vordergrund alles nach den Regeln und der Praxis internationalen Wissenschaftsaustauschs abspielte und Montias und seine ungarischen Kollegen den Besuch vorbereiteten, setzte hinter der Szene die Geheimpolizei ihre Arbeit mit Vollgas fort. Die erste Warnung kam aus der Tschechoslowakei: Es gab Gründe für die Annahme, Montias sei ein CIA-Agent.* Die Leute von der Gegenspionage müssen geglaubt haben, einen großen Fang zu machen.

Als das Datum des Besuchs näher rückte, wurden mehr und mehr Leute in den Fall verwickelt. Sie suchten das „Material“ heraus, das sie über die ungari-

* In jüngster Zeit aufgetauchte Dokumente machen deutlich, wie eng die Geheimdienste der kommunistischen Länder zusammenarbeiteten. Das tschechoslowakische Staatssicherheitsbüro nahm 1963 eine geheime Hausdurchsuchung in Montias' Wohnung in der Tschechoslowakei vor. Dabei fanden sie in seinem Mantel einen Zettel mit meinem Namen und meiner privaten Telephonnummer. Das gaben sie durch an ihre ungarischen Kollegen (IH 1656. 2/2–2358, S. 3. Datum: 8. Mai 1964. Und IH 34-4-797/1965, S. 4. Datum 23. April 1965).

schen Wissenschaftler besaßen, die Montias in seinem Antrag genannt hatte. Es gab auch andere Namen in den Dossiers, doch ich habe nur die Angaben aus den Archiven heraus gesucht, die Aktivitäten in Zusammenhang mit meiner Person betrafen. Meine Dossiers aus der Zeit 1956–1959 und meiner Englandreisen 1963–1964 wurden in den verschiedenen Unterabteilungen der Sektion III/III zu Rate gezogen. Dann schrieb Hauptmann Z.Z. einen zusammenfassenden Bericht, in dem alles zur Sprache kam, was gegen mich vorzubringen war.[13]

Beim Studium der Geheimdienstdokumente stieß ich auf Abschriften von abgehörten Telefongesprächen aus dem Jahr 1963. Eine Liste führte alle Namen von Personen auf, mit denen ich Kontakt hatte. Daraus konnten sie nichts von Interesse entnehmen. Die Liste enthielt die Namen von Budapester Freunden, Verwandten und Kollegen einschließlich der ausländischen Ökonomen Ely Devons und Tjalling Koopmans. Ein kurzes Zitat aus einem der Schriftstücke: „Helga? Olga? zahlte Kornai Geld?" Hier verwendete die Polizei einen ungarischen Slangausdruck, gebräuchlich zum Beispiel, wenn ein Mann einer Geliebten Geld für ihre Dienste bezahlt. Sehr verdächtig. Kornai wird von einer Frau bezahlt ... Tatsächlich handelte es sich um eine gute alte Bekannte namens Elga, der ich in den Sommerferien etwas Geld geliehen hatte. Wir hatten darüber gesprochen, wie sie es zurückzahlen würde. Man möchte über die Dummheit dieser Leute lachen, wenn man eine so finstere Geschichte nur amüsant finden könnte.[14]

Hauptmann Z.Z.s Bericht ist mit einem handgeschriebenen Kommentar seines Chefs versehen, in dem er den Rat erteilt, mich nicht zum „Ansetzen" zu verwenden.[15] Ich habe Experten befragt, um herauszubekommen, was genau das bedeute. Der Geheimdienst musste einen Agenten finden, der in den Augen des Dienstes zuverlässig und ergeben war und der das Vertrauen der Person unter Beobachtung gewinnen konnte. Ein solcher Agent wurde auf die Person unter Beobachtung „angesetzt", um dann den Geheimdienst mit brauchbaren Informationen zu versorgen.

Kehren wir an die sichtbare Oberfläche zurück. Montias' Antrag wurde von den ungarischen Behörden für kulturelle Beziehungen gebilligt, und er erhielt ein Visum. So kam Montias, traf mit verschiedenen ungarischen Ökonomen zusammen und diskutierte mit ihnen. Er begann, Ungarisch zu lernen. Als Lehrerin empfahl ich Kati Hanák, eine Freundin, die das gerne tat. Montias machte rasche Fortschritte. Er lebte das normale Leben eines ausländischen Besuchers, ging mit seiner Frau in die Oper und speiste manchmal mit ungarischen Kollegen. Auch wir luden ihn eines Abends ein. Aus den Akten ergibt sich, dass er auf Schritt und Tritt beschattet wurde. Sein Telefon wurde abgehört, und man ging ihm auf der Straße nach. Ich habe die Berichte der Observanten gelesen. Absolut nichts ergibt sich aus dem Stapel Papier. Ich kann nur wiederholen, was ich gerade gesagt habe: Man möchte über den Bericht lachen, wenn man sich nicht realisierte, welche finsteren Mächte hinter jenen standen, die die Untersuchung anstellten. Ich kenne mich nicht in der Spionageliteratur aus. Vielleicht gibt es eine Regel oder Tradition, die besagt, dass Personen unter Beobachtung nicht bei ihren wirklichen Namen genannt werden dürfen, selbst nicht in internen Berichten. Wir wohnten in der Pusztaszeri-Straße, und statt uns Kornai und Laky (meine Frau) zu nennen, hießen wir im Bericht „Herr und Frau Puszta“. Die Hanáks wohnten in der Garas-Straße, und so erhielten sie die Namen „Herr und Frau Garas“.[16] Montias konnte in den vertraulichen internen Berichten natürlich nicht als Montias auftauchen. Stattdessen erhielt er den Namen „Zimelio“, und in den Observationsberichten figuriert er zur Abwechslung als „Master“.

Der Plan nahm Gestalt an. Montias wurde beschuldigt, unter Missbrauch seiner Stellung als Gastwissenschaftler geheime Informationen über die ungarische Wirtschaft und den RgW (Rat für gegenseitige Wirtschaftshilfe) zu sammeln. Die ungarischen Wissenschaftler, mit denen er in Kontakt stand, wurden vernommen. So auch ich. Ich habe die Protokolle unlängst gelesen. Keiner der Zeugen hat Montias in irgendeiner Weise beschuldigt. Keiner hat den Verdacht bestätigt, er habe geheime Informationen gesammelt.[17] Kurz danach wurde Montias mit sofortiger Wirkung aus Ungarn ausgewiesen. In einer Zeitung erschien ein Artikel und erklärte die Gründe für die Ausweisung.[18] Man beschuldigte ihn, er habe sich geheime Informationen verschafft, Spionage also. Die Anschuldigung ließ sich allerdings nicht mit Tatsachen, Zeugenaussagen oder anderen Beweisen belegen. Es gab keinen spektakulären Spionageprozess.

Die Geschichte ist in mehrfacher Hinsicht bemerkenswert. Der Fall illustriert, was ich in diesem Buch schon häufiger angesprochen habe und auch weiter ansprechen werde: Die Welt der Wissenschaft war keine privilegierte oder geschützte Welt. Die Fangarme des totalitären Staates reichten weit hinein, sie wurde beobachtet und terrorisiert. Zwischen der Rákosi- und der Kádár- Periode gab es Kontinuitäten, aber auch einige wesentliche Veränderungen. In den Tagen der alten ÁVH hätte man alle Mitspieler festgenommen, den amerikanischen Professor und seine ungarischen Freunde, man hätte sie solange gefoltert, bis sie gestanden und man vor Gericht feststellen konnte, sie hätten die ganze Zeit für die CIA spioniert. Auch 1965 waren die Verhöre deprimierend und für die ungarischen Zeugen belastend. Doch wir hatten eine Chance, die falschen Anschuldigungen zurückzuweisen.*

* In einem vorangegangenen Kapitel schrieb ich, dass ich nach 1956 den Entschluss gefasst hatte, am

Zur Zeit des Montias-Falls gab es auf der ungarischen politischen Bühne zwei entgegengesetzte Richtungen. Die „Gemäßigten" oder reformorientierten Kräfte suchten gute Beziehungen zum Westen, vor allem auf kulturellem Gebiet und in der Wissenschaft. Die „Betonköpfe" oder Reformgegner nahmen dagegen jede Gelegenheit wahr, die Ost-West-Beziehungen zu untergraben. Einen amerikanischen Agenten zu entlarven, hätte ihnen gut ins Konzept gepasst. Doch der Plan stellte sich letztlich als Fehlschlag heraus.

Zwei Nachbemerkungen zu dieser Geschichte sind angebracht. Zum einen: Wie hat sich mein Verhältnis zu Professor John Michael Montias danach entwickelt? 1970 verbrachte ich ein halbes Jahr an der Yale Universität. Da trafen wir uns oft und redeten miteinander. Wir sprachen nicht über die Geschichte seiner Ausweisung. Er hielt es zu Recht für unangebracht, das Thema anzuschneiden, denn er wusste, dass ich nach Ungarn zurückkehren würde. Auch später trafen wir jedesmal, wenn ich Yale besuchte, zusammen. Ich hielt sogar einen Vortrag in seinem Institut. Als er 1976 ein Buch zur Theorie des Systemvergleichs veröffentlichte, schrieb ich eine positive Besprechung[19], nicht nur weil ich es für ein gutes Buch hielt, sondern weil ich eine Erklärung abgeben wollte: Er ist ein Wissenschaftler. Montias war Gründungsherausgeber des *Journal of Comparative Economics*, der für Forscher, die Wirtschaftssysteme vergleichen, zur führenden Zeitschrift wurde. Sie brachte häufig Artikel von Ökonomen aus dem Ostblock. Ich veröffentlichte dort mehrere Arbeiten. Montias hätte Ungarn in den 1970er-Jahren gerne wieder besucht. Doch die ungarischen Behörden erlaubten ihm die Einreise nicht.[20] Sein Name blieb auf der ungarischen Liste der *personae non gratae* bis zur letzten Stunde des alten Regimes 1989.[21]

Sein ungarisches Abenteuer hat Montias' Begeisterung für die „Sowjetologie" leider etwas gedämpft. Das war für die Profession ein echter Verlust. Er wandte sich allmählich der Kunstgeschichte zu. Seine Bücher zur niederländischen Malerei des 17. Jahrhunderts werden von Kunstgeschichtlern allgemein als Klassiker betrachtet.[22] Diese Geschichte schließt mit einer traurigen Mitteilung: Mike ist im Jahr 2005 gestorben.

---

westlichen Wissenschaftsbetrieb teilzunehmen. Ich war mir der damit verbundenen Risiken bewusst. Wir hatten die Zeit noch frisch in Erinnerung, als die einfache Tatsache, „Westkontakte" zu haben, ausreichte, einen verdächtig zu machen, und als ein harmloser wissenschaftlicher Austausch in einem erdichteten Strafverfahren als „Spionage" gewertet werden konnte. Dieser Albtraum verfolgte uns solange, wie das kommunistische System existierte. Im Rückblick wissen wir jetzt natürlich, dass es keine stalinistische Restauration gegeben hat. Aber damals konnte niemand im Vorhinein mit Sicherheit behaupten, dass ein solcher Restaurationsversuch notwendigerweise scheitern würde.

Die zweite Nachbemerkung bezieht sich auf ein Erlebnis in Budapest. Als ich 1998 zum ersten Mal um Erlaubnis ersuchte, die Akten des Montias-Falls einzusehen, erhielt ich die Zustimmung, allerdings unter einer Reihe von Auflagen. Ich durfte von den Dokumenten keine Kopien machen. Solange ich die Akten las, hatte ein Amtsangehöriger anwesend zu sein. Vielleicht hatte er den Auftrag, ein Auge auf mich zu halten, damit ich nicht heimlich eines der Dokumente aus den Akten entwendete. Es war ein freundlicher Mann. Als ich meine Lektüre beendet hatte, fing er an zu plaudern. Unter anderem sagte er ungefähr Folgendes: „Tja, wir haben es nie geschafft, diesen Mann zu schnappen.“ Ich kann es nicht wörtlich wiedergeben, denn ich habe das Gespräch nicht aufgezeichnet. Doch das weiß ich noch genau, er machte diese Bemerkung wie einer, der sich voll und ganz mit der Gegenspionage identifizierte. Er sprach in der ersten Person Plural, ironisch und mit einem Unterton des Bedauerns. Eine gruselige Kontinuität.

Anmerkungen

1 Kornai 1967b.
2 Malinvaud und Bacharach 1967.
3 Juhász 1934.
4 ÁBTL M 134117/1. Der Bericht über mich und seine Auswertung sind auf S. 35 des Dossiers zu finden. Der Spitzel sprach mit mir, so der Bericht, am 10. Juni 1960. Das umfangreiche Dossier, das unter anderem diesen Bericht über mich enthält, war am 25. Juni 1957 angelegt worden.
5 Die Anweisung, über mich einen Bericht anzufertigen, hat die Referenznummer IH IV/1-A vom 15. April 1964. R.R.s Berichte über mich haben die Nummern 35–634/65 und 2/B–530 und datieren vom 5. Mai 1965. Erwähnt sei, dass ich die Referenznummern angebe, die auf den Kopien der Dokumente zu finden sind, die das Informationsbüro (IH) mir zugänglich gemacht hat. Ich nehme an, dass die Originale aus den Dossiers der gesetzlichen Vorgänger des IH stammen, die eigene Dossiernummern zum internen Gebrauch hatten. Diese kenne ich jedoch nicht.
6 IH 134-216/64. X.X.s Bericht über mich vom 2. März 1964.
7 IH VI/4-A. Datum: 26. März 1964.
8 Kenedi 1996, S. 438. In einer Fußnote merkt Kenedi an, sein Glossar basiere auf dem geheimen *Wörterbuch der Staatssicherheitsbegriffe (Állambiztonsági Értelmezö Szótár)*, 1980 vom Innenministerium herausgegeben, welches er aus anderen Quellen erweitert habe.
9 Die ursprüngliche Beurteilung wurde anlässlich eines Passantrags 1961 geschrieben. Darauf nimmt später ein anderes Dokument Bezug, aus dem ich zitiere. Das spätere Dokument ist IH 40-27-245/64, 213-3019 vom 12. Juli 1964.
10 Die kaum lesbare Dossiernummer auf der Photokopie lautet IH III/I-1-A. 8153.
11 Koopmans und Montias 1971.
12 Die IH Signatur fehlt. Das Formular findet sich auf S. 18–22 der kopierten Dokumente, die ich vom IH den Montias-Fall betreffend erhielt.
13 IH 34-4-797/1965. Datum: 23. April 1965.
14 Hauptmann Z.Z.s Bericht. IH 34-A-1027/1965. Datum: 26. Mai 1965.

15 IH 34-4-797/1965. Datum: 23. April 1965. Handschriftliche Anweisung auf S. 1.
16 IH 59/2581-4/1965. Datum: 22. November 1965.
17 IH 189–193/66. Datum: 18. Mai 1966. IH 189/191/66. Datum: 19. Mai 1966. IH 189-220/66. Datum: 6. Juni 1966.
18 Bolygó, 1966.
19 Montias, 1976; Kornai, 1978.
20 ÁBTL 0004-470-5-MRG, S. 24. Datum: 1. April 1971.
21 ÁBTL 0004-470-5-MRG, S. 47. Datum: 29. Januar 1989.
22 Montias, 1982, 1989, 2002.

10 Gegen den Strom – 1967–1970

Anti-Äquilibrium

Die Hälfte meiner Energie ging in die Berechnungen der mathematischen Planung. Die andere Hälfte wurde von einem neuen Forschungsprogramm absorbiert: der Kritik der neo-klassischen Wirtschaftstheorie, vor allem der Gleichgewichtstheorie. Das Ergebnis veröffentlichte ich in dem Buch *Anti-Äquilibrium.*

Die Vorgeschichte des Buchs

Das Manuskript einer kürzeren Fassung des Buchs war 1967 fertig[1] und trug den Untertitel „Essay über Theorien des Wirtschaftsmechanismus und Aufgaben für die Forschung".* Ich ließ den „Essay" (wie ich ihn im Weiteren nenne) auch ins Englische übersetzen.[2] Dann erhielt ich eine Einladung von Kenneth J. Arrow, einige Monate in seinem Institut an der Stanford Universität zu verbringen. Arrow sollte 1972 den Nobelpreis erhalten, und unter Kollegen herrschte Einigkeit darüber, dass er eine der herausragenden Persönlichkeiten der mathematischen Wirtschaftstheorie sei. Ich nahm den „Essay" mit und arbeitete in Stanford weiter daran. Die Situation schien mir etwas peinlich, denn das Buch kritisierte eine Theorie, der Arrow zusammen mit dem aus Frankreich stammenden amerikanischen Ökonomen Gérard Debreu ihre moderne Form gegeben hatte. Ich brachte es nicht über mich, Arrow zu erzählen, was ich da in der Schublade hatte. Doch er erfuhr von dem Manuskript, da ich es mehreren Kollegen gezeigt hatte. Nun wollte er es auch sehen und lesen. Arrow konnte erstaunlich rasch Ideen erfassen

* Als ich mit der Arbeit an diesem Manuskript begann, war es mir zur Gewohnheit geworden, für die Zeit, in der ich mit etwas beschäftigt bin, das große Konzentration erfordert, zu „fliehen". Statt gemütlich zu Hause oder in meinem Büro im Institut zu arbeiten, packe ich lieber meine Sachen zusammen und ziehe mich an einen Urlaubsort oder in ein Hotel zurück und bin weder für die Familie, noch für die Kollegen oder irgendjemand anderen erreichbar. Ich arbeite ein, zwei Wochen angestrengt und spreche mit niemandem außer den Kellnern und Putzfrauen, bis mir die Handgelenke vom Tippen wehtun und ich aufhören muss. Diese Gewohnheit hat sich zu einer Art Sucht entwickelt. Mir fehlt etwas, wenn ich ein wichtiges Papier oder ein Buch schreibe und nicht solche Bedingungen schaffen kann. Die erste Fassung von *Anti-Äquilibrium* habe ich in Siófok begonnen, in Visegrád fortgesetzt und schließlich an meinem Lieblingsort beendet, dem Ferienheim der Akademie in Mátraháza. Mit Dankbarkeit denke ich an diesen Ort zurück und an sein freundliches Personal, das ein friedliches Paradies für konzentrierte Arbeit geschaffen hat.

und darauf reagieren. Auch sprach er sehr schnell, was es schwer machte, ihm zu folgen. Seine Gedanken eilten so stürmisch voran, dass gewöhnliche Sterbliche kaum Schritt halten konnten. Er war keineswegs beleidigt, sondern begrüßte die intellektuelle Herausforderung, während in seiner Umgebung jeder ohne zu zögern seine Theorie akzeptiert hatte. Positiv bemerkte er, dass meine Kritik auf einer genauen Kenntnis der Arrow-Debreu-Theorie beruhe, einleitend ihren objektiven Gehalt präsentiere und erst dann zu einer Beurteilung übergehe, und er machte mehrere konstruktive Vorschläge, den Text zu verbessern. „Das wird ein prachtvoller Obelisk auf dem Grabhügel der allgemeinen Gleichgewichtstheorie", fügte er mit feinem Lächeln hinzu.

Nach Budapest zurückgekehrt brachte ich die Überarbeitung des „Essay" zu Ende, der unglücklicherweise zu einem sehr viel umfangreicheren Buch angeschwollen war als geplant. Als der ungarische Text und die neue englische Übersetzung fertig waren, erhielt ich wiederum eine Einladung, diesmal von Tjalling Koopmans, die *Cowles Commission*, ein Forschungsinstitut an der Yale Universität, zu besuchen. Das war eine in Kreisen amerikanischer mathematischer Ökonomen legendäre Institution. Dort hatte zum Beispiel Debreu seinen Klassiker *Theory of Value* geschrieben, den ich mit *Anti-Äquilibrium* auseinander nehmen wollte. Koopmans, selbst ein Meister der modernen mathematischen Gleichgewichtstheorie, nahm die Kritik offen auf. Er bat mich, in seinem Seminar vorzutragen, und schlug verschiedene Verbesserungen der erweiterten Fassung vor.* Er und ein anderer berühmter Kollege in der *Commission*, Professor James Tobin, setzten zwei ihrer Studenten daran, die Budapester Übersetzung durchzusehen.

Nie vergesse ich die Großzügigkeit und das wissenschaftliche Ethos dieser beiden großen Ökonomen, Arrow und Koopmans, die mir jede Hilfe angedeihen ließen, damit meine Kritik ihrer wissenschaftlichen Schöpfung möglichst genau und effektiv formuliert wird.** Das Buch erschien 1971 in einer ungarischen und

---

* Als ich jetzt die Unterlagen durchging, die ich zum Schreiben von *Anti-Äquilibrium* zusammengetragen hatte, stieß ich auf das 21-seitige Memorandum, das Koopmans für mich selbst getippt hatte und in dem er Seite für Seite seine Anmerkungen machte. Ich war gerührt, denn es ist für einen großen und vielbeschäftigten Gelehrten, wie er es war, außergewöhnlich, so viel Mühe darauf zu verwenden, einem jüngeren Kollegen bei der Arbeit zu helfen.

** Eine Geschichte, die Koopmans' menschliche Größe illustriert, betrifft seinen Nobelpreis. Er teilte ihn für die Entwicklung der linearen Programmierung mit dem sowjetischen mathematischen Ökonomen Leonid Vitalevič Kantorovič. Nach Koopmans Ansicht hätte er auch mit George Dantzig geteilt werden müssen, der den Algorithmus entwickelt hatte, mit dem die lineare Programmierung praktisch anwendbar wurde. Koopmans meinte, ihm stehe nur ein Drittel und nicht die Hälfte des Preises zu. Deshalb stiftete er die Differenz zwischen der Hälfte und einem Drittel des gut dotierten Preises einem internationalen Forschungsinstitut.

einer englischen Ausgabe, später in mehreren anderen Sprachen und 1975 auch auf deutsch.

Was veranlasste mich, das Buch zu schreiben?

Seit ich begonnen hatte, den Wirtschaftsmechanismus der sozialistischen Befehlswirtschaft kritisch zu analysieren und mich der modernen Ökonomie zuzuwenden, beschäftigte mich eine Reihe grundlegender Fragen. Welches Preissystem kann die Entscheidungen besser steuern? Darf man die Festlegung der Preise dem freien Spiel von Angebot und Nachfrage überlassen? Muss der Staat nicht zumindest in kritischen Momenten eingreifen? Lässt sich eine Marktwirtschaft innerhalb eines sozialistischen Systems einrichten? Würde sie mit staatlichen Eigentumsrechten und der politischen Struktur des kommunistischen Systems harmonieren? Oder ist die Interdependenz der politischen und ökonomischen Systeme dafür zu stark? Warum erweist sich beim Vergleich der beiden „großen" Systeme der Kapitalismus effizienter als der Sozialismus? Liegt es daran, dass er eher in der Lage ist, die Preise als Anreiz zu nutzen, um ein Marktgleichgewicht und effiziente Input-Output-Kombinationen zu schaffen? Oder gibt es eine andere, tiefere Begründung für die eindrucksvollen Leistungen der kapitalistischen Wirtschaft?

Damals wusste ich schon mehr, als man aus Theorielehrbüchern erfahren kann. Ich hatte mehrere Monate in London verbracht und verschiedene andere westliche Städte besucht. Der Begriff „Marktangebot" ließ mich an das Kaufhaus *Selfridge* in der Londoner Oxford Street denken oder an die Läden in der Bahnhofstraße von Zürich. Was veranlasste die Händler, so ein unglaubliches Angebot auf Lager zu haben? Bei jeder Reise traf ich neue Produkte an, Taschenrechner zum Beispiel und dann die ersten Computer. Was trieb die Produzenten dazu an, ständig Neues auf den Markt zu bringen?

Sich an theoretische Überzeugungen zu klammern, ist wie verliebt zu sein. Ich war einst leidenschaftlich und blind dem Marxismus verfallen. Ihn aufzugeben war traumatisch. Dann entwickelte ich zaghaft eine Zuneigung zur neo-klassischen Theorie und war in der ersten Zeit etwas blind in meiner Sichtweise. Man ist nachsichtig mit den Fehlern der Geliebten, solange die Affäre dauert ... Die Leidenschaft war aber bei Weitem nicht so stark wie für den Marxismus. Schließlich wurden mir die Augen geöffnet. Anfänglich war ich irritiert, dann ärgerte es mich, dass die neo-klassische Theorie keine befriedigenden Antworten auf die Fragen gab, die mich quälten oder, schlimmer noch, dass ich den Eindruck gewann, ihre Antworten seien falsch.

Von der marxistischen Theorie hatte ich mich, wie erwähnt, unter anderem deshalb abgewendet, weil sie ihre theoretischen Aussagen nicht mit der Realität abglich. Ähnliche Einwände hatte ich jetzt gegen die neo-klassische Theorie, auch wenn das Problem weniger akut und störend auftrat. Sie formulierte verschiedene partielle Theorien, die sie dann gewissenhaft in der Praxis zu testen versuchte. Die Ökonometrie, die Analyse ökonomischer Daten, entwickelt hervorragende Methoden, und diese Techniken werden allen Ökonomiestudenten an westlichen Universitäten beigebracht. Nicht bei der Behandlung der Teile, sondern bei der Behandlung des Ganzen schien mir die Theorie zu versäumen, sich der Praxis zu stellen. Diese Art des Vergleichs suchte man vor allem vergeblich bei den umfassenden Systemtheorien, die Kapitalismus und Sozialismus beschreiben. Solche Gedanken brachten mich dazu, die so genannte allgemeine Gleichgewichtstheorie ins Zentrum meiner kritischen Bemühungen zu stellen.

Was Ökonomen neo-klassische Theorie nennen, besteht aus mehreren partiellen Theorien. Die gängigen westlichen Lehrbücher bieten eine gute Übersicht über das, was hierzu zählt, was die Grundbegriffe sind, welche Fragen angeschnitten und mit welchen Methoden sie verifiziert werden. Die Neo-Klassik wird heute in der Ökonomie als gültige Lehre anerkannt.*

Der theoretische Kern dieses Gedankengebäudes ist die allgemeine Gleichgewichtstheorie, die im späten 19. Jahrhundert der französische Ökonom Léon Walras entworfen hat. Die vereinfachte Welt seines Modells besteht aus Unternehmen, die ihren Gewinn maximieren und aus Haushalten, die mit ihrem Einkommen ihren Nutzen maximieren. Die Theorie wurde von späteren Generationen mathematischer Ökonomen weiterentwickelt und beweist die Existenz eines Preissystems, das Angebot und Nachfrage von Unternehmen und Haushalten ausgleicht, so dass unter bestimmten Bedingungen ein effizientes Gleichgewicht zustande kommt. Gleichgewicht, Harmonie, der unter den gegebenen Bedingungen bestmögliche Zustand, das ist das Gesellschaftsbild dieser Theorie.

Unter den vielen neo-klassischen Modellen versucht nur das walrasianische Modell die Gesamtheit der ökonomischen Aktivitäten zu erfassen, nicht in der kondensierten Form makroökonomischer Theorien, sondern zurückgehend auf die einzelnen Elemente. Die Wirtschaftsakteure treten selbst auf, und gezeigt werden die

* Es besteht keine Einigkeit darüber, was unter „neo-klassischer Theorie" oder dem „Mainstream" in der Ökonomie zu verstehen ist. Die Situation wird noch komplizierter, da die Interpretationen sich über die Zeit ändern. So deckt der Begriff für manche Leute heute etwas anderes ab als ein paar Jahrzehnte zuvor. Das zu klären ist Aufgabe gründlicher, objektiver Analysen der Geschichte des ökonomischen Denkens. Ich halte es für zulässig, in einer Autobiographie solche Debatten zu vermeiden und die Begriffe nur zu verwenden, um einen Eindruck der volkswirtschaftlichen Schulen zu vermitteln.

Ströme, die zwischen ihnen fließen. Es ist das einzige Modell, das die Marktwirtschaft als System beschreibt. Zu Recht dachte ich deshalb, meine kritische Analyse auf die allgemeine Gleichgewichtstheorie fokussieren zu müssen, wenn ich Schwierigkeiten mit den Antworten hatte, die die neo-klassische Theorie gibt.

Schon Walras hat seine Theorie in mathematischer Form notiert. Später haben Arrow, Debreu, Koopmans, Lionel McKenzie und andere das mathematische Instrumentarium erheblich erweitert, um die Theorie exakt zu beweisen. Sie ist streng logisch und, wie ich sagen möchte, ästhetisch in ihrer klaren Präzision. Sie nimmt jeden gefangen, der sie gründlich erfasst. Sie hatte auch mich fasziniert, bis ich mit kritischen Einwänden aufwachte. Mein Haupteinwand besteht darin, dass die Theorie mit ihren zahlreichen Analysen und mit dem Forschungsprogramm der herrschenden Lehre insgesamt nicht die großen Fragen beantwortet. Sie führt nicht zu einem tieferen Verständnis von Kapitalismus und Sozialismus und gibt keine Hinweise, wie man die Welt „verbessern" könnte. Das habe ich in Vorwort und Einleitung zu meinem Buch gesagt, wenn auch nicht genau mit diesen Worten.

Ähnlichkeiten, die nachdenklich stimmen

Das Walras-Arrow-Debreu-Modell kann mit dem in Kapitel 8 vorgestellten Kornai-Lipták-Modell verglichen werden. Die Modelle beschreiben zwei diametral entgegengesetzte Wirtschaftssysteme, das erstere vollständig dezentralisiert, das letztere vollständig zentralisiert. Die Preise in ersterem transportieren Informationen zwischen den dezentralen Einheiten, die unabhängig voneinander sind und auf gleicher Stufe stehen. In letzterem gibt die Zentrale den ihr untergeordneten Einheiten, die zu gehorchen haben, quantitative Ziele vor. Und nun folgt ein erstaunlicher Schluss: Beide Systeme erreichen ein Gleichgewicht, wenn bestimmte Regeln eingehalten werden. Sind ein Optimumkriterium und andere Bedingungen gegeben, dann können beide Systeme auch einen Optimalzustand erreichen. Diesen Satz kann man mathematisch formulieren und beweisen.

Die Ähnlichkeit machte mich stutzig. Ist es bedeutungslos, ob wir in einer zentralisierten oder einer dezentralisierten Wirtschaft, im Kapitalismus oder Kommunismus lebten? Oder entsteht die Ähnlichkeit daraus, dass beide Modelle die eigentlichen Eigenschaften realer, lebendiger Wirtschaftssysteme übersehen, die den Unterschied zwischen dem real existierenden Kapitalismus und dem real existierenden Sozialismus erklärten – zwischen der tatsächlichen Marktwirtschaft und der tatsächlichen Befehlswirtschaft? Ich habe bereits auf einige Annahmen in beiden Modellen verwiesen, die genau eine solche Vernachlässigung wesentlicher Eigenschaften der Realität implizieren. Auch wenn sie bei der Behandlung der mathematischen Planung in Kapital 8 bereits erwähnt wurden, möchte ich sie hier rekapitulieren.

Beide Modelle nehmen an, dass die Entscheidungsträger genaue Informationen besitzen. Tatsächlich sind die Informationen in beiden Welten voller Verzerrungen, spontaner und beabsichtigter. Hier enden jedoch die Parallelen, und der wesentliche Unterschied tritt hervor. Im kapitalistischen System, das auf freiem Unternehmertum und Privateigentum beruht, besteht eine Verbindung zwischen Information und Anreiz. Jedermann kann versuchen, aus dem Wissen, über das er verfügt oder das er von anderen erwirbt, Gewinn zu ziehen. Dabei hat er ein Interesse, sich zu vergewissern, dass die erhaltene Information zutreffend ist. Im Sozialismus muss dagegen die verstreute Information in jedem Fall ans Zentrum abgeliefert werden, so wie Getreide aus der Genossenschaft. Wer die Information besitzt, sie entdeckt oder gar als erster zusammengetragen hat, darf sie nicht etwa wirtschaftlich verwerten, mehr Information erwerben oder damit handeln. Sie muss dem Zentrum übertragen werden. Der Kapitalismus erfährt einen enormen Aufschwung aus der Verbindung von dezentralisierter Information und dezentralisierten Anreizen, und diese Verbindung fehlt im Sozialismus.

Alle Prozesse im walrasianischen und im Zwei-Ebenen-Planungsmodell finden annahmegemäß reibungslos statt: Die Anpassung ist perfekt. Tatsächlich schleift und knirscht der Anpassungsmechanismus in beiden Systemen, allerdings in unterschiedlichem Maße. Das sozialistische System ist aus verschiedenen Gründen sehr viel starrer als der Kapitalismus. In einer dezentralisierten Wirtschaft werden die Entscheidungen auf dem niedrigsten Niveau gefällt. In einer Zentralplanwirtschaft muss jedes festgestellte Problem über mehrere Hierarchiestufen bis zum höchsten Niveau nach oben gemeldet werden. Dort ist man für die Entscheidung zuständig, wie weiter damit zu verfahren ist. Die Antwort macht sich dann auf den Weg zurück bis auf die Ebene, auf der die beschlossene Problemlösung ausgeführt werden muss. Das ist ein sehr viel längerer Weg. Hinzu kommt, dass hochgespannte Planziele die Akteure daran hindern, Reserven vor Ort zu bilden, obwohl genau das eine rasche Anpassung an die Nachfrage sicherstellen würde.

Dann taucht eine neue Frage auf. Beide Modelle unterstellen, dass die Entscheidungsträger sich strikt rational verhalten und zwar in dem Sinn, wie die neo-klassische Theorie den Begriff „Rationalität" interpretiert. Die Präferenzen sind unveränderlich und werden bei der Wahl zwischen Alternativen konsistent zur Geltung gebracht. Auch hier sehe ich ernstliche Probleme. Ich will nur eines erwähnen. Das Kornai-Lipták-Modell nimmt an, die Planungszentrale sei strikt rational und in ihren Entscheidungen völlig konsistent. Ich habe zahllose Male das Planungsamt in Budapest aufgesucht und viel über die Anweisungen gehört, die die Planer aus der Parteizentrale erhielten. Rational? Konsistent? Nein, das waren von der Wirklichkeit weit entfernte unrealistische Wunschvorstellungen. Verschiedene politische Instanzen, einzelne Wirtschaftszweige oder regionale Lobbys übten Druck auf den Planungsapparat aus. Veränderte Machtverhältnisse hatten veränderte Prioritäten zur Folge. Manchmal warf ein rascher Wechsel alle vorherigen Präferenzen über den Haufen. Auf die Rationalität und Konsistenz individueller Entscheidungen komme ich gleich zurück.

Beide allgemeinen Systemmodelle gleichen sich auch darin, dass sie statisch sind. Doch einer der wesentlichen Unterschiede der Systeme liegt gerade in ihrer Dynamik. Der Wettbewerb im Kapitalismus treibt die Produzenten ständig zu technischen Neuerungen. Im Sozialismus fehlt dagegen die spontane Kraft des Wettbewerbs, und die bürokratischen Anweisungen der Zentralplaner bringen nur zögerlich und stoßweise neue Produkte hervor.*

Was darf man von einer allgemeinen Theorie erwarten und was nicht?

Wie man sieht, passten mir beide Theorien nicht. Auch wenn ich mit beiden Schwierigkeiten hatte, reagierte ich doch unterschiedlich auf sie. Zuerst das Modell der Zwei-Ebenen-Planung. Ich zögerte, es in allen Details theoretisch auszubreiten. Im 8. Kapitel und auch in diesem haben wir nämlich gesehen, dass der Ansatz ein Modell der perfekten Zentralplanung beinhaltet. Wäre perfekte Planung möglich, zumindest auf dem Niveau der abstrakten Theorie, dann könnte ein oberflächlicher oder voreingenommener Leser dies entgegen meinen Intentionen als Verherrlichung des sozialistischen Systems auffassen. Solche Überlegungen spielten bei der Kritik des Walras-Arrow-Debreu-Modells keine Rolle.

Heute bin ich mir gravierender Fehler in den theoretischen bzw. wissenschaftsphilosophischen Ausgangspunkten meiner Kritik bewusst.** Die entscheidende

* Beide Modelle sehen von einem weiteren wichtigen Unterschied zwischen den zwei Systemen ab. Als ich meine Kritik der Gleichgewichtstheorie ausarbeitete, lehnte ich bereits die repressive, politische Struktur und die offizielle Ideologie des kommunistischen Systems entschieden ab. Mir waren aber die komplexen Verbindungen zwischen Demokratie und ökonomischer Dezentralisierung einerseits und zwischen Diktatur und wirtschaftlichem Zentralismus andererseits noch nicht bewusst und deshalb tauchten sie in meinem Denken und meinen Schriften noch nicht auf.

** Frank Hahn hat auf diesen Fehler in *Anti-Äquilibrium* in einer ausführlichen Besprechung hingewiesen, der 1973 unter dem Shakespeare-Titel „The Winter of Our Discontent" (Der Winter unsers Missvergnügens) erschien, womit er auf meine und seine Unzufriedenheit anspielte.

Frage lautet: Was darf man von einer abstrakten Theorie erwarten? Man kann Modellbauern viele Fehler vorwerfen, nur nicht, dass sie von der Realität abstrahieren. Denn das ist der Sinn von Modellen. Die billigste Kritik konstatiert: Schauen Sie, das Modell macht diese konkrete Annahme, aber jedermann sieht doch, dass es in Wirklichkeit ganz anders liegt.

Ein theoretisches Modell dient verschiedenen Zwecken. Zwei davon, die miteinander verbundene sind, möchte ich hervorheben. Ein theoretisches Modell verdeutlicht die Bedingungen, unter denen eine Aussage wahr ist. Bei der Konstruktion des Modells geht es dem Modellbauer für gewöhnlich erst einmal nicht um die Voraussetzungen, sondern um die abgeleiteten Vorhersagen, und dann schreitet er zurück: Was wird vorausgesetzt, damit der Schluss zutrifft? Dabei will der Modellbauer sein Modell so sparsam wie möglich konstruieren. Also: Was sind die notwendigen und hinreichenden Bedingungen, um die Aussage beweisen zu können? Steht diese Argumentationslinie, kann man davon ausgehend andere Aussagen widerlegen oder zumindest in Zweifel ziehen.

Die Arrow-Debreu-Theorie stellt beispielsweise fest, dass sich ein Gleichgewicht und ein nach bestimmten Kriterien definierter Optimalzustand dann und nur dann einstellen, wenn die in der Wirtschaft zirkulierende Information präzise ist. Das bedeutet nicht, Arrow und Debreu hätten nicht gewusst, wie ungenau und unsicher die Informationen sind.* Wer das Modell richtig versteht, hört die Warnung in der Argumentation. Wenn die Information nämlich unsicher und verzerrt ist, kann man nicht davon ausgehen, dass der Marktmechanismus die Wirtschaft mit Sicherheit zu einem Optimum führt. Eine solche Optimierung fände nur statt, wenn die Information korrekt wäre (das ist eine bedingte Aussage).

Verfolgt man diese Argumentation bei jeder der Annahmen im Walras-Arrow-Debreu-Modell, dann haben wir eine lange Reihe von Warnschildern und nicht etwa eine Apologie des Marktes vor uns. Trifft diese oder jene Abstraktion nicht zu, dann braucht die Schlussfolgerung der Theorie auch nicht zuzutreffen, und der Markt kann nicht mehr als vollkommener Regulator gelten.**

Eng verbunden mit dieser Modelleigenschaft ist eine weitere Funktion „reiner“, d.h. stark vereinfachter und sehr abstrakter Theorien, nämlich als Referenzstandard

---

* Arrow hat als einer der ersten über Marktversagen und die Auswirkung von Unsicherheit geschrieben. In bahnbrechenden Arbeiten bewies er zum Beispiel, dass das Gesundheitssystem unter einem reinen Marktmechanismus nicht seinen Zweck erfüllen kann.

** Diese Überlegung, die wir hier im Zusammenhang mit dem Walras-Arrow-Debreu-Modell anstellen, tauchte auch in Kapitel 8 im Zusammenhang mit dem Kornai-Lipták-Modell auf. Nur habe ich dort nicht betont, dass dies mit besonders schwierigen Problemen der Wissenschaftsphilosophie verbunden ist.

für Vergleiche. Die Marktwirtschaft, die unter den Bedingungen der kapitalistischen Realität funktioniert, ist vom walrasianischen Ideal weit entfernt. Doch das Ideal ist ein nützlicher Maßstab um festzustellen, wie weit die Realität davon entfernt liegt. Man kann beispielsweise für die tatsächliche Information genau angeben, wie stark sie von der Vollkommenheit des walrasianischen Modells abweicht. Ebenso lässt sich bestimmen, wie weit sich die Reibung der realen Welt vom reibungslosen Zustand der walrasianischen Modellwelt entfernt. In meinem Buch *Economics of Shortage* hat sich das walrasianische Modell für solche Analysen äußerst brauchbar erwiesen.

Wie im 8. Kapitel ausgeführt kann das Kornai-Lipták-Modell genauso verwendet werden. Das reine Modell der perfekten Planung dient als Vergleichsmaßstab für die keineswegs reine und vom Ideal weit entfernte Realität der Planung. Das Problem liegt nicht darin, dass das reine Modell eine ideale, extreme Welt darstellt, sondern darin, dass viele Leute das falsch interpretieren und dann verkehrte Schlüsse daraus ziehen. Manche Leser theoretischer Arbeiten eilen mit ihren Gedanken voraus, vergessen alle einschränkenden Bedingungen hinter dem Modell und missverstehen so einen Satz, der nur innerhalb des Modells gültig ist. Das Walras-Arrow-Debreu-Modell wird beispielsweise als Loblied auf den sich selbst überlassenen Markt verstanden, der frei von jeglicher staatlicher Intervention ist. Doch das folgt nicht aus der Theorie, vorausgesetzt man hat sie richtig erfasst. Eine solche Fehlinterpretation verdient strenge Kritik.

Man kann es der Theorie nicht zum Vorwurf machen, dass sie nicht mit der Realität übereinstimmt. Doch wer eine Theorie übernimmt, sollte entschiedener gewarnt sein, was alles nicht berücksichtigt und inwieweit von der Realität abgewichen wird. Ökonomen sollten daraufhin ausgebildet werden, dass sie nur mit größter Vorsicht praktische Schlussfolgerungen aus der allgemeinen Theorie ziehen und über ihre „wirtschaftspolitischen Implikationen" sprechen. Jede einzelne Annahme muss berücksichtigt werden. Die Abstraktion von der Realität, so notwendig sie für die Theoriebildung ist, kann die politischen Akteure in Schwierigkeiten bringen, wenn die konkreten Bedingungen nicht länger zu vernachlässigen sind.

Zu Beginn dieses Abschnitts habe ich auf einen wesentlichen wissenschaftsphilosophischen Missgriff von *Anti-Äquilibrium* verwiesen. Ich hätte mich nicht gegen die Reinheit der Theorie, d.h. die abstrakte, unrealistische Natur ihrer Annahmen, wenden sollen, sondern gegen ihre falsche Verwendung in der Mainstream-Ökonomie. Der eigentliche Adressat der Kritik hätten die herrschende Lehre und die Mainstream-Forschungsprogramme sein müssen. Wer reine Theorie entwirft, ist nicht verpflichtet, eine solche Warnung seiner Arbeit anzuhängen. Doch jeder, der die Theorie dann interpretiert und lehrt, verfällt der Kritik, wenn er diese notwendigen Erklärungen versäumt: Lehrt er die Theorie richtig? Erklärt er oder unterlässt er zu zeigen, wie man sie angemessen interpretiert? Welche Warnhinweise sind angebracht, werden aber in der Regel in Artikeln und in der Lehre nicht erwähnt? Es wäre besser gewesen, die Kritik des Buches auf diese Fragen zu konzentrieren.* Die fehlerhafte wissenschaftsphilosophische Fundierung von *Anti-Äquilibrium* schwächt seine Überzeugungskraft, selbst wenn die berechtigten kritischen Einwände zum Denken anregen.

Rationale Entscheidungen

Wenden wir uns den stärkeren Seiten des Buches zu, die ich auch heute noch für gültig halte. Die Annahme, Entscheidungsträger verhielten sich rational, ist nicht auf das Walras-Arrow-Debreu-Modell beschränkt. Sie ist für die gesamte Denkrichtung der neo-klassischen Schule charakteristisch. Ökonomen interpretieren den Begriff „Rationalität" üblicherweise etwas anders als andere Wissenschaften oder der normale Sprachgebrauch. Für einen Mainstream-Ökonomen fällt Rationalität weitgehend zusammen mit Widerspruchsfreiheit und zeitlicher Konsistenz.** Dem vorangegangenen Argument entsprechend kann sich die extreme Modellannahme strikt konsistenter Entscheidungsträger als nützlich erweisen. Sie kann als Referenzstandard dienen, an dem sich ablesen lässt, wie inkonsistent sich Entscheidungsträger in Wirklichkeit verhalten: Bei welchen Entscheidungen, in welcher Richtung, zu welchem Grad und mit welcher Häufigkeit weicht die Entscheidung von der eines ideal konsistenten Entscheidungsträgers ab? Bedau-

* Unter den ungarischen Lesern dieses Buches waren einige der Meinung, meine Kritik der Mainstream-Lehr- und Forschungspraxis treffe sehr viel eher auf die heutige Situation zu, d.h. die Periode, in der die Theorie der „rationalen Erwartungen" Einfluss gewann, und nicht auf die Zeit vor 30 Jahren, als ich *Anti-Äqulibrium* schrieb. So erfuhr *Anti-Äquilibrium* eine späte Anerkennung dafür, auf sich anbahnende Probleme verwiesen zu haben.

** Für Leser, die mit dem Thema nicht vertraut sind, sei die Idee kurz erläutert. Entscheidungsträger gelten als rational, wenn sie sich an Präferenzen halten. Sie ziehen Alternative A der Alternative B vor oder umgekehrt, oder sie sind indifferent. Aber wenn sie eine Präferenz für A haben, ziehen sie das nächste Mal nicht B vor. Die meisten Arbeiten aus der neo-klassischen Schule unterstellen, dass Entscheidungsträger eine „Nutzenfunktion" haben. Ihr Verhalten kann als Maximierung oder „Optimierung" des Nutzens gesehen werden. Es lässt sich unter bestimmten Annahmen zeigen, dass die beiden Verhaltensannahmen – Präferenzordnung und Nutzenmaximierung – äquivalent sind. Amartya Sen (1977) hat diese Äquivalenz treffend parodiert, als er schrieb, dass auch „rationale Idioten" dem Modellbild rationaler Entscheidungsträger entsprechen. Selbst bei verrückten Ideen gelten sie noch immer als rational, solange sie diese konsistent verfolgen.

erlicherweise hat *Anti-Äquilibrium* diese nützliche Funktion nicht ausreichend berücksichtigt.

Das Konzept des konsistenten, rationalen Akteurs wird leider in vielen Modellen des Mainstream nicht in diesem subtilen Sinn verwendet. Stattdessen nimmt man an, dass strikte Konsistenz, Nutzenmaximierung und Optimierung dem typischen Verhalten mehr oder minder entsprächen. Man geht davon aus, über ein universelles Erklärungsmodell für menschliches Verhalten zu verfügen, womit sich alles beschreiben lässt – nicht nur rein ökonomische Entscheidungen, sondern alle Wahlentscheidungen, von der Ehescheidung und der Familiengröße bis zur Stimmabgabe im Parlament. Zu Recht hat sich das Buch gegen diesen vereinfachten Ansatz gewandt. Was ich gerade generell über Fehler bei der Interpretation und Lehre neo-klassischer Modelle angemerkt habe, trifft besonders auf die Theorien der Optimierung, der Nutzenfunktionen und der Präferenzordnungen zu. Die Ökonomen haben sich daran gewöhnt, darin ein allgemein gültiges Modell zu sehen und in diesen Begriffen zu denken, selbst wo das falsch ist.

Anti-Äquilibrium widmet diesem Problem zwei lange Kapitel. Hier möchte ich nur ein einziges Thema herausheben. Das Buch bespricht die wichtigen Unterscheidungen zwischen einmaligen und wiederholten und zwischen vergleichbaren und nicht vergleichbaren Entscheidungen. Ich habe jeden Tag die Wahl, was ich zum Essen trinken möchte. Selbst wenn die jeweilige Wahl von der Speisenfolge oder meinem spontanen Verlangen abhängt, lässt sich in meinem Konsumverhalten ein bestimmtes Muster feststellen, das meinen Präferenzen und Abneigungen für Getränke eine gewisse Konstanz verleiht. Die Wahl des Getränks ist eine wiederholte Entscheidung, und das heutige Entscheidungsproblem lässt sich in jeder Hinsicht mit dem gestrigen vergleichen.

Stellen wir dem ein anderes Entscheidungsdilemma gegenüber. 1956–57 öffneten sich Ungarns Grenzen, und man konnte risikolos durch den Eisernen Vorhang schlüpfen. Er war geschlossen gewesen, und jeder nahm an (zu Recht, wie sich herausstellte), dass er sich bald wieder schließen werde. Sollte man bleiben oder gehen? Das war ein einmaliges Entscheidungsproblem. Viele Leute setzten sich später ab, aber unter anderen Umständen, mit anderen Risiken, und auch die Aufnahme im Ausland war eine andere. Die spätere Entscheidung zu bleiben oder zu gehen war für uns nicht vergleichbar mit dem Dilemma von 1956–57.

Dazu zwei Anmerkungen. Das neo-klassische Präferenzmodell ist angemessen für die Analyse wiederholter und vergleichbarer Entscheidungsprobleme. Es hilft zum Beispiel bei der Messung von Inkonsistenzen. Doch das Modell der rationalen Wahlentscheidung kann nicht als operational unterstellt werden, und es funktioniert auch nicht bei einmaligen, nicht vergleichbaren Entscheidungen. Erstere, wiederholte Entscheidungen sind natürlich für Ökonomen besonders interessant. Sie erlauben es zum Beispiel, das Verhalten von Unternehmen unter Rückgriff auf wiederholte Managemententscheidungen in einer Funktion zu beschreiben oder Nachfragefunktionen zu schätzen, indem man das Konsumverhalten regelmäßig beobachtet.

Doch die großen, wichtigen Entscheidungen im Leben sind einmalig. Es gibt in der persönlichen und in der allgemeinen Geschichte Wendepunkte und sich nicht wiederholende Ereignisse. Wehe dem Sozialwissenschaftler, der mit Präferenzordnungen von der Stange zu erklären versucht, wie sich Menschen verhalten, wenn sie vor großen Entscheidungen stehen. Als ich mir 1967–1970 meine Meinung hierzu bildete und diese Unterscheidung einführte, verließ ich mich auf Introspektion. In die Köpfe von anderen konnte ich nicht schauen, kannte also nicht deren Entscheidungsabwägungen, nur die meinen. Ich weiß, dass ich in solch kritischen Momenten keine vorgefassten Präferenzen habe, z.B. als ich mich gegen eine Emigration während der großen Auswanderungswelle nach 1956 entschied oder gegen den Wiedereintritt in die Kommunistische Partei, als ich meine Wahl traf in entscheidenden Momenten der Revolution, usw.* Zwischen den Werturteilen (Präferenzen) und den Randbedingungen oder Auswahlmöglichkeiten entwickeln sich wechselseitige Beziehungen. „Beschränkungen“ und „Präferenzen“ können nicht eindeutig voneinander getrennt werden. Ebenso wenig kann man strikte zeitliche Konsistenz verlangen, da die großen Herausforderungen und die Umstände weitreichender Entscheidungen radikal von früheren Situationen abweichen. Ich glaube, dass ich mich damals mit dieser Unterscheidung und anderen kritischen Anmerkungen in die richtige Richtung vorangetastet habe.

Es lässt sich in dieser Hinsicht nicht eindeutig feststellen, wie sich die Wissenschaft entwickelt hat, seit ich *Anti-Äquilibrium* schrieb. Einige Fortschritte weisen in die Richtung, die ich in *Anti-Äquilibrium* für wünschenswert hielt. Am bedeutendsten ist die Kooperation zwischen Psychologen und theoretischen Ökonomen bei der Analyse von Entscheidungsprozessen, die zu einer Neubewertung des Idealtyps eines „konsistenten Entscheidungsträgers“ geführt hat. Das hat einige nützliche Ergebnisse gebracht. Das Forschungsprogramm der ökonomischen Verhaltenswissenschaft (*behavioural economics*) wuchs zu einer eigenen Disziplin heran. Mit einem neuen Blick auf menschliches Verhalten versucht sie, es in realistischen

* Im 2. Kapitel habe ich die Überlegungen geschildert, die in meinem Fall zum Beitritt in die Kommunistische Partei führten. Im Voraus hatte ich da keine besonderen Präferenzen. Verschiedene Motive brachten mich dazu. Und nachdem der große, weitreichende Entschluss einmal gefasst war, hat diese Wahl später meine Präferenzen bei vielen weniger bedeutenden, wiederholt auftretenden Problemen, die eine Entscheidung erforderten, geformt.

Modellen zu beschreiben und zu simulieren. Herausragende Vertreter dieser Schule sind Amos Tversky und Daniel Kahneman, die verschiedene Anomalien in der Theorie aufgedeckt haben – also systematische, zu beobachtende Abweichungen von dem, was nach dem Standardmodell der rationalen Entscheidungen passieren sollte. Kahnemans Nobelpreis im Jahr 2002 drückt die allgemeine Anerkennung durch die ökonomische Profession aus. Leider lebte Tversky nicht lange genug, um diese Ehrung mit ihm zu teilen.*

Andere Trends finde ich allerdings beunruhigender. Das Modell der rationalen Entscheidung findet mehr und mehr in der Soziologie und der politischen Wissenschaft Anwendung, ja sogar in der Geschichtswissenschaft, d.h. in Disziplinen, die sich bevorzugt mit nicht wiederkehrenden Ereignissen beschäftigen. Leider wird die Theorie der rationalen Wahlentscheidung in diesen Disziplinen nicht auf die oben erwähnte subtile Weise genutzt. Da ihre Interpretationen häufig übervereinfacht und undurchdacht sind, haben die Kritik und die Warnungen von vor mehreren Jahrzehnte nicht an Relevanz verloren.

Nicht-Preis-Indikatoren

Nach der kritisierten Theorie fließt zwischen den Akteuren im System nur ein Informationstyp: Preise. Die Entscheidung, dem Preis diese exklusive Rolle zuzuschreiben, hat mich gestört. Preise haben nur einen geringen Einfluss auf Produktion und Konsum in den Unternehmensbeziehungen im Sozialismus. Dagegen üben andere Informationsarten großen Einfluss aus: Plananweisungen, fallende oder steigende Lagerbestandszahlen, Länge der Lieferzeit, Umfang der Auftragseingänge, usw. Würde man all das aus der Analyse verbannen, könnte man überhaupt nicht erklären, welche besonderen Vorteile Preissignale bieten, wenn der Marktmechanismus wieder hergestellt würde. Auch in der kapitalistischen Wirtschaft sind Preise nicht das einzige Informationsmedium. Nicht-Preis-Indikatoren spielen auch dort eine wichtige Rolle. *Anti-Äquilibrium* ist mit dieser Frage in die richtige Richtung gegangen. In den folgenden Jahrzehnten hat sich die Erforschung der Informationssignale und ihrer Rolle äußerst positiv entwickelt.

---

* Die Ergebnisse von Tversky und Kahneman werden durchaus wahrgenommen – z.B. in einer Fußnote. Doch die Mainstream-Ökonomen setzen ihre Arbeit fort, so als ob die neue Theorie nie erschienen wäre.

Gleichgewicht und Käufer- und Verkäufermärkte

„In der Ökonomie scheint die Definierung von Begriffen besonders schwer zu fallen … Der Mangel an Präzision tritt immer im konzeptuellen Bereich auf."[3] Diesen Satz von John von Neumann habe ich im Buch zitiert. Denn der Gleichgewichtsbegriff war und ist konfus. Die Physik und die exakten Wissenschaften im Allgemeinen fassen ihn als positive Kategorie auf. Das Wort (auf Latein, Deutsch, Englisch oder Ungarisch) leitet sich von der Vorstellung einer Waage mit gleichen Gewichten in beiden Waagschalen ab. Tippt man eine Waagschale an, stellt sich das Gleichgewicht nach kurzer Zeit wieder ein. Von selbst senkt sich die Waage nicht nach einer Seite, denn das Gleichgewicht ist stabil. Der Gleichgewichtszustand bleibt unverändert, deshalb kann man im Kontext dieses Bildes von einem statischen Gleichgewicht sprechen. Analog gibt es einen dynamischen Gleichgewichtspfad: Das System bewegt sich, doch jedes Einzelbild aus einem Film würde einen Gleichgewichtszustand zeigen.

Die neo-klassische Schule der Ökonomie verwendet den Begriff des Marktgleichgewichts in diesem positiven Sinn. In der statischen Theorie sind die Märkte im Gleichgewicht, wenn für alle Güter Angebot und Nachfrage gleich sind – eine Definition, die für viele analytische Zwecke ausreicht. Mit der Ausbreitung ökonomischen Wissens ist diese Definition in den allgemeinen Sprachgebrauch von Wirtschaftspolitikern und Journalisten eingeflossen. Dem Begriff hängt aber auch eine normative Bedeutung an: Es ist für einen Markt gut, sich im Gleichgewicht zu befinden. Es ist nicht gut, wenn die Nachfrage größer ist als das Angebot und so einen Mangel erzeugt oder wenn sich unverkaufte Lagerbestände anhäufen.

Auch wenn ich einräume, dass diese Verwendung des Begriffs Erklärungskraft besitzt und auf Grund seiner Einfachheit in die Fach- und in die Alltagssprache übernommen wurde, hielt ich ihn zur Zeit der Abfassung von *Anti-Äquilibrium* für unangebracht, und dieser Meinung bin noch immer. Schauen wir uns zuerst den Kapitalismus an. Verkäufer wollen immer mehr verkaufen, als sie beim geltenden Preis und bei gegebener Gesamtmenge der Käufer und Verkäufer absetzen können. Jeder ist darauf erpicht, im Erfolgsfall mehr als zuvor zu verkaufen und hält für diesen Fall Kapazitätsreserven und Lagerbestände vor. In diesem Sinn übersteigt das Angebot die Nachfrage. Wenn aber das Angebot nicht exakt der Nachfrage entspricht, dann bestimmt immer die geringere Menge die tatsächlichen Käufe und Verkäufe. Verwendet man den Gleichgewichtsbegriff so wie in der Physik, dann ist dies, und nicht die Gleichheit von Angebot und Nachfrage, der Gleichgewichtszustand. Denn das ist der Zustand, zu dem der Markt zurückkehrt, selbst wenn er sich im Konjunkturablauf einmal daraus entfernt hat. Eine Hochkonjunktur reduziert z.B. Kapazitätsüberschüsse und lässt die Lagerbestände auf ein ungewöhnlich niedriges Niveau sinken. Hier liegt kein Grund zur Sorge, denn eine solche Asymmetrie ist gerade eine der Stärken des wahren Kapitalismus, indem sie den Wettbewerb anstachelt und Rivalitäten schürt. Die Käufer erhalten ein Übergewicht: Sie können unter den Verkäufern wählen, anstatt dass die Verkäufer sich ihre Käufer aussuchen. Am allerwichtigsten ist jedoch, dass Wettbewerb und Rivalität den technischen Fortschritt und die Markteinführung neuer Produkte voranbringen.

Mir war diese Asymmetrie umso stärker bewusst, als ich unter den entgegengesetzten Bedingungen lebte, wo die Verkäufer das Übergewicht besaßen und sich ihre Käufer aussuchen konnten. Das war keine momentane Verschiebung der Waagschalen. Der Nachfrageüberschuss bestand dauerhaft und der Warenmangel wurde von besonderen politischen und ökonomischen Bedingungen ständig reproduziert. Die Mangelwirtschaft, und nicht der Ausgleich von Angebot und Nachfrage, ist der tatsächliche Gleichgewichtszustand im sozialistischen System.

Ich habe in *Anti-Äquilibrium* diesen beiden Gleichgewichtszuständen ungewöhnliche, neue Namen gegeben: Druck und Sog. Im ersten Zustand drücken die Verkäufer ihre Waren in den Markt, während im zweiten die Käufer den Markt leer saugen. Ich muss gestehen, dass die beiden Bezeichnungen von den Ökonomen oder im allgemeinen Sprachgebrauch nicht angenommen wurden. Deshalb habe ich sie in späteren Schriften fallen gelassen und dafür die Begriffe „Käufermarkt“ und „Verkäufermarkt“ verwendet, die sich bereits früher in der Ökonomie durchgesetzt hatten. Leider war es aber nicht meine Terminologie, die am Ende eine Akzeptierung verhinderte. Die Grundidee eines verschobenen, asymmetrischen Zustands, der in den beiden Systemen jeweils vorherrscht – ein Übergewicht entweder der Käufer oder der Verkäufer – setzte sich kaum durch. Ich vertrete diese Sichtweise noch immer und bedaure, dass ich meine Kollegen davon nicht überzeugen konnte.

Die Walras-Arrow-Debreu-Theorie beschreibt mit dem Begriff des „Wettbewerbsgleichgewichts“ einen Zustand, in dem Angebot und Nachfrage auf allen Teilmärkten gleich sind. Natürlich kann man auch dieses theoretische Konzept als Standard verwenden, denn es ist exakt. Ein reales System lässt sich besser beschreiben, wenn man feststellt, es weiche vom walrasianischen Wettbewerbsgleichgewicht in einer bestimmten Weise ab. Der Begriff „Wettbewerb“ ist hier allerdings unangebracht. Tatsächlicher Wettbewerb ginge gerade verloren, würde der Kapitalismus diesen walrasianischen Ruhepunkt erreichen.* Es gibt keinen Grund mehr, sich an-

* Wie schon erwähnt ging der Veröffentlichung von *Anti-Äquilibrium* der kürzere „Essay“ voraus, in dem ich den blassen Begriff des Wettbewerbsgleichgewichts mit der Beziehung zwischen einer frigiden Frau

zustrengen oder Innovationen einzuführen. Jeder Hans hat seine Grete gefunden. Jeder Produzent oder Verkäufer hat seinen Käufer. Das ist glücklicherweise nicht der normale, dauerhafte Gleichgewichtszustand im realen Kapitalismus, wo nämlich die Produzenten und Verkäufer im Gegenteil heftig miteinander konkurrieren und ihre Produktion ständig erneuern.

Jetzt kann ich den Titel des Buches in seiner doppelten Bedeutung erklären. Einerseits war es als Kritik der allgemeinen Gleichgewichtstheorie gedacht. Andererseits legte es sich mit jenen an, die den ruhigen, nicht innovativen Zustand des Wettbewerbsgleichgewichts für erstrebenswert hielten.

Die politische Interpretation der allgemeinen Gleichgewichtstheorie

Radikale Kritiker des Kapitalismus werfen den Vertretern der neo-klassischen Schule vor, sie würden das System mit ihren Theorien verteidigen und in den Himmel heben. Das ist eine fehlerhafte Verallgemeinerung. Die neo-klassische Theorie und die allgemeine Gleichgewichtstheorie als ihr Kern sind politisch neutral. Sie haben weder in ihren Axiomen noch in ihrem konzeptuellen Rahmen ein politisches „Bias". Ihre Anhänger und Nutzer schließen Konservative, Liberale und Sozialisten ein. Das habe ich in *Anti-Äquilibrium* unterstrichen, im Widerspruch zu jenen, die damals von der neo-klassischen Schule nur als „bürgerliche Ökonomen" und „Apologeten des Kapitalismus" sprachen.

Als Wissenschaftler, der Systeme vergleichen und die herrschende Wirtschaftsordnung verändern wollte, fielen mir zwei typische Fehler in der westlichen Ökonomie der damaligen Zeit auf. Der eine bestand in der Neigung, den Markt zu idealisieren, ohne die Notwendigkeit staatlicher Eingriffe und anderer regulierender Mechanismen ausreichend zu verdeutlichen. Der andere bestand im Versäumnis, die wahren Vorteile des realen Markts und der wahren Antriebskräfte des Kapitalismus herauszustellen, die ich gerade diskutiert habe. Ihr Bild des Markts war gleichzeitig zu rosig und nicht rosig genug.

Ich gab mir Mühe, Ähnlichkeiten zwischen dem Walras-Arrow-Debreu-Modell bzw. dem neo-klassischen Denken im Allgemeinen und radikalen sozialistischen Arbeiten aufzuzeigen. Ein Beispiel waren die Schriften Oskar Langes, den wir bereits erwähnt haben. Er setzte die intellektuelle Maschinerie der walrasianischen Theorie ein, um seine berühmte Theorie des Sozialismus zu schaffen. Ein jüngeres

---

und einem impotenten Mann verglich. Im Buch hielt ich später eine etwas züchtigere Ausdrucksweise für angebracht und ließ diesen Vergleich fallen.

Beispiel war die sowjetische Kantorovič-Schule. Sie schlug ernstlich vor, die Wirtschaft mit Schattenpreisen zu steuern, die stellvertretend für reale Marktpreise aus der linearen Programmierung gewonnen werden. Verständlicherweise sahen westliche Ökonomen in Kantorovič einen verwandten Geist. Denn sein Gleichungssystem stellte in nur geringfügig abgewandelter mathematischer Form eine Variante des walrasianischen Systems dar.

Anti-Äquilibrium zeigte auch Ähnlichkeiten auf zwischen der allgemeinen Gleichgewichtstheorie und dem Gleichungssystem in Marx' zweitem Band des *Kapital*. Diese Entdeckung irritierte meine marxistischen Leser. Trotz alledem neigte die radikale sozialistische Seite eher dazu, in *Anti-Äquilibrium* einen Bundesgenossen zu begrüßen, als das Buch abzulehnen. Man freute sich, dass wir einen „gemeinsamen Feind" hatten. Dabei übersah man, dass es eine sehr viel stärkere „Apologie des Kapitalismus" darstellte als jede einfache Anpreisung eines farblosen „Wettbewerbsgleichgewichts". Mein Buch hebt eine Tugend des Kapitalismus heraus, die Marx und Engels im *Kommunistischen Manifest* würdigten und die in Schumpeters Theorie zentral steht: Technischer Fortschritt und fortwährende Innovation sind Triebkräfte, die von den inhärenten Eigenschaften des kapitalistischen Systems in Bewegung gehalten werden.*

Reform und Revolution in der Wissenschaft

Ein Überblick über die Wirtschaftstheorie der damaligen Tage machte mir deutlich, dass viele erfolgreiche Forschungsarbeiten in eine in meinen Augen sinnvolle Richtung wiesen und die Diskrepanz von walrasianischer Theorie und Realität sich zu schließen begann. Doch nach meinem Geschmack erfolgte der Wandel zu langsam. Mir ging es um eine wissenschaftliche Revolution, nicht um eine einfache Reform des wissenschaftlichen Denkens. Dabei war ich nicht so unbescheiden, mein Buch auch nur einen Moment lang für eine solche Revolution zu halten. Ich nannte meine Arbeit ein Halbfertigprodukt, in dem die Revolution nur gefordert werde. Das allerdings mit Nachdruck. Mit einem Wort von Werner Heisenberg bezeichnete ich die allgemeine Gleichgewichtstheorie als einen „mathematischen Kristall",

* Das Buch enthält eine detaillierte Tabelle darüber, wann und in welchem Land die wesentlichen Neuerungen erfunden worden sind, die Produktion, Konsum und generell das Leben revolutioniert haben. Es stellte sich heraus, dass die sozialistischen Wirtschaften in der Zeit seit ihrer Etablierung praktisch keine „revolutionären" Produkte auf den Markt gebracht haben. Die große Mehrheit war in kapitalistischen Wirtschaften entwickelt worden. Schon dieser Vergleich stellt eine Anklage gegen das sozialistische System dar.

d.h. ein geschlossenes System, das man nicht ändern kann.[4] Von heute aus betrachtet halte ich diesen revolutionären Anspruch für verfehlt.*

Seit der Veröffentlichung von Thomas Kuhns Klassiker über Wissenschaftsphilosophie und Wissenschaftsgeschichte im Jahr 1962 wird die Frage diskutiert, ob es tatsächlich Revolutionen in der Geschichte der Naturwissenschaften gibt. Soviel scheint sicher: In der Entwicklung der Sozialwissenschaften herrscht ein hoher Grad von Kontinuität trotz der Wendepunkte, trotz der plötzlichen Fortschritte und trotz des Austauschs älterer Teilsysteme durch neue Einsichten. Reform und Revolution greifen ständig ineinander. Als ich *Anti-Äquilibrium* schrieb, unterschätzte ich Bereitschaft und Fähigkeit der Mainstream-Ökonomie, sich selbst zu erneuern. Die vielen Neuentwicklungen, die hier kurz vorgestellt wurden, und viele nicht erwähnte Ansätze bestätigen, dass diese Schule sich gegenüber ihrer Position in den 1960er-Jahren wesentlich voran bewegt hat und das ohne spektakuläre Revolution. Doch ich möchte hinzufügen, dass meine damalige Ungeduld verständlich war und sich seitdem nicht abgeschwächt hat. Die Fähigkeit zur Erneuerung ist offensichtlich, aber ebenso ein Starrsinn, ein geradezu verbissenes Beharren auf eingefahrenen und bequemen Denkgewohnheiten, selbst dann, wenn sie zu berechtigten Zweifeln Anlass gegeben haben.

Erste Aufnahme und längerfristige Wirkung

Die ersten Reaktionen auf *Anti-Äquilibrium* waren stark und anerkennend. Kenneth Arrow und Herbert Simon erwähnten zustimmend einige Aussagen des Buches in ihren Nobel-Vorträgen.[5] Zahlreiche Artikel und Bücher zitierten es. In den ersten Jahren nach Erscheinen wurde es international besprochen. Vielerorts gingen Ökonomiestudenten in Diskussionen darauf ein. Die einfache Tatsache, dass ein Buch die fast alles beherrschende ökonomische Doktrin einer ausführlichen Kritik unterzog, erregte Aufsehen und traf bei vielen Leuten auf Interesse. Es gab kaum mehr als eine Handvoll dezidierter Ablehnungen des Buches. Ich dachte, mein Buch werde einen Gärungsprozess anregen, Früchte tragen und eine dauerhafte Wirkung haben. Das war aber nicht der Fall. Den ersten Ablehnungen folgten

---

* Beim Bruch mit dem Marxismus hatte sich Radikalismus gut bewährt. Ich schrieb das gesamte intellektuelle Kapital ab, das ich aus dem Marxismus übernommen hatte. Ich verwarf es integral und nahm einzelne Lehrsätze und Methoden nur dann wieder auf, wenn ich sie gründlich überdacht und für brauchbar erfahren hatte. Der gleiche Radikalismus, zu dem ich zu neigen scheine, hat mir bei meiner Auseinandersetzung mit der herrschenden neo-klassischen Lehre weniger gute Dienste erwiesen. Denn letztere ist mit einem Wort von Imre Lakatos kein degenerierendes Wissenschaftsprogramm, sondern eines, das noch fruchtbar bleibt.

keine weiteren, genauso wenig aber auch den ersten positiven Erwähnungen. Die Debatte verebbte. Das anfängliche Interesse am Buch erstarb.*

In mehreren Forschungsfeldern gab es, wie erwähnt, fruchtbare Weiterentwicklungen, auf Wegen vorangebracht, die *Anti-Äquilibrium* aufgezeigt hatte. Das erfüllte mich mit Genugtuung. Dass solche Publikationen *Anti-Äquilibrium* aber nicht als einen der theoretisch-historischen Vorläufer der neueren Entwicklungen erwähnten, das hat mich verstimmt, wie ich ehrlicherweise zugeben muss.** Ich hatte erwartet, dass *Anti-Äquilibrium* großen Einfluss ausüben werde. Warum war das nicht der Fall? Einige meiner Arbeiten haben meine Erwartungen in dieser Hinsicht erfüllt oder übertroffen. Warum blieb diese zurück?

Ein Problem liegt im Stil oder „Genre“, in dem es geschrieben ist. Es ist voll gepackt mit mathematischen Symbolen, verwendet diese aber nicht für eine mathematische Analyse. Es gibt zu viele pedantische Definitionen, die umständlich erklärt, dann aber nicht in die Argumentation eingefügt werden. Das Buch ist übersättigt mit neuen Begriffen für alte Kategorien. So ein Ansatz verspricht selten Erfolg und hat sich hier sicher nachteilig ausgewirkt. Die Leser wurden von den vielen neuen Konzepten abgeschreckt. Der „Essay“, die frühere und knappere Version ohne Gleichungen, machte auf die Leser einen besseren Eindruck. Ich habe die Lage falsch eingeschätzt. Angesichts der vielen Arbeiten, die einen mathematischen Apparat aufbieten, hielt ich es für gut, meine Arbeit im gleichen Genre abzufassen. Besser wäre es gewesen, beim Stil eines Essays zu bleiben.

Der Ton meiner Kritik war höflich, zivilisiert und frei von arroganten Ausfällen, wie man sie im marxistisch-leninistischen Diskurs durchaus antrifft. Trotzdem war er noch zu radikal. Ein Artikel von David Laibson und Richard Zeckhauser über Amos Tversky, den großen israelischen Psychologen und Ökonomen, der zusammen mit Daniel Kahneman so viel zum besseren Verstehen von Entscheidungs-

---

* Als der bekannte französisch-amerikanische Makroökonom Olivier Blanchard mich für eine Zeitschrift interviewte, erwähnte ich, dass *Anti-Äquilibrium* nach ein paar Jahren sozusagen von der Bildfläche verschwunden sei. Er meinte darauf: „Es war ein sehr einflussreiches Buch. In Frankreich, woher ich komme, zählte es zu den Büchern, die wir alle lasen. Es wurde Teil des allgemeinen Wissensbestandes und als solches wird es kaum noch erwähnt. Das gleiche ist vielen anderen Ideen widerfahren. Vielleicht ist das gerade ein Zeichen von Erfolg“ (1999, S. 433).

** Berühmte Ökonomen haben die neo-klassische Theorie einer ausführlichen Kritik unterzogen und dabei Probleme behandelt, die ich in meinem Buch von 1970 angesprochen hatte. In ihren Publikationen findet sich aber kein Verweis darauf. Warum nicht? Die betroffenen Gelehrten kannten möglicherweise *Anti-Äquilibrium* nicht und waren selbständig zu ihren Schlussfolgerungen gelangt. Oder sie hatten das Buch irgendwann gelesen, erinnerten sich seiner jedoch nicht bewusst, als sie schrieben oder unterrichteten. Es ist jedoch auch nicht auszuschließen, dass sie sich erinnerten, sich aber nicht verpflichtet fühlten, ihre Erinnerung den Lesern oder Zuhörern mitzuteilen.

prozessen beigetragen hat, öffnete mir die Augen. Tversky hatte keinen der „undiplomatischen“ Fehler gemacht, wie ich sie in *Anti-Äquilibrium* begangen hatte. Er hatte nicht gefordert: „Wieder von vorne anfangen!“ Er würdigte die Verdienste des bislang üblichen Modells. „Gehen wir davon aus und bauen wir darauf auf“, war sein Rat. Ein solcher Ansatz war für die Kollegen, die er von der Notwendigkeit eines Wandels überzeugen wollte, sehr viel eher verträglich.

Die Analyse des Misserfolges des Buches, oder besser des halben Misserfolges, bringt mich auf einige inhaltliche Ursachen, die wichtiger sind als Fragen des Stils oder des Genres. Kritik schwächt erst einmal den vorhandenen Respekt für eine Theorie und den Widerstand gegen eine neue. Aber sie wirft eine anerkannte, allgemein verwendete Theorie nicht über den Haufen. Es gibt kein Vakuum. Eine neue Theorie kann eine alte nur dann verdrängen, wenn die Ökonomen davon überzeugt sind, dass sie fruchtbarer ist.* *Anti-Äquilibrium* bietet keine neue Theorie. Darum kam es zu keinem Durchbruch.

Hierzu ein Beispiel. Das Buch legt dar, wie das Walras-Arrow-Debreu-Modell ein Bild der Harmonie verbreitet – jeder findet schiedlich und friedlich einen Platz im Gleichgewicht. Es wurde höchste Zeit, der Modellierung von Konflikten mehr Aufmerksamkeit zu widmen. Das Buch verweist auf Konflikte zwischen den Apparaten der Staatsbürokratie oder innerhalb von Unternehmen. Der Vorschlag, solche Konflikte zu untersuchen, kam lange vor der Renaissance der Spieltheorie. Das ist genau das Problem. Die Analyse von Konflikten erhielt einen gewaltigen Anstoß mit John Nash und seinen Mitstreitern. Sie entwickelten neue Instrumente, um solche Untersuchungen vorzunehmen, und setzten sie in neue Theorien um. Es gibt kaum ein Beispiel dafür, dass allein die Anregung eines umfangreichen und wichtigen Themas zu einem fruchtbaren Forschungsprogramm geführt hätte. Am Anfang produktiver Forschungsprogramme steht eine wegweisende konstruktive Neuschöpfung. Solche Arbeiten werden gewöhnlich bahnbrechend genannt.

Hast Du keinen Diener, mach es selbst, lautet ein ungarisches Sprichwort. Ich habe verschiedene der Forschungsaufgaben, die *Anti-Äquilibrium* vorschlägt, selbst

---

* Diese Tatsache wurde mir klar, bevor die Kritik nach der Publikation des Buches einsetzte. Ich wurde darauf während der Diskussionen über das Manuskript aufmerksam. Ich habe die Kopie eines Briefes dazu aufbewahrt. Ich befand mich in Yale, von wo ich 1970 den Brief an einen Kollegen in Budapest schickte. Darin berichtete ich über die Reaktionen auf die fünf Vorlesungen, die ich zum Gegenstand von *Anti-Äquilibrium* gehalten hatte. Zuerst erwähnte ich die Anerkennung, die ich gefunden hatte, und fuhr dann fort: „ Die zweite Gruppe von Meinungen ist eine Mischung aus Zustimmung und Unzufriedenheit. Ein Kollege nannte es mit einer gewissen Selbstironie schizophrenes Verhalten: Ein Segment unseres Bewusstseins sagt uns, was wir tun, sei nicht richtig, doch wir bleiben dabei, es weiter zu tun. Man hört damit nur auf, wenn jemand einem einen besseren Ansatz zur Hand gibt.“

oder zusammen mit Mitarbeitern in Angriff genommen. Einige haben zu neuen theoretischen Einsichten geführt. (Darauf komme ich in späteren Kapiteln zurück.) Das Problem lässt mich über meine wissenschaftliche Lebensleistung nachdenken. Es gibt Gelehrte, die einmal einen großen Einfall haben, einen wirklich originellen und wichtigen Gedanken, und die ihr ganzes Leben damit verbringen, ihn auszuarbeiten, fortzuentwickeln, anzuwenden, für seine Verbreitung zu sorgen und darauf eine Denkrichtung aufzubauen. Anderen gelingt das mit zwei oder gar drei herausragenden Ideen. Die Theoriegeschichte zeigt, dass eine derartige, bewusste Forschungsstrategie zu sehr bedeutungsvollen Ergebnissen führen kann. Ich musste erkennen, dass meine eigenen Neigungen mich zu einer anderen Strategie verleiteten. Mich überfielen ständig neue Ideen. Doch leider hatte ich nur selten die Geduld, mich bei einer längere Zeit aufzuhalten und sie auszuarbeiten, sie zu vertiefen, sie anzuwenden, für sie zu werben oder eine Schule um sie sammeln. Bis all das einsetzte, und in einigen Fällen setzte es durchaus ein, war ich schon bei der nächsten spannenden Idee. So lief es nicht in jedem Fall ab, aber ich kann mehrere Beispiele aus meiner Arbeit anführen. Solches Vorauseilen zeigt sich besonders gut am Inhalt und dem weiteren Schicksal von *Anti-Äquilibrium*. Trotz aller Sorgfalt bei der Überarbeitung springt es von einer halb verdauten Idee zur nächsten.

Hat es sich gelohnt?

Anti-Äquilibrium geschrieben und veröffentlicht zu haben, hat in meiner späteren Karriere zweifellos zu Schwierigkeiten geführt. Einige kritikresistente und mit Scheuklappen versehene Vertreter der neo-klassischen Schule hielten die Aussagen für unverzeihlich. Obwohl ich heute durchaus Schwächen und Fehler des Buches erkenne, stehe ich noch voll hinter vielen der Ideen. Auch heute betrachte ich die neo-klassische Schule nicht blind gläubig, sondern mit kritischen Augen. Ich bin mit einem Fuß im Mainstream und mit dem anderen draußen. In einigen Fragen schwimme ich mit dem Strom, in anderen Fällen dagegen. Diese Situation des Halb-Drinnen und Halb-Draußen verursacht manchmal Konflikte. Oft können Herausgeber und Leser, die für solche Eigenarten nicht ausreichend offen sind, mit meinen Arbeiten wenig anfangen.

Wie brachte ich den Mut für ein solches Buch auf? Schon bevor ich zu schreiben begann, war mir völlig klar, dass meine beißende Kritik eine heftige Gegenreaktion auslösen würde. Meine Hartnäckigkeit beruhte auf der wachsenden Kompromisslosigkeit, mit der ich Dinge in Zweifel zog und neu überdachte, nachdem ich meinen Glauben an den Marxismus verloren hatte. Einmal, wie im Fall des Marxismus, blind und unkritisch gewesen zu sein, genügte. Ich wollte nie wieder blind und unkritisch sein.

In vorangegangenen Kapiteln habe ich über das Handicap geschrieben, keine gute Universität besucht und mir alles selbst erarbeitet zu haben. Doch Selbststudium hat auch Vorteile. Ich lernte die Mainstream-Theorie kennen, aber sie wurde mir nicht in Vorlesungen und Seminaren und bei der Examensvorbereitung so sehr eingehämmert, dass die übliche neo-klassische Antwort auf jede Frage automatisch und selbst im Schlaf kam. Ich will mich beileibe nicht mit Haydn vergleichen, aber meine Situation war bis zu einem gewissen Grad ähnlich. Haydn hatte lange Jahre weit entfernt von den Weltzentren der Musik im Esterházy Palast in Ungarn verbracht. Einmal schrieb er: „Ich war von der Welt abgeschnitten und hatte deshalb die Möglichkeit, Risiken einzugehen. In Esterháza gab es niemanden, der meine Aufmerksamkeit ablenkte oder Zweifel in mir hochkommen ließ. So wurde ich originell."[6]

Hätte ich meine ganze akademische Karriere an amerikanischen Universitäten verbracht, hätte ich *Anti-Äquilibrium* ungefähr in dem Alter geschrieben, in dem Wissenschaftler normalerweise einen Lehrstuhl erhalten. Meine Manuskripte wären von den führenden Zeitschriften abgelehnt worden, weil sie halb ausgegorene Aussagen und darüber hinaus unorthodoxe Ideen enthielten, die fundamentale Dogmen kritisierten. Berufungen hängen davon ab, wie viel ein jüngeres Fakultätsmitglied in führenden Zeitschriften veröffentlicht hat. In der für meine persönliche Karriere entscheidenden Zeit hätte ich es wohl vermieden, Kollegen, von deren Meinung meine Beförderung abhing, vor den Kopf zu stoßen. Weit entfernt in Ungarn zu leben, war in dieser Hinsicht hilfreich. Es mag merkwürdig klingen, aber dadurch konnte ich leichter meine Selbständigkeit bewahren. Ich wurde nicht vom System der Graduiertenausbildung, von der ersten Anstellung und später vom Berufungsprozess „gebrochen", um den Konventionen des akademischen Lebens im Westen zu entsprechen, so wie es von den jungen Akademikern dort verlangt wird.

Hat es sich gelohnt, das Buch zu schreiben? Habe ich das bedauert? Hier kann ich mich als Beispiel für die Widersprüchlichkeit des Menschen anführen. Manchmal denke ich: „Hätte ich es nur nicht geschrieben". Manchmal denke ich anders und möchte nicht auf meine Kritik der neo-klassischen Theorie in meinen Arbeiten verzichten. Allerdings wäre es schön, wenn ich durch irgendeinen Orwell-Trick die Fassung von 1971 wegzaubern und eine neue schreiben könnte, die meinem gegenwärtigen Wissensstand und meiner gegenwärtigen Vision entspricht. Es wäre schön, mit dieser revidierten Fassung die zu ersetzen, die in den Bibliotheksregalen Staub ansetzt. Doch wie der große ungarische Schriftsteller Kálmán Mikszáth sagt:

„Wenn man etwas geschrieben hat, kann man es selbst mit einer Axt nicht wieder entfernen".*

Am Ende bedaure ich es nicht, dass *Anti-Äquilibrium* erschienen ist. Sein gründlichster und schärfster Kritiker, Frank Hahn, den ich bereits erwähnte, beendete seine Rezension so: „Ich habe dieses Buch lieber, als dass ich es nicht hätte. Als Wissenschaftler ist Kornai so offenkundig redlich und integer, dass man sich immer von den schwachen zu den starken Dingen wendet, die er zu sagen hat. Und unter den starken Dingen sind einige wirklich sehr stark."[7] Diese Leistung erfüllt mich mit einigem Stolz. Wie Hahn schrieb: „Zu diesem Zeitpunkt war das Buch für mich durchaus zufriedenstellend." Vielleicht war auch nützlich, was ich beim Schreiben und in den folgenden Debatten lernte. Wie auch immer, das Buch ist sicher ein Teil meines Lebens.

Einige abschließende persönliche Anmerkungen

Am Ende möchte ich für einen Moment die Welt der Wissenschaftstheorie und der Ökonomie hinter mir lassen und ein paar persönliche Anmerkungen zu *Anti-Äquilibrium* machen. Ein Leser des ersten Entwurfs dieser Erinnerungen meinte zu diesem Kapitel: „Warum so detailliert auf die Gründe des Misserfolges eingehen? Komm darüber hinweg." Ein anderer Leser fand: „Die Leute mögen keine Verbitterung. ... Was du über Zitierung schreibst, wird von Eitelkeit diktiert. Nicht jeder hält das für so wichtig."

Zugegeben, es wäre eleganter, die Probleme, die die Geschichte des Buches mir verursacht hat, beiseite zu schieben. Doch ich kann die Dinge nicht einfach so abschütteln. Ich beneide Leute, die wie Edith Piaf verkünden: „Non, je ne regrette rien". Das kann ich von mir nicht behaupten. Es gibt Dinge, die ich sehr wohl bedaure und andere, bei denen das nicht der Fall ist. Es gibt Dinge, über die ich selbst im Rückblick kein unzweideutiges Urteil fällen kann. Häufig grüble ich über Entscheidungen der Vergangenheit nach. Hätte ich nicht den anderen Weg wählen sollen? Zweifellos nehme ich mir Misserfolg mehr zu Herzen als Erfolg. *Anti-Äquilibrium* ist nicht nur irgendein Posten auf meiner Publikationsliste. Es war das ehrgeizigste Unternehmen meiner wissenschaftlichen Laufbahn. Ich hatte etwas in Angriff genommen, das über meine Kräfte ging. Dessen bin ich mir bewusst, aber das macht es mir nicht leichter, mit dem Misserfolg fertig zu werden.

---

* Péter Esterházy zitiert diesen Satz im Zusammenhang mit einem Buch von András Nyerges.

Weder Erfolg noch Misserfolg lassen mich kalt. Ich bin davon überzeugt, es geht den meisten Gelehrten ebenso, nur geben es die wenigsten zu. Sie befürchten, das Publikum könne sie missverstehen, denn es sieht besser aus, wenn ein Gelehrter unbeeindruckt von der Aufnahme, die sein Werk gefunden hat, den Eindruck vermittelt, ihm liege nichts anderes am Herzen als der wissenschaftliche Fortschritt und die Entdeckung der Wahrheit. Warum gibt es aber dann in der Wissenschaft, der Kunst und Literatur, beim Sport, in der Produktion und der Geschäftswelt eine so bunte Palette von Preisen, Ehrungen, Anerkennungen und Statussymbolen? Und andererseits Zeichen des Missfallens, die vom Totschweigen über öffentliche Angriffe bis zur Demütigung reichen? Es mag da draußen Fanatiker und Heilige geben, die von solchen Sachen unberührt bleiben. Doch den meisten fehlbaren Menschen ist eine positive Beziehung zwischen intensiv erfahrenem Erfolg oder Scheitern und dem kreativen Antrieb vertraut. Zweifellos sind Freude am Wissen und Suche nach Wahrheit große Motivationsquellen in der Forschung. Doch es gibt Nebenanreize, die diesen Impetus verstärken. Wem es gleichgültig ist, was andere über seine Leistung denken, und diese Gleichgültigkeit nicht nur vortäuscht, der macht in der Regel auch geringere Anstrengungen.

In diesem Kapitel, wie in anderen Teilen des Buches, habe ich mich um eine ehrliche Bestandsaufnahme bemüht. Ich habe herauszubekommen versucht, wieweit ich selbst dafür verantwortlich war, dass *Anti-Äquilibrium* nicht die erhoffte Wirkung hatte. Unter anderem aus dieser Aufrichtigkeit leite ich die Rechtfertigung ab, zu fragen: „Kann der mangelnde Erfolg allein mir zugeschrieben werden?". Die Antwort darauf suche ich nicht aus persönlichem Unmut. Ich spreche für viele Wissenschaftler, wenn ich den Widerwillen einer Schule thematisiere, sich scharfer Kritik auszusetzen, und ihr kurzes Gedächtnis anprangere. Dieses Gedächtnis sollte das erste Auftreten wichtiger, dabei vielleicht unbeholfener und primitiver, aber doch bahnbrechender neuer Ideen honorieren.

Es wäre ein leichtes gewesen, dem Rat meiner beiden Leser zu folgen. Ich hätte hier im 10. Kapitel und vielleicht an einigen anderen Stellen des Buches ein paar Absätze streichen können. Damit wäre ich der Gefahr aus dem Weg gegangen, mich in ein zweifelhaftes Licht zu setzen. Möglicherweise wäre ein Bild von mir entstanden, das dem Ideal eines Gelehrten sehr viel mehr entgegenkommt – doch es wäre kein Bild von mir geworden.

Anmerkungen

1 Kornai, 1967a.
2 Kornai, 1968.
3 Neumann 1963 [1955], S. 100–1.
4 Kornai 1991, S. 367. Die Idee des „mathematischen Kristalls“ bei Heisenberg 1967 [1958], S. 231–2.
5 Arrow 1974, S. 254; Simon 1979, S. 508.
6 Das Haydn-Zitat las ich in einer Wochenzeitung, doch konnte ich seine Quelle nicht ausfindig machen. Ich verwende es trotzdem. Denn es scheint glaubhaft, dass es wirklich von Haydn stammt, und es illustriert meinen Punkt.
7 Hahn 1973, S. 330.

11 Institut, Universität und Akademie – 1967 und danach

Kehren wir aus der reinen Theorie zurück in das keineswegs reine soziale Milieu von Budapest. Zur Zeit als ich den „Essay“ – die erste Fassung von *Anti-Äquilibrium* – schrieb, war mein erster Arbeitgeber das Rechenzentrum der Ungarischen Akademie der Wissenschaften. Dort hatte ich noch das eine und andere mit der mathematischen Planung zu tun. Gleichzeitig war ich part-time am Akademieinstitut für Ökonomie beschäftigt, aus dem ich 1958 entlassen worden war. Sein Direktor István Friss rief mich 1967 an und bat mich ganz zurückzukehren, was ich auch tat. Danach blieb das Institut für Ökonomie für mehr als 25 Jahre mein Arbeitsplatz in Ungarn.

Der Ökonomie-Boss

Es wird Zeit, etwas zur Person von István Friss zu sagen, der mich ans Institut für Ökonomie zurückgeholt hatte. Die Ungarische Akademie der Wissenschaften und ihre Forschungsinstitute kannten eine komplizierte Hierarchie. Friss stand der Abteilung IX vor, worunter die Rechts-, Wirtschafts- und einige andere Sozialwissenschaften fielen. Innerhalb der Abteilung IX leitete er die Akademiekommission für Wirtschaftswissenschaften, womit er die Verantwortung für diese Disziplin erhielt, und schließlich war er Direktor des Instituts für Ökonomie. Es kam eher selten vor, dass ein und dieselbe Person eine Position auf drei Hierarchie-Ebenen einnahm, theoretisch also zweifach als eigener Dienstherr fungierte und das in diesem politischen System mit Ämtern von erheblicher Machtfülle.

Friss war eine widersprüchliche Persönlichkeit. Gegensätzliche Werte, Verhaltensmuster und Traditionen bestimmten seine Grundeinstellung. In erster Instanz war er Kommunist. Er hatte in jungen Jahren einem wohlhabenden Mittelklassemilieu den Rücken gekehrt und war der illegalen Kommunistischen Partei beigetreten, ohne sich um mögliche daraus folgende Nachteile zu kümmern. Er blieb bis zum Tod seinen leninistischen Überzeugungen treu. Die Zeit, die er in Moskau im Exil verbracht hatte, hinterließ Spuren in seinem Verhalten – eine Distanziertheit und ein gewisses Misstrauen gegenüber Kollegen. Doch es bedeutete ihm nichts, den Chef zu spielen, seine Bedeutung herauszukehren oder auf seinen Rang zu pochen. Er hatte zeitweise in Deutschland und England gearbeitet, und die Haltung eines ruhigen und noblen Gentlemans blieb ihm für den Rest seines Lebens. Als Wissenschaftler leistete er kaum etwas, brachte keine originellen Ideen von Bedeutung hervor. Doch als Organisator hatte er seine Meriten. Wo es ihm möglich war (und diese Einschränkung ist natürlich für sich genommen grotesk), gestand er seinen Untergebenen freie Meinungsäußerung zu. Er zwang sie nicht, sich streng an die Parteilinie zu halten, wie es viele andere in ähnlichen Positionen in der Sowjetunion und in Osteuropa taten. Ihm ging es vor allem darum, empirische Forschung und die Beobachtung der Realität zu stimulieren.

Friss und ich hatten ein ambivalentes Verhältnis. Er war 25 Jahre älter als ich, deshalb gab es da gewisse Züge einer väterlichen Beziehung. Wir duzten einander, und er nannte mich Jancsi, während ich ihn wie alle mit Genosse Friss ansprach. Auf die Gefahr hin, mich zu wiederholen, möchte ich noch einmal Ereignisse aufgreifen, die ich in früheren Kapiteln angesprochen habe. Friss hatte mir Informationen und Einsichten über die Wirtschaftspolitik der Partei vermittelt, als ich für die Zeitung *Szabad Nép* arbeitete. Als ich aus dieser Stellung gefeuert wurde, nahm er mich auf, kürzte aber mein Gehalt auf ein Minimum. Dann fing meine Arbeit wieder an, Eindruck zu machen, und er beförderte mich und stellte mich als nachahmenswertes Vorbild für die Kollegen im Institut heraus. Während der Revolution von 1956 rief er mich an, ich solle im Radio für die kommunistische Sache eintreten. Das lehnte ich ab. Nach der Niederlage der Revolution sprach er auf einer offiziellen Parteiversammlung von mir als einem Verräter des Marxismus. Meine Entlassung aus seinem Institut erfolgte nicht auf sein Betreiben, aber er verhinderte sie auch nicht. Die Anweisung, mich hinauszuwerfen, führte er wie ein disziplinierter Parteisoldat aus. Andererseits half er mir, eine neue Anstellung zu finden und mein Buch in England zu veröffentlichen.

Jetzt lud er mich ein, ins Institut zurückzukehren. Und dann? Er drückte mehrfach aus, wie sehr er meine Arbeit schätze und bewundere. Als ich nach einer Operation krank zu Hause lag, besuchte er mich und fragte, ob ich nicht sein Nachfolger als Institutsdirektor werden wolle. Ich wollte nicht.

Als ob nichts geschehen wäre

Meine Entlassung aus dem Institut für Ökonomie war eine der großen Krisen meines Lebens. Meine Rückkehr fand ohne Aufsehen und so ruhig statt, als ob nichts geschehen wäre. István Friss schwieg über die Vergangenheit, und so hielten es auch alle Kollegen und ich selbst.

Mein Inneres wurde damals von unterschiedlichen Gedanken und Gefühlen aufgewühlt. Die Vorbereitungen für den so genannten Neuen Wirtschaftsmechanismus von 1968 waren voll im Gange. Ein paar Jahre bevor ich ins Institut zurück-

Auf dem Schoß meines Bruders Bandi, neben uns meine Schwester Lilly und mein Bruder Tomi (1929).

Mit den Eltern und Geschwistern (1930).

Die erste Klasse der Reichsdeutschen Schule. Ich sitze in der ersten Reihe ganz rechts, neben mir mein Freund Péter Kende. In der Reihe über uns sitzt direkt über Péter Éva Székely, die später Olympiasiegerin im Schwimmen wurde (1933).

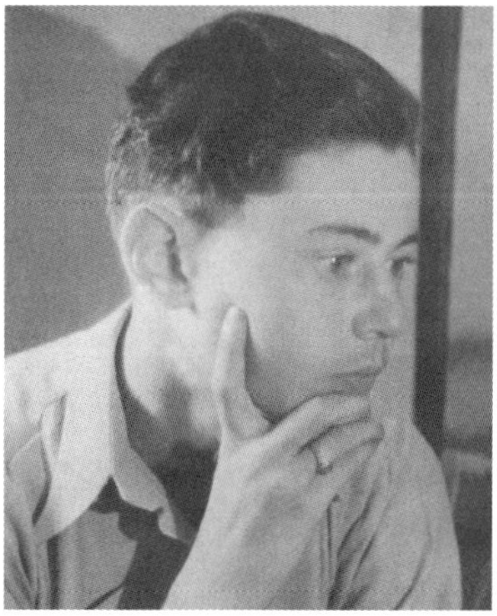

Portrait des Teenagers.

Mit meinen Brüdern Bandi und Tomi (1943).

Miklós Gimes, mein erster Chef bei der Zeitung *Szabad Nép*. Er starb als Märtyrer während der Revolution von 1956 (ungefähr 1950).

Akademiestraße 18 im fünften Bezirk von Budapest. Unsere Wohnung und das Büro meines Vaters befanden sich in der zweiten Etage. Das gesamte Haus gehört nun zum Amt des Premierministers.

Voller Vertrauen (ungefähr 1948).

In den Wäldern von Galyatető während des Winterurlaubs (1949).

Meine Söhne Babi und Andris (1964).

Meine erste Frau Teri und unsere Söhne Gabi und Andris (1966).

Reportage über eine Versammlung in Wien (1950).

Mit Tamás Lipták in Cambridge, dreißig Jahre, nachdem wir unsere Arbeit „Zwei-Ebenen-Planung“ geschrieben hatten (1992).

Die „Kornai-Gruppe“ im Institut für Ökonomie bei der 50-jährigen Gründungsfeier des Instituts. Von links: Mihály Laki, Zsuzsa Kapitány, András Simonovits, Mária Lackó und Judit Szabó.

Mit András Bródy (2004).

0000586
8.

VI/4. sz.utasitás "A"-tól

Szigoruan titkos!

Minősítése megszűnt!

E r d e i elvtársnak!

L o n d o n .
Budapest,1964.március 26.

Tárgy: Kornai János ügye.

Szalai elvtárs korábbi javaslata alapján megvizsgáltuk tárgyban nevezett operativ felhasználhatóságát. Az ellenőrzés során azonban személyét nem tartottuk alkalmasnak arra,hogy beszervezzük.

Az elmult tiz év során tanusitott ingadozó politikai magatartása miatt kiutazása előtt nem igazitjuk el sem a KÜM,sem saját nevünkben.

Kiutazása után a viselkedésétől függően Szalai elvtárs sötéten felhasználhatja,de csak a legális követségi munkakörrel összefüggő kérdésekben.

Szántó.

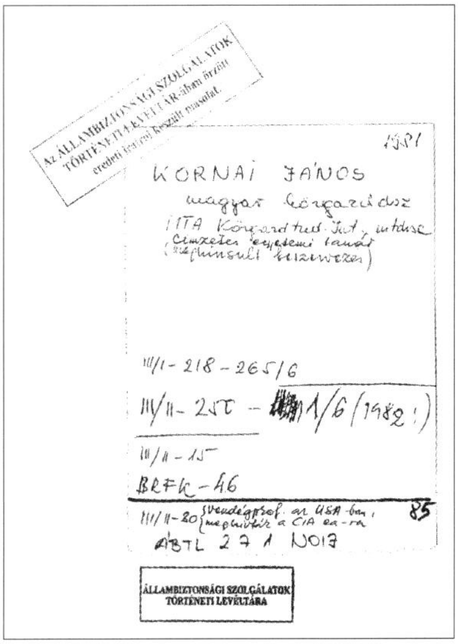
Az ÁLLAMBIZTONSÁGI SZOLGÁLATOK TÖRTÉNETI LEVÉLTÁR-ában őrzött eredeti iratról készült másolat.
KORNAI JÁNOS
magyar közgazdász
MTA Közgazd.tud. Int. tudományos főmunkatárs
címzetes egyetemi tanár
III/1-218-265/6
III/II-25T-1/6 (1982!)
III/II-15
BRFK-46
III/II-20 {vendégprof. az USA-ban, meghívták a CIA-ba}
85
ÁBTL 2 7 1 N017
ÁLLAMBIZTONSÁGI SZOLGÁLATOK TÖRTÉNETI LEVÉLTÁRA

Ein Beschluss der Staatssicherheit von 1964: János Kornai „stellte sich als ungeeignet für eine Rekrutierung“ als Spitzel heraus. Die Dateikarte von 1985 bezieht sich auf diesen Beschluss „missglückte Rekrutierung“.

Clare College, Cambridge. Tagungsort der Round-Table Konferenz der International Economic Association von 1963. Dort hielt ich meinen ersten Vortrag vor einem internationalen akademischen Publikum.

Mit meinem ersten Mentor, dem französischen Ökonomen Edmond Malinvaud, dem ehemaligen Herausgeber von *Econometrica* und Organisator der Konferenz in Cambridge. Links Françoise Allaire, früher Kulturattaché an der französischen Botschaft in Budapest (2001).

Mein erstes Treffen mit westlichen Sowjetologen auf einer Konferenz in Venedig 1965. Von links: Alfred Zauberman (London School of Economics), ich, David Granick (Wisconsin), John Michael Montias (Yale) und Hans Raupach (München).

In der Mitte Kenneth Arrow, einer der großen Ökonomen unserer Zeit. Auf seine Einladung kam ich 1968 nach Stanford. Vorn rechts sitzt Arrows Frau Selma, in der Mitte meine Frau Zsuzsa. Das andere Ehepaar sind unsere guten Freunde aus Stanford Alan und Jackie Manne. Das Photo stammt aus dem Jahr 2002, als wir vor unserer Abreise aus Amerika Kalifornien besuchten.

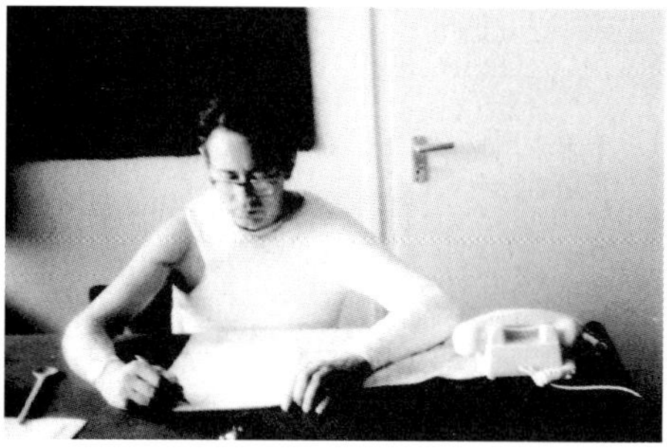

Am Schreibtisch nach meiner ersten Schulteroperation bis zur Taille in Gips (1972).

Vor dem berühmten Brunnen von Stanford.

Mit Gabi, Judit und Andris in Tihany (1972).

Mit meiner Mutter Munyó (1964).

Mit Judit am Strand von New Jersey (1972).

Munyó an ihrem achtzigsten Geburtstag mit ihren drei noch lebenden Kindern, Tomi, mir (meine Haltung ist etwas merkwürdig, da mein Arm nach der zweiten Schulteroperation wieder in Gips ist) und Lilly (1972).

Munyó bei derselben Gelegenheit im Kreise ihrer Enkel und Urenkel.

Mit Zsuzsa (1972).

Auf der Genfer Konferenz der UNCTAD, der Handelsorganisation der Vereinten Nationen (1974).

Mit meinen Studenten einer Vorlesungsreihe in Kalkutta (1975).

Blick aus unserem Fenster in Lidingö, einem Vorort Stockholms, wo ich *Economics of Shortage* schrieb (1976–77).

Auf der Jahreskonferenz 1978 der Econometric Society wenige Minuten, bevor ich die Ansprache des Präsidenten hielt. In der Sitzung wurde ich von meinem Mentor Tjalling Koopmans vorgestellt.

Der Rektor der Sorbonne verleiht mir einen Ehrendoktor (1978).

Der König ist nackt, humorvolle Zeichnung aus der graphischen Abteilung des ungarischen Verlags von *Economics of Shortage* (1980).

Der gefeierte Künstler János Kass ließ sich 1978 vom Manuskript von *Economics of Shortage* zu einer Serie von Zeichnungen inspirieren. Diese trägt den Titel *Paternalismus*.

Das Littauer Center in Harvard, wo sich von 1984 an mein Universitätsbüro befand.

Während einer Vorlesung:

Der Professor doziert …

… und die Studenten machen Notizen.

In meinem Büro in Harvard. Hinter meinem Schreibtisch ein Poster von Bartók.

Harvard Hall, eines der schönen alten Universitätsgebäude, wo ich nach 1990 meine Vorlesungen gab.

Meine besten chinesischen Studenten. Von links: Chenggang Xu (London School of Economics), Yijiang Wang (University of Michigan), Yingyi Qian (University of California at Berkeley) und David Li (University of Hong Kong. Nachdem sie ihr Studium in Harvard beendet hatten, war ich mit jedem einzeln wieder zusammengekommen, doch hier trafen wir uns alle auf einer Konferenz in Hong Kong im Januar 2005.

In unserer Wohnung in Cambridge. Links von mir Karen Eggleston, eine meiner Studentinnen und später Ko-Autorin. Rechts John McHale, Student und später Mitarbeiter bei Artikeln und Seminarveranstaltungen zusammen mit seiner Frau Liza (2001).

Auf einer Feier zur Eröffnung des akademischen Jahres in Harvard.

Mit Yingyi Qian und Zsuzsa in Beijing (1999).

Portrait mit einem der charakteristischen Harvardtürme im Hintergrund (1996).

Auspacken bei der Ankunft.

Einpacken für die nächste Reise.

Die „Schiffskonferenz" in China 1985.Eine der Diskussionen.

Händeschütteln mit Premierminister Zhao Ziyang, einem der Architekten der chinesischen Reform. (Nachdem er den aufständischen Studenten auf dem Tiananmen Platz Verständnis signalisiert hatte, wurde er unter Hausarrest gestellt, wo er dann verstarb.) In der Mitte Ed Lim, der Hauptorganisator der Konferenz.

Gruppenbild an Bord. In der ersten Reihe sitzen die wichtigsten chinesischen Organisatoren und die sieben eingeladenen ausländischen Ökonomen.

Entspannung: So wird die berühmte Pekingente gemacht.

Motorbootausflug in die Drei Schluchten. In dieser Form sind sie nicht mehr zu sehen, nachdem der Stausee für den Damm am Yangzi-Fluss geflutet worden ist.

Im Gespräch mit meinen Besuchern Péter Kende und Pál Lőcsei über das *Leidenschaftliche Pamphlet*, das ich während eines Krankenaufenthalts im Bett geschrieben hatte.

Am Schreibtisch in unserer Cambridger Wohnung (2002).

Schöne Momente im Leben eines Autors:

Die Korrekturfahnen der englischen Ausgabe von *Das sozialistische System* (1991).

Das erste Belegexemplar.

Der Lohn eines Autors: Bücher für interessierte Leser signieren.

Für Studenten in Hanoi (2002)

Für die russische Ökonomin Yelena Kalužnova in meinem Büro in Harvard (1998).

In Schanghai (1999).

Für Studenten in Hong Kong (2005).

Für Verlagsmitarbeiter in Taiwan (1994).

In Bratislava zusammen mit Ivan Miklos, dem Herausgeber eines Bandes von Studien, die ins Slowakische übersetzt wurden, vor der Buchpräsentation. Miklos wurde einige Jahre später stellvertretender Premierminister und Finanzminister (1998).

Vortrag an der Neuen Universität in Moskau. Ich werde von einem der Gründer der Universität eingeführt, dem israelischen Ökonomen Gur Ofer (2003).

Links oben:
Im Gespräch mit Studenten nach einer Vorlesung an der Universität von Schanghai (1999).

Bei der Buchpräsentation eines Bandes mit Studien in Paris. Neben mir einer der Herausgeber Bernard Chavance (2001).

Eine meiner Leidenschaften ist die Fotografie und in jüngerer Zeit der Videofilm. Hier nehme ich die Klagemauer und die al-Aqsa Moschee auf (1995).

Verleihung eines Ehrendoktors der Lajos Kossuth Universität in Debrecen (2001).

In ihrer Eigenschaft als Kanzler der University of London bekleidet mich Prinzessin Anne mit den Symbolen eines Ehrendoktors (1990).

Frackprobe in Stockholm vor der Verleihung eines Ehrendoktors an der Stockholm School of Economics (2001).

Der Seidman-Preis in Memphis, Tennessee 1982).

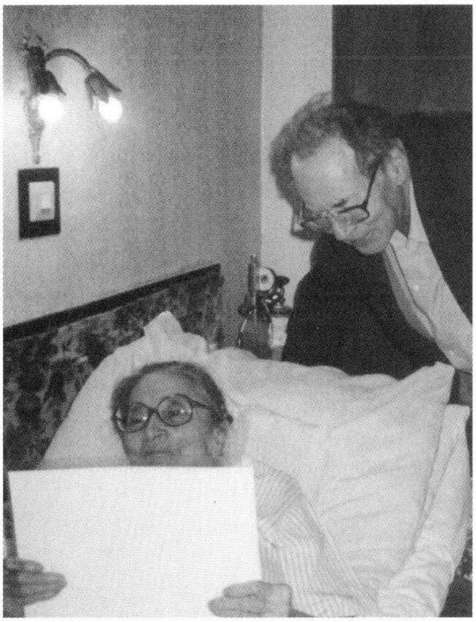

Meine Schwester Lilly krank im Bett. Ich zeige ihr eine Auszeichnung, die ich erhalten habe (2000).

Eine meiner Lieblingsaufnahmen mit Zsuzsa nach der Verleihung der Légion d'Honneur (1997).

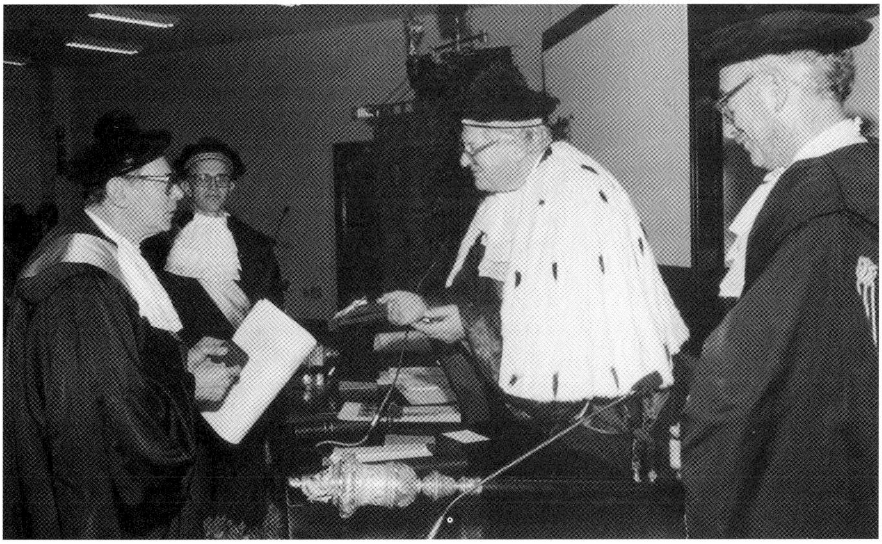

Ein Ehrendoktorat in Turin (1994).

Mit Gabi und seiner Frau Tünde (1990).

Mitte:
Mit Judit auf der Terrasse unserer Wohnung (1984).

Schwimmunterricht für meine schwedischen Enkel Zsófi und Anna (1990).

Mit Andris auf der Esplanade von Boston (1990).

Der Kornai-Clan im Ferienheim der Ungarischen Akademie der Wissenschaften in Balatonvilágos.

Mitte links:
Vier Enkel, Julcsi, Zsófie, Anna und Tomi in Harvard T-shirts (1994).

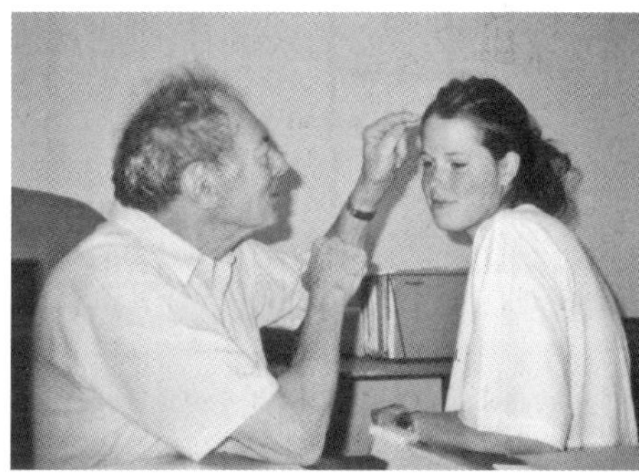

Mitte rechts:
Es wurde zur Familientradition, am Ende des Sommers die Sommersprossen zu zählen mit regelrechten vergleichenden Statistiken, einer Zeitreihe und graphischer Darstellung der Ergebnisse. Hier stellt sich Anna der Datenerfassung (1999).

Mit Zsófi (2000).

Ausflug in die Budahügel mit Julcsi, Tomi, Zsuzsa und Gabi (2001).

In unsere Bücher vertieft. Mein Enkel Tomi und ich am Balaton (1994).

Die beiden amerikanischen Enkel Dani und Nóri zusammen mit uns und mit ihrer Mutter Ági.

Unser ältester amerikanischer Enkelsohn Mishka stürzt sich auf die *palacsinta* (Pfannkuchen), die Zsuzsa gemacht hat (2000).

Rechts:
Ein besonderer Augenblick: Ich koche „Jancsis lecsó“, ein Lieblingsgericht meiner Enkel, nach einem eigenen Rezept (1996).

Mit ungarischen Freunden.

Von links: András Nagy, Hanna B. Kende, Ágnes Losonczi und Péter Kende (2003).

Mitte links: Péter Kende und György Litván (1996).

Mitte rechts: Abendessen mit der Familie Lőcsei: Pali Lőcsei und Kati und Péter Hanák (1992)

Spaziergang in den Budahügeln: György und Éva Litván, Zsuzsa und neben mir Zsuzsas Schwester Mari (2003).

Freunde im Ausland: Robert und Bobby Solow.

Oben: Helen und Herbert Levine.

Mimi und Gerry Berlin.

Mein vietnamesischer Freund und Übersetzer A Nguyen.

Francis Bator auf der Terrasse unserer Wohnung.

Tibor und Erzsébet Scitovsky.

Zsuzsa mit
Tjalling und Truus Koopmans.

Freunde überreichen mir zu meinem siebzigsten Geburtstag eine Festschrift. Das Bild zeigt den Direktor des Instituts für Ökonomie Jenő Koltay und János Gács, einen der Herausgeber des Bandes.

Geburtstagsfeier zu Hause: Auf dem Tisch vor mir meine Lieblingsmarzipantorte vor dem Ausblasen der Kerzen (1999).
Feier meines fünfundsiebzigsten Geburtstags am Collegium Budapest. Links von mir steht der Rektor des Collegium Imre Kondor und rechts meine Assistentin Kati Szabó. Der bärtige Mann im Hintergrund ist Brian McLean, der über zwei Jahrzehnte meine Arbeiten ins Englische übersetzt hat (2003).

In unserer Wohnung mit unserem amerikanischen Freund Dale Jorgenson beim Essen einer Fischersuppe. Dabei ist eine Schürze nicht fehl am Platz. Wir verlassen Amerika (2002).

Ich nehme meine Tasche nach der letzten Universitätsvorlesung.

Unten:
Auf der Brooklyn Bridge mit Zsuzsa.

Abschied im Hafen von Boston.

Das Abschiedsdiner der Harvard Universität:

Kenneth Galbraith mit Frau.

Im Hintergrund: Jeffrey Williamson und Jeffrey Sachs. Vorne: Sachs' Frau Sonia Erlich zusammen mit Eric Maskin.

Die Möbel unserer Wohnung in Cambridge werden vor unserem Haus in einen Schiffscontainer geladen.

Die alte Budapester Wohnung ist schon halbleer. Ich sitze in einem provisorischen Arbeitszimmer, das mit Gartenmöbeln ausgestattet ist, und mache meine Arbeit zwischen den gepackten Kartons. Zsuzsa nennt mich den standhaften Zinnsoldaten bei solchen Gelegenheiten.

Die Einweihung des Collegium Budapest 1993 mit dem ungarischen Präsidenten Árpád Göncz, Professor Viktor Karády und dem Präsidenten der Bundesrepublik Deutschland Richard von Weizsäcker (im Profil).

Die drei Herausgeber der beiden Bände mit Arbeiten der Mitglieder der internationalen Forschungsgruppe „Honesty and Trust". Von links: Susan Rose-Ackerman (Yale), ich, Bo Rothstein (Göteborg) und Karen Cook (Stanford) als Mitglied der Gruppe, die bei dieser Sitzung anwesend war.

Im Gespräch mit dem Präsidenten der Ungarischen Akademie der Wissenschaften Domokos Kosáry und dem Schriftsteller Péter Esterházy in der Pause einer Veranstaltung im Collegium.

Vor der berühmten Statue der Pallas Athene an der Collegiumsecke des Szentháromság tér.

Die Front des Collegium Budapest an der Úristraße. Ich arbeitete von der Gründung des Instituts bis 2003 im Zimmer mit der Loggia im ersten Stock.

Vortrag in Beijing. Ich wurde von meinem früheren Harvard-Studenten David Li vorgestellt, der jetzt Professor an der Universität Hong Kong ist.
Professor Wu Jinglian, einer der führenden Köpfe hinter der chinesischen Reform, mit dem ich seit zwei Jahrzehnten eng befreundet bin. Unsere Geburtstage liegen nur wenige Tage auseinander, und unsere chinesischen Gastgeber gaben uns zu Ehren ein Diner im Januar 2005.

An meinem Schreibtisch in unserer neuen Budapester Wohnung.

kehrte, hatte ich kurz Rezső Nyers getroffen, der damals als Sekretär des Zentralkomitees der Partei für die Reform verantwortlich war. Im Vorübergehen warf er mir zu: „Du weißt doch, man hat dich rehabilitiert." Darauf ich: „Woher sollte ich das wissen? Niemand hat es mir gesagt." Viele der Leute, die 1956–57 mein Buch gelesen hatten, die an der Diskussion über unseren Reformvorschlag von 1956 teilgenommen hatten oder mit denen ich vor zehn Jahren darüber gesprochen hatte, waren nun an der Vorbereitung der Reform beteiligt. Ich war mir sicher, auf ihr Denken Einfluss gehabt zu haben. Doch keiner erwähnte das je schriftlich oder mündlich. Friss kam nie auf die Tatsache zu sprechen, dass er jetzt in Übereinstimmung mit der augenblicklichen Parteilinie eine vor allem von mir angeregte Reform unterstützte, die er einige Jahre zuvor im Namen der Partei angeprangert hatte.

Jetzt wäre es mir peinlich gewesen, wenn irgendjemand sich genauer nach meiner Meinung zur Wirtschaftsreform erkundigt hätte. Die Phase des „naiven Reformers" hatte ich hinter mich gebracht und war der festen Überzeugung, dass die geplanten Veränderungen nicht weit genug gingen. Meine Meinungsverschiedenheiten mit dem herrschenden Regime lagen vor allem im Politischen. Ich rief mir die Beschuldigungen des Instituts durch die Kommissare von 1958 ins Gedächtnis. Zu Recht sahen sie in mir ihren ideologischen Gegner. Meine Schriften trugen in der Tat dazu bei, die kommunistische Weltanschauung zu untergraben, ich hatte bei der intellektuellen Vorbereitung der Revolution von 1956 eine Rolle gespielt. Zu Recht hielten sie mich für unzuverlässig. Viele meiner Freunde saßen entweder im Gefängnis, befanden sich im Exil oder hatten ihre Arbeit verloren. Ich hatte dem Marxismus abgeschworen. Ich war der neuen Partei nicht beigetreten. Man hatte mich aus dem Institut nicht etwa deshalb entlassen, weil ich ein anstößiges Buch geschrieben, sondern weil ich mich gegen die Partei gestellt hatte. Durch nichts wäre es gerechtfertigt, all das zurückzunehmen. Politisch erlaubte die Praxis der Kommunistischen Partei eine „Rehabilitation" nur dann, wenn man Kommunist geblieben war, selbst wenn die eigenen Genossen das einem absprachen.*

Keiner von denen, die mich zurückholen wollten, wäre bereit gewesen, seine augenblickliche Einstellung zu ändern. Und was mich betraf, wollte ich unter allen Umständen den Eindruck vermeiden, dass es jetzt ein Einvernehmen gebe zwischen mir und denen, die mich erst gefeuert und dann zur Rückkehr aufgefordert

* Hier ein gängiger Witz aus den 1950er-Jahren: Kohn ist aus der Partei ausgeschlossen worden und träumt in der Nacht, amerikanische Truppen hätten Ungarn besetzt. Präsident Eisenhower zieht auf einem Schimmel in Budapest ein, wie Miklós Horthy 1919. Mátyás Rákosi überreicht ihm auf Knien die Stadtschlüssel. Da lässt Eisenhower seine Kommandostimme ertönen: „Rákosi! Nimm Kohn wieder in die Partei auf!" 1967 war ich weit davon entfernt, diese komische Wunschvorstellung des armen Kohn zu teilen.

hatten. Für alle Betroffenen bestand die einzig mögliche Lösung darin, nicht darüber zu reden, ein damals gängiges Rezept.

Trotzdem störte es mich, dass die Vergangenheit schweigend übergangen wurde. Für mich als Verlierer einer früheren politischen Auseinandersetzung war das damals allerdings die noch am wenigsten missliche Lösung. Wer die politische Arena betritt, sollte sich nicht damit aufhalten, seine Wunden zu lecken. Doch als Mann der Wissenschaft sah ich, dass die Forschungsfreiheit 1958 einen schweren Schlag erlitten hatte und dass Friss nicht den Mut aufbrachte, wenigstens seine Stimme zu erheben.

Vertrauen und Toleranz

Wie viel Vertrauen brachte ich meinen Kollegen entgegen? Enge Freunde aus der Zeit vor 1967 lasse ich aus: András Nagy (zusammen mit mir aus dem Institut entlassen und 1973 wieder zurückberufen), Judit Rimler (ich schlug vor, sie anzustellen)* und Márton Tardos (seit etwa 1956 ein guter Freund, der Ende der 1970er-Jahre ins Institut kam). Hier geht es um meine Beziehung zu dem restlichen Stab des Instituts.

Nach der Rückkehr ins Institut für Ökonomie mied ich Gespräche mit direktem politischem Bezug. Die Verhöre, denen ich ausgesetzt worden war, weil ein enger Freund den Vernehmungsbeamten von meinen ideologisch geladenen Kommentaren zu seiner Arbeit berichtet hatte, waren mir noch gut im Gedächtnis. Konnte man ausschließen, dass irgendjemand, mit dem ich hier sprach, das Gleiche tun würde? Auch meine Kollegen spürten diese Distanziertheit und Kälte. Ein paar Jahre arbeitete ich mit Kati Farkas zusammen, die später in jungen Jahren verstarb. Wir hatten ein gutes Verhältnis. Sie schaute mich einmal mit ihren sanften Augen leicht vorwurfsvoll an und fragte: „Sag mal, János, warum bist du uns gegenüber so misstrauisch?“ Wir sprachen darüber, und ich versuchte ihr klar zu machen, woher meine Gefühle rührten. Und nicht so sehr die Worte unseres Gesprächs, als vielmehr die damit verbundene Stimmung hatten zur Folge, dass ich anfing, jenen gegenüber lockerer zu werden, von denen ich überzeugt war, sie würden mein Vertrauen nie missbrauchen. Doch diese Entspannung war ein langsamer, schrittweiser Prozess, der in den meisten Fällen nicht über eine gewisse Grenze hinausging.

* Während meines „Exils“ in der Leichtindustrie hatte ich 1959 die Gelegenheit, einen Mitarbeiter einzustellen. Ich bat Freunde aus der Universität, ihren besten Studenten zu empfehlen. So traf ich Judit Rimler, meine erste Forschungsassistentin, die später selbst eine anerkannte Wissenschaftlerin wurde. Als ich die Anstellung wechselte, bestand ich darauf, dass sie mich begleite.

Auch später äußerte ich mich nie offen und spontan über wichtige politische Entwicklungen, ohne erst darüber nachzudenken, wer mir als Gesprächspartner gegenüberstand. Ich hielt eine strenge Selbstkontrolle aufrecht und vergegenwärtigte mir bei jedem seinen Charakter, seine Schriften, Bemerkungen und Taten. Dann teilte ich mein Vertrauen zu, mager oder großzügig, je nachdem, wie der Fall lag. „Verschleudere nicht dein Vertrauen“, hat der Dichter Attila József gesagt,[1] und das tat ich sicher nicht. Wenn ich vor allem auf jüngere Kollegen um mich herum Einfluss gewann, so nicht mit meinen politischen Anschauungen, sondern auf andere Weise. Sie sahen, wie ich arbeitete, erfuhren im Gespräch meine wissenschaftlichen Standards und entnahmen meinen Schriften meine intellektuelle Orientierung. Wer dafür ein offenes Ohr hatte, konnte daraus beträchtlichen Gewinn ziehen.

Im Laufe der Zeit nahm die Zahl derer zu, mit denen ich gerne ins Gespräch kam. Nach ein paar Jahren war es mir möglich, den einen oder anderen ins Institut zu bringen. Später wurde ich Leiter einer Forschungsgruppe und hatte einige jüngere Wissenschaftler unter mir. Auf der Universität zählte das Ehepaar János Gács und Mária Lackó zu meinen Studenten. Ich schlug vor, einer von ihnen könne am Institut für Ökonomie arbeiten – zwei Stellen konnte ich damals nicht anbieten. Sie beschlossen, dass Mari bei mir arbeiten solle. Eine andere Studentin von mir aus der Universität war Judit Szabó. Tamás Lipták empfahl mir András Simonovits, der gerade sein Mathematikstudium abgeschlossen hatte. Später stieß Mihály Laki zum Team. Zsuzsa Kapitány unterrichtete ursprünglich Mathematik an einer Oberschule, dann arbeitete sie als Rechenassistentin bei einem anderen Kollegen, schließlich wechselte sie zu mir, zuerst in derselben Funktion, bis sie sich zur Wirtschaftsforscherin umschulte. Die Genannten waren alle jünger als ich. Der Mathematiker Béla Martos, einer aus meiner Generation, arbeitete mit uns, allerdings nicht als Mitglied der Gruppe.

Die Mitglieder der Kornai-Gruppe verband vor allem die Arbeit und natürlich ein ähnlicher wissenschaftlicher Ansatz.* (Darüber mehr im nächsten Kapitel.) Gleichzeitig waren wir befreundet. Wie schon erwähnt, war ich nie damit zufrieden, zu den Leuten um mich herum nur eine reine Arbeitsbeziehung zu unterhalten. Das war beim *Szabad Nép* so, und so entwickelten sich auch die Verhältnisse im Institut für Ökonomie und später in Harvard. Es mag nicht die effektivste und professionellste Methode der Arbeitsorganisation und einer hierarchischen Beziehung abträglich sein, die ausschließlich auf die Anforderungen des Jobs ausgerichtet ist. Aber für mich sind nun einmal Wärme der menschlichen Beziehungen, Freundschaft und Vertrauen über alle Maßen wichtig.

---

* Das Institut war damals in parallele Gruppen eingeteilt, die jeweils von einem erfahreneren Mitarbeiter geleitet wurden. Das Wort „Gruppe“ wird hier im organisatorischen Sinn verwendet.

Es entwickelte sich zur Gewohnheit, dass die Kornai-Gruppe pünktlich um 11.30 Uhr zum Mittagessen ging. Ich hatte das so festgelegt, denn ich speise gerne zeitig und warte in einem Restaurant nicht gerne. Deshalb legte ich Wert darauf, als erster bedient zu werden. Zu uns stießen immer andere Kollegen. Das Essen war gewöhnlich nichts Besonderes, aber wir saßen gesellig zusammen und führten angeregte Gespräche.

Der besonders freundschaftliche Ton in den Arbeitsbeziehungen beschränkte sich nicht auf die jungen Leute in meiner Gruppe. Sie schloss auch andere ein, die in jenen Jahren ins Institut kamen: Tamás Bauer, Aladár Madarász, Károly Attila Soós, Iván Major, János Köllő, Péter Pete, Gábor Kertesi und Péter Mihályi, um nur ein paar zu nennen. Sie haben alle seitdem beachtliche akademische Karrieren gemacht, fast alle erhielten eine Professur an einer Universität. Einige unter ihnen übten auch für eine gewisse Zeit nach dem Systemwechsel hohe politische Funktionen aus. Ich lernte sie kennen, als sich ihr Denken noch in der Entwicklung befand. Manche führten lange Gespräche mit mir, mit anderen waren die Beziehungen weniger intensiv. Ein paar hatte ich bereits auf der Universität unterrichtet. Abgesehen davon, dass ich ihre Institutsarbeiten sorgfältig las und kommentierte (ich habe meine Notizen noch), sprach ich mit ihnen über Fragen der Forschung und der Wirtschaftsreform wie auch über allgemeine geistige und moralische Probleme.

Die Diskussionen innerhalb und außerhalb meiner Gruppe und die Arbeiten, die ich zu lesen bekam, waren sehr aufschlussreich. Ich lernte viel über die Funktionsweise der ungarischen Wirtschaft, die Debatten unter den Wirtschaftswissenschaftlern, die Stimmung im Land und über künftige Alternativen. Die geistige Atmosphäre war erfrischend, und ich war froh, dabei zu sein. Welchen Einfluss meine Arbeit und unsere persönlichen Kontakte auf sie hatten, könnten sie natürlich besser als ich beurteilen. Ich sehe alle von Zeit zu Zeit wieder, eine kleine Gruppe trifft sich sogar regelmäßig. Aber auf dieses Thema kommen wir verständlicherweise nicht zu sprechen.

Für einen Soziologen wäre es ein Leichtes, das Soziogramm der Institutsbeziehungen zu zeichnen, mit Knotenpunkten und Verbindungen zwischen den Personen und numerischen Werten, die die Intensität der Verbindungen wiedergeben. Das Bild würde sicher verdeutlichen, wie sich unter dem Einfluss verschiedener Faktoren Cluster bildeten. Ein solcher Faktor, der zur Gruppenbildung beitrug, war die Einstellung zu mathematischen Methoden. In dieser Hinsicht glichen die ungarischen Verhältnisse der Situation, die man einige Jahrzehnte zuvor an amerikanischen Hochschulen antraf. Die meisten Wissenschaftler lehnten es ab, mathematische und ökonometrische Analysemethoden anzuwenden. Manche Institutsmitglieder entwickelten geradezu eine Phobie gegen den Vormarsch der Mathematik, in der sie einen intellektuellen Taschenspielertrick sahen. Auf der anderen Seite besaßen die quantitativen Ökonomen ein Zusammengehörigkeitsgefühl unabhängig davon, ob sie Marxisten waren und mit dem Kádár-Regime übereinstimmten oder nicht.

Wie in jeder größeren Organisation gab es ein paar starke Persönlichkeiten, um die sich Gruppen bildeten bzw. die andere abstießen. Der Hauptfaktor für Anziehung oder Abstoßung lag in der Weltanschauung oder der politischen Einstellung.* Man gab im Institut keine politischen Erklärungen ab, aber es war offensichtlich, auf welcher Seite man stand. Ich glaube, eine politisch gleiche Wellenlänge brachte bei uns die Leute enger zusammen, als das zum Beispiel unter Intellektuellen in den USA der Fall war. Dabei waren die politischen Anschauungen der Mitarbeiter zu jeder Zeit breit gestreut. Wir hatten keine stalinistischen Betonköpfe, doch gab es ein paar dogmatische, konservative Kommunisten der alten Schule. Viele waren „Reformkommunisten", die langsam wach wurden und Änderungen herbei wünschten. Sie hofften, der Wirtschaft eine kleinere oder größere Dosis Markt verschreiben zu können, den Spielraum für Kritik zu erweitern und ein gewisses Maß an „Demokratisierung" zu erreichen, wobei sie im Grunde dem Kádár-System verbunden blieben. Schließlich gab es die Renegaten, die mit der Kommunistischen Partei gebrochen oder ihr nie nahe gestanden hatten und die das herrschende Regime heftig kritisierten.

Einige Mitarbeiter verließen das Institut, andere kamen hinzu und viele änderten ihre Anschauungen, in machen Fällen radikal. So verschob sich die politische Zusammensetzung des Instituts und damit der Umfang der informellen Gruppierungen und Cluster. Aber immer resultierten aus dieser dynamischen Entwicklung informelle Gruppierungen auf der Basis politischer Überzeugungen. Genau betrachtet, vertraut man Leuten mit einer ähnlichen Einstellung mehr als denen, die abweichende Positionen einnehmen. Auch ich neigte dazu, meine persönlichen Beziehungen auf Kollegen zu beschränken, deren politische Meinung der meinen glich.**

Es gab zwar Gruppierungen, aber keinen Grabenkrieg. Wer älter war oder mittleren Alters, wie ich zur damaligen Zeit, hatte das Trauma von 1956 am eigenen Leib erfahren. Diese Erfahrung hatten wir in den Jahren danach unserer jeweiligen Weltanschauung entsprechend verarbeitet. Unsere Generation der Intelligentsia suchte nicht mehr den politischen oder ideologischen Kampf. Unter uns herrschte eine seltsame *treuga dei*, ein Gottesfrieden: wir tun euch nichts, aber wir erwarten,

* Die Netzwerke, die sich auf Grund unterschiedlicher Kriterien bildeten, überlappten sich teilweise. Man konnte mehr oder weniger eng mit verschiedenen Gruppierungen verbunden sein.

** Das bedeutete in meinem Fall nicht, dass ich die Grenzen dieser Gruppierungen in der späteren, gemäßigteren Periode des Kádár-Regimes streng einhielt. Eine Reihe meiner Kollegen hatte offenkundig andere Anschauungen als ich. Trotzdem wurden wir Freunde.

dass auch ihr nicht auf uns herum hackt. Leben und leben lassen. Scharfe, offene politische Auseinandersetzungen kamen nicht mehr vor.

Wie lässt sich diese Situation beschreiben? Jeder blieb bei seinen Prinzipien und wahrte die Selbstachtung, ohne Zugeständnisse anderen gegenüber zu machen.* Außerhalb der Institutsmauern focht man seine Kämpfe aus, wenn man eine Kämpfernatur war. Individuell brachte man seine Ansichten in seiner wissenschaftlichen Arbeit zum Ausdruck, wenn man etwas Passendes und Interessantes zu sagen hatte. Doch innerhalb der Mauern herrschte Toleranz aus Furcht, den Karren umzustürzen, denn dann drohte sehr viel größeres Unheil von außerhalb. Von da waren nämlich scharfe Kontrollmaßnahmen zu erwarten. Vielleicht hat dieses Gefühl einer gemeinsamen Gefahr und eines gemeinsamen Feindes bei uns eine Rücksicht geweckt, die in jenen Tagen unter Intellektuellen nur allzu selten anzutreffen war. Die Machtverteilung im Institut fiel damals zugunsten der Anhänger des Kádár-Regimes und der Vertreter marxistischer Theorien aus. Doch ich muss feststellen, dass sie diese Macht nicht dazu gebrauchten, politische Auseinandersetzungen zu provozieren oder eine anti-marxistische Haltung „aufzudecken". Anders Denkende wurden in Frieden gelassen.** Im Rückblick behalte ich das Institut als Insel des Friedens in stürmischer See dankbar in Erinnerung. Forschung war mir das Wichtigste und erforderte meine ganze Energie und höchste Konzentration. Dafür brauchte ich Frieden.***

Eine fehlgeschlagene Institutsreform

In dieser Zeit reiste ich häufig ins Ausland, nicht nur für kurze Aufenthalte wie Konferenzen oder Vorträge, sondern auch für längere Perioden. Allmählich zeigte

---

* Ich bin mir bewusst, dass nicht jeder diese Beurteilung teilen wird. Radikale sehen in solchen lokalen „Friedensabkommen" in der Kádár-Periode unannehmbare Kompromisse, die nur das Leben des Regimes zu verlängern halfen. Vielleicht taten sie das, aber sie machten das Leben der Menschen erträglicher. Dieses Urteil führt letztlich zur Frage, ob man von den Menschen erwarten kann, dass sie ein großes gemeinsames Ziel – in diesem Fall das Ziel, das Regime zu rasch wie möglich zu Fall zu bringen – über ihre persönliche Situation stellen.

** Entscheidend in diesem Zusammenhang war die Tatsache, dass die aufeinander folgenden Institutsdirektoren, István Friss, Rezső Nyers und Aladár Sipos keine politischen Säuberungen einleiteten. Im Gegenteil, als zum Beispiel Tamás Bauer politisch angegriffen wurde und man von oben seine Entlassung forderte, verteidigte ihn der damalige Direktor Nyers.

*** Die ruhige Arbeitsatmosphäre half mir sehr in einer Zeit, als mein Privatleben in die Krise geriet. Meine Ehe mit Teréz Laky ging in die Brüche. Kurz nachdem ich 1970 nach einem halben Jahr an der Yale Universität nach Budapest zurückgekehrt war, zog ich mit meiner zweiten Frau Zsuzsa Dániel in eine neue Wohnung.

sich mir das Leben im Westen von innen, und ich lernte die Organisation von Forschung und Lehre in den berühmten Zentren der Wissenschaft kennen. Etwas davon hätte ich gerne auf unser Institut für Ökonomie übertragen. 1969 tat ich mich mit zwei Kollegen, Ádám Schmidt und János Kovács, zusammen, und wir schlugen eine Reform vor.[2] Das Dokument war von uns allen Drei verfasst, die heikelsten und strittigsten Ideen stammten aber aus meiner Feder.

Ich schlug vor, Beförderungen am Institut enger an Publikationen zu binden. Die Publikationen sollten gewichtet werden: Veröffentlichungen im Ausland erhielten ein größeres Gewicht ebenso wie die wissenschaftliche Reputation der betroffenen Verlage bzw. der Zeitschrift. Im Westen waren das selbstverständliche Kriterien.* Nicht so in Ungarn. Die Latte für Veröffentlichungen lag nicht hoch genug. Es erschienen Arbeiten von exzellenter Qualität und reichem Inhalt, aber daneben fanden auch wissenschaftlich bedeutungslose Schriften relativ leicht den Weg zum Druck. Nur wenige Ökonomen publizierten im Westen und noch seltener wandten sie sich an die Topzeitschriften. Das aufkeimende System des „Marktsozialismus" hatte erkannt, der eigentliche Test für Produktqualität bestehe darin, ob ein Gut sich auf den westlichen Exportmärkten durchsetzen könne. Für die wissenschaftliche Produktion galt kein solcher Exporttest. Nicht nur bei den Publikationen fehlte der harte internationale Qualitätstest. Man konnte im Institut jahrelang dahinvegetieren und wenig oder nichts zu Papier bringen. War man einmal drin, konnte man sein Leben lang bleiben, selbst wenn begabtere und produktivere Wissenschaftler ans Tor pochten und die Stelle gerne übernommen hätten.

Ein anderes Problem bestand darin, dass viele zwar durchaus publizierten, dies aber mit einer nach westlichen Begriffen sehr niedrigen Produktivität. Obwohl sich ihre Arbeitszeit nicht zwischen Lehre und Forschung aufteilte, wie das an westlichen Universitäten üblich ist, machte die Zahl ihrer Publikationen nur ein Bruchteil dessen aus, was ein Kollege an einer führenden westlichen Universität produzierte, um den Output nur quantitativ zu messen.

Mein Forderungskatalog wurde nicht nur von meiner Auslandserfahrung bestimmt. Ich versuchte auch, meine eigene Arbeitseinstellung und meine wissenschaftlichen Ambitionen auf andere zu übertragen, d.h. andere nach meinem eigenen Maßstab zu beurteilen. Ich verbringe gerne einen Teil meines Arbeitstages mit Gesprächen, doch die längste Zeit verwende ich auf produktive Forschungsarbeit. Leute Stunden und Tage in Unterhaltung zu sehen, macht mich rasend. Zugegeben, Diskussionen hinter geschlossenen Türen konnten zum Teil den Mangel an

---

* Dort warf das andere Extrem Probleme auf: Der Publikationsdruck ist so groß, dass er auch Nachteile mit sich bringen kann. Darauf komme ich in einem späteren Kapitel zu sprechen.

Rede- und Meinungsfreiheit im öffentlichen Leben ersetzen; sie halfen, Klarheit im Denken zu gewinnen, Wissen zu verbreiten und regten neue Ideen an. Doch wie sehr solche Gespräche auch auf die Zukunft gerichtet sein mochten, sie blieben mit überflüssigem Geschwätz verbunden, das der Forschung wertvolle Zeit raubte.

Die Institutsverwaltung versuchte, eine gewisse Arbeitsdisziplin durchzusetzen, indem sie die Einhaltung der Dienstzeit überwachte. Solche grotesken Verwaltungsmaßnahmen waren natürlich wertlos. Der Antrieb muss von innen kommen. Auf Grund meiner westlichen Erfahrungen war ich überzeugt, dass die Arbeitsmotivation vieler Wissenschaftler auch von äußeren Bedingungen und Anreizen mitbestimmt wird, wie die Aufnahme ins Institut, die Verlängerung der Anstellung, der Aufstieg auf der Karriereleiter und die formelle und informelle Anerkennung durch Kollegen. Der Reformvorschlag empfahl deshalb wesentliche Änderungen bei den Anreizen, der Arbeitsbeurteilung und den Beförderungsbedingungen.

Die Reaktionen darauf waren äußerst gemischt. Trotz vereinzelter Zustimmung gefiel die Idee den meisten Kollegen eigentlich nicht. Man wandte ein, dass westliche Zeitschriften und Verlage Manuskripte ablehnten, nur weil sie von Marxisten verfasst seien. Das stimmte nicht; es gibt da verschiedene Gegenbeispiele. Andere meinten, der Westen sei gleichgültig gegenüber den Ereignissen im Osten. Das stimmte genauso wenig; die Publikationsaussichten einer Arbeit hingen in erster Linie davon ab, ob sie den wissenschaftlichen Standards genügte.

Vor allem im privaten Kreis ließ mancher vernehmen, dass er sich mit seiner Kritik des Systems zwar weit vor gewagt habe, sie aber nicht legal veröffentlichen könne. Das war ein ernstzunehmendes Argument, das ich in einem späteren Kapitel genauer unter die Lupe nehmen möchte.

Schon damals glaubte ich nicht an die Fehlerlosigkeit bei den Auswahlverfahren westlicher Zeitschriften. Heute betrachte ich ihre Editionspraxis noch kritischer. Manchmal weisen sie ohne guten Grund bahnbrechende Artikel mit ungewöhnlichen Einfällen zurück und behindern so die Verbreitung wichtiger Resultate. Das Gegenteil kommt ebenfalls häufig vor, man lässt schwache Arbeiten durchgehen. Sie haben nichts Neues oder Wichtiges zu sagen, stimmen aber mit der Haltung des Mainstream überein und passen sich ihm in Stil und Methode an. Trotz solcher Schwächen und Irrtümer ist die positive Korrelation des wissenschaftlichen Werts einer Arbeit und ihrer Veröffentlichung in einer international anerkannten Zeitschrift ziemlich stark. Deshalb glaube ich auch noch im Rückblick, mit dem Versuch Recht gehabt zu haben, meine Kollegen zu Publikationen in Topzeitschriften anzuhalten.

In der Diskussion wurde ein weiterer Einwand gegen unsere Vorschläge erhoben. Warum sollte man den Publikationen so viel Bedeutung beimessen? War es nicht mindestens ebenso wichtig, wenn nicht wichtiger, zu messen, wie groß der Einfluss von Kollegen auf die Wirtschaftspolitik war und welche Rolle sie als Berater und Gutachter spielten? Ihre Namen würden natürlich nicht in Regierungsdokumenten, Parteiresolutionen oder Gesetzesvorhaben veröffentlicht. Wir fochten auch dieses Argument an. Solche wirtschaftspolitischen Aktivitäten sind lobenswert, aber reichen nicht aus, wissenschaftliche Exzellenz unter Beweis zu stellen.

Im vorigen Abschnitt habe ich die Gruppierungen am Institut erwähnt, die entsprechend ihrer politischen und weltanschaulichen Einstellungen voneinander abwichen. Die unterschiedliche Meinung zu dem Reformvorschlag verlief quer durch diese Gruppierungen. Viele stimmten den vorgeschlagenen Änderungen zu, denn es war ihnen bereits gelungen, in anerkannten Zeitschriften zu publizieren. Oder sie sympathisierten mit der Grundidee und nahmen sich vor, ihre Arbeit in Zukunft einem internationalen Publikum zugänglich zu machen.* Doch der Vorschlag traf auf die Ablehnung all derer (unabhängig von der politischen Einstellung), denen Talent, Fleiß oder Ehrgeiz fehlte, um westliche wissenschaftliche Normen zu akzeptieren und die nicht am Publikationswettbewerb teilnehmen wollten, einem zwar nicht perfekt zuverlässigen, aber doch brauchbaren Maßstab für wissenschaftliche Leistung.

Am Ende wurde der Vorschlag fallen gelassen. Das Institut änderte seine Normen und Verfahren nicht im Sinne unserer Empfehlungen. Alles blieb so, wie es war. Wie die Mitarbeiter sich individuell hinsichtlich ihrer Berufseinstellung entschieden, steht auf einem anderen Blatt. Einige, genau genommen relativ wenige, stellten sich ernsthaft und bewusst der Herausforderung einer wissenschaftlichen Beurteilung nach westlichen Maßstäben. Sie versuchten, manchmal mit, manchmal ohne Erfolg, im Ausland zu veröffentlichen und mit Vorträgen vor ein westliches Publikum zu treten. Die meisten mieden den Wettbewerb. Nach dem Systemwechsel sprach ich mit verschiedenen meiner damaligen Kollegen, denen nun klar wurde, welch großen Fehler sie gemacht hatten. Die verlorenen Jahre und Jahrzehnte ließen sich nicht mehr aufholen.

Lehrverbot und dennoch Lehre

In Kapitel 6 habe ich berichtet, wie das Institut für Ökonomie 1958 von einer Parteikommission geprüft wurde, deren Leiter, László Háy, geschworen hatte: „Solange ich Rektor bin, wird Kornai nicht an der Universität lehren." Er hielt sein Wort, und seine Nachfolger hielten sich ebenfalls daran. Im Ausland hätten viele

* Viele ungarische Ökonomen, auch aus dem Institut, hatten schon vor unserem Reformvorschlag beachtliche Publikationslisten. Ihre Zahl nahm später zu, und nur einige Jahre nach der Debatte fügte man die Publikationsleistung den Kriterien hinzu, nach denen Wissenschaftler beurteilt und befördert wurden.

berühmte Universitäten mich gerne in ihren Lehrkörper aufgenommen. Doch die einzige Universität in Ungarn mit einem Monopol für Ökonomie, die Karl Marx Universität für Ökonomie (Marx Károly Közgazdaságtudományi Egyetem, oder MKKE), bot mir über Jahrzehnte keine Möglichkeit zu lehren. Ich nehme an, hohe Parteikreise haben die Entscheidung getroffen oder zumindest bestätigt, dass Kornai zwar forschen dürfe, aber von jungen Leuten fernzuhalten sei.*

Die Auflösung des Kádár-Systems war schon im Gange, als ich den ersten Ruf auf eine ungarische Universitätsposition erhielt. Er kam vom damaligen Rektor Csaba Csáki. Hier ein paar Sätze aus meiner Antwort:

> Ihre Initiative kam ..., nachdem ich ein Angebot der Harvard Universität angenommen hatte. Für Ihr Interesse bin ich dankbar, aber ich muss sagen, dass es zu spät kommt. Man lebt nur einmal. Ich weiß nicht, wie mein Leben verlaufen wäre, wenn die MKKE mich früher berufen hätte. Ich darf feststellen, dass ich zu jeder Zeit in den drei Jahrzehnten, bevor ich das Angebot aus Harvard akzeptierte, bereit gewesen wäre, einen hohen Prozentsatz meiner Energie in den Dienst der MKKE zu stellen. ... Während meiner gesamten akademischen Karriere habe ich es als schmerzvoll und bitter empfunden, dass [die Institution], an der Ungarns junge Ökonomen ausgebildet werden, mich nicht in ihren Lehrkörper berufen hat, ja mir nicht einmal das Recht und den intellektuellen Einfluss eines Lehrers zugestehen wollte oder mir die Möglichkeit gab, mit jungen Leuten in engen Kontakt zu kommen. Das ist ein nicht wieder gut zu machender Verlust für mich, den andere Erfolge in Lehre und Forschung nicht wettmachen können.[3]

Auch wenn ich keine Stelle erhielt, gelang es mir doch, irgendwie an der MKKE zu lehren. 1968 wurde mir der Titel eines Honorarprofessors verliehen. Damit waren nicht die Rechte und der Einfluss auf Universitätsangelegenheiten verbunden, wie sie ein Ordinarius hat. Aber es erlaubte mir, gelegentlich Seminare oder eine Vorlesungsreihe anzubieten. Drei Jahre lang hielt ich ein so genanntes „Spezialseminar" ab. Ich hatte keine Vorbilder und arbeitete mir Stoff und Methode selbst aus. Jedes Jahr behandelten wir intensiv eine Reihe von Problemen, zumeist solche, die mir bei meiner Arbeit untergekommen waren. Diese Tätigkeit machte mir großen Spaß, und bis heute habe ich die Teilnehmer jener Seminare in bester Erinnerung. Ich hoffte, die Kurse würden als intellektuelles Gegengift gegen die offizielle Literatur wirken, die oft mechanisch vorgestellt wurde. Ich dachte, es würde den Studenten

---

* Die Parteiführung erinnerte sich, wie Universitätsstudenten im Oktober 1956 die Revolution mitgeschürt hatten, und sie versuchte, sie von Intellektuellen abzuschotten, deren Einfluss ihrer Meinung nach riskant sein könnte. Vielen von denen, die nach 1956 Verfolgungen ausgesetzt waren, wurde gestattet, in Instituten der Ungarischen Akademie der Wissenschaften zu forschen, aber keiner erhielt einen Ruf an eine Universität.

nützen, die Überlegungen eines Forschers aus erster Hand zu erfahren und mit einigen unorthodoxen Gedanken außerhalb des Lehrstoffs vertraut zu werden. Mir ging es weniger darum, Wissen als solches zu vermitteln, als vielmehr kritisches Denken anzuregen. Aus einigen Teilnehmern meiner Seminare wurden hervorragende Wirtschaftsforscher, Professoren und Unternehmensleiter.

Besonders hoch schätze ich meine Verbindung zum Rajk-László-Kolleg, das 1970 gegründet und der Karl Marx Universität für Ökonomie angegliedert wurde. Sein Gründer und Leiter Attila Chikán machte daraus einen intellektuellen Workshop, dem nichts in Ungarn gleich kam. In seiner Arbeitsweise übernahm das Kolleg viele Traditionen der „Volkskollegs", die in der Rákosi-Periode aufgelöst worden waren, des Eötvös-Kollegs an der Eötvös-Loránd-Universität, der Pariser *grandes écoles* und der Colleges in Oxford und Cambridge. Diese Vorbilder passte man an und erweiterte sie mit eigenen Innovationen. Die Studenten des Rajk-Kollegs wurden aus den Besten der Universität ausgewählt und in modernen Fächern unterrichtet, die von den Standardveranstaltungen der Universität nicht abgedeckt werden. Man hielt sie dazu an, unabhängig und ohne doktrinäre Scheuklappen zu denken. Diese Unabhängigkeit drückte sich beispielsweise auch darin aus, wen man zu lehren einlud. Die Liste schloss bekannte Intellektuelle ein, die noch vor ein paar Jahren im Gefängnis saßen, und auch führende Köpfe der „demokratischen Opposition" gegen das kommunistische System, die sich in den 1970er-Jahren gebildet hatte. Ich unterrichtete mehrfach am Rajk-Kolleg. Wenn ich mit einer neuen Forschungsarbeit beschäftigt war, probierte ich sie gerne dort vor meinen aufmerksamen und wohl informierten Zuhörern aus.

In den meisten westlichen Ländern sorgen die Universitäten für die Doktorandenausbildung, die für eine Promotion erforderlich ist. Bei der Behandlung meiner eigenen Ausbildung habe ich in Kapitel 5 darauf hingewiesen, dass das Verfahren in den Ländern, die dem sowjetischen Muster folgten, anders verlief. Die Betreuung eines „Aspiranten" für den Kandidatsgrad, das Äquivalent eines Doktorgrades, erfolgte in Ungarn nicht an der Universität, sondern durch Vermittlung eines besonderen zentralen Wissenschaftlichen Qualifikationskomitees (Tudományos Minősítő Bizottsság oder TMB). Dies berief einen Studiendirektor oder „Aspirant-Mentor", ungefähr einem Doktorvater im Westen entsprechend. Ein weiterer wichtiger Unterschied bestand darin, dass nicht der Doktorand seinen Betreuer auswählte, sondern dass der Mentor nach verschiedenen, nicht zuletzt politischen Gesichtspunkten vom TMB bestimmt wurde.*

* Beide Systeme setzen Zustimmung voraus, denn sowohl der Doktorvater wie der Aspirant-Mentor müssen in ihre Aufgabe einwilligen.

Später habe ich bei einer Reihe von Harvard-Studenten als Betreuer fungiert. Nicht so in Ungarn. Ich hatte 1956 den Grad eines Kandidaten erworben, was mich nach den damaligen Regeln für die Rolle des Aspirant-Mentors qualifizierte. Aber in fast einem halben Jahrhundert seiner Existenz hat das TMB mich nicht einmal für diese Aufgabe ausgewählt. In westliche Begriffe übersetzt: Man hat mir keinen einzigen Promovenden anvertraut. Daran zu denken, zerreißt mir das Herz. Professoren an westlichen Universitäten erwähnen gelegentlich, jemand „war einer meiner Studenten", wenn sie ihn bei seiner Promotion betreut haben. In diesem Sinn kann ich von niemandem in Ungarn behaupten, er sei mein Student gewesen. Ein schwacher Trost ist es für mich, wenn einzelne Ökonomen äußern, sie betrachteten sich trotzdem als meine Studenten.

Wie ich Akademiemitglied wurde

Die Ungarische Akademie der Wissenschaften hatte nach dem sowjetischen Vorbild verschiedene Funktionen. Auch ich stand als ihr Angestellter auf der Gehaltsliste, da ich in einem ihrer Institute arbeitete. Sie beschäftigte mehrere 10 000 Leute. Gleichzeitig hatte die Ungarische Akademie der Wissenschaften auch die traditionelle Funktion einer nationalen Akademie, war erklärtermaßen die Körperschaft der besten Gelehrten des Landes. Doch wie stellte man fest, dass es die Besten waren? Die Auswahlprozedur, in den Statuten der Akademie festgelegt, entsprach dem Verfahren der großen westlichen Akademien. Ein sorgfältiger Beurteilungsprozess ging voraus, dann wählten die Akademiemitglieder geheim und mit Mehrheitsentscheid ein neues Mitglied.* Es lohnt sich allerdings, die Wahlprozedur in der Praxis etwas genauer unter die Lupe zu nehmen. Das können wir an meinem eigenen Beispiel tun.

Die damals gültigen Statuten der Akademie machen deutlich, dass von den Mitgliedern erwartet wurde „die progressivste Weltanschauung" zu besitzen;** mit anderen Worten, ein Mitglied musste Marxist-Leninist sein. Wer mich als Akademie-

---

* Die Mitgliedschaft kennt zwei Grade: korrespondierende Mitglieder und ordentliche Mitglieder. Die höchste Hürde bestand darin, den unteren Grad zu erreichen. Dazu musste ein ordentliches Mitglied starke Argumente vorbringen und die Nominierung vorschlagen. Der nächste Schritt war leicht. Korrespondierende Mitglieder wurden fast automatisch nach einer gewissen Zeit ordentliche Mitglieder.

** § 1, Absatz (1) der Statuten der Ungarischen Akademie der Wissenschaften schrieb vor, die Akademie müsse ihre Aktivitäten „auf der Basis der wissenschaftlichen Weltanschauung des dialektischen Materialismus" verfolgen.

mitglied vorschlug, hatte da seine Schwierigkeiten.* Meine eigenen Erklärungen, die in den „Kaderakten“ dokumentiert waren, ließen keinen Zweifel daran, dass ich kein Marxist-Leninist war, und jeder aufmerksame Leser meiner Schriften musste zu demselben Schluss kommen.

Als die Frage meiner Mitgliedschaft in den frühen 1970er-Jahren zum ersten Mal unter Akademiemitgliedern auf kam, besaß ich zu Hause und sogar im Ausland bereits eine gewisse Reputation. Noch peinlicher war es, dass die *American Academy of Arts and Sciences* mich zum auswärtigen Ehrenmitglied ernannt hatte, und ich auch andere Zeichen internationaler Anerkennung vorweisen konnte. Damals gab sich das Kádár-Regime alle Mühe zu zeigen, wie zivilisiert, kultiviert und „westlich“ das geistige Leben in Ungarn war. Wie würde es aussehen, wenn ein ungarischer Wissenschaftler zwar Mitglied der amerikanischen Akademie, aber nicht der ungarischen Akademie wäre? Meine Mitgliedschaft in Erwägung zu ziehen, ließ sich nicht länger hinausschieben.

Ich muss die Wahlprozedur etwas genauer beschreiben um zu verdeutlichen, was geschah. *De jure* verlief der Prozess in zwei Stufen. Zuerst musste die Akademieklasse der entsprechenden Disziplin (in meinem Fall Sektion IX für Wirtschafts-, Rechts- und andere Sozialwissenschaften) in geheimer Wahl bestimmen, wen sie der Generalversammlung vorschlug. Die einfache Mehrheit genügte. Dann kooptierte die Generalversammlung, wiederum in geheimer Abstimmung, aus den Vorschlägen der Sektionen die neuen Mitglieder. Die Wahl in der Generalversammlung war reine Formsache, dort erhielten die Kandidaten normalerweise eine überwältigende Mehrheit. Die eigentliche Schlacht um die Vorschläge fand in den Sektionen statt.

Die meisten Akademiemitglieder waren auch Parteimitglied. Es war bekannt, dass den „offiziellen“ Nominierungssitzungen der Sektion eine Sitzung der Parteimitglieder vorausging, in der man sich darüber einigte, für wen und gegen wen unter den möglichen Kandidaten man seine Stimme abgeben wollte. Da die Parteimitglieder in der Sektion eine Mehrheit hatten, entschieden sie letztlich über die Mitgliedschaft.

Bei den Vorbereitungen für die Mitgliederwahl 1973 fiel meine Kandidatur im ersten Anlauf durch, und zwar gleich auf der ersten Stufe, der Sitzung der Parteimitglieder. Wie ich dem jetzt verfügbaren Archivmaterial entnommen habe, hat die

---

* Es gab Leute, die sich um eine Mitgliedschaft „bewarben“, indem sie einzelne Akademiemitglieder für eine Nominierung gewannen und andere überredeten, für sie zu stimmen. Andere hielten eine solche Selbstanpreisung für unwürdig und vertrauten auf das wissenschaftliche Ethos ihrer Kollegen. In diesem Fall, wie bei anderen Ehrungen, zählte ich zu letzteren. Wer mich in den 1970er-Jahren vorschlug, tat das auf Grund seines eigenen Urteils und aus eigenem Antrieb.

zuständige Abteilung der Parteizentrale einen Bericht für das Politbüro, das höchste Entscheidungsorgan der Partei, erstellt, um die Generalversammlung der Akademie 1973 vorzubereiten.[4] Darin war festgelegt, welche Nominierungen die Parteimitglieder unterstützen und welche sie ablehnen werden. Meine Nominierung wurde von István Friss unterstützt, doch die Mehrheit der Parteimitglieder (einschließlich László Háy, der nach 1956 ein Lehrverbot an der Universität erhalten hatte) wandte sich dagegen.* Das Politbüro erwog meine Nominierung, aber „unterstützte sie nicht", d.h. sie wurde verboten.[5]

Die nächste Wahl war für die Generalversammlung 1976 angesetzt. Das übliche Procedere der Vorbereitungen fand statt. Dieses Mal sprach sich nur eine kleine Minderheit auf der Sitzung der Parteimitglieder gegen meine Akademiemitgliedschaft aus. Doch das reichte, eine Nominierung abzulehnen. Wie üblich legte die zuständige Abteilung in der Parteizentrale ihren Bericht zur Vorbereitung der Generalversammlung der Akademie im Oktober 1975 vor und behandelte dabei unter anderem meinen Fall. Der Bericht zitiert die negative Entscheidung des Politbüros von vor zwei Jahren und fügt folgenden Kommentar hinzu: „Die Situation hat sich im Wesentlichen nicht geändert."[6] Diesmal entschied das Politbüro nicht unmittelbar über die Akademienominierungen, sondern beschloss, auf die Frage später zurückzukommen.

Danach nahm die Geschichte eine unerwartete Wendung. Kurz darauf fand nämlich die Sitzung der Akademiesektion für Wirtschaft und Recht (Sektion IX der Akademie der Wissenschaften) statt, an der nicht nur die Parteiangehörigen, sondern alle Mitglieder teilnahmen. Diese Körperschaft „entscheidet", wie erwähnt, *de jure* über die Nominierungen. Ich hätte in der geheimen Abstimmung keine Mehrheit erreichen dürfen, hätten alle Parteimitglieder unter den Akademiemitgliedern entsprechend ihrer vorherigen Entscheidung votiert, d.h. gegen mich gestimmt. Zur allgemeinen Überraschung wurde meine Kandidatur mit großer Mehrheit gebilligt. Offensichtlich hatten Parteimitglieder, die in ihrer Sitzung nichts zur Unterstützung meiner Kandidatur gesagt hatten, die Parteidisziplin im Schutz der geheimen Abstimmung missachtet. Neben mir erhielt ein anderer Ökonom, mit dem die Partei keine politischen Probleme hatte, die notwendige Mehrheit. Die Situation war aller-

* Als meine Nominierung 1975 von neuem angestrengt wurde, rief der Leiter der zuständigen Abteilung in der Parteizentrale die Meinungen zu meiner Arbeit in Erinnerung, die sie bei meiner ersten Kandidatur 1972 gesammelt hatten. Ich zitiere, was er vor der Politischen Kommission erklärte: „Als sein Name zum ersten Mal genannt wurde, erreichten uns widersprüchliche Stellungnahmen zu seiner Person. Einige Leute nannten ihn wissenschaftlich schwach, er genüge nicht den Standards, meinten, er sei ein der Praxis entfremdeter Lehnstuhlforscher, und hielten ihn für politisch unzuverlässig" (MOL M-KS 288. f. 5/682. ő.e. S. 3: Protokoll der Sitzung).

dings kompliziert: Zwei weitere Ökonomen, deren Kandidatur von der Parteizentrale unterstützt wurde, erhielten genau 50 % bei der geheimen Abstimmung. Nach den Buchstaben der Akademiestatuten durften ihre Namen ohne Mehrheit nicht weitergereicht werden, ein peinliches Ergebnis für die Verantwortlichen. Da erhielt der politisch suspekte Kornai eine Mehrheit und zwei zuverlässige Leute nicht. Das Problem war zu groß, um es auf der formellen Akademiesitzung oder auf der mittleren Managementebene der Partei zu lösen. Die Sache war an das höchste politische Gremium des Landes, das Politbüro der Kommunistischen Partei, zu überweisen.

Im Januar 1976 nahm sich das Politbüro die Frage der Nominierungen von neuem vor. Wieder eine Vorlage, bei deren Diskussion der Berichterstatter feststellte, man hätte sich gründlich über meine Arbeit erkundigt. Diesmal seien die Meinungen positiv gewesen.[7] Am Ende äußerte sich János Kádár wie folgt (wörtlich aus dem Protokoll): „Was diese Änderungen betrifft, so glaube ich, Kornai ist akzeptabel, da der politische Aspekt nicht so wichtig ist. Man kann es nur schwer vergleichen, aber wir haben es hier nicht mit Parteifunktionen oder einer Parteimitgliedschaft zu tun, sondern mit der Akademie der Wissenschaften, wo es möglich ist, dass Leute mit gewissen politischen Problemen produktive und nützliche Akademiemitglieder werden können, wenn ihr wissenschaftliches Werk im Übrigen positiv ist. Die Tatsache, dass er die ideologische Strenge alter Parteimitglieder nicht aufbringt, ist kein Grund ihn auszuschließen."[8] Damit war die Angelegenheit entschieden. Meine Akademiemitgliedschaft konnte jetzt den normalen Gang gehen.

In der Parteizentrale suchte man aber nach einem Ausgleich. Die Akademiestatuten wurden etwas verbogen und die zwei Namen mit einer Zustimmung von genau 50 % der Generalversammlung vorgelegt. Drei zuverlässige neue Leute neben Kornai in der Akademie würden für das erforderliche Übergewicht sorgen. So geschah es: Vier Wirtschaftswissenschaftler wurden 1976 neue korrespondierende Mitglieder. So achtete man in den 1970er-Jahren die Autonomie der Akademie mit ihren gültigen Statuten und souveräner geheimer Abstimmung. Im Auswahlverfahren wurde wie in jeder anderen Lebensphase die eigentliche wissenschaftliche Leistung mit dem Bemühen der Partei verquickt, Macht auszuüben. Die Auswahl nach politischen Kriterien übte auf die Zusammensetzung der Akademie einen nachhaltigen Einfluss aus, deren Auswirkungen noch heute zu spüren sind.

Man stelle sich vor, das amerikanische Kabinett diskutiert und der Präsident entscheidet am Ende darüber, ob Professor X Mitglied der *National Academy of Sciences* oder der *American Academy of Arts and Sciences* werden könne. Ein absurder Vorgang. Der Vorfall zeigt nicht nur, wie die Unabhängigkeit der Akademie gestutzt wurde, sondern auch die Bereitschaft zu Konzessionen, die für Kádárs Kulturpolitik typisch war. Er und seine Leute scheuten sich nicht, gelegentlich Kompromisse zu schließen. Meine „Zulassung“ zur Akademie war ein solcher Kompromiss, wenn es einige widerspenstige Parteimitglieder im Schutz der geheimen Abstimmung nun einmal so haben wollten. Gleichzeitig strengten sie sich an, die führenden Positionen in den Händen zu behalten. Wenn die Ausübung ihrer politischen Macht schon von einem solchen Kompromiss innerhalb einer „autonomen“ Organisation abhing, dann wollten sie zumindest die Mehrheit behalten, ganz im Sinne der Parteilinie.

Die Privilegien eines Akademiemitglieds

Mitglieder einer nationalen Akademie der Wissenschaften genossen im kommunistischen System erhebliche Vergünstigungen. Sie bezogen höhere Einkommen und hatten viele weitere Privilegien.

Rang und Prestige eines Akademiemitglieds waren in der Sowjetunion noch höher als in Ungarn. Kurz nach meiner Wahl erhielt ich von der Akademie der Wissenschaften der Sowjetunion eine Einladung nach Moskau. Sowjetische Freunde, die meine Arbeiten kannten und mich gerne persönlich treffen wollten, hatte eine entsprechende Empfehlung gemacht. Als ich eintraf, erwartete mich niemand am Flughafen, doch ich wurde mit der nicht gerade leichten Aufgabe fertig, allein zu meiner Unterkunft zu finden. Am nächsten Morgen klingelte das Telefon, und es erfolgten ausführliche Entschuldigungen von Seiten der Auslandsabteilung der sowjetischen Akademie. Gestern hätten sie gedacht, ich sei nur „Doktor der Wissenschaften“. Erst heute hätten sie erfahren, dass ich zum Akademiemitglied gewählt worden sei. Sie baten um Verzeihung, dass sie nicht wie erforderlich einen Wagen an den Flughafen geschickt hätten. Danach stand mir in Moskau ein offizieller Wagen mit Chauffeur zur Verfügung.

Auch in Ungarn war der Titel eines Akademiemitglieds einiges wert. Ich war mit meiner Familie ein paar Jahre vor meiner Wahl aus einer kleineren in eine geräumigere Wohnung umgezogen, die viele Vorteile bot, aber keinen Telefonanschluss hatte. Junge Leute, die ihr Handy selten aus der Hand legen und die von den Telefongesellschaften ständig gedrängt werden, mehr zu telefonieren, können sich kaum vorstellen, dass man, wie damals üblich, jahrelang auf der Warteliste für einen Anschluss stand. Manchmal halfen da persönliche Beziehungen. Nach dem Umzug fragte ich 1975 den neuen Direktor unseres Instituts, Rezső Nyers, ob er mir bei der Beschaffung eines Telefons behilflich sein könne. Er war vor noch nicht allzu langer Zeit ein mächtiger Parteisekretär, sein Wort war Befehl für jeden in der Wirtschaft gewesen. Er sprach mit Leuten, die sich da auskannten, und musste mir dann auf

Anraten seiner Bekanntschaften in der Postverwaltung mitteilen, die Zeit sei noch nicht reif für mich. Ich möchte doch warten, bis ich eine Stufe höher stände und Mitglied der Ungarischen Akademie der Wissenschaften sei und dann erneut einen Antrag stellen. So geschah es. Ich wurde Akademiemitglied, Rezső Nyers rief noch mal an, und tatsächlich: Nach ein paar Tagen erschienen die Techniker und installierten den Anschluss.

Privilegien werfen moralische Probleme auf, und ich hatte gemischte Gefühle. Es war beunruhigend zu wissen, dass ich Vergünstigungen erhielt, die vielen anderen verdienstvollen Wissenschaftlern und Mitgliedern der Intelligenz versagt blieben.* Jedoch hatte ich für mein Gefühl die Vergünstigungen nicht auf unehrliche Weise erhalten. Die Kollegen, die meine Wahl vorangetrieben hatten, schätzten meine Arbeit doch aufrichtig. Ich glaubte deshalb, die Privilegien, die eine Mitgliedschaft in der Ungarischen Akademie der Wissenschaften mit sich brachte, mit gutem Gewissen akzeptieren zu können.

Anmerkungen

1 Aus Attila Józsefs Gedicht „Vigasz" (Trost), 1933; József 2003, S. 390.
2 Kornai, Kovács und Schmidt, 1969.
3 Eine Kopie des Briefes befindet sich in meiner Dokumentensammlung.
4 Tibor Huszár hat mich auf die Quelle aufmerksam gemacht, die die Geschichte meiner Wahl in die Akademie dokumentiert: MOL M-KS 288. f. 36/1. ő.e. S. 9.
5 MOL M-KS 288. f. 5/675. ő.e. S. 10.
6 MOL M-KS 288. f. 5/675. ő.e. S. 10.
7 MOL M-KS 288. f. 5/682. ő.e. S. 3.
8 MOL M-KS 288. f. 5/682. ő.e. S. 7.

* Im Gespräch mit westlichen Kollegen musste ich immer wieder feststellen, dass sie völlig falsche Vorstellungen von den materiellen Privilegien der Akademiemitglieder hatten. Viele glaubten, sie hätten im Vergleich zum Westen einen besonders hohen Lebensstandard. Das ist natürlich weit von der Realität entfernt. Auch nach der Erhöhung war das Einkommen eines Akademiemitglieds ein Bruchteil des ihren. Die Gästehäuser für Gelehrte und Wissenschaftler, die ich zu Studienzwecken gerne aufsuchte, erreichten vielleicht den Standard eines westlichen Zwei- oder Drei-Sterne-Hotels, während sich westliche Professoren eine sehr viel komfortablere Unterbringung leisten konnten. Auch wenn ihnen kein Dienstwagen an den Flughafen geschickt wurde, konnten sie problemlos ein Taxi finden und bezahlen. Auch brauchten sie nicht Beziehungen spielen zu lassen, um ein jahrelanges Warten auf einen Telefonanschluss zu vermeiden. Für Akademiemitglieder galt das Gleiche wie für andere Privilegierte im sozialistischen System: Die materiellen Vorteile, die sie genossen, waren Privilegien nur im Vergleich zum durchschnittlich niedrigen Lebensstandard eines Wissenschaftlers. Für mich bestand der wichtigste Vorteil des akademischen Status darin, dass man die Reisebeschränkungen etwas lockerte, auch wenn sie nicht völlig aufgehoben wurden.

12 Suche und Vorbereitung – 1971–1976

Forciertes oder harmonisches Wachstum
Nicht-Preis-Kontrolle

Mein Buch *Anti-Äquilibrium* erschien 1971. In den nächsten sechs oder sieben Jahre kamen vielfältige geistige Einflüsse auf mich zu: Lesestoff, Diskussionen, eigene Forschungsarbeiten über verschiedene Themen, Reisen, direkte Beobachtung als Verbraucher und beim Einrichten unseres Heims. Rückblickend hat all das dazu beigetragen, die umfassende Analyse des sozialistischen Wirtschaftssystems vorzubereiten, die ich 1976 in Angriff nahm. Viele dieser Erfahrungen bewegten mich für den Rest meines Lebens und drückten meinen Arbeiten dann ihren Stempel auf. Im Nachhinein sah ich diese Zeit als Vorbereitungsperiode für das spätere Buch. 1971 dachte ich mit keinem Gedanken daran, eine Monographie über die Mangelwirtschaft zu schreiben. Beim Schreiben dieser Erinnerungen scheint es mir heute angebracht, introspektiv, aus eigenem Erleben zu zeigen, wie sich der kreative Prozess in meiner Forschungsarbeit entfaltete, wie Erkennen und Verstehen vorwärts schritten oder in einer Sackgasse landeten. Deshalb werde ich immer wieder auf Zusammenhängen zwischen geistigen Erlebnissen und späteren Arbeiten verweisen.

Was in diesem Kapitel zur Sprache kommt, lässt sich, anders als in anderen Teilen des Buches, nicht logisch ordnen. Der Zusammenhang zwischen den vielen Erfahrungen, die ich zur gleichen Zeit machte oder die aufeinander folgten, bestand in ihrem Endresultat, dem Buch, das ich 1980 fertig stellte. In der ungarischen Wirtschaft fanden in diesen Jahren wichtige Ereignisse statt. 1968 begann man mit großem Einsatz die Reform, nur um sie in den frühen 1970er-Jahren wieder abzuwürgen, als sich das politische Gleichgewicht zeitweise zugunsten der Anti-Reform-Kräfte verschob. In mancher Hinsicht wurden die Änderungen umgekehrt. Ähnliche Bestrebungen, frühere Beschränkungen wieder aufleben zu lassen, gab es auch im Geistesleben. Natürlich wirkte meine unmittelbare Umgebung auf mich ein, doch gab es auch andere Denkanstöße.

Wachstum: forciert oder harmonisch

Der niederländische Professor Jan Tinbergen, der sich mit dem Norweger Ragnar Frisch den ersten Nobelpreis für Ökonomie geteilt hatte, bat mich, die De-Vries-

Vorlesung 1971 an der Universität Rotterdam zu halten. Tinbergen gehörte zu den vornehmsten Menschen, die ich je getroffen habe. Er verband außergewöhnliches Wissen und eigenständiges Denken mit großer Einfachheit, Bescheidenheit und tief empfundener Güte. Die wohl einzige menschliche Schwäche, die ich an ihm bemerkte, war der fast an Naivität grenzende Glaube, andere Menschen seien wie er, rational, aufrichtig und selbstlos.

Wie immer stand ich vor der Bewältigung einer so ehrenhaften Aufgabe unter Spannung und wie bei ähnlichen Gelegenheiten meinte ich, mit einem neuen Thema aufwarten zu müssen. Ich hatte mich schon länger mit den Möglichkeiten der langfristigen Planung beschäftigt und an verschiedenen Diskussionen über Wachstumsstrategien teilgenommen. Deshalb wählte ich ein Thema aus dem Gebiet der Wachstumstheorie.[1]

Ich fing mit einer Analogie an: „Ein Mann, der ein Hemd aus feinstem Stoff trägt, eine hübsche Krawatte und ein elegantes Jackett, dessen Hose aber abgewetzt ist, wenn auch gerade noch akzeptabel, und dessen Schuhe Löcher in den Sohlen haben, macht einen disharmonischen Eindruck."[2] Einen ähnlich disharmonischen Eindruck macht eine Wirtschaft, deren Wachstumsraten in den verschiedenen Sektoren nicht aufeinander abgestimmt sind. Meine Vorlesung war eine Kritik der Theorie der „sozialistischen Industrialisierung", die aus einem ernsten Problem eine Tugend zu machen suchte: nämlich den Missverhältnissen als Folge von forciertem Wachstum. Das englische Wort *rush* (Ansturm, dem sozialistischen Begriff der „Stoßarbeit" am nächsten), das ich im Titel der Vorlesung verwendete, war vielleicht ausdrucksstärker als *forced growth* (forciertes Wachstum). Die ungarische Industrie, vor allem die Schwerindustrie, wurde angetrieben, eine möglichst hohe Wachstumsrate zu erzielen. Dieses Tempo setzte man ohne Rücksicht auf die Kosten durch, Kosten für den Lebensstandard, die Aufrechterhaltung des Nationalvermögens wie Gebäude und Ausrüstungen, Infrastruktur, das Gesundheits- und Bildungssystem, den Umweltschutz und die Bildung ausreichender Reserven für schlechte Zeiten.

Die Vorlesung, die unter dem Titel *Rush versus Harmonic Growth* (Stoßwachstum oder harmonisches Wachstum) im Druck erschien, setzte sich mit der Theorie des ungleichgewichtigen Wachstums von Albert Hirschman und Paul Streeten auseinander, die damals große Beachtung fand.[3] Sie argumentierten, es sei für Entwicklungsländer gerade von Vorteil, Engpässe, Mangelerscheinungen und ungleichgewichtige Verhältnisse zu haben, denn das würde eine träge Gesellschaft dazu zwingen, Proportionalität und Gleichgewicht wiederherzustellen. Meine bitteren Erfahrungen im sozialistischen Wirtschaftssystem lehrten mich jedoch, dass solche

Ungleichgewichte mehr Schaden als Gutes anrichten.* Das Problem der Planung in einer sozialistischen Wirtschaft bestand nicht darin, dass sie der Untätigkeit Vorschub leistete, sondern sie verursachte im Gegenteil eine Hyperaktivität auf der makro-ökonomischen Ebene: Investitionen in einem zu hohen Zwangstempo. Die Vorlesung zeigte die Verbindung auf zwischen ungleichgewichtigem, überhöhtem Wachstum und den allgegenwärtigen Mangelerscheinungen, auch wenn ich meine Kausalanalyse der beiden Phänomene noch nicht voll entwickelt hatte.

Die theoretische Untersuchung des erzwungenen Wachstums ergänzte ich zusammen mit mehreren Ko-Autoren durch dynamische Simulationsmodelle auf der Grundlage ungarischer Daten. Ich lernte damals gerade Computer-Simulationstechniken als eine flexible Methode kennen, die sich für theoretische Arbeiten besonders gut eignet. Eine der Simulationsrechnungen, die wir „Plansondierung" nannten, vermittelte ein anschauliches Bild des Schadens, den ungleichgewichtiges Wachstum verursacht – vor allem die Vernachlässigung der Infrastruktur.**

Eine Einladung nach Cambridge

1971 traf ich auf einer Konferenz in Genf den großen englischen Ökonomen Richard Stone wieder, dessen Bekanntschaft ich 1963 während meiner ersten Englandreise gemacht hatte.*** In einem Gespräch unter vier Augen vertraute er mir an, er würde mich gerne auf Dauer für die Universität Cambridge gewinnen. Dort spitze sich ein Konflikt zwischen zwei Gruppen zu, den mathematischen Ökonomen unter der intellektuellen Führung von Frank Hahn und den Gegnern solcher Methoden,

* Das Buch wurde in mehrere Sprachen, u.a. auch ins Chinesische übersetzt. Vor nicht allzu langer Zeit besuchte ich wieder einmal China, und wir kamen auf die Überlegungen des Buches zu sprechen. Die Nachteile und die sozialen Kosten, die mit einem extrem hohen, überhitzten Wachstum verbunden sind und die eine einseitige „Wachstumsmanie" begleiten, sind dort nicht zu übersehen. Auf die Notwendigkeit eines harmonischen Wachstums hinzuweisen, ist dort nach wie vor angebracht.

** Ko-Autoren dabei waren meine Frau Zsuzsa Dániel, Anna Jónás und Béla Martos.

*** Stone war kein Gelehrter im Elfenbeinturm, der abstrakte Theorien ersinnt. Er war vielmehr an unmittelbar praxisrelevanter Forschung interessiert. Unter seiner Leitung entwickelte ein Team für die Vereinten Nationen das Standardsystem der Volkswirtschaftlichen Gesamtrechnung, das Einheitlichkeit und Vergleichbarkeit internationaler Wirtschaftsstatistiken sicherstellt. Ein paar Jahre später erhielt er dafür den Nobelpreis. Sein Naturell machte es ihm leicht, sich gleichzeitig wissenschaftlicher Arbeit und den Freuden des täglichen Lebens zu widmen. Er kleidete sich mit ungewöhnlicher Eleganz und schätzte Essen und Trinken. Er füllte viele soziale Positionen aus, besonders stolz war er darauf, Präsident des Weinkomitees von King's College zu sein. Diesem Komitee oblag es, die Weine für den Keller des Colleges einzukaufen.

die sich um Joan Robinson und meinen Landsmann Nicholas (später Lord) Kaldor scharten. Seinen Sondierungsgesprächen hatte er entnommen, dass beide Gruppen mich gerne auf einem Lehrstuhl sähen, was möglicherweise auch dazu beitragen könne, die Spannung abzubauen. Das Angebot einer Professur sei nicht seine einsame Entscheidung, sondern werde auch von seinen Kollegen mitgetragen.

Cambridge! Die Hochburg der Ökonomie, wo Keynes gearbeitet und gelehrt und wo ich meine ersten Eindrücke der westlichen akademischen Welt gesammelt hatte. Prächtige Colleges, Hunderte von Jahren alt, Parks voller Blumen, beschauliche, friedliche Flussufer! Das war meine zweite Chance zu emigrieren, doch dieses Mal nicht zusammen mit einer Flut von Flüchtlingen und in eine ungewisse Zukunft wie 1956–57. 15 Jahre waren seitdem vergangen, und mir wurde eine ordentliche Professur an einer der führenden Universitäten der Welt angeboten. Ich bat um kurze Bedenkzeit und beriet mich mit meiner Frau, die ebenfalls an der Konferenz teilnahm. Dann erklärte ich meine Dankbarkeit für die große Ehre, aber lehnte ab. Ich werde später im Buch auf das große Dilemma, in Ungarn zu bleiben oder zu emigrieren, genauer eingehen. Hier wird das Ereignis nur erwähnt, um es chronologisch einzuordnen.

Bis zur Taille in Gips – Keynes und Hirschman

Anfang 1972 musste ich mich zwei Operationen unterziehen, nachdem sich meine beiden Schultern immer häufiger ausrenkten. Dieses äußerst schmerzhafte Übel ließ sich nur operativ beheben. Nach den Operationen wurde mein Oberkörper für mehrere Wochen in Gips gelegt, was meine Bewegungsfreiheit natürlich erheblich einschränkte.* Eine günstige Gelegenheit, um zu lesen also. Ich befand mich in einem überfüllten Krankenzimmer mit zehn Betten, wo nicht einmal für einen Stuhl Platz war, und als ich aufstehen durfte, verbrachte ich die meiste Zeit auf dem Flur. Später wurde ich zu Genesung nach Hause entlassen. Freunde, die mich im Krankenhaus und dann daheim besuchten, wunderten sich, in meiner Hand nicht einen spannenden Kriminalroman zu sehen, sondern Keynes' Hauptwerk *The General Theory of Employment, Interest and Money* (Allgemeine Theorie der Beschäftigung, des Zinses und des Geldes).

---

* Der Anblick war grotesk. Als ich nach Hause zurückkam, brach ein Kind, das mich im Aufzug sah, in Tränen aus. Ein Arm war im Ellbogen abgewinkelt horizontal nach vorne gestreckt. Mein Sohn Gábor meinte mit seinem notorischen Sinn für Humor, am ausgestreckten Arm ließen sich gut Hosen aufhängen, und er hängte eine daran, um zu sehen, wie sich das als Ensemble ausmache.

Während meines Selbststudiums 1957–58 hatte ich mich zwar mit der Makro-Ökonomie befasst, sie dann aber in ein Hinterstübchen meines Gedächtnisses verbannt. Als ich Keynes von Neuem las, wurde mir klar, dass Ungarns Mangelwirtschaft gewissermaßen ein Spiegelbild des keynesianischen Ungleichgewichts bot. Für Keynes war die Arbeitslosigkeit das offenkundige Phänomen, an dem die Probleme des Kapitalismus festzumachen und zu untersuchen waren. Mit umgekehrtem Vorzeichen konnte das Mangel-Syndrom in meiner Analyse eine ähnliche Rolle spielen. Keynes beschrieb eine wirtschaftliche Situation, in der die Transaktionen zwischen Käufern und Verkäufern von der Nachfrage beschränkt werden. Die Produzenten könnten zum gegebenen Preis mehr liefern, doch es fehlt die Nachfrage. Ich versuchte das Spiegelbild dieser Situation zu beschreiben und zu erklären, wobei die Transaktionen zwischen Käufern und Verkäufern auf eine Angebotsbeschränkung stoßen. Die Konsumenten würden zum gegebenen Preis gerne mehr kaufen, nur dafür reicht das Angebot nicht aus.

Ein anderes Buch, das damals einen tiefen Eindruck auf mich machte, war Albert Hirschmans brillanter schmaler Band *Exit, Voice, and Loyalty: Responses to Decline in Firms, Organizations, and States* (Abwanderung und Widerspruch: Reaktionen auf Leistungsabfall bei Unternehmungen, Organisationen und Staaten). Seine Grundidee wird aus einem einfachen Beispiel klar. Der Stammgast eines Restaurants ist wiederholt unzufrieden mit dem, was man ihm auftischt. Was kann er machen? Entweder sich beim Manager beschweren (*voice*, Widerspruch), oder ein anderes Restaurant aufsuchen (*exit*, Abwanderung). Neigt er zur zweiten Alternative, bindet ihn vielleicht nur die Gewohnheit (*loyalty*, Loyalität) an sein Lieblingsrestaurant.

Ähnliche Situationen gibt es zuhauf. Kunden sind mit ihrem gewohnten Geschäft unzufrieden, Investoren mit bestimmten Aktien, Schüler und Familien mit einer Schule. Hört ihnen jemand zu, wenn sie sich beschweren, um das Problem in den Griff zu bekommen? Riskiert man etwas, wenn man seine Stimme erhebt? Was wird durch Abwanderung erreicht? Ist sie überhaupt möglich? Genau diese Denkanstöße von Hirschman lenkten mich auf die Probleme der Mangelwirtschaft. Die Manager von Fiat oder Citroën wären betroffen, wenn die Autobesitzer sich in großer Zahl über Qualitätsmängel beschwerten, und blankes Entsetzen breitete sich aus, wenn sie einfach zu Toyota oder Volkswagen überliefen. Doch was kümmert es die Trabant- oder Skoda-Fabrik, was die Autobesitzer sagen? Abwanderung steht nicht zu befürchten, wenn die Käufer jahrelang auf die Auslieferung warten. In einer chronischen Mangelwirtschaft gibt es keinen effektiven Widerspruch oder das Risiko der Abwanderung. Auch wenn es einem nicht gefällt, man muss es nehmen, wie es kommt.

Hirschman unterstreicht, dass Widerspruch und Abwanderung als Signale dienen und unter günstigen Bedingungen Resonanz haben. Funktioniert der Mechanismus, verbessern die Signale die Situation. Ein System oder ein Subsystem arbeitet nur dann effektiv, wenn beide Signale uneingeschränkt wirken können. Hirschmans Überlegungen sind auch über die Grenzen der Ökonomie hinaus relevant. Er selbst erwähnt die prekäre Situation der Mitglieder einer stalinistischen Partei. Sie können zu wichtigen Fragen nicht frei ihre Meinung äußern und sie können aus Furcht vor ernstlichen Repressalien auch nicht aus freien Stücken die Partei verlassen. Eine solche Unterdrückung der Resonanz hat chronische Degeneration und Verknöcherung der Partei zur Folge. Ein anderer Argumentationsstrang führt zum Dilemma der Emigration: Soll man im Lande bleiben und die Unzufriedenheit äußern oder soll man auswandern und auf diese Weise den Widerspruch signalisieren? Damals kannte ich Albert Hirschman nur aus seinen Schriften. Zehn Jahre später traf ich ihn zum ersten Mal, als er mich ans *Institute for Advanced Study* nach Princeton einlud. Es war ein großes Erlebnis, diesem originellen Denker mit seiner Distanz zu modischen Trends, seinem stupenden, breiten Wissen und seiner breiten Literaturkenntnis zu begegnen.

Nach den Operationen kehrte ich, noch immer bis zur Taille in Gips, nach Hause zurück, um an den Familienfeierlichkeiten zum 80. Geburtstag meiner Mutter teilzunehmen. Munyó sah gespannt diesem Tag entgegen, war aber etwas in Sorge, ob sie bis zu dem Ereignis durchhalten werde. Wir machten Fotos, die sie im Kreis ihrer geliebten Familie zeigten. Einige Monate danach schlief sie friedvoll ein. In ihren letzten Lebensjahren hatten wir uns oft gesehen und täglich miteinander telefoniert. Schmerzlich vermisse ich ihre heitere Stimme. Ich erinnere mich an die besondere Hochachtung, mit der sie von den Medizinprofessoren sprach, die das eine oder andere Familienmitglied behandelten – es waren für sie immer „berühmte Professoren“. Für sie war das ein sehr viel höherer Rang als alles, was Glück oder eine hohe Position im Staatsapparat einem geben konnte. Wie schade, dass sie nicht mehr den Tag erlebt hat, als ihr Sohn Professor wurde! Wie schade, dass sie uns nicht in Amerika besuchen konnte! Mit welchem Stolz hätte sie im Kaffeehaus, das neben ihrer Wohnung lag, ihren betagten Freundinnen bei einer Tasse Kaffee von diesem Erlebnis berichtet!

Lehre in Princeton

Von meinen Operationen genesen reisten meine Frau und ich für ein ganzes Jahr in die Vereinigten Staaten.* Die erste Station war die Universität Princeton, wo ich

* Ich habe dem Leser zuvor versprochen, ihm nicht mit Reiseberichten lästig zu fallen und möchte Wort

das erste Semester verbrachte.* Es war interessant, dort die unterschiedlichen Typen junger Ökonomiestudenten zu beobachten. Unter meinen europäischen Studenten hatten einige gründlich über die verschiedenen Nachteile der kapitalistischen Wirtschaft nachgedacht und suchten nach einem verbesserten System, das auf den Wohlfahrtsstaat hinauslief. Daraus entstand ihr Interesse an Planung und an den Erfahrungen von jemandem, der die Planwirtschaft von innen studiert hatte. Zwei meiner Studenten, mit denen ich auch persönlich näher bekannt wurde, haben es später im Leben weit gebracht. Louka Katseli wurde in den frühen 1980er-Jahren Präsidentin des griechischen Planungsamts unter der sozialistischen Regierung von Andreas Papandreou. Jetzt ist sie Direktorin des *Development Center* der OECD. Der andere, Kemal Dervis, war stellvertretender Vorsitzender der Weltbank, bevor man ihn zur Bewältigung einer ernsten Wirtschaftskrise in die Türkei zurück rief. In schwierigen Zeiten diente er als sozialdemokratischer Finanzminister. Jetzt leitet er das Entwicklungsprogramm der Vereinten Nationen, die größte VN-Behörde mit der Bekämpfung der Armut als Aufgabe. Der Konflikt zwischen Griechen und Türken kennt eine lange Geschichte und flammt von Zeit zu Zeit aus verschiedenen Gründen immer wieder auf. Umso schöner war es mitzuerleben, wie ein griechischer und ein türkischer Student und ihre Partner in der internationalen akademischen Umgebung freundschaftlich miteinander verkehrten.

Katseli, Dervis und viele ähnlich denkende Studenten sympathisierten mit Wirtschaftsreformen des modernen Kapitalismus, wie sie die Linke vertrat. Sie wollten allerdings nicht das System abschaffen und ein sozialistisches an seine Stelle setzen. Die gewaltigen Probleme im kommunistischen System wirkten sich auf revolutionäre Ideen abschreckend aus. Es gab aber in Princeton noch eine andere Studentengruppe, die sich „radikale Ökonomen" nannte. Sie lasen sorgfältig *Das Kapital*, obgleich vielleicht nicht ganz so sorgfältig, wie ich es 25 Jahre zuvor getan hatte. Sie wussten, wer ich war und woher ich kam, und dass in meinen Veranstaltungen die Probleme des real existierenden Sozialismus diskutiert wurden.** Trotzdem, oder möglicherweise gerade aus diesem Grund, nahm keiner von ihnen daran teil.

---

halten. Wenn ich hier und an anderen Stellen im Buch Orte erwähne, die ich besucht habe, folgen keine touristischen Eindrücke, sondern ich beschränke mich auf geistige und politische Erfahrungen, die ich dort machte.

* Mit herzlicher Dankbarkeit erinnere ich mich der großzügigen und warmherzigen Unterstützung, die wir dort von unserem Landsmann Richard Quandt erhielten, dem Autor zahlreicher bekannter Arbeiten zur Mikro-Ökonomie.

** Viele Intellektuelle in Osteuropa verwenden die Bezeichnung „real existierend" mit ironischem Unterton. Ich halte es für eine zutreffende Bezeichnung und verwende sie ohne Anführungsstriche. Der Sozialismus hat existiert und so hat er ausgesehen, und nicht so, wie die Vorkämpfer der sozialistischen Idee ihn sich vorgestellt hatten.

Allerdings luden sie mich einmal zu einem Seminar außerhalb des Lehrplans ein. Es schienen naive junge Leute zu sein, gutgesinnt und mit aufrichtigen Überzeugungen.

Ich brachte nicht nur Erfahrungen aus Osteuropa mit. Schon 1968, während meines Aufenthalts in Kalifornien, einer der Geburtsstätten der Neuen Linken, hatte ich mit diesen Ideen Bekanntschaft gemacht. Wir hatten die Studentenrevolte 1968 in Paris miterlebt, und ich war mit „neuen Linken" in vielen europäischen Städten, auch in Budapest, zusammengetroffen. Ich diskutierte immer wieder mit ihnen, manchmal geduldig, manchmal ungehalten. Ihr Protest gegen den „Gulaschkommunismus" ging mir gegen den Strich. Denn in Ungarn hatte die leichte Lockerung der Mangelwirtschaft den Leuten kleine Verbesserungen gebracht und es den Konsumenten endlich ermöglicht, Güter zu erwerben, die zuvor unerreichbar waren. Die Schritte in Richtung Marktwirtschaft waren in meinen Augen kein Verrat an hehren Prinzipien, sondern ein Triumph des gesunden Menschenverstandes, ganz im Interesse einer Verbesserung des Lebens der Menschen.

Ungefähr zu dieser Zeit fiel mir das neue Buch des schwedischen Ökonomen Assar Lindbeck *Die Politische Ökonomie der Neuen Linken: Betrachtungen eines Aussenseiters* in die Hände. Darin fasst er knapp und witzig die Anschauungen der Neuen Linken und die entgegengesetzte liberale Position zusammen. Ich bereitete mich auf das Treffen vor und brachte meine Argumente gegen die Ansichten der jungen „Radikalen" von Princeton auf die Reihe, doch ohne Erfolg. Das Problem, so betonten sie, war nicht der Sozialismus, sondern die einfache Tatsache, dass er in der Sowjetunion und den übrigen Staaten Osteuropas schlecht umgesetzt wurde. Man musste es nur richtig machen. Dieses Treffen in Princeton und viele andere Zusammenkünfte mit Vertretern der Neuen Linken in den Entwicklungsländern bestätigten mir nur, was ich auf Grund eigener Erfahrungen in früheren Kapiteln dieses Buchs feststellen musste: Der Glaube kann stärker sein als rationale Argumente. Leute mit einem starken, tiefen Glauben brauchen für gewöhnlich eine einschneidende Erfahrung, die ihre Ideen verändert, eine Art Schock, der die Fundamente der bisherigen Anschauungen erschüttert.

Während unserer Zeit in Princeton verbrachte jedes unserer Kinder, Gábor, Judit und András, zwei Monate bei uns. Als Lehrer lernte ich, was amerikanische, griechische oder türkische Studenten vom Sozialismus hielten; als Eltern konnten wir sehen, was eine erste Begegnung mit Amerika für drei ungarische Teenager bedeutete. Natürlich erlebte jedes der Kinder die Dinge auf seine Weise. Doch es gab auch Gemeinsamkeiten. Wie alle Touristen bestaunten sie die Wolkenkratzer New Yorks, die Einkaufsstraßen und den vornehmen Campus der Universität Princeton. Ich erwähne nur jene Reaktionen, die ich als Forscher, der sich mit der Mangelwirtschaft und dem sozialistischen System beschäftigte, für besonders typisch hielt. Zumindest in den ersten Tagen verschlangen sie buchstäblich das Essen und die Softdrinks, die ungarische Kinder in der Heimat nicht kannten. Der eine konnte der Eiskrem nicht widerstehen oder einem Getränk namens Dr. Pepper, der andere konnte gar nicht genug Cornflakes bekommen. Einer war überwältigt von den unendlichen Angeboten der zahllosen Fernsehkanäle und saß gebannt vor der Röhre. Ein anderer ging auf in der Rockmusik und den berühmten Musikern, von denen sie einige live im Konzert erlebten. András und Judit besuchten für ein paar Wochen eine *Highschool* in Princeton, Gábor eines der Colleges der Yale Universität. Was ihnen bei ihren Schulerfahrungen besonders positiv auffiel, waren die unvergleichlich größeren Wahlmöglichkeiten, als sie es aus Ungarn gewohnt waren. Ihre erste Begegnung mit dem amerikanischen Lebensstil hatte auf alle Drei eine tiefe Wirkung, und nach Hause zurückgekehrt brauchten sie einige Zeit, sich wieder an die Verhältnisse in Ungarn zu gewöhnen. Als sie später erwachsen wurden, vertiefte sich der positive Effekt dieses Erlebnisses. Heute sind sie und auch wir als ihre Eltern davon überzeugt, dass die erste Reise nach Amerika zur Offenheit in ihrem Denken und zu ihrer freiheitsliebenden Einstellung beigetragen hat.

Der Zeit in Princeton 1972 ist ein Nachwort hinzuzufügen. 1974 erhielt ich einen Ruf auf einen Lehrstuhl in Princeton, ganz ähnlich wie ich ihn aus dem englischen Cambridge erhalten hatte.[4] Selbst die Umgebung wäre ähnlich gewesen; denn Princeton hat Gebäude und Gärten, die an Colleges in Oxford und Cambridge erinnern. Wieder war die Versuchung groß, aber wieder lehnte ich ab.

Fortsetzung in Stanford und Washington

Das zweite Semester des akademischen Jahres 1972–73 verbrachten wir an der Stanford Universität. Diese Monate brachten mir eine Fülle von Erfahrungen. Wir trafen nicht nur häufiger mit Kenneth Arrow und Alan und Jackie Manne zusammen, sondern auch mit Tibor Scitovsky und seiner Frau Erzsébet, die ich 1970 in Yale kennen gelernt hatte. Jetzt entwickelten sich unsere Beziehungen zu einer warmen, engen Freundschaft.

Tibor war in Ungarn geboren und aufgewachsen. Sein Vater hatte hohe Positionen in Politik und Wirtschaft innegehabt. Unter anderem war er Außenminister gewesen und Vorstandsvorsitzender der größten ungarischen Geschäftsbank. Die Grundeinstellung des Vaters war konservativ. Tibor wahrte zwar den Respekt seinen Eltern gegenüber, entfernte sich von ihnen aber in seiner Weltanschauung. Er wurde ein Liberaler, der Mitgefühl für die Armen und Benachteiligten aufbrachte und sich vor allem um die Entwicklung der am weitesten zurückgebliebenen Länder kümmerte. Er propagierte wirtschaftspolitische Maßnahmen, mit denen die Situation dieser Schichten und Länder verbessert werden konnten. Als wir einander näher kennen lernten, lebte er bereits Jahrzehnte in den USA. Er war gebildet, ruhig und immer freundlich, eine Mischung der besten europäischen und amerikanischen Tugenden. Damals kamen wir nur am Rande darauf zu sprechen, dass viele Amerikaner zwar gut leben, aber unfähig sind, das Leben zu genießen: Sie gehen selten ins Konzert oder Theater und sie essen *fast food* statt schmackhafterer und gesünderer Kost. Einige Jahre später erschienen diese kritischen Beobachtungen wissenschaftlich und statistisch unterlegt in einem glänzenden Buch mit dem Titel *The Joyless Economy: The Psychology of Human Satisfaction* (Psychologie des Wohlstands: die Bedürfnisse des Menschen und der Bedarf des Verbrauchers).*

Unsere Gespräche 1973 gingen leider noch nicht auf das Marktgeschehen ein. Jahre später, nachdem ich *Economics of Shortage* geschrieben hatte, stellte es sich heraus, dass es zwischen unseren Ideen einen wichtigen Berührungspunkt gab. Beide behandelten wir Asymmetrien in der Situation der Käufer und Verkäufer im Gegensatz zum üblichen Ansatz, der die beiden Transaktionsparteien als symmetrische Spiegelbilder sieht. In einer sehr viel früheren Arbeit hatte Scitovsky einen wichtigen Aspekt dieser Käufer-Verkäufer-Asymmetrie aufgeklärt, indem er Rolle und Verhalten eines Preisnehmers von der eines Preissetzers unterschied. 1973 wusste ich nicht, dass Tibor diese Unterscheidung in die Ökonomie eingeführt hatte, und in seiner Bescheidenheit erwähnte er das nicht, weshalb es in unseren Diskussionen wohl nicht zur Sprache kam.

Am Ende des akademischen Jahres reisten meine Frau und ich für einen Monat nach Washington. Das war lange vor der Zeit, als Osteuropäer einander in hohen Positionen der internationalen Finanzinstitutionen in der Stadt ablösten. Soweit ich weiß, war ich der einzige osteuropäische Wirtschaftswissenschaftler, der bereits 1968 mit der Forschungsabteilung der Weltbank zusammenarbeitete. Das bedeutete eine offene Kooperation mit einer Institution, die von kommunistischen Regimes als Agent des Imperialismus gebrandmarkt wurde. Ich schrieb zwei Studien für die Bank, die beide veröffentlicht wurden, wobei ich nicht verheimlichte, dass sie von der Weltbank in Auftrag gegeben worden waren.

Während unseres Aufenthalts in Washington kam es zum Watergate-Skandal. Ich war inzwischen hinreichend vertraut mit den amerikanischen Verhältnissen. Schon früher hinterließ die Lektüre der *New York Times* und der *Washington Post* einen tiefen Eindruck bei mir. Ihre anonymen Leitartikel vertraten knapp und mit

* In den Jahrzehnten seit Erscheinen des Buches 1976 hat sich offenbar ein Fortschritt vollzogen, und die abartigen Konsumgewohnheiten, die man damals in den USA beobachten konnte, scheinen überwunden zu sein.

glasklarer Logik einen liberalen Standpunkt, der auf glaubwürdigen Informationen beruhte und mit meinen Überzeugungen übereinstimmte. Nicht weniger beeindruckt war ich von den Text- und Meinungsseiten mit ihren offenen Diskussionen und gegensätzlichen Ansichten. Genauso fasziniert war ich von den Abendnachrichten der Fernsehstation des Öffentlichen Rundfunksystems, die auch mit privaten Spenden finanziert wurde – die berühmte MacNeil/Lehrer-Nachrichtenstunde. Sie verband für gewöhnlich objektive Berichte mit Diskussionen: Ging es um die Innenpolitik, saßen Demokraten und Republikaner Seite an Seite und äußerten ihre Meinung. Handelte es sich um den Konflikt zwischen Indien und Pakistan, waren es der indische und der pakistanische Botschafter. Jede der entgegengesetzten Meinungen fand Gehör, und die Gegner gingen zivilisiert miteinander um. Der Moderator der Debatte nahm keinen Standpunkt ein, stellte aber alle heiklen Fragen. Aus diesen Kommentaren zu täglichen Ereignissen lernte ich, was Redefreiheit und Debattenkultur heißt. Für mich war das alles eine Einführung in die Demokratie.*

So hatte ich bereits eine Idee davon, wie eine freie Presse funktioniert, als die Watergate-Affäre losging. Doch selbst in einem Land, wo die freie Presse seit Jahrhunderten untrennbar zur Zivilgesellschaft gehört, ist es ungewöhnlich, dass eine Tageszeitung einen zugegebenermaßen unpopulären Präsidenten bloßstellt, der achtlos mit Recht und Freiheit umgeht. Die *Post* verfolgte wie ein Bluthund die Spuren und ließ Enthüllung auf Enthüllung folgen. Zu Hause in Ungarn behaupteten offizielle Kommentatoren genau so wie schlecht informierte Mitglieder der Intelligenz, Nixon sei von Ultra-Reaktionären angegriffen worden, weil er die unbeugsame amerikanische Haltung gegenüber China und der Sowjetunion etwas gelockert habe. Ich war dagegen einigermaßen in der Lage, die Dinge von innen zu sehen und zu erfassen, was in den Vereinigten Staaten vor sich ging. Denn der Angriff erfolgte aus der entgegengesetzten Richtung. Die Leute, die Nixon stürzen wollten, waren bestrebt, die Demokratie und die Menschenrechte vor einem rücksichtslosen und machtbesessenen Präsidenten zu schützen, der jedermann misstraute und Methoden verwendete, die am Rande der Legalität lagen oder glatt

* Die Boulevardblätter las ich nicht und schaute mir auch nicht die vielen wertlosen Fernsehprogramme an. Was mich interessierte, waren die Spitzenerzeugnisse der amerikanischen Presse und des Fernsehens auf höchstem journalistischem Niveau. Bald wurde mir klar, dass die beiden Extreme der Medienlandschaft zusammengehörten. Pressefreiheit ermöglicht qualitätsvolle Beiträge und harte Kritik an der amtierenden Regierung, sie öffnet aber auch die Schleusen für kulturellen Schund. Beide sind unglücklicherweise Zwillingsprodukte. Pressefreiheit geht Hand in Hand mit Gewerbefreiheit und Marktwirtschaft, und Produktion und Verkauf kulturell wertloser Erzeugnisse bieten zweifellos ungeahnte Geschäftsmöglichkeiten.

illegal waren. Man griff ihn nicht nur wegen der gesetzeswidrigen Aktionen vor der Wahl an, sondern wegen der späteren Versuche, Beweismaterial verschwinden zu lassen und die Verbrechen dadurch zu vertuschen, dass Beteiligte oder Zeugen dazu angehalten wurden, sie abzustreiten. Wir saßen völlig gebannt vor dem Fernseher, als ob die Untersuchungen im Kongress und die Zeugenaussagen Teil eines Thrillers wären. Lange bevor die Watergate-Affäre zum Abschluss kam, mussten wir die Vereinigten Staaten verlassen. Wieder in Budapest vernahmen wir mit Befriedigung, dass Nixon schließlich zurückgetreten war.

Autonome Kontrolle

Nach dem Erscheinen von *Anti-Äquilibrium* begann ich Anfang der 1970er-Jahre zusammen mit meinen Mitarbeitern Béla Martos, András Simonovits und Zsuzsa Kapitány mathematische Modelle zu entwerfen, die sich auf einige Ideen dieses Buches bezogen.* Die erste gemeinsam mit Béla Martos verfasste Publikation zu diesem Thema erschien 1973 unter dem Titel „Autonomous Control of the Economic System" (Autonome Kontrolle des Wirtschaftssystems) – auf Englisch im selben Jahr in *Econometrica.*[5]

Die Idee der autonomen Kontrolle in der Wirtschaft beruht auf einer Metapher aus dem menschlichen Nervensystem. Die höheren Kontrollaufgaben sind im zentralen Nervensystem angesiedelt, doch die einfacheren Aufgaben wie Atmung, Verdauung und Blutzirkulation folgen aus dem automatischen Funktionieren von Herz, Lunge, Magen, Nieren und anderen inneren Organen und werden vom autonomen Nervensystem, zutreffend vegetatives Nervensystem genannt, kontrolliert. Eine ähnliche Arbeitsteilung findet im Wirtschaftssystem statt, wo viele wiederholt auftretende, fast automatische Kontrollaufgaben von sehr einfachen Mechanismen ausgeführt werden.

Der Artikel geht allgemein auf diese Idee ein, bevor er ein Einzelbeispiel in mathematischer Form vorführt: die Steuerung über Lagerbestandssignale. Stellen wir uns z.B. einen Supermarkt vor. Man braucht da nicht Preisveränderungen auf Grund eines Angebots- oder Nachfrageüberhangs oder Veränderungen der Gewinnspanne abzuwarten, bevor man neue Ware ordert. Es genügt, den Lagerbestand im Auge zu behalten. Fällt der Vorrat einer Ware, wird es Zeit nachzubestel-

* In diesem Bericht verwende ich bewusst die erste Person Plural, denn ich skizziere hier die Ideen der gesamten Arbeitsgruppe. András Simonovits hat in einem Artikel aus dem Jahr 2003 diese Forschungsrichtung die „ungarische Schule der Kontrolltheorie" genannt.

len. Steigt der Lagerbestand über ein normales Niveau, muss man seine Abnahme abwarten, bevor neue Ware hereingenommen wird, und so weiter. Die normale Handelspraxis sorgt dafür, dass die Kunden reibungslos versorgt werden und das ohne Preissignale, einfach durch Beobachtung der Lagerbestandsveränderungen.

Wir beschäftigten uns mit verschiedenen Arten von Signalen. Ein weiteres wichtiges Nicht-Preis-Signal ist der Auftragsbestand oder damit zusammenhängende Informationen wie die Lieferzeit einer Ware. Jede Warteschlange hat einen Durchschnittswert oder ihre „normale" Länge. Ist die Schlange länger als gewöhnlich, muss von dem Produkt oder der Dienstleistung mehr angeboten werden. Stehen zu wenig Kunden in der Reihe, kann man die Ressourcen in die Produktion anderer Güter umlenken, bei denen die Lieferzeit länger als normal ist.*

Diese Beobachtungen erlauben verschiedene Schlussfolgerungen. Viele Autoren beschreiben die sozialistische Wirtschaft so, als ob jede Regelung und Kontrolle in der Zentrale erfolge. Diese Annahme ist nicht haltbar. Das System ist zwar extrem zentralisiert, doch viele Steuerungsprozesse sind über autonome Steuerungsmechanismen der beschriebenen Art dezentralisiert. Die autonome Dezentralisierung kann allerdings nicht den effizienten Einsatz von Ressourcen sicherstellen. Sie ist nicht in der Lage, die technische Entwicklung voranzubringen oder sich an die Nachfrage nach neuen Produkten anzupassen. Für solche Kontrollfunktionen sind Preise wichtig, die relative Knappheiten widerspiegeln, und Anreize, die auf geänderte Preise, Kosten und Gewinne reagieren. Autonome Kontrolle löst die Koordinierungsaufgabe nur für eingefahrene Techniken und bekannte Input-Output-Beziehungen und Angebots- und Nachfrageverhältnisse. Man könnte sagen, sie leiste nur eine elementare Produktionskoordination. Das geschieht auf konservative Weise, wobei bestehende Muster nur wiederholt und reproduziert werden. So kann autonome Kontrolle die Wirtschaft in beschränktem Maße steuern.

Ein zentrales Forschungskonzept war Gangbarkeit *(viability)*.** Dabei geht es darum zu verstehen, wie das sozialistische System trotz verzerrter Preise und falscher Anreize von Tag zu Tag überleben konnte. Greifen wir vor: Nach dem Systemwandel behaupteten Laien, aber auch Fachleute gerne, der Sozialismus sei zusammengebrochen, „weil er nicht funktionierte". Das klingt gut, hält aber genauerer Prüfung nicht stand. Die elementaren Prozesse des Systems „funktionierten" immer. Die Leute erschienen an ihrer Arbeitsstelle, die Geschäfte bedienten Kunden, die Schu-

---

* Im Buch *Economics of Shortage* wird eine bemerkenswerte Art von Nicht-Preis-Information herausgestellt: das Katastrophen-Signal. Entscheidungen werden zuweilen verschoben, bis ernsthafte Schwierigkeiten auftauchen. Man bewegt sich erst, wenn eine Katastrophe passiert ist.

** Gangbarkeit ist eine notwendige Voraussetzung für Effizienz und Optimalität. Der Satz lässt sich jedoch nicht umkehren. Ein System, das weder effizient noch optimal ist, kann gangbar sein.

len unterrichteten Kinder, die Krankenhäuser behandelten Patienten, usw. Doch das System funktionierte nicht gut. Dysfunktionale Eigenschaften schwächten es, seine Verteidiger verloren das Vertrauen, es konnte äußerem Druck nicht standhalten, und viele andere Faktoren ließen sich in einer genauen Untersuchung darüber anführen, was den Zusammenbruch verursacht hat. Die Grundanforderungen für Gangbarkeit hat das System allerdings bis zum Ende erfüllt. Warum war das so? Es reicht nicht aus, sich auf die Befehle der Zentralplanung zu konzentrieren oder auf die disziplinierende Gewalt der Repression. Die autonome Kontrolle stellt einen wichtigen Aspekt der Antwort dar.

Auch wenn wir hier alle Aufmerksamkeit auf die sozialistische Wirtschaft gerichtet haben, reicht das Argument darüber hinaus. Autonome Kontrolle gibt es in allen Wirtschaftssystemen: Damit werden in allen Systemen die meisten einfachen Steuerungsaufgaben bewältigt. Am Anfang des Entwurfs unserer Modelle stand die Überlegung, dass die Kontrolle bestimmter elementarer Wirtschaftsprozesse dem Mechanismus gleicht, mit dem in einem Haus die Zentralheizung geregelt wird. Man stellt die gewünschte Durchschnittstemperatur an einem Thermostaten ein. Diese Temperatur können wir „Norm“ nennen. Liegt die tatsächliche Temperatur über der Norm, geht die Heizung aus, und die Temperatur sinkt, liegt sie unter der Norm, geht die Heizung an, und die Temperatur steigt. Diese Operation kann man Normsteuerung nennen. Wie wir sahen, werden viele Prozesse dieser Art in der Wirtschaft, aber auch in den nicht-ökonomischen Bereichen der Gesellschaft, von solchen Mechanismen gesteuert. Die Frage, wie die Norm festgelegt wird, blieb offen. Doch ist sie einmal fixiert, dann ist Normsteuerung gangbar.

Zahlreiche Praxisbeispiele zeigen, dass Normen existieren und dass die Gesellschaft mit verschiedenen Techniken abweichendes Verhalten von Individuen und Organisationen in die Nähe ihrer Normen zurückführt. Der Sozialismus duldete offensichtlich nicht, dass Leute aus dem Rahmen fielen und sich anders als normal verhielten. Doch wir waren davon überzeugt, dass dies ein allgemeineres Phänomen ist, das sich auf unterschiedliche Weise auch in anderen Systemen manifestiert.*

Die Ergebnisse wurden zuerst in Zeitschriftenartikeln veröffentlicht und dann 1981 in einem Buch unter dem Titel *Non-Price Control.*[6] Einige abschließende Überlegungen zu dieser Forschung, die ungefähr zehn Jahre in Anspruch nahm,

* Ein anderer autonomer Kontrollmechanismus erlaubt es einer beobachteten Variablen, sich nur zwischen den oberen und unteren Grenzen zu bewegen, die die Toleranzgrenzen des Systems darstellen. Die polnisch-französische Wissenschaftlerin Irina Grosfeld arbeitete mit mathematischen Modellen von Mechanismen, die innerhalb von Toleranzgrenzen funktionieren. Solche Mechanismen sind nicht nur innerhalb der Ökonomie weit verbreitet, sondern auch in der Politik und bei der Steuerung sozialen Verhaltens.

sind hier am Platz. Wir konnten mit der Reputation der akademischen Medien zufrieden sein, in denen unsere Ergebnisse erschienen. Das waren hochrangige Zeitschriften und die berühmte „grüne Reihe“ des renommierten Verlages *North Holland*.* Dennoch, als ich mit diesem Forschungsprojekt begann, waren meine Erwartungen höher gewesen.**

Ich kann nur vermuten, warum sich die erhoffte Resonanz nicht einstellte. Zum einen waren die Ökonomen, die sich mit dem Vergleich politischer und ökonomischer Systeme beschäftigten, mehr an Arbeiten interessiert, die einen gewissen ideologischen oder politischen Inhalt hatten oder zumindest einen entsprechenden Beigeschmack. Markt oder Zentralplanung, Preise oder Befehle, Zentralisierung oder Dezentralisierung – das waren die aufregenden Themen, auf welcher Seite der Wissenschaftler politisch auch stand. Phänomene, die in allen Systemen vorkamen, waren für Sowjetologen oder Ökonomen, die sich mit Osteuropa oder China beschäftigten, weniger spannend.*** Diese Erklärung trifft vor allem auf diejenigen zu, die innerhalb oder außerhalb des sozialistischen Lagers in Opposition zum kommunistischen System standen. Sie wollten Modelle sehen (die ich in anderen Arbeiten geliefert habe), in denen die Schwächen der sozialistischen Wirtschaft demonstriert wurden, und nicht Modelle, die zeigten, warum die sozialistische Wirtschaft trotz ihrer eklatanten dysfunktionalen Eigenschaften dahinvegetieren konnte.

Eine andere Gruppe Ökonomen sind die Theoretiker. Ich kann leicht verstehen, wie unsere Arbeit in der heiklen Atmosphäre des Instituts für Ökonomie von theoretischen Ökonomen aufgenommen wurde, denen mathematische Methoden zuwider waren. Aber warum gab es weder in Ungarn noch im Ausland eine nennenswerte Reaktion von Seiten jener, die formalisierte theoretische Analysen für normal hielten? Ein Übersehen kommt kaum in Frage, denn *Econometrica* und die „grüne Reihe“ waren sozusagen Pflichtlektüre. Die Rezeption anderer Arbeiten von mir wurde im Westen manchmal behindert, weil ich sie nicht mathematisch formuliert hatte. Aber das konnte hier nicht der Fall sein, da alle unsere Ideen in mathematischer Modellform und einem aktuellen, ja sogar eleganten Formalismus verfasst waren.

---

* Das Buch war Nummer 133 in der Reihe *Contributions to Economic Analysis*.

** Wenn es um Erwartungen geht und darum, inwieweit sie erfüllt worden sind, muss ich zur ersten Person Singular zurückkehren. Ob die anderen Teammitglieder meine Meinung teilten, weiß ich nicht.

*** Viele unter ihnen waren vielleicht von Beginn an abgeschreckt vom mathematischen Apparat unserer Studien. Auf der anderen Seite gab es Ökonomen, die mathematische Modelle für sinnvoll hielten. Doch auch sie zeigten sich abgeneigt. Ich komme sogleich darauf zurück, wie der von uns gewählte mathematische Ansatz letztere Gruppe verprellte.

Ich denke, die Erklärung liegt vor allem in der theoretischen Konzeption. Unsere Arbeiten stellten keine Optimalkriterien heraus. Wir diskutierten nicht, ob die Akteure in der Wirtschaft Nutzenfunktionen hatten oder konkrete Ziele verfolgten. Das Verhalten der Akteure im Wirtschaftssystem wurde mit Hilfe einfacher, elementarer Modelle vorhergesagt und war deshalb auch für viele Aspekte gültig. Ein Entscheidungsträger wird von einem Impuls erfasst und reagiert darauf bestimmten Regeln entsprechend. Diese einfache Formel (Impuls → Reaktion) wird von der verwendeten Mathematik wiedergegeben: Differenz- oder Differentialgleichungen.* Wir suchten keine Optimallösungen. Wir wollten wissen, ob das System mit den vorhandenen Steuerungsmechanismen stabile dynamische Entwicklungspfade hat, und wenn ja, welches ihre Eigenschaften sind. Unsere Modelle wollten die einfachen Bewegungsgesetze des Wirtschaftssystems oder Subsystems offen legen. Sie wiesen große Ähnlichkeiten mit Ansätzen in vielen Naturwissenschaften auf.

Die Idee, es könne kein Modell ohne Optimierung geben, ist bei Mainstream-Ökonomen tief verwurzelt, vor allem bei Theoretikern, die mathematische Methoden verwenden. Sinnvolle Mikro-Ökonomie verlangt, dass man die Nutzenfunktion der Entscheidungsträger erklärt. Es ist zwingend erforderlich zu zeigen, dass eine Regelmäßigkeit im Makro-Bereich eine „Mikro-Fundierung" aufweist, d.h. den neo-klassischen Bedingungen eines „rationalen", seinen Nutzen maximierenden Entscheidungsträgers entspricht. Weit davon entfernt, in der jüngsten Zeit abgeschwächt zu werden, setzt sich diese Anforderung aggressiv weiter durch. Vorbei sind die einfachen Zeiten, als man von Keynes inspiriert auf Grundlage empirischer Beobachtungen behaupten konnte, ein Impuls, ein veränderter Zinssatz z.B., rufe eine bestimmte Reaktion hervor. Man wird aufgefordert zu zeigen, ob die beobachtete Regelmäßigkeit mit der theoretischen, neo-klassischen Mikro-Fundierung übereinstimmt! Unsere Modelle wichen ab von dieser strikten Disziplin und damit von der Welt der orthodoxen Entscheidungstheorie.

Die Lage ist trostlos, aber vielleicht nicht hoffnungslos. Ich stehe nicht allein mit meiner Überzeugung, dass das Monopol einer engen Theorie mit beschränkter Aussagekraft den Erkenntnisprozess behindert. Die mikro-ökonomische Doktrin kann Ausgangspunkt zur Erklärung vieler Dinge sein. Doch zur Erklärung anderer Phänomene in der Wirtschaft erweist sie sich als unnötig beschränkt: Sie lässt z.B. keinen Platz für autonome Kontrolle, oder führt einfach in die Irre, so z.B. bei der Analyse der politischen Sphäre und der Beziehungen zwischen Politik und

* Differenz- oder Differentialgleichungssysteme sind in der Ökonomie schon früher verwendet worden, allerdings meistens für makro-ökonomische Modelle. Unsere Arbeiten setzten diesen Apparat zur Modellierung mikro-ökonomischer Prozesse ein.

Wirtschaft. Wenn viele Leute so denken, wird die Wissenschaft irgendwann diese Ketten sprengen.

Die knirschende Anpassungsmechanik

1974 schrieb ich eine Studie mit dem Titel „Die knirschende Anpassungsmechanik“[7], in der ich viele Überlegungen von *Economics of Shortage* vorwegnahm. Der Titel war treffend, aber die Arbeit enthielt viele ungeschickte Passagen, die Gedankenführung war noch unsicher und der Begriffsapparat nur zur Hälfte entwickelt. Als die „Knirschende Mechanik“ am Institut für Ökonomie diskutiert wurde, sahen einige Leute durchaus Brauchbares darin. Aber sie stieß auch auf scharfe und übel gelaunte Kritik, vor allem bei meinem Kollegen Péter Erdős. Ich habe seinen Namen schon mehrfach erwähnt. Als ich 1955 ans Institut kam, war er ein interessanter Gesprächspartner für mich, und wir teilten ein Büro. Zeitweise arbeitete ich als sein Assistent. Später trennten sich unsere Wege, vor allem nachdem er als einer der ersten 1957 der neuen Kommunistischen Partei beitrat und ich mich weigerte, das zu tun. Trotzdem verkehrten wir immer in freundschaftlichem Ton miteinander.

Péter hatte einen messerscharfen Verstand. Seine marxistische Ausbildung verband er mit gründlicher Kenntnis der westlichen Literatur, vor allem der Werke von Keynes. Er war eine merkwürdige Mischung aus offenem Geist, kritisch gegenüber den herrschenden politischen und ökonomischen Verhältnissen, und bedingungslosem Anhänger der kommunistischen Ideen. Mehr als einmal wurde er an den Rand geschoben und sogar aus der Partei ausgestoßen, doch hielt er bis zu seinem Tod der Sache unverbrüchliche Treue. Schätzte er eine Arbeit nicht, dann blieb es nicht bei Kritik, er zerriss sie in der Luft, nicht nur mit rationalen Argumenten, sondern auch mit höhnischer Verachtung. Diesen Stil konnte er von vielen Autoren übernommen haben, z.B. von Marx und Lenin, aber er übertraf seine Meister. Solch intellektuellen Sadismus habe ich übrigens nicht nur bei Marxisten angetroffen. Mancher bezieht einen Lustgewinn daraus, die Arbeit eines anderen in der Luft zu zerreißen und den Autor intellektuell zu erniedrigen. Die Attacken von Erdős widerten mich an, auch wenn er sie gegen andere richtete. Jetzt waren meine „Knirschende Mechanik“ und ich selbst an der Reihe.

Ich habe es überlebt. Ich konnte sogar froh sein über die Kritik. Es war besser, das halbfertige Produkt nicht an einen Verleger geschickt und stattdessen später die reiferen *Economics of Shortage* veröffentlicht zu haben. Doch ist es völlig überflüssig, einen Wissenschaftler intellektuell fertig zu machen, um ihn zu einer gründlichen

Überarbeitung zu veranlassen.* Das Resultat lässt sich auch dadurch erreichen, dass der Kritiker die Irrtümer aufdeckt und vielleicht gleichzeitig Vorzüge und Leistungen der Arbeit nennt und vor allem seine Perspektive (wenn es denn eine solche gibt) und damit den Autor dazu anhält, weiter zu denken und die Arbeit zu revidieren. Nach einer so harschen Kritik muss man die Zähne zusammenbeißen und bei der Stange bleiben, sonst riskiert man, den Mut zur Fortsetzung der Arbeit zu verlieren. Glücklicherweise hatte ich das nötige Stehvermögen und Engagement für meine Forschungsrichtung.

Neben der „Knirschenden Mechanik" verfolgte ich noch ein weiteres Forschungsprojekt, nämlich den überehrgeizigen Versuch, ein gigantisches Makro-Simulationsmodell auf Grundlage der ungarischen Daten zu konstruieren. Das Projekt lief sich fest und konnte nicht abgeschlossen werden. Ich bedauere all die Mühe, die ich hinein gesteckt habe, und vielleicht mehr noch die Energie, die meine jungen Mitarbeiter, vor allem János Gács und Mária Lackó, dafür aufgewendet haben.

Für mein wissenschaftliches „Verhaltensmuster" kann die Periode 1971–76 als typisches Beispiel dienen. Westliche Forscher hatten es leichter, wenn sie irgendein Problem in der kapitalistischen Wirtschaft untersuchen wollten. Denn hier fand sich meistens ein bereits bestehender gedanklicher Rahmen, in dem man weiterarbeiten konnte. So einen Rahmen gab es für die Erklärung der sozialistischen Wirtschaft nicht. Wer echte Einsicht suchte, musste unmarkierten Wegen folgen und landete fast unvermeidlich erst einmal in einer Sackgasse, die ihn zum Rückzug zwang und dazu, einen anderen Weg zu entdecken.

Ich darf wohl behaupten, neue Wege erkundet zu haben, ohne mich entmutigen zu lassen. Ich legte gleichzeitig mehrere Projekte auf, von denen jedes einzelne die ganze Zeit eines Wissenschaftlers beansprucht hätte. Das Problem meines Ansatzes war die Frontbreite, über die ich vorankommen wollte. Ich brauche mich nicht über Menge oder Qualität meines Forschungsoutputs zu schämen, doch zurückschauend erscheint das Verhältnis von Input zu Output besorgniserregend. Ich habe

* Man mag sich fragen, warum ich diese alte Geschichte nicht auf sich beruhen lasse oder im Rückblick etwa über mich selbst lache. Das wäre dem Leser gegenüber nicht ehrlich. Vor nicht allzu langer Zeit las ich Douwe Draaismas erhellendes Buch über die Natur des Gedächtnisses. Es lässt sich zeigen, dass das menschliche Gedächtnis erniedrigende Erfahrungen mit höchster Präzision aufzeichnet, normalerweise sehr viel genauer als angenehme und erfolgreiche Momente. Es scheint, als ob diese Demütigungen im Gedächtnis einen „besonderen Platz [einnehmen] oder nicht wie der Rest verdichtet werden können. Sie bewahren ihre ursprüngliche Wirkung, aber auch ihre Farbe, ihren Geschmack und ihre Schärfe. Noch im Alter scheinen sie eine Lebendigkeit zu behalten, mit der man lieber andere Erinnerungen aufheben würde" (Draaisma 2004, S. 185).

viel veröffentlicht, aber zahlreiche Projekte liefen fest, bevor sie zur Publikation reiften. Große Projekte, bei denen mehrere Mitarbeiter betroffen waren, fanden ein abruptes Ende. Viele Ergebnisse solcher nebeneinander laufender Unternehmen wurden in *Economics of Shortage* eingearbeitet, doch manches blieb unwiderruflich verloren. Es war so, als ob ein Bildhauer einen Marmorblock bearbeitet, der größer ist, als es der Auftrag erfordert, und damit Zeit und wertvolles Material vergeudet, bevor er die Skulptur fertig gestellt hat. Das Problem wird mir nicht erst jetzt bewusst. Ich kenne es schon lange, doch offensichtlich werde ich damit nicht fertig. Selbst heute ertappe ich mich dabei, genau auf diese Weise Energie zu verschwenden.

Ein neues Heim

Ich ging in meiner Forschungsarbeit auf, doch viel Energie floss in ein ganz anderes Unternehmen: unseren Hausbau. 1974 schlossen wir uns mit vier anderen Familien zu einer Hausbaugemeinschaft zusammen. Gesetzlich nannte sich so etwas „Selbstbau" und bedeutete, dass kein professioneller Bauunternehmer die anfallenden Tätigkeiten koordinieren würde. Die zukünftigen Bewohner stellten selbst für jede Aufgabe Leute ein, entweder offiziell zugelassene Handwerker oder Schwarzarbeiter aus der Schattenwirtschaft. Auch mussten sie das meiste Baumaterial und die Maschinen selbst beschaffen.

Im Lauf des Baufortschritts übernahmen meine Frau und ich ganz ohne unsere Absicht das Management der Arbeit. Wir wurden mit der Tatsache konfrontiert, dass es fast unmöglich war, das erforderliche Baumaterial zu erhalten. Ziegelsteine oder Badezimmerkacheln zu finden, bedeutete eine endlose Sucherei und häufig schmerzliche Abstriche bei unseren Qualitätsanforderungen.* Wir durchliefen den ganzen Leidensweg, den ein Konsument in einer Mangelwirtschaft auf sich nehmen muss. Ich habe das später im Buch *Economics of Shortage* systematisch verarbeitet. Bei jedem Schritt hatten wir die Wahl zwischen Suchen, Warten, erzwungener Substitution auf Grund chronischen Mangels oder Aufgabe der Kaufabsicht. Neben dem Warenmangel machten wir auch Bekanntschaft mit dem Arbeitskräftemangel, wenn der eine oder andere Handwerker nicht erschien und so den ganzen Baufortschritt blockierte. Wir mussten feststellen, dass Mangel zu Korruption führt. Wir lernten, wie viel der Lagerhalter in jeder Fabrik bekommen musste, um

* Für eine Badewanne musste ich auf Beziehungen meiner Schwiegermutter in Szolnok zurückgreifen. Was sie fand, war etwas schadhaft. Wir kauften die Wanne 100 km von Budapest entfernt.

fehlendes Material herauszurücken, und welche Cognacmarke dem Beamten im Kreisamt mitzubringen war, der die Genehmigungen erteilte.*

In jenen Jahren fuhr ich oft in den Westen und ich nahm bei jeder Gelegenheit eine Einkaufsliste mit. Nicht eine Liste von Gütern, die im Westen billiger waren als in Ungarn, oder von regionalen Spezialitäten, die zu kaufen sich lohnte, sondern eine Liste dessen, was es zu Hause nicht gab, was man aber in einer normal funktionierenden Marktwirtschaft ohne Weiteres finden konnte. Eine Erfahrung aus Moskau versinnbildlicht den Ost-West-Unterschied in den Käufer-Verkäufer-Beziehungen. Im Westen stehen vor einem Flughafen Taxis. Fahrgäste setzen sich hinein und sagen, wohin sie fahren wollen. In Moskau tauchen Taxis in großen Abständen auf und werden dann von Fahrgästen belagert mit der Frage, wohin das Taxi fahre. Wer in die angegebene Richtung möchte, steigt ein. Doch wer sollte eigentlich das Fahrtziel bestimmen, der Fahrgast oder der Taxifahrer?

Jeder machte ähnliche Erfahrungen. Wen auch immer ich fragte, Wissenschaftler oder Putzfrau, Fabrikmanager oder Fahrer, es sprudelten Geschichten hervor von ärgerlichen Nervenbelastungen, die mit der Mangelwirtschaft zu tun hatten. Ich registrierte sie im Gedächtnis und griff darauf zurück, als ich das Buch über Mangel schrieb.

Marktorientierte Reformen mit den Augen von Maoisten in Kalkutta

1975 machten sich meine Frau und ich zu einer zweimonatigen Studien- und Vortragsreise durch Indien auf, die von indischen Ökonomen organisiert war. Die Reise wäre ein ganzes Kapitel wert, aber ich beschränke mich auf eine Episode.

Bereits vor unserer Ankunft wusste ich aus der Statistik, wo Indien, dieses große Land mit glänzenden kulturellen Traditionen, in seiner wirtschaftlichen Entwicklung stand. Ich hatte schon früher hervorragende indische Ökonomen kennen gelernt. Mit Sukhamoy Chakravarty, dem späteren Präsident des Planungsamts, war ich während meines Besuchs in England 1963 zusammengekommen, und mit T.N. Shrinivasan (oder TN, wie ihn seine Freunde nannten) hatte ich mich 1968 in Stanford angefreundet. Sie erklärten mir vieles, bevor sie mich durch Indien begleiteten. Doch das gesprochene oder geschriebene Wort ist etwas anderes, als was man

* János Kenedi brachte ein tagebuchähnliches Bändchen heraus über ähnliche Erfahrungen beim privaten Hausbau. Als witzigen Titel wählte er einen alten Slogan von Mátyás Rákosi: „Das Land gehört Euch. Ihr baut es für Euch." Das Buch wurde in der Reihe Magyar Füzetek Könyvei (Ungarische Pamphlete) von einer Gruppe ungarischer Emigranten in Paris veröffentlicht.

mit eigenen Augen sieht. Ganze Familien in Zelten am Straßenrand von Kalkutta leben zu sehen, war ein echtes Trauma. Ich sah Frauen in schmutzigem Abwasser Geschirr spülen. Ich sah halbtote Menschen auf der Straße liegen. Fachleute sagen, Kalkutta (offiziell heißt es jetzt Kolkata) sei die am meisten übervölkerte Stadt Indiens, wo man auf das Elend in höchster Konzentration stoße.

Die Kommunistische Partei Indiens hatte sich in zwei Richtungen aufgespalten. Der Pro-Moskau-Flügel sympathisierte mit der sich träge reformierenden Sowjetunion, während der radikale, revolutionäre maoistische Flügel sich nach Peking orientierte. In diesem Flügel gab es Gruppen, die vor terroristischen Methoden nicht zurückscheuten. Kalkutta war das intellektuelle Zentrum der indischen Maoisten.

Ich hielt eine Reihe von Vorträgen, doch an einen erinnere ich mich besonders deutlich, weil er eine Diskussion provozierte.* Ich sprach über die ungarische Reform von 1968 und die Schwierigkeiten, die aus den Veränderungen folgten. Mehrere Redner in der Debatte wiesen mit scharfen oder eher entrüsteten Worten jede Überlegung zurück, den Sozialismus in Richtung auf eine Marktwirtschaft zu lenken. Sie zögen die Rationierung vor, mit geringen Rationen und Mangelerscheinungen zwar, aber mit den Lebensmittelkarten erhalte jeder die gleiche Versorgung! Sie protestierten gegen die Anarchie des Marktes. Sie verteidigten nicht die organisatorischen Vorzüge einer Planwirtschaft. Sie waren bereit, ihre gewaltigen Nachteile zuzugeben. Für sie war es gleichgültig, welche makro-ökonomische Politik oder welche mikro-ökonomischen Anreize zur Steigerung von Produktion und Verbrauch eingesetzt würden. Ihre einzige Sorge, intellektuell und emotional, galt der Fairness in der Verteilung. Ich konnte verstehen, dass inmitten des Elends von Kalkutta jemand so dachte, selbst ein Universitätsprofessor. Ich konnte es verstehen, aber ich konnte dem nicht zustimmen. Damals wie heute denke ich, die dauerhafte Lösung der Armut liegt in einer Reform der Produktion, nicht der Verteilung. Rationierungssysteme, die die Armut gleichmäßig verteilen, mögen das Gefühl der Ungerechtigkeit beschwichtigen, aber sie lösen nichts.

Die Diskussion setzte sich später in kleinerem Kreis in der Wohnung eines Professors fort, dann aber auf politischer Ebene. Damals war Indien eines der wenigen Entwicklungsländer mit einer funktionierenden parlamentarischen Demokratie. Es gab eine legale Opposition zur Regierung, die herrschende Partei konnte bei Wahlen abgewählt werden, die Zeitungen waren frei, die Leute an der Macht zu kritisieren, und die Gerichtsbarkeit war unabhängig von der herrschenden Partei und der

* Ich probierte da eine Reihe von Argumenten aus, die ich später im Artikel „Efficiency and the Principles of Socialist Ethics" (Effizienz und die Grundlagen der sozialistischen Ethik) ausarbeitete (1986b [1980]).

Regierung. Doch die radikalen Gegner des Kapitalismus schätzten alle diese Dinge gering. Was war das Gerüst einer formalen Demokratie wert, wenn Millionen hungerten? Besser als bürgerliche Demokratie und damit verbundene Massenarmut und Hunger wäre eine Diktatur, wenn das gerechte Verteilung und damit weniger Hunger bedeutete.

Viele Jahre später stellte es sich heraus, dass in Maos China Millionen verhungert waren. Sozialistisches Eigentum und die Planwirtschaft hatten nicht vermocht, dieses schreckliche Schicksal abzuwenden. Was die Diktatur erreichen konnte, war nur, die grauenhaften Ereignisse vor der chinesischen und internationalen Öffentlichkeit zu verbergen und damit zu verhindern, dass Gegenmaßnahmen ergriffen wurden. Von den verheerenden Folgen des Großen Sprungs Vorwärts war zu der Zeit, als ich Indien besuchte, noch nichts nach außen gedrungen. Es wäre ein zwingendes Argument gewesen. So diskutierten wir, ohne dass der eine den anderen überzeugen konnte.

Anmerkungen

1 Kornai 1972.
2 Kornai 1972, S. 5.
3 Hirschman 1988 [1958]; Streeten 1959.
4 Das Schreiben befindet sich in meinem Archiv.
5 Kornai und Martos 1973.
6 Kornai und Martos 1981.
7 Kornai 1974.

13 Die Teile passen zusammen – 1971–1980

Die Ökonomie des Mangels

Zu Beginn des akademischen Jahres 1975–76 trafen meine Frau und ich zu einem längeren Aufenthalt in Stockholm ein, wo ich auf Einladung von Professor Assar Lindbeck im *Institute for International Economic Studies* als Gastwissenschaftler arbeitete. Der Anfang verhieß nichts Gutes. Wir fanden längere Zeit keine passende Wohnung, und das Leben im Hotel war unangenehm. Dann ließ ich in der U-Bahn einen dicken Aktenordner mit Notizen liegen, die ich über mehrere Jahre bei der Lektüre angefertigt hatte. Das Herbstwetter kann in Skandinavien recht trostlos sein. An einem windigen, feuchten Morgen überkam mich auf dem Weg zur Universität das Verlangen, zu packen und nach Hause zurückzukehren.

Das aber wäre schade gewesen.* Die hilfsbereite Institutssekretärin Brigitta Eliason ruhte nicht, bis sie für uns eine angenehme Wohnung gefunden hatte. Und sogar meine Notizen tauchten wohlgeordnet wieder auf. Ideale Arbeitsbedingungen in Stockholm ermöglichten mir die erfolgreichste Periode meiner Laufbahn, in der ich nämlich mein Buch *Economics of Shortage* schrieb.

Anregende Umgebung

Es wird heute in der akademischen Welt viel über Forschungsfinanzierung gesprochen. Wo der Staat oder supra-nationale Organisationen Mittel verteilen, verlangt die Bürokratie normalerweise vom Antragsteller im Vorhinein einen Plan, der das Ziel des Projekts erläutert und Termine für die Fertigstellung des „Produkts" fixiert. Immer mehr öffentliche und private Stiftungen stellen ähnliche Bedingungen. Hätte man mich aufgefordert, meine Arbeit in Stockholm in ein solches Prokrustesbett zu zwängen, wäre ich gescheitert. Ich wäre nicht in der Lage gewesen, zu Beginn den Gegenstand präzise zu formulieren. Mir schwebte eine allgemeine Idee vor wie „Anti-Equilibrium Revisited" (Wiedersehen mit Anti-Äquilibrium). Erst nach ein paar ruhigen Wochen, als wir uns in Stockholm eingerichtet hatten, gewann ich für mich selbst Klarheit über das Thema. Meine Gastgeber waren

---

* Wären wir damals heimgekehrt, hätte unsere Tochter nicht in Schweden geheiratet und unsere beiden schwedisch-ungarischen Enkelkinder Zsófi und Anna wären nicht geboren. Glücklicherweise gaben wir unseren ersten, deprimierenden Erfahrungen nicht nach.

glücklicherweise liberaler als die erwähnten Bürokraten und legten mich nicht auf irgendein „Projekt“ fest.

Ich arbeitete eifrig zu Hause in unserem Appartement und suchte das Institut nur gelegentlich auf, wenn ich etwas zu regeln hatte oder wenn es einen interessanten Vortrag gab. Ursprünglich war ich für ein Jahr eingeladen, doch als sich herausstellte, dass ich mit der Arbeit noch nicht fertig war und um weitere drei Monate bat, willigte man ohne zu zögern ein. Auch wenn ich abgeschieden zu Hause arbeitete, umgab mich glücklicherweise ein lebendiges und interessantes intellektuelles Klima.* Gelehrte Kollegen waren offen für Gespräche. Ich erklärte mich bereit, an der Universität eine Vorlesungsreihe über die sozialistische Wirtschaft zu halten. Die teilnehmenden Doktoranden und Fakultätsmitglieder dienten als Versuchskaninchen, denn sie waren das erste Publikum, dessen Reaktionen auf meine Ideen ich beobachten konnte. Nach jeder Vorlesung umringten mich Hörer, die mich auf die freundlichste Weise mit Beobachtungen und Vorschlägen bestürmten.

Als *Economics of Shortage* später herauskam und man im Vorwort lesen konnte, ich hätte es in Schweden geschrieben, fragten sich einige Leser, ob ich die osteuropäische Atmosphäre und das tägliche Leben dort nicht schon vergessen hätte, als ich in dieser Umgebung über die Mangelwirtschaft und das sozialistische System schrieb. Hatte ich nicht! Ich hatte eine Fülle von Erfahrungen gesammelt, bevor ich nach Stockholm kam. Was ich zum Schreiben des Buches brauchte, waren Ruhe und Frieden und Abstand zu den bitteren Konflikten, kleinlichen Streitereien, Frustrationen und Auseinandersetzungen des Lebens in Budapest.

Im vorigen Kapitel erwähnte ich einige Beobachtungen, Bücher, Diskussionen und persönliche Erfahrungen, die dem Buch vorausgingen und ihm den Weg bereiteten. Tatsächlich lässt sich mein Interesse an der Mangelwirtschaft in meiner geistigen Entwicklung sehr viel weiter zurückverfolgen, denn in meiner Dissertation für die Kandidatur hatte ich dem Thema bereits ein Kapitel gewidmet. In den darauf folgenden zwanzig Jahren näherte ich mich dem Problem aus verschiedenen Blickwinkeln immer wieder, doch bis dahin resultierte die jahrelange Arbeit nur in Bruchstücken, die ich im Kopf zusammentrug. Jetzt plötzlich, in der Ruhe des schwedischen Lebens, ordneten sich die Teile des Puzzles.

---

* Im letzten Kapitel berichtete ich, wie meine Beobachtungen in Amerika mich Demokratie gelehrt haben. Diese politische Erziehung setzte sich in Schweden fort. Nie vergesse ich, wie Premierminister Olof Palme im Fernsehen auftrat und seine Wahlniederlage eingestand, nachdem seine Sozialdemokraten 44 Jahre an der Macht gewesen waren. Für ihn war das ein vernichtender Augenblick, aber er kontrollierte sich perfekt. Mit einem Lächeln machte er die Niederlage bekannt und erklärte vollkommen natürlich, er werde das Amt den Siegern übergeben. Mir wurde klar, dass man eine Demokratie leicht an der Art erkennt, wie eine Regierung es akzeptiert, nach Hause geschickt und auf zivilisierte Weise ersetzt zu werden.

Als ich mich hinsetzte, um das Buch zu schreiben, kam ich in rasantem Tempo voran. Oft stellte ich ein Kapitel in einer Woche fertig.* Vieles stand in meinem Kopf bereits fest und musste nur aufgeschrieben werden. Wie so oft klärten sich für mich verschiedene Fragen und ihre Verbindungen aber erst beim Schreiben.

Das Problem der Mangelerscheinungen in einer sozialistischen Wirtschaft ist bereits in vielen Arbeiten angesprochen worden. Man hat ihm in Artikeln zwei bis drei Absätze gewidmet oder vielleicht ein ganzes Kapitel in einem Buch. *Economics of Shortage* war jedoch die erste Monographie, die ausschließlich auf dieses Thema einging. Ich habe mit größter Sorgfalt nach früheren Arbeiten gesucht, um sie zu zitieren, wie ich in der Einleitung bemerkte. Wo ich theoretische Vorläufer fand, habe ich die entsprechende Literatur im Buch auf die übliche Weise angegeben. Wer mir mit Hinweisen und Rat zur Seite stand oder sich an den vorbereitenden Forschungsarbeiten beteiligte, den habe ich im Buch mit Dank für die Hilfe genannt.** Deshalb behaupte ich auch keineswegs, ich hätte alles von den ersten Ideen an selbst entworfen und aufgezeichnet. Doch meine grundlegende Inspiration leitete sich nicht von anderen, früher formulierten Argumenten ab. Auch lässt sich kein einziges Buch anführen, von dem man behaupten könnte, *Economics of Shortage* fahre dort fort, wo dieses Buch aufgehört hat. Trotzdem stand ich unter starkem Einfluss bestimmter Werke, z.B. von Marx, Keynes und Hirschman.*** Doch dieser Einfluss, in früheren Kapiteln bereits angesprochen, blieb nicht auf das Thema des chronischen Mangels in einer sozialistischen Wirtschaft beschränkt.

Das theoretische Wissen, seit 1955 aus der Lektüre gewonnen, meine empirische Forschung in Ungarn, persönliche Gespräche, Vorträge, die ich hörte, Diskussionen auf Konferenzen und meine Erfahrungen während längerer Auslandsaufenthalte – ich behaupte nicht, all das hätte keine tiefe Wirkung auf mich ausgeübt. *Over-*

* War ein Kapitel fertig, las Zsuzsa es sofort durch und machte ihre Kommentare. Das war uns in den Jahren vor Abfassung von *Economics of Shortage* allmählich zur Gewohnheit geworden. Zur Zeit der Fertigstellung des neuen Buches hatte es sich so eingespielt, dass ich mir nicht mehr vorstellen konnte, ohne diese Resonanz ein Buch abzuschließen. Meine Frau belohnte jedes Kapitel mit einer Schachtel feinster schwedischer Pralinen. (Damals brauchte ich noch nicht auf meinen Cholesterinspiegel zu achten.) Ob das wohl mein Schreibtempo erhöht hat?

** Das Buch enthält zwei mathematische Anhänge, in denen mich Jörgen Weibull und András Simonovits als Ko-Autoren unterstützten.

*** Besondere Anregungen fand ich in *Das Kapital*. Marx betrachtete die Arbeitslosigkeit weder als Zufallsirrtum der Marktanpassung noch als Folge falscher Wirtschaftspolitik, sondern als genuine Eigenschaft des kapitalistischen Systems. Marx war einer der großen Pioniere eines Ansatzes, der die systemspezifischen dysfunktionalen Eigenschaften, die für politische und sozio-ökonomische Strukturen charakteristisch sind, zu erkennen und zu erklären versucht. Meine Hochachtung für ihn verträgt sich durchaus mit meinem radikalen Bruch mit dem Marxismus als Weltanschauung und politischem Programm.

centralization war von einem naiven Wissenschaftler geschrieben, der die Realität mit offenen Augen wahrnahm. *Economics of Shortage* war die Arbeit eines professionellen Ökonomen, eines geübten Mitglieds seiner Zunft, der seinen Weg durch die Welt der Ökonomie, der Gesellschaft und der Politik zu finden weiß, indem er auf die Literatur und eigene Erfahrungen zurückgreift.

Ich möchte kurz auf etwas zurückkommen, das ich am Beginn des Kapitels erwähnt habe: Ich brachte nach Stockholm mehrere Kilo Notizen mit, die ich mir beim Lesen gemacht hatte. Als ich das Buch schrieb, schaute ich aber diese Notizen kaum an und ähnliches gilt auch für meine anderen Arbeiten. Ideen, die ich in gedruckten Quellen finde, habe ich offensichtlich im Kopf, und es gelingt mir, mich ihrer im rechten Augenblick zu erinnern. Quellen und Notizen zu suchen, während ich schreibe, würde mich aufhalten und meine Gedanken unterbrechen. Ich würde mich dann vielleicht zu eng an sie halten, anstatt meinen eigenen Kopf zu gebrauchen. Es genügt mir, bei der Überarbeitung der ersten Fassung zu den Quellen zurückzukehren und sie zu überprüfen.

Die Botschaft des Buches

Beim Schreiben von *Economics of Shortage* hatte ich zwei Ziele. Zum einen wollte ich ein zusammenhängendes Bild davon vermitteln, wie das sozialistische System funktioniert. Zum anderen versuchte ich, systematisch die Phänomene, Ursachen und Wirkungen einer chronischen Mangelwirtschaft darzustellen. Vielleicht ist es besser, Dichotomien zu vermeiden, und ich sollte sagen, mein Ziel war es, mit der Diskussion der Mangelwirtschaft ein tieferes und breiteres Bild zu entwerfen, das über die Ursachen und Wirkungen des konkreten Phänomens hinausging. Die Mangelwirtschaft ist jener Teil des Ganzen, durch den ich das Ganze erfassen wollte. Da die Bürger in sozialistischen Ländern täglich mit Mangelerscheinungen konfrontiert sind, würden sie sofort verstehen, dass dies sie und ihr Leben angeht. Der Titel *Shortage* (Mangel) war für sich genommen eine Provokation, die sofort zum Kern der Sache vorstieß. Das Buch sollte induktiv aus dem täglichen Leben generalisieren und diese Verallgemeinerungen auf das Niveau einer zusammenhängenden Theorie bringen.

Dieses Ziel hätte ich vielleicht mit weniger Mühe erreicht, wenn ich mit einer Beschreibung des Phänomens in der Konsumsphäre angefangen hätte. Denn ausnahmslos jeder gerät in die Rolle des Konsumenten. Doch das hätte der Logik der Darstellung widersprochen, da die Wurzeln des Problems in der Produktion liegen. So fing ich bei der Funktionsweise der Unternehmen und ihrer Materialbeschaffung an. (Ich besaß ja einige frische Erfahrungen aus der Materialbeschaffung für den Bau unseres Hauses.)

Mangelerscheinungen treten in allen Wirtschaften auf. Reisende können nicht zur gewünschten Zeit fliegen, da man ihnen das letzte Flugticket vor der Nase weggeschnappt hat. Vor dem Kino steht eine Schlange, um den neuesten Erfolgsfilm zu sehen. Aber das kommt nur sporadisch vor und ist nicht wirklich gravierend. Von einer Mangelwirtschaft muss man sprechen, wenn der Mangel in allen oder fast allen Bereichen der Wirtschaft auftritt: bei Unternehmen und Haushalten, bei der Allokation von Produkten, Dienstleistungen und Arbeitskräften und beim laufenden Verbrauch und den Investitionen. Der Mangel ist chronisch und nicht vorübergehend. Das Angebot reicht für die Nachfrage nicht aus, und der Unterschied ist häufig sehr groß, mit anderen Worten, der Mangel ist intensiv.

Kurz gesagt, die Mangelwirtschaft weist umfangreiche, chronische und intensive Mangelerscheinungen über die gesamte Breite der Wirtschaft auf. Der Markt schwankt nicht vorübergehend um ein Gleichgewicht von Angebot und Nachfrage. Er weicht permanent ab von dem, was wir in einem früheren Kapitel das walrasianische Gleichgewicht genannt haben. Chronischer Mangel ist der Normalzustand des Systems, kein ungewöhnliches Ereignis. Mangel (und ich werde nicht jedes Mal wiederholen „umfangreich, chronisch und intensiv") hat ernstliche Folgen.

Mangel bedeutet häufig, dass Käufer etwas anderes kaufen müssen als sie beabsichtigten. Solche erzwungene Substitution zehrt an der Zufriedenheit der Verbraucher. Seltene Güter zu erwerben, erfordert lange Suchprozesse und zeitraubendes Schlangestehen. Eine konkrete Konsummenge bringt dem Konsumenten in einer Mangelwirtschaft weniger Wohlfahrt als seinem Pendant in einer wohlversorgten Marktwirtschaft. Unterbrochene und unvollständige Lieferungen von Material, Halbfertigprodukten und Komponenten verursachen zusammen mit Arbeitskräftemangel Reibungsverluste und Stockungen in der Produktion und verringern so die Arbeitsproduktivität.* Die Produzenten haben in einer Mangelwirtschaft keine Schwierigkeiten, ihren Output abzusetzen; denn die Käufer warten schon darauf.

Unter den Produzenten gibt es keinen Wettbewerb, Käufer zu gewinnen. Damit beseitigt der Mangel einen der wesentlichen Anreize für technische Entwicklung

* Verschiedene Faktoren haben zusammen eine größere Produktvielfalt, eine höhere Arbeitsproduktivität und den Zugang zu modernerer Technik nach dem Systemwechsel bewirkt. Mehrere Studien zeigen auf Grund gründlicher statistischer Erhebungen, dass der Wettbewerb der Produzenten um die Kunden als wichtigster Faktor herausragt. Bei der Lektüre der Arbeiten von Carlin et al. 2001 und Djankov und Murrell 2002 wurde mir klar, dass die Änderungen in der Produktion, die mit der post-sozialistischen Transformation verbunden sind, eines der Hauptergebnisse von *Economics of Shortage* bestätigen.

und wird so zu einer der Ursachen für die technische Stagnation im sozialistischen System.

Bislang habe ich nur die direkten wirtschaftlichen Verluste durch Mangel aufgelistet. Ebenso wichtig ist seine Wirkung auf die generelle Wohlfahrt der Menschen.* Die Überlegenheit des Produzenten oder Verkäufers zerstört menschliche Beziehungen. Die Käufer hängen von der Gnade der Produzenten oder Verkäufer ab und geraten oft in die erniedrigende Situation eines Bittstellers. Viele Güter und Dienstleistungen lassen sich nur mit Hilfe eines Rationierungssystems oder administrativ verteilen. Das wird in den Händen der Bürokratie zu einer wichtigen Waffe und verstärkt ihre Macht über das Leben der Menschen.

Diese letzte Feststellung könnte die Vermutung aufkommen lassen, die Behörden würden die Mangelwirtschaft mit Absicht schaffen. Doch das ist nicht wahr. Verkäufer haben Vorteile, da die Käufer nicht aussuchen und wählen oder Waren zurückweisen können. Aber jeder Verkäufer ist ja gleichzeitig auch Käufer auf der Suche nach Gütern und Dienstleistungen. Dabei gerät auch er in diese schwache und unvorteilhafte Position. Die meisten Mitglieder der Bürokratie, außer sie sind besonders privilegiert, teilen wie alle anderen die persönlichen Unannehmlichkeiten einer Mangelwirtschaft. Niemand will das, aber es passiert trotzdem. Hinge die Mangelwirtschaft von ein paar Leuten ab, könnte man sie zwingen, damit Schluss zu machen, und so die Macht der Käufer und Verkäufer auf dem Markt umverteilen. Doch die Sache hat nichts mit dem freien Willen einer bestimmten Person zu tun; sie wird vom System selbst verursacht. Ob es den Akteuren passt oder nicht, die chronische Mangelwirtschaft tritt auf und reproduziert sich ständig.

Kein Einzelfaktor erklärt befriedigend, wie Mangel entsteht und sich reproduziert. Für eine vollständige Erklärung muss ein komplizierter Mechanismus von Ursache und Wirkung erfasst werden. Ein wichtiges Verbindungsglied in der Kausalkette ist das Phänomen, das ich im Buch die „weiche Budgetbeschränkung" genannt habe. Der Begriff und die damit verbundene Theorie stießen auf eine beachtliche Reaktion und entwickelten unabhängig von *Economics of Shortage* eine eigene Karriere. Deshalb widme ich ihnen ein eigenes Kapitel.

Das letzte Glied in der Kausalkette ist das Institutionensystem der sozialistischen Wirtschaft. Ich zitiere die Schlussbemerkungen aus den letzten Seiten der *Econo-*

---

* Ausländische Studenten und jüngere Ungarn machen sich keine Vorstellung davon, wie quälend Mangel sein kann. Um in meinen Vorlesungen den Wohnungsmangel zu veranschaulichen, berichtete ich gerne von dem Fall eines jungen Paares, das zwar legal geschieden war, aber im gleichen Appartement bleiben musste. Die geschiedene und die neue Frau waren gezwungen, wegen des Wohnungsmangels in einer Wohnung zu leben und sich Küche und Bad zu teilen. Jedes Mal, wenn ich die Geschichte erzählte, lachten die Hörer. Sie fanden diese deprimierende und erniedrigende Situation komisch.

mics of Shortage: „Konkrete gesellschaftliche Beziehungen und institutionelle Gegebenheiten rufen konkrete Verhaltensweisen, wirtschaftliche Regelmäßigkeiten und Normen hervor. Sie können nicht durch eine staatliche Entscheidung außer Kraft gesetzt werden. Die Politik der Regierung und der Staatsplan haben die Überbeanspruchung der Investitionsmittel, den chronischen Arbeitskräftemangel, die Neigung zu Preiserhöhungen und ähnliches nicht angeordnet, und keine Entscheidung der Regierung oder des Staatsplans kann sie beseitigen, solange die Bedingungen weiter bestehen, die diese Phänomen aufrecht erhalten."[1] Die Mangelwirtschaft ist eine immanente, systemspezifische Eigenschaft der sozialistischen Wirtschaftsordnung, die eine Reform zwar abschwächen, aber niemals abschaffen kann. Das war die Botschaft meines Buchs *Economics of Shortage*.

Selbstzensur

Das Buch äußert wichtige Wahrheiten. Ich schrieb jedes Wort in der Überzeugung, die Wahrheit und nichts als die Wahrheit zu sagen. Aber gleichzeitig wusste ich, dass ich nicht die ganze Wahrheit sagen konnte.

Wir lebten in Stockholm in der Vorstadt Lindingö auf einer Insel in der Bucht. Ich erinnere mich lebhaft an die Spaziergänge mit meiner Frau durch die Strandwälder, auf denen wir immer wieder diskutierten, was ins Buch aufgenommen werden könne und was nicht. Ausgangspunkt war, dass das Buch sich in erster Linie an ungarische Leser richtete und dass wir wieder in Ungarn leben würden, wenn wir Schweden verlassen.* Wie weit konnte ich in einem Manuskript gehen, das als legal gedrucktes und vertriebenes Buch zu Hause erscheinen sollte? Von Beginn an dachte ich auch an das mögliche Schicksal des Buches in anderen sozialistischen Ländern. Würde man es publizieren, oder würde man es zum „gegnerischen Druckerzeugnis" deklarieren und Leute, die es lasen, verfolgen?

Bevor wir nach Schweden kamen, hatten wir András Kovács' berühmten Film von 1968 „Wände" gesehen. Er zeigt Fechter, die in einem dunklen Raum miteinander kämpfen. Sie fürchten, gegen die Wände zu stoßen, wissen aber nicht, wo diese Wände sind. So trauen sie sich nur, sich in der Mitte des Raums zu bewegen.**

* Diese Fragen habe ich mit meiner Frau sehr gründlich diskutiert, und wir waren am Ende immer einer Meinung. Doch als Autor trage ich die volle persönliche Verantwortung für das, was im Buch steht. Deshalb ist es richtig, bei der ersten Person Singular zu bleiben, wenn ich die maßgeblichen Überlegungen wiedergebe.

** Ich zitiere das Filmscript (A. Kovács 1968, S. 37), die Regieanweisungen kursiv. Benkő, die Hauptfigur, kommentiert das Geschehen.

Die Zuschauer verstanden gut, was Kovács damit meinte. Ich war mir nicht nur der Wände bewusst, sondern wusste auch, wo sie verliefen. Auch wenn die Bewegungsfreiheit in Ungarn sehr viel größer war als in Rumänien oder Albanien, gab es doch politische Beschränkungen für den Inhalt legaler Publikationen.

Ich konnte andererseits damit rechnen, dass ich mir in der zweiten Hälfte der 1970er-Jahre eine beträchtliche internationale Reputation aufgebaut hatte und dass dieses Prestige mir einen gewissen Schutz verschaffte. So verschoben sich die Wände, die meine Äußerungen beschränken würden, etwas nach außen. Schließlich sollte ich hinzufügen, dass ich nicht nur bis an die Grenzen meiner „Wände" gehen, sondern sie überschreiten wollte. Das war nun genau das Buch, mit dem ich den von den Wänden definierten Raum erweitern und die Beschränkungen lockern wollte, auch für andere, die meinem Beispiel folgten. Trotz alledem muss man sich realisieren, dass ich bestenfalls nur einen gewissen Spielraum besaß. In einem legal erscheinenden Buch konnte ich nicht alles sagen, was ich über das Thema dachte.

Drei Dinge waren zu vermeiden. Erstens wollte ich mich nicht direkt über die Sowjetunion, über das Verhältnis der Blockstaaten zur Sowjetunion oder ihre Wirtschafts- und Handelsbeziehungen untereinander äußern. Zweitens wollte ich mich nicht mit der Frage auseinandersetzen, welche Rolle die Kommunistische Partei in der sozialistischen Wirtschaft spielt. Drittens wollte ich nichts dazu sagen, wie sich die Dinge bei einem Wechsel vom Staatseigentum zum Privateigentum verändern würden. Das waren keine sekundären Probleme. Sie spielten für das Verständnis des sozialistischen Systems eine entscheidende Rolle. Darüber wollte ich aber keine Halbwahrheiten vorbringen, und etwas anderes als die Wahrheit zu sagen, kam nicht in Frage. So war es die angebrachte Strategie, sich darüber in Schweigen zu hüllen.

Für den aufmerksamen Leser wollte ich diese Auslassungen aber kenntlich machen. In der Einleitung betonte ich, wovon das Buch nicht handle, z.B. der Rolle der Partei. Ich sagte, die Untersuchung gehe nur auf die Unternehmen in Staatseigentum ein und vernachlässige die „Schattenwirtschaft" und den „informellen Sektor".

Statt Anspielungen zu machen, hielt ich es für wichtiger, die Leser mit dem Schwung der Exposition und der Logik des Buches zu fesseln. Dann würden sie in der Lage sein, selbst weiter zu denken. Das Buch endet mit Kapitel 22, eine Ent-

---

Die beiden Fechter suchen einander.

Benkő: Sehen Sie, wie sie sich vor den Wänden fürchten. Dabei sind sie weit davon entfernt.

Sie agieren weiter, wobei sie sich nicht treffen, sich aber immer in der Mitte des Raumes bewegen.

Benkő: Der Raum ist viel größer, doch sie nutzen ihn nicht. So sehen sie ungeschickter aus, als sie wirklich sind.

scheidung, die ich nach langen und sorgfältigen Überlegungen gefällt habe. Dazu gehörte die Hoffnung, die Leser könnten aus eigenen Stücken ein ungeschriebenes 23. Kapitel ergänzen. Das Buch sagt nicht, Ursache des allgemeinen, intensiven und chronischen Mangels sei das System des Kommunismus und dass ein Systemwechsel erforderlich sei, um den Mangel endgültig zu beseitigen. Das Buch sagt auch nicht, die wesentlichen Eigenschaften des Systems seien nicht reformierbar. Trotzdem lasen viele Leser diese Behauptungen hinein.* Hier habe ich nur das Faktum beschrieben, wie die Selbstzensur bei der Abfassung von *Economics of Shortage* funktionierte. Am Ende des Kapitels komme ich auf das politische und ethische Dilemma zurück.

Verlagsgutachter

Westler, die mit der Arbeitsweise des kommunistischen Systems nicht vertraut sind, nehmen an, es habe formelle Zensurbehörden gegeben. In der frühen sozialistischen Periode hatten einige Länder so etwas, aber das gefestigte System brauchte das nicht mehr. Die Aufgabe der Zensur war an die Leute delegiert, die *ex officio* für das geschriebene (oder gesendete) Wort verantwortlich waren: der Herausgeber einer Zeitung, der Verlagsdirektor, der Leiter der Rundfunk- oder Fernsehanstalt. Die Aufgabe konnte auf dem üblichen Weg an Untergebene delegiert werden, doch entband das den Herausgeber nicht von seiner Verantwortung. Er musste gegenüber den Vorgesetzten Rechenschaft über die Publikationen ablegen. Die Direktoren der Staatsverlage z.B. erstatteten der Publikationsabteilung im Ministerium für Erziehung und Kultur Bericht. Letzten Endes waren aber die Leiter aller Staatseinrichtungen der Kommunistischen Partei gegenüber verantwortlich. Gefiel jemandem in der Partei – konkret einem Parteiführer oder einem zuständigen Funktionär in der Parteizentrale – nicht, was veröffentlicht werden sollte, dann hatte er Mittel, die Publikation zu verhindern oder, wenn es schon passiert war, Sanktionen zu verhängen.

In härteren Zeiten wurden die Zügel sehr kurz gehalten. Was auch nur im Geringsten problematisch erschien – zu deutliche Kritik oder Hinweise auf irgendeine Fehlentwicklung – wäre vom Herausgeber in seiner Funktion als Zensor abgelehnt worden. Im Zweifelsfall schickte der Herausgeber das Stück zur Stellungnahme an

* Ein Leser, er war Physiker mit Interessen für Politik und Wirtschaft, berichtete mir vor kurzem, was für eine Erfahrung es für ihn gewesen sei, *Economics of Shortage* zu lesen, und wie sehr ihn die Behauptung, dass ein Systemwandel erforderlich sei, bewegt habe. Nach 25 Jahren erinnerte er sich genau an diese Behauptung im Buch, bis ich ihm zeigte, dass sie nirgends mit so vielen Worten aufgestellt worden ist.

die Parteizentrale. Denn wenn der Herausgeber so etwas auf eigenes Risiko veröffentlichte, musste er mit einem politischen Gewitter und ernsthaften Repressalien rechnen. Als mein Buch fertig war, befand sich das Kádár-Regime in einer verhältnismäßig „weichen“ Phase. Schauen wir uns Schritt für Schritt den Prozess an, den das Buch durchlief.

Als erstes hatte der Verlagsdirektor nichts gegen eine Veröffentlichung einzuwenden. Der Cheflektor László Fébó war begeistert und tat alles nur Mögliche, um das Projekt voranzubringen. Im Westen sind Autoren akademischer Bücher gewohnt, dass der Verlag ohne Rücksprache mit dem Autor Gutachter für das Buch auswählt, um von ihnen eine unvoreingenommene Meinung zu erhalten. Die Anonymität hindert den Autor, sich über möglicherweise negative Kommentare zu ärgern. In den sozialistischen Ländern wurde der Gutachter dagegen auf der Titelseite des Buches mit Namen genannt, und er musste offen die wissenschaftliche und auch, was sehr viel problematischer war, die politische Verantwortung für das Werk übernehmen. In bestimmten Fällen konnte der Autor sich mit dem Cheflektor im Stillen verständigen, wer als Gutachter in Frage komme. Das passierte auch in meinem Fall. Da alle erforderlichen Qualifikationen selten in einer Person vereint sind, gab es einen Gutachter mit wissenschaftlicher Reputation und einen mit politischem Gewicht und Einfluss.

Nach kurzer Diskussion einigten wir uns, dass András Bródy, ein Kollege aus dem Institut für Ökonomie, für die erste Rolle geeignet sei.[2] Sein professioneller Ruf stand außer Frage, denn er war im In- und Ausland wohl bekannt. Früher war ich mit Bródy eng befreundet gewesen, doch unsere Beziehungen hatten sich etwas abgekühlt. Ich wusste, dass er von ein oder zwei meiner Arbeiten wenig hielt. Trotzdem ging Bródy das politische Risiko ein, sich uneingeschränkt positiv über das Buch zu äußern. Sein Gutachten strahlt die Großzügigkeit eines echten Gelehrten aus. Er stellte fest, in *Economics of Shortage* hätte ich den Sozialismus in der gleichen Weise dargestellt wie Adam Smith den Kapitalismus. Für Bródys Zuspruch und seine Unterstützung bin ich wirklich dankbar.

Der zweite Gutachter war der damalige Finanzminister Lajos Faluvégi (später stieg er in die höhere Position des Präsidenten des Nationalen Planungsamts auf).[3] Er war Wirtschaftsfachmann und kein Parteikader, doch in Parteikreisen schätzte man seine Meinung und vertraute ihm. Er zählte zu den engagierten Reformern. Ich geniere mich etwas, hier die Geschichte von Faluvégis Gutachten zum ersten Mal zu erzählen. Eine gute Freundin von mir, Andrea Deák, befand sich im persönlichen Stab des Ministers. Bei hochgestellten Politikern kommt es oft vor, dass Stücke, die unter ihrem Namen erscheinen, wie z. B. auch ihre Reden, nicht von ihnen selbst, sondern von einem Mitarbeiter im Stab verfasst sind. Andrea Deák erhielt vom Minister den Auftrag, das Gutachten über *Economics of Shortage* zu entwerfen. Nur dass der Text nicht von Andrea stammte, sondern von mir! Ich weiß nicht mehr, von wem die Sache ausging, ob Andrea mich bat, das zu tun, oder ich es ihr anbot. Zweifellos kannte ich das Buch besser, was die Aufgabe für mich leichter machte. Ich schrieb in einem gemäßigten Ton, äußerte mich anerkennend über die Verdienste des Buches, ohne es in den Himmel zu loben, und sagte nichts zu seinen weit reichenden Implikationen.

Das fand unter größter Verschwiegenheit statt. Weder der Verleger noch irgendjemand anderes wusste, wer der wahre Autor des Gutachtens war. Eigentlich machte das auch nichts aus. Indem Andrea ihrem Chef den Entwurf übergab, übernahm sie dafür die Verantwortung. Hätte es Beanstandungen gegeben, hätte Faluvégi die Sache mit ihr abgehandelt. Letztlich musste aber Faluvégi, der das Buch offensichtlich las, bevor er das Gutachten unterschrieb, dafür gerade stehen, sollte es aus Parteikreisen zu Beschwerden kommen. Jetzt hatte der Verleger zwei positive Gutachten, und das Buch hatte den ungarischen Prozess der „Zensur" passiert. Die Lektoren und die Gutachter verlangten nicht eine einzige Änderung. * Ich hatte den Verlauf der Wände gut eingeschätzt. Wo auch immer meine Ideen amputiert werden mussten, die Operation hatte ich im Vorhinein selbst ausgeführt.

Erste Eindrücke

Ich erinnere mich an den freudigen Augenblick auf dem Egyetem-Platz gegenüber der Universitätskirche, als meine Frau und ich das Buch zum ersten Mal im Schaufenster eines Buchladens sahen. Die erste Auflage war rasch ausverkauft, und eine literarische Wochenzeitung brachte eine Notiz unter dem Titel „Mangel an ‚Mangel'".[4] Auf Ungarisch gab es insgesamt drei Auflagen.

Fast gleichzeitig erschien das Buch auf Englisch. Mit dem verständnisvollen und hilfsbereiten Lektor von *North-Holland* war ich übereingekommen, dass *Economics*

---

* Die Designer des Verlages, die wir wegen des Umschlags ansprachen, präsentierten schmunzelnd zwei Alternativen. Der eine Entwurf, der schließlich genommen wurde, trug nur Schrift. Der andere zeigte in Farbe eine nackte Figur vor einem Spiegel: des Kaisers neue Kleider. Diese Zeichnung hängt noch immer in meinem Büro. Eine Reproduktion findet sich auf den Photoseiten dieses Buches.
Meine Frau hielt für den großen Graphiker János Kass ein regelrechtes Seminar über *Economics of Shortage* ab. Das inspirierte ihn zu einer großartigen Serie von Zeichnungen. Ich erhielt sie von Zsuzsa als Geburtstagsgeschenk, und sie hängen bis zum heutigen Tag in unserem Haus. Der Künstler erweiterte die Serie später, und sie wurde für Illustrationen von Sammelbänden meiner Arbeiten verwendet, die in Ungarn und Japan erschienen. Eine der Zeichnungen ist ebenfalls bei den Photos zu finden.

of Shortage dort herauskommen solle, selbst wenn die ungarische Ausgabe aus irgendeinem Grund nicht genehmigt würde. Später erschienen Ausgaben auf Französisch und Polnisch, dann auf Chinesisch, letztere in einer Auflage von 100 000. In China erhielt das Buch im darauf folgenden Jahr den Titel „Bestseller des Jahres“ in der Kategorie Sachbuch. Auch in der Tschechoslowakei gab es eine Ausgabe, sie wurde allerdings nicht kommerziell vertrieben, sondern ging in wissenschaftlichen Instituten von Hand zu Hand. Die russische Ausgabe zirkulierte als *Samizdat*. Bis zum Ende der Gorbačev-Ära konnte sie legal nicht veröffentlicht werden. Dann wurde sie ein großer Erfolg und verkaufte sich in 70 000 Exemplaren.

Die wesentlichen Ideen des Buches fasste ich in einem Vortrag zusammen, den ich 1978 als Vorsitzender der Konferenz der internationalen *Econometric Society* hielt, und konnte so zu ihrer Verbreitung beitragen. Der Vortrag wurde in *Econometrica* veröffentlicht.[5] In mehreren der führenden Ökonomiezeitschriften des Westens erschienen Besprechungen, fast alle positiv. Ob in sozialistischen Ländern Besprechungen erscheinen konnten, hing davon ab, wie hart oder weich die politische Linie des Regimes war. Besonders wichtig war eine ausführliche, positive Würdigung, die in Russland dank des mutigen Eintretens von R.G. Karagedov herauskam. Seine Besprechung der englischen Ausgabe erleichterte dort die Zirkulation des russischen *Samizdat*-Textes.

Die Zahl der Zitierungen in den Arbeiten westlicher und östlicher Ökonomen ging in den nächsten Jahren in die Hunderte. Das Buch wurde in der Lehre verwendet. Besonders freute es mich zu hören, dass das Rajk-Kolleg an der Karl-Marx-Universität für Ökonomie in Budapest Jahr für Jahr „*Shortage*-Seminare“ abhielt, um die einzelnen Kapitel des Buchs durchzugehen. Dieses Interesse brachte mir meine erste Einladung, an dieser Universität öffentliche Vorlesungen vor großem Publikum über *Economics of Shortage* zu halten. Bislang hatte ich nur Seminare angeboten, die von einer kleinen Zahl Hörer besucht wurden. Jede Woche war das Auditorium maximum vollbesetzt mit Studenten und Leuten von außerhalb der Universität.*

Eine Auseinandersetzung mit der „Ungleichgewichtsschule“

Hier soll nicht die Vorstellung geweckt werden, das Buch wäre im Triumph vom Start bis ins Ziel durchmarschiert. Manche haben darüber das Gesicht verzogen,

* In der ersten Vorlesung stieß eine Bemerkung auf besondere Zustimmung, als ich die erzwungene Anpassung, die Erniedrigung der Menschen und ihren Konformismus mit dem populären Lied des wunderbaren Sängers Zorán Sztevanovity erklärte: „Das Bier is' lauwarm, aber für uns muss es lang'n.“

andere hielten nicht einmal den Gegenstand für relevant. In Ungarn und auch im Ausland meldeten sich einige zurückhaltende oder ausgesprochen kritische Stimmen. In diesem Kapitel führe ich zwei abweichende Meinungen an. (In einem späteren Kapitel geht es dann um die Interpretation von *Economics of Shortage*, die zwischen den Befürwortern und Gegnern der Reform des ungarischen Systems der Wirtschaftsführung umstritten war.)

In den frühen 1970er-Jahren entwickelten die beiden amerikanischen Ökonomen Robert J. Barro und Herschel I. Grossman einen originellen Marktmodelltyp, der an die Stelle des walrasianischen Gleichgewichts einen Angebots- oder Nachfrageüberhang setzt.[7] Solche Modelle nannten sie Ungleichgewichtsmodelle. Die Grundkonzeption ist offensichtlich mit den Problemen verwandt, die ich zuerst in *Anti-Äquilibrium* zur Sprache gebracht und dann in *Economics of Shortage* weiter ausgearbeitet habe. Die theoretische Struktur des Barro-Grossman-Modells wurde später vom britischen Ökonomen Richard Portes aufgenommen. Dessen ökonometrische Berechnungen richteten sich auf die sozialistischen Wirtschaften der damaligen Zeit. Portes begründete eine Schule: Er und seine Mitarbeiter und ihre Nachfolger entwarfen eine Reihe von Ungleichgewichtsmodellen für verschiedene sozialistische Länder.[8]

Ich hatte Richard Portes Ende der 1950er-Jahre in Budapest getroffen, wo er sich als Doktorand mit der Planung beschäftigte. Seitdem kamen wir von Zeit zu Zeit zusammen und vertraten allgemein ähnliche Auffassungen zu ökonomischen Fragen. Jetzt tat sich allerdings eine tiefe Meinungsverschiedenheit zwischen uns auf. Ich wehrte mich dagegen, dass Barro und Grossman und nach ihnen Portes und seine Nachfolger den Konsumgütermarkt als Makro-Aggregat betrachteten. Dieser Modelltyp bietet ein verzerrtes Bild vom Zustand des Marktes, indem er entweder einen generellen Angebotsüberhang oder einen generellen Nachfrageüberhang aufweist und zwischen diesen beiden Ungleichgewichtszuständen hin und her pendeln kann. Will man etwa unterstellen, die polnische Wirtschaft zum Beispiel, in der die Menschen unter akutem Mangel leiden, könnte auch nur für eine kurze Zeitspanne in einen Zustand des allgemeinen Angebotsüberhangs hinüber wechseln? Die ökonometrische Bestätigung einer solchen Hypothese kann nur bedeuten, dass das Modell unter falschen Voraussetzungen und mit fehlerhaften Definitionen formuliert worden ist.

Mein Buch unterstrich, dass sich Mangel auf aggregiertem Niveau nicht befriedigend darstellen lässt. In einer sozialistischen Wirtschaft bestehen Mangel und Überschuss für gewöhnlich nebeneinander. Die zwei schließen einander auf Grund unzureichender Anpassungsprozesse nicht aus. Es kann erheblicher Mangel an bestimmten Gütern und Dienstleistungen auftreten, während sich gleichzeitig unverkaufte Lager und ungenutzte Dienstleistungskapazitäten in verschwenderischem Maße aufhäufen. Im Weiteren kann man Mangelerscheinungen nicht mit den üblichen statistischen Indizes messen, von denen Portes und seine Mitarbeiter bei ihren Berechnungen ausgingen. Wenn die getätigten Käufe mit der Nachfrage übereinstimmen, dann geben die beobachteten Daten für Käufe und Verkäufe die Nachfrage korrekt wieder. Doch wenn die Käufer ihre Kaufabsichten nicht ausführen können, wer weiß dann, wie groß die ursprüngliche unbefriedigte Nachfrage tatsächlich war? Die Information darüber wird immer weniger zuverlässig, je mehr die Käufer auf den Mangel reagieren, indem sie etwas anderes als beabsichtigt kaufen. Erzwungene Substitution saugt den Nachfrageüberschuss teilweise oder vollständig auf.

Dann wandte ich ein, dass die Modelle von Portes nur den Konsumgütermarkt beschreiben und den Investitionsgütermarkt unberücksichtigt lassen. Doch im Brennpunkt des Problems stand gerade die permanente Anspannung in der Investitionssphäre: Die Lenker der Volkswirtschaft und die Manager der Staatsbetriebe hatten einen unstillbaren „Investitionshunger" und drängten auf Erweiterung, wodurch die Nachfrage auf diesem Markt das Angebot an verfügbaren Ressourcen immer überstieg.

Portes und die Seinen hatten in dieser Debatte mir gegenüber einen großen Vorteil. Sie sammelten aus den vorhandenen Statistiken Daten, mit denen sie dann ihre mathematisch-statistischen Berechnungen anstellten, die zweifellos einen tiefen Eindruck machten. Da blieb mir wenig anderes übrig, als an die Intuition und den gesunden Menschenverstand zu appellieren. Ich konnte den quantifizierten Portes-Modellen keine ebenso quantifizierten Kornai-Modelle entgegensetzen.*

Will man Mangelerscheinungen wirklich messen, dann braucht man neue Methoden. Sie zu entwickeln, war unser nächstes Bemühen. Ein gutes Beispiel ist der Indikator, den der Direktor des Rajk-Kollegs, Attila Chikán, zusammen mit Kollegen entworfen hat und der Quantifizierungen auf der Basis von ungarischen Daten erlaubt. In einer Mangelwirtschaft neigen die Outputlagerbestände dazu zu fallen, da die Käufer soviel wie möglich zu erwerben suchen. Im Gegensatz dazu gibt es auf der Verbrauchsseite eine Tendenz zu horten. Die Betriebe befürchten künftige Mangelerscheinungen und füllen wie Hamster ihre Lager mit Material und halbfertigen Produkten. Das Verhältnis von Output- zu Inputlagerbeständen ist ein

* Allerdings gab es einige vielversprechende Versuche. In Ungarn führten Kollegen und Studenten von mir empirische Projekte auf Grundlage der Theorie von *Economics of Shortage* durch. Auch in anderen Ländern gingen empirische Untersuchungen auf die Theorie ein. Besonders interessant in dieser Hinsicht sind die Artikel, die Gérard Roland 1987 und 1990 veröffentlichte.

aussagekräftiger Indikator. Nimmt er ab, dann zeigt er an, dass sich der Mangel verstärkt. Nimmt er zu, dann schwächt sich der Mangel ab.

Auch für andere Mangelindikatoren wurden Daten systematisch erfasst (z.B. die Länge der Warteschlange für verschiedene Güter und Dienstleistungen und die Verteilung und Häufigkeit von erzwungener Substitution). Ergebnisse sind erst nach fünf oder zehn Jahren zu erwarten, denn man muss lange Zeitreihen zur Verfügung haben, bevor die Zahlen Schlüsse zulassen. Damit hatte ich gerade begonnen, als die Mangelwirtschaft dahinschwand! Gott sei Dank tat sie das, aber der Wandel bedeutet, dass die Debatte für immer ungelöst bleibt. Ich halte meine logischen Argumenten aufrecht, doch war ich nie in der Lage, die Behauptungen von Portes und seinen Kollegen mit anderen, überzeugenderen Berechnungen zu widerlegen.

In Ungarn können solche Polemiken häufig die persönlichen Beziehungen zwischen Kontrahenten einer Debatte trüben. Das passierte glücklicherweise nicht zwischen Portes (später Sir Richard) und mir. Wir verkehrten weiterhin herzlich und freundlich, wie es vor Beginn unserer Auseinandersetzung der Fall gewesen war.

Diskussion mit einem orthodoxen russischen Ökonomen

Die andere Diskussion ergab sich 1981 in Athen auf einer Konferenz der *International Economic Society*, die von dem großen britischen Ökonomen Sir John Hicks geleitet wurde.* Ich ging in meinem Vortrag auf die noch neuen Ideen meines Buches ein und betonte, dass Mangel ein systemspezifisches Übel der sozialistischen Planwirtschaft sei. In der Debatte meldete sich Professor V.R. Chačaturov, der Präsident der sowjetischen Gesellschaft für Wirtschaftswissenschaften, zu Wort und wandte sich energisch gegen meine Darstellung. Er leugne nicht, dass es Einzelfälle von Mangel geben könne. (Einzelfälle? Ungarn war damals ein Land des Überflusses verglichen mit der Sowjetunion, wo ein akuter Wohnungsmangel begleitet wurde von regelmäßig leeren Regalen für Grundnahrungsmittel und alltägliche Kleidungsstücke.) Diese Einzelfälle, meinte er, gingen auf Planungsfehler zurück. Man verbessere nur die Qualität der Planung, und die Probleme wären beseitigt.

Ebenfalls anwesend war Leonid Kantorovič, der große mathematische Ökonom und Pionier der Theorie der linearen Programmierung. 1975 war er mit dem Nobelpreis ausgezeichnet worden. Er blieb sitzen und schwieg.

---

* Ich habe ihn bereits erwähnt. Er setzte sich für die Veröffentlichung meines ersten Buchs auf Englisch ein.

In seiner Zusammenfassung sprach Hicks zustimmend über meinen Vortrag, aber die Meinungsverschiedenheit mit Chačaturov erwähnte er nicht. Wie andere westliche Ökonomen jener Tage wollte er sich nicht auf einer Ost-West-Tagung offen in einen Disput zwischen zwei Wissenschaftlern aus den sozialistischen Ländern hineinziehen lassen.* Chačaturovs Bemerkungen und sein heftiger Ton bestätigten meine anfängliche Vermutung, dass die Botschaft von *Economics of Shortage* einen starken politischen Unterton enthalte.

Ein Beitrag zur Erosion des Systems

Ich habe Beispiele für die Aufnahme meines Buches in Wort und Schrift genannt – Ausgaben, Veröffentlichungen, Besprechungen und Zitate. Wichtiger als diese messbare Wirkung war, wie sehr es das Denken der Intellektuellen im sozialistischen System beeinflusste. Viele Jahre danach suchte ich unseren neuen Hausarzt zum ersten Mal auf. Er begrüßte mich wie einen lange vermissten Freund. Er hatte *Economics of Shortage* gelesen und sagte jetzt – ich zitiere in wörtlich – es habe seine Weltsicht geändert. Danach habe er die sozialistische Wirtschaft mit anderen Augen gesehen. Nicht lange darauf war ich in Krakau und hörte die gleiche Bemerkung von einem polnischen Soziologen.

Ähnliche Erklärungen gab es nicht nur in privaten Gesprächen, sondern auch gedruckt. Ich beschränke mich hier auf Ansichten von russischen Ökonomen.** Daniel Yergin und Joseph Stanislaw erinnern sich in ihrem Buch von 1998 über den Systemwechsel an ein Gespräch mit Egor Gajdar, dem russischen Ministerpräsidenten in der Zeit der großen Wirtschaftstransformation. Sie fassen Gajdars Äußerungen wie folgt zusammen: „Der einzige lebende Ökonom, der für sich in Anspruch neh-

---

* Auf dieser Konferenz traf ich zum ersten Mal mit Professor Wu Jinglian zusammen, der später einer der Architekten der chinesischen Reform wurde. Mein Argument überzeugte ihn, wie er sagte. Er hoffe, die Menschen in China würden mit meinen Ideen vertraut, damit sie die Entwicklung des Landes beeinflussen könnten. Seitdem kamen wir mehrmals zusammen. Er wurde zur treibenden Kraft hinter den chinesischen Ausgaben meiner Bücher.

** Attila Chikán hat in einer 2004 veröffentlichten Studie die Reaktionen in Ungarn zusammengefasst. Ich möchte noch eine andere Statistik über die Wirkung in Ungarn erwähnen. 1989 veröffentlichten György Such und István Tóth eine bibliometrische Untersuchung, die exakt angibt, wer in der ungarischen Wirtschaftsliteratur zitiert wird und wie oft. Eine Tabelle stellte die Rangordnung der Zitierungen in 5-Jahr-Perioden auf (S. 1207). In den beiden Perioden von 1963 bis 1972 stand Marx auf dem ersten Platz. Von 1973 bis 1978 blieb Marx erster, gefolgt von Lenin und Kornai. Von 1978 bis 1982 drehte sich die Rangfolge um, ich rückte an die Spitze, und so blieb es von 1983 bis 1987, als ich in Aufsätzen ungarischer Ökonomen doppelt so häufig zitiert wurde wie Marx.

men darf, die Anschauungen einer ganzen Generation im Kommunismus beeinflusst zu haben, ist Kornai. Er hat das System der Zentralplanung peinlich genau seziert und seine Irrationalität und selbstzerstörerische Kraft demonstriert. Ebenso hat er gezeigt, dass seine vermeintliche Variante, der Marktsozialismus, nicht funktioniert." Sie fahren fort, indem sie Gajdar wörtlich zitieren: „In den 1980er-Jahren hatte er den größten Einfluss auf uns alle. … Seine Analyse der Mangelwirtschaft aus den frühen 1980er-Jahren prägte sich uns allen tief ein. Er sprach unsere Probleme an. Wir kannten alle seine Bücher."[9]

Der ehemalige Moskau-Korrespondent der *Washington Post* David E. Hoffman schrieb vor eine paar Jahren ein Buch mit dem Titel *The Oligarchs: Wealth and Power in the New Russia* (Die Oligarchen: Macht und Reichtum im neuen Russland). Darin erinnerte er an die Gruppe junger Ökonomen um Gajdar und Anatolij Čubajs. Ich zitiere: „Es kam wie eine Inspiration. Sie wurden tief beeindruckt von einem zweibändigen, 630 Seiten starken Werk, das ein ungarischer Ökonomieprofessor, János Kornai, 1980 veröffentlicht hatte. Mehr als jeder andere Text verschaffte *Economics of Shortage* Einsicht in die Schwächen des Sowjetsozialismus." Hoffman zitiert ein Mitglied der Gruppe: „In Leningrad traf das Buch zuerst in geschmuggelten Photokopien ein und wurde sofort zur ‚Bibel'. Auch wir hatten bestimmte Ideen, doch das Buch war eine Art Katharsis. Es brachte unser Denken voran. Man traf jemanden und fragte ‚Hast du Kornai gelesen?' Und dann fing die Diskussion an."[10]

Würde man mich fragen, auf welche meiner Leistungen ich am meisten stolz bin, dann würde ich hierauf verweisen. Mit großer Genugtuung stelle ich fest, dass viele Intellektuelle mein Buch würdigten und es Ökonomen und Leuten aus anderen Berufen schlagartig die Augen über das sozialistische System öffnete.

Nach dem Fall der Berliner Mauer wurden zahlreiche Theorien darüber aufgestellt, was zu diesem Ereignis geführt habe. Verschiedene politische Kräfte östlich und westlich des Eisernen Vorhangs beanspruchten das Verdienst hierfür. Man verwies auf Reagans Zähigkeit, auf kluge Planung Gorbačevs, man hielt die Aktionen der Dissidenten – Andrej Sacharov, Václav Havel, Adam Michnik und andere – für entscheidend oder man setzte die „Reformkommunisten" oben an. Nach meiner Ansicht wird die Frage falsch gestellt. Auch wenn der Wechsel 1989–1990 unglaublich rasch stattfand, ging ihm doch ein langer Prozess der Schwächung und des Verfalls im sozialistischen System voraus. Wie bei allen komplexen, weitreichenden historischen Prozessen lässt sich die Erosion nur als Zusammenspiel mehrer Faktoren erklären. Erklärungen „aus einem Punkt" sind mir suspekt, denn sie vereinfachen die historische Komplexität extrem und verschleiern für gewöhnlich ein politisches Interesse oder den Wunsch, die eigene Bedeutung herauszustreichen.

Ein Faktor trug wesentlich zur Vorbereitung des Systemwechsels bei – sicher nicht der einzige oder größte – und das war der grundlegende Wandel in den Köpfen der politischen, wirtschaftlichen und kulturellen Eliten im sozialistischen System. Kein Regime, nicht einmal eine Diktatur, kann ohne Parteigänger überleben, die von seiner Legitimität und Überlebensfähigkeit überzeugt sind. Das feste Fundament unter dem Bau des sozialistischen Systems war die Existenz von Kommunisten, die an ihre Sache glaubten, die Probleme höchstens für vorübergehend hielten und die mit einem messianischen Sendungsbewusstsein zu Opfern bereit waren. Hitler und seine Komplizen hätten mit Repression und militärischer Gewalt allein den Zweiten Weltkrieg nicht bis zum Ende führen können. Noch ganz am Ende gab es Leute, die von der Sache überzeugt waren. Dem sozialistischen System wurde das Grab gegraben, als Überzeugung und Vertrauen zu schwinden begannen. Der Kreis der sozialistischen Sympathisanten brach auseinander. Der innere Zirkel, die Kader, verloren ihre Überzeugung und fingen an, nach anderen Antworten zu suchen.

Diese geistige Erosion fand vor allem auf Grund persönlicher Erfahrung statt: die ökonomische Krise, russische Verluste im Krieg in Afghanistan, die Verbitterung der Öffentlichkeit. Die Schriften, die damals in die Hände von politisch Interessierten gelangten, halfen den Leuten, ihre Erfahrungen zu interpretieren und beschleunigten den Verfall. Eine ganze Reihe ließe sich aufzählen. Obenan steht Solschenizyns *Der Archipel Gulag*, der zu seiner Zeit eine echte Sensation war. Die Werke von George Orwell und Arthur Koestler wurden ebenfalls viel gelesen, wenn auch erst nach mehreren Jahrzehnten. *Economics of Shortage* fügte dem sich entwickelnden Bild vom Kommunismus eine eigene Note hinzu. Die drei genannten Autoren beschäftigten sich mit der Brutalität, der Abgefeimtheit und der unwahrhaftigen und inhumanen Natur der Repression. Mein Buch sprach ruhig und objektiv andere Schichten in den Gedanken und Gefühlen seiner Leser an. Es untergrub die naive Idee, dass der Sozialismus ein „menschliches Gesicht" erhalten und so seine Mission erfüllen könne. Lenin hat völlig zu Recht behauptet, der Sozialismus werde triumphieren, sobald er eine höhere Produktivität als der Kapitalismus erziele. Die Leser von *Economics of Shortage* verstanden, dass es eine solche triumphierende Überlegenheit nicht geben werde.

Ich weiß natürlich nicht, wie viele unter den politisch Interessierten mein Werk direkt oder aus zweiter Hand kannten und wie viele davon unbeeinflusst blieben. Das ist nie untersucht worden. Aus persönlicher Erfahrung weiß ich aber sehr wohl, dass viele Leute, von denen man hätte erwarten können, das Buch in die Hand zu nehmen, und sei es nur, weil es für mehrere Monate „in Mode" und in gebildeten Kreisen Gesprächsstoff war, das nie taten.* Auch das warnt mich davor, seine

* Ich las das Tagebuch des bekannten ungarischen Autors Ferenc Karinthy, das auch seine Lektüre auflis-

Wirkung zu überschätzen. Doch selbst bei einer realistischen und bescheidenen Betrachtung kommt man auf einen breiten Einfluss.

Noch einmal zum politischen und ethischen Dilemma des Publizierens

Nach unserer Rückkehr aus Stockholm traf ich im Gästehaus der Akademie in Mátraháza Ferenc Donáth. Er zählte zu den führenden Köpfen der Opposition gegen das Kádár-Regime. Ich habe ihn bereits früher erwähnt. Ich arbeitete gerade an den letzten Kapiteln von *Economics of Shortage*. Wir aßen am selben Tisch und gingen oft im Wald spazieren, in ernste Gespräche über Wissenschaft, Politik und Wirtschaft vertieft. Auf einem der Spaziergänge erzählte Donáth, er gebe eine Festschrift zu Ehren von István Bibó heraus.* Man konnte voraussehen, dass eine legale Veröffentlichung des Buches nicht möglich sein werde und es deshalb im *Samizdat* herauskommen müsse. Berühmte Leute boten Beiträge an. Ob auch ich beitragen wolle? Ich antwortete klar und entschieden nein. Donáth kannte genau meine allgemeinen Ansichten über legale und illegale Veröffentlichungen und womit ich mich zurzeit beschäftigte. Deshalb übte er keinen Druck auf mich aus. Er nahm einfach von meiner Weigerung Notiz.

Aus dem, was er damals oder später sagte, schloss ich nicht, dass er mir etwas nachtrug. Wir trafen uns später bei verschiedenen Gelegenheiten zu interessanten und vertraulichen Gesprächen. Er besuchte mich während meines Aufenthalts in München im Sommer 1983, als er dort medizinisch behandelt wurde. Dann suchte ich ihn im Krankenhaus in Budapest auf. Es war erstaunlich, wie tapfer er die Schmerzen seiner tödlichen Krankheit aushielt, mit seinem gewohnt ironischen Lächeln im Gesicht. Im Leben sind wir zwei sehr verschiedene Wege gegangen, aber das hinderte nicht unseren gegenseitigen Respekt und die Freundschaft.

---

tet. Wir waren persönlich bekannt, was seine Aufmerksamkeit auf das Buch hätte lenken können. Doch es ist deutlich, dass Karinthy *Economics of Shortage* nie gelesen hat. In den Kreisen, in denen er verkehrte, war es kein Gesprächsthema. Der hervorragende Historiker Gábor Klaniczay berichtet in seinen faszinierenden Memoiren, welche Bücher seine Generation, die geistige Elite Ungarns, die in den 1950er-Jahren geboren wurde, gelesen habe. Meines ist nicht darunter.

* Die Idee, eine Festschrift zu Bibós 70. Geburtstag zusammenzustellen, stammte eigentlich von János Kenedi. Die Arbeit am Buch begann erst nach Bibós Tod. Ferenc Donáth leitete das Herausgeberkollegium, unterstützt von György Bence, Sándor Csoóri, Árpád Göncz, Aliz Halda, János Kenedi, János Kis, Pál Réz, Jenő Szűcs und Zádor Tordai. Das Buch wurde zur legalen Veröffentlichung dem Verlag *Gondolat* angeboten, der es – offensichtlich nach Rücksprache mit höheren Parteikreisen – ablehnte. So kam es 1981als *Samizdat* heraus. Im Druck erschien es erst 1991 nach dem Systemwechsel, herausgegeben und mit einem Vorwort versehen von Pál Réz.

Ferenc Donáth war unter meinen näheren Bekannten keineswegs der einzige, der während des Kádár-Regimes in halblegale oder illegale Organisationsarbeit verwickelt war und der trotzdem meine Entscheidungen taktvoll und verständnisvoll zur Kenntnis nahm. Ich hatte immer das Gefühl, dass sie den von mir gewählten Weg anerkannten und was ich damit erreicht hatte. In den Kapiteln 5 und 7 habe ich berichtet, wie ich mich 1955–56 entschied, keine Versuche zu machen, die Entwicklung mit illegalen Publikationen zu beeinflussen, und wie ich 1957 diese Entscheidung bekräftigte. Ich hatte meine Strategie bereits festgelegt, wissenschaftlicher Ökonom und Mitglied der westlichen Profession zu werden und meinen Einfluss über legal gedruckte Veröffentlichungen auszuüben. Das implizierte von Beginn an Konzessionen. Ich war bereit, sie zu machen, solange sie nicht gegen Regeln verstießen, die mir mein Gewissen auferlegte. Diese Strategie habe ich im Leben konsistent zu verfolgen versucht. Damit vertrug es sich, *Economics of Shortage* zu schreiben, aber nicht einen Beitrag für die Bibó-Festschrift.

Selbstzensur bringt einige schmerzliche Opfer mit sich. Es gibt Sozialwissenschaftler oder eher vielleicht Dichter und Schriftsteller, die ein intellektuelles Vergnügen darin finden, ihre Meinungen zwischen den Zeilen zu verbergen und wachsame politische Zensoren auszutricksen. Das machte mir keinen Spaß. Fast obsessiv habe ich bis heute versucht, alles was ich zu sagen habe, mit klaren, unzweideutigen Worten auszudrücken. Ich betrachtete es als Selbstverstümmlung, die Leser gezwungenermaßen raten zu lassen, was ich nicht sagen konnte. Selbstzensur ist ein erniedrigender Vorgang. Und ein Grund, warum ich den Systemwandel als Befreiung erfahren habe, ist die Tatsache, dass er mich von solchen bitteren Gefühlen erlöst hat.

Wer für illegale Publikationen schrieb, hatte wohl zu Recht das Gefühl, nicht eingeschränkt zu sein. Er konnte alles aufschreiben, was er jeweils für die volle Wahrheit hielt. Darum beneidete ich diese Leute.*

Es ist eine unerfreuliche, schmerzliche Erfahrung, einem Freund, der die gleichen Ziele verfolgt, abzuweisen. Es ist ganz so, als ob man einen Kampfgenossen im Stich lässt. Ich fand mich häufiger in der Situation, dass von mir ein Artikel für eine *Samizdat*-Publikation oder die Unterschrift unter einen Protestbrief erwartet wurde. Solche Einladungen habe ich konsequent abgelehnt. Ich wollte nicht zwischen zwei Strategien hin und her pendeln. Mir war nicht nur wichtig, Perioden erzwungenen Schweigens und Publikationsverbote zu vermeiden, die Protestierern drohten. Ich

* Als meine Ansichten zu Marx Jahre, nachdem ich mit dem Marxismus gebrochen hatte, gereift waren, hätte ich einen polemischen Artikel zu diesem Thema schreiben können. Doch das hätte ich niemals legal tun können, und so blieben meine Überlegungen ungeschrieben.

wollte auch mein Privileg, in den Westen reisen zu dürfen, bewahren. Dabei ging es mir sicher nicht um das touristische Vergnügen. Jeder neue Auslandsaufenthalt bestätigte, dass ich nur dann ein vollwertiges Mitglied meiner Zunft sein konnte, wenn ich mich regelmäßig mit westlichen Kollegen traf und längere Zeitabschnitte an den führenden Orten westlicher Wissenschaft verbrachte, wo ich den aktuellen Wissensfortschritt aus den primären Quellen mitbekam. Das Leben in der intellektuellen Inzucht Osteuropas erhöhte die Gefahr, dass unser Denken provinziell blieb. Leute aus meiner Generation, die erst nach dem Systemwechsel die internationale Wissenschaftswelt betraten, bekamen bald die Nachteile davon zu spüren.

Manche Menschen blicken rechtfertigend auf ihr Leben zurück und erklären, sie hätten die einzig akzeptable moralische Entscheidung getroffen. Sie erlauben in nachsichtigen Momenten nur geringe Normabweichungen. Wer radikaler ist, den betrachten sie als Heißsporn, der in seiner Gedankenlosigkeit eher Schaden anrichtet, als Gutes zu bewirken. Wer mehr Zugeständnisse macht, der hat sich mit den Autoritäten eingelassen und seine Tugend an die Mächtigen verkauft. In meinen moralischen Urteilen über das Handeln anderer bin ich toleranter, aber ich akzeptiere keinen prinzipienlosen moralischen Relativismus. Einige Zugeständnisse gehen zu weit und kommen in meinen Augen einem Verrat gleich. Manch einer braust unnötig auf und tut seiner Sache keinen Gefallen, wenn er Streit vom Zaun bricht. Ich verachte politische Chamäleons, die ihre Farbe der Umgebung anpassen und immer bereit sind, Prinzipien aufzugeben, in der Hoffnung auf politischen Einfluss oder ein gutes Geschäft. Doch ich bin überzeugt, dass es mehrere moralisch akzeptable Strategien im Leben gibt, und zwar mehrere, die Respekt verdienen. Ich bewundere Leute, die im Kampf um Demokratie und Menschenrechte ihre Existenz und ihre Freiheit aufs Spiel setzten und, wenn nötig, ihr Leben.

Bleiben wir jedoch bei meinem Entscheidungsproblem. Es wäre zu billig, sich darauf hinauszureden, dass eine *Samizdat*-Veröffentlichung nur einige hundert Leser, normalerweise auch nur in einem einzigen Land, erreichen könne, während eine legale, selbst zensierte Publikation wie *Economics of Shortage* Zehntausende in Ungarn und vielen Ländern der Welt erreiche. Das stimmt zwar, aber es gibt ein unmittelbares Gegenargument: *Samizdat*-Veröffentlichungen erlauben ihren Autoren, sich radikaler zu äußern, während ich mich in manchen Fällen mit Hinweisen begnügen musste. Ich sehe in beiden komplementäre, nicht rivalisierende Publikationsformen in einer Diktatur. Ich bin froh, dass es mutige und selbstaufopfernde Menschen gab, die illegale Schriften herausgaben und verbreiteten. Ich bin stolz, dass sie meine Zeitgenossen waren, denn mir liegt die ungarische Demokratie am Herzen. Ich lebe im sicheren Wissen, dass ihre und meine Schriften sich gegenseitig ergänzt haben.

Anmerkungen

1 Kornai 1980, S. 569.
2 Eine Kopie von András Bródys Gutachten befindet sich in meinem Archiv.
3 Eine Kopie von Lajos Faluvégis Gutachten befindet sich in meinem Archiv.
4 Der kurze Artikel, mit (bes) gezeichnet, erschien in der Ausgabe vom 4. Oktober 1980 der Wochenzeitung *Élet és Irodalom.*
5 Kornai 1979.
7 Barro und Grossman 1971.
8 Ein typisches Beispiel des Denkansatzes von Barro, Grossman und Portes ist Portes und Winter 1980.
9 Yergin und Stanislaw 1998, S. 277.
10 Hoffman 2002, S. 89–90.

14 Ein Durchbruch – 1979 und danach

Die weiche Budgetbeschränkung

Einige Tage bevor ich dieses Kapitel zu schreiben begann, erschien in der Zeitschrift mit der größten Leserschaft unter Ökonomen, dem *Journal of Economic Literature*, eine Übersicht von Eric Maskin, Gérard Roland und mir über die Literatur zur weichen Budgetbeschränkung.[1] Ich verwendete den Ausdruck 1979 zum ersten Mal in einem gedruckten Beitrag. In den letzten 25 Jahren hat er eine weite Verbreitung gefunden.

Die Bedeutung des Begriffs

Den Begriff „Budgetbeschränkung" habe ich aus der mikro-ökonomischen Haushaltstheorie übernommen. Nehmen wir an, ein Haushalt stellt sein Budget auf. Er muss seinen Verbrauch so planen, dass die Ausgaben von den Einnahmen gedeckt werden, die durch frühere Ersparnisse ergänzt werden können. Die Summe der Finanzmittel, die dem Haushalt zur Verfügung stehen, ist seine Budgetbeschränkung, die von den Ausgaben nicht überschritten werden kann.

Schauen wir uns nun an, wie ein Staatsbetrieb im Sozialismus seine Geschäfte abwickelt. Geht alles gut, decken die Einnahmen die Ausgaben, und es bleibt noch ein Gewinn. Was geschieht aber, wenn die Ausgaben die Einnahmen übersteigen und weitere Mittel fehlen? Zwei Möglichkeiten sind zu unterscheiden. Entweder die Firma bleibt auf ihre eigene Finanzkraft angewiesen. Dann ist die Budgetbeschränkung hart und anhaltende Verluste führen nach einer gewissen Zeit zum Konkurs. Oder eine höhere Instanz springt ein und rettet die Firma finanziell. In diesem Fall ist die Budgetbeschränkung weich: das Ausgabenverhalten der Firma wird nicht effektiv eingeschränkt. Sie überlebt, auch wenn die Ausgaben für längere Zeit die Einnahmen und das Anfangskapital überschreiten.

Jeder der den Wirtschaftsablauf im sozialistischen System kennt, kennt auch diese Geschichte. Besonders akut war das Problem in Ländern wie Ungarn, wo man vorsichtige Reformschritte unternahm und zum Beispiel den Managern gewinnbezogene Anreize bot. Gewinn zu machen, hieß es, sei absolut notwendig. Doch in der Praxis wurden die damit verbundenen Anreize untergraben. War ein Betrieb profitabel, war das schön. Machte er Verluste – kein Beinbruch, man rettete ihn vor dem Konkurs. Das macht deutlich, worin sich eine Schein-Marktwirtschaft von der echten Marktwirtschaft unterscheidet. Letztere kennt Gewinner, aber auch Verlierer.

Weiche Budgetbeschränkungen richten ernstlich Schaden an. Selbst wenn die Preise einigermaßen stimmen, reagieren die Betriebe nicht auf Signale wie Preise, Kosten und Gewinne. Eine harte Budgetbeschränkung verhängt automatisch hohe Strafen für Unternehmen, die nicht wettbewerbsfähig sind und Verluste verbuchen. Weiche Budgetbeschränkungen verleihen Straffreiheit und dulden Ineffizienz. Diese Situation erlaubt es Produzenten, ungehemmt Waren zu ordern, d.h. sie bläht die Nachfrage auf. Denn wenn die Rechnungen nicht bezahlt werden können, übernimmt sie die höhere Instanz, die dem Betrieb aus der Klemme hilft. Das war die Hauptursache für die überdimensionierten Investitionspläne im sozialistischen System, die oft mit niedrigen Voranschlägen anfingen und mit alarmierenden Kostenüberschreitungen endeten.

Ob harte oder weiche Budgetbeschränkung, sie zeigt dem Manager, worauf er zu achten hat.* Ist die Beschränkung hart, geht es um Effizienz und Rentabilität der Produktion. Ist sie weich, werden für den Manager gute Beziehungen „nach oben" wichtig, von wo man in schwierigen Zeiten finanzielle Unterstützung und einen Verlustausgleich bekommen kann. Es wird wichtiger, die Korridore der Macht aufzusuchen und die Vorgesetzten zu bearbeiten, als das Geschehen in der Fabrik zu kontrollieren.

Warum fand diese Idee der weichen Budgetbeschränkung so große Beachtung und weite Verbreitung? Vor allem weil sie ein relevantes Phänomen identifizierte, das allen bekannt war, ein Syndrom mit Ursachen und Regelmäßigkeiten, die man verstand und erklären konnte, und mit zweifellos schwerwiegenden Folgen. Auch wenn das Phänomen im Sozialismus weiter verbreitet war, so betonte ich von Beginn an, komme es auch in Marktwirtschaften mit Privateigentum vor. Ursprünglich konzentrierte ich mich darauf, die weiche Budgetbeschränkung im Verhalten der Firmen aufzuspüren. Dann stellte ich aber fest, dass es sie auch in anderen Organisationen gab, im Gesundheitssystem, in Bildungsinstituten und Non-Profit-Organisationen sowie der lokalen Verwaltung. Darüber hinaus lassen sich Symptome des Syndroms auch bei Volkswirtschaften insgesamt feststellen, wenn internationale Finanzinstitutionen oder die Finanzgemeinschaft der Welt ganze Länder, die in eine Finanzkrise geraten sind, vor dem Staatsbankrott retten.

* Natürlich gibt es Zwischenstufen zwischen extremer Härte und extremer Weichheit. Dieser Aspekt einer weichen Budgetbeschränkung, und viele weitere, wurde in meinen Arbeiten zu dem Thema ausführlich behandelt. In dieser Autobiographie geht es nur darum, den Grundgedanken darzulegen, damit auch Nicht-Ökonomen ihn verstehen können. Deshalb wird die Theorie hier sehr vereinfacht.

Doch die breite Akzeptanz der Idee erklärt sich nicht allein aus ihrer praktischen Relevanz. Die theoretische Struktur wies eine glückliche Übereinstimmung mit dem ökonomischen Mainstream-Denken auf. Jeder der Mikro-Ökonomie studiert hat, ist mit der Idee einer Budgetbeschränkung vertraut. Es fällt leicht, einen neuen Gedanken zu entwickeln, wenn man die Bedeutung eines wohlbekannten Konzepts erweitert und zuspitzt. In einem früheren Kapitel habe ich angemerkt, dass unsere Ideen über automatische Kontrolle relativ folgenlos geblieben waren, weil sie in mehrfacher Hinsicht nicht in das Routinedenken der Mainstream-Ökonomen passten. Jetzt war glücklicherweise das Gegenteil der Fall. Eine Theorie, die auf dem vertraut klingenden Konzept der „Budgetbeschränkung" basierte, war unmittelbar einsichtig und interessant. Und so fand die Idee Akzeptanz und Verbreitung.

Die Vorläufer

Meine theoretischen Überlegungen zur weichen Budgetbeschränkung gingen weit zurück. Weiter oben berichtete ich, wie ungarische Staatsunternehmen, sobald Gewinnanreize eingeführt wurden, sich dafür einsetzten, dass sie für eventuelle Verluste kompensiert werden müssten. 1958 schrieb ich einen Aufsatz unter der Frage „Soll man das System der Gewinnbeteiligung ändern?". In Kapitel 7 findet sich eine knappe Zusammenfassung. Seitdem beschäftigte mich das Problem. Ich spürte, dass sich dahinter etwas Wichtiges verbarg.

1972 schickte mir Andreas Papandreou, der künftige Ministerpräsident Griechenlands, der damals an einer kanadischen Universität Ökonomie unterrichtete, ein Exemplar seines *Paternalistic Capitalism* mit Widmung. Das Buch lenkte meine Aufmerksamkeit auf ein wichtiges gesellschaftliches Phänomen: die paternalistischen Züge in vielen Gesellschaftsformen. Am meisten faszinierte mich natürlich die Frage, wie sie sich in einer sozialistischen Gesellschaft äußerten.

Selbst während der brutalsten Repression in Ungarn liebte es der kommunistische Diktator, die Rolle des „Vaters für sein Volk" zu spielen. Diese strenge Vaterfigur wich einer lächelnden, als die Diktatur sich in Ungarn lockerte. Für die politische Struktur bedeutet Paternalismus, dass die Amtsgewalt Entscheidungsbefugnisse in eigener Hand behält, die in anderen Gesellschaften beim Individuum, der Familie, der Gemeinde oder dem untersten Organisationsniveau, z. B. dem Unternehmen liegen. In ähnlicher Weise hatte in früheren Zeiten der Vater das Recht, Familienentscheidungen zu treffen, denn es war seine Pflicht, für die Familie zu sorgen. Eine paternalistische Gesellschaft behandelt ihre Mitglieder wie Minderjährige, ja geradezu wie Kinder. Sie erwartet nicht, dass sie für sich selbst sorgen, und hält es für natürlich, wenn sie für alle ihre Nöte Hilfe von oben erwarten.

Mir schwebte vor, den Paternalismus mit der Rettung in Schwierigkeit geratener Unternehmen im Sozialismus zu verbinden. Diesen Gedanken führte ich zum ersten Mal in einem Vortrag an der Universität Oslo aus. Um die Beziehung zwischen Staat und Betrieb zu beschreiben, verwendete ich die Analogie einer Familie, die ihre Kinder erzieht. Ich unterschied fünf Grade des Paternalismus von 4 bis 0. Grad 4 enthält Sachzuweisungen und ihre passive Annahme. Das ist bei einem Neugeborenen der Fall, das alles von den Eltern erhält und um nichts bitten muss. Grad 3 enthält ebenfalls Sachzuweisungen, wobei die Wünsche aber aktiv geäußert werden. Das Kind ist älter und bekommt noch immer alles von den Eltern, doch es kann reden und den Erwachsenen seine Bedürfnisse mitteilen. Diese Grade entsprechen der Beziehung zwischen Staat und Betrieb in einer Wirtschaft mit strikter Zentralplanung. Der Staat sorgt für einen Produktionsplan und die Ressourcen, um ihn zu erfüllen. Ist die Diktatur streng, wird der Betrieb erst gar nicht gefragt (Grad 4). Hat sich die Repression etwas gelockert, besteht eine Möglichkeit, über die Planindikatoren zwischen Betrieb und Behörde zu verhandeln (Grad 3).

Grad 2 wird von Finanzzuweisungen gekennzeichnet. Das Kind, z.B. ein typischer amerikanischer Collegestudent, hat das Haus verlassen, ist aber noch nicht unabhängig. Die Eltern geben ihm Taschengeld, zahlen die Studiengebühren und kommen für den Lebensunterhalt auf. Geht das Geld aus, bittet der Jugendliche die Eltern um mehr, für gewöhnlich mit Erfolg. In der analogen wirtschaftlichen Situation erhält der Betrieb eine Finanzzuweisung für ein Investitionsprojekt und bestimmt selbst ihre Verwendung. Aber wenn das Geld nicht reicht, deckt der Staat normalerweise die zusätzlichen Kosten.

Grad 1 nannte ich selbstverantwortlich, aber mit Unterstützung, und Grad 0 selbstverantwortlich und auf sich selbst gestellt. Das Kind ist erwachsen. Es verdient in der Regel genug, sich selbst zu unterhalten. Doch was passiert bei finanziellen Schwierigkeiten? Die Familie kann zur Hilfe eilen (Grad 1) oder beschließen, das Kind sei jetzt für sein eigenes Schicksal verantwortlich (Grad 0). Auf den Betrieb übertragen entspricht Grad 1 einer halb reformierten, marktorientierten sozialistischen Wirtschaft, in der das Unternehmen autonom ist, aber im Fall chronischer Verluste gestützt wird. Grad 0 beschreibt eine Situation frei von Paternalismus und mit hartem Wettbewerb auf dem Markt. Scheitert das Unternehmen, ist das sein Problem. Es kann von niemandem erwarten, seine Schulden zu übernehmen.

Diese Beschreibung der Grade von Paternalismus in der Familie und in der Gesellschaft fand später Eingang in *Economics of Shortage*. In Oslo verwendete ich noch nicht das Konzept der weichen und harten Budgetbeschränkungen, doch im Buch formulierte ich das Paternalismusmodell in diesen neuen Begriffen. Grad 2 und besonders Grad 1 umschrieb die Situation, die ich weiche Budgetbeschränkung nannte, Grad 0 die harte Beschränkung.

Das Konzept erschloss sich mir nicht beim Nachdenken über die Rolle der Budgetbeschränkung oder beim Versuch, dieses Konzept zu verbessern. Ausgangspunkt war ein reales wirtschaftliches Phänomen und die beobachtete Praxis. Die Formulierung ergab sich fast zufällig. Ich bereitete eine Vorlesung für die Universität Stockholm vor und schrieb mathematische Gleichungen auf, um die Funktionsweise eines Staatsunternehmens zu modellieren. Das schließt untere Output-Beschränkungen und obere Ressourcenbeschränkungen ein. Der Vollständigkeit halber fügte ich auch finanzielle Beschränkungen hinzu. Auch wenn eine „Budgetbeschränkung" üblicherweise nicht im mikro-ökonomischen Standardmodell einer gewinnmaximierenden Firma vorkommt, schrieb ich sie in mein Modell. Doch sofort fiel mir auf, dass dies keine effektive Beschränkung ist. Ein Betrieb ist nicht in der Lage, eine Ressourcenbeschränkung zu durchbrechen, z.B. die Zuweisung an Rohstoffen. Seine Budgetbeschränkung dagegen ist weich, und er weiß, dass die höhere Behörde ihm in schwierigen Zeiten aushelfen wird.

So verwendete ich den Ausdruck „weiche Budgetbeschränkung" in der Vorlesung. Ich erinnere mich gut, wie hinterher zwei Professoren aus der Hörerschaft, der Schwede Bengt-Christian Ysander und der Amerikaner Harvey Lapham, zusammen mit einem Studenten, Lars Svenson (heute ein bekannter Ökonom), zu mir kamen und sagten, wie sehr ihnen die Idee einer weichen Budgetbeschränkung gefallen habe. Diese kurzen ermutigenden Worte veranlassten mich, etwas genauer über den Ausdruck nachzudenken und die damit verbundenen theoretischen Probleme auszuarbeiten. Danach spielten Beschreibung und Analyse der weichen Budgetbeschränkung als charakteristischer dysfunktionaler Eigenschaft des sozialistischen Systems eine tragende Rolle in meinen Vorlesungen und Aufsätzen zur Mangelwirtschaft und zur sozialistischen Wirtschaft im Allgemeinen.

Die Wissenschaftsgeschichte kennt Fälle, in denen Theorien in abgerundeter und reifer Form dem Kopf eines Denkers entsprungen sind. Das ist mir nie passiert. Von jenem ungarischen Artikel des Jahres 1958 bis zum Übersichtsartikel im *Journal of Economic Literature* von 2003 blieb die Grundidee gleich. Doch die 45 Jahre dazwischen haben viele Änderungen mit sich gebracht, wie ich die Methode beschreibe, die Ursachen erkläre und die Konsequenzen darstelle. Meine augenblickliche Position findet sich im Artikel von 2003 und in meinem Buch von 1992 *Das sozialistische System: Die politische Ökonomie des Kommunismus.* Zwei Änderungen, die ich gegenüber der früheren Position angebracht habe, möchte ich herausstreichen; denn sie sind nicht nur wissenschaftlich bedeutsam.

In frühen Veröffentlichungen betonte ich bei der Erklärung der Weichheit der Budgetbeschränkung die paternalistische Rolle des Staates. Nachdem der sozialistische Staat die Staatsbetriebe, seine Kinder, zur Welt gebracht hat, kann er sich als verantwortungsvoller Vater nicht von ihnen abwenden. Darüber hinaus ist der Staat für den Lebensunterhalt der Betriebsangehörigen verantwortlich. Viele Leute nehmen das als Endpunkt der Kausalanalyse, doch faktisch ist das nicht das Ende. Schon in den damaligen Tagen stellte ich mir die Frage: Warum verhält sich der Staat im sozialistischen System so? Warum verbindet sich die Übernahme einer „Fürsorgerolle" mit der Forderung nach ungeteilter Macht? Wie passt das in die politische Struktur und die offizielle Ideologie? Dem letzten, dem 22. Kapitel von *Economics of Shortage*, das den Paternalismus behandelt, hätte ein weiteres Kapitel folgen müssen, eine Diskussion dieser tieferen Zusammenhänge. Doch das blieb ungeschrieben. Wie im vorigen Kapitel erwähnt, hielt mich die Selbstzensur davon ab.

Glücklicherweise hatten viele Leser genug Vorstellungskraft sich auszumalen, wie der Gedankengang von *Economics of Shortage* zu ergänzen sei. Doch nicht jeder konnte meine Argumentation selbst fortzuführen und dachte bei sich, ich hätte nicht mehr zu sagen. Damals wie heute frage ich mich, was diese Kollegen von mir hielten. Glaubten sie ernstlich, ich würde einen großen Teil meiner Zeit in Budapest verbringen, ohne mir der wahren Natur des kommunistischen politischen Systems bewusst zu sein, selbst wenn ich mich dazu nicht ausdrücklich äußerte?* Natürlich sah ich deutlich, dass die politische Struktur dem Verhältnis von Staat und Betrieb ihren Stempel aufdrückte. Vergeblich versuchte ich, zwischen den Zeilen Andeutungen zu machen. Auf den letzten Seiten des Buches war sehr allgemein von der Rolle des „institutionellen Systems" die Rede, doch das scheint für manche Leser nicht ausreichend gewesen zu sein.

Im vorigen Kapitel habe ich den bitteren Preis beschrieben, den ich für die legale Publikation von *Economics of Shortage* und einigen anderen Arbeiten bezahlen musste. Mein Entschluss, die Kausalkette des Mangels mit dem Paternalismus enden zu lassen, führte zu vielen Missverständnissen. Ich kann darin einen bedauerlichen Bestandteil des „Preises" für die Legalität sehen. Die Schranken der Selbstzensur fielen, als ich 1992 *Das sozialistische System* veröffentlichte, in dem ich endlich mein vollständiges Argument zur weichen Budgetbeschränkung entwickeln konnte.

---

* Jahrzehntelang musste ich feststellen, dass westliche Kollegen keine Vorstellung davon hatten, dass ich als Bürger eines kommunistischen Landes vielleicht von Zensur und Selbstzensur eingeschränkt würde. Über ihr Unverständnis konnte ich mich nicht genug wundern.

Was die zweite Entwicklung in meinem Denken betrifft, so sah ich damals wie heute ein Verhältnis von Ursache und Wirkung zwischen der weichen Budgetbeschränkung und den Mangelerscheinungen. Heute betrachte ich die Stärke dieses Verhältnisses allerdings etwas anders. Bevor sich eine umfassende, chronische und intensive Mangelwirtschaft in einem Land entwickeln kann, muss die Budgetbeschränkung für die Betriebe, die den Großteil der Produktion hervorbringen, weich sein. Doch das ist keine hinreichende Bedingung. Weitere Faktoren sind erforderlich: ein Verbot der Gewerbefreiheit, administrative Beschränkungen des Importwettbewerbs, Verzerrungen des Preissystems und so weiter. *Economics of Shortage* betonte zu sehr die weiche Budgetbeschränkung. Diese Schwäche lässt sich nicht mit der Selbstzensur und der Notwendigkeit freiwilliger Beschränkungen erklären, um die legale Publikation sicherzustellen. Der Hauptgrund liegt einfach darin, dass die Analyse noch nicht ganz ausgereift war.

Ein weiterer Aspekt dieser Schwäche zeigt sich bei der Ableitung der Folgen einer weichen Budgetbeschränkung. Hauptthema des Buches war der Mangel, und daher musste das Schwergewicht auf der Untersuchung liegen, wie dieses Syndrom eine überzogene Nachfrage bewirkte. Der Einfluss ist wichtig, aber noch wichtiger ist, was unter Wissenschaftlern, die sich mit dem Thema beschäftigten, zur Hauptsorge wurde: die negative Wirkung der weichen Budgetbeschränkung auf Produktivität, Wettbewerbsfähigkeit und Anreize. *Economics of Shortage* hat darauf hingewiesen, aber ich würde das jetzt stärker betonen und es an die erste Stelle der Nachteile setzen, die aus der weichen Budgetbeschränkung folgen.

Empirische Bestätigung

Ich hielt es für wichtig, die theoretische Diagnose in der Praxis zu prüfen. Zusammen mit Ágnes Matits, einer jungen Lektorin (*associate professor*) an der Karl-Marx-Universität für Ökonomie, fing ich 1983 an, für alle ungarischen Staatsunternehmen eine Datenbasis der wichtigsten Finanzindikatoren über eine Reihe von Jahren zusammenzustellen. Ungefähr 1,3 Mio. Zahlenangaben fütterten wir den Rechnern ein, die damals natürlich sehr viel weniger effektiv arbeiteten als heute. Ágnes und ihre Kollegen verschlüsselten die Zahlen in eine leicht zu bearbeitende Form. Ökonometrische Analysen belegten dann die Komplexität der Kanäle, über die Unternehmensgewinne immer wieder umgeschichtet wurden. Es war unmöglich, die Angaben über „endgültigen Gewinn“ zu rekonstruieren, die in den Büchern des Betriebes nach langem Hin und Her bürokratischer Umverteilung letztlich erschienen, da sie so weit von den ursprünglich erzielten Gewinnen oder Verlusten abwichen.

Unsere Berechnungen bestätigten ganz klar, dass die Bürokratie einen Großteil des Gewinns der profitabelsten Betriebe auf Betriebe mit ursprünglichen Verlusten umverteilte. Man bestrafte den, der große Gewinne machte, und belohnt wurden ungerechterweise die Verlustbetriebe. Dieses Ergebnis belegte konkret die Existenz der weichen Budgetbeschränkung. 1987 publizierten Ágnes Matits und ich die Ergebnisse in dem Buch *Die bürokratische Umverteilung des Unternehmensgewinns.*

Auch andere Autoren testeten, wenn auch nur vereinzelt, noch vor dem Zusammenbruch des Sowjetimperiums Theorien, die mit der Budgetbeschränkung in Verbindung standen. Erst später, in den 1990er-Jahren nahm diese Forschung Fahrt auf, und es fand ein Durchbruch im Denken statt. Westlichen Beratern, die in die post-sozialistischen Länder kamen, wurde plötzlich klar, dass die weiche Budgetbeschränkung eines der wirtschaftlichen Übel war, die man aus dem vorangegangenen System geerbt hatte. Damit setzte sich auch die Einsicht durch, eine der Hauptaufgaben für den Übergang zu einer Marktwirtschaft sei es, die Budgetbeschränkung hart zu machen. Untersuchungen auf Grundlage sorgfältig erhobener Daten und ökonometrischer Berechnungen wurden angestellt. Kaum ein Bericht der Weltbank oder der Europäischen Bank für Wiederaufbau und Entwicklung versäumte es, sich damit zu beschäftigen, wie sehr weiche Budgetbeschränkungen das Unternehmensverhalten in den sozialistischen oder post-sozialistischen Ländern beeinflussten.

Die mathematische Modellierung des Phänomens

Wie beim empirischen Test des Syndroms der weichen Budgetbeschränkung hatte ich auch im Fall seiner mathematischen Modellierung das Gefühl, ich müsse selbst daran gehen, die formale Theorie auszuarbeiten. In Jörgen Weibull fand ich einen hervorragenden Mitarbeiter.* Jörgen gefiel zwar der Ausdruck „weiche Budgetbeschränkung" nicht, doch er konnte sich für das Konzept des Paternalismus erwärmen. Wir stellten ein mathematisches Modell auf, um zu zeigen, was passiert, wenn Verlustbetriebe paternalistisch unterstützt werden. Der Unternehmenssektor ist dann weniger zurückhaltend in seinen Bestellungen, und die Nachfrage wächst stärker als wenn alle Betriebe sich im Wettbewerb behaupten müssen.[2]

---

* Ich hatte Jörgen als Student während meines Aufenthalts in Schweden kennen gelernt. Doch das Schicksal wollte es, dass er nicht nur Ko-Autor wurde, sondern auch Ehemann unserer Tochter und Vater unserer beiden schwedischen Enkelkinder.
Wir schrieben die Arbeit zum Paternalismus in den frühen 1980er-Jahren. Wir hatten damit während eines Besuchs von Jörgen in Budapest begonnen und führten die Sache zwischen Stockholm und Budapest korrespondierend zu Ende. In der heutigen, vom Internet dominierten Welt ist das nichts Besonderes. Jetzt arbeiten weit entfernt voneinander lebende Autoren häufiger an gemeinsamen Papieren.

Auch in Princeton machte man sich an die Konstruktion eines Modells mit ähnlicher Ausrichtung. Richard Quandt, der mich immer, wenn ich dort unterrichtete, äußerst bereitwillig unterstützte, orientierte seine Forschung jetzt auf die Theorie der weichen Budgetbeschränkung. Mit seinen Kollegen zeigte er z.B. in einer Reihe von Studien den „Kornai-Effekt", d.h. eine theoretische Verbindung zwischen dem Aufweichen der Budgetbeschränkung und der Zunahme der Nachfrage von Unternehmen.[3] Die theoretische Wende trat dann mit einem Modell ein, das Eric Maskin, Wirtschaftsprofessor in Harvard, und Mathias Dewatripont, damals noch Doktorand, entwickelten.[4] In jenen frühen 1990er-Jahren unterrichtete ich in Harvard und unterhielt mich mit Eric ausführlich über die sozialistische Wirtschaft und natürlich auch über die Probleme der weichen Budgetbeschränkung. Er und Mathias arbeiteten bereits eine Zeit lang über das bekannte spieltheoretische Problem der „Bindung" *(commitment)*. Demnach entwickelt sich das Verhältnis unterschiedlich zwischen „Spielern" (Teilnehmern, die in einer bestimmten Situation entweder kooperieren oder auch nicht), je nachdem, ob alle Parteien ihre ursprüngliche Verhaltensbindung einhalten oder ob sie später eine andere Strategie verfolgen. Bleibt ihr Verhalten konsistent oder wird es mit der Zeit inkonsistent? Die beiden Theoretiker erkannten, dass meine weiche Budgetbeschränkung ein besonderes Phänomen von Inkonsistenz darstellt.

Nehmen wir ein einfaches Beispiel. Eine große Bank beteiligt sich bei einem Unternehmen an der Finanzierung eines Investitionsprojektes und stellt einen Kredit bereit. Sie versichert, sie werde die Bedingungen des Kreditvertrages strikt einhalten. Sie erwartet, dass die Firma, die das Investitionsprojekt ausführt, selbst für ihre Zahlungsfähigkeit sorgt, was auch immer geschehen mag. Die investierende Firma gerät in finanzielle Schwierigkeiten und kann die ursprünglichen Bedingungen des Kreditvertrages nicht erfüllen. Daraufhin bietet die Bank trotz gegenteiliger früherer Aussage finanzielle Hilfe an und zeigt sich bereit, die Kreditkonditionen zu ändern oder einen weiteren Kredit zur Verfügung zu stellen. Das Modell zeigt, dass die Rettungsaktion im direkten finanziellen Interesse der Bank liegt. Nachdem sie einmal Geld in das Projekt gesteckt hat, ist es rational, gutes Geld dem schlechten hinterher zu werfen.

Das Dewatripont-Maskin-Modell war in zweierlei Hinsicht besonders interessant und wichtig. Zum einen hat es die Kausalanalyse verbessert. Das Phänomen beschränkt sich nicht mehr nur auf Fälle, in denen die Organisation, die eine bankrotte Firma rettet, politische, makro-ökonomische oder soziale Motive hat.* Schon

---

* Wann ist eine Rettungsoperation gerechtfertigt? Was ist wichtiger, die erwarteten makro-ökonomischen, die sozialen Effekte einer Rettungsoperation oder die in weiterer Zukunft liegende, dauerhafte

einfaches Eigeninteresse veranlasst eine gewinnorientierte Bank, einem zahlungsunfähigen Schuldner beizuspringen. In der Wirtschaftspraxis lässt sich so etwas häufiger beobachten. Großbanken sind zumindest eine Zeit lang bereit, unzuverlässige, kränkelnde Kunden zu unterstützen. Das verursacht möglicherweise weniger Schwierigkeiten und kleinere Verluste, als den Kredit einfach abzuschreiben.

Der zweite Reiz des Dewatripont-Maskin-Modells bestand darin, dass es das Problem mit dem Instrumentarium der mathematischen Spieltheorie anging. In den 1990er-Jahren hatte sich das Interesse der Ökonomie auf die Spieltheorie gerichtet. Hunderte von Wissenschaftlern stürzten sich auf dieses „heiße" Forschungsfeld und wer sich mit dieser faszinierenden, eleganten und flexiblen Technik auskannte und damit umgehen wollte, konnte jetzt die weiche Budgetbeschränkung in einem leicht fassbaren Modell beschreiben. Dem ersten Dewatripont-Maskin-Modell folgten mehrere Varianten. Jede klärte aus verschiedener Sicht einzelne Aspekte, Ursprünge und Wirkungen des Syndroms.

Die Geschichte hinter dem ersten zusammenfassenden Artikel

Blicken wir zurück: 1984 hatte ich die weiche Budgetbeschränkung in mehreren Artikeln und in *Economics of Shortage* erwähnt und dachte, es sei an der Zeit, in einem gesonderten Artikel meine Ideen zu diesem Thema zusammenzufassen. Ich suchte für diesen Aufsatz eine möglichst breite Öffentlichkeit, ich wollte nicht nur Sowjetologen und Osteuropa-Spezialisten ansprechen. Wenn auch andere Ökonomen etwas über dieses noch wenig bekannte Konzept erfuhren, könnte sie das vielleicht dazu veranlassen, es auch auf die Marktwirtschaft anzuwenden. Der resultierende Artikel enthielt keine mathematischen Modelle. Von Anfang bis Ende war er verbal formuliert. Es gab einige illustrative Tabellen, doch die Zahlen mussten für sich selbst sprechen. Ich brachte weder eine mathematisch-statistische noch eine ökonometrische Datenanalyse, um die Behauptungen zu untermauern.

Ich reichte den Artikel bei einer der renommiertesten Zeitschriften ein, dem *American Economic Review*. Nach ein paar Monaten erhielt ich Antwort vom Herausgeber. Der Artikel sei an drei Gutachter zur Beurteilung geschickt worden. Einer von ihnen empfehle die Veröffentlichung nach geringfügigen Änderungen, doch die beiden anderen hätten schwerwiegende Einwände. Der Herausgeber fügte

Wirkung auf das Verhalten von Unternehmen, die ähnliche Rettung erhoffen lässt? Die Diskussion solcher grundlegenden normativen Fragen übersteigt den Rahmen dieser Autobiographie.

hinzu, der Ton der beiden kritischen Gutachten sei scharf und das vielleicht in übertriebenem Maße. Trotzdem halte er es für besser, wenn ich meine Überlegungen in die Form eines Übersichtsartikels bringen würde und zwar nicht für seine Zeitschrift, sondern für das *Journal of Economic Literature*. Soweit er wisse, hätte ich mich schon bereit erklärt, für diese Zeitschrift einen solchen Artikel zu schreiben.[5] Diese höfliche Ablehnung beruhte auf einem faktischen Irrtum. Ich arbeitete in der Tat an einer Studie für letztere Zeitschrift, doch das Thema lautete anders: eine zusammenfassende Übersicht und Beurteilung der Wirtschaftsreform in Ungarn. Zwischen den zwei Papieren gab es kaum eine Überschneidung. Kurz, der *American Economic Review* hatte meinen Artikel abgelehnt. Ich bot ihn der Zeitschrift *Kyklos* an, die ihn ohne Änderung annahm.[6] Es ist eine meiner am häufigsten zitierten Publikationen geworden.

Ich könnte mich damit trösten, dass es auch bedeutenderen Männern und Frauen passierte, eine Arbeit abgelehnt zu sehen. Viele Jahre später haben die beiden Amerikaner Joshua S. Gans und George B. Sheperd bekannte Ökonomen über solche Erfahrungen befragt.* Viele unter ihnen hatten ähnliche Erlebnisse, von Sir Roy Harrod, einem der Schöpfer der modernen Wachstumstheorie, bis Milton Friedman und Paul A. Samuelson, den bekanntesten amerikanischen Ökonomen des 20. Jahrhunderts. Top-Zeitschriften hatten eingereichte Papiere abgelehnt, darunter Arbeiten, die später zu Klassikern der Wirtschaftstheorie wurden. Im beruhigenden Wissen, mein Fall sei keineswegs eine Ausnahme, könnte ich die Angelegenheit vergessen.

Doch da gibt es eine interessante Fortsetzung der Geschichte. Ein paar Jahre später reichte auch Yingyi Qian, damals noch Doktorand in Harvard, heute Professor an der Universität von Kalifornien in Berkeley, einen Artikel beim *American Economic Review* ein. Er untersuchte, wie Mangel und weiche Budgetbeschränkungen im sozialistischen System miteinander verbunden sind. Qian analysierte die Beziehung mit einem einfallsreich konzipierten mathematischen Modell, einer Variante des erwähnten Dewatripont-Maskin-Modells. Wie für diese Zeitschrift üblich, formulierte er in einer exakten mathematischen Sprache theoretische Sätze und ihren Beweis. Der Artikel führte sorgfältig seine intellektuellen Quellen an: *Economics of Shortage*, den *Kyklos*-Artikel und die Arbeit von Dewatripont und Maskin. Es war ein substantieller Teil von Yingyis Dissertation. Eric Maskin und

* Auch ich wurde angesprochen, zögerte damals aber, die Geschichte zu erzählen. Nachdem wir jetzt im *Journal of Economic Literature* darüber berichten konnten, wie sich die Idee der weichen Budgetbeschränkung verbreitet hat, scheint mir die Zeit gekommen, sie zu erzählen. Und diese Memoiren sind der beste Rahmen dafür, weil sie den Vorfall in seinen Kontext stellen.

ich waren seine offiziellen Betreuer. Wir lasen beide das Manuskript und erteilten Ratschläge, wie man das von Promotionsbetreuern erwartet. Der Autor dankte uns dafür in seinem Artikel.

Yingyi Qians Artikel stellte relevante Fragen und ergänzte die umfangreiche Literatur zu diesem Thema mit originellen Überlegungen, die er mit beispielhafter Klarheit und Exaktheit ausdrückte. Die Herausgeber hatten in meinen Augen Recht, den Artikel zu akzeptieren und zu veröffentlichen. Guten Gewissens kann ich behaupten, nicht den Schatten eines Neidgefühls gegenüber meinem jungen Kollegen gehabt zu haben. Ich hatte zu Yingyi in seiner Studentenzeit ein freundschaftliches Verhältnis und das hat sich seitdem vertieft. Ich habe stets versucht, ihm weiterzuhelfen, und er hat mir wissenschaftlich assistiert. Unsere Treffen finden immer in herzlicher Atmosphäre statt.* Ich freue mich darüber, dass einer meiner besten und nettesten Studenten seine Arbeit in einer der prominentesten Zeitschriften der Zunft veröffentlicht hat.

Aber warum hat die Zeitschrift den ersten Artikel abgelehnt und den zweiten akzeptiert? Auch wenn ich die Frage aus dem Blickwinkel des Abgelehnten stelle, verweist meine persönliche Geschichte auf ein allgemeines Problem. Welche Kriterien wenden Gutachter an, wenn sie darüber entscheiden, was veröffentlicht werden sollte? Wie beeinflussen die Publikationen eine akademische Karriere? Welches Verhalten wird bei Wissenschaftlern durch die heutige Praxis der Publikation, der Einstellung und der Beförderung stimuliert?

Lehren aus dem Vorfall

Bevor ich antworte, möchte ich betonen, dass ich ein weitreichendes Problem angeschnitten habe und es den Rahmen dieser Autobiographie überschreiten würde, es ausführlich zu behandeln. Die Analyse bleibt bruchstückhaft und beschränkt sich nur auf meine Geschichte.** Andere, weniger bedeutende Aspekte der Auswahlkriterien mit all ihren nützlichen oder schädlichen Effekten lasse ich unberücksichtigt. Zum Beispiel diskutiere ich nicht die positive Wirkung der hohen professionellen Standards, die Herausgeber und Gutachter dieser Zeitschriften bei der Auswahl

* Als meine Frau und ich unseren zweiten Chinabesuch machten, nahm sich Yingyi extra Zeit und flog aus den Staaten hinüber, um mir bei der Kommunikation mit chinesischen Kollegen zu helfen. Wenn wir mit den Dolmetschern Probleme hatten, sprang er als Übersetzer ein. Er beherrsche, so scherzte er, drei Sprachen: Englisch, Chinesisch und Kornaisch.

** Ich gehe auf das Problem nur für die Sozialwissenschaften ein. Für die Beantwortung der Frage, wie Naturwissenschaftler arbeiten und wie sie zu ihren Entdeckungen kommen, fehlen mir nähere Kenntnisse.

der zu veröffentlichenden Papiere voraussetzen, auch wenn ich das für besonders wichtig halte.

Der Auswahlprozess der Top-Zeitschriften enthält ein Zufallselement. Offensichtlich können zwei Arten von Irrtümern auftreten: Artikel, die eine Publikation wert sind, werden nicht veröffentlicht und Artikel, die das nicht sind, werden veröffentlicht. Die Entscheidung wird von Menschen gefällt, und niemand ist unfehlbar. Die Frage lautet also vielmehr, ob es systematische Irrtümer gibt. Gibt es so etwas wie eine charakteristische und regelmäßige Verzerrung bei der Annahme oder Ablehnung? Es wird über unterschiedliche Verzerrungstendenzen geklagt; ich möchte nur eine davon genauer betrachten.

Wirklich wichtige, zukunftsweisende Ideen sind in den Sozialwissenschaften selten sofort völlig korrekt und fehlerlos formuliert.* Oft erscheinen sie in der Form einer vagen, etwas undeutlichen Vermutung, wonach ein langer Klärungs- und Verständigungsprozess einsetzt. Manchmal löst eine fehlerhafte, aber inspirierende Behauptung fruchtbare Nachforschungen aus, wobei empirische Tests zur Stützung der Behauptung die Forscher näher an die Wahrheit bringen.

Die Mathematik spielt in der Forschung eine wichtige Rolle, seit sie in den Instrumentenkasten der Ökonomie aufgenommen wurde. Aber soweit ich die Sache verfolgen kann, wurden aufregende und relevante Einsichten für gewöhnlich von einem Pionier zuerst verbal formuliert und nicht im mathematischen Modell. Erst kam Adam Smiths Prosa über die Koordinationswirkung der unsichtbaren Hand und sehr viel später erst Léon Walras' Gleichgewichtstheorie, die nach dem heutigen Wissenstand etwas ungenau ist. Noch später kamen Kenneth Arrow und Gérard Debreu mit ihrer perfekten Exaktheit. Zuerst gab es John Maynard Keynes und seine mehr oder weniger unpräzisen Ideen über Zins und Liquiditätspräferenz, dann das IS-LM (*investment-savings, liquidity-money supply*; Investition-Sparen, Liquidität-Geldangebot) Modell von John Hicks, das diese Ideen in mathematischer Form ausarbeitete.[7] Erst entwickelte John Rawls seine Theorie der Gerechtigkeit, dann machte sich Arrow an die Formalisierung einer der Thesen von Rawls.[8] Erst veröffentlichte Joseph Schumpeter ein Buch über die Rolle des Unternehmers, das völlig ohne Mathematik auskam.[9] Jahrzehnte später gelang es Philippe Aghion und einigen anderen, Schumpeters Ideen in exakte mathematische Modelle zu fassen.[10]

Auch wenn ich stark vereinfache, möchte ich drei aufeinanderfolgende (sich manchmal auch zeitlich überschneidende) Phasen wirtschaftlicher Forschung un-

---

* Es gibt zweifellos Ausnahmen. Arrows Unmöglichkeitstheorem ist vielleicht eine davon – eine brillante, originelle Entdeckung, die beim ersten Erscheinen in exakter Mathematik formuliert wurde.

terscheiden oder genauer Phasen von Geburt und Heranwachsen wirklich fundamentaler Einsichten. Zu Beginn erkennt jemand das Problem, formuliert es und bietet eine vorläufige Lösung für das „Puzzle" an. Dann kommt jemand und „räumt das Argument auf", spitzt den konzeptuellen Apparat zu, verdeutlicht die für testbare Hypothesen erforderlichen Annahmen und Vereinfachungen und unterlegt die Behauptungen mit logischen Beweisen. Die dritte und letzte Phase besteht darin, Schlussfolgerungen zu ziehen, die zu weiteren theoretischen Problemen führen können, aber gleichzeitig praktische Anleitungen für die Wirtschaftspolitik bieten.

In der ersten Phase spielt die Intuition eine entscheidende Rolle, d.h. die Begabung, Probleme zu erkennen, visionäre Vorstellungskraft und die Fähigkeit, isolierte Beobachtungen und Behauptungen auf neue Weise miteinander zu verbinden. Die Analyse mit Hilfe mathematischer Modelle, eine besonders wichtige und für die Untersuchung bestimmter Probleme unersetzliche Technik, findet vor allem in der zweiten Phase statt. In der dritten Phase theoretische Schlussfolgerungen ziehen zu können, bedingt kognitive Prozesse, die jenen aus der ersten Phase ähnlich sind. Praktische Schlussfolgerungen beruhen hauptsächlich auf soliden Kenntnissen der Realität und einem kritischen Verstand. Sie setzen einen in Stand, theoretische Thesen mit praktischen Anwendungen zu verbinden.

Ich behaupte nicht, diese drei aufeinander folgenden Phasen stellten ein allgemein gültiges Modell für jede bedeutende Entdeckung in der Ökonomie dar. Ich kenne Wissenschaftler, die mit Beginn der ersten Phase mathematische Formeln aufschreiben, Modelle konzipieren oder die Beziehungen in geometrischen Diagrammen wiedergeben, und ich kenne andere, die solche Techniken vermeiden. Der Prozess findet häufig iterativ statt: Erfahrungen in der zweiten Phase veranlassen den Forscher, die erste neu zu überdenken, mit anderen Worten, die Fragestellung zu klären und neue Hypothesen aufzustellen. Wo Forschung kollektiv stattfindet, werden die Aufgaben der einzelnen Phasen oft von verschiedenen Wissenschaftlern ausgeführt. Die Betonung liegt also nicht auf der zeitlichen Abfolge, sondern auf dem Unterschied zwischen den freieren und exakteren Bestandteilen des kognitiven Prozesses.* Nach meiner Erfahrung sind sich die Heroen der mathematischen Ökonomie durchaus der Komplexität kognitiver Prozesse und der Rollenverteilung bewusst. Ich habe von einem Arrow oder einem Koopmans nie gehört, dass sie sich abschätzig über Ideen geäußert hätten, die ungenau oder nur halb exakt vorgestellt

* Meine kritischen Beobachtungen richten sich tatsächlich auf zwei verschiedene Dinge: die Ungeduld, mit der halb ausformulierte neue Ideen aussortiert werden, und die Vorurteile, die es gegen nicht formalisierte, verbale Darstellungen gibt. In der Praxis verbinden sich die beiden Probleme oft miteinander, und es ist deshalb sinnvoll, sie zusammen abzuhandeln.

wurden, aber eine wichtige Einsicht enthielten, oder dass sie schlecht von deren Schöpfern geredet hätten.* Vom britischen Ökonomen Wildon Carr stammt die scharfsichtige Bemerkung: „Es ist besser, ungefähr richtig, als genau falsch zu liegen."[11]

Kommen wir auf die Auswahlkriterien wissenschaftlicher Zeitschriften zurück. Wo können neue, aber nur halb ausgeführte Ideen erscheinen? Sollten in den Top-Zeitschriften nur exakt formulierte und voll ausgearbeitete Forschungsergebnisse gedruckt werden? Sollten sie einen Artikel nur dann akzeptieren, wenn sie todsicher sind, dass der Autor sich nicht irrt?** Nun könnte sich zum Beispiel der *American Economic Review* durchaus auf Papiere aus der von mir so genannten zweiten Phase spezialisieren, wenn es nur ebenso renommierte Zeitschriften gäbe, die Arbeiten aus der ersten Phase aufnähmen. Da könnten dann neben ausgereiften Arbeiten auch Papiere erscheinen, in denen die Autoren erste Vermutungen und halb abgerundete Ideen vorstellen.***

Ich sagte gerade „ebenso renommiert". Denn glücklicherweise gibt es Zeitschriften, die bereit sind, vielversprechende, halb vollendete Produkte zu veröffentlichen. Doch dabei handelt es sich normalerweise um zweitrangige Medien, die weit weniger zählen, wenn es um Ernennungen und Beförderungen geht. Hier befinden wir uns an der Verknüpfung zweier wichtiger Probleme: wie Top-Zeitschriften auswählen, was sie publizieren, und wie Top-Universitäten ihre Professoren auswählen.

---

* Ich erinnere mich gut daran, wie ein mittelmäßiger mathematischer Ökonom abfällige Bemerkungen machte zu Hirschmans *Abwanderung und Widerspruch* (1970), das ich einem früheren Kapitel angesprochen habe. Dieses kleine Büchlein legt brillante Ideen auf neue Weise dar. Unser Ökonom tat das alles als wolkig und weitschweifig ab. Er verstand nicht, wie man über ein so einfaches Thema so ausführlich schreiben könne.

** Liegt eine wichtige Theorie erst einmal vor oder ist sie gar schon voll ausgearbeitet, dann verlangt es nicht viel Einsicht vom Herausgeber oder Gutachter festzustellen, ob irgend ein kleiner neuer Dreh im fest etablierten Modell sinnvoll ist. Doch es braucht ein gutes Auge, halb durchdachte Theorien und Vermutungen zu selektieren und dabei zu unterscheiden, was vielversprechend ist und sich zu einer reifen Theorie entwickeln kann, von dem, was wertlos, uninteressant oder konfus ist, und dann ersteres zu veröffentlichen und letzteres abzulehnen.

*** Hier lässt sich ein Beispiel aus meinen eigenen Veröffentlichungen anführen. Auf den Konferenzen der *Econometric Society* in Chicago und Genf im Jahr 1978 habe ich einige der Hauptideen von *Economics of Shortage* vorgestellt, das ich damals gerade schrieb – alles von Anfang bis Ende in Prosa, ohne ein mathematisches Modell. Die theoretischen Ideen waren noch nicht ausgereift. Trotzdem entschied Hugo Sonnenschein, der damalige Chefherausgeber von *Econometrica*, das Papier zu veröffentlichen. Ich denke, die Publikation eines Papiers, das so weit entfernt war vom üblichen Profil und völlig ohne Mathematik daherkam, war ungewöhnlich in der Geschichte von *Econometrica.* Hugo Sonnenschein sind sein Mut, hierzu die Initiative ergriffen zu haben, und seine Offenheit unorthodoxen Ideen gegenüber hoch anzurechnen.

Verblüfft hörte ich zum ersten Mal einen schwedischen Wissenschaftler halb ironisch bemerken, zwei Artikel in *Econometrica* seien in Schweden eine ausreichende Empfehlung für eine Professur. Auch wenn das nicht ganz stimmt, steckt darin doch ein Körnchen Wahrheit. Frisch promovierte Anfänger, die im Westen rasch Karriere machen wollen, sollten nicht versuchen, revolutionäre, aber rohe Ideen zu präsentieren. Der sichere Weg führt über eine wohlbekannte und in der Profession akzeptierte Theorie und über ein ausformuliertes, etabliertes mathematisches Modell. Beides muss etwas modifiziert werden, so dass jede Definition exakt und jeder Satz fehlerlos bewiesen ist. Dann besteht gute Aussicht, dass der Artikel von einer der Top-Zeitschriften angenommen wird.* Der sicherste Weg für eine atemberaubende Karriere ist eine Reihe von Publikationen in Top-Zeitschriften, die nach diesen Kriterien herausgegeben werden.

Diesen Auswahlprozess halte ich für schädlich. Er hält die Leute vom systematischen Ausprobieren durch Versuch und Irrtum ab. Herausgeber von Zeitschriften halten das Fehlerrisiko für zu groß. Doch nur bei vielen Fehlschüssen kann von Zeit zu Zeit ein richtiger Volltreffer gelingen! Das System erzieht die Wissenschaftler zur Vorsicht, während man ihnen beibringen müsste, Mut zu zeigen. Schon der Titel eines Aufsatzes des Schweizer Ökonomen Bruno Frey aus dem Jahr 2003 genügt, den Ernst des Problems zu unterstreichen: „Publishing as Prostitution? Choosing between One's Own Ideas and Academic Failure“ (Veröffentlichen als Prostitution? Die Wahl zwischen den eigenen Ideen und akademischem Misserfolg).

Die führenden Ökonomiezeitschriften geben heutzutage jungen Wissenschaftlern keine wirkliche Gelegenheit und keinen Anreiz für Flugversuche. Das ist ein sich selbst verstärkender Prozess. Immer mehr Zeitschriften strengen sich an, ein *American Economic Review* im Miniaturformat zu sein und ahmen seine Editionsprinzipien nach. Immer mehr zweit- und drittrangige Universitäten folgen den Top-Fünf oder Top-Zehn und verlangen von ihren Juniorprofessoren, jede Hirnzelle in Bewegung zu setzen, um Arbeiten zu produzieren, die durch den Publikationsfleischwolf gedreht werden können. Sie lassen ihnen keine Energie für gefährliche, d.h. kaum zu publizierende Ideen. Aus den Reihen der jungen Leute, die so für eine akademische Karriere ausgewählt wurden, kommen die künftigen Gutachter der Top-Zeitschriften, und sie werden Aufsätze bevorzugen, die ihren eigenen gleichen. Damit erhält sich der Prozess. Die Zeitschriften und ihre Artikel gleichen einander immer mehr in Stil, Inhalt, Format, Diskussionsart und Methode.

* Es lohnt nicht, sich ein neues, großes Thema vorzunehmen. Denn das verlangt unvermeidlich längere Ausführungen, während die Top-Zeitschriften knappe und präzise Beiträge bevorzugen.

Des Weiteren ist festzustellen, dass auch in anderen Ländern die Wirtschaftsfakultäten und die Ökonomiezeitschriften derartig unausgewogene amerikanische Kriterien für Publikationen und für die Einstellung und Beförderung des Personals anwenden. Vielleicht noch abträglicher ist das schlechte Beispiel der amerikanischen Wirtschaftsforschung für andere Sozialwissenschaften, wie die Soziologie und die Politikwissenschaft. In diesen Disziplinen steht manch einer unter der Drohung: Fasse die Phänomene, die du studierst, in ein Modell oder wir lassen deine Arbeit nicht als wissenschaftlich gelten! Vor allem in der Ökonomie, aber mehr und mehr auch in anderen Sozialwissenschaften glaubt man, dass mathematische Methoden einem Beitrag Seriosität verleihen. Auch wenn die Idee einfacher in alltäglichen Worten vermittelt werden könnte, ist es klüger, sie mit Hilfe von mathematischen Formeln komplizierter auszudrücken. Diese Ausdrucksweise wird zwar schlechter verstanden, erscheint aber wissenschaftlicher. Oft ist die mathematische Formel oder Gleichung dem Argument wie ein Anhängsel angeheftet. Sie hat keinen Erklärungswert und steht da nur, um Eindruck zu machen.

Meine kritischen Bemerkungen richten sich nicht generell gegen die Formalisierung von Theorien oder die Anwendung mathematischer Techniken. Ich habe immer an diese Methoden geglaubt und sie in bescheidenem Rahmen eingesetzt. Wogegen ich mich sträube, sind die Übertreibung und die Verzerrung, das aggressive Monopol einer Methode oder eines Ansatzes. Vor allem würde ich es gerne sehen, wenn Versuche, intellektuelle Experimente, Innovation und Originalität mehr Unterstützung und Würdigung fänden.

Oft denke ich wehmütig darüber nach, dass ich nicht die Gelegenheit erhalten habe, mein Leben in der friedlichen akademischen Welt der Vereinigten Staaten zu verbringen. Ich habe genug Selbstvertrauen, um mir vorzustellen, ich wäre vom Assistenten zum ordentlichen Professor aufgestiegen. Wie viele Abwege und Sackgassen hätte ich vermieden, und wie direkt wäre mein Aufstieg erfolgt! Doch dann denke ich wieder, ich hatte Glück, dass die Dinge einen anderen Verlauf genommen haben. Seit ich mich der Wissenschaft verschrieb, habe ich mich niemals einer erzwungenen dogmatischen Disziplin unterwerfen müssen. Ich zog es vor, Außenseiter zu sein und nicht mechanischer Nachahmer von vorgegebenen Mustern. Ich mag deshalb viele Male die Spur verloren haben, aber es gelang mir, meine intellektuelle Unabhängigkeit zu bewahren.

Vor kurzem gab es eine ausführliche internationale Debatte zu diesem Problem der Auswahlpraktiken der führenden Zeitschriften und ihrer Auswirkung auf die Entwicklung der ökonomischen Wissenschaft.* Ich hoffe, mit meinen Bemerkun-

* Zu den Initiatoren der Debatte gehörte Glenn Ellison, der bis vor kurzem Chefherausgeber von *Eco-*

gen zu dieser Diskussion beizutragen. Ich habe das Problem eingehender behandelt, weil die Geschichte meines Aufsatzes nach meiner Überzeugung kein Einzelfall ist, und nicht um wie viele andere abgewiesene Autoren meinem Ärger Luft zu machen. Es ging mir darum, ein wichtiges und weit verbreitetes Phänomen anzusprechen. In einem früheren Kapitel erwähnte ich den Reformvorschlag, den ich am Institut für Ökonomie in Budapest gemacht hatte. 1971 trat ich dafür ein, bei Ernennungen und Beförderungen den Publikationen größeres Gewicht beizumessen. Die Osteuropäer sollten sich auch am Wettbewerb in den renommierten internationalen Zeitschriften beteiligen. Ich gebe zu, die Verzerrungen der Auswahlprozesse der westlichen Ökonomenzunft waren mir vor 35 Jahren weniger bekannt als heute. Im Wissen dieser schädlichen Wirkungen würde ich meinen damaligen Rat trotzdem nicht zurücknehmen.

Osteuropäische Autoren sollten alles daran setzen, in international anerkannten Zeitschriften zu veröffentlichen. Ich erweitere das Bild des Exports auf westliche Märkte, das ich in Kapitel 11 gewählt hatte: Damit ungarische oder allgemeiner gesagt osteuropäische Produkte besser werden, ist es unerlässlich, dass sie sich auf anspruchsvollen westlichen Märkten bewähren. Das bleibt richtig, auch wenn wir wissen, dass dies keine perfekten Märkte sind. Mehrere Faktoren verzerren die ideale Selektion, die man von perfekten Märkten erwartet: Monopole, die Überlegenheit großer Konzerne, das Vorurteil der Verbraucher gegenüber unbekannten Produzenten und so weiter. Wir können uns nicht national abschotten. Wir dürfen nicht provinziell sein und sollten uns nicht mit dem Erfolg auf vertrautem heimatlichem Boden zufriedengeben. Das würde nur zur Selbstgefälligkeit und zu sinkenden Qualitätsstandards führen. Trotz meiner Kritik an der internationalen Ökonomenzunft halte ich deshalb meine Empfehlung zur Veröffentlichungspraxis aufrecht, vor allem im Zusammenhang mit der Ernennung und Beförderung von Professoren in Ungarn.

Anmerkungen

1 Kornai, Maskin und Roland 2003.
2 Kornai und Weibull 1983.
3 Goldfeld und Quandt 1988, 1990, 1993.
4 Dewatripont und Maskin 1995.

---

nometrica war, der führenden Zeitschrift für theoretische mathematische Ökonomie. Er kritisierte mit scharfen Worten die augenblickliche Publikationspraxis.

5 Meine Korrespondenz mit dem Herausgeber der Zeitschrift und die Gutachten befinden sich in meinem Archiv.
6 Kornai 1986d.
7 Hicks 1937.
8 Arrow 1973a.
9 Schumpeter 1983 [1911].
10 Aghion und Howitt 1998.
11 Ich stieß auf dieses Bonmot in einem Papier, dessen Autor es fälschlicherweise Keynes zuschrieb. Tatsächlich gebührt die Ehre Wildon Carr. Vgl. Shove 1942, S. 323.

15 Freundlich distanzierte Kritik – 1968–1989

Der ungarische Reformprozess: Visionen, Hoffnungen und Realität

Als Jugoslawien 1948 mit dem Sowjetblock und der sowjetischen politischen Vorherrschaft gebrochen hatte, ging man dort 1949 einen Schritt weiter und verwarf Stalins System der Wirtschaftsplanung zu Gunsten des eigenen Systems der Arbeiterselbstverwaltung. Ungarn dagegen war das erste Land innerhalb des Sowjetblocks, das ein kommunistisches politisches System mit Marktwirtschaft zu verbinden suchte. Die Befehlswirtschaft wurde 1968 abgeschafft. Es gab fortan weder zentrale Anweisungen, was staatseigene Unternehmen produzieren sollten, noch eine zentrale Zuweisung von Material, Energie, Arbeit oder Löhnen. Das „klassische" stalinistische Modell wurde von einem neuen System unter der anfänglichen Bezeichnung Neuer Ökonomischer Mechanismus ersetzt.

Ohne nationalistische Übertreibung lässt sich behaupten, Ungarns Reformprozess sei über seine Grenzen hinaus einflussreich gewesen. Die Entwicklung weckte überall dort Hoffnung, wo die starre Befehlswirtschaft jegliche Initiative abwürgte. Viele sahen in Ungarn ein nachahmenswertes Beispiel. Die Erfahrungen beeinflussten die chinesische Reform und das Denken von Ökonomen in der Sowjetunion und in Osteuropa. Auch die westliche Forschung, die sich auf die kommunistischen Wirtschaftssysteme spezialisiert hatte, beobachtete aufmerksam die neue Situation.

Halb erfüllte, halb vereitelte Hoffnungen

Auf die Wende von 1968 folgten zwei hektische Jahrzehnte. Mit wechselnden politischen Machtverhältnissen erfuhr der Reformprozess mehrfach Unterbrechungen und Neuanfänge. Wenn Anti-Reformkräfte die Oberhand hatten, wurde der Prozess zurückgedreht. Die progressiven Tendenzen überwogen letztendlich, und Ende der 1980er-Jahre wies Ungarn deutlich stärkere Kennzeichen einer Marktwirtschaft auf, als das 1968 der Fall gewesen war. Doch das Ganze blieb bis zum Systemwechsel 1989–90 eine hybride und inkonsistente Mischung aus Bürokratie und Markt.

Was sich im Staatssektor der ungarischen Wirtschaft entwickelte, war eine Fiktion, etwas Künstliches und Falsches. Die detaillierten Plananweisungen nahmen ein Ende, und die Entscheidungsbefugnisse gingen auf das Management über. Doch was für eine Unabhängigkeit war das, wenn der Manager vom Parteikomitee und Ministerium ausgewählt wurde, die sich die Personalentscheidungen vorbehielten? Auf einem wirklichen Markt werden die Preise zwischen Käufer und Verkäufer ausgehandelt. Hier fand die Preissetzung weiterhin nicht direkt durch Käufer und Verkäufer statt, sondern durch das zentrale Preisamt. Im günstigeren Fall versuchte dies, den Markt zu „simulieren“ und für die vorherrschende Angebots- und Nachfragesituation den richtigen Preis zu finden. Im ungünstigen Fall machte man nicht einmal einen Versuch, den Marktpreis zu simulieren, sondern legte Preise einfach so fest, dass einige Produkte oder ganze Unternehmen ständig rote Zahlen schrieben, während andere garantiert hohe Gewinne machten. Da Preise eine größere Rolle spielten, musste das Betriebsmanagement sehr viel mehr als früher auf Rentabilität achten. Doch die Gewinnanreize waren nicht, was sie vorgaben zu sein. Schuld daran waren zum einen die erwähnten Preisverzerrungen, zum anderen die bürokratische Gewinnumverteilung. Machte ein Unternehmen „zu hohe“ Gewinne, wurden diese abgeschöpft und unter den Verlustbetrieben verteilt. Das war ein Wettbewerb, in dem es nur Gewinner gab, aber keine Verlierer. Mit anderen Worten: Die Budgetbeschränkung war weich.

Wer gehofft hatte, der Marktmechanismus werde an Boden gewinnen, konnte nur halb zufrieden sein. Die gleiche Mischung aus Zufriedenheit und Frustration machte sich unter denen breit, die trotz der partiellen Dezentralisierung die wichtigsten Entscheidungen lieber in Händen der zentralen Behörden sahen. Dem Grundgedanken nach wurde die frühere direkte Regulierung (Plananweisungen) von einer indirekten Regulierung ersetzt. Dabei übermittelten die Geld- und Fiskalpolitik, die Zins- und Steuersätze, die Wechselkurse und die staatlichen Subventionen die Absichten der Systemmanager an die Produzenten und Verbraucher.

Doch das entpuppte sich als Illusion.* „Ich hatte einen Traum“, schrieb ich 1982, „ich kam in die moderne Steuerungszentrale einer Fabrik mit verschiedenen ‚Regulatoren‘, d.h. Hunderten von Knöpfen und Hebeln, Instrumenten und Signallampen. Systemsteuerer hetzten hin und her, drückten diesen Knopf, legten jenen Hebel um. Und dann kam ich in die Fabrikhalle und sah, wie das Material in Schubkarren transportiert wurde und der Meister sich heiser schrie. Sicher, die Produktion ging voran, aber ganz unabhängig von der Aktivität in jenem beeindruckenden Steuerungsraum. Das war auch kein Wunder, denn zwischen Steuerungsraum und Fabrikhalle gab es keine Verbindung.“[1]

Das Verbindungskabel fehlte. Was bewirken Zinssatz oder Wechselkurs, wenn die Unternehmen nicht hinreichend auf Preise und Kosten reagieren? Die entsprechende Sensibilität wurde zerstört; denn die zentrale, bürokratische Gewinnumver-

---

* László Antal (1982) hat das treffend „Regulierungsillusion“ genannt.

teilung veranlasste die Firmen, in der Rentabilität keine Frage von Leben und Tod zu sehen. Die Karriere eines Managers hing sehr viel mehr von seinen Beziehungen zu höheren Stellen ab als von seinem Markterfolg. Die Bürokraten behielten die Zügel in Händen, doch sie versuchten, sie lockerer zu führen. Diese Lockerung brachte durchaus Vorteile, denn sie schaffte bei den Unternehmen Raum für Initiative und gewährte den Marktkräften einen gewissen Einfluss. Für viele Produkte und Dienstleistungen nahmen die Mangelerscheinungen ab, auch wenn in anderen Bereichen die Mangelwirtschaft nach wie vor bestehen blieb, wie z.B. beim Handel mit vielen Importgütern, auf dem Wohnungsmarkt, bei Telefondienstleistungen und im Gesundheitssektor.

Die erweiterte Dezentralisierung auf dem Mikro-Niveau verlief parallel zur nachlassenden makro-ökonomischen Disziplin. Am Vorabend des Systemwechsels sahen sich die Länder, die mit Dezentralisierungsreformen experimentierten – Ungarn und später Polen – mit erheblichen Inflationssteigerungen konfrontiert. Die Lohnkontrollen schwächten sich ab, und die Auslandsverschuldung schoss in die Höhe. Einerseits gab es die stalinistische administrative Disziplin nicht mehr, um ungünstige makro-ökonomische Tendenzen einzudämmen. Andererseits fehlten wirkliche Profitanreize, wirklicher Wettbewerb und wirkliche Marktkräfte, um ausreichend disziplinierend zu wirken. Die Länder mit partiellen Reformen standen schlechter da als die eingefleischten kommunistischen Diktaturen wie Husáks Tschechoslowakei und selbst Ceauşescus Rumänien, wo man bessere Zahlungsbilanzen und stabilere Löhne und Preise vorweisen konnte, allerdings auf Kosten eines sinkenden Lebensstandards.

Die Reform von 1968 konzentrierte sich darauf, dem Staatssektor einen neuen Wirtschaftsmechanismus einzupflanzen. Als Nebenprodukt dieses Reformprozesses fingen auch im Nicht-Staatssektor Güterproduktion und Dienstleistungen an zu wachsen. Die dort anzutreffenden Eigentumsformen waren eine gemischte Gesellschaft. Da gab es die sogenannten kleinen Genossenschaften, die mehr oder minder unabhängig geführt wurden, im Gegensatz zu den Organisationen, die einfach Genossenschaften hießen und von Managern geleitet wurden, die der Parteistaat ernannte. Dann gab es kleine Handwerks-, Handels- und Dienstleistungsbetriebe in echtem Privateigentum. Eine merkwürdige Form war als VGMK (*vállalati gazdasági munkaközösség*, innerbetriebliche Arbeitspartnerschaft) bekannt; sie bildete innerhalb eines Staatsunternehmens eine kleine privatwirtschaftliche Insel. Schließlich blühte auch die Schattenwirtschaft, in der Zehntausende, möglicherweise auch Hunderttausende auf eigene Rechnung wirtschafteten, wobei sie allerdings einen Arbeitsplatz in der offiziellen Wirtschaft beibehielten, den sie nur mit halber Kraft ausfüllten. Es war typisch für den ungarischen Reformprozess, dass man einerseits das Monopol oder die für den klassischen Sozialismus charakteristische Vorherrschaft des Staatseigentums nicht ausdrücklich einschränkte, andererseits aber anderen Eigentumsformen gegenüber ein Auge zudrückte.

Vom naiven Reformer zum kritischen Analytiker

Diese Bilanz der ungarischen Reform ist viel zu knapp, um die extrem komplexen Prozesse im Detail erfassen zu können. Sie hebt nur hervor, was für mich damals wie heute den Neuen Wirtschaftsmechanismus kennzeichnete. Eine so kurze Beschreibung kann die Dynamik des Prozesses nicht nachvollziehen, sondern nur ein Einzelbild des ungarischen Wirtschaftsmechanismus in den 1980er-Jahren bieten. In diesem Buch geht es mir auch in erster Linie darum zu verdeutlichen, wie ich zum Prozess der Erneuerung des sozialistischen Systems stand. Was hielt ich davon, und was trug ich dazu bei?

Es begann, wie ich in der Kapitelüberschrift angedeutet habe, im Jahr 1968, als die Befehlswirtschaft abgeschafft wurde und der Neue Wirtschaftsmechanismus offiziell einsetzte. Doch die eigentliche Geschichte fing natürlich sehr viel eher an. Auch wenn in früheren Kapiteln schon darüber berichtet wurde, möchte ich hier, selbst auf das Risiko einer gewissen Wiederholung, die Vorgeschichte und meinen Anteil daran zusammenfassen.

Mein Interesse an der Idee, die sozialistische Wirtschaft zu erneuern, und mein enthusiastischer Glaube an diese Idee begannen 1954. Das Buch zur Überzentralisierung enthielt zwar eine Analyse des alten Mechanismus, war aber inspiriert von diesem Glauben. In Fortsetzung dieser Arbeit entwarf ich zusammen mit mehreren Kollegen im Sommer 1956 einen Reformvorschlag. Mich leitete noch immer die Idee einer Reform des Sozialismus, als ich in den frühen Tagen der Revolution von 1956 ein Wirtschaftsprogramm für Ministerpräsident Imre Nagy ausarbeitete.

Dieser Glaube war nach dem Scheitern der Revolution angesichts der brutalen Verfolgungen verflogen, die Phase meiner Karriere, in der ich ein „naiver Reformer" war, beendet,* und die alte Überzeugung für immer zerstört. Danach habe ich nie mehr erwartet, eine Wirtschaft, die von der Kommunistischen Partei kontrolliert

---

* Diesen Ausdruck verwendete ich zum ersten Mal in einem Artikel für das amerikanische *Journal of Eco nomic Literature* (1986c), dessen Titel im Untertitel dieses Kapitels steht. Darin nannte ich einige „naive Reformer": György Péter, den Vater der Reformidee in Ungarn, Włodzimierz Brus, den führenden Kopf in der polnischen Reformbewegung und Ota Sik, den führenden Ökonomen des Prager Frühlings. Ich zähle auch Gorbačev zur gleichen Kategorie. Viele Ökonomen haben eine Phase als „naive Reformer" durchlaufen, von individueller Dauer. Manch einer hat sich von solchen Ansichten niemals getrennt.

wird, wäre vereinbar mit individueller Freiheit und Menschenrechten. Politische und ethische Überlegungen führten zur Desillusionierung gegenüber einer osteuropäischen Variante des „Marktsozialismus". Denn sie verband zwei Elemente: das Postulat, die Kommunistische Partei müsse an der Macht bleiben, bzw. den Zwang, sich damit abzufinden, und andererseits den Versuch, diesen Machterhalt aus Effizienzgründen mit der Marktkoordination zu kombinieren, die in den kapitalistischen Ländern so erfolgreich war.

Ich zögerte nicht, ablehnend zu antworten, als die Parteizentrale mich 1957 bat, in einer neuen Reformkommission mitzuarbeiten. Ich wollte nicht in Kommissionen mit Leuten verkehren, die im Schatten sowjetischer Panzer in die Partei zurück krochen, Freunde ins Gefängnis brachten und Rache schworen. Diese tiefe Abneigung hinderte mich, Kommissionen beizutreten, die in den 1960er-Jahren von der Parteizentrale gebildet wurden. Mich stieß der Gedanke ab, mir die neuesten Gerüchte anhören zu müssen, um herauszubekommen, ob Genosse X, der Parteiboss, der in dieser Woche für die Wirtschaft verantwortlich ist, sich für die Idee von Wechselkursen basierend auf dem Grenzkostenprinzip erwärmen könne oder ob er eisern das Durchschnittskostenprinzip hochhalte. Ich wollte nicht die faulen Kommissionskompromisse mittragen, die vielleicht in die Diskussion einflossen und im besten Fall von einem Parteiforum unterstützt wurden.

Viele einflussreiche Köpfe der ungarischen Intelligenz kamen während der Kádár-Periode auf die eine oder andere Weise in persönlichen Kontakt mit György Aczél, dem obersten Kulturaufseher. Hier geht es nicht darum, zu beurteilen, wieviel Schaden oder Gutes Aczéls Arbeit gebracht hat. Ich möchte auch nicht über Leute richten, die regelmäßig oder zumindest häufiger mit ihm speisten, die ihn umschwärmten, um Vergünstigungen zu erhalten, oder die in echter Selbstaufopferung Eingaben bei ihm machten zugunsten von Kollegen im Gefängnis. Ich betrachte es nur als kennzeichnend, dass ich einer der wenigen „führenden Intellektuellen" war, die Aczél nie aufgesucht haben.*

Mir ist bewusst, dass mein Verhalten in dieser Hinsicht nicht konsistent war. Ich mied zwar Aczél wie die Pest, habe mich aber durchaus nicht gescheut, wie früher erwähnt, Rezső Nyers zu bitten, mir bei der Beschaffung eines Telefonanschlusses behilflich zu sein. Nachdem man ihn aus der obersten Parteiführung entfernt hatte, kam er als Direktor des Instituts zu uns „ins Exil", blieb jedoch Mitglied des Zen-

* Im Herbst 1980 sandte er mir über Lajos Faluvégi, den damaligen Chef des Planungsamts, eine Botschaft, in der er sein Missfallen über einen meiner Artikel ausdrückte. Der Artikel handelte vom Konflikt zwischen sozialistischer Ethik und Effizienz. (Weiter unten sehen wir, dass er mit seinem Missfallen nicht allein stand.) Ich nahm das zur Kenntnis und antwortete einfach: „Offensichtlich sind wir nicht einer Meinung." Später erhielt ich die kritischen Bemerkungen schriftlich von Faluvégi.

tralkomitees. Ich ging nicht in Kommissionen und Arbeitsgruppen der Parteizentrale, blieb aber eng befreundet mit einem Kollegen, der in der Parteizelle meiner Arbeitsstelle eine offizielle Funktion ausübte und zeitweise sogar ihr Sekretär war. Ich klassifizierte die Leute nicht, ob sie Parteimitglieder waren oder nicht. Doch, nach heutiger Einschätzung etwas inkonsistent, hielt ich mich fern von der Vorbereitung der Reform. Denn das hätte mich organisatorisch mit der Parteiführung in Verbindung gebracht, und damit wäre ich, so schien mir, unter die Mitläufer geraten, die die Parteiführung umgaben.*

Als zweites Motiv, allerdings eng mit dem ersten, politischen Motiv verbunden, erwähne ich die Verhaltensausrichtung und die Aufgaben, die ich mir nach 1956 vorgenommen hatte. Ich unterschied, zugegeben etwas zu strikt, zwei Funktionen: den Berater, der politische Entscheidungen beeinflusst, und den Wissenschaftler.** Hier geht es nicht darum, in welchem Verhältnis die beiden zueinander stehen. Ich betrachte allein die Situation, in der das Dilemma für mich und meine Kollegen entstand, als eine totalitäre Regierung auf den Rat von Experten zurückgriff. Die beiden Rollen erfordern eine unterschiedliche Übung und prägen unterschiedliche Verhaltensmuster bei dem, der die eine oder andere Funktion voll und ganz ausübt. Erfolgreiche Berater müssen gewiefte Taktiker mit einem Talent zum Lavieren sein, flexibel und kompromissfähig. In der politischen Arena sind dies Tugenden, in der wissenschaftlichen Forschung bringen sie jedoch ernsthafte Risiken mit sich. Wer eisern an das glaubt, was er sagt, strahlt im politischen Leben Selbstsicherheit aus. Doch ein Wissenschaftler muss objektiv bleiben, nicht dem Glauben folgend, sondern rational Argument und Gegenargument gegeneinander abwägen, und sich auch bei Ansichten, die er akzeptiert hat, gewisse Zweifel bewahren. Wer die Gesellschaft nach seiner eigenen Vorstellung gestalten möchte, wird schwerlich die Eigenschaften beibehalten, die von einem Gelehrten zu erwarten sind.

Ich mache nicht gerne etwas mit halbem Herzen. Ich könnte nicht die Hälfte meines Herzens und meines Verstandes den Aufgaben eines Regierungsberaters widmen – einer Regierung, die ich lieber von der politischen Bühne verschwinden sähe – und gleichzeitig mit der anderen Hälfte Wissenschaftler bleiben. Andere

---

* Der Präsident der Ungarischen Akademie der Wissenschaften János Szentágothai nahm wohl einen Hinweis aus den Reihen der ökonomischen Akademiemitglieder zum Anlass, mich ironisch zu fragen: „Warum bist du so heikel? Warum hast du solche Angst, deine fleckenlose Toga mit Dreck zu bespritzen?“

** In dieser Überlegung ist der Berater kein berufsmäßiger Politiker wie z.B. der Leiter einer Parteiorganisation oder einer Bewegung, ein Mitglied des Parlaments oder jemand in einer hohen Regierungsfunktion. Der Berater übt für seinen Lebensunterhalt einen zivilen Beruf aus, auch wenn ein Großteil seiner Energie auf die Beeinflussung politischer Ereignisse aufgewendet wird.

können das vielleicht, ich nicht. Ich müsste befürchten, bei einem Versuch in beiden Funktionen zu versagen.

Ich entschuldige mich beim Leser dafür, dieses Dilemma immer wieder anzusprechen. Ich kann nicht einmal versprechen, es in den folgenden Kapiteln auszusparen. Denn es hat mich mein Leben lang verfolgt. Unter völlig unterschiedlichen historischen Umständen und in verschiedenen Entscheidungssituationen fiel mir die Wahl zwischen politischem Engagement und Beschränkung auf meine akademische Arbeit schwer. Deshalb ist das eines der Hauptthemen meiner Autobiographie und eine gewisse Wiederholung daher unvermeidlich.

Nachdem ich dem Alter eines naiven Reformers entwachsen war, wurde ich kritischer Beobachter der Reform der sozialistischen Wirtschaft. Dem Problem meinen Rücken zuzuwenden, kam nicht in Frage. Es beschäftigte mich sogar in jenen Jahren intensiv, in denen ich kein Wort dazu schrieb. Welches Buch und welchen Artikel ich auch immer las, ich stellte mir immer vor, wie deren Argumente sich auf das sozialistische System anwenden ließen. Dieses besondere Interesse beschränkte sich nicht auf die Wissenschaft. Ich behielt auch die Veränderungen, die sich in der Praxis der Wirtschaftsverwaltung abspielten, sorgfältig im Auge. Einige Jahre später rückten Reformprobleme in den Mittelpunkt meiner Forschung. Schon *Anti-Äquilibrium* hatte sich solchen Fragen von verschiedenen Seiten genähert. Mit *Economics of Shortage* versuchte ich zu zeigen, wie sich für die sozialistische Wirtschaft typische dysfunktionale Merkmale mit fundamentalen Systemeigenschaften erklären ließen und von partiellen Reformen innerhalb des Systems bestenfalls gemildert, aber nicht beseitigt werden konnten. Die Untersuchung der halb-reformierten, scheinbar profitorientierten ungarischen Wirtschaft lenkte besondere Aufmerksamkeit auf die weiche Budgetbeschränkung.

Später schrieb ich mehrere Studien, die sich hauptsächlich mit der Reform befassten. Sie glichen thematisch den Arbeiten meiner Kollegen. Wir publizierten in denselben ungarischen Zeitschriften. Gelegentlich traten wir bei denselben ungarischen oder internationalen Konferenzen auf. Meine Schriften brachten deutlich meine Sympathie für die Reformidee zum Ausdruck. Ich machte nicht Stimmung für die andere Seite; ein Erfolg der Reform hätte mich mit echter Freude erfüllt. Auch die Tatsache, dass ich Kritik über den Zustand der Reform äußerte, war nichts Besonderes; denn die „Reformökonomen“ taten das Gleiche und nicht weniger heftig. Trotzdem gab es einen wesentlichen Unterschied zwischen uns. Die Parole eines überzeugten Reformers lautete „Noch nicht“. Das Preissystem war noch nicht gut. Der Staatsapparat intervenierte noch zu viel in die Geschäfte. Der Finanzmarkt funktionierte noch nicht, und so weiter. Aber „Noch nicht“ muss vorübergehend sein. Irgendwann müssen die Dinge besser werden.

Im Gegensatz dazu glaubte ich nicht an dieses optimistische Szenario. Ich war damals ein Reformskeptiker. Mein Freund Mihály Laki nannte uns beide einmal ironisch „mäkelnde Reformer". Zusammen mit ein paar ähnlich eingestellten Kollegen hatten wir etwas gegen die Reformaspekte, die ich auf den vorigen Seiten als falsch, zusammengeschustert und simuliert bezeichnet habe. Das war keine wirkliche Marktwirtschaft, und nach Lage der Dinge würde es auch keine werden.

In den 1970er und 1980er-Jahren lag es schon lange zurück, dass mein Vertrauen in die Erneuerung des Sozialismus durch ein politisches und ethisches Trauma gebrochen worden war. Seitdem hatte ich die westliche Literatur auf meinem Feld studiert, die entwickelte, westliche Welt aus erster Hand kennen gelernt und die Beziehung zwischen Privateigentum, öffentlichem Eigentum, Bürokratie und Markt kritisch und rational durchleuchtet. Diese rationalen sozialwissenschaftlichen und ökonomischen Überlegungen überzeugten mich davon, dass in einer Wirtschaft mit vornehmlich öffentlichem Eigentum der Markt nicht die Hauptrolle bei der Koordinierung der Wirtschaftsprozesse spielen kann. Die beiden Eigenschaften waren nicht kompatibel. Das Problem bestand nicht darin, dass irgendein Merkmal der Marktwirtschaft „noch nicht" voll ausgebildet war. In Wahrheit kann nur eine kapitalistische Wirtschaft eine echte, nicht simulierte oder vorgetäuschte Marktwirtschaft handhaben.*

Diese Erkenntnis ließ mich selbst auf die Erklärungen der leidenschaftlichsten Reformer ambivalent reagieren. Wie konnte man sich mit ihren Vorschlägen einer wirklichen Marktwirtschaft nähern? Hegten sie nicht Illusionen? Weckten sie nicht bei vielen naiven, guten Leuten mit halb-sozialistischen Überzeugungen die falsche Hoffnung, dass Markt, Vorherrschaft des Staatseigentums und eine politische Struktur, die „antikapitalistische" marxistisch-leninistische Grundsätze propagierte, miteinander in Einklang zu bringen seien? Sie mochten denken, noch ein paar entschlossene Reformschritte und wir sind auf dem „dritten Weg", der Sozialismus bedeutet und auch wieder nicht, der eine Marktwirtschaft beinhaltet, ohne wirklicher Kapitalismus zu sein mit all seinen hässlichen Eigenschaften. Zwischen den Reformökonomen mit ihrem festen Glauben an die Machbarkeit eines Marktsozialismus und mir lag ein tiefer theoretischer Graben.

Ich wurde direkt und indirekt in zahlreiche Debatten verwickelt. Es wurde aus vielen Ecken auf mich geschossen. Ich möchte einige typische Episoden berichten, die deutlich machen, wo ich zur damaligen Zeit stand.

---

* Marx' Wirtschaftstheorie betrachtet den Markt mit Argwohn. Orthodoxe Marxisten-Leninisten hatten vollkommen Recht, wenn sie Verfechter von Marktreformen „antimarxistischer" Ansichten beschuldigten. Das habe ich in meinen Schriften nicht ausdrücklich betont, denn ich wollte nicht die Reformer kränken, die sich offen als Marxisten erklärten.

„Statt zu sagen, was zu tun ist …"

Eine legendäre Figur der Reformperiode war Tibor Liska. Wir gerieten bei verschiedenen Gelegenheiten heftig aneinander. Aber seine feurigen, charismatischen Reden, seinen Verstand, seine Freimütigkeit, seine Prinzipientreue habe ich noch in guter Erinnerung. Und dem Taktieren konnte er auch nichts abgewinnen. Liska war der Prophet einer merkwürdigen Variante des sozialistischen Kapitalismus oder kapitalistischen Sozialismus. Nach seiner Vision erhielt jeder Staatsbürger seinen Anteil am kollektiven Vermögen als Startkapital, das er dann als Unternehmer in einer Wirtschaft verwaltete, die ansonsten nach den Marktgesetzen operierte.* In seinem Entwurf arbeitete Liska einige Punkte mit minutiöser Genauigkeit aus, während andere, nicht weniger bedeutende Aspekte verschwommen blieben. In diese Vorstellungen vereinten sich Tibors reiner Glaube an das schöne moralische Postulat der Chancengleichheit mit seiner Hochachtung vor dem typischen Unternehmergeist des Kapitalismus sowie seiner Überzeugung, man könne jede Utopie realisieren, wenn nur der Wille stark genug sei.**

Liska war ein Guru, von Schülern umgeben. Er hielt Sitzungen ab, zu denen er berühmte Ökonomen einlud. Sie versuchten, leidenschaftslos zu argumentieren, aber Liska streckte sie jedes Mal mit ein paar schlagkräftigen Argumenten zu Boden und gewann durch Knock-out. Einmal lud er mich zu so einem intellektuellen Boxkampf ein. Ich lieferte meinen Part im gewohnten Stil, indem ich den Zustand der halb-reformierten ungarischen Wirtschaft, die Stärken und Schwächen von Liskas Ideen und die realistischen Möglichkeiten und Beschränkungen einer gesellschaftlichen Transformation gegeneinander abwog.[2] Tibor geriet in Zorn. Es wäre interessant, ihn im Wortlaut zu zitieren, doch der wurde unglücklicherweise nicht protokolliert. Deshalb versuche ich, seine Worte nach der Erinnerung zu rekonstruieren: „[Kornais Vortrag] war der Typ Theorie, der untersucht, was Scheiße wert ist, wie tief sie ist und um welche Art von Scheiße es sich handelt, anstatt zu sagen, wie wir da raus kommen. Das ist ein wesentlicher Unterschied, denn wenn jemand Scheiße analysieren will und über die Frage nachdenkt, ob sie mir bis zum Hals steht oder in den Mund läuft oder in den Augen beißt, dann ist er meilenweit

* Anhänger von Liska setzten sich nach dem Systemwechsel verständlicherweise mit Nachdruck für die „Voucherprivatisierung" ein, bei der das Staatsvermögen kostenlos unter die Bürger verteilt wird.

** Liska schrieb 1966 sein oft erwähntes Werk *Econostat*, aber es zirkulierte 22 Jahre lang nur in *Samizdat*-Form. Es konnte zum ersten Mal 1988 in den letzten Tagen der Kádár-Ära veröffentlicht werden. Doch Liska hat seine Reformvisionen nie systematisch in einer konzisen Form zusammengefasst. Heutige Leser können sich die beste Übersicht in einem Artikel seines Sohns Tibor F. Liska (1998) verschaffen.

entfernt von dem, der feststellt, egal was sie wert ist, es kommt darauf an, dass wir so schnell wie möglich da raus kommen."[3]

Es wäre gut gewesen, mit einer scharfen und witzigen Bemerkung zu antworten, doch Duelle dieser Art waren nie meine Stärke. Was mir einfiel, waren ein paar kühle, trockene Gegenargumente – z.B. dass es Aufgabe der Wissenschaft sei, die Realität zu beobachten und zu verstehen. Das prallte allerdings von der emotional geladenen Zuhörerschaft ab. Ich sagte, wir brauchten keine verwirrten Alpträume von ungarischen Ökonomen. Man müsse die ungarische Wirklichkeit und die Wirklichkeit einer echten Marktwirtschaft kennen, um einen realistischen Weg in eine bessere Zukunft zu finden.

Unter den ungarischen Reformökonomen ragte László Antal heraus. Er war im Finanzwissenschaftlichen Institut beschäftigt und kein Prophet wie Liska, sondern ein kritischer Beobachter, einer der besten Experten für die herrschenden Zustände in der ungarischen Wirtschaft und Analytiker mit rationalem Verstand und gesunder Urteilskraft. Anders als ich war er durch und durch Reformer, und bei Entscheidungen mitzumischen, war und blieb seine Leidenschaft und ein unentbehrliches Element in seinem Leben. Es war ihm wichtiger, hinter den Kulissen den wirklich Mächtigen gute Ratschläge zu erteilen, als dass man im Land seine Veröffentlichungen zur Kenntnis nahm. Der Verbreitung seiner Ideen unter den Kollegen im Ausland maß er keinerlei Bedeutung zu. 1983 veröffentlichte die literarische Wochenzeitung *Élet és Irodalom* (Leben und Literatur) ein Interview mit ihm. „Sie nennen sich gern Reformökonom", bemerkte der Reporter Sándor Szénási. „Bedeutet das eine besondere Einstellung im Vergleich zum ‚durchschnittlichen' Experten?" Antal antwortete: „Hier ist eine Unterscheidung angebracht. Ich würde sagen, es gibt Ökonomen, die nur als beschreibende Beobachter auftreten, die aus einer ethischen und beiläufig risikofreien Position Diagnosen stellen, die aber keine Empfehlungen machen. Ich bestreite ihnen nicht das Recht dazu, aber diese Grundeinstellung stört mich. Ich bekenne mich ganz offen dazu, Entscheidungen beeinflussen zu wollen".[4]

Wem der Schuh passt, der soll ihn sich anziehen. Schon damals empfand ich Antals Bemerkung als Spitze gegen mich. Auch eine Reihe anderer Reformökonomen missbilligten meine Einstellung zur Reform. Deshalb möchte ich hier wiederholen, was ich in einem früheren Kapitel über *Samizdat*-Autoren gesagt habe. Ich finde nicht nur eine einzige – nämlich meine – Verhaltensweise moralisch für gerechtfertigt oder fühle mich von anderen „gestört". Es gibt gewisse Verhaltensweisen, die lehne ich ab und verurteile sie vom moralischen Standpunkt aus, aber ethisch zulässig sind mehrere, nicht nur eine. Es war gut, dass Leute aus dem Exil aktiv Politik betrieben. Es war gut, dass sich Leute im Land illegal einsetzten und polizeiliche

Maßnahmen riskierten. Es war gut, dass „Reformer" die offiziell Verantwortlichen der sozialistischen Wirtschaft zu besseren Methoden zu bekehren versuchten. Aber es war auch gut, wenn objektive Wissenschaftler die wahre Natur des Systems erforschten. Und endlich war es gut, dass sich eine vernünftige Arbeitsteilung zwischen diesen Verhaltensweisen und Lebenseinstellungen entwickelte.

Sicher, manchmal widerstanden mir die Reformökonomen und ihre Kompromisse mit den Mächtigen, doch letztlich gelang es mir, solche Gefühle zu unterdrücken, und ich machte sie nie öffentlich. Ich sah schließlich ein, dass ihre Aktivität mehr Gutes leistete, als ihre Konzessionen schadeten. Dieses Gefühl haben manche Reformökonomen wohl nicht erwidert. Ich kann mich da nur an ihre Worte und Schriften halten. Was solche Kollegen tief im Inneren dachten, bleibt mir verschlossen.

Zum Verhalten möchte ich noch eine Bemerkung machen. Ich sprach vom Nutzen, das sozialistische System wissenschaftlich zu analysieren, so wie ich es tat. Wie schon in früheren Kapiteln sei hier betont: Theoretische Kritik war ein nützliches Instrument, um die kommunistische Ordnung zu schwächen und am Ende zu stürzen und durch eine neue zu ersetzen. Auch wenn diese Funktion wichtig ist, möchte ich die Sozialwissenschaft nicht auf die Rolle eines politischen Instruments für eine gute Sache beschränken. Denken hat seinen eigenen Wert. Für manche Leute sind Denken und Verstehen an sich ein Vergnügen. Das war immer so und wird auch so bleiben, solange es Menschen gibt, die in der Wissenschaft ihre Lebensaufgabe sehen.

Effizienz und sozialistische Ethik

1979 erhielt ich eine Einladung nach Irland, um die nach dem bekannten Ökonomen und Statistiker R.C. Geary benannte Vorlesung zu halten. Ich sprach dort in ausgearbeiteter Form von den Überlegungen, die ich zum ersten Mal in Indien präsentiert hatte.* Zwei Wertsysteme stehen einander gegenüber. Das eine fragt danach, welche Anforderungen erfüllt sein müssen, damit der Marktmechanismus die höchste Effizienz der Wirtschaftstätigkeit entfalte, und das andere fragt nach den Ansprüchen einer sozialistischen Moral. Das Argument führt zu der Schluss-

* Ich pflege in einem Hörsaal keinen vorformulierten Text vorzutragen. Ich gehe so vor, dass ich erst einmal Argumente mündlich entwickele, wenn möglich mehrmals hintereinander, und sie von einer Vorlesung zur nächsten feinschleife, wobei ich aus den Reaktionen des Publikums lerne. Erst wenn mir der Vortrag hinreichend ausgereift erscheint, setze ich mich hin und schreibe ihn auf.

folgerung, dass es unmöglich sei, beiden gleichzeitig gerecht zu werden. Dieses „Unmöglichkeitstheorem" konnte ich nicht mit einem exakten mathematischen Modell beweisen, und bis heute bedauere ich, dass sich niemand mit diesem Problem beschäftigt hat. Ich beließ es bei einer Begründung der Hypothese und veranschaulichte sie mit Hinweisen auf die Inkonsistenz der ungarischen Reform. Die Solidaritätspflicht, schwächeren Gesellschaftsmitgliedern beizustehen, kann beispielsweise mit dem ökonomischen Wettbewerb in Konflikt geraten, wenn die im Wettbewerb Unterlegenen echte Nachteile und Not erleiden.

Meine Worte richteten sich vor allem an jene, die sozialistische Überzeugungen mit der Befürwortung von Marktreformen leichthin verbinden, so als ob diese ungewöhnliche Mischung völlig konfliktfrei wäre. Als ich geendet hatte, stellte R.C. Geary selbst eine Frage. Er sei sehr beeindruckt zu sehen, dass es in den kommunistischen Ländern keine Arbeitslosigkeit gebe, ja, dort trete vielmehr ein Arbeitskräftemangel auf. Im Westen sei es andererseits schön, dass man alles erhalten könne und Warenmangel unbekannt sei. Könnte man nicht die Vorteile beider Systeme ohne die Nachteile eines jeden kombinieren?

Ich antwortete so, wie ich das im Schlussabschnitt eines späteren Artikels getan habe, der 1980 in *Valóság* (Realität) und im *Cambridge Journal of Economics* erschien:

> Es ist verständlich ..., dass die Idee auftauchte, man müsse ein „optimales Wirtschaftssystem" entwerfen. ... Wer sich dieses Ziel setzt, stellt sich so etwas wie einen Gang durch den Supermarkt vor. In den Regalen findet man die verschiedenen Komponenten des Mechanismus, der die Vorteile aller Systeme verkörpert. In einem Regal liegt Vollbeschäftigung, wie sie in Osteuropa realisiert wurde. Im nächsten liegen effiziente Arbeitsplatzorganisation und Disziplin, wie in westdeutschen oder Schweizer Fabriken. In einem dritten Fach liegen krisenfreies Wirtschaftswachstum, in einem vierten Preisstabilität, einem fünften rasche Produktionsanpassung an Nachfrageänderungen auf Auslandsmärkten. Der System-Designer braucht nur seinen Einkaufswagen weiter zu schieben und diese ‚optimalen Komponenten' einzusammeln und sie dann zu Hause zum ‚Optimalsystem' zusammenzusetzen. Doch das ist ein naiver Wunschtraum. Die Geschichte stellt solche Supermärkte nicht bereit, in denen wir nach Belieben wählen können ... Die Systemwahl findet nur zwischen verschiedenen ‚Paketlösungen' statt.[5]

Die Arbeit, die später in verschiedenen Sprachen erschien, fand große Aufmerksamkeit. Denn sie richtete sich gegen die Vorstellung einer „sozialistischen Marktwirtschaft", die harmonisch funktionieren könnte. Ich erlaube mir hier eine kurze Abschweifung und erinnere an eine Episode, die mit der erwähnten Arbeit in Verbindung stand. In jenen Jahren machte László Lengyel in der ungarischen Öffentlichkeit von sich reden. Erst rieb er sich an den bekannten Wirtschaftshistorikern Iván T. Berend und György Ránki, die ihm auf seine Bemerkungen nichts schuldig blieben. Dann beteiligten er und Miklós Polgár sich an der Diskussion zu meinem Artikel über Effizienz und Ethik. Es ging ihnen um zwei verschiedene Überlegungen. Erstens liege hinter jedem ethischen Konzept das Interesse einer konkreten gesellschaftlichen Gruppe. Zweitens stimme es nicht, dass der in meinem Artikel angedeutete Widerspruch die Probleme verursache, die sich aus der Reform ergaben.

Der Vulgärmarxismus der ersten Behauptung verdiente keine Beachtung, doch die zweite wollte ich nicht unbeantwortet lassen. Die Antwort fiel scharf aus und forderte die Autoren zur ehrlichen Diskussion heraus. Ich hätte in meiner Einleitung dargelegt, dass ich nicht eine Kausalanalyse vorhätte. Nichts in meiner Arbeit schreibe das Elend der ungarischen Wirtschaft oder die Schwierigkeiten der Reform dem Konflikt zwischen den beiden Wertsystemen zu. Ihr Kommentar verdrehte die Botschaft des Artikels auch in anderer Hinsicht.

Kritik habe ich schon bei zahllosen Gelegenheiten erhalten, doch für gewöhnlich reagiere ich nicht darauf. Stimme ich damit nicht überein, lasse ich die Sache in den meisten Fällen ohne Diskussion auf sich beruhen. Halte ich die Kritik für stichhaltig, dann zeigt sich ihr Einfluss in den folgenden Schriften. Was ich bei dem Lengyel-Polgár-Papier für unakzeptabel hielt, war der Verstoß gegen ungeschriebene ethische Diskursregeln.*

László Lengyel kam auf den Vorfall in einem autobiographischen Interview zurück, das er Elemér Hankiss gab. „Unser Diskussionsstil leitete sich von der unerbittlichen, höhnischen und herabsetzenden Art von Marx her oder einfach von schlechten wissenschaftlichen Sitten. ... Ich griff in den 1970er-Jahren Kornai, Berend und Ránki hämisch an. Wie sehr ich auch in jedem Punkt Recht gehabt haben mag, ich sehe jetzt, dass ich sie persönlich bloßstellen wollte.“[6] Offene Selbstkritik ist lobenswert. Doch ich kehre zu diesem Vorfall genau deshalb zurück, weil Lengyel offenbar nur seine frühere Aufgeblasenheit verurteilt. Das Problem bestand aber nicht allein im Stil der Kritik, sondern in der ethisch nicht hinnehmbaren Methode. Lengyel erinnert sich falsch, wenn er meint „wie sehr er Recht“ gehabt habe. Nach neuerlichem Durchlesen bleibt es für mich deutlich, dass ihre Kritik auch in der Sache falsch war. Sie verdrehten meine Argumente, um daraus willkürliche Behauptungen zu konstruieren, die sie dann mir zuschrieben und angriffen. Ich

* Tief verletzt fühlte ich mich schon früher, als die Ideologen der Kádár-Repression mich brandmarkten. Damals war die Kritik intellektuell und politisch unakzeptabel, aber ich war nicht moralisch entrüstet. Diese Kritiker standen auf der anderen Seite der intellektuellen Barrikade, aber sie verfälschten meine Ideen nicht. Sie kritisierten, was ich wirklich behauptet hatte und dachte.

komme auf die alte Kontroverse zurück, weil diese Art der Diskussion auch heute noch fortlebt, ja sich tatsächlich noch weiter ausbreitet. Man kann nicht hinnehmen, dass es im öffentlichen Leben Ungarns, in der Presse und in intellektuellen Schriften an der Tagesordnung ist, die Aussage eines Gegners zu verdrehen, um dann die verfälschten Behauptungen zurückzuweisen oder zu widerlegen.

Die Bedeutung von Eigentumsrechten

Zur Reformdebatte in *Valóság* im Jahr 1983 trug unter anderen auch die Ökonomin und Soziologin Andrea Szegő bei.[7] Sie betonte, sie wünsche sich nicht den Stalinismus zurück, doch setze sie sich für stärkere zentrale Lenkung mit moderneren Methoden ein. Ihr Angriff auf den Reformprozess von „links" enthält einige zustimmende Hinweise auf *Economics of Shortage*. Sie habe aus diesem Buch gelernt, dass öffentliches Eigentum zu Mangelwirtschaft führe, d.h. dass die Produktion nicht von der Nachfrage, sondern von den zentral zugeteilten Ressourcen beschränkt werde. Solange öffentliches Eigentum vorherrschend bleibe, könnten Reformen die Natur des sozialistischen Systems nicht ändern. Öffentliches Eigentum vertrage sich besser mit zentralisierter Lenkung als mit dem Marktmechanismus.*

Kurz darauf setzten sich die Reformökonomen mit Andrea Szegő auseinander. Typisch dafür ist der Artikel, den Tamás Bácskai und Elemér György Terták 1983 veröffentlichten. Sie widerlegten diese „linke" Interpretation meiner Ideen und betonten, dass meine Arbeiten die Reform unterstützten.** Die Argumente zu lesen, versetzte mich in Verlegenheit. Natürlich wünschte ich der Reform aufrichtig Erfolg. Ich hielt jegliche Form der Restaurierung des „Linken" für schädlich. In diesem Sinn stand ich auf Seiten der Reformer. Andererseits hatte Andrea Szegő meine theoretischen Grundüberlegungen durchaus verstanden und nicht etwa jene, die mich gegen sie zu verteidigen versuchten. Will man Marktwirtschaft, dann muss man auch Privateigentum wollen. Besteht man auf der Vorherrschaft von öffentlichem Eigentum, dann darf man sich nicht wundern, wenn die bürokratische Lenkung stets zurückkehrt. Auch mit größtem Geschick können Reformer, die öffentliches Eigentum und Marktkoordination verbinden wollen, die Funktionsweise

* Andrea Szegő kritisierte *Economics of Shortage* später, im Jahr 1991, aus einer Kaleckischen Position und distanzierte sich von meinen Theorien.

** Weder der Ko-Autor noch die Leser, mich eingeschlossen, konnten damals ahnen, dass der enthusiastische Reformer Tamás Bácskai jahrelang, wie in Kapitel 9 erwähnt, ein Informant der Geheimpolizei war. Derselbe Tamás Bácskai der es 1960 für angebracht hielt, der politischen Polizei mitzuteilen, dass ich mit dem Marxismus gebrochen hätte, „verteidigte" mich jetzt.

der Wirtschaft nicht dauerhaft reibungslos, leichtgängig und störungsfrei machen. In einem späteren Aufsatz habe ich diesen Punkt genauer dargelegt: Es gibt eine natürliche Affinität zwischen Privateigentum und Marktkoordination auf der einen und öffentlichem Eigentum und bürokratischer Koordinierung auf der anderen Seite.[8] Der Versuch, öffentliches Eigentum mit dem Markt zu verbinden, bedingt gezwungene Regulierungen, um die fehlende Affinität zu kompensieren.

In den Arbeiten, die ich 1981 und 1986–1987 zum ungarischen Reformprozess veröffentlichte, zeigte ich, wie wichtig es mir war, dass sich ein lebendiger und artenreicher Nicht-Staatssektor entfaltete. Ausschließlich dort funktioniert der Markt wirklich. Radikale Verfechter der Reform setzten in den 1980er-Jahren die „Eigentumsreform“ auf die Agenda.[9] Márton Tardos, einer der führenden Köpfe unter den Reformern, schlug vor, „Holdinggesellschaften“ einzurichten, so wie man sie aus dem modernen Kapitalismus kennt. Statt den Ministerien sollten die Staatsunternehmen diesen Holdinggesellschaften gehören, und deren Management sollte die „Eigentumsrechte“ ausüben. Der Vorschlag trieb die „Scheinsimulation“ des realen Kapitalismus in einer vom kommunistischen Parteistaat dominierten Wirtschaft ins groteske Extrem. Man stelle sich nur für einen Moment vor: Die Spitze der Bürokratie ernennt andere Bürokraten und sagt ihnen: „Verhaltet euch so, als wärt ihr Eigentümer …“ In einem Aufsatz, der die Vision des Reformsozialismus mit der Realität konfrontierte, stellte ich die Frage: „Kann das Eigentumsinteresse von einer künstlich geschaffenen Institution simuliert werden, die beauftragt ist (von wem? von der Bürokratie?), die Gesellschaft als „Eigentümer“ zu repräsentieren?“[10]

Nach dem Systemwechsel setzte ich meine Polemik gegen den „Marktsozialismus“ fort. Das Thema ist weiterhin aktuell und sei es nur deshalb, weil man in China, Vietnam und Kuba nach Möglichkeiten Ausschau hält, die Gesellschaft, die Politik und die Wirtschaft zu reformieren, und die Vision des Marktsozialismus dabei immer noch attraktiv ist.

Das Lange-Modell und die Realität der ungarischen Reform

Im Westen diskutierte man die ungarische Reform genauso wie in Ungarn. Zu Hause war sich jeder, der sich damit etwas beschäftigte, der Situation bewusst. Unterschiedliche Meinungen gab es nur darüber, was man von der Reform erwarten könne und wie ihre Aussichten seien. Im Ausland traf ich dagegen oft auf oberflächliche Darstellungen und das in einem gewissen Lehrbuchton. Besonders weit verbreitet war damals das Lehrbuch zum Vergleich von Wirtschaftssystemen von

Paul R. Gregory and Robert C. Stuart. In seiner Erstauflage von 1980 hatte es zur Reform des ungarischen Wirtschaftsmechanismus Folgendes zu sagen: „Ganz allgemein weist der NÖM [der Neue Ökonomische Mechanismus] eine große Ähnlichkeit mit dem Lange-Modell auf".[11] Ein schwerer Fehler! Der Leser sei nur an Kapitel 7 erinnert, wo Oskar Langes Sozialismustheorie bereits besprochen wurde. Lange stellte sich eine Wirtschaft vor, in der alle Firmen in öffentlichem Eigentum stehen. Die Zentrale solle die Betriebe nur in Reaktion auf Angebots- und Nachfrageüberschüsse steuern, indem sie die Preise anhebt oder senkt.

Die Praxis in Ungarn sah ganz anders aus. Nur ein verhältnismäßig enger Bereich der wirtschaftlichen Koordination ähnelte dem Langeschen Lenkungsmechanismus: In diesem engen Bereich wurden Preise zwar zentral, aber nicht starr bestimmt, d.h. sie konnten häufig geändert werden. Die meisten übrigen Preise waren dagegen fest. Zusätzlich setzte die staatliche Bürokratie eine Fülle von anderen Instrumenten ein, um den Wirtschaftsprozess zu beeinflussen. Der Wettbewerb zwischen den Staatsbetrieben war nicht echt, denn er wurde von weichen Budgetbeschränkungen verzerrt. Der letzte, vielleicht entscheidende Unterschied zum Lange-Modell bestand darin, dass öffentliches Eigentum nicht mehr exklusiv war. Glücklicherweise hatte sich ein Privatsektor entwickelt und damit ein echter, nicht simulierter Markt.

Die Verwirrung der Begriffe hält leider an, und die Aufgabe, ihrer Herr zu werden, ist hoffnungslos. Wenn man den Ausdruck „Marktsozialismus" für Oskar Langes ursprüngliche Idee reserviert, für ein System, das öffentliches Eigentum mit Marktkoordinierung verbindet, dann war die Periode 1968–1989 in Ungarn absolut kein Marktsozialismus. Doch der Begriff ist kein registrierter Markenname, dessen Gebrauch beschränkt ist auf das, was Lange darunter verstand. Kehren wir den Prozess der Namensgebung um! Da gibt es ein System, in dem die kommunistische Partei an der Macht ist und das sich offiziell als sozialistisch versteht. In diesem System treten einige Marktelemente auf, allerdings nur in einem beschränkten Bereich und verzerrt von bürokratischen Interventionen. Wer hindert die Ideologen dieses Hybridsystems daran, es „Marktsozialismus" zu nennen oder, wem das nicht gefällt, die Wortfolge umzukehren und von „sozialistischer Marktwirtschaft" zu sprechen? Man kann einem Regime nicht das Recht verweigern, sich selbst zu benennen. In meinen Schriften habe ich immer Wert darauf gelegt, theoretische Modelle nicht mit der historischen Realität zu verwechseln, zumal wenn man die Geschichte des ökonomischen Denkens unterrichtet.

Ein Exkurs: Ein anderes Stück ungarischer Realität

Das Wort „Realität" erscheint in der Überschrift des letzten Abschnitts. Wenn wir jetzt darüber sprechen, dann sollten wir die strahlenden Höhen theoretischer Argumentation verlassen. Irgendwo tief unten in der Dunkelheit finden andere Ereignisse statt. Da gab es jemanden, der sich eifrig Notizen machte, als ich meine Überlegungen zum Marktsozialismus und zur ungarischen Reform in einem amerikanisch-ungarischen Seminar oder in einer Vorlesung in New York darlegte. Als ich das Material für diese Memoiren zusammensuchte und die Archive des früheren Geheimdienstes durchstöberte, stieß ich auf Dokumente, die aufdeckten, dass im Ausland operierende Agenten der politischen Polizei über meine Vorlesungen Bericht erstattet hatten.

Ein Bericht fand sich im „operativen täglichen Informationsbericht" vom 10. Dezember 1981.[12] Das war die tägliche Zusammenfassung der wichtigsten neuen Informationen von Zehntausenden Mitarbeitern des ausgedehnten Agentennetzes und der Maschinerie der politischen Polizei. Vornehmlicher Adressat war die oberste Instanz der politischen Polizeihierarchie, der Innenminister. Kopien gingen auch an die Abteilungsleiter des Geheimpolizeiapparats des Innenministeriums, und eine Kurzfassung erhielten die Führer der Kommunistischen Partei und die Regierungsmitglieder. Punkt 6 des Tagesberichts vom 10. Dezember beschreibt, wie auf einem jüngst in Budapest veranstalteten ungarisch-amerikanischen Seminar „der bekannte ungarische Experte János Kornai den Amerikanern vertrauliche und detaillierte Informationen über die interne Lage des RgW, die Schwierigkeiten der Sowjetwirtschaft und die Beziehungen zwischen Ungarn und einigen anderen sozialistischen Ländern zukommen ließ. Vor ihrer Ankunft in Budapest hatten die amerikanischen Ökonomen Polen besucht. Sie versuchten, mit Kornais Hilfe die Glaubwürdigkeit der wirtschaftspolitischen Informationen, die sie dort gewonnen hatten, zu überprüfen – das, so unsere Quelle, mit Erfolg."[13]

Sofort setzte eine Untersuchung ein, von der ich damals nichts erfuhr. Man einigte sich schließlich darauf, ich hätte keine Staatsgeheimnisse verraten und es sollten keine Schritte gegen mich unternommen werden. Anzumerken ist, dass ich mich strikt an das Prinzip hielt, in Vorlesungen oder Diskussionen keinerlei geheime Daten zu verwenden, selbst wenn es lächerlich erschien, dass sie als klassifiziert galten. Aus dem Geheimdossier tauchte ein weiterer operativer täglicher Informationsbericht vom 26. April 1985 auf.[14] Punkt 7 vermeldet, dass ich am 7. März in einer New Yorker Institution eine Vorlesung gehalten hätte. Behauptet wird, die Institution arbeite „unter der Schirmherrschaft der CIA". Auf Anweisung des stellvertretenden Abteilungsleiters Polizei-Generalmajor Y.Y. fand eine neue

Untersuchung statt. Natürlich hatte ich wie im vorherigen Fall davon keine Kenntnis. „Abteilung III/II-1 soll Kornai untersuchen", lautete der Befehl des Generalmajors. „Untersuchung" bedeutete, meine Akte wieder hervorzuholen,* in der das erste Dokument zu einem zweiten führt und das zu einem dritten und so weiter, alle mit Belastungsmaterial gegen mich. Ich kann die Reihenfolge, in der sie sich diese Dokumente vornahmen, nicht nachvollziehen. Sicher scheint aber, dass die nach dem erwähnten Bericht von 1981 erstellte Zusammenfassung wieder auf den Tisch kam. Die handgeschriebene Dateikarte, die meinen Fall zusammenfasst, führt im Einzelnen an: „János Kornai, ungarischer Ökonom, Mitarbeiter des Instituts für Ökonomie der Ungarischen Akademie der Wissenschaften, Honorarprofessor (gescheiterte Berufung)". Dann folgen die Referenznummern der Akten, die Daten über mich enthalten. Der letzte handgeschriebene Eintrag auf dieser Karte lautet: „II/II–20:85 Gastprof. in den USA. Von CIA eingeladen zu ea".**

All das muss man sich ins Gedächtnis zurückrufen, wenn man die politischen und sozialen Verhältnisse hinter dem Reformprozess zu rekonstruieren versucht. Vordergründig war das Verhältnis zwischen den ungarischen und westlichen Fachleuten kollegial. Sie debattierten ernsthaft über Oskar Lange und Preise. Hinter den Kulissen gingen Aushorchen, Schnüffeln und Verrat weiter.

Ein Rückblick aus heutiger Sicht

Kehren wir zur Wirtschaftsreform zurück. Mit Genugtuung konnte ich beim Nachlesen meiner Arbeiten zur ungarischen Reform feststellen, dass ich noch immer hinter dem damals Geschriebenen stehe. Würden diese Aufsätze jetzt wieder herausgegeben, dann wären bestenfalls einige erklärende Bemerkungen an Stellen erforderlich, wo Selbstzensur mich daran hinderte, alles, was ich damals sagen wollte, auch zu sagen. Wie sich belegen lässt, wiesen meine Studien auf die Unklarheit des Reformprozesses und versuchten, geweckte falsche Hoffnungen zu vermindern.

Im Rückblick fühle ich mich bestätigt, was die positive Beschreibung und Analyse betrifft, die Bewertung ist etwas anderes. Heutzutage würde ich der Reform bessere Noten für ihre Leistungen erteilen. Hinterher ist man schlauer, wie es heißt. Zu

* „Sie können alle meine Anrufe mitschneiden / (wann, warum, mit wem.) / Sie haben Dossiers über meine Träume und Pläne / und über die, die sie lesen. / Und wer weiß, wann sie / genug Gründe finden, die Akte herauszukramen, / die meine Rechte verletzt" (aus Attila Józsefs Gedicht „Ein Atemzug", das er 1934 schrieb; József 1997, S. 96–7).

** Ich nehme an, dass „ea" „Vorlesung" *(előadás)* bedeutet. Zweifellos bezieht man sich auf den Bericht von 1985 und hält es für bewiesen, dass es sich um eine „CIA-Vorlesung" handelte.

meiner Verteidigung kann ich nur anführen, dass Kenntnis späterer Ereignisse erforderlich war, bevor man diese Phänomene unvoreingenommen beurteilen konnte.

Man stelle sich nur für einen Moment vor, das Sowjetimperium wäre nicht zusammengebrochen und Osteuropa unter der Herrschaft des Parteistaates geblieben. Halbherzige Reformen, eine merkwürdig trügerische, irreführende Ideologie und Teilerfolge hätten das Kádár-System vor dem Untergang bewahrt. Dann hätten die Reformer mit ihren Kompromissen einen wirklichen, radikalen Wandel verhindert.* Glücklicherweise ist es so nicht gekommen. Nachdem der Systemwandel einmal stattgefunden hatte, erwies sich eine hybride, marktorientierte Reform aus heutiger Sicht als gute Lehrzeit. Die Mitglieder des führenden Teams von Reformsozialisten, zumindest die talentierteren und erfahreneren unter ihnen, wussten in etwa, wie der Markt funktioniert, warum man auf Kosten, Preise und Gewinne achten muss, was ein privatrechtlicher Vertrag bedeutet und so weiter. Viele lernten im Privatsektor der Reformperiode, was es heißt, Unternehmer zu sein, und dass Ungarn durch Ausbildung einen Vorsprung gegenüber den anderen post-sozialistischen Ländern bekam.

Dieser Vorsprung ist leider nach 15 Jahren weitgehend zusammengeschrumpft, genau so, wie das mit einem Vorsprung auf Grund guter Ausbildung in der Karriere eines Einzelnen der Fall sein kann. Zu Beginn kommt man leichter voran, aber schlechter ausgebildete Leute können, Energie und Glück vorausgesetzt, später aufholen und die Führenden sogar überholen. Das ist im Transformationsprozess mit den ostmitteleuropäischen Ländern passiert. Reformversuche der Tschechoslowakei waren 1968 von einer der härtesten Diktaturen und der stärksten wirtschaftlichen Zentralisierung erstickt worden. Dann brach das Land kurz nach dem Systemwechsel in zwei Teile auseinander. Doch es geriet gegenüber Ungarn, dem führenden Reformer zu Zeiten des Sozialismus, nicht in einen Rückstand, was Einführung und Handhabung der marktwirtschaftlichen Institutionen betrifft.

Das bringt uns auf eine verzwickte Frage. Was beurteilen wir eigentlich? Sind Ereignisse der 1970er- und 1980er-Jahre danach einzuordnen, was sie in zwanzig Jahren einmal für die Zukunft der Nation bedeuten würden? Vielleicht sind solche Bewertungskriterien für die langfristige historische Perspektive einer großen Gemeinschaft angemessen. Doch wir Menschen haben nur ein Leben. Betrachten wir aus heutiger Sicht, wie Ungarn und Tschechen die Zeit von 1968 bis 1989 durchgebracht haben, dann würde ich schon behaupten, die Ungarn haben ein angenehmeres Leben geführt. Die Luft war freier. Es war leichter zu reisen. Es gab mehr Güter

* Das lässt sich in etwa mit den mehrdeutigen Auswirkungen der chinesischen Reform vergleichen, die in gewisser Hinsicht die Macht der Kommunistischen Partei stabilisieren und ihr Legitimität verschaffen.

und moderne Kultur aus dem Westen. Das Leben war lebenswerter.* Es klingt etwas banal, aber Ungarn war, wie man damals zu sagen pflegte, die fröhlichste Baracke im Lager, sicher ein besserer Ort als die Tschechoslowakei, Ostdeutschland oder Rumänien. Die Wirtschaftsreformen waren eng verbunden mit der Lockerung der rigiden Starre der Stalin-Periode. Im Rückblick sehe ich darin heute eine größere und wertvollere Leistung als damals.

Anmerkungen

1 Kornai 1983a, S. 229.
2 Kornai 1982.
3 Dieses Zitat stammt aus einem Interview, das Tibor Liska der OHA (Interview 39, S. 346) gab. Ich habe nur geringfügige sprachliche Änderungen am Transkript des Interviews angebracht.
4 Szénási 1983, S. 7.
5 Kornai 1986b [1980], S. 137.
6 Lengyel 2002, S. 157–8.
7 Szegő 1983.
8 Kornai 1984.
9 Tardos 1982, 1988a, 1988b.
10 Kornai 1986c, S. 1733–4.
11 Das Zitat stammt aus der Erstauflage des Lehrbuchs (Gregory und Stuart 1980, S. 299). In späteren Auflagen findet man eine zutreffendere Darstellung des neuen Wirtschaftsmechanismus in Ungarn (z.B. Gregory und Stuart 2004).
12 Müller 1999 beschreibt im Einzelnen die Funktion des „operativen täglichen Informationsberichts" und die Organisierung und Methoden der systematischen Informationsgewinnung.
13 ÁBTL NOIJ III/1-218-265/6, S. 3. Datum: 10. Dezember 1981.
14 ÁBTL NOIJ III/II-80, S. 5. Datum: 26. April 1985.

---

* Eltern, die dem Regime kritisch gegenüberstanden und die in der härtesten Repressionszeit kleine oder heranwachsende Kinder hatten, standen vor einem ernsten Dilemma. Äußerten sie sich zu Hause offen, dann konnte es passieren, dass die Kinder, noch nicht reif und hinreichend vorsichtig wie sie waren, über die Ansichten der Eltern sprachen, wo sie das besser nicht taten. Wenn Vorsicht und Selbstschutz die Eltern aber veranlassten, nicht ehrlich mit ihren Familien zu reden, dann enthielten sie ihnen die notwendige politische Aufklärung vor und glichen nicht die irreführenden Einflüsse der Presse, der Propagandamaschine und auch der Schule aus.
Glücklicherweise hatten wir keine solchen Probleme. Wir konnten mit den Kindern offen über sensible politische Fragen sprechen. Wir lagen mit ihnen auf der gleichen Wellenlänge. Der Generationskonflikt, der Eltern und Kinder häufig in fundamentalen politischen und ethischen Fragen trennt, war uns unbekannt. Unser gegenseitiges Verständnis wurde von der weniger repressiven Atmosphäre unterstützt, die herrschte, als unsere Kinder anfingen, sich für politische und soziale Fragen zu interessieren, und die es den Leuten erlaubte, zu Hause und anderswo offener zu reden. Diese relative Offenheit trug zu dem bei, was ich ein lebenswerteres Leben genannt habe.

16 Harvard – 1984–2002

Im Herbst 1983 ging ich im Park des *Institute for Advanced Study* in Princeton spazieren, als mir Albert Einstein entgegenkam, im kurzärmligen Hemd, die nackten Füße in Sandalen. Ich traute meinen Augen nicht. Alles stimmte, das Gesicht, das wehende weiße Haar, der Ausdruck, die Kleidung – was zum Teufel ging hier vor? Sah ich Gespenster? Es stellte sich heraus, dass am authentischen Schauplatz, wo Einstein seit seiner Einreise nach Amerika gearbeitet hatte, ein Film gedreht wurde. Da mochte er vergnügt und in Gedanken vertieft im Park seine Runde machen.

Wir lebten da schon ein paar Wochen im Haus Einstein Drive 45, einem kleinen Haus in einer Anlage, die mein Landsmann Marcel Breuer entworfen hatte.

Princeton, Institute for Advanced Study

Der Einstein-Kult ist in Princeton lebendig, und sein Geist inspiriert die Ankömmlinge immer noch. Bevor ich mich meinen persönlichen Erfahrungen zuwende, möchte ich kurz etwas über das *Institute for Advanced Study* sagen. In Amerika findet man nämlich selten ein Forschungsinstitut, das nicht an eine Universität angeschlossen ist. Wissenschaftler stecken dort viel Zeit in die Lehre. Deshalb beneideten amerikanische Kollegen Forscher in der Sowjetunion und in Osteuropa, die in Akademieinstituten von der Lehre freigestellt (oder sogar ausgeschlossen) waren.

Als Einstein in Amerika eintraf, fanden seine Gastgeber, man dürfe ihn doch nicht zwingen, den ganzen Tag Studenten zu unterrichten. Man müsse ein Institut gründen, in dem Einstein seine volle Arbeitskraft der Forschung widmen könne. Auch wenn es unmöglich sei, einen zweiten oder dritten Einstein zu finden, sollten zumindest ein paar herausragende Gelehrte als ständige Institutsmitglieder hinzukommen. Ihre intellektuelle Exzellenz würde dann Gastwissenschaftler aus allen Ländern der Welt anziehen. Sie würden dort ein Jahr verbringen, weit entfernt von ihren Heimatuniversitäten oder -instituten und frei von allen Lehr- und Verwaltungsverpflichtungen, und sich ausschließlich damit beschäftigen, ein Thema ihrer Wahl zu bearbeiten.

Mit finanzieller Hilfe großzügiger, reicher Amerikaner wurde eine Stiftung gegründet, und bald darauf nahm das Institut seine Arbeit auf. Zu Beginn nutzten es vor allem theoretische Physiker und Mathematiker als idealen Forschungsstandort. John von Neumann, das mathematische Genie aus Ungarn, verbrachte dort alle seine Jahre in Amerika. (Er gab der zweiten Straße in unserer Wohnanlage ihren

Namen, Neumann Drive.) Der Gigant der mathematischen Logik Kurt Gödel arbeitete ebenfalls dort. J. Robert Oppenheimer, der große Physiker, war von 1947 bis 1966 Direktor. 1973 gründete man die *School of Social Sciences*, deren einzelne Abteilungen von einem Professor geleitet wurden. Zur Zeit meines Aufenthalts im akademischen Jahr 1983–4 war Albert Hirschman verantwortlich für Ökonomie, Michael Waltzer für Politische Wissenschaften und Clifford Geertz für Anthropologie. Alle drei zählten zu den führenden Köpfen ihrer Wissenschaft.

Das Institut wuchs über die Jahre, doch die Grundstruktur blieb gleich: eine kleine feste Professorenschaft, um die sich sechs- oder siebenmal so viele Gastwissenschaftler scharten, die von den Professoren ausgewählt wurden und jedes Jahr wechselten. Von Anfang an kamen dort Gelehrte aus verschiedenen Disziplinen zusammen. Einer der Reize des Orts besteht im interdisziplinären Charakter der Arbeit.

Die Einladung dorthin war für mich eine große Ehre, und das Jahr, das ich dort verbrachte, eines der interessantesten und anregendsten meines Lebens. Wenn jemand einen besonderen Himmel für Wissenschaftler einrichten möchte, dann sollte er das Institut von Princeton zum Vorbild nehmen. Die Gebäude liegen verstreut in einem weiten Park mit einem kleinen See in der Mitte. Etwas weiter entfernt gehört ein Wald dazu, durchzogen von einem Bach und Wegen unter dichten Bäumen – ein idealer Rückzugsort für Leute wie mich, die gerne bei einem Spaziergang durch die Natur ihren Gedanken nachgehen. Gesellschaft findet man bei einem exzellenten Mittagessen gemeinsam mit Kollegen.

Man kann sich um eine Einladung bewerben, aber letztlich haben die ständigen Institutsmitglieder ihre eigenen Vorstellungen. Albert Hirschman brachte Ökonomen zusammen, die mit ihren Theorien in gewisser Hinsicht vom neo-klassischen Dogma abstachen. Das war in der Tat eine interessante Gesellschaft. Ich traf dort auf den schwedisch-amerikanischen Professor Axel Leijonhufvud, bekannt für seine Neuinterpretation von Keynes. Zu den Gesprächspartnern zählte George Akerlof, dessen geistreicher Artikel über „Zitronen" (schlechte Gebrauchtwagen) die Theorie der asymmetrischen Information mitbegründete, wofür er den Nobelpreis erhielt. Der leicht stotternde Don McCloskey mit seinen ausnahmslos neuen und anregenden Ideen war auch da. Seine Arbeit zur Rhetorik der Ökonomie hatte großes Aufsehen erregt. Extrem vereinfacht läuft sein Argument darauf hinaus, dass in den Sozialwissenschaften die Wahrheit einzig und allein auf den Aussagen beruht, von denen man seine Kollegen mit augenblicklich modischen und allgemein akzeptierten Methoden überzeugen kann.*

---

* Niemand hätte damals gedacht, dass der athletische Don sich ein paar Jahre später einer Operation unterziehen und als Deirdre McCloskey ihre glänzende Karriere fortsetzen würde. McCloskey verdient

Um ehrlich zu sein, ich hatte damals so etwas wie eine kreative Blockade. Was ich in der Folge von *Economics of Shortage* schreiben wollte, war abgeschlossen und ich wusste noch nicht, was die nächste große Aufgabe sein könnte. Ich suchte angestrengt nach einem Ausweg. In „normalen" Jahren passt sich meine Lektüre an das aktuelle Forschungsprojekt an. Jetzt nutzte ich meine himmlische Freiheit in Princeton, um mich breiter zu orientieren. Ich las Robert Dahl und Charles Lindblom über Demokratie und „Polyarchie", John Rawls' Theorie der Gerechtigkeit, Thomas Schellings geistreiche Ideen über Strategie, die Arbeiten der anderen Gastwissenschaftler, wie Leijonhufvud, Akerlof und McCloskey, und Bücher von Amartya Sen und Oliver Williamson, die als Besucher des Instituts Seminarvorträge hielten. Das sind einige Beispiele meiner geistigen Erlebnisse während des einen Jahres.* Allmählich gewann in mir die Idee Gestalt, alles was ich in Jahrzehnten der Forschung über das sozialistische System gelernt und erkannt hatte, in einem Werk zusammenzufassen. Während meiner Zeit am Institut stellte ich den ersten Entwurf des Buches zusammen, das erst zehn Jahre später erscheinen sollte: *Das sozialistische System: Die politische Ökonomie des Kommunismus.*

Genau das macht den großartigen Beitrag zur Wissenschaft aus, den eine Wissenschaftsorganisation wie das *Institute for Advanced Study* in Princeton mit seinem großzügigen institutionellen und finanziellen Rahmen leistet. Als ich dort ankam, war ich mir über meine weiteren Forschungsabsichten noch nicht im Klaren. Doch während des Jahres zeichneten sich meine längerfristigen Pläne ab, und es kam zu einem ersten Entwurf. Ich brauchte dann schließlich weitere acht bis zehn Jahre, bis meine ersten Ideen aus Princeton reiften und ich ein Buchmanuskript in Druck geben konnte. Wissenschaftler, die sich um öffentliche oder private Drittmittel bemühen, müssen jedem Antrag einen genauen Bericht beifügen, was sie zu tun beabsichtigen. Es besteht aber ein erheblicher Bedarf nach einer anderen Finanzierungsform, nämlich einer, die nicht so strikte Bedingungen stellt.** Wer ins *Institute for Advanced Study* eingeladen wird, hat natürlich in seiner Bewerbung angegeben, womit er sich beschäftigen möchte, aber es gibt keinen bindenden, bürokratischen

Respekt für den bemerkenswerten Mut, mit dem sie aus dem Wissen um sich selbst diese höchst schwierige Entscheidung getroffen hat.

* Meine Lektüre lässt auch den Wunsch erkennen, über das Thema von *Economics of Shortage* hinauszugehen und Fragen der politischen Struktur, der Ideologie und der sozialen Beziehungen in meine Analyse aufzunehmen.

** Ich schätze mich glücklich, in mehreren westlichen Institutionen die Gelegenheit erhalten zu haben, Projekte eigener Wahl nach meinen Vorstellungen ausführen zu dürfen. Im Kapitel zu *Economics of Shortage* habe ich z.B. erwähnt, dass ich am *International Economic Research Institute* der Universität Stockholm keinerlei Verpflichtungen hatte.

Vertrag, der festlegte, wann man das Projekt zu beende habe. Wer nach Princeton kommt, erhält fast grenzenlose Freiheit, wie mein Fall zeigt. Das Institut geht das Risiko ein, dass die großzügige Unterstützung kein konkretes Resultat zeitigt. Die einzige Garantie, eine gute Wahl bei der Einladung vorausgesetzt, besteht darin, dass ein leidenschaftlicher Forscher das Beste aus der angebotenen Freiheit und Zeit macht.*

Während ich in Princeton war, klingelte eines Tages das Telephon. Es war Michael Spence, der Vorsitzenden des ökonomischen Fachbereichs der Harvard Universität, der mich einlud, einen öffentlichen Vortrag zu halten.** Als ich dies Albert Hirschman gegenüber erwähnte – bevor er nach Princeton kam, war er lange Zeit Professor in Harvard – lächelte er flüchtig, womit ich damals nichts Rechtes anzufangen wusste. Natürlich nahm ich die Einladung gerne an und hielt ein paar Wochen später den Vortrag.

Wie Harvard seine Professoren ernennt

Bevor ich die Geschichte meiner eigenen Ernennung erzähle, greife ich etwas vor in der Zeit und schildere die Berufungsprozedur an der Harvard Universität, wie ich sie als Fakultätsmitglied kennen gelernt habe. Ein ordentlicher Professor an einer amerikanischen Universität hat eine Lebenszeitanstellung mit einem merkwürdig asymmetrischen Arbeitsvertrag.*** Auf Lebenszeit angestellte Professoren können

---

* Ich gehe hier auf die Arbeitsweise des Princeton Instituts (die Modalitäten der Einladung, die Anforderungen an die Wissenschaftler, usw.) etwas genauer ein, weil es als Vorbild für andere Institute für höhere Studien gedient hat, unter anderem auch für das erste in Mitteleuropa, das Collegium Budapest, dem ich als ständiges Mitglied seit der Gründung angehöre.

** Die Organisation der Harvard Universität, wie die anderer amerikanischer Universitäten, folgt nicht dem gleichen Muster wie die Universitäten Kontinentaleuropas einschließlich Ungarns. Die Bereiche tragen andere Bezeichnungen. In Harvard ist eine „Schule“ oder eine „Fakultät“, geführt von einem Dekan, eine sehr viel größere Einheit als ihr ungarisches Pendant. Ökonomie zählt zur *Faculty of Arts and Sciences*, die alle Sozial- und Naturwissenschaften umfasst. Eine Schule setzt sich aus Abteilungen zusammen, doch auch das sind größere Einheiten als ein Lehrstuhl oder ein Institut an den meisten kontinentalen Universitäten. Amerikanische Fachbereiche (*departments*) werden von einem Vorsitzenden (*chair*) geführt, der für die Koordinierung der Lehre und für die Verwaltung verantwortlich ist. Er oder sie ist nur *primus inter pares* im Verhältnis zu den übrigen Fakultätsmitgliedern. Selbst die Assistenzprofessoren unterstehen nicht dem Vorsitzenden. Sie forschen und lehren unabhängig. Das unterscheidet sich radikal von der Situation an einem deutschen oder ungarischen Lehrstuhl, wo zwischen dem Lehrstuhlinhaber und den Mitarbeitern des Lehrstuhls ein hierarchisches Verhältnis herrscht. An der Spitze der Universität steht in Amerika ein Präsident und in Ungarn und vielen anderen Ländern ein Rektor.

*** In Harvard und einigen anderen Universitäten beschränkt sich die Lebenszeitanstellung (*tenure*) auf

jederzeit zurücktreten, wenn sie den Job nicht mehr mögen oder anderswo eine bessere Anstellung gefunden haben, während die Universität sie nicht entlassen kann, wenn sie mit ihrer Leistung unzufrieden ist.* Über die Zweckmäßigkeit dieser rechtlichen Konstruktion kann man streiten, sie ist aber allgemein akzeptiert, denn in der vollständigen Sicherheit, die sie bietet, besteht nach allgemeiner Auffassung die wichtigste Garantie der akademischen Freiheit. Niemand muss um seinen Lebensunterhalt fürchten, weil er bestimmte politische oder wissenschaftliche Meinungen vertritt. Die Verfechter des Systems verweisen auf die McCarthy-Periode, als viele amerikanische Universitätsprofessoren nur durch ihre Lebenszeitanstellung vor Verfolgung geschützt waren.

Da man einen auf Dauer angestellten Universitätsprofessor nur schwer wieder loswird, muss man bei der Berufung größte Vorsicht walten lassen. Es gibt keine Regeln, die sich auf alle amerikanischen Universitäten anwenden ließen. Ich kann nur über das Procedere in Harvard berichten, auf Basis meiner Erfahrung und der Schrift *The University: An Owner's Manual* (Die Universität: eine Gebrauchsanweisung) von Henry Rosovsky, der als lang gedienter Dekan der größten Fakultät von Harvard, der *Faculty of Arts and Sciences*, die Sache aus erster Hand kannte.

Nehmen wir ein hypothetisches Beispiel! Der Fachbereich Ökonomie braucht einen Professor, der Unternehmensfinanzierung unterrichtet. Auf der ersten Stufe wird der Auswahlprozess ausschließlich von den ordentlichen Professoren kontrolliert, weder die unteren Professorenränge, noch die Studenten spielen eine Rolle. Das monatliche Professorentreffen bespricht zuerst das Grundsätzliche: Braucht gerade diese Disziplin Verstärkung? Ist man sich darüber einig, wird eine „Suchkommission" ernannt. Diese kleine Gruppe beschäftigt sich über mehrere Monate mit dem Problem. Ihre Mitglieder machen sich mit der neuesten Literatur im betreffenden Feld vertraut, holen Informationen ein und schlagen nach gründlicher Beratung einen Kandidaten vor. Die Latte wird so hoch wie möglich gelegt. Zu den Auswahlkriterien zitiere ich Rosovsky: „Wer ist am brillantesten, am interessantesten, am vielversprechendsten? ... wer ist der Beste „im Feld" und entspricht der Funktionsbeschreibung? ... wer ist auf der Welt die führende Kapazität?"[1] Ein alter Harvard-Kollege formulierte die Erwartungen an den Kandidaten so: „Als Resultat seiner Beiträge hat sich die Disziplin in seinem Forschungsfeld gewandelt, d.h. sie ist anders, als sie es vor seiner Arbeit war".

---

ordentliche Professoren *(full professor)*, die höchste Rangstufe in der Fakultät. Andere Universitäten verleihen *tenure* auch an den mittleren Professorenrang der Professoren *(associate professor)*.

* Es gibt natürlich selbstverständliche Ausnahmen, z.B. wenn ein Professor ein Verbrechen begeht.

Die Suchkommission trägt nicht nur einen Namen mit ein paar Empfehlungen vor. Der Kommissionsvorsitzende hält einen regelrechten Vortrag über die Arbeit des Kandidaten, um die übrigen Professoren des Fachbereichs davon zu überzeugen, dass der Kandidat den hohen Erwartungen entspricht. Jedes Kommissionsmitglied fügt dem seinen persönlichen Standpunkt hinzu. Dann folgt die Diskussion. Wer den Kandidaten persönlich kennt oder seine Arbeiten gelesen hat, äußert seine Meinung. Sind die Forschungsergebnisse so hervorragend und bahnbrechend, wie von den Mitgliedern der Suchkommission behauptet? Wie lässt sich das künftige Forschungspotential einschätzen? Wer Vorbehalte gegenüber dem Kandidaten hat, bringt seine Kommentare und Einwendungen an. Die Persönlichkeit des Kandidaten wird durchleuchtet. Wenn jemand darüber Bescheid weiß, werden Qualität der Lehre und Meinungen von Studenten in Erwägung gezogen. Doch zu meiner Überraschung konnte ich feststellen, dass diese Faktoren nie entscheidend sind. Was wirklich zählt, sind wissenschaftliche Leistung und das erwartete künftige Forschungspotential.

Auch nach langer Debatte wird noch keine Entscheidung gefällt. Zuerst schickt der Fachbereichsvorsitzende einen Brief an verschiedene geachtete Vertreter der Disziplin, in unserem Beispiel der Unternehmensfinanzierung. Darin bitte er um die Meinung über verschiedene Namen, einschließlich des Kandidaten der Suchkommission, ohne mitzuteilen, wen man für die Berufung ins Auge fasst. Die Adressaten sollten die Namen in eine Rangfolge bringen und diese begründen. Da die Angesprochenen nicht wissen, wen Harvard im Auge hat, werden ihre Antworten „Blindbriefe" genannt. Das läuft auf eine Art Meinungsbildung im geschlossenen Kreis der höchsten Kapazitäten der betreffenden Disziplin hinaus.

Curriculum vitae, Publikationsliste und zwei, drei Aufsätze des Kandidaten werden zum genaueren Studium unter den Professoren verteilt, und auch seine übrigen Arbeiten stehen zur Verfügung, d.h. der ganze Fachbereich schaut sich den Kandidaten genau an. Nach ein paar weiteren Monaten wird der Vorschlag dem Professorentreffen wieder vorgelegt, und der Meinungsaustausch beginnt von Neuem. Möglicherweise einigt man sich beim zweiten Treffen. Wenn nicht, kommt der Vorschlag ein drittes Mal auf die Tagesordnung, und es wird abgestimmt. Erhält der Kandidat eine Mehrheit, bringt das den ersten Akt, aber noch nicht das ganze Berufungsdrama zum Abschluss.

Erst jetzt setzt sich der Fachbereichsvorsitzende mit dem Kandidaten in Verbindung. Eine Bewerbung um die Stelle gibt es nicht.* Berufungen auf eine ordentliche

* Die meisten Rufe auf einen Lehrstuhl ergehen an Externe. Das Verfahren verläuft etwas anders, wenn es sich um eine Hausberufung handelt. Dann entscheidet der betreffende Professor *(associate professor)*,

Professur in Harvard erfolgen an Leute, die von ihren künftigen Kollegen hoch geschätzt werden. Die Antwort ist deshalb meistens positiv, doch es gibt natürlich Fälle, in denen der Kandidat für die Ehre dankt und ablehnt, weil er z.B. seine augenblickliche Stellung vorzieht oder ein Wechsel aus familiären Gründen nicht in Frage kommt. In einem solchen Fall beginnt das Verfahren von vorn und die Suchkommission schlägt einen neuen Namen vor.

Nehmen wir an, der Kandidat ist mit dem Vorschlag einverstanden. In diesem Stadium drückt die Annahme nur eine grundsätzliche Bereitschaft aus, wohl wissend, dass der zweite und dritte Akt des Berufungsvorgangs noch stattfinden müssen. Der nächste Schritt ist ein Gespräch mit dem Dekan über die finanziellen Konditionen, wobei der Fachbereich kein Wort mitzureden hat. Das Einkommen ist eine strikt persönliche Angelegenheit. Niemand im Fachbereich, auch nicht der Vorsitzende, weiß, wie viel die Kollegen erhalten. Ökonomen sind relativ billig zu haben, denn man braucht ihnen nur ein Gehalt zu zahlen und einen Zuschuss für die Wohnungssuche, wenn ein Umzug erforderlich wird.* Teuer sind Berufungen von Physikern und Chemikern, die Labore für mehrere Millionen Dollar fordern und Mitarbeiter zur Assistenz. Ordentliche Professoren haben keine festgelegte Gehaltsskala, in die ein neu Berufener eingegliedert werden könnte. Einkommen und alle anderen finanziellen Konditionen sind Verhandlungsgegenstand zwischen dem Dekan und dem zu Ernennenden.

Sind sich beide einig, schlägt der Dekan dem Universitätspräsidenten die Ernennung vor. Jedes Fachbereichsmitglied schreibt dem Dekan einen Brief mit seinem Votum für oder gegen den Kandidaten. Der Präsident erhält diese Erklärungen und die Blindbriefe.

Eine Mehrheit bei den Fachbereichsmitgliedern und die Zustimmung des Dekans sind notwendig, aber nicht hinreichend für eine Ernennung. Die Universität wünscht zu wissen, ob nicht der Fachbereich von einer Gruppe von Freunden oder Leuten dominiert werde, die eine bestimmte wissenschaftliche, politische oder weltanschauliche Richtung vertreten und um jeden Preis einen Geistesverwandten anheuern wollen. Also bedarf es einer weiteren unparteiischen Überprüfung, wofür der Präsident eine Ad-hoc-Kommission ernennt. Ein Mitglied ist ein Fachvertreter, der

---

ob er sich der Prozedur einer Überprüfung für eine Lebenszeitanstellung *(tenure review)* unterziehen möchte. Das ist eine riskante Entscheidung, denn das Verfahren endet häufig mit einer Ablehnung, die als schwerer Schlag erfahren wird. Viele Leute ziehen als vorbeugende Maßnahme vor, an eine andere Universität zu wechseln, wo ihnen eine Daueranstellung angeboten wird.

* Die Einkommen der Ökonomen sind allerdings relativ hoch, da die Nachfrage auf dem außeruniversitären Arbeitsmarkt groß ist. Die Besten werden von der Regierung und von der Wirtschaft gesucht, und der Wettbewerb treibt die Gehälter nach oben.

aber in einem anderen Fachbereich der Universität arbeitet, z.B. ein Ökonom aus der Business School. Daneben ernennt der Präsident zwei externe Fachleute von anderen amerikanischen Universitäten oder auch aus dem Ausland. Die Mitglieder der Ad-hoc-Kommission erhalten die Unterlagen des Kandidaten und vertiefen sich, wenn sie die Aufgabe annehmen, in seine Arbeiten.

Dann trifft sich ein Komitee, das nur aus dem Präsidenten, dem Dekan und der Ad-hoc-Kommission besteht, im Präsidialbüro. Ich war einmal Mitglied einer Ad-hoc-Kommission für eine Berufung in einem anderen Fachbereich; deshalb konnte ich das Verfahren beobachten. Die Sitzung beginnt mit der „Zeugenvernehmung". Der Fachbereichsvorsitzende ist nur als erster Zeuge anwesend. Er fasst die Mehrheitsmeinung des Fachbereichs zusammen. Er wird von den Kommissionsmitgliedern befragt und verlässt dann den Raum. Es folgen weitere Zeugen, zumeist Fachleute aus dem Wissenschaftsgebiet des Kandidaten. Auch Gegner der Berufung werden als Zeugen gehört; hier gehen die Kommissionsmitglieder ins Detail. Nach der Zeugenvernehmung bittet der Vorsitzende der Ad-hoc-Kommission jedes Mitglied um seine Meinung für oder gegen die Berufung. Es folgt keine Abstimmung, denn die Kommission ist nicht befugt zu entscheiden. Der Präsident schließt die Sitzung und lädt alle zum Essen ein.

Endlich kommt die letzte Phase, die Entscheidung des Präsidenten.* In den meisten Fällen übernimmt er die Empfehlung des Fachbereichs und des Dekans. Aber manchmal wird sie auch abgelehnt. Eine Zurückweisung durch den Präsidenten ruft immer große Aufregung hervor. Das Verfahren, das mit der Stellenbeschreibung einer Vakanz beginnt und der offiziellen Ernennung endet, kann gut und gerne zwei Jahre dauern.

Je mehr ich dieses Verfahren kennen lernte, desto mehr geriet ich ins Staunen. Zu Hause war ich es gewohnt, dass „persönliche Dinge" voreingenommen und häufig zynisch abgehandelt wurden. Natürlich spielten in Ungarn wissenschaftliche Überlegungen auch eine Rolle, doch was wirklich zählte, waren die Verbindungen eines Kandidaten. Welche Kräfte setzen sich für oder gegen den Kandidaten ein? Fällt die Entscheidung auf Grund politischer Überlegungen, als Resultat persönlicher Loyalität, in Erwartung einer Gegenleistung oder nur auf Grund von Vetternwirtschaft? Das Harvard-Kriterium, nämlich die wissenschaftliche Leistung, beeindruckte mich. Die Professoren identifizierten sich bereitwillig mit dem Geltungsanspruch der Universität: Sie strebten Berufungen an, die Harvards führenden

* Genau genommen erfolgt die Entscheidung durch das oberste Organ der Harvard Universität auf Empfehlung des Präsidenten. Aber das ist eine Formalität. In Wirklichkeit hat der Präsident das letzte Wort.

Rang unterstützten.* Viele stark beschäftigte Leute verbrachten lange Stunden in zahllosen Sitzungen, um sicherzustellen, dass es eine gute Berufung wird. Die Professoren halten dies für die wichtigste Entscheidung, an der sie mitwirken dürfen. Denn wenn die Fakultät erstklassig besetzt ist, ist alles gut; ist das nicht der Fall, dann sinkt die Universität bald ins Mittelmaß ab.

Niemand wird behaupten, das lang erprobte, traditionelle Verfahren arbeite fehlerlos. Vielleicht sind einige am Auswahlprozess Beteiligte voreingenommen und lassen sich abgesehen von rein akademischen Kriterien von persönlichen Vorlieben oder Druck von außen beeinflussen. Solche Phänomene bleiben im Verborgenen; ich konnte sie nicht beobachten. Auch wenn jeder ausschließlich akademische Kriterien berücksichtigt, können Irrtümer vorkommen. Ein Berufener kann die Erwartungen des Fachbereichs enttäuschen, und umgekehrt kommt es vor, dass ein herausragender Gelehrter übersehen wird. Über den Fall von Paul Samuelson werden Legenden erzählt. Er hatte in Harvard unter Schumpeter studiert, seine Dissertation *Foundations of Economic Analysis* wurde ein Klassiker.[2] Er war ein brillanter Mathematiker in einer Zeit, als das in der Ökonomenzunft noch nicht allgemein erforderlich war. Trotzdem bot Harvard ihm keine Stelle an,** und er ging ans *Massachusetts Institute of Technology*, auch in Cambridge gelegen. Er reorganisierte dort die Abteilung für Ökonomie, die unter seinem Einfluss zu einem der führenden Zentren auf dem Gebiet der internationalen Wirtschaftsbeziehungen wurde. Samuelson erhielt als erster amerikanischer Ökonom den Nobelpreis.

Die extrem anspruchsvollen Auswahlkriterien tragen vielleicht zu dem bei, was „Harvardarroganz" genannt wird. Stolz auf ihre Traditionen und Leistungen finden Harvard-Professoren genauso wenig wie Leute in anderen Institutionen, dass sie damit auf andere herabsehen. Doch von außen betrachtet, erscheint das häufig als herablassende Haltung und wird entsprechend übel genommen. Mag die Berufungsprozedur ihre Nachteile haben, ich habe mich daran gehalten und ihr mit ehrfürchtigem Respekt gedient, solange ich daran beteiligt war.

---

* Die Öffentlichkeit betrachtet Harvard als Amerikas renommierteste Universität. In jüngerer Zeit veröffentlichen viele Institutionen Universitätsrankings, die unterschiedlich gemessen werden. Ich greife nur auf eine Quelle zurück, das *Times Higher Education Supplement*, das die Universitäten der Welt regelmäßig evaluiert. Dabei wird eine Kombination von Kriterien verwendet: Befragung von Akademikern, Häufigkeit der Zitierungen von Publikationen der Wissenschaftler, Betreuungsquote der Studenten, usw. Die Tabelle des Jahres 2004 setzte Harvard auf den ersten Platz mit 100 Punkten im Vergleich zu 88 Punkten für den zweiten und 79 Punkten für den dritten Rang

** Warum nicht? Manche Leute halten diese Brüskierung schlicht für Anti-Semitismus. Andere behaupten, dass die Professoren alter Schule, ohne Kenntnisse der Mathematik, Samuelsons scharfen Verstand und seine kritischen Kommentare fürchteten.

Umzug nach Cambridge

Es wird Zeit, auf meine Ernennung zurückzukommen. Als ich an diesen Memoiren arbeitete, fragte ich mich, ob es nach all den Jahren möglich sei, Zugang zu den Papieren, Protokollen und Blindbriefen des Verfahrens zu erhalten. Ich fragte erfahrene Kollegen um Rat, die sich entschieden gegen ein solches Ansinnen aussprachen. Sie erinnerten mich an etwas, was ich sowieso wusste: Ein Grundprinzip des Verfahrens ist Vertraulichkeit. Wer sich zur Berufung eines Kandidaten äußert, tut das im festen Vertrauen, dass seine Bemerkungen unter keinen Umständen den betreffenden Kandidaten erreichen. Das erlaubt auch negative Urteile, ohne dass die Beziehungen unter Kollegen in Gefahr geraten, sollte man später zufällig zusammenarbeiten oder dieselben Konferenzen besuchen. Der Rat lautete aber auch, dass es nicht gegen die Vertraulichkeit verstoße, wenn ich ein oder zwei Fakultätsmitglieder einfach nach ihren Erinnerungen an dieses Ereignis fragte.

Zusammen mit dem, was ich generell über die verschiedenen Stufen des Procedere kennen gelernt hatte, wurde mir die Geschichte in allgemeinen Zügen klar. Der Fachbereich Ökonomie gewann irgendwann 1983/84 die Überzeugung, dass man einen Spezialisten für die kommunistischen Wirtschaften brauche. Die Sache wurde wohl dringend, weil Abram Bergson sich zurückziehen wollte. Er war der angesehenste amerikanische Gelehrte für Sowjetwissenschaften und hatte abgesehen davon mit der Einführung der Wohlfahrtsfunktion, die seinen Namen trägt, einen wichtigen Beitrag zur Wohlfahrtsökonomie geleistet. Während des Suchprozesses tauchte irgendwann mein Name auf. Ich war mit Kollegen an verschiedenen amerikanischen Universitäten gut bekannt. Einige konnte ich zu meinen Freunden zählen. Aber in Harvard hatte ich zufällig zu niemandem nähere Beziehungen, die über ein gelegentliches Zusammentreffen hinausgingen. Deshalb wollten sie mich kennen lernen.

Man lud mich zu einem Vortrag ein, dem sich ein Abendessen und eine Fachdiskussion bei Tisch anschlossen. Als nächstes folgte eine Einladung, die renommierte „Taussig-Gastprofessur" für 1984/85 zu übernehmen. Ich sollte nach Cambridge ziehen, der Fachbereich würde für meine Unterbringung sorgen. Ich hatte eine Vorlesung zu geben und konnte den Rest der Zeit meiner Forschung widmen. Ich nahm die Einladung gerne an und zog von Princeton nach Cambridge.

Dort hielt ich zum ersten Mal die Vorlesung, die ich in den folgenden Jahren erweiterte und verbesserte, bis daraus mein Buch *Das sozialistische System* entstand. Ich lernte Harvard kennen, und gleichzeitig – wie sich jetzt herausgestellt hat – lernten die Harvard-Ökonomen mich kennen. Schon als man mich für die Gastprofessur einlud, war ich um ein Curriculum vitae und einige Publikationen gebeten worden. Man kann sich vorstellen, dass dieses Material im damaligen Suchprozess herumgereicht wurde. Schließlich kam der Tag, den ich als das Ende des ersten Aktes beschrieben habe. Professor Jerry Green, der Vorsitzenden des Fachbereichs Ökonomie an der Harvard Universität, teilte mir mit, der Fachbereich habe beschlossen, mich auf eine ordentliche Professur zu berufen. Der Dekan sei bereit, über die Konditionen zu verhandeln.

Ich habe jetzt, zwanzig Jahre später, Jerry Green in einem Brief gefragt, was er zu diesem Verfahren sagen könne. Ich zitiere aus seiner Antwort: „Wir setzten eine Kommission ein, die einige deiner Arbeiten lesen und der Gruppe darüber berichten sollte. Über das Ergebnis gab es nie Zweifel. ... Ihre Ernennung in unserem Fachbereich erfolgte einstimmig. ... Ich kann mir nicht vorstellen, dass es irgendwen stört, wenn ich dir das nach so vielen Jahren erzähle.“[3]

Zu diesem Zeitpunkt hatte ich bereits drei weitere Angebote: eines von der *London School of Economics*, meinem ersten Anlaufpunkt im Westen, und eines von der Universität von Kalifornien in Los Angeles. Der eigentliche Rivale der Einladung nach Harvard war aber Stanford. Dort hatte man das Stadium der Abstimmung in der Fakultät bereits hinter sich, und ein konkretes Angebot lag vor. Ich traf mich erst mit dem Dekan in Harvard und reiste dann mit meiner Frau nach Stanford, um das dortige Potential auszuloten. Ich hatte die Wahl bereits auf diese beiden beschränkt: Stanford oder Harvard.

Stanford war sehr attraktiv. In Harvard kannte ich kaum jemanden, während ich hier viele Freunde hatte: Ich war mit Kenneth Arrow, Tibor Scitovsky, Alan Manne und Masahiko Aoki seit meinem ersten Besuch im Jahr 1968 bekannt. Das war ein brillantes Team, ständig in Konkurrenz zu Harvard und MIT. Abgesehen davon gab es Natur, die Schönheit Kaliforniens, das Meer, die Wälder und die Reize von San Francisco. Bei zwei so glänzenden Alternativen wurde es schwer, eine Entscheidung zu fällen. Meine Frau und ich wurden buchstäblich krank von der dadurch verursachten Spannung. Der Fachbereichsvorsitzende in Stanford lieh uns für ein Wochenende sein Haus am Meer. Da waren wir, erfüllt von Neuigkeiten und verlockenden Aussichten inmitten einer herrlichen Natur, und ich hatte mir einen schmerzhaften Hexenschuss zugezogen, der kaum eine Bewegung zuließ. Der Krampf war zweifellos vom Stress verursacht. Gleichzeitig hatte meine Frau hohes Fieber. Die Scitovskys kamen und brachten uns in ihrem Auto zurück nach Stanford.

Am Ende entschlossen wir uns nach langer Überlegung, dass ich das Angebot aus Harvard annehme. Die Gründe lagen vor allem im Professionellen. Die Konzentration wissenschaftlicher Kapazitäten schien dort noch größer als an jeder anderen Universität, vor allem wenn man das MIT und die anderen Universitäten in

Boston in die Rechnung mitaufnimmt. Das traf sicher auf mein Fachgebiet zu. In Harvard und den anderen Forschungszentren seiner Umgebung arbeiteten sehr viel mehr Leute zur Ökonomie der Sowjetunion, Osteuropas und Chinas und über den Vergleich von Wirtschaftssystemen, als das in Stanford der Fall war. Kalifornien faszinierte uns. Aber wir lernten auch Boston kennen und lieben, das die englischste und europäischste unter den amerikanischen Städten zu sein schien. Ein weiterer Faktor war wichtig. Ich hatte mir in beiden Fällen ausbedungen, nur die Hälfte meiner Zeit in Amerika verbringen und die andere Hälfte ohne Bezahlung beurlaubt in Ungarn arbeiten zu dürfen. Beide Universitäten hatten das, wenn auch nicht allzu bereitwillig, akzeptiert. Denn sie zogen es vor, meine volle Arbeitskraft für sich zu beanspruchen. Nachdem ich mich einmal entschieden hatte, so hin und her zu pendeln, wies Boston den Vorteil auf, dass es um die Breite eines Kontinents näher als San Francisco an Budapest lag.

Ich einigte mich mit dem Dekan. Man sagte mir Unterstützung bei der Suche und Einrichtung einer Wohnung zu, und die Universität war bereit, unsere jährlichen Flüge zwischen Budapest und Boston zu bezahlen. Man machte mich aber darauf aufmerksam, dass dies nur ein Vorschlag sei und noch der endgültigen Bestätigung bedürfe, die auch negativ ausfallen könne. Das Wissen darum ließ uns die nächsten Wochen in höchster Anspannung warten. Später wurde mir klar, dass jetzt die Sitzung der Ad-hoc-Kommission stattfand. Am Ende kam die Entscheidung, und ich wurde ordentlicher Professor an der Harvard Universität.

Wir schauten uns nach einer Wohnung um und fanden schließlich etwas Passendes in einer Wohnanlage, die gerade vor der Fertigstellung stand. Wie in der angelsächsischen Welt üblich, haben Häuser einen Namen. Das Haus, in dem wir wohnten, hieß *University Green* und lag an dem Abschnitt der *Mount Auburn Street*, der an den Universitätscampus und *Harvard Square* anschloss. An diesem berühmten Brennpunkt des Lebens in Cambridge liegt auf der einen Seite das Zentrum der Universität mit dem *Harvard Yard*, dem ältesten Auditoriumskomplex, der Hauptverwaltung und den Studentenwohnheimen. Auf der anderen Seite des Platzes befinden sich Bürogebäude, Restaurants, Banken und Geschäfte und vor allem Buchläden, die bis tief in die Nacht geöffnet haben. Samstags und sonntags füllen Musiker, Darsteller und Händler *Harvard Square*, woraus manchmal ein regelrechtes Straßenfest wird. In der Nähe von *Harvard Square* lebt man im Herzen der Stadt, was die Wohnung noch attraktiver machte.

Für den Rest des akademischen Jahres 1985/86 reisten meine Frau und ich nach Hause zurück. Als wir im Herbst 1986 wieder in Cambridge eintrafen, verbrachten wir die ersten Nächte im Fakultätsklub, aber wir konnten es nicht erwarten, in die neue Wohnung zu ziehen. Endlich war es soweit, aber es fehlte die Einrichtung.

Also liehen wir uns von Freunden ein paar Matratzen und schliefen darauf, bis wir Möbel bekamen.

Freuden und Sorgen der Lehre

Es war mein Schicksal, fast ohne Vorbereitung mit der regulären Lehre in einem Alter zu beginnen, in dem andere jahrzehntelange Erfahrung besitzen. Vergleichen wir meine Lage mit der eines typischen Harvard-Lehrers z.B. der Mikro-Ökonomie. Er hat als Student den Stoff gründlich gelernt und, da er an einer guten Universität studiert hat, konnte er auch von den Methoden lernen, die seine Lehrer in ihren Veranstaltungen anwendeten. Bevor er dreißig ist, wird er Assistenzprofessor und mit fünfzig oder sechzig hat er denselben Stoff zwanzig bis dreißig Jahre lang unterrichtet. Er muss lediglich die neuen Ideen aus der Literatur in seine Vorlesung einbauen und seine statistischen Daten auf den neuesten Stand bringen. In einigen Veranstaltungen kann er auf seine eigene Forschung zurückgreifen. Schließlich ist es weit verbreitete und zulässige Praxis, der Vorlesung ein bewährtes Lehrbuch zugrunde zu legen oder den Stoff aus mehreren Lehrbüchern und den Ergebnissen der eigenen Forschung und den eigenen Einsichten zusammenzustellen.

Im Alter von 56 Jahren musste ich ganz von vorn beginnen. Das Hauptfach, das ich unterrichtete, lautete „Die politische Ökonomie des sozialistischen Systems". Ich wendete mich ausschließlich an graduierte Studenten in Programmen, die zum Masterabschluss oder zum Ph.D. führten. Einige westliche Lehrbücher gingen auf den Stoff ein, und ich machte gelegentlich das eine oder andere Kapitel daraus zur Pflichtlektüre. Doch ich wollte den Gegenstand auf meine eigene Weise vortragen. Ich hatte nie Vorlesungen anderer Professoren zu diesem Thema besucht und konnte deshalb nicht wissen, wie andere mit meiner Aufgabe fertig wurden. Ich griff natürlich auf die umfangreiche Literatur zurück, aber letztlich formulierte ich alles, was ich sagen wollte, und das ganze Material, das ich präsentieren wollte, vom ersten bis zum letzten Satz selbst.

Darüber hinaus war mein Fach keine etablierte, entwickelte Disziplin wie z.B. die Mikro- oder Makro-Ökonomie. Die Realität, die in diesen Fächern von der Theorie erfasst wird, ist relativ konstant, und Veränderungen von Jahr zu Jahr sind kaum wahrnehmbar. Über die sozialistische Wirtschaft zu sprechen, bedeutete im Gegensatz dazu, auf ein bewegliches Ziel zu schießen. Ich fing Mitte der 1980er-Jahre an, in Harvard zu lehren. Zu dieser Zeit befand sich das kommunistische Lager in Aufruhr, und ein welthistorisch bedeutendes Ereignis folgte dem anderen. In der Sowjetunion war das die Zeit von *perestrojka* und *glasnost'*. Auf Pekings Tiananmen-Platz demonstrierten Millionen, und dem Protest folgte eine blutige Vergeltung.* Und schließlich fiel 1989 die Berliner Mauer. Ich musste die Vorlesung umbenennen in „Die politische Ökonomie des Sozialismus und der post-sozialistischen Transformation". Was ich vor dem Systemwechsel über die kommunistische Wirtschaft und die Reformen innerhalb des Systems gesagt hatte, blieb gültig und für die Studenten interessant. Aber ich musste den ersten Teil meines Skripts kürzen, um Platz zu machen für die Probleme der Transformation. Ständig kamen neue Informationen herein, doch natürlich konnte ich das Katheder nicht dazu benutzen, Pressekonferenzen abzuhalten. Ich musste mich um eine systematischere, tiefere Analyse bemühen.

Ich glaube, meinen Kollegen war nicht klar, vor welch schwieriger Aufgabe ich stand. Ich musste mich anstrengen nachzuholen, was andere auf Grund ihrer westlichen Universitätsausbildung und ihrer Erfahrung bereits mitbrachten, und gleichzeitig mit den Problemen des Gegenstandes fertig werden. Ich musste Zweifel und Bedenken überwinden und auch ein Gefühl professioneller Unterlegenheit, bevor ich zur Vorlesung in Harvard ging. Hier saßen junge Leute, die sorgfältig aus den besten Bewerbern ausgewählt waren und meine Worte kritisch verfolgten.

Gelegentliche Fehler waren unvermeidlich. Mein unausrottbarer ungarischer Akzent bereitete den Studenten nicht unbedingt Vergnügen. Aber mit Befriedigung stellte ich fest, dass es mir gelang, ihr Interesse und ihren Respekt zu gewinnen. Für jemanden, der ein Wahlfach für graduierte Studenten unterrichtete, war die Anzahl meiner Zuhörer in der Regel groß und sie nahm eher zu als ab,** nicht zuletzt deshalb, weil die welthistorischen Ereignisse die Probleme des kommunistischen Systems in die öffentliche Aufmerksamkeit rückten. Doch es spielte auch eine Rolle, dass sich meine Veranstaltungen herumsprachen.

In Harvard erteilen nicht nur die Professoren Noten. Die Ökonomiestudenten erhalten am Ende des Jahres einen Fragebogen, mit dem sie die Arbeit der Lehrer anonym beurteilen und der anschließend an den Fachbereich geht. Diese Veranstaltungsevaluierungen hebe ich immer noch voller Stolz auf. Gewiss, es gab Kritik: manche Studenten hatten z.B. etwas an der Auswahl der Pflichtliteratur und der empfoh-

---

* Während der dramatischen Ereignisse in Peking waren meine Frau und ich vor dem Fernseher praktisch festgenagelt, um den Ausbruch und die Unterdrückung der chinesischen Studentenbewegung zu verfolgen. Wer 1956 in Ungarn erlebt hatte, sah viele Ähnlichkeiten. Wir litten mit meinen chinesischen Studenten und teilten ihre Befürchtungen im Ablauf der Ereignisse.

** Am Beginn jedes akademischen Jahres schloss ich mit meiner Frau eine Wette ab, wie viele Studenten sich für meine Veranstaltungen einschreiben würden. Jeder von uns schrieb eine Zahl auf und steckte sie in einen Umschlag. Gewonnen hatte, wer mit seiner Schätzung am nächsten lag. Ich war immer eher pessimistisch, so gewann sie jedes Mal. Das bedeutete, sie durfte das Restaurant für ein festliches Abendessen auswählen.

lenen Literatur auszusetzen. Ich hatte befürchtet, Gegenwind zu erhalten, weil ich selten Gleichungen an die Tafel schrieb oder mathematische Modelle verwendete. Manche fanden meine Vorlesungen in der Tat auch weniger „technisch", aber dieser Umstand stieß auf relativ wenig Kritik. Die Zahl der Bemerkungen mit umgekehrtem Vorzeichen war erheblich größer. Es zeigte sich, dass gerade dies ein Grund für Studenten war, meine Vorlesung zu besuchen: Sie fanden meinen „Prosastil" sympathisch. Ich führte oft persönliche Erlebnisse und eigene Beobachtungen an. Hinweise auf Filme und Romane vermittelten ein anschauliches Bild der Eigenschaften des kommunistischen Systems. Die Studenten schätzten diesen Ansatz, der dem Bericht aus einer weit entfernten Welt Glaubwürdigkeit verlieh. Der Vortrag gewann auch durch offene Antworten auf persönliche, manchmal auch neugierige Fragen. Philosophie und Methode meiner Vorlesungen und der Schriften, die ich als Unterrichtsmaterial verwendete, wichen in vielerlei Hinsicht vom Vorgehen in anderen Veranstaltungen ab. Das verschreckte die Leute nicht, sondern machte meine Kurse eher attraktiv. Mehrfach äußerten sich Studenten lobend über die Tatsache, dass ich nicht einfach nur Ökonomie im engeren Sinn unterrichtete, sondern die Analyse der politischen Struktur, der Ideologie und der sozialen Verhältnisse mit einbezog. Vor langer Zeit hatte Schumpeter, einer der größten Vertreter einer integrierten Sozialwissenschaft, in diesem Fachbereich gelehrt, doch nun, fünfzig Jahre später, kamen die Studenten nur noch selten mit einem interdisziplinären Ansatz in Berührung.

Ich möchte den Wert der Fragebögen für die Resonanz nicht überschätzen. Sie erfassten nicht alle Doktoranden in Harvard, vielmehr machten die Antworten das aus, was unter empirischen Sozialforschern eine selbst-selektierte Stichprobe genannt wird. Meine Vorlesung war keine Pflichtveranstaltung. Studenten kamen freiwillig, aber wenn sie sich einmal inskribiert hatten, mussten sie anwesend sein und die Klausur schreiben. Wer das tat, war vor allem am Gegenstand interessiert und hatte von Studenten früherer Jahre erfahren, was ihn erwartet. Mein Vorlesungsangebot wird für manchen Harvard-Studenten wohl kaum außergewöhnlich anziehend gewesen sein. Da bin ich in meiner Einschätzung bescheidener. Bei all den aufregenden Anstrengungen war es aber ein schönes Gefühl, Jahr für Jahr eine beachtliche Zahl Studenten zu finden, die meine Veranstaltungen geistig anregend fanden und aus meinen Vorlesungen und Schriften Denkanstöße und Antworten auf ihre Fragen mitnahmen.

Vielfalt und Toleranz

Meine Vorlesungen unterschieden sich in ihrer Ausrichtung von den Veranstaltungen der Kollegen. Aber das war nichts Auffälliges. Die Harvard Universität und viele andere amerikanischen Hochschulen streben bewusst geistige Vielfalt an. Studenten können aus einem breiten Angebot intellektueller Strömungen, Philosophien und wissenschaftlicher Schulen wählen. Amartya Sen teilte seine Zeit zwischen den ökonomischen und philosophischen Fachbereichen und hielt über Jahre zusammen mit Robert Nozick ein Philosophieseminar ab. Als Nozicks *Anarchie, Staat, Utopia* erschien, galt er als strahlender neuer Stern am Firmament der libertären Philosophie.* Sen stand am gegenüberliegenden Ende des politischen Spektrums. Er untersuchte Probleme der Armut und Hungersnöte und setzte sich bedingungslos dafür ein, dass der Staat mit Umverteilung eingreife. Ihre Meinungsverschiedenheiten haben ihre aufrichtige Freundschaft nie getrübt. Sie gaben dem Seminar im Gegenteil seinen sprühenden Reiz.

Innerhalb unseres Fachbereichs gab es mehrere Schulen der Ökonomie sowie auch Vertreter von politischen Positionen, die nicht nur unterschiedlich, sondern bitter verfeindet waren. Da gab es den radikalen linken Ökonomen Steve Marglin und einige traditionelle Keynesianer. Robert Barro vertiefte sich in die Theorie und schrieb gleichzeitig im konservativen *Wall Street Journal* zu tagespolitischen Fragen. Andere Professoren arbeiteten kürzer oder länger in der Regierung des Präsidenten und kehrten dann zurück an die Universität. Als ich nach Harvard kam, war John Kenneth Galbraith schon über achtzig und emeritiert. Doch ließ er sich gelegentlich im Fachbereich sehen, und man traf den groß gewachsenen Mann regelmäßig am Swimmingpool. Er hatte nicht nur mit seinen Büchern Erfolg gehabt und Ansehen gewonnen, sondern auch zum Kreis um die Präsidenten Kennedy und Johnson gehört und war Botschafter der USA in Indien gewesen. Martin Feldstein schulterte die gewaltige organisatorische und pädagogische Aufgabe, den Anfängerunterricht in Ökonomie für große Studentenmassen zu koordinieren. Er war der anderen politischen Hemisphäre zuzurechnen und diente Präsident Reagan mehrere Jahre als Berater. Ein weiterer Kollege war Larry Summers, bis er als Vizepräsident zur Weltbank ging. Danach war er erst Staatssekretär und dann Finanzminister in der Clinton Regierung. 2001 wurde er Universitätspräsident, behielt aber nominell seine Position im ökonomischen Fachbereich bei. Nach seinem Rücktritt zum Ende des Jahres 2006 wird er dort als Professor zurückerwartet. Wie der philosophische hatte auch der ökonomische Fachbereich sein Professorenpaar, in diesem Fall Robert Barro und Gregory Mankiw, die ihre Meinungsverschiedenheiten vor den Teilnehmern ihres gemeinsamen Seminars austrugen.

---

* Seine frühe, radikal libertäre Position hat Nozick bei verschiedenen Gelegenheiten abgeschwächt. Der kühne Denker und hervorragende Schriftsteller, der Mann mit dem warmen, freundlichen Humor starb 2002 auf dem Höhepunkt seiner Schaffenskraft.

All diese Leute konnten in ihren Vorlesungen und öffentlichen Auftritten in heftigen Streit miteinander geraten. Es war bekannt, nach welcher Seite des politischen Spektrums jeder tendierte. Doch auf den Fachbereichssitzungen gab es nie Auseinandersetzungen, die politisch oder weltanschaulich gefärbt waren. Unterschiedliche Ansichten und Diskussionen standen einer erfolgreichen Kooperation nicht im Wege. Ich war wohl der einzige, der sich darüber wunderte, die anderen hielten es für selbstverständlich. Zu unseren guten Freunden zählte ein Ehepaar, dessen Mann Republikaner und dessen Frau Demokratin war. Wir amüsierten uns, wenn die spitzzüngige Frau ihren Ehemann wegen seiner konservativen Anschauungen vor Freunden neckte; doch das konnte die „friedliche Koexistenz", in der sie jahrzehntelang lebten, nicht stören. Im Gegensatz dazu fiel uns ein ungarischer Freund ein, der nach dem Systemwechsel betrübt erzählte, wie schwierig es sei, sich in der Familie mit den erwachsenen Kindern an einen Tisch zu setzen, da die jungen Leute so intolerant hinsichtlich der politischen Anschauungen seien.

Ethische Strenge

Großen Eindruck auf mich machte der Ernst, mit dem Harvard Professoren den ethischen Anforderungen ihrer Stellung nachkamen. Es wäre aufschlussreich zu berichten, wie sich amerikanische Universitäten änderten, nachdem sexuelle Belästigung von Studenten und Beziehungen zwischen Lehrern und Studenten nachdrücklich an den Pranger gestellt wurden.* Ich persönlich bin mit solchen Vorfällen nie in Berührung gekommen, und der Klatsch, den es gegeben haben muss, drang nicht bis zu mir. „Politisch korrektes" Verhalten bedeutete in jenen aufgeregten Jahren, dass ein männlicher Professor sich von seinen weiblichen Kollegen fernhalten und so tun solle, als bemerke er nicht, dass sie weiblich sind. Ich benahm mich aber in Harvard ebenso wie in Budapest, machte den Damen Komplimente über ihre Kleidung oder ihre Frisur, wenn ich diese für chic hielt, und wenn nicht, erlaubte ich mir auch mal einen Scherz, ohne weiter darauf zu achten, ob das nun politisch korrekt war oder nicht. Ich glaube, meinen weiblichen Kollegen gefielen ritterliche Manieren besser als die scheinheilig formellen. Aber darüber möchte ich mich hier nicht im Einzelnen auslassen. Stattdessen ein Wort über ethische Probleme, die mit Forschung und Lehre verbunden sind.

---

* In einer Studentenzeitung gab Galbraith zu, als junger Assistenzprofessor diese Sünde begangen zu haben. Kurz darauf heiratete er die Studentin, und seitdem leben sie zusammen.

Grundlagenforschung, angewandte Forschung und kommerzielle Nutzung von Forschungsergebnissen sind heutzutage eng miteinander verbunden. Wo hört die akademische Aktivität auf, altruistisch ganz für die Sache der Wissenschaft zu sein, und wo beginnt die finanziell motivierte Arbeit? Das Problem wird an der Universität Harvard nicht selbstgerecht umgangen.* Zuwendungen aus der Wirtschaft sind eine wichtige Quelle für Forschungsmittel. Der Universität geht es deshalb nicht nur um die Frage, was gesetzlich erlaubt ist oder nicht, sondern um deutliche Normen, was ethisch zulässig ist oder nicht. Die Universität unterscheidet zwei mögliche Konflikte: einen Interessenkonflikt und einen Konflikt im Engagement. Ein Professor oder ein anderer Hochschulmitarbeiter sind ethisch verpflichtet, die materiellen Interessen der Universität zu respektieren. Laboreinrichtungen sollten z.B. nicht für Forschungszwecke verwendet werden, ohne die Universität dafür zu entschädigen, wenn die Untersuchung von einem Wirtschaftsunternehmen finanziert wird. Und wenn zwei Projekte gleichzeitig bearbeitet werden, z.B. eine akademische und eine Auftragsstudie, dann darf die zweite nicht zu Lasten der ersten gehen.

Hochschulmitarbeiter arbeiten manchmal im Auftrag der amerikanischen Geheimdienste. Das hat nichts mit Spionage zu tun, wie man sie im Film sieht, wo der Geheimagent in ein Büro einbricht und militärische Daten entwendet. Bleiben wir bei Wirtschaftswissenschaftlern: Es war bekannt, dass die CIA regelmäßig amerikanische Experten beauftragte, das Bruttoinlandsprodukt der Sowjetunion zu schätzen, weil die offiziellen statistischen Angaben der Sowjetunion mit einigem Recht für unzuverlässig gehalten wurden. Das war eine ernsthafte wissenschaftliche Aufgabe, und kein amerikanischer Ökonom, der politisch seinem Land ergeben war, hätte darin etwas Unzulässiges gesehen. Gut, aber wie steht es mit der Unabhängigkeit und der politischen Integrität der Universität, wenn ihre Professoren für Geheimdienste arbeiten? Kann man den Mitarbeitern gestatten, geheime finanzielle Zuwendungen für militärische oder nachrichtendienstliche Forschung anzunehmen? Welcher politischen Kritik könnte so etwas die Universität im Lande und international aussetzen?

Die Universität hat das Problem untersucht und eine Regel aufgestellt: Auf dem Campus gibt es keine Forschung, die als „geheim" gilt. Bei Beratertätigkeiten hat jeder nach seinem eigenen Gewissen zu handeln, wenn er von Militärbehörden oder Nachrichtendiensten Geld für Forschung annimmt, die unter seinem eige-

* Man bildete eine Kommission unter dem Vorsitz eines oberen Universitätsbeamten. Sie verfasste einen detaillierten Bericht, gab Empfehlungen, wie Kontakte und Zusammenarbeit zwischen Universität und Wirtschaft zu regeln seien, und entwarf Grundsätze für potentielle Konflikte.

nen Namen erscheint. Darüber ist allerdings Rechenschaft abzulegen. Werden die Ergebnisse publiziert, ist anzugeben, dass die Arbeit vom Pentagon oder der CIA finanziert wurde.

Wie detailliert, wohl überlegt und solide die Regeln auch sein mögen, es wird immer Grenzfälle zwischen dem Zulässigen und dem Unzulässigen geben. Dafür wurden in Harvard verschiedene Ethikkommissionen gebildet. Ein Professor oder ein anderer Mitarbeiter kann sich an sie wenden, in einfacheren Fällen auch ein einzelnes Kommissionsmitglied um Rat fragen.* Hört die Kommission von einem Fall, der ethisch zweifelhaft sein könnte, setzt eine Untersuchung ein.

Ich will nicht den Eindruck erwecken, in Harvard oder anderen führenden amerikanischen Universitäten herrschten vom ethischen Standpunkt ideale Bedingungen. Das Problem liegt nicht einfach darin, dass zweifelhafte Fälle vorkommen, das passiert unvermeidlich, wo immer Menschen arbeiten. Doch leider kann es auch vorkommen, dass die Leitung und die Gemeinschaft der Universität es versäumen, solche Fälle angemessen zu behandeln, eine klare Position dazu einzunehmen und sie auch öffentlich bekannt zu machen. Sprach ich mit Universitätsfreunden über einen konkreten Fall dieser Art, dann ging es ihnen immer um ethisch einwandfreie Normen und um die weltweite Reputation von Harvard und allgemein dem akademischen Leben in Amerika. Es wäre gut, wenn sie dies auch öffentlich zum Ausdruck brächten.

Anmerkungen

1 Rosovsky 1990, S. 194–5.
2 Samuelson 1983 [1947].
3 Der Brief befindet sich in meinem Archiv.

* Als ich einmal von einem Studenten ein Geschenk erhielt, bat ich um Rat, ob ich es annehmen dürfe. Da das Geschenk eine symbolische Dankbarkeitsgeste ohne substantiellen Wert war und die Prüfungen vorbei waren, riet man mir, es anzunehmen und nicht den Studenten durch eine Ablehnung zu kränken.

17 In Ungarn und der Welt zu Hause – 1985 und danach

Als man mir eine Professur anbot, hatte Harvard eine Vollzeitstelle im Auge. Die Universität würde alles Erdenkliche tun, so ließ man mich wissen, einen Antrag auf amerikanische Staatsbürgerschaft zu unterstützen. Sollte ich das nicht wünschen, könne ich zumindest mit Rückendeckung der Universität eine ständige Aufenthaltserlaubnis *(green card)* beantragen. Ich lehnte alle diese Vorschläge ab. Ich bestand, wie schon erwähnt, in meinen Verhandlungen mit der Universität darauf, die Hälfte meiner Zeit in Ungarn verbringen zu können. Warum?

Was band mich an Ungarn?

Hier möchte ich ein früheres Versprechen einlösen und auf das Problem der Emigration zurückkommen. Als nach der Revolution von 1956 eine Welle von Emigranten das Land Richtung Westen verließ, war ich in Ungarn geblieben. Ich hatte Universitätsanstellungen im englischen Cambridge und amerikanischen Princeton abgelehnt, denn ich wollte Ungarn nicht den Rücken kehren. Als ich jetzt im Jahr 1985 mit Harvard verhandelte und mit anderen amerikanischen Universitäten, die mir konkurrierende Angebote machten, verwarf ich die Idee einer Emigration von Neuem. (Ich datiere das Kapitel ab 1985, als diese Frage sich noch einmal aufdrängte.) In dieser Sache kann ich keine familiären Gründe vorschieben. Von unseren drei Kindern lebt eines in Ungarn, eines in Schweden und eines in den Vereinigten Staaten.* Unsere sieben Enkel leben ebenfalls in diesen drei Ländern. Wohnen wir in der Nähe eines unserer Kinder, dann heißt das, von den anderen weiter entfernt zu sein. Es gab andere Gründe für unsere Wahl.

---

* Unser Sohn Gabor hat Ökonomie studiert. Doch was es heißt, ein Unternehmen zu gründen und erfolgreich zu führen, lernte er nicht an der Universität, sondern in der Praxis. Mit großem Vergnügen unterrichtet er Management an der Universität Pécs, was ihn einen Teil seiner freien Zeit kostet, die ihm die Leitung seines erfolgreichen IT-Unternehmens lässt. Unsere Tochter Judit hat ebenfalls ein Studium an der Budapester Wirtschaftsuniversität abgeschlossen. Jetzt arbeitet sie als Programmdirektorin an der Business School der Stockholmer Wirtschaftsuniversität, wo sie Fortbildungskurse und Konferenzen für wirtschaftliches Führungspersonal organisiert. Nur unser Sohn András hat sich von der Ökonomie abgewandt: Er hat einen Doktor in Mathematik und einen in Sprachwissenschaften. Seine Haupttätigkeit in Amerika ist heute angewandte Forschung auf einem der spannendsten Gebiete, der Entwicklung des Internet. Er kommt gerne nach Budapest, wo er als *visiting professor* an der Technischen Universität Doktoranden betreut. Das alles erfüllt mich schon mit elterlichem Stolz, Stolz darauf, dass unsere drei Kinder hart arbeiten und immer auf eigenen Füßen standen.

Meine Frau und ich diskutierten ständig darüber, und wir waren uns nicht nur über die endgültige Entscheidung einig, sondern auch über die Gründe. Doch um beim Stil dieser Erinnerungen zu bleiben, erzähle ich die Geschichte in der ersten Person Singular, da ich über meine eigenen Gedanken und Gefühle berichte.

Ich fühle mich meinem Heimatland Ungarn zutiefst verbunden. Komme ich aus dem Ausland zurück, dann gehe ich über die Kettenbrücke oder die Elisabethbrücke und genieße den Anblick der Stadt vor mir. Ich besaß immer jeweils zwei Ausgaben der Werke von Arany, Ady, Attila József und anderen ungarischen Dichtern und der Schriften von Karinthy, eine zu Hause in Budapest und eine in Amerika. An der Wand meines Büros in Harvard hing ein Portrait von Bartók. Ich denke ungarisch. Meine Vorträge lese ich nicht ab, sondern halte sie immer frei, auch auf Englisch. Diese Sprache beherrsche ich fließend, aber ich schreibe lieber Ungarisch, was ich auch besser kann. Für die Veröffentlichung eines Buches greife ich auf die Dienste eines professionellen Übersetzers zurück, um das ungarische Manuskript ins Englische zu übertragen. Ich zähle ungarisch und träume auf Ungarisch, zumindest wenn ich mich an den Traum erinnern kann, was selten vorkommt.

Zu behaupten, ich liebte das ungarische Volk, liegt mir fern. Mein Gefühl und meine Philosophie sträuben sich gegen derartig pauschale Äußerungen über Kollektive. Es gibt Ungarn, die mag ich, andere sind mir gleichgültig, wiederum andere lehne ich ab: Sie ärgern mich, ihre Verfehlungen halte ich für unverzeihlich. Doch so verhalte ich mich auch zu Amerikanern, Deutschen oder Israelis. Ich habe gute Freunde in Ungarn und im Ausland. Freunde, bei denen ein halbes Wort alles sagt und mit denen ich mich durch eine gemeinsame Vergangenheit verbunden fühle, habe ich nur in Ungarn.

Ungarn ist das Land, dessen Schicksal mich am meisten berührt. Ich weiß über seine Geschichte mehr als über die Geschichte irgendeines anderen Landes. Seit ich denken kann, beschäftigt mich, was in Ungarn passiert. Auch wenn meine Frau und ich ein ganzes Jahr in Amerika verbrachten, behielten wir doch mit großer Anteilnahme die dortigen Ereignisse im Auge. Wir blieben auf ungarische Zeitungen abonniert, und als das Internet kam, waren wir immer auf den neuesten Stand. Was uns tief im Innersten wirklich bewegte, waren die Ereignisse in Ungarn.

Das Gefühl nationaler Überlegenheit ist mit fremd. Aber ich habe mich gefreut, als István Szabós *Mephisto* einen Oscar erhielt, wenn ungarische Sportler olympische Medaillen gewannen, wenn ich amerikanischen Freunden László Némeths Theaterstück *Galileo* erklären durfte, oder wenn das Gespräch auf die Budapester Schule kam, in die John (János) von Neumann, Eugene (Jenő) Wigner und William (Vilmos) Fellner gegangen sind. Ebenso bei guten Rezensionen von Ildikó Enyedis Film *My Twentieth Century* oder eines Klavierkonzerts von András Schiff in der *New York Times.* Und wenn man in Amerika, China oder der Sowjetunion die herausragenden Rolle ungarischer Ökonomen im internationalen Diskurs über den Sozialismus erwähnte, ließ das mein Herz immer etwas höher schlagen. Dieses erhebende Gefühl nenne ich in Ermangelung eines besseren Ausdrucks Nationalstolz.

Pathos liegt mir nicht, genauso wenig wie die Worte unserer zweiten Nationalhymne „hier musst du leben und sterben".* Ich ziehe das etwas trockene Idiom des Ökonomen vor und spreche von konsistentem Verhalten. Das habe ich bereits in anderem Zusammenhang getan. Ich behielt meinen ungarischen Pass, auch wenn mir das über Jahre die Möglichkeit nahm zu reisen und es später erforderlich machte, jedes Mal wenn ich das Land verlassen wollte, eine Ausreisegenehmigung zu beantragen. Sollte ich jetzt, da reisen endlich leichter geworden war, meinen Pass wechseln? In Zeiten der Repression und erheblicher Freiheitsbeschränkungen hatte ich mich mit allen Nachteilen der ungarischen Staatsbürgerschaft abgefunden und war in Ungarn geblieben. Sollte ich sie jetzt aufgeben, wo das alte System sich lockerte und zusammenbrach?

Gefühlsbindungen dominierten meine Gründe, aber ich muss hinzufügen, dass hinter der Entscheidung, nicht zu emigrieren, auch berufliche Überlegungen standen. Ich hatte mich auf das sozialistische System und die post-sozialistische Transformation spezialisiert, womit sich auch viele Leute im Westen beschäftigten. Was meinen Arbeiten besondere Glaubwürdigkeit verlieh, war die Tatsache, dass vom ersten Buch bis zum letzten Artikel alles von einem Autor geschrieben war, der selbst gesehen und erfahren hatte, was da vor sich ging. Ich habe über allgemeine Phänomene geforscht, aber sie immer am ungarischen Beispiel verdeutlicht. Viele meiner Artikel machen das von Anfang an klar: Der Obertitel definiert den allgemeinen Gegenstand, und der Untertitel ergänzt „im Licht der ungarischen Erfahrungen". Ich habe nie befürchtet, Leser könnten das als Provinzialismus auslegen. Die echte intellektuelle Herausforderung habe ich genau darin gesehen, über Informationsgewinnung und komparative Faktenanalyse von Einzelbeobachtungen zu allgemeinen Schlussfolgerungen zu gelangen.

Menschen haben ein Recht zu wählen, wo sie leben wollen. Nach meinen Wertvorstellungen ist es völlig akzeptabel, wenn sich jemand, der in Ungarn geboren ist, entscheidet, zu emigrieren. Das kann die unterschiedlichsten Gründe haben:

* Diese Worte werden in Ungarn häufig zitiert. Sie kommen aus dem Gedicht „Aufruf" des großen ungarischen Dichters Mihály Vörösmarty (1800–1855). Die letzten vier Zeilen der ersten Strophe, die sich an den „Ungarn" richtet, lauten wörtlich: „Kein Land auf der weiten Welt als dieses / hat einen Platz für dich; / mag Schicksals Hand dich segnen oder geißeln, / hier musst du leben oder sterben".

Flucht vor Verfolgung, Enttäuschung über soziale Verhältnisse oder einfach die Erwartung, woanders glücklicher zu werden. Jeder der politisch aktiv ist, kann seinem politischen Protest durch Emigration Ausdruck verleihen, wie es Lajos Kossuth, Mihály Károlyi, Oszkár Jászi und Béla Bartók getan haben und nach 1945 viele demokratische Politiker. Das ist ein heroischer Akt, verbunden mit großen Opfern. Ich rechne dem natürlich keinen moralisch geringeren Wert zu, als im Lande zu bleiben, allerdings auch keinen höheren. Kann man seine Opposition gegen ein Gewaltregime nur dadurch äußern, dass man das Land verlässt? Ist schon das Bleiben Beweis für Unterwürfigkeit? So schlichte Klassifikationen halte ich für unakzeptabel. Man kann im Exil gebeugten Hauptes gehen oder aufrecht im Heimatland. Ein moralisches Urteil über das Leben eines Menschen muss auf seinen Taten beruhen, nicht auf der simplen Wahl des Landes, in dem er lebt.

Vergleiche: das Leben in Cambridge und in Budapest

Das Pendeln, sechs Monate hier und sechs Monate dort, lädt zum Vergleichen ein. Was ist besser oder schlechter hier oder dort und was ist einfach anders? Wir verglichen nicht „Amerika“ mit „Ungarn“ oder „Osteuropa“, sondern nur jeweils kleine Ausschnitte der Riesenmasse von Phänomenen, mit denen wir Bekanntschaft machten. Mir geht es hier nicht darum, zwei Systeme oder zwei Kulturen gegeneinander zu stellen. So etwas findet man in zahllosen Studien. Auch ich habe darüber das eine oder andere geschrieben. Mir geht es nur um persönliche Erinnerungen und Eindrücke. In einem Fragebogen wurde ich einmal nach den drei Dingen gefragt, die ich an Amerika am meisten und am wenigsten schätze. Das ist ein brauchbarer Rahmen.

Das Lächeln auf amerikanischen Gesichtern gefiel mir. Ich meine damit nicht die Aufforderung *keep smiling*; vielmehr ist gute Laune unter Professoren und Studenten, Verkäufern und Bedienungen, Reportern und Interviewten im Frühstücksfernsehen sehr viel weiter verbreitet als in Ungarn. Auch Menschen in Amerika haben ihre Sorgen und Nöte, aber sie tragen sie nicht für alle sichtbar zur Schau. Meine erste amerikanische Sekretärin Madeline LeVasseur pflegte aufopferungsvoll erst ihre sterbenskranke Mutter und dann ihren dahinsiechenden Mann. Sie führte ein hartes Leben. Doch kam ich ins Büro, hatte sie immer ein Lächeln; sich zu beklagen, lag ihr fern. Eine andere Sekretärin des Fachbereichs war die junge, attraktive Susan, die eine Krebsoperation mit anschließender Therapie überstand, wobei ihr die Haare ausfielen. Sie machte Scherze und zeigte lächelnd ihr neue Perücke und ihren Hut und fragte charmant und fröhlich, ob sie ihr gut stünden.

Immer wenn wir aus den Staaten nach Hause kamen, wurden wir von einem Chor der Beschwerden begrüßt, alle völlig berechtigt. Aber nicht der Ernst der Probleme steht hier zur Debatte, sondern wie man damit umgeht. Als wir noch Anfänger im Pendeln waren, antworteten wir bei der Rückkehr nach Budapest auf die Frage, wie es uns gehe: „Oh, ausgezeichnet!" Dann folgte die Nachfrage: „Geht es euch wirklich so gut? Doch, natürlich, für euch ist das leicht, ihr lebt ja in Amerika." Später wurde ich vorsichtiger und legte mir im Voraus ein paar Klagen zurecht. Damit waren wir unmittelbar auf der richtigen Wellenlänge.

Die Amerikaner, mit denen wir zu tun hatten, waren, wie wir erfreut feststellen durften, aufrichtig und ehrlich in ihren Geschäften. Hier geht es nicht um die Frage, welches Sozialsystem oder welches Land mehr Machtmissbrauch, Korruption oder politische Täuschungen an den Tag legt. Ich denke an die kleinen Begegnungen im Leben. Wenn ich im Laden bezahle, erhalte ich das richtige Wechselgeld? Wenn ein Handwerker sagt, er komme am Mittwoch um 9 Uhr, erscheint er dann pünktlich? Informationen am Telefon, sind sie korrekt? Wenn ich auf dem Anrufbeantworter eine Nachricht hinterlasse, ruft der andere zurück? Wir waren von der Ehrlichkeit und Zuverlässigkeit der Menschen in Cambridge sehr viel seltener enttäuscht als in Budapest.

Auch in Amerika gibt es eine Schattenwirtschaft, im Umfang etwas kleiner als in Osteuropa. Doch wenn wir damit in Berührung kamen, schien sie moralisch besseren Prinzipien zu gehorchen als zu Hause. Als wir einzogen, brauchten wir einen Handlanger, einen Alleskönner, der Löcher bohrt, Lampen installiert, Bücherschränke zusammensetzt. Steve kam nach der Arbeit und machte alles, außer Gardinen aufhängen. Er arbeitete über Tag für eine Firma, die Gardinen lieferte, und hielt es nicht für richtig, mit seiner Schwarzarbeit seinem Arbeitgeber Konkurrenz zu machen.

Professionalität und Arbeitsdisziplin sind in den Staaten eindrucksvoll. Auf welchem Gebiet oder welchem Niveau man auch mit Leuten in Kontakt kam, man spürte, dass sie ihr Metier verstanden und es gewissenhaft ausübten. Das beschränkte sich nicht auf Hochqualifizierte wie unseren Hausarzt, der sich über die neuesten Entwicklungen in der Medizin auf dem Laufenden hielt und sofort reagierte, wenn sich die Lehrmeinung zu einer Therapie oder einem Medikament änderte. Es galt genauso für den Fernsehtechniker, den Automechaniker oder den Maler. Nach unserem Eindruck waren sie besser ausgebildet und gingen mehr in ihrer Arbeit auf als ihre ungarischen Kollegen. Während der Arbeitszeit wurde weniger gebummelt und geschwatzt. Es entstand ein typisches Bild: der hart arbeitende Amerikaner. Nicht jeder entsprach dort dem Typ, und natürlich sind erfahrene, hart arbeitende Leute in Ungarn nicht unbekannt, auch scheint ihre Zahl heutzutage zu wachsen. Doch ich glaube, mit Recht sagen zu können, dass dieser Typ in Amerika häufiger vertreten ist. Darin liegt eine der Ursachen für das hohe Wachstum und die Produktivität des Landes.

Wenden wir uns jetzt den drei negativen Erfahrungen zu. Fangen wir bei der Sprache an, die mir große Schwierigkeiten machte. Das ist natürlich nicht Fehler der ausdrucksstarken englischen Sprache. Doch für jemanden, der in einem anderen Land aufgewachsen ist, sind ihre eigentümliche Aussprache und der erstaunliche Wortreichtum praktisch nicht zu beherrschen. Das Problem lag offensichtlich bei meinem Sprachtalent. Hier zwei meiner anfänglich zahlreichen Schnitzer. Bei der Fahrprüfung in Boston fragte man mich nach der Bedeutung bestimmter Verkehrsschilder. Bei einem sagte ich ohne zu zögern: „no hijacking" („Piraterie verboten"), gemeint war: „Anhalter verboten" *(no hitchhiking)*. Das Gelächter war groß, dennoch erhielt ich meinen Führerschein. Ein andermal sprach ich in der Vorlesung über Lagerungsprobleme und brachte es fertig, drei Mal zum Vergnügen meiner Studenten „whorehouse" („Hurenhaus") zu sagen statt „warehouse" („Lagerhaus"). Meine sprachlichen Fähigkeiten wurden mit der Zeit besser, aber bis zuletzt hatte ich Schwierigkeiten, wenn es darum ging, das merkwürdige Englisch meiner chinesischen oder japanischen Studenten oder das Informationsschnellfeuer am Telefon zu verstehen.

Das zweite Beispiel betrifft ein schwerwiegenderes Problem. Ich war erstaunt über den merkwürdigen Provinzialismus im öffentlichen Denken, selbst wenn die „Provinz" groß war. Die Vereinigten Staaten sind stark auf sich gerichtet, trotz ihrer zentralen Position in der politischen, wirtschaftlichen und wissenschaftlichen Welt. Das lässt sich am besten mit den einflussreichen Nachrichtensendungen der drei wichtigsten Fernsehstationen belegen. Selten gibt es ein Thema, das sich nicht auf Amerika bezieht. Wird aus dem Ausland berichtet, kann man ziemlich sicher sein, dass es einen amerikanischen Aspekt hat. Europa und vor allem seine kleineren Länder sind da sehr viel weltoffener.

Zum Schluss etwas, das mir zwei Seiten zu haben scheint: der ewige Optimismus und Aktionismus der Amerikaner. Wird eine Region von einer Naturkatastrophe getroffen und man interviewt Leute, dann sind sie offensichtlich nicht gebrochen und fordern staatliches Eingreifen und Hilfe. Stattdessen heißt es: „Wir schaffen das" oder „Ja, wir fangen neu an". Und dann sprechen sie sofort über ihre Pläne. Diese Selbsthilfe-Haltung in Notfällen ist wirklich großartig und vorbildlich. Doch der Tatendrang verbindet sich oft mit Naivität und der Neigung, die schwierige Situation zu unterschätzen. Ein Amerikaner, der vor einem Problem steht, ist überzeugt, es lösen zu können. Dass es so etwas wie Probleme ohne Lösung gibt, kann er sich nicht vorstellen. Er kommt sofort mit einem Vorschlag, wie alles wieder ins Lot zu bringen ist. Nur leider beruht der Vorschlag oft auf einer allzu vereinfachten Wahrnehmung der Lage, und so sind die angebotenen Lösungen primitiv.

Rasches Handeln kann oft Wunder wirken. Während europäische Hamlets und Oblomovs zaudernd in Untätigkeit verfallen, mobilisieren die Amerikaner ihre Kräfte. In anderen Fällen kann ungestümes Eingreifen allerdings in die falsche Richtung führen. Man erinnere sich – und hier greifen wir in der Zeit etwas vor – an die amerikanischen Berater, die nach dem Fall des Kommunismus sofort wussten, was zu tun sei, und überall die gleichen Maßnahmen vorschlugen. Manchmal funktionierte das, aber manchmal hatte es verheerende Wirkungen.

Ein Zentrum der Weltkultur

Wenn snobistische ungarische Intellektuelle mit hochgezogenen Augenbrauen davon sprechen, wie primitiv und unkultiviert die Amerikaner seien, spürt man geradezu ihre Verstiegenheit. Es gibt natürlich unkultivierte, grobe Amerikaner, genauso wie es viele solche Menschen in Ungarn oder anderswo in Europa gibt. Doch ich hatte das Glück, in einem der Weltzentren von Wissenschaft und Kultur zu leben. Boston hat mit seinen Vorstädten sieben Universitäten, darunter zwei der führenden auf einer einzigen Straße. Auf der *Massachusetts Avenue* liegen Harvard und MIT nur 10 Minuten von einander entfernt. Ich bin an vielen Orten der Welt mit erstaunlich gebildeten Gelehrten zusammengekommen, aber ich wage zu behaupten, dass die Konzentration kluger, talentierter und gebildeter Köpfe dort einmalig ist. Das Budapester Kunstmuseum würde sich glücklich schätzen, die Bilder von van Gogh, Gauguin, Max Beckmann, Klimt oder László Moholy-Nagy zu besitzen, die in Harvards Museum hängen, von den Schätzen des großen Bostoners Kunstmuseums ganz zu schweigen.

Eine U-Bahnfahrt von wenigen Minuten brachte uns zur *Symphony Hall*, Sitz des Bostoner Symphonieorchesters, eines der besten auf der Welt. Was für Konzerte haben wir dort gehört! Jeder berühmte Musiker, der die Vereinigten Staaten besucht, rechnet es sich zur Ehre, nach Boston eingeladen zu werden. Zwei weitere Konzertsäle stehen zur Verfügung: die holzgetäfelte *Jordan Hall* mit ihrem warmen Klang und das Auditorium maximum von Harvard *Sanders Hall.* Nachdem wir dort eine Reihe von Jahren Konzerte besucht hatten, sahen wir im Publikum mehr bekannte Gesichter als zu Hause in der Musikakademie.

Wir gingen oft ins Kino. Wie groß die Vorräte der Videoverleiher auch sein mögen, das Kinovergnügen können sie nicht ersetzen. Damals hatten wir großen Spaß daran, uns jeden neuen Film anzusehen. Heutzutage kann man das auch in

Budapest. Einige Filme, die wir sahen, kamen nie nach Budapest, so zum Beispiel *Vanya on 42nd Street*, eine magische Adaptation von Čechovs Stück *Onkel Vanja*, und *Thirty-two Short Films about Glenn Gould*, den genialen Exzentriker am Klavier. Am Harvard Square, ganz in der Nähe unserer Wohnung, lagen drei große Buchläden, wo es alles gab. Sie waren bis tief in die Nacht für Studenten und Büchernarren geöffnet. Wenn unsere schwedischen Enkel zu uns kamen, rannten sie als erstes in die Buchläden am *Square*. Beim Gang durch die Regale fanden wir die neuesten Titel. Die Sonntagsbeilage der *New York Times* und der *New York Review of Books* halfen, uns in dem scheinbar unendlichen Angebot zu orientieren.

Reichte die Kultur in Boston nicht aus, dann waren New York und selbst Washington auch nicht weit. Kaum ein Jahr verging ohne ein paar Tage in der einen oder anderen Stadt. Zählt man die Konzertsäle, Opernhäuser, Theater und Galerien dieser beiden großen Metropolen zu denen Bostons hinzu, dann hatten wir geradezu unbegrenzte Auswahl. Und ständig hatten wir das Gefühl, etwas, was man gesehen oder gehört haben sollte, zu verpassen, weil die Zeit fehlte oder wir anderweitig beschäftigt waren.

Freunde

Freundschaft ist mir wichtig. Natürlich variieren Freundschaften nach Intensität, Aufrichtigkeit und der Häufigkeit der Kontakte, doch die Grenze zwischen Bekannten und Freunden bleibt immer deutlich. Ich schätze es, mit meiner Umgebung eng verbunden zu sein, unabhängig von der Art der Beziehung. Wie schon erwähnt fühle ich mich erst wohl an meinem Arbeitsplatz, wenn ich mit meinen unmittelbaren Kollegen freundschaftlich verkehren kann. In dieser Beziehung hatte ich viel Glück. Meine Sekretärinnen in Harvard waren charmante, freundliche Damen. Von Madelin habe ich bereits erzählt. Kate Pilson und ich begannen jeden Morgen mit einer Diskussion nicht nur über die Aufgaben des Tages, sondern über politische Ereignisse, Filme und Leseerfahrungen. Lauren LaRosa überreichte mir ein Bändchen mit eigenen Gedichten als Vertrauensbeweis. Zwar haben wir uns seit vielen Jahren nicht mehr gesehen, aber ich korrespondiere mit allen dreien, und manchmal telefonieren wir mit einander.

Ich hatte niemals eine leitende Stellung, aber häufig einen oder mehrere Forschungsassistenten. Ein besonderes Privileg war es, dass von 1985 bis 1997 Mária Kovács – oder Marcsi, wie sie von Freunden genannt wird – für mich arbeitete. Nachdem sie ihr Studium am renommierten Rajk-Kolleg der Karl Marx Universität für Ökonomie beendet hatte, kam sie zu mir. Sie unterstützte mich in allem:

Daten sammeln, Manuskripte herausgeben, die Korrespondenz abwickeln, Kontakt halten zu Leuten und mein Archiv verwalten. Sie kannte sich so gut mit meiner Arbeit aus, dass sie wusste, was ich brauchte, bevor ich mich meldete. Von Anfang an hat sie uns jedes Mal nach Amerika begleitet. Auf Marcsi folgten Ágnes Benedict und dann János Varga. Wie Marcsi Kovács pendelten auch sie mit uns zwischen Budapest und Cambridge. Beide kamen erst für zwei Jahre und verlängerten dann für ein weiteres Jahr. Die drei jungen Leute waren nicht nur meine Mitarbeiter und gute Freunde. Für meine Frau und mich waren sie fast wie unsere eigenen Kinder oder Enkel. Im Alter standen sie zwischen den beiden Generationen. Gerne halfen wir ihnen, wenn sie Probleme hatten. Wir trafen uns oft auch außerhalb der Universität, und sie liebten die Kochkünste meiner Frau Zsuzsa.

Ein freundschaftliches Lehrer-Schüler-Verhältnis entwickelte sich mit den Studenten, deren Dissertation ich betreute, und sie unterstützten mich wiederum in der Forschung und beim Schreiben. Anna Seleny, Yingyi Qian, Chenggang Xu, Carla Krüger, Jane Prokop, Alexandra Vacroux, Karen Eggleston und John McHale: Diese Namen finden sich nicht nur in Danksagungen meiner Schriften und als Ko-Autoren. Ich werde sie auch in guter Erinnerung behalten. Wir trafen uns in der Universität und im Familienkreis. Sie und ich haben Harvard verlassen, aber mit allen habe ich mehr oder weniger häufig Kontakt.

Wir brauchten eine Haushaltshilfe und fanden an einem Baum einen Zettel „Suche einen Job". Wir riefen die Nummer an, und kurz darauf erschien ein nettes junges Mädchen, Susan Ryan-Vollmar. Sie hatte vor kurzem das College abgeschlossen und schrieb manchmal kleine Artikel und Gedichte. Sie suchte eine Verdienstmöglichkeit im Haushalt, um Zeit für ihre literarischen Ambitionen zu haben. Wir einigten uns, und dann kam sie, unser Haus sauber zu halten. Nachdem wir uns angefreundet hatten, setzten wir ihr zu, ihr Studium wieder aufzunehmen und sich an der Universität einzuschreiben. Das tat sie. Sie belegte einen Fortgeschrittenenkurs für Journalismus, fand Arbeit bei einer kleinen Zeitung, und wechselte später zu einem führenden Bostoner Blatt, wo sie heute stellvertretende Chefredakteurin ist.

Als Susan bei uns war, fragte sie, ob wir etwas dagegen hätten, wenn ihre Freundin mitkomme und ihr helfe. Danach lag die Reinigung der Wohnung bei den beiden, der Journalistin Susan und ihrer Partnerin Linda Croteau, die Lehrerin an einer Realschule war. Sie blieben uns treu. Susans Karriere entwickelte sich, und Linda hatte mit ihrem Unterricht zu tun, doch aus Anhänglichkeit halfen sie uns weiterhin im Haushalt. Es waren zwei interessante Mädchen. Sie arbeiteten schwer, denn sie machten beide peinlich genau sauber.* Legten sie eine Pause ein, sprachen

* Susan und Linda waren unter unseren Gästen bei dem Essen, das mir zu Ehren gegeben wurde, als ich

wir über aktuelle politische Ereignisse und Bücher, die wir lasen. Bei Schwierigkeiten, mich auf Englisch auszudrücken, konnte ich mich an Linda oder Susan wenden. Wie echte Familienmitglieder gerieten wir in Aufregung, als wir erfuhren, dass Susan ein Baby erwartete. Von ihrem zweiten Kind erfuhren wir telefonisch, lange nachdem wir Amerika verlassen hatten.

Zsuzsa kam einmal am Swimmingpool ins Gespräch mit einer gut aussehenden, weißhaarigen, athletischen Frau. Aus diesen Unterhaltungen wurde eine Freundschaft. Mimi Berlin unterrichtete russische Geschichte an der Erweiterungsschule von Harvard und Gerry Berlin war ein hervorragender Rechtsanwalt, Amateurklarinettist und ehemaliger Menschenrechtsaktivist. Sie wurden zwei unserer besten Freunde. Kamen wir aus Europa wieder nach Cambridge zurück, verbrachten wir traditionell den ersten Abend bei ihnen, wo sie uns mit einem guten Abendessen erwarteten. Und wenn wir Cambridge verließen, wurden wir mit einem köstlichen Essen, das Mimi auftischte, verabschiedet. Seit wir nun nicht mehr in den Staaten wohnen, besuchen sie uns zu unserer Freude in Budapest.

Viele interessante Abende verbrachten wir mit Robert und Bobby Solow. Oft gingen wir miteinander ins Konzert. Jeder Ökonom weiß, was Solow für die Wissenschaft bedeutet. Seinen Vorlesungen beizuwohnen, ist ein packendes Erlebnis.* Ich kenne niemanden, der schwierige und komplexe Gedanken so glasklar darlegen kann, ohne jede Herablassung und mit sprühendem Witz und Humor gewürzt. Auch privat durften wir den großen Geist bewundern und die menschliche Aufmerksamkeit, das Interesse und die Hilfsbereitschaft, die er seinen Freunden zuteil werden lässt.

Die meisten unserer Freunde waren Universitätskollegen. Zvi Griliches und seine Frau Diane, Dale und Linda Jorgenson, unser Landsmann Francis Bator (Feri Bátor) und Jae Roosevelt, Amartya Sen und Emma Rothschild, Robert und Nancy Dorfman, Frank und Mathilda Holzman, Robert Schulman und seine Frau Judit Fejes: Wo soll ich aufhören? Einige dieser lieben Freunde – Zvi Griliches, Robert Dorfman, die Holzmans – sind schon tot, und wir vermissen sie sehr.

---

in Harvard in den Ruhestand trat. Wir saßen an großen runden Tischen und die Nachbarn fragten einander, wer man sei. Die beiden saßen unter Universitätsprofessoren, und als die Frage nach ihrer Arbeit aufkam, war ihre erste Antwort, sie seien die Putzfrauen im Haus von János Kornai. Die anderen waren ein wenig überrascht. Selbst im liberalen Harvard war es ungewöhnlich, dass Putzfrauen zum Galadiner von Professoren erschienen. Später kam heraus, dass sie auch Journalistin und Lehrerin waren.

* Unsere Tochter Judit überlegte noch, an welcher Universität sie sich bewerben solle, als sie mich bei ihrer ersten Amerikareise im Jahr 1972 zu einer Konferenz begleitete, auf der Robert Solow einer der Redner war. Wenn Ökonomie so interessant sei, fand sie, dann müsse sie sich unbedingt an der Wirtschaftsuniversität einschreiben. Später kam leichte Enttäuschung auf, denn nicht alle Lehrer sind wie Solow.

In Amerika trifft man sich für gewöhnlich bei Hauspartys. Da kommen viele Leute zusammen Man steht lange Zeit herum mit einem Glas in der Hand und wechselt ständig den Gesprächspartner. Auf diese oberflächliche Konversation folgt normalerweise ein Essen, bei dem man sich abwechselnd mit beiden Sitznachbarn unterhält und das ein bis zwei Stunden lang, auch wenn man einander zuvor nicht kannte. Hat man Pech mit seinen Nachbarn, verebbt das Gespräch nach einer Weile. Ich muss gestehen, in all den Jahren, die wir in Amerika verbrachten, haben wir selbst nie eine solche Party gegeben. Und wenn wir zu solchen Gelegenheiten eingeladen wurden, versuchten wir, soweit die Höflichkeit das zuließ, uns zu entschuldigen. Wir ziehen Einladungen mit zwei, drei, vier Gästen vor, die alle an einem Gespräch teilnehmen. Kommt ein Thema auf, wird darüber heftig diskutiert, und man wechselt es nicht alle fünf Minuten.

Belangloses Plaudern irritiert mich maßlos. Man hat uns erklärt, dass es in Amerika in akademischen Kreisen nicht üblich sei, über Probleme des eigenen Fachs zu reden. Das sei unhöflich Außenstehenden gegenüber. Wir hatten einmal drei Ehepaare zu uns eingeladen, zwei große Ökonomen und einen nicht minder bekannten Politologen zusammen mit ihren Frauen, auch sie Wissenschaftlerinnen bzw. Künstlerinnen. Es handelte sich in allen drei Fällen um eine Gegeneinladung. Wir freuten uns bei dem Gedanken an die anregenden Gespräche, die vor uns lagen. Stattdessen blieb die Unterhaltung bei neutralen, konventionellen Themen, da unsere Gäste es peinlichst vermieden, über berufliche Dinge zu sprechen. Wir haben unsere Lektion gelernt. Später versuchten wir, das Gespräch mit gelegentlichen Fragen und Einwürfen zu steuern, damit eine anregende, interessante Diskussion entstand. Und als unsere Freunde merkten, dass wir diese Art der Geselligkeit vorzogen, gingen sie auf unseren Wunsch ein. Die Einladungen zu Hauspartys wurden seltener. Stattdessen lud man uns zu intimeren Unterhaltungen ein, wie wir sie mochten.

Müsste ich angeben, was mir in Cambridge besonders gefiel, würde unser abwechslungsreiches und interessantes gesellschaftliches Leben voller geistiger Anregungen weit oben auf der Liste stehen. Unsere Gäste besuchten uns auch so gern, weil sie immer etwas Besonderes zu essen bekamen. Einer von Zsuzsas Kuchen erwarb sich einen besonderen Ruf in Harvard. Eine entferntere Bekannte, so hörten wir, erkundigte sich, wie man bei Kornais eingeladen werden könne; denn sie wolle den berühmten Mandelkuchen doch auch einmal probieren.

Im Fakultätsklub von Harvard war ich wie zu Hause. Kaum eine Woche verging, ohne dass ich dort mit Kollegen oder Gästen ein-, zweimal zu Mittag aß. Wer sein Leben an westlichen Universitäten verbracht hat, findet das vielleicht selbstverständlich. Ich habe diese Art sich zu treffen in Cambridge schätzen gelernt: Gespräche bei Tisch, vor allem über fachliche Probleme, aber auch über Politik, Kunst und persönliche Angelegenheiten.

Doch wie eng die Beziehungen mit unseren neu gewonnenen amerikanischen Freunden auch waren, wir vermissten etwas: die gemeinsame Vergangenheit. Die Zahl der Freunde in Ungarn ging im Laufe der Jahrzehnte zurück. Manche fielen ab oder wir fielen von ihnen ab, weil wir uns auseinander gelebt und weil unser Denken und Handeln unterschiedliche Richtungen genommen hatten. Freundschaften wurden auf die Probe gestellt. Die Geschichte ist ein harter Prüfstein für Treue, Loyalität und Charakter. Doch Freundschaften, die diese Probe bestanden, wurden dadurch fester, unvergleichlich inniger als weniger intensive Freundschaften, die man in späteren Jahren schloss.

Kam im Gespräch mit Amerikanern das Thema auf die Repression in einem kommunistischen Land, dachten unsere Freunde sofort an die McCarthy-Periode. Wir staunten darüber, wie man die Schikanierung von einigen hundert Leuten, die ihren Arbeitsplatz verloren oder anders verfolgt wurden, mit der gnadenlosen Unterdrückung in der Rákosi-Ära vergleichen konnte. Als Vergeltungsaktion für zehn revolutionäre Tage sind 1957–1958 in unserem kleinen Land durch Richterspruch 229 Menschen ermordet und Tausende für Jahre hinter Gitter gebracht worden.[1] Was wussten die Amerikaner von der Realität eines totalitären Systems? Sie fanden andererseits, wir könnten nicht verstehen, was die Gefährdung und Beschränkung von Rechten in einer Gesellschaft bedeute, die an Freiheit gewohnt ist. Vergeblich versuchten sie und wir über unsere Kenntnis der Geschichte und rationale Argumente zu verstehen, was der andere wohl fühle. Man muss es mitgemacht und persönlich erfahren haben, was Repression bedeutet.

Das gleiche Problem tat sich auf beim Gespräch über den Holocaust. Alle unsere Freunde, Juden und Nicht-Juden, waren entsetzt und verurteilten das grässliche Verbrechen, aber sie haben selbst nie einen gelben Stern getragen. Das Schicksal der Juden beschäftigte viele unserer amerikanischen Freunde mehr als uns selbst. Doch Empathie, Solidarität und ein Gefühl der moralischen Verantwortung sind etwas anderes als das selbst erlittene Trauma.

Die gemeinsame Erfahrung eines schweren Lebens festigt das Band, das uns mit unseren ungarischen Freunden verbindet. Kamen wir nach langer Abwesendheit zurück, konnten wir es kaum erwarten, die Berichte der Freunde zu hören. Wir waren genauso aufgeregt wie sie, als das Tempo des Wandels sich beschleunigte und sich die Signale häuften, dass das Kádár-System schwach werde und das Sowjetimperium auseinanderbreche. In Budapest blieben wir wie schon in Cambridge den seit neuem angesagten Partys, den großen Versammlungen und den Intellektuellensalons fern und beschränkten uns auch hier auf den kleinen Kreis und das vernünftige Gespräch. Ausführlich diskutierten wir zum Beispiel mit dem Historiker Péter Hanák und seiner Frau Kati, mit Pál Lőcsei und Éva Kende und mit András Nagy und Ágnes Losonczy.* Die Litváns trafen wir nicht nur zum Abendessen in ihrer Wohnung, sondern auch zu Spaziergängen auf den Hügeln von Buda. Schön war es immer in Gesellschaft meiner Kollegen und früheren Studenten wie Mihály Laki, Kati Farkas, Tamás Bauer, János Gács, Mari Lackó, András Simonovits und Zsuzsa Kapitány. In Budapest setzte ich die gute Gewohnheit des Fakultätsklubs fort und traf mich im Restaurant mit Éva Csató, mit der ich beim *Szabad Nép* zusammengearbeitet hatte, mit Ilus Lukács, einem der Übersetzer von *Economics of Shortage*, oder mit Ágnes Matits. Mit ihr hatte ich eine große empirische Untersuchung zur weichen Budgetbeschränkung gemacht. In all diesen Fällen waren wir über die Arbeit miteinander bekannt geworden, und alle wurden wir gute Freunde. Unter unseren ungarischen Freunden fanden wir etwas, das keine unserer amerikanischen Bekanntschaften hätte ersetzen können.

Unter den Ökonomen Europas und der Welt

Seit meinem Aufenthalt in Princeton 1983 verbrachte ich die Hälfte meiner Zeit in den Vereinigten Staaten. Das machte aus mir keinen halben Amerikaner, denn ich hatte viele Verbindungen in mehr Ländern als in Ungarn und den Vereinigten Staaten. Schon sehr viel früher übernahm ich Aufgaben, die über nationale Grenzen hinweg reichten. 1972 wurde ich auf Vorschlag von Tinbergen zum Vizepräsidenten der Entwicklungsplanungskommission der Vereinten Nationen gewählt. Diese Funktion übte ich bis 1977 aus. Zusammen mit indischen, mexikanischen, französischen, sowjetischen, niederländischen und polnischen Ökonomen entwarfen wir wirtschaftspolitische Vorschläge für Entwicklungsländer, die an andere VN-Stellen weitergereicht wurden.

Später war ich in der *Econometric Society* aktiv, der internationalen Vereinigung der mathematischen Ökonomen. Zuerst wurde ich in den Vorstand gewählt, 1978 dann zum Präsidenten.** Während meiner Präsidentschaft war es mir ein besonderes Anliegen, Ökonomen aus sozialistischen Ländern bei Kongressen der Gesellschaft mit einzubeziehen und ihnen so zu helfen, in die wissenschaftliche Welt des Westens vorzudringen. Dieses Projekt versuchte ich auch auf anderen Wegen zu fördern. Wo

* Péter Kende und seine Frau Hanna B. Kende traf ich nur in Ausnahmefällen. Péter konnte bis zum Systemwechsel nicht nach Ungarn zurückkehren, und so nutzten wir jede Gelegenheit zu einem Treffen, wenn ich im Ausland war.

** Nach dem zweistufigen Wahlverfahren der *Econometric Society* wird aus mehreren Kandidaten erst einer zum Vizepräsidenten gewählt, der sich dann ein Jahr lang in die Aufgaben eines Präsidenten einarbeiten kann. Im folgenden Jahr erscheint sein Name als einziger auf dem Wahlschein für die Präsidentschaft.

immer sich die Gelegenheit bot, sorgte ich dafür, dass Kollegen aus der Sowjetunion und Osteuropa zu internationalen Ereignissen als Gastwissenschaftler oder Gastprofessoren eingeladen wurden.

Meine Tätigkeit für die *European Economic Association* (EEA) fiel mit meiner Zeit in Harvard zusammen. Die Gesellschaft war auf Andringen des belgischen Professors Jacques Drèze gegründet worden, den ich nicht nur wegen seiner außergewöhnlichen wissenschaftlichen Leistungen bewunderte, sondern auch wegen seines gesellschaftlichen Engagements. Bei der Gründung unterstützte ich ihn, denn wofür Europa steht, habe ich nicht erst entdeckt, als Ungarn 2004 der Europäischen Union beitrat. Die EEA mit Drèze als Präsident wurde 1986 errichtet, als der Eiserne Vorhang Europa noch trennte. Im nächsten Jahr gab es zwei Kandidaten für die Präsidentschaft, Frank Hahn und mich. Ich kannte Hahn seit meinem allerersten Englandbesuch anlässlich einer Konferenz in Cambridge. Wie in Kapitel 10 erwähnt, hatte er eine äußerst kritische Rezension meines Buches *Anti-Äquilibrium* geschrieben: „The Winter of Our Discontent“. Wir verkehrten freundschaftlich miteinander, und er half, als ich ihn bat, Tamás Lipták nach seiner Emigration bei der Stellensuche zu unterstützen. Zurück zur Wahl: In solchen Fällen ist es üblich, beide Kandidaten zu fragen, ob sie die Nominierung annehmen. Das taten wir beide, und ich erhielt die Stimmenmehrheit.

Wieder setzte ich mich dafür ein, Kollegen aus sozialistischen Ländern in die Gesellschaft zu integrieren, wie ich das zuvor schon in der *Econometric Society* getan hatte. Es gelang mir, für den ersten Kongress in Wien Einladungen an mehrere vielversprechende Ökonomen gehen zu lassen, die damals im Westen noch unbekannt waren. Darunter befanden sich Leszek Balcerowicz, später eine führende Figur der polnischen Transformation, die Soziologin Tatjana Zaslavskaja, deren kritische Studien über das Sowjetsystem ihr internationale Bekanntheit verschafften, und der junge Vladimir Dlouhý, nach dem Systemwechsel Parteiführer und Minister im tschechischen Kabinett.

Dem Bericht des Präsidenten vor dem Jahreskongress 1987 fügte ich Folgendes hinzu: „Ich bin Bürger eines sozialistischen Landes. Man wird deshalb verstehen, dass die Mitarbeit osteuropäischer Ökonomen in unserer Gesellschaft für mich ein besonderes Anliegen ist.“ Ich führte einige der Schwierigkeiten an, mit denen Osteuropäer zu kämpfen hatten, und bat die westlichen Kollegen um Unterstützung, „die sich glücklich schätzen können, die Widrigkeiten nicht zu kennen, mit denen ihre osteuropäischen Kollegen konfrontiert sind. Viele unter uns Bürgern Osteuropas haben oft das bittere Gefühl, dass Europa von den Intellektuellen im Westen mit Westeuropa identifiziert wird. Aber man sollte sich erinnern: Die Grenze des Kontinents ist nicht die Elbe. Auch wir wollen als Europäer gelten.“[2]

Zu den Pflichten und Privilegien des Präsidenten gehört es, das wissenschaftliche Thema des Jahreskongresses zu wählen, das dann auch den Inhalt der Ansprache des Präsidenten und der beiden Hauptvorträge bestimmt. Das wichtigste Thema für unseren Teil der Welt war in meinen Augen Freiheit und ich überschrieb meinen Vortrag „Individuelle Freiheit und die Reform der sozialistischen Wirtschaft".[3] Ich bat Amartya Sen, den einen Hauptvortrag zu halten, und er entschied sich für das Thema „Wahlfreiheit: Konzept und Bedeutung".[4] Den zweiten Hauptvortrag unter der Überschrift „Individuelle Freiheit und die Politik des Wohlfahrtsstaates" hielt Assar Lindbeck.[5]

In meinem Vortrag versuchte ich am Beispiel Ungarns darzustellen, wie Dezentralisierung, Ausweitung privater Eigentumsrechte, Bekämpfung von Mangelerscheinungen und Lockerung der bürokratischen Beschränkungen auf dem Arbeitsmarkt nicht nur die wirtschaftliche Produktivität steigerte, sondern auch die individuelle Freiheit und Wahlfreiheit vergrößerte. Ich betonte, wie wichtig es sei, dass sich die sozialistische Welt wegbewege vom „Maximalstaat", die Rolle des Staates einschränke und die individuelle Freiheit stärke.

Ein Besuch in China

Meine Frau und ich verbrachten im Sommer 1985 auf Einladung der Chinesischen Akademie der Wissenschaften und der Weltbank vier Wochen in China. Als erstes nahmen wir in Peking an einer Konferenz über Probleme von Staatsbetrieben teil. Das war instruktiv, aber vor uns lag sehr viel mehr. Ich hatte schon an vielen Konferenzen teilgenommen, doch was dann stattfand, überstieg alle meine früheren Erfahrungen.

Die Chinesen hatten sieben ausländische Ökonomen gebeten, Situation und Zukunftsaussichten des Landes zu kommentieren. Das waren der große amerikanische Makro-Ökonom aus Yale, James Tobin, der einige Jahre zuvor den Nobelpreis erhalten hatte; der ehemalige Präsident der westdeutschen Bundesbank, Otmar Emminger; Michel Albert, früher Präsident der französischen Plankommission; Sir Alexander Cairncross, Oxford Professor und einer der wichtigen Berater der britischen Regierung und der Labour Partei in den 1960er-Jahren; Aleksander Bajt, ein jugoslawischer Professor und anerkannter Fachmann über Arbeiterselbstverwaltung; Leroy Jones, ein amerikanischer Professor, der ein Buch über südkoreanische Planung geschrieben hatte, und schließlich ich.*

* Das Treffen der westlichen und chinesischen Ökonomen war hauptsächlich von Ed Lim vorbereitet worden. Er leitete damals das Büro der Weltbank in China. Seine Arbeit dient als gutes Beispiel dafür,

Die sieben Ökonomen und ihre chinesischen Kollegen wurden von Premierminister Zhao Ziyang zu einer zweistündigen Diskussion empfangen.* Er nannte uns die brennendsten Probleme, wozu man gerne die Meinung westlicher Gelehrter hören wollte. Am nächsten Tag wurden wir zusammen mit einer Gruppe chinesischer Ökonomen nach Chongqing geflogen. Dort schifften wir uns ein, um den Jangtse hinunter zu fahren. Man behandelte uns wie Luxusreisende. Köstliches chinesisches Essen kam auf den Tisch, und an Deck gab es sogar einen Swimmingpool. Allerdings blieb uns wenig Zeit für Erholung und Entspannung.

Unsere Gastgeber beanspruchten uns sehr. Jeder ausländische Gast war für ein halbes Tagesprogramm vorgesehen. Es begann mit einem Vortrag, worauf die älteren chinesischen Kollegen Fragen stellten. Die führenden chinesischen Ökonomen wollten sich allerdings in der Debatte nicht öffentlich zu den heiklen Problemen der Reform äußern. Und es schien, dass es sich für die Jüngeren nicht gehörte, Fragen zu stellen. Man hatte offensichtlich beschlossen, die ausländischen Gäste erst abreisen zu lassen und dann in einer Nachbesprechung Schlussfolgerungen zu ziehen.

China hatte damals die erste Reformphase hinter sich. Dieser Prozess wurde uns so dargestellt, als ob er mit der Parteilinie in Übereinstimmung geblieben wäre. Tatsächlich war die sozialistische Landwirtschaft, einschließlich der großen chinesischen Erfindung der „Volkskommune" über Bord geworfen worden. Als Folge einer Bauernbewegung, die jeden Widerstand hinwegfegte, hatte man an ihrer Stelle den Einzelbetrieb auf Grundlage privater Eigentumsrechte wieder zugelassen. Statt Nahrungsmittelmangel gab es jetzt ein reichhaltiges Angebot. China ging bei der Reform der Landwirtschaft sehr viel weiter als Ungarn. Dieser Vergleich schien mir aussagekräftiger, als den vitalen chinesischen Dörfern die müden, ineffizienten Kolchosbetriebe der Sowjetunion gegenüberzustellen. Nach dem Erfolg in der Landwirtschaft lautete die große Frage: Wie geht es weiter mit dem Rest der Wirtschaft?

Als ich in Amerika meinen Vortrag für die chinesische Konferenz vorbereitete, versuchte ich, mir ein so genaues Bild wie möglich von der Situation des Landes zu

---

wie ein westlicher Berater die Transformation in einem sozialistischen Land am besten unterstützen kann. Er stellte kein eigenes Rezept zusammen, das die Leute am Ort um jeden Preis anzunehmen hatten. Stattdessen versuchte er, eine Reihe alternativer Wege aufzuzeigen. Aus der oben angeführten Liste von Ökonomen kann man entnehmen, dass es den Chinesen darum ging, die amerikanischen, westeuropäischen und ostasiatischen Erfahrungen kennen zu lernen und ebenso die osteuropäischen Reformvorstellungen. Und Ed Lim half ihnen dabei.

* Zhao Ziyang war einer der Pioniere der chinesischen Reform. Der Initiator des Wandels war Deng Xiaoping, doch Zhao wird als Architekt und Hauptorganisator der ersten grundlegenden Reformen angesehen. Als einziger chinesischer Führer ging er auf den Tiananmen-Platz und sprach zu den Studenten während der Protesttage 1989. Nachdem der Protest erstickt war, wurde er als Premierminister entlassen. Bis zu seinem Tod im Januar 2005 stand er unter Hausarrest.

machen. Ich hielt es für besonders wichtig zu klären, worin China Ungarn ähnlich war und worin es sich von ihm unterschied. Dabei ging es nicht so sehr um evidente Unterschiede: eine Bevölkerung von einer Milliarde oder zehn Millionen, asiatische oder europäische Kultur, Unterschiede zwischen der chinesischen und der ungarischen (oder osteuropäischen) Geschichte. Von mir würden sie vor allem wissen wollen, was sie aus der ungarischen Reform lernen könnten, was sich zu übernehmen lohne und welche Probleme zu vermeiden seien. Die Vorbereitung meines Vortrags lief hinaus auf eine Analyse der Gleichartigkeiten und Unterschiede in der Situation und der Reichweite zwischen den beiden Reformen.

Auf der ersten Konferenz in Peking und später in den Gesprächen mit chinesischen Ökonomen und Wirtschaftsführern fühlte ich mich gewissermaßen in China zu Hause, trotz der Entfernung und der historischen und kulturellen Unterschiede. Alle Phänomene, die angesprochen wurden, alle Sorgen und Nöte kamen mir bekannt vor. Die Schwierigkeiten, mit denen sie zu kämpfen hatten, waren die gleichen wie bei uns in Ungarn. Vom amerikanischen Makro-Ökonomen oder vom westdeutschen Zentralbanker würden die Chinesen sicher eine Menge interessanter Dinge lernen. Doch wir Osteuropäer verstanden ihre Ideenwelt am besten.

1968 hatte Ungarn die auf zentralen Plananweisungen beruhende Befehlswirtschaft abgeschafft. Es zeigte sich, dass die Wirtschaft trotzdem funktioniert. Dabei blieb sie weiterhin von Staatseigentum und der Kommunistischen Partei beherrscht. Bürokratie und Marktmechanismus praktizierten halbwegs erfolgreich Koexistenz, auch wenn es zu erheblichen Reibungen zwischen ihnen kam. In Budapest äußerte ich mich sehr kritisch über die unvollständige und inkonsistente Reform. Trotzdem war ich überzeugt, die Abschaffung der Befehlswirtschaft in China werde den Reformprozess einen großen Schritt voranbringen. Diese positive Lehre wollte ich der chinesischen Führung näher bringen. Gleichzeit galt es, die Aufmerksamkeit auf die mit diesem Schritt verbundenen Schwierigkeiten und Gefahren zu lenken: die Inkonsistenz der ungarischen Reform, die weichen Budgetbeschränkungen und die Verzerrungen im Preissystem. China hatte zur Mitte der 1980er-Jahre besonders ehrgeizige Wachstumspläne. Ich wies auf die Risiken hin, die mit einem Wachstumsschub verbunden sind: die Gefahren der Inflation und der Vernachlässigung bestimmter Sektoren. Ich erinnerte die Kollegen an die Bedeutung, die Harmonie im chinesischen Denken und in ihrer Kultur hat. Ich riet zu harmonischer Entwicklung an Stelle von forciertem Wachstum.

In China fühlte man sich wie damals in Ungarn von der anhaltenden politischen Unterdrückung belastet, dem Fehlen von Recht und Freiheit. Einige indirekte Anzeichen dafür ließen sich wahrnehmen. Auf einer normalen europäischen oder amerikanischen Wirtschaftskonferenz kann man aus der Stimmung im Saal, aus den Gesichtern der Zuhörer und aus den Redebeiträgen leicht erschließen, ob ein Vortrag gut angekommen ist. Auf dem Jangtse-Dampfer ließ sich das nicht einmal erahnen. Den Gesichtern der Zuhörer oder des Vorsitzenden konnte ich absolut nichts entnehmen. Ich musste mich auf andere Indikatoren für Erfolg oder Misserfolg verlassen. Während der Pausen umringten mich zahlreiche junge chinesische Ökonomen und stellten mir aufgeregt Fragen. Das Englisch war nicht allzu gut, aber sie konnten sich verständlich machen. Sie besprachen mit mir, wie sie eine Veröffentlichung meiner Bücher in die Wege leiten könnten. Davon aber später. Für den Augenblick bleiben wir auf dem Schiff.

Ab und zu gingen wir für halbtägige Ausflüge vor Anker. In einem Dorf am Ufer besuchten wir einen Markt und sahen mit eigenen Augen das Ergebnis der landwirtschaftlichen Reform: ein reichhaltiges Angebot an Obst, Gemüse, Fisch, Schalentieren und Schildkröten sowie verschiedenste Sorten Fleisch. An einem anderen Tag ging es in die drei Schluchten, eine der berühmten Touristenattraktionen Chinas. Um dieses Naturwunder zu genießen, bestiegen wir Ruderboote. Schon damals sprach man davon, einen gigantischen Staudamm bauen zu wollen und die Gegend der drei Schluchten unter Wasser zu setzen. Einige Jahre später wurde die Staumauer tatsächlich errichtet, und damit war das Naturwunder ernstlich getroffen. Die Reise endete in Wuhan, wo ich an der Universität Vorträge hielt.

Später zeigte es sich, dass die „Schiffskonferenz", wie sie in der dortigen Wirtschaftspresse genannt wurde, auf Chinesisch *Bashan Lun*, das chinesische Wirtschaftsdenken spürbar beeinflusst hat. Das Konferenzmaterial wurde in einem Buch veröffentlicht, und über die Vorträge in Zeitschriften berichtet.[6] Chinesische Ökonomen verweisen oft auf die Ratschläge, die sie von den Teilnehmern erhalten haben, und erinnern sich bis heute an das besondere Ereignis der Schiffskonferenz.

Ein Jahr später erschien mein Buch *Economics of Shortage* auf Chinesisch. 100 000 Exemplare wurden verkauft, und es wurde 1998 neu aufgelegt. Das Buch diente als Lehrbuch an allen ökonomischen Fakultäten und als theoretischer Hintergrund für die Abschaffung der Befehlswirtschaft in China. Insgesamt sind acht meiner Bücher auf Chinesisch erschienen. Als ich Jahre später China wieder besuchte, war es rührend, Universitätslehrer, Wirtschaftsmanager und einen Bürgermeister immer wieder versichern zu hören: „Ich bin einer ihrer Schüler".

Sich zu Hause fühlen

Unser Hauptwohnsitz blieb die ganze Zeit über in Ungarn. Aber wir versuchten, in Cambridge nicht provisorisch zu leben. Unsere dortige Wohnung war genau so sorgfältig eingerichtet wie in Budapest, mit Bildern und persönlichen Erinnerungsstücken. Zu unseren Bekannten gehörten nicht nur die Freunde im engeren Sinn, sondern alle, mit denen wir täglich zusammen kamen, vom Hausmeister bis zum Friseur, vom Doktor bis zu den Leuten vom Swimmingpool. Wir fühlten uns in Harvard, in Cambridge, in der Bostoner Region, in den Vereinigten Staaten zu Hause. Das berichte ich im Plural, weil wir beide, Zsuzsa und ich, die kürzeren oder längeren Reisen und monatelange Abwesenheit nicht als gelegentliche Einschnitte in unser Leben hinnahmen. Nach einer gewissen Zeit entwickelten wir ein bewusstes Programm. Wo immer wir auch hinkamen, wir wollten uns dort zu Hause fühlen. Wenn es sich technisch und finanziell einrichten ließ, versuchten wir, unsere Behausung und unser gesellschaftliches Umfeld persönlich zu gestalten. Der Umstand, dass wir uns in der akademischen Welt bewegten, erleichterte natürlich die Aufgabe. Trotz der großen nationalen, kulturellen und historischen Unterschiede kamen wir in Indien, Japan oder Mexiko bald mit Professoren und Studenten zusammen. Über kurz oder lang fanden wir eine gemeinsame Basis und konnten mit ihnen viele Aspekte unserer Lebensart und unserer Interessen teilen. Wir fühlten uns in dieser globalisierten akademischen Welt unmittelbar zu Hause.

Mit Genugtuung kann ich feststellen, nicht nur in Ungarn und in den Vereinigten Staaten Freunde zu haben, sondern in auch in vielen anderen Ländern. Wir verfolgen wechselseitig unsere Arbeiten, tauschen von Zeit zu Zeit Briefe aus und treffen uns, wenn immer möglich, persönlich. Hier möchte ich einige Personen erwähnen, deren Interesse über die Lektüre meiner Arbeiten oder vielleicht über das Schreiben von Rezensionen und Kommentaren hinausging. Sie haben sich bereit gefunden, in ihren Ländern Verlage für meine Schriften zu kontaktieren, und haben manchmal sogar meine Bücher übersetzt und herausgegeben. In Frankreich Marie Lavigne, Bernard Chavance und Mehrdad Vahabi; in China Xiaomeng Peng; in Vietnam Nguyen Quang A; in Japan Tsuneo Morita; in der Tschechischen Republik Karel Kouba; und in Polen Tadeusz Kowalik und Grzegorz Kołodko. Sie halfen selbstlos und opferten Zeit und Energie, um meine Arbeiten den Lesern in ihren Ländern nahe zu bringen.

Wir fühlen uns, wie gesagt, in der globalisierten akademischen Welt überall zu Hause; doch das hat auch seine Schattenseiten. Zwischen Ungarn und Amerika zu pendeln, mit häufigen Reisen in alle Teile der Welt, ließ in mir nicht nur ein Gefühl aufkommen, überall zu Hause zu sein, ich blieb auch überall irgendwie fremd. Nirgendwo konnte ich richtig warm werden, denn dann war die Zeit schon wieder um und es ging an den nächsten Ort. Auf der Rückreise nach Budapest bedauerten wir, unsere amerikanischen Freunde verlassen zu müssen, meine Studenten nicht zu treffen, nicht das Konzert des folgenden Monats hören zu können, das wir so gerne besucht hätten. Immer wieder bedauerten wir, Dinge zu versäumen, die an dem einen Ort stattfanden, während wir gerade an einem anderen waren. Wir mussten ständig Abschied nehmen.

In den 1970er- und 1980er-Jahren machte in Budapest ein Witz die Runde: Der alte Kohn emigriert nach Amerika. Er lebt dort eine Zeit lang, aber das macht ihm keine Freude, und so kehrt er nach Hause zurück. Als er zum zweiten Mal einen Auswanderungspass beantragt, wird er gefragt: „Sagen Sie, Herr Kohn, wo wollen Sie denn nun bleiben?" Er antwortet: „Unterwegs."* Wir riefen uns diesen Witz in Erinnerung, wenn wir uns irgendwo nicht ganz wohl fühlten. Denn wenn unser ständiges „Pendeln" zur Sprache kam, meinten manche Leute ein bisschen spitz, wir seien wohl am liebsten unterwegs. Doch das war es keineswegs, was wir bei den vielen Reisen empfanden. Reisen ist ermüdend, und wir wären viel lieber zu Hause gewesen.

Was uns ermüdete, waren nicht nur all die Koffer, die Notizen, Bücher und so weiter, die am einen Ende eingepackt und am anderen Ende wieder ausgepackt werden mussten. Mit der Vorbereitung einer Reise musste man jedes Mal von Neuem Visa beantragen und andere bürokratische Gänge machen. Auch die Anpassung an die Zeitunterschiede fiel uns immer schwer.**

Doch es geht gar nicht so sehr um die physische Ermüdung, die das Reisen im fortgeschrittenen Alter mit sich bringt. Belastender als die Anstrengung, sich von einem Ort zu einem anderen zu bewegen, war die Verdoppelung unseres Lebens. Jede Aktivität, die wir in Ungarn entfalteten, alles, was uns an Ungarn band, hatte eine Entsprechung in Amerika. Wir hatten hier eine Wohnung und dort eine Wohnung, wir hatten hier ein Auto und dort ein Auto.*** Hier und dort bezahlten wir KFZ-Steuern und Haftpflichtversicherung, füllten wir Einkommenssteuererklärungen aus, führten ein Bankkonto, unterhielten ein katalogisiertes und durchnummeriertes Archiv meiner Dokumente und so weiter und so fort. Ich erhielt jeweils

---

* Der Witz stellt die Möglichkeit der Auswanderung etwas zu rosig dar. Doch wem reisen nicht verboten war, der konnte das damals relativ leicht tun, und solange man nicht ausdrücklich erwähnte, dass man nicht beabsichtigte zurückzukehren, war es praktisch möglich, das Land zu verlassen. Deshalb erhielten Emigranten aber auch nicht automatisch eine Aufenthaltsgenehmigung in den USA.

** Wann immer möglich, legten wir auf der Rückreise nach Europa einen Zwischenstop in Stockholm ein, um ein paar Tage mit Judit, Zsófi und Anna zu verbringen. Judit machte für uns unsere Lieblingsgerichte, kümmerte sich liebevoll um uns und half, uns wieder an das europäische Leben zu gewöhnen. Taktvoll tat sie so, als merke sie nicht, wie ich ständig bei Tisch auf Grund des Jetlags einnickte. Endloses Plaudern gab uns wieder die Kraft, erholt nach Budapest aufzubrechen.

*** Unser geliebter VW Golf Gebrauchtwagen von 1980 hat uns treu gedient. Die Karosserie war zwar arg mitgenommen, aber der Motor gesund, bis wir schließlich 2002 die Staaten verließen.

von einem Arbeitgeber ein Gehalt,* während ich vom anderen unbezahlten Urlaub nahm. Aber das bedeutete nicht, dass ich nur jeweils an einem Ort Aufgaben zu besorgen gehabt hätte. Ich nahm die Verpflichtungen und Probleme der anderen Arbeitsstelle mit und erledigte sie über E-Mail, Brief, Fax oder Telefon. So war die kombinierte Belastung nicht 50 + 50 Prozent der beiden Tätigkeiten, sondern sicher mehr als 100 Prozent.

Trotz unseres ständigen Wohnungswechsels arbeitete Zsuzsa hartnäckig an ihrem eigenen Forschungsprojekt, der Untersuchung der ungarischen Wohnraumverteilung und der Wohnungsbaupolitik. Die Zeit in Cambridge nutzte sie, um westliche Erfahrungen kennen zu lernen und internationale Vergleiche anzustellen. Undanks der Schwierigkeiten, die die große Entfernung mit sich brachte, führte sie mit aller Entschlossenheit ihr ursprüngliches Projekt aus.

Dieses eigenartige Doppelleben erforderte wohl große Anstrengungen, ständiges Pendeln und viele Reisen in andere Teile der Welt,** aber es hat sich gelohnt. Ich kam mit den vielen Vorzügen eines westlichen Lebens aus erster Hand in Berührung und konnte mich in eine akademische Gemeinschaft an der Spitze der ökonomischen Profession eingliedern und gleichzeitig meine Wurzeln in Ungarn bewahren.

In Ungarn wie auch anderswo ist oft vom *brain drain* die Rede. Die reichsten Länder der Welt, vor allem die Vereinigten Staaten, locken die Begabten an und schwächen so die intellektuelle Kapazität der Länder, aus denen die Begabten abgezogen werden. Die Lebensweise, die ich mit meiner Ernennung in Harvard wählte, stellt eine brauchbare Verteidigungsstrategie gegen den *brain drain* dar. Sie ermöglichte mir, mit einem Fuß in Amerika zu stehen und mit dem anderen im Land meiner Kindheit und Jugend.***

---

* Leute in unserer Umgebung haben wohl geglaubt, ich würde von beiden Seiten ein volles Gehalt erhalten.

** Zu meiner großen Erleichterung halfen mir meine Mitarbeiter an beiden Orten während meiner An- und Abwesenheit. Meine aufmerksamen und netten amerikanischen Sekretärinnen und Forschungsassistenten habe ich erwähnt. In Budapest nahm mir Ica Fazekas und später Kati Szabó viel Arbeit ab. Julianna Parti kümmerte sich regelmäßig um meine Publikationen, während ihr Mann, Brian McLean, meine ungarischen Texte übersetzte. Sie kannten meine Angelegenheiten so genau und waren so sehr bemüht, mir das Leben auch in meiner Abwesenheit zu erleichtern, dass sie fast automatisch meine Bitten erfüllten. Was freundschaftliche Unterstützung betrifft, so befand ich mich in einer beneidenswerten Lage – besser selbst als die der westlichen Kollegen.

*** Dabei sollte man allerdings nicht die Tatsache aus dem Auge verlieren, dass damit materielle Konsequenzen verbunden sind. Nehmen wir ungarische Forscher und Gelehrte, die eine Universitätsstellung in Amerika angeboten bekommen. Wer eine Vollzeit-Stelle akzeptiert und auswandert (das taten eine Reihe ungarischer Wissenschaftler), kommt in den Genuss substantieller materieller Vorteile während

Amerikanische Freunde schlossen aus unserer eigenartigen Lebensweise, so hörten wir oft, „wir würden das Beste aus beiden Welten genießen". Ich weiß, dass Harvard, Cambridge und Boston nicht „Amerika" sind, sie sind aber das Beste, was Amerika einem wissenschafts- und kulturverliebten Intellektuellen bieten kann. (Um dem Vorwurf der Harvard-Arroganz zu entgehen, sollte ich lieber sagen, sie gehören zum Besten.) Gleichzeitig war Ungarn „die fröhlichste Baracke" im anderen Lager. Wissenschaftler in Ungarn zu sein, bot mir sicher ein interessanteres und lohnenderes Leben, als es die Bürger anderer kommunistischer Länder hatten. Ich bin dem Schicksal dankbar, mir das ermöglicht zu haben.

Anmerkungen

1 Szakolczai 2001, S. 92.
2 Kornai 1988b, S. 737, 739.
3 Kornai 1988a.
4 Sen 1988.
5 Lindbeck 1988.
6 Der Verlag der chinesischen Zeitung *Wirtschaftliche Tageszeitung* brachte 1985 eine Auswahl des Konferenzmaterials heraus unter dem (übersetzten) Titel *Management und Reform der Makro-Ökonomie: Auswahl der Vorträge auf der internationalen Konferenz zur Wirtschaftssteuerung.* Da ich die Herausgeber nicht identifizieren konnte, ist diese Publikation nicht im Literaturverzeichnis am Ende des Buches aufgeführt. Einige der Papiere der Konferenz befinden sich in meinem Archiv.

---

des Berufslebens und später im Pensionsalter im Vergleich zu den Kollegen, die in Ungarn geblieben sind. Die Lösung, die ich wählte und die ich anderen als Möglichkeit empfehle, reduziert diese Vorteile auf ungefähr die Hälfte. Wer eine 50–50-Lösung wählt, verzichtet auf einen Teil des angebotenen Mehreinkommens zugunsten eines halbjährlichen Verbleibs in der Heimat. Gleichzeitig kann er aber eine viel stärkere finanzielle Position aufbauen, als das allein mit dem Einkommen eines Forschers in Ungarn möglich wäre.

18 Synthese – 1988–1993

Das sozialistische System

Während meines Aufenthalts im *Institute for Advanced Study* in Princeton im Jahr 1983 entschloss ich mich, eine zusammenfassende Studie über das sozialistische System zu schreiben. Mit der Lektüre, für die ich dort die Zeit fand, bereitete ich mich darauf vor und schrieb einen Entwurf. Die Lehrtätigkeit in Harvard hat der Arbeit dann einen neuen Impuls verliehen. 1984 hielt ich zum ersten Mal eine Übersichtsvorlesung über die politische Ökonomie des Sozialismus. 1986 erhielten die Studenten vervielfältigte Vorlesungsnotizen als Vorläufer des Buches.

Meine Vorlesungen fanden eine internationale Hörerschaft. Einer der Studenten, ein Chinese, war zu Maos Zeiten in ein Dorf verbannt worden, ein anderer, ein polnischer Ökonom, hatte persönliche Erfahrungen mit der Planwirtschaft. Andere wussten überhaupt nichts von der Funktionsweise des sozialistischen Systems. Manche waren militante Anti-Kommunisten, andere wiederum Mitglieder der deutschen und amerikanischen Neuen Linken, die naiv an ihren Überzeugungen hingen und die Realitäten des Totalitarismus völlig verkannten. Ich hielt die Vorlesung mehrfach, und sie entwickelte sich von Jahr zu Jahr. Die Fragen und Einwände aus der Hörerschaft zwangen mich, um das Verständnis von unterschiedlich eingestellten Studenten (und später Lesern) zu werben. Für einen Text, der vielleicht einmal als Lehrbuch dienen soll, gibt es keine bessere Vorbereitung, als ihn wiederholt vor interessierten Studenten vorzutragen.

Wie das Buch geschrieben wurde

Eine erste Fassung, in der das Material in Kapitel eingeteilt war, lag im Frühjahr 1986 vor. Kurz darauf erhielt ich eine hervorragende Gelegenheit, die Arbeit in Ruhe fortzusetzen. Der Direktor des WIDER (*World Institute for Development Economics Research*, eine Abteilung der Universität der Vereinten Nationen) Dr. Lal Jayawardena lud mich nach Helsinki ein. Meine Frau und ich gingen im Mai 1988 für mehr als ein halbes Jahr dorthin und fanden alle erdenkliche Unterstützung einschließlich einer gemütlichen Wohnung und perfekter Arbeitsbedingungen.

Die friedliche Ruhe war ideal. Helsinki ist im Sommer für gewöhnlich kühl. Doch während unseres Aufenthalts war es angenehm warm, und wir schwammen in der Ostsee und im olympischen Schwimmbecken. Für uns Binnenländer bot sich eine einmalige Gelegenheit, mehrere Monate direkt an der Küste zu verbringen und die herrlichen Farben der untergehenden Sonne zu bewundern. Nach einem langen Arbeitstag war es um 10 Uhr abends noch hell genug, um am Strand, auf der nahe gelegenen Museumsinsel oder entlang einer der Buchten spazieren zu gehen. Meine Frau und ich besprachen dann, was ich über Tag geschrieben hatte oder am folgenden Morgen zu schreiben beabsichtigte. Trotz der sehr intensiven Arbeit fanden wir reichlich Erholung. Da konnte man Fisch von den Booten kaufen, die an der Kaimauer des Marktes festgemacht hatten, Konzerte in der Finlandia Halle oder der Felsenkirche hören oder Ausflüge an Finnlands märchenhafte Seen machen.

WIDER war ein Anziehungspunkt für Ökonomen aus aller Welt, und viele unserer Freunde besuchten uns dort. Jacques Drèze unterbrach dafür eine lange Segeltour. Aus Harvard kamen Steve Marglin und Amartya Sen. Ein anderes Mal hatten wir Edmond Malinvaud, den Mentor meiner frühen Schriften, abends zu Gast. Wir trafen dort den glänzenden indischen Ökonomen Sukhamoy Chakravarty und unseren liebenswürdigen schwedischen Freund Bengt-Christian Ysander.* Auch mit den Fellows, dem Direktor des Instituts und finnischen Ökonomen kam es zu vielen interessanten Diskussionen. Die Ruhe und die anregende natürliche und geistige Umgebung ließen die Arbeit in einem Tempo voranschreiten, die dem gleichkam, das ich in Schweden bei der Abfassung von *Economics of Shortage* an den Tag gelegt hatte. Jede Woche konnte ich ein neues Kapitel abschließen.** Neben dem idealen Umfeld wurde meine Arbeit auch dadurch beschleunigt, dass *Das sozialistische System* meine bisherige Karriere als Wissenschaftler zusammenfasste, so dass ihm gewissermaßen 32 Jahre Arbeit (und 5 Jahre direkter Vorbereitung) vorausgingen. Ich setzte mich an meinem Schreibtisch in Helsinki an den Computer und konnte fast ohne Unterbrechung schreiben. Denn was ich schreiben wollte, hatte bereits weitgehend in meinem Kopf Gestalt gewonnen.

Das Buch enthält nicht nur Ideen, die über Jahre gereift waren, sondern auch einen umfangreichen Apparat von Tabellen, Diagrammen, Statistiken, Literaturverweisen, Zitaten und eine Bibliographie. Glücklicherweise hatte ich ein Team von Studenten aus Ungarn und den Vereinigten Staaten, die mich unterstützten. Es bestand aus ehemaligen Studenten meiner Veranstaltungen und anderen, die sich meinen Ideen verbunden fühlten und mit denen ich berufliche und persönliche Beziehungen hatte. Diese intellektuelle Wahlverwandtschaft brachte es mit sich, dass

* Mit beiden war es das letzte Treffen, denn sie starben beide jung auf dem Höhepunkt ihres Schaffens.

** Das war natürlich die erste Rohfassung. Wie bei *Economics of Shortage* folgten dem mehrere Korrekturrunden, z.B. nachdem Kollegen, die ich darum bat, das Manuskript gelesen hatten. Ihre Kommentare erwiesen sich als äußerst nützlich für die Überarbeitung.

meine Anfragen prompt und sachverständig beantwortet wurden, wo auch immer ich mich aufhielt, in Helsinki, Budapest oder Cambridge.

Inzwischen erreichten uns Nachrichten aus der Heimat über die Auflösung des Systems und die wachsende intellektuelle und politische Opposition. Doch so lange ich in Helsinki war, blieben die Ereignisse in Ungarn für mich nur wie entfernter Geschützdonner. Telefongespräche mit Budapest versetzten mich eine Zeit lang in Aufregung. Mir wurde die kritische Situation des sozialistischen Systems bewusst, die letzten Zuckungen der osteuropäischen Regime, die Verbitterung der Öffentlichkeit und die täglichen politischen Auseinandersetzungen. Doch ich versuchte ganz bewusst, mir den Kopf frei zu halten. Ich konzentrierte mich während dieser Monate so sehr auf die Abfassung des Buches, dass es mich fast völlig in Anspruch nahm. Ich hatte das Gefühl, die Arbeit sei wichtig und gehe gut voran, was auch immer geschehen möge. Damals meinte ich – und das finde ich auch heute, nach 15 Jahren noch – dass die Monate in Helsinki zu den glücklichsten meines Lebens zählten, vielleicht sogar die glücklichsten von allen waren. Jeder der seinen Beruf liebt, ob Zimmermann, Bildhauer oder Straßenbauer, arbeitet mit Vergnügen an etwas Neuem. Ich bin glücklich, diese Freude bei vielen Gelegenheiten erfahren zu haben, doch vielleicht nie so deutlich wie im Sommer 1988 in Helsinki.

Im Herbst 1988 kehrten wir nach Budapest zurück. Der Geschützdonner kam näher. Das Buch war halbfertig, doch es blieb noch einiges zu tun. Die Ablenkung bei der Arbeit nahm allerdings erheblich zu, anfänglich in Budapest und dann in der ersten Hälfte des Jahres 1989 in Cambridge. In der zweiten Jahreshälfte legte ich *Das sozialistische System* beiseite, denn mir schien, ich müsse mich zum Systemwechsel äußern und wirtschaftspolitische Vorschläge zu aktuellen Situation machen. Das geschah im *Leidenschaftlichen Pamphlet*, das Gegenstand des nächsten Kapitels sein wird. Ich erwähne es bereits hier, weil ich fast parallel an zwei Projekten arbeitete, einerseits am Buch *The Road to a Free Economy*, der englischen Version von *Pamphlet,* seinen Übertragungen in andere Sprachen, sowie an weiteren Studien und Vorträgen zu den Aufgaben des Systemwandels und andererseits an den letzten Kapiteln von *Das sozialistische System.* Vielleicht wäre es zutreffender zu sagen, dass ich aufgeregt und ungeduldig zwischen den beiden Projekten hin und her sprang. Und dazu meine Lehre in Harvard! All das konkurrierte um meine Zeit und Energie. Während ich mich mit den Tagesproblemen beschäftigte, musste ich ja leider die große Zusammenfassung liegen lassen. Wandte ich mich dieser zu, fühlte ich mich schuldig, der aktuellen Wirtschaftspolitik zu wenig Aufmerksamkeit zu schenken. Trotz der doppelten Verpflichtung gelang es mir, sowohl in Budapest, als auch in Cambridge, dem Buch einige Tage oder Wochen zu widmen, im Sommer 1991 sogar ganze zwei Monate. Kam ich von den tagespolitischen

Anforderungen zum Text zurück, dann stellte ich beruhigt fest, das Geschriebene war „robust". Das sozialistische System in Osteuropa und in der Sowjetunion war zwischen 1989 und 1991 zusammengebrochen. Viele Leute, auch vom Fach, sahen sich gezwungen, ihre Äußerungen zu revidieren. Ich sah mit Genugtuung, dass ich kein Jota von dem zu ändern brauchte, was ich in der ersten Hälfte des Buches geschrieben hatte. Beschreibung und Analyse hatten dem ersten historischen Sturm standgehalten. Die zweite Hälfte über die Reformen musste hier und da geändert und ergänzt werden. Zwar hatte die erste Fassung ein Scheitern partieller Reformen vorausgesagt, doch jetzt musste untersucht werden, wie dieses Scheitern tatsächlich ablief, was nicht dasselbe war.

Nach drei Jahren konnte ich endlich 1991 *Das sozialistische System* beenden. Allerdings war der Text auf Ungarisch abgefasst, doch die englische Übersetzung lag sehr rasch vor. So ist es eine meiner wenigen Arbeiten, die auf Englisch früher als auf Ungarisch erschienen.

Die Absicht einer Synthese

Mein vornehmliches Ziel war eine Zusammenfassung meiner bisherigen Forschungsergebnisse. Über die Jahrzehnte hatte ich mich mit vielen Themen beschäftigt und versucht, immer neue Fragen zu beantworten, hatte geradezu einen Parforceritt durch die Geschichte der Ökonomie unternommen. Diese Arbeiten mochten verschieden sein, sie ergänzten einander und deckten einzelne Teile des Ganzen ab. Ich kehrte immer wieder zu den gleichen Fragen zurück, wie z.B. dem Ungleichgewichtsphänomen. Dabei erfuhren die Probleme, zumindest nach meiner eigenen Einschätzung, eine immer tiefer gehende Behandlung. Die Kette der Arbeiten formte, so könnte man sagen, eine Art Bogen. Jetzt ging es mir darum, einen analytischen Rahmen zu schaffen, um den Schlussfolgerungen der einzelnen Teile meiner bisherigen Arbeit eine logische Struktur zu geben.*

Die Arbeit beschränkt sich in ihrem konzeptuellen Aufbau nicht auf meine eigenen Forschungsresultate, sondern verarbeitet gleichzeitig die Ideen und Generalisierungen von anderen, die ich für ebenso wichtig hielt. Aus den Schriften meiner ungarischen Kollegen und ausländischer Wissenschaftler hatte ich viel gelernt. Ich

* Ich wollte nicht nur meine wissenschaftliche Arbeit zusammenfassen, sondern auch meine persönlichen Erfahrungen. Der Leser, der meine Autobiografie bis hierher gelesen hat, weiß, dass alles, was ich über Zentralisierung und den totalitäre Charakter der Macht, über Mangelerscheinungen, die Erosion meines Glaubens an das sozialistische Ideal und über viele andere Phänomene geschrieben habe, seine Inspiration nicht nur aus Büchern, sondern auch aus meinen persönlichen Erfahrungen bezog.

streiche besonders den Einfluss heraus, den das vitale Milieu der ungarischen ökonomischen Wissenschaft auf mich ausgeübt hat. Dazu zählten nicht nur die gedruckten Werke, sondern auch die Diskussionen, die um mich herum stattfanden, der mutige ungarische Diskurs über die Defekte des Sozialismus und die Möglichkeiten, sie zu beseitigen. Die Zitate im Text und die lange Literaturliste zeigen dem Leser die Stellen an, wo die Ideen von anderen einfließen. Ich beabsichtigte allerdings nicht, eine Geschichte des ökonomischen Denkens zur Theorie des Sozialismus zu verfassen, die alle alternativen Positionen abwägt, die diskutiert worden sind und möglicherweise einander widersprechen.

Im Vorwort der ungarischen Ausgabe von *Economics of Shortage* hatte ich betont, dass ich nicht die gesamte politische Ökonomie des Sozialismus behandeln werde, sondern nur einen Teil davon. Ich unterstrich das mit einer quantitativen Angabe: *Economics of Shortage* deckt nur 30 Prozent dessen ab, was ein Buch über das sozialistische Wirtschaftssystem zu 100 Prozent behandeln müsse. Jetzt war die Zeit gekommen, Vollständigkeit anzustreben und ein Buch zu schreiben, das die 100 Prozent erfasst. Natürlich nicht in dem Sinn, dass jedes Detail zur Sprache kommt, was unmöglich ist und auch nicht Ziel einer wissenschaftlichen Arbeit sein kann, die sich um Verdichtung und Verallgemeinerung bemüht.* Vollständigkeit wird vielmehr in dem Sinn angestrebt, dass alle wesentlichen Eigenschaften des sozialistischen Systems identifiziert und alle notwendigen und hinreichenden Bedingungen dafür besprochen werden, dass der politische und sozio-ökonomische Organismus, den wir sozialistisches System nennen, entstehen und funktionieren kann.

Economics of Shortage behandelte nicht die politische Struktur und die Ideologie des Systems. Genau da setzt *Das sozialistische System* nach einigen einleitenden Kapiteln ein. Von zahlreichen anderen Arbeiten zum Vergleich von Wirtschaftssystemen unterscheidet es sich darin, dass es mit der Autokratie der kommunistischen Partei als der wichtigsten politischen Eigenschaft beginnt und nicht mit Zentralplanung oder mit Staatseigentum. Im Kapitel zu *Economics of Shortage* habe ich erklärt, dass das damalige politische Klima und die daraus folgende Selbstzensur eine frühere Behandlung dieses Punkts ausschloss. Als ich 1983 mit dem Entwurf für das neue Buch begann, nahm ich mir vor, diese Grenzen zu überschreiten. In den Harvard-Vorlesungen von 1984 äußerte ich offen meine Ansichten zur Rolle

---

* Im gleichen Vorwort rechnete ich vor, wenn 600 Seiten *Economics of Shortage* 30 Prozent der Gesamtanalyse ausmachten, dann benötige die volle Aufgabe 2 000 Seiten. Als ich schließlich die Gesamtanalyse abgeschlossen hatte, bemühte ich mich um weitere Verdichtung. Dank großer Anstrengung wurde aus der Gesamtanalyse von 2 000 Seiten ein Buch von „nur" 600 Seiten. Die Überschneidung mit *Economics of Shortage* beträgt dabei weniger als 30 Prozent, da ich dies auf zwei oder drei der 24 Kapitel von *Das sozialistische System* beschränkte.

der kommunistischen Partei, zur politischen Struktur und zur offiziellen Ideologie. In den Vorlesungsnotizen, die ich 1986 meinen Studenten gab, beginnt die Darstellung ebenso wie im späteren Buch mit der Rolle der kommunistischen Partei. So war ich endlich in der Lage, eine allgemeine politische Ökonomie zu schreiben.

Mein Material sollte sich nicht allein auf den Bereich beschränken, wo Ökonomie und politische Wissenschaft sich überschneiden. Ich versuchte vielmehr, andere Ansätze mit einzubeziehen, so z.B. aus der Soziologie, der Sozialpsychologie und der politischen Philosophie, damit *Das sozialistische System* am Ende nicht nur als ökonomische Studie, sondern als ein integriertes sozialwissenschaftliches Werk gelten könne. Die meisten Arbeiten zur sozialistischen Wirtschaft bieten nur eine Partialanalyse und untersuchen einen abgegrenzten Bereich oder bestimmte Eigenschaften des Systems. Mir ging es darum zu verdeutlichen, wie die Teile ein Ganzes bilden. Es besteht eine starke Wechselwirkung zwischen Politik, Wirtschaft, Sozialbeziehungen und Ideologie, die zusammen die Verhaltensmuster der verschiedenen Gruppen und sozialen Rollen bestimmen. Ich nenne diesen Ansatz gerne das Systemparadigma.* Dieses Paradigma hat eine lange Geschichte, und einer seiner großen Vertreter ist Karl Marx. Er schrieb auch Partialanalysen, aber in seinem Hauptwerk *Das Kapital* versuchte er, den Kapitalismus als System darzustellen. Er wollte wissen, wie die typischen gesellschaftlichen Beziehungen seiner Zeit miteinander verbunden sind und wie sie wechselseitig ihre Existenz bestimmen. Den tiefen Einfluss von Marx auf mein Denken betone ich im Vorwort zu *Das sozialistische System*, das ich 1991 geschrieben habe, d.h. in genau dem Jahr, als Marxzitate endgültig aus der Mode kamen, selbst bei denen, die ihn bislang noch häufig zu zitieren pflegten. Der Einfluss von Marx äußert sich vor allem in der Anwendung des Systemparadigmas.

Das Vorwort erwähnt neben Marx auch Joseph Schumpeter und Friedrich Hayek. Schumpeters *Kapitalismus, Sozialismus und Demokratie* und Hayeks *Weg zur Knechtschaft* sind exemplarische Produkte des Systemparadigmas, und in diesem Sinn haben auch sie auf mein Denken erheblichen Einfluss ausgeübt.** Mit meinem Gesamtüberblick konnte ich mich allerdings nicht einfach bei der einen oder anderen Schule des sozialwissenschaftlichen Denkens einreihen. Wer *Das sozialistische*

* Auf Grund seiner häufig unterschiedlichen und zweideutigen Verwendung ist die Bedeutung von „Paradigma" im allgemeinen Sprachgebrauch schlecht definiert. Ich verwende es in dem Sinn, den Thomas Kuhn 1962 in einem brillanten Buch eingeführt hat: der typische Ansatz, die Orientierung, Methode, der Apparat und die Argumentationsweise, die von einer Gruppe von Wissenschaftlern geteilt oder verwendet werden.

** John Maynard Keynes wird ebenfalls als wichtiger Anreger aufgeführt. Das ist auch der Fall. Doch seine Hilfe bezieht sich in erster Linie auf Probleme der Makro-Ökonomie und des Ungleichgewichts. Sein Werk gründet nicht auf dem so genannten Systemparadigma, und deshalb erwähne ich ihn hier nicht.

System in irgendeine bekannte Schublade einordnen möchte, stößt auf Schwierigkeiten. Es kann weder als marxistisches, noch als neo-klassisches, keynesianisches oder hayekianisches Werk aufgefasst werden.

Darüber hinaus ging es mir um mehr als eine Zusammenfassung dessen, was ich zum Gegenstand, dem sozialistischen System, zu sagen hatte. Mit der Analyse dieses Systems wollte ich auch den Ansatz und die wissenschaftliche Methode illustrieren, die ich zu fördern versuchte.

Positive Analyse und Werte

Ein normativer Ansatz war für das Buch zu vermeiden. Ich stellte nicht einmal die Frage, was eine „gute Gesellschaft" sei oder ob die sozialistische Vision von Marx, Lenin und ihren Nachfolgern geeignet gewesen sei, sie hervorzubringen. Solche Fragen schloss ich aus und zielte auf eine positive Analyse. Es gibt eine Gruppe von Ländern, in denen die kommunistische Partei über längere Zeit absolut herrschte. Mitte der 1980er-Jahre umfasste diese Gruppe 26 Länder und ein Drittel der Weltbevölkerung. Ich wollte ausschließlich das darstellen, was ihr politisches, wirtschaftliches und soziales Leben tatsächlich kennzeichnete, nicht wie dieses Leben aussehen müsste, würde der Sozialismus so funktionieren, wie seine Anhänger es sich wünschten.

Es ging in dem Buch nicht um Urteile. Das wäre nach dem Fall der Berliner Mauer zu einfach und billig gewesen. Im Vorwort schrieb ich: „Man braucht heute schon etwas Mut, über das sozialistische System mit wissenschaftlicher Sachlichkeit zu schreiben und dabei heftige, kritische Adjektiva zu meiden."[1] Der feste Vorsatz, eine objektive, positive Analyse zu liefern, schließt allerdings nicht aus, die Darstellung der Haupteigenschaften des sozialistischen Systems mit den Werten zu unterlegen, auf denen meine Weltanschauung beruht. Besonders hohen Wert schreibe ich der Freiheit zu, den Menschenrechten, der menschlichen Würde und der individuellen Souveränität. Bei aller Anstrengung, objektiv zu bleiben, hielt ich es für angebracht, eine Verletzung dieser Werte vehement zu verurteilen.

Wirtschaftliche Leistungsfähigkeit steht in der Hierarchie meines Normensystems eine Stufe tiefer, doch hat sie noch immer einen hohen Stellenwert. Sie lässt sich mit den üblichen ökonomischen Kriterien einschätzen: Wie hat sich die Wohlfahrt der Bevölkerung entwickelt, was war die Wachstumsrate, wie rasch erfolgte der technische Fortschritt und wie groß ist die Fähigkeit der Wirtschaft, Innovationen hervorzubringen und anzuwenden. Letztendlich nehme ich Lenin beim Wort, der zu Beginn der sozialistischen Transformation verlauten ließ: Den Wettstreit zwischen

Kapitalismus und Sozialismus gewinnt das System mit der höheren Produktivität. Das Buch zeigt, warum die Niederlage des sozialistischen Systems nach Lenins eigenem Kriterium unvermeidlich war.

Ich zögerte, welchen Namen ich dem Gegenstand meines Buches geben solle: sozialistisches oder kommunistisches System. Politische Schriften und allgemeiner Sprachgebrauch im Westen bevorzugten die Bezeichnung „kommunistisch". Doch die herrschenden kommunistischen Parteien hielten sich an die marxistische Konvention, das Wort „Kommunismus" für einen unerreichbaren, utopischen Zustand zu reservieren, in dem ein jeder nach seinen Bedürfnissen versorgt wird. Sie zogen das Wort „Sozialismus" vor, das weniger versprach. Bei der Wahl zwischen den beiden Begriffen fand ich, wenn schon Firmen, Organisationen, Parteien und Staaten ihren Namen wählen können, warum sollte man dann einer noch größeren Einheit, dem sozialistischen System, dieses Recht verweigern? Wenn das System oder die Elite, die es beherrscht, sich selbst sozialistisch nennt, dann sollte man es dabei belassen. Es gab für mich keinen Grund, diese Bezeichnung auf irgendeine idealisierte, normative Vorstellung eines „wahren" Sozialismus zu beschränken und es den 26 Ländern in der realen Welt zu verweigern. Diese 26 Länder machten den „real existierenden Sozialismus" aus, und deshalb nannte ich sie sozialistisch.

Allgemeine Modelle

Der Vergleich von Wirtschaftssystemen hat seine Aufmerksamkeit für gewöhnlich auf die Sowjetunion gerichtet. Er beschreibt die Vorläufer der Revolution von 1917 und dann die Herausbildung, Stabilisierung, Entwicklung und den Niedergang des Sowjetsystems und ergänzt diesen Ansatz um die historische Entwicklung der Satellitenstaaten. „Wirtschaftssystem sowjetischen Typs" *(Soviet type economy)* ist eine weit verbreitete Bezeichnung. China wird normalerweise als wichtiger Sonderfall behandelt.

Nun gibt es gute Gründe für die Betonung der Individualität eines jeden Landes und die im Vergleich zu anderen Ländern unterschiedliche historische Entwicklung. Damit ist dem Verständnis des sozialistischen Systems durchaus gedient. Doch in meiner Gesamtdarstellung wählte ich eine andere Methode. Es ging mir um Verallgemeinerung und nicht darum, die Unterschiede zwischen jenen 26 Ländern hervorzuheben. Ich wollte das herausfiltern, was sie gemeinsam hatten. Wenn man für eine bestimmte Gruppe von Ländern charakteristische Ähnlichkeiten findet, dann kann man von dieser Gruppe zu Recht als einem eigenen System sprechen. Die Aufgabe besteht also darin, diese Wesenszüge, und ausnahmslos diese, zu identifizieren.

Für ein allgemeines Modell braucht man keine Beschreibung, die in alle Einzelheiten geht. Ich versuchte nicht, um beim Gegenstand des Buches zu bleiben, die zahllosen historischen und anderen Fakten zu erörtern, die die Sowjetunion, später Osteuropa und dann China und Vietnam voneinander unterscheiden. Im Gegenteil, ich wollte zeigen, was generell für das Funktionieren der sowjetischen, albanischen und chinesischen politischen Regime und Wirtschaftssysteme typisch war. Die Kunst des Baus allgemeiner Modelle besteht darin, bei der Auswahl der Haupteigenschaften möglichst sparsam zu sein.* Die Zahl der Haupteigenschaften sollte so gering wie möglich sein, ausreichend für eine adäquate Beschreibung.

Ich teilte die Geschichte des sozialistischen Systems für die allgemeine Diskussion in drei Phasen ein. Die erste besteht im Übergang vom Kapitalismus zum reifen Sozialismus. Diese Periode endete in der Sowjetunion mit der Kollektivierung der Landwirtschaft und den ersten großen Prozessen von 1936–38, dem definitiven Schlag gegen die innerparteiliche Opposition. Im sowjetischen Fall dauerte diese Phase also ungefähr 20 Jahre – sehr viel länger als der Rückweg vom Sozialismus zum Kapitalismus. In Folge der militärischen Besetzung durch die Sowjets war die erste Phase in Osteuropa erheblich kürzer als in der Sowjetunion, dem ersten Land, das den sozialistischen Weg gegangen ist.

Das System der zweiten Phase nennt das Buch klassischen Sozialismus. Alle Haupteigenschaften des Systems liegen nun in voll entwickelter Form vor. Einigen Lesern gefiel die Bezeichnung „klassisch" nicht. Sie meinten, damit sei eine Zustimmung verbunden, obwohl darin kein Werturteil enthalten ist, sondern nur die einfache Feststellung, dass das System jetzt reif war und alle Haupteigenschaften aufwies. Andere, die dem Sozialismus noch sentimental verbunden waren, hielten es für unglücklich, den Anfang der klassischen Periode mit den großen Schauprozessen, Hinrichtungen, Massendeportationen und Verhaftungen zusammenfallen zu lassen.

In der dritten Phase entfernen sich die sozialistischen Länder vom klassischen Zustand und entwickeln verschiedene Reformansätze innerhalb des sozialistischen Systems. Es gab Versuche einer „perfekten" Zentralplanung mit Hilfe von Reorganisationen und moderner Rechentechnologie. Jugoslawien experimentierte mit der Arbeiterselbstverwaltung. In Jugoslawien, dann in Ungarn und später in anderen sozialistischen Ländern verfolgte man die Idee, den Marktmechanismus einzu-

* Das Sparsamkeitsprinzip bei der Konstruktion von Theorien ist unter dem Begriff *Occam's razor* bekannt, nach dem englischen Philosophen des 14. Jahrhunderts William von Ockham. Er postulierte, eine Theorie solle immer auf so wenigen Voraussetzungen wie möglich gegründet sein, d.h. man solle mit seinen Annahmen ökonomisch umgehen.

führen und gleichzeitig das kommunistische Machtmonopol und Staatseigentum beizubehalten. Jeder Ansatz verband sich mit einer gewissen Lockerung der politischen Repression. Doch die Reform ging Hand in Hand mit einer Verschlechterung des Systems.

Die Einteilung in drei Perioden wird der historischen Dimension gerecht, aber bleibt im Rahmen eines Modells. Beschrieben wird die Entwicklung des Systems, nicht der Geschichtsverlauf jedes einzelnen Landes.

Ein starker Einfluss auf diese Entwicklung des sozialistischen Systems ging aus von den Ideen von Marx, Lenin, Stalin, Mao und anderen. Das Buch setzt sich zum Beispiel mit jenen auseinander, die Marx von der geistigen Verantwortung für die mangelnde Effizienz des sozialistischen Systems freisprechen wollen. Marx habe das so nicht gewollt, behaupten sie, seine Ideen seien nur nicht richtig in die Praxis umgesetzt worden. In Wahrheit ist das zentrale Element im Transformationsprogramm von Marx die Abschaffung des Privateigentums und des Marktes, um an ihrer Stelle öffentliches Eigentum und bürokratische Koordinierung zu installieren. Was letztlich zum Scheitern des Sozialismus führte, war die Tatsache, dass er Marx' Programm tatsächlich realisiert hat. Diejenigen, die das Programm mit geradezu messianischem Eifer propagiert haben, müssen deshalb die geistige Verantwortung für seine historischen Resultate tragen.

Doch ich behaupte nicht, was sich entwickelt hat, sei ausschließlich von Ideen bestimmt, und realisiert worden sei genau das, was die Propheten und Vorkämpfer geplant hatten. Spontane, evolutionäre Entwicklungen trugen ihren Teil dazu bei. Die kommunistische Partei, so konstatiert *Das sozialistische System*, brachte mit der Machtübernahme ein Programm zur Ausführung, das die Abschaffung von Privateigentum und Markt vorsah. Das wirkt wie ein genetischer Code, der eine Entwicklung in Gang setzt und steuert. Danach sind die Institutionen einem Prozess der natürlichen Selektion unterworfen. Man experimentierte mit verschiedenen Möglichkeiten, einen Staat zu gestalten und die Wirtschaft zu lenken. Was sich unter den herrschenden Bedingungen als nicht gangbar erwies, verschwand nach einer gewissen Zeit, und was bei der Steuerung des Systems gute Dienste tat, wurde ihm einverleibt. Marx und Engels haben keinen detaillierten Bauplan geliefert, keine obligatorischen Planziele vorgesehen oder vorgeschlagen, dass die Personalabteilung jeder Organisation mit der politischen Polizei verbunden sein müsse. Diese Dinge entwickelten sich unterwegs aus der Logik der aktuellen Umstände.

Eine Grundidee des Buches bezieht sich auf die Übereinstimmung der verschiedenen Elemente des klassischen sozialistischen Systems. Sie ist nicht zuletzt dem Prozess der natürlichen Selektion unter Institutionen geschuldet und der daraus folgenden evolutionären Entwicklung. Die Teile passen zusammen wie Zahnräder in einer Maschinerie der Tyrannei. Der klassische Sozialismus ist totalitär und brutal repressiv, aber er bildet ein zusammenhängendes Ganzes. Diese Kohärenz wird durch die Reformen aufgebrochen. Die Repression und die Zentralisierung schwächen sich ab, wodurch das Leben erträglicher wird. Aber gleichzeitig wird das System untergraben. Der schöne Slogan des Prager Frühlings „Sozialismus mit menschlichem Gesicht" ist eine Illusion. Je menschlicher das Gesicht wird, desto weniger lässt sich das System handhaben.

Verlieren erst einmal die aufrichtigen Kommunisten ihren blinden Glauben, dann fehlt dem System die Unterstützung. Mit dem Vorankommen der „politischen Reform" eröffnen sich echte Wahlmöglichkeiten zwischen Ideologien, Glaubensüberzeugungen und politischen Repräsentanten, und dann entscheiden sich die Menschen nicht mehr für das herrschende System. In der zweiten Hälfte von *Das sozialistische System* wird diese Argumentationslinie im Einzelnen ausgearbeitet, wobei ich die verschiedenen Reformtrends aufgreife und zeige, wie jeder in eine Sackgasse führt.

Zu spät oder zu früh?

Als die ungarische Ausgabe von *Das sozialistische System* erschienen war, interviewte mich Gábor Karsai, der eine kundige und positive Rezension des Buches in der Wirtschaftswochenzeitung *Figyelő* (Beobachter) geschrieben hatte. Im Laufe der Diskussion fragte er mich, ob ich mit meinem Buch nicht zu spät komme. Ich muss sagen, diese harmlos scheinende Frage traf mich tief. In der Zeitung war es so zu lesen: „Hätte Kornai es geschafft, [das Buch] vier oder fünf Jahre früher zu beenden und in Ungarn zu veröffentlichen, natürlich ... wäre es dann ein Wirtschaftsbestseller wie *Shortage* geworden, ein Buch, das Intellektuelle, die sich für gebildet halten, verschlingen, und ein wissenschaftlicher Basistext für das gerade munter werdende Lager der Systemreformer." Ein paar Zeilen weiter heißt es: „Wer hat heute die Zeit, ein letztlich spezialisiertes Buch von fast 700 Seiten über die Vergangenheit zu lesen?"[2]

Im Vorwort von *Das sozialistische System* zitiere ich eine Passage aus Simon Schamas vor kurzem erschienenen spannenden Geschichtswerk über die Französische Revolution: „Der chinesische Ministerpräsident Chou Enlai soll auf die Frage, wie er die Bedeutung der Französischen Revolution einschätze, geantwortet haben: ‚Es ist noch zu früh, etwas zu sagen'. Nach zweihundert Jahren ist es vielleicht immer noch zu früh (oder zu spät), sich dazu zu äußern."[3] Dem fügte ich hinzu: „Diesem ironischen und zweideutigen Kommentar von Schama möchte ich mich anschließen: Es ist nach Ablauf von zweihundert Jahren für einen Sozialwissenschaftler zu früh oder möglicherweise zu spät, um ein großes Ereignis zu erfassen. Wie dem auch sei, der Autor dieses Buches beabsichtigt nicht zu warten. Ich nehme alle Nachteile und Risiken einer zu großen Nähe zu den Ereignissen in Kauf."[4]

Ich konnte das Buch nicht eher fertig stellen, aber ich wollte es auch nicht später tun.

Ich brauchte viel Zeit, um dies äußerst ehrgeizige Unterfangen vorzubereiten. Die Synthese musste immer wieder neu überdacht werden. Anfang der 1990er-Jahre erschienen so viele schlampig gemachte Schriften, deren Autoren in aller Eile ein paar wahre oder halbwahre Aussagen über den Kommunismus zusammengeschustert hatten. Mir stand eine bessere Arbeit vor Augen, in der jedes Argument gründlich durchdacht und strikt logisch ist und jeder Verweis überprüft und in der das Ganze mit reichem und überzeugendem Datenmaterial belegt wird.

Ich wusste, Eile war geboten. Ich erinnere mich noch an ein Mittagessen im Harvard Fakultätsklub zusammen mit einem Budapester Soziologen als Gast, einer bekannten Persönlichkeit in der demokratischen Opposition. Er fragte, woran ich gerade arbeite, und ich sagte, an meiner Gesamtschau des sozialistischen Systems. Sein Erstaunen vergesse ich nicht: „Bist du verrückt?" stand in seinen Augen. „Deine Zeit darauf verschwenden? Jetzt?" Seine spöttische Reaktion war verständlich. Wie schon gesagt, nach 1989–90 lenkten mich tagespolitische Aufgaben ständig vom Buch ab. Wenn ich mich nicht dazu gezwungen hätte, *Das sozialistische System* ohne Rücksicht auf die Blicke anderer zu schreiben, dann wäre es ungeschrieben in meinem Inneren vertrocknet. Es erforderte Selbstdisziplin und das Gefühl einer gewissen Berufung, das Buch bis zur letzten Tabelle und zum letzten Literaturverweis zu Ende zu schreiben und zum Druck zu geben.

Und es wäre ein Jammer gewesen, dies alles verkümmern zu lassen. Natürlich wird noch viel über diese Periode geschrieben werden. Vielleicht gibt es auch in Hunderten von Jahren Rückblicke, wie Chou Enlai sie empfahl. Sie mögen dann objektiver sein. Aber sie werden auf unsere Schriften als Quelle zurückgreifen. Wir waren Augenzeugen. Dieser Umstand verleiht dem Zeugnis meiner Generation besondere Bedeutung, zumindest in Osteuropa. Denn wir waren dort, als Beobachter und als Teilnehmer, vom Anfang bis zum Ende.

Anerkennung aus Ost und West

Das Buch stieß in der ökonomischen Zunft auf große Resonanz. Über vierzig Rezensionen erschienen bzw. sind mir bekannt geworden. Es wurde ins Deutsche und

Französische übersetzt und dann in die Sprachen mehrerer Länder, die zum Teil noch sozialistisch waren: Bulgarien, Russland und Vietnam.* Vor allem der Fall Vietnams ist interessant. Man stelle sich ein Land vor, in dem die kommunistische Partei noch immer am Machtmonopol festhält. Dort erscheint ein Buch, das die dysfunktionalen Folgen einer solchen politischen Struktur für die Wirtschaft und andere Gesellschaftsbereiche behandelt. Man stelle sich ein Land vor, in dem der „Reformsozialismus" die offizielle Parteilinie ist. Dort erscheint ein Buch, das den unvollständigen Charakter eines solchen Zwitters ausführlich beschreibt.

Die meisten Rezensionen waren positiv. Ich greife zwei heraus. Der inzwischen verstorbene, damals führende Sowjetexperte in Großbritannien Alec Nove nannte es „eine wirklich bemerkenswerte Leistung. Kornais Buch kann von Bürgern im Osten wie im Westen mit Gewinn gelesen werden, von Wirtschaftswissenschaftlern und von jedem, der sich für Politik interessiert, von Spezialisten für kommunistische Länder wie von Studenten im ersten Semester. Es ist gut aufgebaut, beherrscht seinen Gegenstand und ist vorbildlich in der Klarheit der Darstellung. Der Autor verbindet detailliertes Wissen darüber, wie die ‚östlichen' Institutionen funktionierten, mit einem beneidenswerten Verständnis der ökonomischen Theorie."[5] Sein Artikel schließt mit der Erklärung, dass das Buch „mit vollendetem Geschick die Haupteigenschaften des Systems [beschreibt], so wie es war, und warum Versuche, es zu reformieren, so eklatant erfolglos blieben. Dafür verdient er unseren Dank und eine große Leserschaft."[6] Professor Richard Ericson von der New Yorker Columbia Universität formulierte es so: „Dies ist ein wirklich monumentales Werk, das ein lebenslanges Denken zusammenfasst. ... Ein Meisterwerk voll Weisheit und Einsicht."[7]

Ablehnung von rechts und von links

Natürlich enthielten die anerkennenden Besprechungen auch einige kritische Punkte zu Fragen der ökonomischen Theorie. Doch andere Reaktionen gingen weiter und lehnten meine Botschaft rundheraus ab. Wieder möchte ich wie bei den positiven Würdigungen zwei Beispiele herausgreifen.

---

* *Das sozialistische System* wurde nach Abschluss des ungarischen Manuskripts dieser Memoiren auch in China veröffentlicht und traf auf eine starke Resonanz. Auf einer Konferenz im Pekinger Institut für Ökonomie betonte der Hauptredner, es sei wichtig für den chinesischen Leser, dass *Das sozialistische System* über die Beschränkungen des dem chinesischen Leser wohlbekannten Buches *Economics of Shortage* hinausgehe. Über diese Reaktion habe ich mich gefreut, denn das war genau eines der wichtigen Motive, das Buch zu schreiben.

Vaclav Klaus und Dušán Tříska verfassten eine lange Besprechung zu einer Zeit, als Klaus Finanzminister und Führer seiner Partei war. Später stieg er noch weiter auf und wurde Ministerpräsident. Zurzeit ist er Präsident der Tschechischen Republik. Tříska war zur Zeit der Buchbesprechung Privatisierungsminister. Sie fanden für mein Buch kein gutes Wort. Ihr Haupteinwand, nicht nur gegen dieses Buch, sondern gegen mein gesamtes Werk richtete sich, wie sie sagten, dagegen, dass ich unnötigerweise von der bewährten Methode und dem Begriffsapparat der Mainstream-Ökonomie abgewichen sei. Dafür bestehe keine Veranlassung. Denn das kommunistische System enthalte keinen einzigen Zug, der nicht auf die gewohnte Manier untersucht werden könne, d.h. mit Optimierungsmodellen und dem Instrumentenkoffer der konventionellen Mikro- und Makro-Ökonomie.

Der Ton der Kritik wurde besonders gereizt, wo es in meinem Buch um die Analyse der kommunistischen Partei geht. Die Rolle der öffentlichen Sphäre könne ihrer Ansicht nach vollständig in den Begriffen der Neuen Politischen Ökonomie, d.h. der *Public-Choice*-Theorie, geklärt werden. Diese stelle allgemeingültig fest, dass das Verhalten eines Politikers seine Macht und seine materiellen Interessen zu maximieren trachte. Um den Fall der kommunistischen Partei zu erfassen, müsse man einfach dieses Modell mit der bekannten ökonomischen Theorie des Monopols ergänzen. Wie jeder Monopolist behindere die kommunistische Partei den freien Zutritt zum politischen Markt.

Würde ein Fachbereich für politische Wissenschaft an einer Universität sich diese Besprechung zu Herzen nehmen, müsste er sich unmittelbar auflösen und seine Mitarbeiter zu neo-klassischen Ökonomen umschulen.

Ich pflege mich nicht mit Rezensenten zu streiten, und Memoiren sind der ungeeignetste Ort für fachliche Polemik. Stattdessen will ich nur eine Frage stellen, eine psychologische, die nichts mit Ökonomie zu tun hat. Was mag zwei hochrangige Politiker, die bis zum Hals in den Tagesproblemen ihrer Partei und des Staates steckten, dazu veranlasst haben, einen ausführlichen persönlichen Angriff auf ein wissenschaftliches Werk und seinen Autor zu schreiben?

Die andere scharfe Zurückweisung kam aus der entgegengesetzten Ecke des politischen Spektrums, von dem ungarischen Historiker Tamás Krausz.* Unter den vielen Einwänden ist vielleicht der am wichtigsten, dass meine Arbeit einen historischen Ansatz vermissen lasse. Krausz wandte sich gegen die Verwendung „steriler Modelle, die einer spezifischen historischen Basis beraubt sind". An anderer Stelle

* Das Werk von Tamás Krausz in die verschiedenen Richtungen des radikalen Sozialismus einzuordnen, würde den Rahmen dieses Buches sprengen. Ich stelle hier nur fest, dass seine Meinung zu meinem Buch ihn bei der im Westen so genannten Neuen Linken anzusiedeln scheint.

schließt er, „Vom historischen Standpunkt ... ist der grundlegende methodische Mangel in Kornais Werk nicht technischer Natur, sondern liegt in der Tatsache, dass er die Weltwirtschaft nicht als strukturiertes Ganzes betrachtet, das von historisch entwickelten strukturellen Besonderheiten beherrscht wird (wie das System der Verbindungen zwischen den Ländern des Zentrums, der Halb-Peripherie und der Peripherie; die Struktur der Arbeitsteilung; die Beziehungen von Ausschluss und Ausbeutung; der ungleiche Tausch und die politischen Machtverhältnisse, u.s.w.)." Ein weiteres Zitat will ich dem Leser nicht vorenthalten[8]: „Das Feld von ‚gut' und ‚schlecht' erscheint in dem Werk als Kampfplatz für zwei Grundprinzipien in der Welt: wirtschaftliche Rationalität und reine Marktlogik auf der einen Seite und irrationale Ausbeutung durch den Staat auf der anderen."*

Für Klaus und Tříska liegt der Fehler meines Buches darin, dass es sich nicht loyal an die Ideen und den Apparat des neo-klassischen Mainstream hält. In den Augen von Krausz, und hier zitiere ich ihn, bin ich „Ungarns Koryphäe der liberalen Ökonomie".[9] Man kann nicht gleichzeitig jedem gefallen. Wenn man ein eigenes intellektuelles Profil hat und eine eigene, klar definierte Position, dann darf man nicht auf einmütige Zustimmung oder Anerkennung für seine Arbeit hoffen. Es ist nicht überraschend, ja im Gegenteil verständlich, und es bestätigt mich mehr, als dass es mich traurig stimmt, dass *Das sozialistische System* Václav Klaus oder Tamás Krausz nicht gefallen hat.

Eine bizarre Episode

Ende 1988 erhielt ich die Nachricht, mir werde bald der Verdienstorden „Für ein sozialistisches Ungarn" verliehen. Das war nun wirklich bizarr, dieser Orden gerade zu der Zeit, da ich eifrig an einem Buch schrieb, in dem ich das sozialistische System ablehnte. Ich rief einen höheren Vertreter der Ungarischen Akademie der Wissenschaften an und sagte, ich wolle die Auszeichnung nicht annehmen. Wir diskutierten. Er fragte mich, warum ich meinen früheren Staatspreis akzeptiert hätte. Ich sagte, ich hätte darin eine Anerkennung aus der Welt der Wissenschaft gesehen, während mir die Regierung jetzt diesen Orden mit klarer politischer Absicht verleihe. Ich beeilte mich dann, meine Haltung mehreren anderen Akademievertretern deutlich zu machen.

Der Schritt blieb ohne Erfolg. Die Akademie konnte oder wollte den Verleihungsprozess nicht aufhalten. Ich erhielt von meinem Akademiekollegen Brunó

* Ich habe in meinem Buch genau gesucht, um ein Wort zur Irrationalität oder der ausbeuterischen Natur des Staates zu finden, doch ohne Erfolg.

F. Straub, Präsident der Volksrepublik Ungarn, die Aufforderung, zu kommen und meinen Orden in Empfang zu nehmen. Die Neuigkeit erschien im Staatsanzeiger. Ich richtete deshalb einen Brief an den Präsidenten: „Mit allem Respekt teile ich mit, dass ich die Auszeichnung nicht annehme. … Der Orden hat einen politischen Charakter und ein politisches Erscheinungsbild. Ich stimme mit dem Programm der Regierung und ihrer allgemeinen Politik und ihrer Wirtschaftspolitik nicht überein. Über mehrere Jahrzehnte habe ich es vermieden, meine abweichende Meinung in der Form von oppositionellen Aktivitäten zu äußern. Nicht weniger möchte ich das Gegenteil vermeiden: eine Regierungsauszeichnung anzunehmen, was zumindest einer stillschweigenden Zustimmung gleichkäme."[10] Indem ich den Orden „Für ein sozialistisches Ungarn" ablehnte und ein Buch schrieb, das meine Arbeit zusammenfasste, nahm ich Abschied von der entscheidenden Erfahrung meines Lebens: dem sozialistischen System.

Anmerkungen

1 Kornai 1992c, S. xxi.
2 Karsai 1993, S. 19.
3 Schama 1989, S. xiii.
4 Kornai 1992c, S. xix.
5 Nove 1992, S. 23.
6 Nove 1992, S. 23.
7 Ericson 1994, S. 495, 497.
8 Krausz 1994, S. 158.
9 Krausz 1994, S. 157.
10 Eine Kopie des Briefes befindet sich in meinem Archiv.

19 Wendepunkt – 1989–1992

Der Weg in eine freie Wirtschaft

Am 10. November 1989 fing man an, die Berliner Mauer einzureißen. Ich bin oft gefragt worden, ob ich geglaubt hätte, dass das geschieht. Oder anders gesagt, ob ich mit dem Zusammenbruch des sowjetischen und osteuropäischen sozialistischen Systems gerechnet hätte. Mein Buch *The Road to a Free Economy* (der ungarische Titel lautete *Leidenschaftliches Pamphlet für die Sache der wirtschaftlichen Transformation*) lag im November 1989 in den Buchläden. Die zutreffendste Antwort könnte deshalb lauten, ein Buch wird nicht an einem Tag geschrieben. Das wäre der Beweis, dass ich den Zusammenbruch schon einige Zeit, bevor er stattfand, erwartete. Tatsächlich ist die Geschichte etwas komplizierter. Ich will versuchen, gewissenhaft darüber zu berichten.

Die Beschränkungen von Vorhersagen

Habe ich den Zusammenbruch des Regimes vorhergesagt? Ja und nein. Ja: Mehrere hundert Seiten von *Das sozialistische System* stützen die Hypothese, dass interne Reformen das System nicht retten können. Vielmehr untergraben sie sein Fundament. Je mehr die Unterdrückung abgeschwächt und die bürokratische Disziplin gelockert wird, desto weniger wird es möglich, die alten Machtverhältnisse aufrecht zu erhalten. Nein: Weder mein Buch noch irgendeine andere wissenschaftliche Analyse des sozialistischen Systems gab an, oder hätte angeben können, wann genau das Ende nahte.

Hier sind wir bei einem wichtigen Problem der Wissenschaftsphilosophie angelangt, dem ich nur ein oder zwei Sätze widmen kann. Eine Möglichkeit, Einsteins Relativitätstheorie zu testen, bestand darin, aus ihr eine Vorhersage darüber abzuleiten, wie die Sonne das Licht der Sterne ablenkt. Die theoretische Annahme wurde während der Sonnenfinsternis vom 29. Mai 1919 von Astronomen getestet und bestätigt.[1] Die Vorhersage stimmte genau, und Einstein wurde in der ganzen Welt gepriesen. Doch die Gesetze, die den Gang der Himmelskörper regieren, sind unendlich einfacher als die Gesetzmäßigkeiten von Gesellschaften, die aus Millionen von Menschen bestehen. Ein Sozialwissenschaftler, der auf Grund einer wissenschaftlichen Theorie behauptet zu wissen, wann und wo eine Revolution oder ein Krieg ausbrechen wird, würde für ungewöhnlich überheblich angesehen.

Ja: Wer das sozialistische System von innen kannte, nahm 1986 und 1987 Anzeichen einer zunehmenden Auflösung wahr. Die drohende Krise war mit Händen zu greifen und das nicht so sehr auf Grund wirtschaftlicher Nöte. Die Sowjetwirtschaft hatte schlimmere Tage gekannt, als z.B. Hitlers Truppen die westlichen Landesteile besetzt hielten. Jetzt lag es an der wachsenden Verdrossenheit der politischen, wirtschaftlichen und militärischen Elite.* Als wir uns dem großen Ereignis des Falls der Berliner Mauer näherten, dem Ereignis, das rückblickend nach allgemeiner Ansicht den ersten Tag der neuen historischen Ära markiert, da waren die Prozesse, die das Ende des alten Regimes andeuteten, bereits voll im Gang: Gespräche zwischen der Regierung und der Opposition über Parlamentswahlen in Polen und Verhandlungen am runden Tisch in Ungarn.

Der wichtigste Einfluss auf den großen Crash ging allerdings nicht von dem aus, was in Ungarn oder in Polen passierte, auch wenn das sicher zur Erosion beitrug. Die entscheidenden Ereignisse fanden in der Sowjetunion statt. Die in der zweiten Hälfte der 1980er-Jahre eingeführten Reformen brachten nicht das, was sich ihr Initiator und Vorkämpfer Michail Gorbačev erhofft hatte. Sie führten nicht zu einer Erneuerung des Sozialismus und einer Stärkung der Sowjetunion. Doch ihre Auswirkungen erwiesen sich für den Gang der Weltgeschichte als weittragend und folgenschwer. Die Atmosphäre wurde freier, das System „weichte auf", und in diesem Zusammenhang fand ein wesentlicher Wandel in der Außenpolitik und der Militärdoktrin der Sowjetunion statt. Früher wurden sowjetische Panzer nach Ungarn, in die Tschechoslowakei und selbst nach Afghanistan geschickt. Ein paar Jahre vor dem Zusammenbruch des Imperiums deutete sich bereits an, dass die Sowjetunion nicht mehr in der Lage war, solche Interventionen innerhalb oder außerhalb der Grenzen ihres Imperiums durchzuführen. Das war nur eine Ahnung, keine exakte wissenschaftliche Vorhersage. Um die verschiedenen Beobachtungen richtig einzuordnen, war selbstverständlich Fachwissen erforderlich und ein klares Verständnis des Systems. Zusätzlich bedurfte es aber auch einer gewissen Intuition. Ich zähle mich zu denen, die vorausahnten, dass wir uns auf eine Krise zubewegten, ja auf sie zurasten.

Noch einmal nein: Die Menschen spürten das Tempo der Ereignisse, aber niemand konnte ihre erstaunliche Beschleunigung voraussagen. Es ist leicht, im Nachhinein klug zu sein und sogar mathematische Modelle zu entwickeln. Die so ge-

* Man erinnerte sich an Lenins Worte: „Zur Revolution genügt es nicht, daß sich die ausgebeuteten und unterdrückten Massen der Unmöglichkeit, in der alten Weise weiterzuleben, bewußt werden und eine Änderung fordern; zur Revolution ist es notwendig, daß die Ausbeuter nicht mehr in der alten Weise leben und regieren können." (1959 [1920]).

nannte Chaostheorie beschreibt komplexe Systeme, die sich bei einer bestimmten Parameterkonstellation auf einem mehr oder minder regelmäßigen Pfad bewegen, die aber plötzlich zusammenbrechen können, wenn sich einige wenige Parameter auch nur geringfügig ändern. Genau das ist passiert.

Jeder stellte Vermutungen an. Vielleicht können ein paar Kommunismusexperten aus ihren Schriften oder Äußerungen belegen, dass sie den Sturz genau fünf Monate zuvor kommen sahen. Doch auch das beweist nichts darüber, wann und wie genau sich ein so einmaliges Ereignis in der Weltgeschichte vorhersagen lässt. Die Chance, in einer Lotterie zu gewinnen, liegt schließlich bei mehreren Millionen zu Eins. Die Beschleunigung der Ereignisse überstieg meine wildesten Träume.

Entscheidungen im Park der Business School von Harvard und auf dem Budapester Gellért Hügel

Ich versuchte, mich geistig auf den bevorstehenden Wandel vorzubereiten. Ich las Bücher über lateinamerikanische Militärdiktaturen und die Anfangserfahrungen mit der Demokratie, die an deren Stelle trat. Ich holte mein Makro-Ökonomie-Lehrbuch aus dem Schrank, um mein Wissen aufzufrischen. Ich sprach mit Historikern und fragte sie aus, wie der Verfall und schließlich der Zusammenbruch großer Imperien stattgefunden habe.*

In Harvard diskutierte ich mit meinem Kollegen Jeffrey Sachs über die Aussichten eines radikalen Wandels. Wir waren mit ihm und seiner in der Tschechoslowakei geboren Frau Sonia befreundet. Sie hatten uns geholfen, uns in Cambridge zurechtzufinden, und uns Boston gezeigt. Sachs hatte sich als Berater einen Namen gemacht, als er zur Bekämpfung der Hyperinflation in Bolivien beitrug. Das hatte wohl Lech Wałesa und seine Wirtschaftsfachleute noch vor dem Zusammenbruch des Kommunismus dazu veranlasst, ihn aufzufordern, Solidarność mit seinem Rat zu unterstützen. Sachs entwickelte daraufhin ein starkes Interesse an Osteuropa, wie ich an makro-ökonomischer Stabilisierung. So hatten wir reichlich Gesprächsstoff.

Wichtiger als kognitive Vorbereitung war die Entscheidung darüber, wie ich mich verhalten solle, wenn die politische Wende stattfinde. Am Ende des 7. Kapitels beschrieb ich die Strategie, die ich mir nach der Revolution von 1956 zurechtgelegt

---

* Ich erinnere mich an ein Gespräch unter Freunden ungefähr 1987, in dem ich diese Frage in Anwesenheit von zwei hervorragenden ungarischen Historikern stellte. Sie starrten mich verwundert an. Sie waren zwar politisch aktiv, aber meine Analogie war ihnen noch nie in den Sinn gekommen.

hatte. Im Vorfeld von 1989 konnte ich befriedigt feststellen, mich mit ein paar nicht allzu wichtigen Abweichungen daran gehalten zu haben. Doch jetzt begann eine neue Periode in meinem Leben. Bislang hatte ich unter einem politischen Regime gelebt, das ich verstandes- und gefühlsmäßig aber auch moralisch ablehnte. Jetzt bestand die Hoffnung, dass es eine Demokratie geben werde, ein politisches und ökonomisches System, das mir zusagte. Deshalb war auch die Zeit gekommen, über meine künftige Lebensstrategie nachzudenken. Sollte ich am Ende einen grundlegenden Kurswechsel in Betracht ziehen? Ich improvisiere nicht gerne. Ich treffe nicht immer im ersten Anlauf gute Entscheidungen, wenn ich dazu gezwungen werde. Aber ich kann Situationen antizipieren und stelle mich darauf mit Faustregeln und allgemeinen Richtlinien ein, um dann konkrete Entscheidungen zu fällen.

Zu den beliebtesten Zielen unserer Spaziergänge in Cambridge gehörte der Park der Harvard Business School auf dem anderen Flussufer. Dort sprachen meine Frau und ich im Vorfrühling 1989 auf Spaziergängen über diese Probleme. Aus Budapest erreichten uns Neuigkeiten über die Ereignisse, die auch uns bewegten. Der Runde Tisch der Opposition war am 22. März ins Leben gerufen worden. Dem folgten am 10. Juni „Dreiecksgespräche" zwischen der machthabenden Partei, der politischen Opposition und als „dritter Partei" Vertretern von Nicht-Regierungsorganisationen. Am meisten berührte uns ein Ereignis, das im US-Fernsehen nur flüchtig erwähnt wurde: die Umbettung von Imre Nagy und seinen Märtyrergenossen, darunter Miklós Gimes, am 16. Juni, Menschen, die in unserer Erinnerung noch lebendig waren.

Als wir am Ende des akademischen Jahres nach Hause zurückkehrten, gab es fast jeden Tag wichtige Neuigkeiten. Nur ein Beispiel: Die ungarische Regierung öffnete am 1. August ihre westliche Grenze. Ostdeutsche Bürger, die bislang in ihrem eigenen Land die Grenze nach Westdeutschland nicht überschreiten konnten, strömten jetzt in Scharen über die ungarisch-österreichische Grenze, um so in den Westen zu gelangen. In wachsender Zahl warteten sie wochenlang in Ungarn, vor allem in Budapest, bis die ungarische Regierung den folgenschweren Entschluss fasste, den Eisernen Vorhang zu öffnen und sie über die Grenze zu lassen.

In Budapest gehörte der Gellért-Hügel zu unseren liebsten Aufenthaltsorten. Wir standen vor schwierigen emotionalen und ethischen Fragen, auf die ich noch mehrfach zurückkommen werde. Auf einem Spaziergang bekamen wir endlich das wichtigste Problem in den Griff. Ich diskutierte diese Dinge mit meiner Frau, aber ich war derjenige, der aktiv in der Öffentlichkeit stand, und es ging um meine Strategie, die wir zu klären versuchten.

Die wichtigste Entscheidung bestand darin, dass ich meiner Karriere keine grundlegend andere Richtung geben würde. Vor der Wahl, Politiker oder Wissenschaftler zu sein, hatte ich mich 32 Jahre an letzteres gehalten und wollte das auch weiterhin tun. Ich hatte 1956 mit der Kommunistischen Partei gebrochen und mich seither keiner anderen Bewegung angeschlossen. So sollte es bleiben. Ich beabsichtigte nicht, bei irgendeiner der sich neu bildenden Parteien Mitglied zu werden, noch einer der politischen Bewegungen beizutreten. Meine Vorstellungen von Wirtschaftspolitik, meine politischen Ideen, meine Wertvorstellungen und meine Weltanschauung waren fest gefügt. Es gab keinen Grund, sie zu ändern. Ich wollte treu bei meiner bisherigen Haltung bleiben.

Die Beibehaltung des einmal gewählten Weges wurde vor allem von Prinzipien diktiert, nicht von Starrsinn oder Unfähigkeit zum Wandel. Zur Erläuterung des Entschlusses, den ich in diesem historischen Augenblick fällte, kann ich nur wiederholen, was ich bereits als eine der Leitideen meines Lebens erwähnt habe. Es ist mir vor allem wichtig, in meinen Anschauungen über mich und über andere konsistent zu bleiben. Es mag Situationen geben, in denen Menschen, die schon härteste moralische Prüfungen bestanden haben, überzeugt sind, sie müssten ihre Meinung oder das Wertsystem ändern, das die Grundfragen ihres Lebens berührt. Aber ich hasse Leute, die von Macht oder Geld geblendet ihre Weltanschauung leichtfertig wechseln.

Nachdem das Ein-Parteien-System freien Wahlen und einem Mehr-Parteien-System gewichen war, wurde mir doch eine wesentliche Umstellung abverlangt. Ich musste bereit sein, Vorschläge zu machen, die mein Land wirtschaftlich wieder auf die Füße bringen und den Übergang zur Marktwirtschaft mit Erfolg bewerkstelligen könnten. Bislang lag mein Fokus auf positiver Wissenschaft. Von nun an musste ich auch einem normativen Ansatz Raum geben und mich mit Wirtschaftspolitik beschäftigen.

Wie *The Road to a Free Economy* geschrieben wurde

Anfang August 1989 lud man mich ein, meine Ideen über die zukünftigen wirtschaftlichen Aufgaben des Landes darzustellen. Die Veranstaltung fand im großen Konferenzsaal von KOPINT (Konjunktúra és Piackutató Intézet, dem Institut für Wirtschafts- und Marktforschung) statt. Der Saal war voll besetzt. Unter den Zuhörern saßen Vorstandsmitglieder und Wirtschaftsberater der entstehenden oder bereits operierenden Parteien und Bewegungen, die alle in Opposition zur Regierung standen, ebenso Wissenschaftler, von denen einige später in hohen politischen Positionen anzutreffen sein würden.

Über den Gegenstand des Vortrags hatte ich mehrere Monate nachgedacht und mich mit den Ideen befasst, die bei den Experten und Mitgliedern der entstehenden Parteien aktuell waren, sowie mit den Vorschlägen, die sie in ihren Programmen machten. Ich war auf den Vortrag gut vorbereitet. Trotzdem hielt ich ihn im Zustand großer Anspannung und Erregtheit, was man aber meinem Verhalten und meiner Stimme wohl nicht anmerkte. Viele der Zuhörer verbrachten diese Wochen damit, von einer Versammlung zur nächsten zu eilen. Für sie war mein Vortrag nur einer von vielen, nehme ich an. Aber für mich war dies ein besonderes Ereignis und ein Wendepunkt. Vor 33 Jahren, im Sommer 1956 war ich ein junger, naiver Reformer, der im Institut für Ökonomie umfassende Reformvorschläge ausarbeitete. Ein paar Wochen später wurde ich von Imre Nagys nächsten Mitarbeitern damit beauftragt, ein Wirtschaftsprogramm aufzusetzen, das nie fertiggestellt und nie von der Revolutionsregierung dem Parlament vorgelegt wurde, wie ursprünglich beabsichtigt. Seitdem hatte ich mich nicht mehr an einen Gesamtentwurf gemacht. Der Vortrag eröffnete eine neue Phase in meiner persönlichen Karriere, und das berührte mich auf das Tiefste. Nach dem einstündigen Vortrag gab es rege positive und negative Kommentare, die das Gesagte unterstützten oder ihm widersprachen, es gab Fragen und Antworten.

Zwei Tage später fühlte ich einen schmerzhaften Krampf im Rücken: Hexenschuss! Man meint, sich keinen Zentimeter bewegen zu können. Ich schleppte mich vorsichtig ins Bett und verbrachte die nächsten zehn Wochen bewegungslos auf dem Rücken. Die Doktoren stellten fest, der heftige Schmerz rühre von einem zwischen zwei Wirbeln eingeklemmten Nerv. Man verschrieb mir Spritzen und starke Medikamente und später Schwimmen und Übungen, um den Krampf zu lösen. Im zeitlichen Vorgriff sei bemerkt, dass ich 1990 Professor Sarno in New York aufsuchte, einen Spezialisten für Rheumatologie außerhalb des Mainstream (noch ein Fach mit einem Mainstream!). Seine Theorie lautete, dass Krämpfe im Bewegungsapparat und andere Abweichungen auf Spannung und Stress zurückgeführt werden können. Er gab mir ein paar nützliche Ratschläge, wie man solche Probleme vermeidet. Als mein eigener Arzt würde ich diagnostizieren, dass mir im Sommer 1989 genau das passiert ist. Das Gefühl der großen Verantwortung, jetzt einen Beitrag zum Wiederaufbauprogramm des Landes leisten zu können, und meiner inneren Stimme folgend auch zu müssen, machte mich krank. Selbst wenn es keine weiteren Gründe gegeben hätte, dies war ein zwingendes Argument gegen die Übernahme einer politischen Funktion. Wie sieht das aus, wenn ein Politiker immer dann krank wird, wenn ein wichtiger öffentlicher Auftritt ansteht?

Als der Schmerz erträglicher wurde, wollte ich die Arbeit fortsetzen. Die erste Absicht war, meinen Vortrag zu einem Artikel zu verarbeiten. Aber schon als ich damit anfing, wurde mir klar, dass daraus kein Artikel, sondern ein Buch entstehen würde. Ich hatte immer alle Studien und Bücher selbst geschrieben, früher auf einer

Schreibmaschine, dann auf dem Computer. Dieses Mal musste ich eine Ausnahme machen und den Text diktieren. Meinen Mitarbeitern fiel die schwierige Aufgabe zu, aus dem Diktat vom Krankenbett einen druckfertigen Text zu machen. Diese Arbeit zog sich über Wochen hin.

Mich an die Zuneigung und Hilfe zu erinnern, die mir damals zuteil wurden, ist noch im Rückblick herzerwärmend. Mein Freund, der Rheumatologe Dr. Géza Bálint übernahm höchstpersönlich meine Behandlung und machte oft Arztbesuche. Als es besser wurde, kümmerte sich eine andere Freundin, die Physiotherapeutin Eszter Draskóczy, um meine Übungen. Musste meine Frau Besorgungen machen und ich konnte nicht allein gelassen werden, wie das in der Frühphase der Krankheit der Fall war, blieb meine Schwägerin Mariann Dicker oder einer unserer Freunde bei mir. Die Besucher gaben sich die Tür in die Hand, und als das Manuskript Fortschritte machte, bat ich verschiedene Leute um Kommentar. Ökonomen aus unterschiedlichen politischen Organisationen holten sich bei mir Rat. Auch Journalisten tauchten auf. Ich erinnere mich an mein erstes Zusammentreffen mit der unvergessenen Katalin Bossányi. Sie setzte sich nonchalant auf mein Bett, hielt mir ein Mikrofon vor den Mund und begann ein ausgedehntes Interview.

The Road to a Free Economy war am sechsten Wochenende meines Krankenaufenthalts im Bett fertig. Kein Lektor war je so energisch und so freundlich wie Ágnes Erényi, die das Buch betreute. Es kann ihr unter den damaligen Bedingungen nur mit Zauberei gelungen sein, dass es bereits Mitte November in die Buchläden kam.

Erste Reaktionen

Erste Kommentare zum Buch erschienen in der ungarischen Presse, d.h. den Tageszeitungen, Wochen- und Monatsblättern, innerhalb von Tagen nach seinem Erscheinen. Eine kurze Würdigung von Gáspár Miklós Tamás hieß „Die Kornai Bombe". Es hatte zwar schon längere Zeit eine umfangreiche Diskussion in Wort und Schrift über Krisenbewältigung und die anstehende Transformation gegeben, aber *The Road to a Free Economy* platzte geradezu in den Gang dieser Debatte.

Einer meiner Ärzte bemerkte, während er mir den Rücken abklopfte und eine Spritze gab: „Auf allen Kanälen und in allen Kanülen gibt es jetzt Kornai." Innerhalb weniger Wochen erschienen mindestens fünfzig Artikel zu dem Buch. Alle Richtungen ließen sich hören. Viele begrüßten das Buch enthusiastisch. Andere nahmen eine Zwischenposition ein, stimmten in einigen Punkten zu und widersprachen in anderen. Schließlich gab es auch eine Reihe von Kommentatoren, die meine Vorschläge rundheraus ablehnten. Die meisten Einwände waren in verbindlichem Ton mit Argumenten versehen, aber es erschienen in der Presse auch ein paar grobe persönliche Angriffe. Da machte ich wieder Bekanntschaft mit der Argumentationsweise, die ich in einem früheren Kapitel erwähnt habe: Man nehme die Aussagen des Gegners, verdrehe einen wesentlichen Punkt, entferne ihn aus seinem Kontext und streite dann über diese Behauptung. Das Buch wurde ein Bestseller und erreichte mehrere Auflagen. Nach drei Monaten erreichte die Debatte ihren Höhepunkt, dann ebbte sie ab. Presse und öffentliche Meinung wandten sich anderem zu.

Eigentlich hätten wir im September 1989 zum Beginn des akademischen Jahres nach Amerika zurückkehren sollen. Aber durch meine Krankheit kamen wir erst Ende des Kalenderjahres nach Cambridge. Von da aus beobachteten wir, wie die Diskussion sich verlief. Inzwischen wurde der englische Text fertig. Die amerikanische Ausgabe erhielt den Titel *The Road to a Free Economy: Shifting from a Socialist System: The Example of Hungary*, wobei der Obertitel auf Hayeks Klassiker *The Road to Serfdom* anspielt. Titel und Vorwort machten klar, dass sich die konkreten Vorschläge auf Ungarn bezogen, doch werde versucht, sie in einen solchen Rahmen zu stellen, dass sie auch für die wirtschaftliche Transformation in anderen Ländern von Bedeutung sein könnten. Bald erschienen Ausgaben in anderen Sprachen, in der Reihenfolge ihres Erscheinens: auf Russisch (drei Ausgaben von drei verschiedenen Verlagen), Tschechisch, Slowakisch, Französisch, Italienisch, Spanisch, Polnisch, Ukrainisch, Estnisch, Japanisch, Serbisch, Tamil und Singalesisch (beide auf Sri Lanka gesprochen), Chinesisch (zuerst in der Volksrepublik und dann von einem anderen Verlag in Taiwan) und schließlich auf Vietnamesisch.*

In jedem dieser Fälle gab es unmittelbare und starke Reaktionen. Renommierte Zeitungen von der *New York Times* bis zu *Le Monde* und von der *Neuen Zürcher Zeitung* bis zur *Financial Times* brachten Artikel.[2] Wie in Ungarn waren auch hier die Meinungen geteilt und reichten von enthusiastischer Zustimmung über eine Mischung aus Lob und Zurückhaltung bis zu verärgerter Ablehnung. Der Unmut kam vor allem von jenen, die an Stelle des Staatssozialismus ein nicht-kommunistisches, aber auch nicht-kapitalistisches System sehen wollten.

Ich überarbeitete das ungarische Original für die englische Ausgabe. Das führte zu Korrekturen, Ergänzungen und Antworten auf Bemerkungen zur ungarischen Fassung. Diese Änderungen publizierte ich auch in der ungarischen Wirtschaftszeitschrift *Közgazdasági Szemle.*[3] Alle übrigen Ausgaben basierten auf dem revidierten englischen Text.

---

* Insgesamt erschien das Buch in siebzehn Sprachen. Nach meinem Wissen ist das ein Rekord für ein sozialwissenschaftliches Werk eines ungarischen Autors.

Ich hielt Vorträge und veröffentlichte Zeitschriftenartikel, die eng mit dem Thema von *The Road to a Free Economy* verbunden waren. Dabei erweiterte ich einige Punkte und ging bei anderen mehr in die Tiefe. 1990 erhielt ich die Einladung, in den Niederlanden die jährliche Vorlesung zu Ehren von Jan Tinbergen zu halten. So hatte ich das Glück, ihn noch einmal zu sehen, physisch matt, aber geistig frisch wie immer. Er hatte mich in den ersten Jahren meiner Karriere unterstützt. Ich nutzte die Vorlesung, um meine Ansichten zu den Grundsätzen der Privatisierung darzulegen.[4] 1992 wurde mir die große Ehre zuteil, von der *American Economic Association* eingeladen zu werden, auf ihrem Jahreskongress die Ely-Vorlesung zu halten. Ich sprach über die Rolle des Staates in der post-sozialistischen Periode.[5] Die Vorlesung enthielt einen Satz, für den ich seitdem oft gescholten worden bin, zu dem ich aber nach wie vor stehe: Das sozialistische System hat einen „verfrühten Wohlfahrtsstaat" entstehen lassen. Ebenfalls 1992 hielt ich in Stockholm die Myrdal-Vorlesung zum Gedenken an den großen schwedischen Ökonomen Gunnar Myrdal. Ich sprach über schärfere fiskalische Disziplin und härtere Budgetbeschränkungen.[6]

Beziehe ich mich im Folgenden auf *The Road to a Free Economy*, dann sind die Texte dieser Vorlesungen dabei einbegriffen. Deshalb habe ich die Periode in der Kapitelüberschrift mit dem Jahr 1992 enden lassen. Jetzt möchte ich die wesentlichen Vorschläge des Buches und der damit verbundenen Texte zusammenfassen und einige der unmittelbaren Reaktionen hinzufügen. Dann folgt eine Bewertung aus heutiger Sicht.

Ende der Simulation

The Road to a Free Economy setzt sich kritisch mit den inkonsistenten Vorstellungen auseinander, im letzten Stadium des Reformsozialismus die Eigentumsverhältnisse zu ändern. Es sollte einen Kapitalmarkt geben ohne echtes Privatkapital, eigentumsrechtliche Überkreuzverflechtungen von Staatsunternehmen, „Holdinggesellschaften" geleitet von Bürokraten, die sich wie Eigentümer verhalten, Arbeiterselbstverwaltung wie in Jugoslawien, und so weiter. Ich schrieb, dass ich

> diese Praxis der Simulation satt bin. Wir haben bereits ziemlich viele Dinge zu simulieren versucht. Das Staatsunternehmen simuliert das Verhalten der gewinnmaximierenden Unternehmung. Die bürokratische Industriepolitik reguliert die Erweiterung und Abnahme der einzelnen Produktionszweige und simuliert die Rolle des Wettbewerbs. Das Preiskontrollamt simuliert bei der Preisbildung den Markt. Die neuesten Ergänzungen

> dieser Liste sind simulierte Aktiengesellschaften, der simulierte Kapitalmarkt und die simulierte Börse. All das zusammen ergibt Ungarns Wall Street – alles aus Plastik. … Diese Banken, Aktiengesellschaften, Börsen – alles Imitate. Was hier vorgeht, ist eine merkwürdige Art von „Monopoly", wobei die Spieler keine Kinder, sondern erwachsene Beamte sind, die nicht mit Spielgeld operieren, sondern echtes Staatsvermögen aufs Spiel setzen.[7]

Die ungarischen Ökonomen, die sich für die Reform der sozialistischen Wirtschaft eingesetzt und mit den aufgeklärten, reformorientierten Eliten in Wirtschaft und Partei kooperiert hatten, gerieten bei dieser Kritik in Aufregung. Schließlich waren sie in diesem Prozess Initiator und Akteur und auch die Star-Ideologen. In einem früheren Kapitel habe ich ausführlich dargestellt, was ich von dieser Gruppe und sie von meiner Arbeit hielten. Wenn ich jetzt 15 Jahre später ihre Reaktionen auf *The Road to a Free Economy* nachlese, muss ich feststellen, dass es die „führenden Reformökonomen" waren, die meine Vorschläge am schärfsten zurückwiesen, manchmal in groben, beleidigenden Worten, die einer Debatte unter Intellektuellen nicht würdig waren.

Der Ökonom Iván Szegvári schrieb: „Kornais Buch hat bislang unter den Ökonomen dieses Landes Befremden, starken Widerwillen und intellektuelle Magenschmerzen verursacht. … Die Verwirrung rührt vor allem daher, dass Kornai eine Reihe von Axiomen der Ökonomie der ungarischen Reform in Frage stellt. Das ist sowohl im Blick auf die Vergangenheit wie auf die Zukunft äußerst unangenehm. Rückblickend deshalb, weil es die Leute zwingt, sich ihren intellektuell zu bequemen Rechtfertigungen als Reformer zu stellen. Denn man behauptete, die Wahrheit, d.h. der Inhalt der echten Reform, sei bekannt und einfach nur sabotiert worden von der Politik, der staatlichen Verwaltung oder allgemein von den internen und externen Reformkräften."[8] András Semjén sah hinter den aufgebrachten Entgegnungen ein sozialpsychologisches Element. Das Buch, so schreibt er, „stellt fest, dass der Kaiser nackt ist, dass es nutzlos ist, das Staatseigentum in modische Kleider zu hüllen, denn das bedeutet noch nicht, dass es sich wie Privateigentum verhält. Es reichte nicht, dass wir unsere Pol-Ök-Soz* vergaßen. Jetzt stellt es sich heraus, dass mehrere der augenscheinlichen Errungenschaften der Reformökonomie, die wir als Gegenmittel verabreicht haben, auch nur Ballast sind, von dem wir uns frei machen müssen."[9]

Der wichtigste Punkt im Buch, wenn man die Botschaften überhaupt in eine Rangfolge bringen möchte, ist in meinen Augen der Folgende: Das Stopfen und Flicken des Sozialismus muss ein Ende haben. Es gibt keinen dritten Weg. Diese

* Die offizielle Politische Ökonomie des Sozialismus der Vor-Reformzeit.

Position wird im ungarischen Text zwar unmissverständlich vertreten, doch im englischen wollte ich sie mit dem Titel noch deutlicher hervorheben. Die Verwendung des bestimmten Artikels – *The Road* nicht *A Road* – betont absichtlich, dass es für mich keinen dritten Weg gibt. Die post-sozialistischen Länder müssen nach dem Bruch mit dem sozialistischen System dem Weg folgen, der in ein kapitalistisches System führt.*

Das Thema schien eine Zeit lang von der Tagesordnung verschwunden zu sein, doch die Vision eines dritten Weges ist unausrottbar und belebt sich gerade wieder neu. Kapitalismus hat unvermeidlich Ungerechtigkeiten und Verletzungen der menschlichen Würde zur Folge. Tauchen wirtschaftliche Schwierigkeiten auf, werden die Leute nur noch ungehaltener über die herrschenden Zustände. Nur wenige wünschen das alte System zurück, aber viele sind geneigt, auch das neue System abzulehnen. Die Flut der Ideen schließt die „Dritte-Weg"-Version des alten ein: romantischer „Volks"-Antikapitalismus; Hass auf Banker nach Nazi-Art; Kampf gegen Plutokratie und Räuberkapitalismus; und die Dämonisierung von multinationalen Unternehmen und Globalisierung durch die Neue Linke. Viele dieser Positionen sollte man nicht so sehr wegen ihres ökonomischen Gehalts kritisieren, sondern erst einmal wegen ihrer oberflächlichen Analyse und der unklaren Begriffe. So zum Beispiel die gemäßigten sozialdemokratischen Vorschläge, die nicht weiter gehen, als eine maßvolle Umgestaltung des Verhältnisses von Staat und Wirtschaft zu verlangen. Doch auch sie klingen besser, wenn man sie ebenfalls „Dritter Weg" nennt.

Im Rückblick denke ich, dass *The Road to a Free Economy* den Vorzug besaß, die einfache Wahrheit auszusprechen in einer Zeit, als das ökonomische Denken in Osteuropa voll von verdrehten Begriffen und Vorstellungen war. Ich nannte einen Spaten einen Spaten. Und das ist auch heute noch eine gute Sache.

Für eine gesunde Entwicklung des Privatsektors

Das Buch sah in der Transformation der Eigentumsbeziehungen die wichtigste wirtschaftliche Aufgabe des Systemwandels. Es folgte in seiner Argumentation

---

* 1991 wurde mir die Ehre zuteil, in Stanford die Tanner-Vorlesung zu halten. (Zu den früheren Vortragenden zählten Raymond Aron, Kenneth J. Arrow, Saul Bellow, Joseph Brodsky, Michel Foucault, Jürgen Habermas, Václav Havel, Robert Nozick, Karl Popper, John Rawls, Richard Rorty und Helmut Schmidt.) Mein Titel lautete *„Market Socialism Revisited"* (Wiedersehen mit dem Marktsozialismus, 1993b). In der Vorlesung legte ich genauer als in früheren Studien oder in *The Road to a Free Economy* dar, welche sozialen und politischen Faktoren einer Umsetzung von Oskar Langes theoretischer Vision im Wege standen.

dem, was ich in *Das sozialistische System* dargelegt hatte, und zeigte, dass Eigentumsverhältnisse tiefer liegen und wichtiger sind als Koordinationsmechanismen wie z.B. das relative Gewichte der Marktkräfte und der bürokratischen Regulierung. Ziel solle nicht eine sozialistische Marktwirtschaft oder eine Marktwirtschaft *sans phrase* sein – diese Phrase war damals populär –, sondern eine echte kapitalistische Marktwirtschaft, in der das Privateigentum die vorherrschende Rolle spielt.

Ich möchte hier die Position, die ich in dem Buch einnahm, in ihren internationalen Kontext stellen. Die Ökonomen empfahlen damals eine von zwei möglichen Reformoptionen. Die eine Strategie, zuerst in *The Road to a Free Economy* entwickelt, riet zu einem organischen Aufbau des Privatsektors. Wichtigste Aufgabe war die Beseitigung der hohen Schranken für privates Unternehmertum und die Liberalisierung des Marktzutritts. Neugründungen von Privatunternehmen mussten erlaubt, ja ermutigt werden. Die Eigentumsrechte an den Staatsunternehmen sollten nicht verschleudert, sondern zu angemessenen Preisen veräußert werden. Kostenlose Zuteilung von Staatseigentum war zu vermeiden. Staatsbetriebe, die dauerhaft Verluste machten, waren zu liquidieren. All das musste mit härteren Budgetbeschränkungen einhergehen. Ein solcher Wandel der Eigentumsverhältnisse konnte nur schrittweise und nicht im Galopp stattfinden. Er ist deshalb in den westlichen Debatten als die gradualistische Strategie bekannt.

Der rivalisierende Vorschlag legt den Akzent auf eine möglichst rasche Übertragung von Staatseigentum. Das ist die Strategie der beschleunigten Privatisierung. Befürworter vertreten die Auffassung, dass der Staat nicht auf geeignete Käufer warten solle, da man die alten Staatsbetriebe nicht über Nacht verkaufen könne. Stattdessen solle jeder Bürger Gutscheine oder Vouchers erhalten, die Anteile am Staatsvermögen repräsentieren. Jeder Bürger hat Recht auf seinen Anteil am Staatseigentum, und indem er seinen Voucher einem Investmentfonds überträgt, erhält jeder eine Beteiligung an den Unternehmen, die vormals in Staatsbesitz waren. Die Verfechter dieses Verfahrens waren nicht gegen die Gründung neuer Privatunternehmen, doch sie wollten die Aufmerksamkeit der Politiker, der Ökonomen und der Verwaltung eher auf die Voucher-Privatisierung konzentrieren. *The Road to a Free Economy* vertrat energisch die Ansicht, dass solche Pläne für eine kostenlose Verteilung falsch sind: „Das weckt bei mir den Eindruck, dass Vater Staat unerwartet verstorben ist und es uns, seinen verwaisten Kindern, überlässt, das Erbe gleich zu verteilen. … Es geht jetzt nicht darum, das Vermögen aus der Hand zu geben, sondern es in die Hände eines wirklich besseren Eigentümers zu legen.“[10]

Milton Friedman und Paul Samuelson, die beiden großen und vielleicht bekanntesten Gelehrten der amerikanischen Ökonomie, ließen mir ihre Meinung zum Tempo der Privatisierung zukommen.* Milton Friedman teilte mir seine Bemerkungen in einem Brief mit. Er äußerte sich anerkennend über das Werk und stimmte einigen meiner Vorschläge zu. Nicht übereinstimmen konnte er allerdings mit meiner gradualistischen Privatisierungsstrategie.** In meiner Antwort begründete ich meine eigene Auffassung nicht nur in Sachen Privatisierung, sondern auch in anderen Fragen, und fügte dann hinzu: „Ich glaube, unsere Meinungsverschiedenheit hat eine gemeinsame Ursache, und das ist die Entfernung von der Region, über die wir sprechen. Ich betrachte die Region von innen, von Budapest, Warschau oder Prag aus, und ich glaube, dass dieser Ausgangspunkt realistischerweise in Betracht gezogen werden muss. Gleichzeitig gebe ich zu, dass jemand, der aus einer sehr viel größeren Entfernung auf die Länder schaut, wichtige Probleme wahrnehmen kann, die denen verborgen bleiben, die möglicherweise zu tief in die lokalen Umstände verstrickt sind. Deshalb begrüße ich Ihre Kritik und werde sie sicher noch einmal überdenken."[11]

Samuelson machte seine Bemerkungen während eines Mittagessens im Fakultätsklub des MIT, und veröffentlichte ein paar Wochen später einen Artikel in einer amerikanischen Tageszeitung.*** Die erste Hälfte des Texts handelt von der Reform in China, dann wendet er sich meinem neuen Buch zu. „Ich habe gerade seine [d.h. des *Leidenschaftlichen Pamphlet*] englische Übersetzung gesehen und empfehle sie sehr." Er stellt einige der Vorschläge aus dem Buch dar, auch jene, die sich mit der Entwicklung des Privatsektors befassen. Die Bürger sollten, darauf bestehe Kornai, „sozialen Respekt dem Privatsektor gegenüber entwickeln." Es sei kontraproduktiv, Leuten, die Gewinne machen, ihr Geld zu neiden und sie Halunken und Haie zu schimpfen. Ungarn brauche eine neue Mittelschicht. Napoleon habe sich geringschätzig über England als einer Nation von Ladenbesitzern geäußert. „Kornai ist nicht Napoleon."[12]

Kehren wir zurück zu den zwei Strategien, einen Privatsektor zu entwickeln. Hinter den Alternativen liegt eine bestimmte normative Präferenz. Die Vertreter einer organischen Entwicklung legten besonderen Wert darauf, dass die Gesell-

---

* Kenneth Arrow, Martin Feldstein, Richard Musgrave und Jeffrey Sachs machten auch Bemerkungen zu dem Buch, als es sich noch im Stadium der Rohübersetzung befand. Aus Platzmangel kann ich auf diese Kommentare nicht eingehen.

** Auch in einem anderen Punkt teilte Friedman nicht meine Meinung. Er wandte sich heftig gegen die Empfehlung, dass der Staat in der Transformationsperiode die Wechselkurse fest halten solle. Das vertrug sich seiner Ansicht nach nicht mit der Marktfreiheit. Dem konnte ich nicht folgen. Wie andere war auch ich überzeugt, dass in den ersten, stürmischen Transformationsjahren feste Wechselkurse notwendig seien. Dieser „Anker" werde es erleichtern, die neuen relativen Preise zu bilden und zu stabilisieren.

*** Schon der Titel des Aufsatzes ist äußerst schmeichelhaft: „Um den Sozialismus zu reformieren, höre man auf János Kornai" (Samuelson 1990).

schaft sich neu gliedere und ein neues Bürgertum und damit eine neue Mittelschicht von Eigentümern und Unternehmern herausbilde. Die Anhänger der kostenlosen Verteilung plädierten für Tempo. „Tempo wurde für absolut entscheidend gehalten," schrieben Václav Klaus und Dušan Třiska in ihrem Artikel über mein Buch *Das sozialistische System*, „und deshalb galt keine Strategie für brauchbar, es sei denn sie konnte rasch zu Ergebnissen kommen."[13]

Die Auffassungen der „Beschleuniger" gewannen die Oberhand in den Diskussionen unter den westlichen Ökonomen an den internationalen Finanzinstitutionen in Washington, den Politikern und den akademischen Ökonomen der führenden Universitäten. Ein paar dachten wie ich und vertraten den Gradualismus, doch unsere Meinung war im Westen in der Minderheit. Die meisten westlichen Berater mit Einfluss auf Regierungen in der post-sozialistischen Transformation bevorzugten die Strategie der beschleunigten Privatisierung.

Der Gang der Dinge war von Land zu Land unterschiedlich. In manchen wurde ein hoher Prozentsatz des Staatsvermögens kostenlos verteilt, in anderen nur ein geringer oder fast gar nichts. Russland war der Paradefall einer forcierten Privatisierung, was dort wesentlich dazu beitrug, einen fast unumkehrbaren, unheilvollen Prozess von welthistorischer Bedeutung zu fördern, indem es eine extreme Konzentration der Vermögen in den Händen einiger weniger „Oligarchen" zur Folge hatte. Auch in Ungarn gab es eine laute und einflussreiche Gruppe von Verfechtern eines Verteilungsplans, und man brachte ein entsprechendes Gesetz im Parlament ein. Doch die Strategie der beschleunigten Privatisierung wurde schließlich verworfen zu Gunsten eines Ablaufs, wie ihn *The Road to a Free Economy* empfahl. Ob das Buch bei der Entscheidung eine Rolle gespielt hat, lässt sich nicht sagen. Die meisten Experten stimmen im Rückblick nach zehn oder fünfzehn Jahren darin überein, dass die Gradualisten Recht hatten.*

Eine Schwäche in der Argumentation über Eigentum in *The Road to a Free Economy* sollte nicht unerwähnt bleiben. Meine Vorschläge schlossen den Zustrom von ausländischem Kapital nicht aus und verwiesen auf die Vorteile ausländischer Direktinvestitionen. Doch ich habe das nicht ausreichend betont und nicht vorausgesehen, dass solche Investitionen der stärkste Motor für die ungarische Wirtschaft und den neuen Privatsektor sind und in der Entwicklung von Export und Technik eine zentrale Rolle spielen.

---

* Jeffrey Sachs stimmte mir anfänglich zu, aber wurde dann ein Vorkämpfer der Beschleunigung. Ich erinnere mich der Unterhaltung, in der wir beide vergeblich versuchten, einander zu überzeugen. Als er sehr viel später die Entwicklung in Russland sah, gab er zu, dass ich Recht hatte.

Verantwortung für öffentliches Vermögen

Wenn der Privatsektor schrittweise und nicht sprunghaft wachsen soll, dann kann der Staatssektor nicht plötzlich verschwinden. Staatseigentum und Privateigentum existieren für eine längere Periode Seite an Seite. *The Road to a Free Economy* brachte mein Misstrauen dem Staatseigentum gegenüber zum Ausdruck. Ich wandte mich dagegen, im Leiter eines Staatsbetriebes einen Unternehmer zu sehen und ihm die Unabhängigkeit und kommerzielle Freiheit eines Managers zuzugestehen, der wirklichen Eigentümern für die Leistung des Unternehmens verantwortlich ist. Wer mit Staatsgeld wirtschaftet, ist kein Unternehmer. Besondere Bedenken hatte ich gegen Pläne, Unternehmen ihren Arbeitnehmern auszuhändigen, was sie in Wirklichkeit in die Hände der Manager fallen lässt.

Man muss die Klauen der Manager von Staatsunternehmen fürchten, so machte ich deutlich, und die Erfahrung gab mir Recht. Leider unterlief mir ein ungeschickter Versuch, eine gute Idee auch rechtlich zu regeln. Ich schlug z.B. vor, das Parlament müsse die wesentlichen Allokationsentscheidungen im Staatssektor absegnen. Gerade jene Leute, die sich während der marktsozialistischen Reformen vehement dafür eingesetzt hatten, die Macht der Leiter von Staatsunternehmen zu stärken, warfen mir jetzt sarkastisch vor, ich versuchte das stalinistische Planungssystem wiederzubeleben.* Die eigentliche Warnung von *The Road to a Free Economy* wurde leider ignoriert. Führung und Privatisierung der nicht mehr dominanten, aber immer noch zahlreichen Staatsbetriebe waren von Missbrauch und Korruption umgeben. Die verwaltungstechnischen und politischen Kontrollen waren unzureichend, die Privatisierungsprozesse entbehrten der Transparenz, und Öffentlichkeit und Presse verloren die Übersicht über das, was da passierte. Das alles war natürlich nicht nur in Ungarn so; es begleitete den Privatisierungsprozess in jedem Land der Region.

Aber eigentlich richtete sich mein Buch auf ein sehr viel allgemeineres Problem. Wie können Staatsausgaben durch einen demokratischen Prozess öffentlich kontrolliert werden? Die Kontrolle der Staatsbetriebe ist nur ein Aspekt davon, wenn auch ein wichtiger. Ich veranschaulichte den Punkt mit einem aktuellen Problem der damaligen Zeit:

> Man debattiert, ob Ungarn Gastgeber der Weltausstellung 1995 werden solle. Die Frage kommt auf die Tagesordnung des Parlaments. … Ich schlage dazu Folgendes vor.

---

* Man beachte die Tatsache, dass die Vorschläge zu den Staatsbetrieben nur in Ungarn Widerspruch hervorriefen, wo sie die Manager ihrer in der Reform hart erkämpften Privilegien beraubt hätten. Die zahlreichen kritischen Äußerungen aus dem Ausland stießen sich nicht an diesen Vorschlägen.

> Die Regierungsvertreter, Kommissionsmitglieder und Ministerialbeamten, die für den Antrag verantwortlich sind, sollten als Bürgschaft ihr Privatvermögen anbieten: ihre Eigentumswohnungen, Privathäuser, Ferienhäuser, Autos und Kunstgegenstände. ... Der Wert dieser Vermögen deckt natürlich nur einen Bruchteil der erwarteten Investitionskosten. Doch die Bürgschaft stellt einen wesentlichen Teil des Gesamtvermögens dieser Leute dar, das sie im Laufe ihres Lebens angesammelt haben.
>
> Das Gesetz zur Weltausstellung sollte für die Antragsteller einen großzügigen Bonus vorsehen für den Fall, dass das Ereignis wie versprochen Erfolg hat. Das gleiche Gesetz sollte aber die volle Einlösung der Bürgschaften verlangen für den Fall, dass die Ausstellung ein Verlustgeschäft ist.
>
> Solche Bedingungen machen es in meinen Augen den Antragstellern völlig klar, was es heißt, ein persönliches Risiko einzugehen.[14]

Diese ironische Parabel wurde im Parlament mehrfach zitiert. Am Ende entschloss sich die Regierung gegen die Ausrichtung der Weltausstellung. Aber ich würde nicht sagen, dass wir der Bedingung irgendwie näher gekommen wären, auf die der Vorschlag aufmerksam machen wollte, nämlich die Übernahme einer klaren persönlichen Verantwortung durch die, die öffentliches Geld ausgeben.

Stabilisierungsoperationen

Vom heutigen Standpunkt aus betrachtet finde ich im Kapitel zur Makro-Ökonomie zutreffende und irrige Ideen. Richtig war es zu unterstreichen, wie wichtig Inflationsbekämpfung ist. In der Region bestand Gefahr, dass sich die Inflation beschleunigt. Mehrere post-sozialistische Länder litten in den folgenden Jahren unter diesem Problem. In Ungarn war die Inflation bis zum Systemwechsel Jahr für Jahr gestiegen[15] und hatte im Jahr, als *The Road to a Free Economy* erschien, 17 Prozent erreicht.* Ebenso gerechtfertigt war es, die Wiederherstellung des Haushaltsgleichgewichts zu fordern. In diesen Fragen gab es allerdings keinen Konsens, als das Buch erschien. Viele sahen in einer hohen Inflation und einem hohen Budgetdefizit natürliche Begleiterscheinungen der Transformation und hielten es deshalb nicht für notwendig, ja geradezu für unmöglich, das zu bekämpfen. Der Zwang zur fiskalischen und monetären Disziplin war weit davon entfernt, selbstverständlich zu sein.

---

* Die Regierung missachtete den deutlich formulierten Rat des Buches. Die Inflation stieg weiter. Der Index der Lebenshaltungskosten stieg 1991 um 35 Prozent.

Eine entscheidende Annahme unter den makro-ökonomischen Vorschlägen des Buches stellte sich als falsch heraus, nämlich die Annahme, dass die Produktion nicht fallen werde. Einige Experten hatten vorausgesehen, dass nach der schrittweisen Importliberalisierung die Nachfrage nach heimischen Gütern zurückgehen werde. Ursache waren der Strukturwandel, schrumpfende Märkte in Osteuropa und die Konkurrenz ausländischer Güter. Das löste eine abwärts gerichtete Kettenreaktion bei Angebot und Nachfrage aus und führte in eine tiefe Rezession.

The Road to a Free Economy sorgte für Aufregung, weil dort vorgeschlagen wurde, die Makro-Stabilisierung und die damit verbundene Preisliberalisierung solle sehr rasch vonstatten gehen, ganz im Gegensatz zur graduellen Änderung der Eigentumsverhältnisse. Ich verschrieb der kranken ungarischen Wirtschaft einen operativen Eingriff. Hier ist eine Bemerkung zur Terminologie angebracht. Der Begriff „Schocktherapie" war damals in der internationalen Diskussion in Mode, doch ich vermied ihn so weit wie möglich aus zwei Gründen. Die Verfechter der Schocktherapie drückten auf das Tempo, sowohl bei der Privatisierung wie bei der Wiederherstellung des Makro-Gleichgewichts, während ich bei der Privatisierung Gradualismus und bei der Makro-Stabilisierung rasches Vorgehen empfahl. Deshalb war mir wichtig, den Begriff Stabilisierung in meiner Formel zu haben. Mein zweiter Einwand stieß sich an den schaurigen Assoziationen von Schocktherapie. Damals kannten die Leute in Ungarn bereits Ken Keseys Roman *Einer flog über das Kuckucksnest*, der auch hervorragend verfilmt wurde. Der raubeinige und aufsässige Held, im Film von Jack Nicholson gespielt, muss sich einer Elektrokrampftherapie (EKT) unterziehen, die sein Gehirn angreift. Der Nutzen der EKT in der Psychiatrie ist anfechtbar, aber genau diese Analogie wäre irreführend und kontraproduktiv gewesen. Bei der Stabilisierung der Wirtschaft ist ein „Schock" wohl kaum ein geeignetes Behandlungsinstrument. Man kann darin eher eine Nebenwirkung sehen, die man für ein erwartetes positives Endresultat vielleicht in Kauf nimmt.

Zurück zu den Debatten von 1989–90. Mit meinem Vorschlag einer Stabilisierungsoperation stand ich in Ungarn fast allein. Er wurde von anderen Ökonomen oder den einflussreichen politischen Kräften nicht übernommen. Andere Länder realisierten diese rasche und radikale Lösung, vor allem Polen, die Tschechischen Republik und Russland. In den ersten beiden war sie bemerkenswert erfolgreich und widerlegte damit die Vorhersage einiger Kritiker von *Leidenschaftliches Pamphlet*, dass Stabilisierungsoperationen von Beginn an zum Scheitern verurteilt seien.*

* Der Ausdruck „Stabilisierungsoperation" reizte meine Kritiker zu schwarzem Humor. „Operation geglückt, Patient tot", witzelten sie, oder „Doktor, operieren wir oder sezieren wir die Leiche?" Scherz beiseite, in vielen Ländern erwies es sich, dass eine rasche Stabilisierung Vor- und Nachteile hat, so dass

Im Fall Russlands sind sich die in- und ausländischen Experten noch immer nicht einig, ob die in dramatischem Tempo und mit vielen Opfern durchgeführte Stabilisierung notwendig war oder besser vermieden worden wäre und ob sie am Ende der weiteren Entwicklung des Landes genützt hat oder nicht.

Der Leser sieht, dass ich mein Buch von 1989 mit selbstkritischen Augen betrachte. Ich zögere nicht, frühere Anschauungen einer Kritik zu unterziehen, aber ich muss sagen, dass ich in dieser Sache nicht zu einem eindeutigen Endurteil komme. Die populistische Wirtschaftspolitik des „Gulaschkommunismus" hat in Ungarn nach 1989 noch jahrelang überlebt. Regierungen kamen und gingen, aber jede versuchte, die Wiederherstellung des makro-ökonomischen Gleichgewichts hinauszuzögern, denn das hätte notwendigerweise schmerzvolle und unpopuläre Maßnahmen nach sich gezogen. Diese populistische Politik brachte das Land an den Abgrund der Krise von 1995, die ich im nächsten Kapitel behandle. In diesem kritischen Augenblick waren Politiker und Ökonomen bereit anzuerkennen, dass es besser gewesen wäre, 1990 die Vorschläge von *The Road to a Free Economy* zu übernehmen und ein Maßnahmenpaket zur Wiederherstellung des Makro-Gleichgewichts zu beschließen. Das wäre auch 1990 oder 1991 schmerzvoll gewesen, doch hätte es die Bevölkerung weniger belastet, als es fünf Jahre später der Fall war. Hinzu kommt, dass man in der anfänglichen Euphorie des Wandels für die notwendigen Opfer eher Akzeptanz erwarten durfte als später, nachdem viele bereits desillusioniert waren. „Was wäre gewesen, wenn …?" zu fragen, mag in der historischen Analyse interessant sein, aber letztlich kann man das nicht beantworten. Mit Sicherheit lässt sich behaupten, dass der politische Wille für Stabilisierungsoperationen fehlte und dass die wirtschaftliche Situation des Landes noch nicht kritisch genug war, ihn zu erzwingen.

Für und wider

Wenn ich auf die Bücher jener entscheidenden Jahre zurückblicke, dann frage ich mich, ob ich meine Zeit und meine Energie richtig verteilt habe. Hätte ich nicht alle Kraft auf eine raschere Veröffentlichung von *Das sozialistische System* konzentrieren sollen? Hätte ich nicht länger bei *The Road to a Free Economy* verweilen und seine Ideen besser ausarbeiten sollen?*

---

das Ergebnis am Ende gut oder schlecht sein kann. Doch darin eine tödliche Bedrohung zu sehen, war wohl eine grobe Übertreibung.

* 1999 lud mich die Weltbank ein, in Washington einen Vortrag zu halten. Mein Titel lautete „Ten Years

Die erste Frage habe ich im letzten Kapitel verneint: Mit dem Buch *Das sozialistische System* habe ich nicht versucht, zu tagespolitischen Fragen Stellung zu nehmen. Ohne überheblich klingen zu wollen, das Buch war für die Nachwelt bestimmt, für Leute, die einen möglichst zuverlässigen und umfassenden Augenzeugenbericht suchen. Ich maß jedem Satz und jeder Beschreibung Gewicht bei und wollte nichts überstürzen. *The Road to a Free Economy* sollte andererseits zur Lösung der unmittelbar anstehenden Probleme beitragen, der Aufgaben der nahen Zukunft und des Übergangs vom Sozialismus zum Kapitalismus. Wenn ich dem Feld mit meinen Gedanken um ein paar Schritte voraus war, dann hatte ich die Pflicht, so dachte ich, sie so schnell wie möglich mitzuteilen. Im persönlichen Nachwort gab ich dem Ausdruck: „Ich habe diese Studie sehr rasch geschrieben, auch wenn das natürlich keine Entschuldigung für mögliche Irrtümer ist. Im vorliegenden Fall habe ich auf wiederholte Revisionen des Textes verzichtet, wie sie bei gesetzterer wissenschaftlicher Arbeit die Zeit erlaubt.“[16] Ich wusste, dass dieses Vorgehen riskant ist. In der Eile übersieht man allzu leicht Fehler. Wer später an die Öffentlichkeit tritt, kann aus der Diskussion über das zuerst erschienene Werk lernen. Viele Autoren legten bedächtig ein, zwei Jahre später wohl abgewogene, gründlichere Vorschläge vor, auch wenn die nicht unbedingt zielführender waren.

Ein Mittel, Ungenauigkeiten und Übertreibungen zu vermeiden, ist Teamarbeit. Wirtschaftspolitische Fragen waren bereits bei den Verhandlungen am Runden Tisch aufgetaucht, obwohl dort die politischen und verfassungsrechtlichen Probleme des Systemwechsels im Zentrum der Aufmerksamkeit standen.[17] Als ich das Buch auf meinem Krankenlager in höchster Eile schrieb, waren die wirtschaftspolitischen Programme verschiedener Parteien und anderer politischer Organisationen entweder im Stadium der Abfassung oder lagen bereits vor.[18] Zwei sachkundige Kommissionen kamen in Budapest zusammen und taten das Übliche,[19] d.h. sie schrieben Papiere, hielten Sitzungen ab, diskutierten, fanden einen gemeinsamen Standpunkt und legten schließlich Vorschläge vor. Ihre Schlüsse glichen in vieler Hinsicht den meinen, blieben aber sehr viel weniger zugespitzt und provokativ formuliert und damit auch weniger geeignet, eine breite Diskussion in Gang zu setzen.

---

after *The Road to a Free Economy*: The Author's Self Evaluation“ (Zehn Jahre nach *The Road to a Free Economy*: Selbstevaluation des Autors, 2001). Ich nahm mir verschiedene Aspekte meiner Vorschläge vor und untersuchte, was inzwischen geschehen war und wie ich sie jetzt beurteilte. Einiges konnte ich aufrechterhalten, einiges kritisierte ich zehn Jahre später. Wieder einmal war ich naiv. Ich dachte, der zehnte Jahrestag des Systemwandels würde viele verantwortliche Entscheidungsträger und einflussreiche Berater dazu veranlassen, ihre früheren Anschauungen selbstkritisch zu überprüfen. Das war nicht der Fall. Ich fürchte, ich blieb allein bei meiner Don Quichoterie der Selbstprüfung.

Die umsichtige Vorbereitung von Gesetzen, von Regierungsverordnungen oder umfangreichen Aktionsplänen erfordert kollektive Anstrengungen, Teamarbeit und Konsens. Ich bewundere Kollegen, die Zeit und Energie für Kommissionsarbeit opfern. Aber offen gestanden, ich habe immer versucht, solche Arbeiten zu vermeiden. Ich schätze es, meine Position deutlich kund zu tun, und hasse es, mir Konzessionen abringen zu lassen, um einen Konsens zu ermöglichen. Das muss sein, ich weiß, aber ich überlasse es lieber Leuten, die flexibler sind, diplomatischer und weniger reizbar, wenn sie Zugeständnisse machen müssen. Der demokratische Prozess der Entscheidungsfindung kennt eine Vorbereitungsphase, in der alternative Standpunkte noch in roher Form formuliert werden, bevor ihre scharfen Kanten abgeschliffen werden. Dann folgt eine Phase, in der man die Standpunkte gegeneinander abwägt und daraus einen akzeptablen Vorschlag entwickelt. Hier wie in anderen Fällen bin ich für Arbeitsteilung und sehe mich wenn möglich in der ersten Phase. Dafür brauche ich keine Unterstützung von anderer Seite, sondern nur meine eigene Initiative und die Risikobereitschaft, mich unmissverständlich zu äußern.

Auch hier waren die Reaktionen gemischt. Ein Rezensent nannte es eine „einmalige intellektuelle Leistung“, ganz allein ein nationales Wirtschaftsprogramm zu entwerfen. Anderen missfiel mein Handeln als „einsamer Krieger“. Beim Nachlesen des Buches und der Debatte waren auch meine Gefühle gemischt. Die Reaktionen im Ausland nahm ich ohne besondere Emotionen mit professionellem Interesse wahr, doch die Debatte in Ungarn bewegte mich. Heute bin ich nicht mehr so aufgewühlt wie vor achtzehn oder zwanzig Jahren, aber das Fluidum des historischen Augenblicks ergreift mich von Neuem. Echte Wendepunkte kommen selten vor, für eine Nation genau so selten wie für Individuen.

Mit Befriedigung denke ich, auch mir ist in diesen Ereignissen durch das Buch *The Road to a Free Economy* eine Rolle zugefallen. Ob meine Vorschläge falsch oder richtig waren, ob sie akzeptiert oder zurückgewiesen wurden, ich hatte sicher Einfluss auf die öffentliche Meinung. Alle behandelten Fragen lagen damals in Ungarn in der Luft, wurden von verschiedenen politischen Gruppierungen erwogen und fanden Eingang in die Programmschriften, die die Parteien gerade produzierten. Doch die Dinge waren noch im Fluss und, betrachtet man sie unter dem Gesichtspunkt intellektueller Disziplin, unzusammenhängend. Die Bedeutung von *The Road to a Free Economy* sehe ich darin, dass es eine amorphe Debatte strukturierte, Prioritäten formulierte und eine Agenda aufstellte.* Nachdem das Buch einmal in die

* Um einen bei politischen Experten und Journalisten 2004 in Ungarn gerade populären Begriff zu verwenden, es „thematisierte“ die ökonomische Debatte. Der Ausdruck „Thematisierung“ ist zurzeit be-

ungarische Diskussion geplatzt war, sah man klarer, worum die Debatte eigentlich ging. Selbst Leute, die meine Äußerungen ungehalten zurückwiesen, standen unter ihrem Einfluss, ohne zu bemerken, dass auch sie sich mit Dingen befassten, die das Buch der Öffentlichkeit zu Bewusstsein gebracht hatte.

Die positiven Erinnerungen beim Lesen des Buches und der Diskussionen in Ungarn wurden von einigen weniger angenehmen Reminiszenzen begleitet. Bei manchen Kommentaren traf mich der unfreundliche, ja feindliche Ton. Ich bin da dünnhäutig und werde nur schwer mit Verunglimpfungen fertig, vor allem wenn sie von Leuten kommen, die mir früher nahe gestanden haben. Das macht unter anderem deutlich, dass ich für die Politik ungeeignet bin. Wie konnte ich Beleidigungen, die man mir an den Kopf warf, einfach schlucken, wie unbeirrt in einer öffentlichen Rede fortfahren, wenn man mich in unfairen Artikeln angriff und meine Worte verdrehte? Aber was waren ein paar grobe Ausfälle im Ton der damaligen Debatte gegenüber dem Stil, der heute im ungarischen öffentlichen Leben zur täglichen Normalität geworden ist? Im Vergleich zum heute üblichen Stil war das damals geradezu sanft.

Die Verbitterung legte sich nach gewisser Zeit, und ich verschwendete jahrelang keinen Gedanken mehr auf die Angriffe. Ein typischer Fall Freudscher Verdrängung: Die Ereignisse blieben in meinem Unterbewusstsein, ins Bewusstsein zurückgerufen lösten sie nicht nur eine rationale Neubewertung aus, sondern auch die alte emotionale Abneigung.

Das Buch lag noch nicht in den Läden, da machte Pál Réti, Herausgeber der Wirtschaftswochenzeitschrift *HVG,* ein Interview mit mir. Eine seiner Fragen lautete: „Glauben Sie nicht, Ihr Programm würde leichter akzeptiert, wenn es aus irgendeiner Partei käme und nicht ‚überparteilich' wäre?" Ich schrieb und veröffentlichte das Buch noch vor der ersten allgemeinen freien Wahl im Land. Ich richtete es vor allem an das neue Parlament und die Regierung, die aus dem demokratischen Prozess hervorgehen würde, zu einer Zeit also, zu der ich ihre politische Zusammensetzung noch nicht kennen konnte. Deshalb meine Antwort an den Journalisten: „Ich glaube nicht, dass wir unsere Hoffnung auf eine überparteiliche beratende Körperschaft setzen sollten, die sich meine Vorschläge anhört und dann umsetzt. Das kann nur geschehen, wenn eine oder mehrere Parteien mit einer Parlamentsmehrheit sie aufgreifen und es keine außerparlamentarische Opposition gibt, die sie blockieren könnte." Der Interviewer fuhr fort: „Wären Sie bereit, in Zukunft als Berater aufzutreten oder gar eine politische Funktion zu übernehmen?" Ich ant-

sonders in Mode. Solche Moden vergehen so schnell wie sie kommen. Spätere Leser dieses Buches verstehen ihn deshalb möglicherweise nicht mehr.

wortete: „Ich ziehe es vor, ein Mann der Wissenschaft zu bleiben. Ich möchte nicht Minister werden, nicht Parlamentsabgeordneter oder offiziell ernannter Berater."[20] Dem fügte ich hinzu, sollte ein Mitglied der neuen Regierung sich für meine Meinung interessieren, teile ich sie gerne mit. Doch das ist Gegenstand des nächsten Kapitels.

Anmerkungen

1 Coles 1999.
2 Passel 1990; Bosworth 1990; Salgó 1990; Gy 1991; Denton 1990.
3 Kornai 1990b.
4 Kornai 1992b.
5 Kornai 1992a.
6 Kornai 1993a.
7 Kornai 1990c, S. 72–3.
8 Szegvári 1990, S. 5.
9 Semjén 1990, S. 7.
10 Kornai 1990c, S. 82.
11 Der Briefwechsel befindet sich in meinem Archiv.
12 Samuelson 1990, S. 7.
13 Klaus und Tříska 1997 [1994], S. 167.
14 Kornai 1990c, S. 78–9.
15 Központi Statisztikai Hivatal 1996, S. 314.
16 Kornai 1990c, S. 211.
17 Die Dokumente des Runden Tischs sind in acht Bänden veröffentlicht. Band 5 enthält wichtige Dokumente zur Wirtschaftspolitik: Z. Ripp 2000, S. 15–79, 571–633.
18 Eine Übersicht über die wirtschaftspolitischen Programme der verschiedenen Parteien und politischen Organisationen bietet Laki 1989, 1990.
19 Die sogenannte Blue-Ribbon-Kommission bestand aus ungarischen und ausländischen Experten, in der Brücken-Kommission saßen nur ungarische Ökonomen. Beide Kommissionen veröffentlichten ihre Vorschläge im Frühjahr 1990. Vgl. Kék Szalag Bizottság 1990; Híd-csoport 1990.
20 Réti 1989, S. 5.

20 Auf der Grenze zwischen Wissenschaft und Politik – 1990 und danach

Hauptstraße und Nebenwege
Agonie und Hoffnung
Wohlfahrt, Wahlfreiheit und Solidarität in der Transformation

Kehren wir in den März des Jahres 1990 zurück, als Jeffrey Sachs und ich eine Konferenz organisierten, zu der wir Ökonomen aus Ländern einluden, die einen Systemwechsel durchmachten. Die Teilnehmer waren Universitätsprofessoren oder Mitarbeiter von wissenschaftlichen Instituten und bekannt dafür, auch an praktischer Politik interessiert zu sein. Die Konferenz wurde im WIDER-Institut der Universität der Vereinten Nationen in Helsinki abgehalten, wo ich zuvor mit der Niederschrift von *Das sozialistische System* begonnen hatte. Wir debattierten aufgeregt über Stabilisierung, Privatisierung und die politischen Alternativen der Transformation. Gegen Ende der zweiten Sitzung stand ein tschechischer Ökonom auf, er könne nicht länger bleiben und müsse jetzt sofort nach Hause. Halb scherzhaft, halb ernst fügte er hinzu: „Wer jetzt nicht auf dem Wenzelsplatz ist, wird nicht Minister." Seine Eile zahlte sich aus; er wurde bald zum Minister ernannt. Es ist interessant, sich heute die Teilnehmerliste anzuschauen. Die meisten davon arbeiteten in den 1990er-Jahren als Minister, Zentralbankpräsident, Parlamentarier oder in anderen hohen politischen Funktionen.*

Was mich betrifft, ich dachte nicht daran, auf einen ungarischen Wenzelsplatz zu eilen. Verschiedene politische Fraktionen erkundigten sich anfangs und auch noch später bei mir, ob ich die politische Arena betreten wolle. Mir wurden verschiedene Posten angeboten – Minister, Hauptberater einer Partei, Parlamentsmitglied. Einmal sickerte in der Presse durch, dass ich als Präsident der Zentralbank im Gespräch sei. In Wirklichkeit lehnte ich alle Angebot bereits im Sondierungsstadium ab. Ehrlich gesagt, die Aussicht auf politische Macht reizte mich nicht. Ich stieg in keine hohe Position auf und konnte deshalb auch aus keiner entlassen werden. Ich war nicht darauf aus, eilig die Leiter hinauf zu klettern, und fiel deshalb auch nicht im Handumdrehen wieder hinunter, wie so viele. Ich hielt mich an den oben erwähnten Entschluss, grundsätzlich bei Forschung und Lehre zu bleiben. Doch ich hatte nicht mehr das Gefühl, dass Kräfte, die mir prinzipiell zuwider waren, in

* Das gleiche galt für Ungarn, wo sich viele führende Politiker aller Richtungen aus den Reihen der Wissenschaftler und Universitätsprofessoren rekrutierten.

unserem Land ungeteilte Macht ausübten. In einer Demokratie trägt jeder einen Teil der Verantwortung für das, was geschieht. Ich musste anerkennen, dass ich auch als Forscher und Lehrer mit einer neuen Situation konfrontiert war. Von jetzt an arbeitete ich auf der Grenze zwischen Wissenschaft und Politik.

Stellungnahmen zu Ungarns makro-ökonomischer Politik

Die Ablehnung politischer Ämter bedeutete keineswegs, dass mir die Entwicklung der ungarischen Politik gleichgültig geworden wäre. Ganz im Gegenteil, ich beobachtete das Geschehen in der post-sozialistischen Transformation und versuchte es zu verstehen, unabhängig davon, ob ich mich in Budapest oder in Cambridge aufhielt. Ich veröffentlichte eine Reihe von Texten zu aktuellen Fragen. Sie gingen fast alle über eine reine Analyse hinaus und machten wirtschaftspolitische Empfehlungen. Themen waren: Grundsätze der Privatisierung; Stärkung der finanziellen Disziplin; die Notwendigkeit, die Rolle des Staates zu ändern; Normen für eine Reform des Renten- und Gesundheitssystems.

Die Forschung für diese Texte wurde begleitet von einer neuen Welle intensiven Studiums. Ich versuchte alles, was ich bisher gelernt hatte, wieder aufzufrischen und mit neuesten Ergebnissen der Mikro- und Makro-Ökonomie zu ergänzen. In meiner Jugend kannte ich niemanden um mich herum, den ich um Rat hätte fragen können. Jetzt hatte ich das Glück, in einem der Weltzentren für Ökonomie zu leben. Brauchte ich Hilfe, konnte ich die besten Experten auf jedem Gebiet zu Rate ziehen. Die Studien erschienen in akademischen Zeitschriften. Nach meiner persönlichen Einschätzung gehören die wissenschaftlichen Artikel dieser Periode zusammen mit den Büchern, die ich in den letzten Kapiteln besprochen habe, zu meinen wichtigsten Beiträgen, nicht nur für die Kollegen vom Fach, sondern auch für die Wirtschaftspolitik. Ich habe aber auch mehrfach die Gelegenheit ergriffen, meine Ansichten einem breiteren Publikum verständlich zu machen. Auch darauf soll ein kritisches Auge geworfen werden.

Viele Intellektuelle machen gerne von den Spalten der Tageszeitungen Gebrauch, um Forschungsergebnisse und Empfehlungen rascher, häufiger und mit größerer Breitenwirkung an die Öffentlichkeit zu bringen. Ebenso nutzen sie das Fernsehen und wenden sich damit an Hunderttausende. Es kann durchaus im öffentlichen Interesse liegen, wenn eine gute Sache überzeugend dargestellt wird. Ich will nicht „elitär“ und „aristokratisch“ sein und dergleichen nur in Ausnahmefällen für zulässig erklären. In solchen und anderen Verhaltensfragen bin ich liberal. Ich habe Respekt vor Leuten, die bemüht sind, in den Massenmedien präsent zu sein, vorausgesetzt, sie machen es gut. Ich respektiere aber ebenfalls Leute, die solche Auftritte vermeiden. Was mich betrifft, so kann ich mich nur widerstrebend dazu durchringen, derartige Aufgaben zu übernehmen, und deshalb tue ich es auch nur in seltenen Fällen. Ich habe zu vielen Dingen eine eigene Meinung, aber ich halte es nicht immer für nötig, auf aktuelle Fragen mit einer unmittelbaren Äußerung zu reagieren.* Erfahrene Politiker können meist treffsicher mit markanten Sprüchen ihre Position verdeutlichen. Ich finde diesen Sprachstil jedoch äußerst fragwürdig. Unter Zeitdruck meine Argumente zu formulieren, lehne ich ab. Deshalb war auch mein Gesicht vom Fernsehen nicht bekannt, und niemand hielt mich auf der Straße an und bestürmte mich mit Fragen. Manchmal beneide ich zwar für einen Moment Experten und Gelehrte, die durch Fernsehen und Presse landesweit bekannt sind, aber dann tue ich solche Eitelkeiten ab und stelle zufrieden fest, meiner eigenen Art und Weise treu geblieben zu sein.

Es gab Ausnahmen von der Regel, wie ich erwähnte. Ich sah mich gelegentlich veranlasst, vor allem bei Problemen der ungarischen Wirtschaft, einen umfangreicheren Artikel zu makro-ökonomischen Tagesfragen zu schreiben.** 1992 verfasste ich zum Beispiel einen längeren Text für die Tageszeitung *Magyar Hírlap* (Ungarische Zeitung) über aktuelle Probleme dieser Art.[1] Die Stagnation in der Wirtschaft bedrückte mich, und ich drängte auf eine vorsichtige Korrektur, eine „halbe Drehung", die einen größeren Akzent auf das Wachstum der Realwirtschaft legte. Der Artikel führte dazu, dass der Begriff „halbe Drehung" zu einer Art Schlagwort in Ungarn wurde, was mich in meiner Ansicht bestärkte, wie gefährlich es sei, eine Idee oder einen klaren und zutreffenden Ausdruck in die politische Arena zu werfen. Die Argumentation im Artikel war korrekt und enthielt die Warnung, mit dem Konzept umsichtig zu verfahren, doch vergeblich. Wer könnte eine Idee aufhalten, wenn bestimmte Interessen sie in der politischen Schlacht auf ihre Fahne setzen?

Die zunehmend kritische makro-ökonomische Lage veranlasste mich, 1994 noch einmal an die Öffentlichkeit zu gehen. In meinem Inneren lag die Sorge um das Gleichgewicht, vor allem hervorgerufen von der Verschlechterung der außenwirtschaftlichen Situation, im Widerstreit mit der Überzeugung, dass eine allzu restriktive Intervention das wirtschaftliche Wachstum unterbinden würde. Auch andere Ökonomen hatten schon Alarm geschlagen, doch ich dachte noch eine Weile da-

* Auch in den Vereinigten Staaten fragten Fernsehmoderatoren und Journalisten oft bei mir nach auf der Suche nach knappen, geschliffenen Äußerungen zu den neuesten Entwicklungen. Mit wenigen Ausnahmen lehnte ich das immer ab.

** In einigen Fällen hatte ich persönliche Gründe, mich zu äußern – ein Interview, wenn ein neues Buch herauskam, oder bei Gelegenheit eines runden Geburtstags. Dann gab ich gewöhnlich der schmeichelhaften Bitte nach und beantwortete die Fragen der Medien.

rüber nach. Schließlich kam auch ich zu einem Entschluss. Im Eiltempo schrieb ich einen ausführlichen Artikel unter der Überschrift (in der späteren englischen Übersetzung) „Lasting Growth as the Top Priority: Macroeconomic Tensions and Government Economic Policy in Hungary" (Stetiges Wachstum als oberste Priorität: Makro-ökonomische Spannungen und die Wirtschaftspolitik der Regierung in Ungarn). Auf Druck meiner immer hilfreichen Freundin Katalin Bossányi überließ ich den Artikel der Tageszeitung *Népszabadság* (Freiheit des Volks) zur Veröffentlichung,[2] die so entgegenkommend war, ihn in einer Folge von fünf ganzseitigen Stücken zu drucken. Der Umfang erlaubte mir, meine Gedanken differenziert zu formulieren und meinen Punkt im Detail auszuarbeiten.

Man kann in der Artikelserie, die Ende August 1994 erschien, einen Vorläufer und geistigen Wegbereiter des späteren Stabilisierungsprogramms sehen. Mir machte die Verzerrung des Verhältnisses von Konsum und Investition zugunsten des ersteren Sorge. Löhne und öffentliche Ausgaben liefen davon und verschlechterten in zunehmendem Maße das wirtschaftliche und dabei vor allem das außenwirtschaftliche Gleichgewicht. Unpopuläre, schmerzvolle wirtschaftspolitische Maßnahmen standen hier an, und meine Artikel machten deutlich, dass sie unvermeidlich waren. Gleichzeitig legte ich dar, die Anpassung müsse so vorgenommen werde, dass Ungarn die drastische Rezession erspart bleibe, die normalerweise mit Stabilisierungsreformen verbunden sei.

Die Reaktionen kamen aus verschiedenen Ecken und schlossen sich gegenseitig aus, wie das auch bei anderen, ähnlichen Appellen der Fall war. Es gab Zustimmung, aber auch den Einwand, meine Vorschläge gingen nicht weit genug, und schließlich Entstellungen und Fehlinterpretationen dessen, was ich zu sagen versucht hatte. Wiedergutmachung fand ich später, als die Studie fern der politischen Streitereien in Ungarn bei erfahrenen Beobachtern Beifall fand. Die Festschrift für meinen siebzigsten Geburtstag enthält einen ausführlichen Kommentar von Robert Solow, der zu den größten lebenden Autoritäten auf dem Gebiet der Makro-Ökonomie zählt. Zustimmend bemerkt er: „Wachstum ist erstens viel zu wichtig … um auf kleine Flamme gesetzt zu werden; zweitens macht es ein schrumpfendes BIP sehr viel schwerer, die übrigen Stabilisierungsziele zu erreichen; und drittens kostet es nach mehreren Jahren Stagnation oder Abnahme mehr Mühe, das Wachstum wieder auf Trab zu bringen, wenn es überhaupt noch einmal dazu kommt."[3] Die Philosophie der Studie weist nach Solow über die augenblickliche Situation in Ungarn hinaus und wird auch später und jenseits der Grenzen des Landes Bedeutung haben.

Als der Finanzminister Lajos Bokros im März 1995 das Anpassungs- und Stabilisierungsprogramm der Regierung vorlegte, das „Bokros-Paket", sah ich mich verpflichtet, ihn mit aller Kraft zu unterstützen. Ich veranlasste ein Fernsehinterview, in dem ich den Zuschauern in einfachen Worten zu erklären versuchte, warum die schmerzhafte Anpassung und die Opfer notwendig seien. Es erschien später im Druck als „Ein steiler Weg".[4] Ich traf mich auch mit Iván Szabó, dem hochgeachteten Oppositionspolitiker und letzten Finanzminister in der vom Ungarischen Demokratischen Forum geführten Regierung von 1990–94. Ich versuchte, ihn von der Notwendigkeit des einschneidenden Pakets zu überzeugen. Ich legte ihm nahe, seine Abgeordnetenkollegen auf den Oppositionsbänken zu überreden, keine Gegenposition gegen das Anpassungsprogramm zu beziehen. Meinem Eindruck nach stimmte er mit meinen Argumenten überein, zumindest sagte er nichts dagegen. Doch meine Initiative blieb ohne Wirkung. Die damalige Opposition griff das Anpassungsprogramm mit voller Wucht an.

Einige Punkte des Programms wurden daraufhin dem Verfassungsgericht vorgelegt. Ich suchte den Gerichtspräsidenten László Sólyom auf – nicht als heimlicher Lobbyist, sondern in Übereinstimmung mit der legalen Praxis als *amicus curiae*, als Freund des Gerichts, der dem Richter, bevor er ein Urteil fällt, als Bürger seine Auffassung mitteilt, ohne persönlich in den Fall verwickelt zu sein.* Ich erklärte ihm mit detaillierten ökonomischen Argumenten, warum rasche und radikale Maßnahmen erforderlich seien. Die Sorte Krise, die sich abzeichne, müsse um jeden Preis vermieden werden. So habe die vor kurzem abgelaufene mexikanische Krise in diesem Land enorme Verluste verursacht. In einer solchen Notlage würde der Rückgriff auf drastische Maßnahmen, die ohne Vorwarnung unmittelbar zur Ausführung kommen, den Geist der Verfassung nicht verletzen. Aber das Urteil hob wesentliche Elemente des Pakets auf und machte so deutlich, dass meine Argumente auch bei Gericht keine Billigung gefunden hatten.

Nachdem einige Zeit verstrichen war und statistische Daten für die Entwicklung vorlagen, veröffentliche ich 1996 in Ungarn ein Papier, das ich auch auf einer OECD Konferenz in Paris präsentierte: „Adjustment without Recession: A Case Study of Hungarian Stabilization" (Anpassung ohne Rezession: Eine Fallstudie der Stabilisierung in Ungarn). Mit internationalen Daten wurde der Erfolg der schmerzhaften Operation belegt, die ohne Produktionseinschränkung und ohne sprunghaften Anstieg der Arbeitslosigkeit gelang. Ganz im Gegensatz zu Lateinamerika zum Beispiel, wo die Stabilisierungsprogramme, die auf jede Finanzkrise folgten, regelmäßig derartige Nebenwirkungen aufwiesen.

Die meisten Ökonomen stimmten mit meiner Einschätzung überein, aber es gab Gegenstimmen. György Matolcsy lehnte meine Argumente ab. Selbst in der Überschrift legte er sich mit mir an: „Adjustment with Recession" (Anpassung mit

---

* László Sólyom wurde 2005 zum Präsidenten der Republik gewählt.

Rezession). Ich empfahl in allen meinen makro-ökonomischen Schriften äußerste Umsicht: Die Maßnahmen müssen auf dauerhaftes Wachstum ausgerichtet werden, das die Wirtschaft auf einen ausgewogenen und nachhaltigen Wachstumspfad führt und dort auch hält. Schon damals deutete Matolcsy an, einen Kurs zu bevorzugen, den er später als Wirtschaftsminister auch einschlug: forciertes Wachstum, wobei die Wirtschaft mit übermäßigen fiskalischen Anreizen vom Gleichgewichtspfad abgelenkt und möglicherweise in Schwierigkeiten gebracht wird.

Die Interviews, die ich vor und nach dem Stabilisierungsprogramm gab, und die Artikel, die ich für Tageszeitungen und Zeitschriften schrieb, wurden 1996 in einem Band zusammengefasst: *Struggle and Hope: Essays on Stabilization and Reform in a Post-socialist Economy* (Agonie und Hoffnung: Essays zu Stabilisierung und Reform in einer post-sozialistischen Wirtschaft). Der Titel gibt sowohl etwas über meine Gefühle angesichts der Ereignisse wieder, als auch über den psychischen Zustand des Landes.

Die Schlachten um das Bokros-Paket ließen mich meine Stärken und Schwächen spüren. Die makro-ökonomischen Analysen, deren Ergebnisse ich mündlich und schriftlich verbreitet hatte, konnten sicher dazu beitragen, die vor uns liegenden Aufgaben zu benennen und den Menschen klar zu machen, warum Opfer notwendig waren. Aber jemand wie Keynes, um einen anderen Wirtschaftswissenschaftler zu nennen, hätte an meiner Stelle sicher mehr erreicht. Er wäre eher in der Lage gewesen, Schwankende und Gegner zu überzeugen, und er hätte mit mehr Nachdruck zu so vielen Leuten wie möglich in ihrer eigenen Sprache gesprochen. Ich vertraue, zugegeben zu sehr und oft naiv, auf die Kraft des geschriebenen Wortes, auf die Wirkung eines Buchs oder Artikels und ich strenge mich für gewöhnlich nicht an, Mitstreiter für meine Vorschläge zu gewinnen. Die Beinahe-Katastrophe, die der Einführung des Programms vorausging, alarmierte mich, und das brachte mich dazu, eine Rolle zu übernehmen, die mir nicht lag.

Das Programm brachte unter erheblichen Kosten eine radikale Anpassung zustande und erreichte nach wenigen Jahren gute Ergebnisse: Die Gleichgewichtsindikatoren verbesserten sich, und das Wachstum sprang wieder an. Nur leider gab es keine Möglichkeit, die schwierigen Probleme, die in der Mitte der 1990er-Jahre entstanden waren, ein für allemal zu lösen. Nach ein paar Jahren fing fast alles von vorn an. Der Gulaschkommunismus, der aus populistischer Bedenkenlosigkeit Lohnsteigerungen durchführte und mit Staatsgeld um sich warf, war mit dem Kádár-Regime nicht verschwunden. Er lebt und verfolgt uns weiter. Die Regierungen, ob links oder rechts, ob von national-konservativen oder sozialistischen Kräften geführt, haben immer wieder populistische Wirtschaftspolitik gemacht. Die alten schädlichen Tendenzen kamen immer wieder zum Vorschein.

2003 gerieten die ungarischen Finanzen erneut in Probleme. Die besten Ökonomen schrieben einer nach dem anderen Artikel in der Presse, kritisierten die Geld- und Fiskalpolitik und drängten auf politische Maßnahmen. Diese Situation veranlasste mich, der Zeitung *Népszabadság* ein Interview zu geben, in dem ich betonte, dass sich meine makro-ökonomische Philosophie nicht geändert habe, seit ich 1994 die Artikelserie für die Zeitung geschrieben hatte. Auf meine Bitte lautete die Überschrift wieder: „Stetiges Wachstum als oberste Priorität".[5] Leider dauerte es über ein Jahr, bis die Warnung des Interviews beherzigt wurde, obwohl auch andere Ökonomen sich dafür ausgesprochen hatten. Wir forderten „Zurückhaltung" bei den Staatsausgaben, Einschränkungen im überhandnehmenden Programm der Wohnungsbaukredite und Mäßigung bei den Löhnen, die sehr viel rascher stiegen als die Produktivität. Ich betrachtete es als einen groben Fehler, dass man die Wirtschaft so spät und so zögerlich auf den Pfad nachhaltigen Wachstums zurückgeführt hat.

Reform des Gesundheitssystems

Das Problem einer Reform des Wohlfahrtsstaates in der post-sozialistischen Transformation hatte ich bereits angesprochen, als ich 1992 auf Einladung der *American Economic Association* einen Vortrag hielt. Ich beschrieb damals die Struktur, die sich unter dem Kádár-Regime entwickelt hatte, als einen „verfrühten Wohlfahrtsstaat", da er Verpflichtungen übernommen hatte, die er nicht erfüllen konnte, Verpflichtungen, die jenseits der ökonomischen Möglichkeiten des Landes lagen. Damit erreichte ich aber nur, dass einige wissenschaftliche Kollegen mich hinterher mit Zorn und Verachtung behandelten. Sie glaubten, die sozialen Errungenschaften des sozialistischen Systems vor meiner Person schützen zu müssen und nicht etwa vor dem Zugriff unausweichlicher Realitäten. Ein alter Freund hat seitdem kein einziges Wort mehr mit mir gewechselt. Und der Kreis der Experten für Fragen des Wohlfahrtsstaates wies von vornherein alle meine Vorschläge zurück, ohne meine Argumente überhaupt zu erwägen, wobei sie, aus dem Kontext gerissen, völlig verkehrt zitiert wurden.

Doch die 1992 angesprochenen Probleme verschlimmerten sich eher, als dass sie sich von selbst auflösten. Später sah ich, dass sie nicht spezifisch für Osteuropa waren. Der Wohlfahrtsstaat befindet sich nicht nur dort in einer Krise, wo er als Frühgeburt zur Welt kam, sondern auch an seiner ursprünglichen Geburtsstätte, nämlich in Nord- und Westeuropa. Wir haben es hier mit einem der schwersten inneren Widersprüche unserer Zeit zu tun. Einerseits liegt darin eine der großen Leistungen des zwanzigsten Jahrhunderts, die das Leben für Millionen sicherer gemacht hat. Wenn man da eingreift, wird man selbstverständlich von allen ausgepfiffen, die ihre Sicherheit von Reformen untergraben sehen. Andererseits machen es die vorherrschende demographische Entwicklung und das Tempo eines immer teurer werdenden medizinischen Fortschritts unmöglich, den Wohlfahrtsstaat in seiner gegenwärtigen Form, in seinem gegenwärtigen Umfang und mit den gegenwärtigen Mitteln zu finanzieren. Die Härte des Konflikts zeigt sich nicht nur im Widerstand gegen die ungarischen oder polnischen Reformen. Auch die politischen Stürme, Demonstrationen und Proteste, hervorgerufen von den eher schüchternen und inkonsistenten Reformversuchen in Frankreich unter der rechten Regierung von Alain Juppé und in Deutschland unter Gerhard Schröders linker Regierung, beweisen das. Doch jede Regierung, die sich für das Wohl ihres Landes verantwortlich fühlt, muss, ob rechts oder links, etwas unternehmen, um die Ausgaben für den Wohlfahrtsstaat in Grenzen zu halten.

Diese Frage beschäftigt mich, seit ich ihr zum ersten Mal begegnet bin. Ich versuchte, das Problem aus verschiedenen Richtungen in den Griff zu bekommen. In einem Ansatz stellten wir mit ökonometrischen Methoden internationale Vergleiche an. Dabei arbeitete ich mit einem früheren Studenten von mir zusammen, John McHale, einem Iren, der jetzt in Kanada unterrichtet.[6] Gemeinsam mit dem früh verstorbenen László Csontos und István Tóth aus dem TÁRKI-Institut (Társadalomkutatási Intézet, Sozialforschungsinstitut) befragten wir die ungarische Bevölkerung nach ihrer Meinung zu verschiedenen Reformalternativen.[7] Mit einem anderen Team erfassten wir das „Dankbarkeitsgeld" („freiwillige" Zuzahlungen an Ärzte am Rande der Legalität), wobei wir die Daten aus vertraulichen Diskussionen und Interviews mit Patienten und den Empfängern gewannen.[8]

1998 veröffentlichte ich ein kleines Buch über die Gesundheitsreform in Ungarn.[9] Es fand eher geteilte Aufnahme. Manche Leute sahen die Vorschläge als zeitgerecht und machbar an. Andere regten sich auf und warfen mir vor, ich würde für eine bestimmte politische Partei sprechen oder den Boden für gierige, gewinnhungrige Kapitalisten bereiten, die erbarmungslos die Patienten ausbeuten. Die erbosten Kritiker wollten nicht hören, dass ich keine radikalen und übereilten Änderungen vorschlug, sondern vielmehr eine ausgewogene, vorsichtige Reform, die auf einen Kompromiss zielt zwischen miteinander schwer vereinbaren Anforderungen.*

* Pál Kovács, ein auf Gesundheitsfragen spezialisierter Politiker und ehemaliger Gesundheitsminister, zog einen Witz der ernsthaften Auseinandersetzung mit meinen Vorschlägen vor. Auf die Frage eines Fernsehreporters, welchen Nutzen er aus meinem Buch ziehe, antwortete er, es sei gerade dick genug, um es unter ein Bein seines wackligen Tischs zu legen.

Das Buch setzt sich absolut nicht für reinen und ungebremsten Marktwettbewerb ein, und auch das Gegenteil wird als schädlich beschrieben. Denn man kann in diesem Sektor nicht ein Monopol staatlicher Fürsorge und öffentlicher Finanzen beibehalten und alle Entscheidungen über Renten, Gesundheit und andere Wohlfahrtsdienstleistungen ausschließlich paternalistischen Politikern und Bürokraten überlassen.

In der Diskussion der Gesundheitsökonomen und Politiker über Notwendigkeit und Möglichkeiten einer Gesundheitsreform stehen meistens die besondere Situation und die Aufgaben dieses Sektors mit seinen Finanzierungsproblemen im Vordergrund. Erst in zweiter Linie kommen die ethischen Aspekte zur Sprache, falls diese nicht ganz unter den Tisch fallen. Wer an den ethischen Implikationen interessiert ist, muss selbst herauszufinden suchen, welche Prinzipien einer bestimmten Reformidee zugrunde liegen, wenn er da überhaupt etwas findet. In meinem Buch ging ich umgekehrt vor. Ich begann mit einer wohl definierten Menge von Normen und ethischen Prinzipien und versuchte, daraus das konkrete Vorgehen abzuleiten.

Voran standen zwei Grundpostulate. Das eine war das Prinzip der individuellen Souveränität. Eine wünschenswerte Transformation sollte die Domäne der individuellen Entscheidungen über Wohlfahrtsleistungen erweitern und die des Staates einschränken. Das Prinzip gilt nicht nur für Entscheidungen, sondern auch bezüglich der Verantwortung des Individuums für sein eigenes Leben. Wir müssen damit Schluss machen, das Kindermädchen Staat für uns entscheiden zu lassen. Das zweite Postulat ist das Prinzip Solidarität. Wir müssen den Leidenden, in Not Geratenen und Benachteiligten helfen. Anders als die libertäre Einstellung, die die Rolle des Staates zu minimieren sucht, hält diese Position den umverteilenden Staat für zulässig und notwendig, solange er pragmatisch bemüht ist, den Bedürftigen zu helfen.

Die Reform des Gesundheitssystems als neues Interessengebiet meiner Forschung, das sei hier erwähnt, wurde auch Gegenstand meiner Lehre an der Harvard Universität. Zusammen mit John McHale hielt ich ein Seminar ab, in dem die Reform des Wohlfahrtsstaats aus internationaler Perspektive untersucht wurde. Als Gäste traten anerkannte Experten auf. Studenten hielten Referate. Wir diskutierten die Reform des amerikanischen Rentensystems (mit den Referenten Martin Feldstein und Peter Diamond), die Empfehlungen der Weltbank für Rentenreformen in Osteuropa, die Reform des Gesundheitssektors in China, Methoden zur Bekämpfung der Arbeitslosigkeit (mit Edmund Phelps von der Columbia Universität als Referent), Veränderungen in der Vermögensverteilung in verschiedenen Ländern der Welt und so weiter. Die Teilnehmer folgten aufmerksam den Vorträgen, und alle, Studenten und Lehrer, mich eingeschlossen, nahmen aus diesem reichen

Wissensangebot und der breiten internationalen Perspektive äußerst anregende Schlussfolgerungen mit.

Zurück zu meinem Buch von 1998 über die Gesundheitsreform. Die Diskussionen, die es entfachte, weniger die gedruckten Rezensionen als ruhige persönliche Gespräche, verdeutlichten mir, wo ich nicht überzeugend genug argumentiert hatte. Ich machte mich daran, das Buch zu überarbeiten, und zwar zusammen mit einer ehemaligen Studentin aus Harvard, Karen Eggleston, die sich auf Gesundheitsökonomie spezialisiert hatte. Die revidierte und erweiterte Fassung erschien 2001 auf Englisch unter dem Titel *Welfare, Choice and Solidarity in Transition: Reforming the Health Sector in Eastern Europe* (Wohlfahrt, Wahlfreiheit und Solidarität in der Transformation: Reformen des Gesundheitssektors in Osteuropa).[10] Die neue Fassung bleibt bei denselben Prinzipien und bei der gleichen Grundlinie der Reform, ist aber sehr viel breiter mit internationalem Material untermauert. Hier werden die positiven und negativen Erfahrungen anderer Länder mit ihren Gesundheitssystemen und den darin vorgenommenen Änderungen kritisch analysiert. Das Buch stellt einen detaillierteren und genaueren Reformplan vor als die frühere ungarische Ausgabe und wird den besonderen Eigenschaften des Gesundheitssektors besser gerecht. Es erklärt die Risiken und Gefahren einer rein kommerziellen Organisation des Sektors. Damit wollen wir den Lesern allerdings keinen Schrecken einjagen. Vielmehr werden Methoden der Intervention und der Regulierung des Privatsektors erklärt, sowie Mechanismen des Ausgleichs und der Umverteilung, um diese Gefahren zu begrenzen. Schließlich versucht das Buch, objektiv die Vor- und Nachteile verschiedener Anreizschemata darzustellen.

Die ersten Reaktionen auf die englische Ausgabe waren sehr günstig. Und zur Freude der Autoren erschien das Buch auch auf Polnisch, Chinesisch und Vietnamesisch. Eine erneut überarbeitete und erweiterte Fassung auf Ungarisch kam auf den Markt, während ich diese Memoiren schrieb. Sie lag zu einer Zeit in den Buchläden, als die Reform des Gesundheitssystems heiß umstritten war. Die Debatten der Experten wurden von einer feindseligen politischen Kampagne überlagert. Politiker, die vorgeben, dem Allgemeinwohl zu dienen, aber eigentlich nur die Interessen kleiner Gruppen innerhalb des Sektors vertreten, gerieten im Fernsehen heftig aneinander. Ob in diesem Lärm der ruhigere, objektivere Ton unseres Buchs gehört werden wird? Sehe ich mir die Reaktionen auf meine makro-ökonomischen Beiträge und auf das erste Gesundheitsbuch an, dann frage ich mich ganz generell, ob meinen Worten überhaupt Aufmerksamkeit geschenkt wird, wenn es um definitive wirtschaftspolitische Entscheidungen geht.

Fragen sie einen? Folgen sie einem?

Zu Hause und im Ausland erkundigen sich Freunde zuweilen, ob ich in wirtschaftspolitischen Angelegenheiten zu Rate gezogen werde, und wenn das so ist, ob man meinen Antworten irgendwelche Beachtung schenkt. Ich würde darauf gerne klar und präzise antworten, aber das kann ich nicht. Es gibt verschiedene denkbare Antworten. Fangen wir mit einer direkten Frage an: Wollen Ungarns Politiker meine Meinung wissen?

Nach dem Systemwechsel war der erste Finanzminister Ferenc Rabár. Ich kannte ihn gut aus den 1960er-Jahren, aus der Zeit der „Zwei-Ebenen-Planung", als ich ihn einlud, in unserem großen Team mitzuarbeiten. Später trafen wir uns mehrfach, als er im *International Institute for Applied Systems Analysis* (IIASA) in Laxenburg bei Wien arbeitete und dann im Nationalen Planungsamt. Während der Sommerferien 1990 kam ich nach Ungarn, und Rabár rief mich an, um ein Treffen zu vereinbaren. Ich ging in sein Ministerium und wollte mich an den Konferenztisch setzen, aber er lächelte und bot mir seinen Stuhl an. Ob ich nicht hier bitte Platz nehmen wolle? Er erklärte nachdrücklich, wie sehr er mit dem *Leidenschaftlichen Pamphlet* übereinstimme. Wir trafen uns bei weiteren Gelegenheiten, und immer hörte er sich meine Empfehlungen aufmerksam an.

Rabárs Nachfolger in der gleichen Regierung wurde Mihály Kupa. Er stellte eine informelle Beratergruppe aus Persönlichkeiten mit den unterschiedlichsten politischen Anschauungen zusammen. Da war István Hetényi, ein kluger, hoch qualifizierter und erfahrener Ökonom, früher stellvertretender Präsident des Planungsamts und danach bis 1986 Finanzminister. Dann György O'sváth, der persönliche Wirtschaftsberater von Ministerpräsident József Antall. Einige Mitglieder neigten politisch zur Allianz der Freien Demokraten (Szabad Demokraták Szövetsége, SZDSZ), andere zum Bund Junger Demokraten (Fiatal Demokraták Szövetsége, FIDESZ), die beide nicht zur Regierungskoalition gehörten. Als ich zur Mitarbeit eingeladen wurde, zögerte ich zunächst, nahm aber schließlich an. Kupa hörte sich immer die Meinungen seiner Berater an, und führte auch mit mir mehrere persönliche Gespräche. Ich freute mich, dass er meinen Ideen gegenüber offen war. Aber da ich aus mehreren Gründen gegen die Regierungspolitik Einwände hatte, störte mich der Gedanke, unsere Beziehung könnte als Zustimmung ausgelegt werden. Diese zwiespältige Situation nahm ein Ende, als Kupa entlassen wurde. Den Grund dafür suchten die politischen Auguren darin, dass er für den Geschmack der Regierung zu weit ging bei der Transformation der Wirtschaft und der Durchsetzung von makro-ökonomischer Disziplin.

Die Erfahrungen aus den Zeiten Kupas als Minister festigten meinen Entschluss, mich strikter an meine ursprünglichen Grundsätze zu halten. Wenn ein Mitglied einer demokratisch gewählten Regierung mich im Einzelfall um meine Meinung bat, tat ich sie gerne kund. Doch welche politischen Kräfte auch immer an der Macht waren, ich würde keine formelle Ernennung zum „Regierungsberater" akzeptieren, ebenso wenig die Mitgliedschaft in einer offiziell ernannten Beratergruppe. Ich wollte auch nur den Anschein vermeiden, mein Rat könne als politische Unterstützung der amtierenden Regierung ausgelegt werden. Wer formell als Regierungsberater ernannt wird, sollte den Erwartungen entsprechen und sich loyal erweisen, selbst wenn er seine Vorbehalte oder abweichende Meinung nicht öffentlich macht. Im Gegensatz dazu wollte ich mir die Möglichkeit bewahren, Kritik öffentlich vorzubringen.

Während der fünfzehn Jahre parlamentarischer Demokratie bis Ende des Jahres 2004 machte ich insgesamt zehn Finanzminister mit. Manchmal veranlasste ich ein Treffen, bei anderen Gelegenheiten war es der Minister, der um ein Gespräch nachsuchte. Und einige von ihnen hatten gar kein Interesse daran zu erfahren, was ich von der ökonomischen Lage oder den anstehenden Aufgaben hielt.* Gelegentlich traf ich mich auch mit anderen Persönlichkeiten des politischen oder öffentlichen Lebens, und wir tauschten unsere Meinungen aus, manchmal auch schriftlich.

1991 richtete sich der damalige Vorsitzende der liberalen Partei SZDSZ János Kis an mich mit der Bitte, dem Beraterstab der Partei als regelmäßiger Gast beizutreten. Ich zitiere aus meiner Antwort vom 14. April 1991:

> Ich spreche gerne mit Dir über die Probleme des Landes. ... Doch kann ich der schmeichelhaften Bitte, regelmäßig den Sitzungen der Politischen Beratergruppe beizuwohnen, nicht Folge leisten. Erlaube mir, diese Weigerung zu erläutern. Mein politisches und professionelles Verhalten und meine konkreten Aktivitäten werden wesentlich von dem Wunsch geleitet, meine Unabhängigkeit, meine politische und intellektuelle Autonomie zu wahren. Außerdem habe ich mich 1956, als ich mit der Kommunistischen Partei brach, entschlossen, niemals wieder einer politischen Partei oder Bewegung beizutreten und habe es auch nie getan. Mir ist klar, dass eine regelmäßige Teilnahme an den Sitzungen keine Parteimitgliedschaft impliziert. Aber hier handelt es sich um eine der Partei verbundene Gruppierung, und deshalb wäre regelmäßige Mitarbeit unverträglich mit den gerade geäußerten Grundsätzen. ... Diese Prinzipien vertragen sich

* Nach ihrer Entlassung suchte ich diejenigen auf, mit denen ich bereits vor ihrer Ernennung zum Minister gute Beziehungen hatte. Denn ich wollte ihnen zeigen, dass sich in unserem kollegialen Verhältnis nichts geändert hatte, ob sie nun auf dem Ministersessel saßen oder nicht.

> sehr wohl damit, meine individuelle Meinung Parteiführern und Wirtschaftsberatern mitzuteilen, wenn sie meinen Anschauungen Bedeutung beimessen. Ich entscheide von Fall zu Fall auf Grundlage der Politik der betreffenden Partei, der Person, die um Rat fragt, und meiner persönlichen Einschätzung des Gegenstandes, ob ich für ein solches Gespräch zur Verfügung stehe. ... Ich bin überzeugt, dass meine dargelegten Grundsätze nach den Maßstäben der politischen Ethik richtig sind. Es liegt mir jedoch fern zu glauben, dies sei das einzig akzeptable Verhalten. Parteien brauchen dringend aktive Politiker. Es ist durchaus nicht so, dass ich die parlamentarische Demokratie auf Grundlage des Parteienwettbewerbs ablehnte. Auch persönlich habe ich großen Respekt vor Leuten, die sich der Parteiarbeit widmen und bereit sind, dieser Berufung die Erfolge zu opfern, die sie mit Sicherheit in anderen Beschäftigungen erzielt hätten.[11]

Ich möchte auch aus einem anderen Brief zitieren, den ich am 24. Oktober 1992 an den Vorsitzenden von FIDESZ, Viktor Orbán, geschickt habe, der mich um einen Kommentar zum Entwurf des Wirtschaftsprogramms der Partei gebeten hatte:

> Meinem Gefühl nach werden die Grundprinzipien nicht hinreichend präzise dargestellt.
>
> Das Wort „Liberalismus“ verdient Hervorhebung, doch sein Inhalt bleibt unklar. Man sollte betonen, dass es sich vor allem auf Freiheit bezieht: Die Individuen sollen ihre Rechte genießen, die Unternehmer sollen Geschäfte machen, der Staat soll vermeiden, sich in alles hineinzudrängen, und so weiter.
>
> Der Begriff „Pragmatismus“ ist den meisten Menschen nicht vertraut. Es wäre deshalb stärker zu verdeutlichen, dass feste Grundsätze mit Flexibilität zu verbinden sind, dass man sich gegen den starren Doktrinär wendet und bereit ist zu praktischen Kompromissen. ...
>
> Auf der Liste vermisse ich drei Ideen, die für mich fundamentale Bedeutung haben. Ich will sie nur in Stichworten benennen, sie müssen ausgearbeitet werden:
>
> a) Modernisierung. Neueste Technik, moderner Lebensstil, zeitgemäße Moral und soziale Kontakte – keine Rückkehr zum „Alten“.
> b) Aufrichtigkeit und Legalität in der Wirtschaft und in der Politik. Maßnahmen gegen Täuschung, Betrug, Korruption, Intrige, Vetternwirtschaft, ethische Interessenkonflikte und Illegalität.
> c) Sicherheit und Vorhersehbarkeit. Die Regierung muss ihre Versprechen halten; was sie sagt, muss glaubwürdig sein.

Zu den wirtschaftpolitischen Vorstellungen machte ich unter anderen folgende Kommentare:

> Hauptaufgabe [des Programms] ist es zu zeigen, wie das Land wieder auf die Füße kommen soll, wie man es auf einen neuen Wachstumspfad bringen und Arbeitsplätze schaffen will, ohne Inflation zu verursachen. ... Einfach mehr Geld zu drucken, ist keine Lösung der Aufgabe. ... Stärkere Bedeutung kommt der Öffnung für ausländisches Kapital zu, wobei vor Nationalismus und Fremdenhass zu warnen ist. ... Die im Entwurf erwähnten „großen Systeme“ [staatlicher Umverteilung] „verschleiern“ die Probleme. Wie halten Sie es mit der Dezentralisierung und Privatisierung der Gesundheits- und Wohlfahrtsprogramme? ... Was das Wohlfahrtsprogramm im Allgemeinen betrifft, würde ich keine populistischen Versprechungen machen, sondern vor allem den künftigen Kurs deutlich umreißen.[12]

Diese Grundsätze, die ich vor zwölf Jahren in diesem Brief geäußert habe, vertrete ich auch heute noch.

Ein Treffen oder ein Briefwechsel beweist für sich genommen noch kein aufrichtiges Interesse der anderen Seite. Manche Gesprächspartner schenkten meinen Worten Aufmerksamkeit, überdachten meine Argumente, verglichen sie mit anderen Standpunkten und zogen dann ihre Schlüsse. In anderen Fällen war das Interesse wohl nur vorgetäuscht, und man wollte vor allem die eigene Stimme hören. Im letzteren Fall hatten sich die Leute ihre politische Meinung bereits gebildet. Erst dann fingen sie zu diskutieren an und suchten ihre Position im schriftlichen Gedankenaustausch oder mündlichen Rat abzusichern. War ich tatsächlich mit ihnen einer Meinung, konnten sie meine Zustimmung in anderen Gesprächen zitieren. War ich das nicht, suchten sie anderswo Rat, bis jemand gefunden war, der ihnen beipflichtete. Solche Formen des Gedankenaustauschs sind mir zuwider, aber sie kommen zuweilen vor. Jeder der informell Politikern seine Ansicht mitteilt, läuft Risiko, auf eine vorgetäuschte Bitte einzugehen.

Wenn ich einen führenden Politiker bei einer Sitzung oder einer Feierlichkeit traf, hörte ich oft: „Oh, Sie sind ja wieder zu Hause. Ich dachte, Sie seien in Amerika. Ich würde gern mit Ihnen reden. Wir hören von einander.“ Dabei blieb es. Wochen verstrichen, aber es kam keine Einladung. Mit verschiedenen alten Bekannten hatte ich mehrere Unterhaltungen, die ähnlich verliefen. Vielleicht dachte der Betreffende aufrichtig, es sei nützlich, meine Meinung zu hören, doch dann kamen alltägliche Ereignisse dazwischen, und es stellte sich heraus, dass das Bedürfnis eines guten Rates oder eines ruhigen Gesprächs mit einem Wissenschaftler nicht so dringend war.

Ich halte es für nicht akzeptabel, wenn ein Politiker Gespräche mit Beratern wie mir nur für PR-Zwecke benutzt. Sie machen sich vor der Öffentlichkeit wichtig und geben damit an, welche Gelehrte und Wirtschaftsfachleute ihnen mit Rat zur

Seite stehen. Als ich noch unerfahren war, fiel ich auf ein oder zwei derart plumpe Propagandaaktionen herein. Später entwickelte ich Abwehrreflexe und wurde vorsichtiger, indem ich im Vorhinein zu klären versuchte, zu welchen Themen man meine Meinung suchte. Besondere Vorsicht war geboten, wenn Presse und Fernsehkameras eingeladen waren. Nicht dass ich meine Treffen mit Politikern geheim halten wollte. Ich fühlte mich von den Einladungen durchaus geehrt und hatte nicht den geringsten Grund, sie zu verheimlichen. Ich teile meine Auffassung gerne Leuten mit, die sich wirklich dafür interessieren, und in solchen Fällen stört es mich nicht, das in aller Öffentlichkeit zu tun. Nur möchte ich nicht in einem reinen Propagandaspiel eine Rolle zugewiesen bekommen.

Inzwischen sollte deutlich geworden sein, dass ich über diese Dinge lange nachgedacht habe. Es gibt irgendwo eine Trennlinie zwischen der Rolle eines Politikers und der eines Wissenschaftlers, der sich der Gesellschaft verantwortlich fühlt. Erstere kommt für mich nicht in Frage, wohl aber die zweite. Manchmal meinte ich, die selbst gezogene Grenze überschritten zu haben, und manchmal, ihr nicht nahe genug gekommen zu sein. Doch wo verläuft die Linie genau? Diese Vorfälle vermitteln einen flüchtigen Einblick in die psychologischen Hemmungen und Verhaltensskrupel, die mich daran hindern, häufiger zu Fragen öffentlich Stellung zu nehmen, die mich unvermeidlich in politische Stürme hineinziehen würden. Ich bleibe lieber mit Forschungsarbeiten im Hintergrund. Dort fühle ich mich zu Hause und kann meine komparativen Vorteile nutzen, um es mit einem ökonomischen Fachterminus auszudrücken.

Die tatsächliche Wirkung

Bislang habe ich nur die erste Frage antwortet: Hat man mich gefragt? Jetzt wende ich mich der Frage zu: Befolgt man meine Ratschläge? Und hier sind nicht die vertraulichen Gespräche, persönlichen Erklärungen, beiläufigen kritischen Äußerungen oder Vorschläge in privaten Briefen relevant. Was mir wirklich wichtig ist, pflege ich in meinen Büchern, Artikeln und anderen Publikationen zu veröffentlichen, es sei denn, nationale Sicherheits- oder Wirtschaftsinteressen stünden dem entgegen. Hatten all diese Aussagen nun Einfluss auf die Ereignisse?

Fangen wir mit ein paar bemerkenswerten Statistiken an. Zwischen 1990 und 2003 wurde mein Name oder eine meiner Schriften 46-mal im ungarischen Parlament erwähnt.[13] Heutzutage ist die Zitatmessung eine Wissenschaft für sich. Dabei wetteifern die Wissenschaftler miteinander, welche ihrer Arbeiten wie oft in wissenschaftlichen Zeitschriften zitiert wurde. Das interessiert mich auch, findet aber in einer anderen Arena statt. Seine Arbeit in der Parlamentsdebatte genannt zu sehen, ist ein zufriedenstellendes Gefühl, vor allem da ich mich bewusst aus den täglichen Kämpfen herausgehalten habe. Fast jeder führte meine Arbeit zustimmend an, um seine eigene Position zu untermauern. Zwei Drittel der Erwähnungen kamen von Mitgliedern der jetzt an der Regierung beteiligten Parteien (der Ungarischen Sozialistischen Partei und der Allianz der Freien Demokraten), ein Drittel aus der Opposition (dem Bund der Jungen Demokraten, dem Ungarischen Demokratischen Forum, den Christdemokraten und der Unabhängigen Kleine-Landwirte-Partei). Die meisten zitierten *The Road to a Free Economy*, doch man erwähnte auch *Economics of Shortage, Struggle and Hope* oder das Buch zur Gesundheitsreform. Die Häufigkeit fand ihren Höhepunkt 1995 während der Anpassungs- und Stabilisierungsperiode. Als Wissenschaftler fühlte ich mich natürlich geschmeichelt, im Sitzungsprotokoll zu lesen, wie zwei Parlamentarier sich darüber stritten, wer meine Schriften besser verstanden habe.

Wie wertvoll Erwähnungen im Parlament auch sein mögen, sie sagen nichts darüber, ob mein Werk den tatsächlichen Verlauf der Transformation beeinflusst hat. Leider ist hier eine eindeutige Antwort nicht möglich. Methodologisch war ich immer für eine multikausale Analyse. Sucht man nach einer Kausalerklärung für ein komplexes Phänomen, dann ist die Anweisung einer einzigen Ursache schon etwas ungewöhnlich. Gibt es aber mehrere Einflussfaktoren, wird es schwierig, ihnen ihr jeweiliges Gewicht zuzurechnen. Dass in Ungarn und in anderen post-sozialistischen Ländern einige Prozesse sich in der Richtung entwickelt haben, die ich in meinen Schriften empfahl, bedeutet nicht, dass diese dazu Anlass gegeben hätten. Das könnte Zufall gewesen und der wahre Anstoß von anderswoher erfolgt sein.* Ebenso ist es möglich, dass meine Schriften zwar Einfluss hatten, andere Faktoren aber stärker waren. Schließlich kann man natürlich auch nicht die Möglichkeit ausschließen, dass einige meiner Ideen, möglicherweise indirekt, entscheidende Wirkung auf das Denken der Entscheidungsträger ausübten.

Die Ungarn waren die ersten, die mit durchgreifenden Maßnahmen die Budgetbeschränkungen härter gemacht haben. J. Barkley Rosser Jr. und Marina V. Rosser untersuchen in einem viel verwendeten Lehrbuch zum Vergleich von Wirtschaftssystemen dieses Phänomen und stellen fest, dass das Resultat auf den intellektuellen

---

* In einer seiner Geschichten erzählt Frigyes Karinthy von einem netten Irren, der an einer belebten Kreuzung steht und den Verkehr wie ein Orchesterdirigent regelt. Alles geschieht völlig unabhängig von ihm, doch ihm erscheint es, als ob es auf sein Kommando passiere. „Die zwei Autos biegen jetzt um die Ecke … Gut … Da gegenüber sollte die Straßenbahn sein. Halt, was ist das? Da sollten Soldaten kommen … Aha, da sind sie. Sie kommen von dort drüben …" (1975 [1914], S. 329). Ich möchte um keinen Preis Karinthys Typ gleichen, der seinen Stab hin und her schwingt.

Einfluss meiner Arbeit zurückzuführen sei. Ihre Einschätzung erscheint überzeugend.* Ich war zweifellos der prominenteste Befürworter einer härteren Budgetbeschränkung in der gesamten post-sozialistischen Region, und meine diesbezüglichen Schriften wurden allgemein diskutiert.

Bei anderen, weiter reichenden Fragen kann man nur feststellen, dass ein bestimmter Vorschlag von einem Chor vorgetragen wurde, in dem ich Mitglied oder bestenfalls einer der Chorführer war. Ich gehörte beispielsweise zu denen, die eine graduelle Privatisierung vertraten und den Dritten Weg verwarfen, worüber in der Debatte am meisten gestritten wurde. Ich gehörte auch zu einer Gruppe Gleichgesinnter, die sich energisch dafür einsetzte, dass das makro-ökonomische Gleichgewicht mit den Wachstumsanforderungen abgestimmt werde. Mein Einfluss in diesen Dingen lässt sich als Hypothese vertreten, aber nicht beweisen.

Neben der möglichen Wirkung auf Politiker und den wirtschaftspolitischen Entscheidungsprozess muss auch ein anderer Aspekt beachtet werden: Haben meine Ideen die öffentliche Meinung beeinflusst, das Denken der Menschen außerhalb der Sphäre der Macht, vor allem die Intelligenz und die Wirtschaftsführer? Es gibt keine Erhebung, die darauf antworten könnte. Im Zusammenhang mit *Economics of Shortage* haben wir gesehen, dass ich gelegentlich Rückmeldungen erhielt. Ein behandelnder Arzt, ein Nachbar, ein Historiker, den ich zufällig traf, sie erzählten mir, sie hätten etwas von mir gelesen und überzeugend gefunden. Häufig fügten sie anerkennend hinzu, sie hätten das Problem und die damit verbundenen Aufgaben aus meinem Artikel besser verstanden als aus den offiziellen Verlautbarungen. Dass seine Schriften den Lesern helfen, sich zu orientieren, ist für jeden Gelehrten ein besonderer Erfolg. Solche Wertschätzung zu erfahren, ist schön, aber man kann unmöglich sagen, wie verbreitet sie ist.

Geldpolitik

1995 fragte mich der Präsident der Ungarischen Nationalbank, György Surányi, ob ich bereit sei, dem Zentralbankrat beizutreten, dem wichtigsten Entscheidungsorgan für die Geldpolitik. Ich bat um Bedenkzeit, denn ich wollte mich über die verfassungsrechtliche und politische Position des Rates informieren.** Entscheidend

* „Ungarn hat die bei weitem härteste Budgetbeschränkung in allen ehemals sozialistischen Ländern. ... Das spiegelt wohl den enormen politischen Einfluss wider, den János Kornai in seinem Heimatland hat" (Rosser und Rosser 2004, S. 377–8).

** Die Geldpolitik ist 2001 rechtlich neu geregelt worden. Was ich hier über meine Zeit als Mitglied des Rates berichte, spiegelt den früheren gesetzlichen Rahmen wider.

für meine Zustimmung war die garantierte Unabhängigkeit der Zentralbank. Auf Grund eines Gesetzes war der Zentralbankrat unabhängig von Regierung und Parteien. Seine Mitglieder wurden vom Ministerpräsidenten nach Rücksprache mit dem Präsidenten der Nationalbank vorgeschlagen und mussten vom Parlament bestätigt werden. Die endgültige Ernennung lag beim Präsidenten der Republik.

Für meine erste dreijährige Amtszeit schlug mich Gyula Horn, Ministerpräsident der sozial-liberalen Koalitionsregierung, vor und für die zweite Viktor Orbán, Ministerpräsident der konservativen Koalition. In beiden Fällen unterstützten alle Regierungs- und Oppositionsmitglieder der zuständigen Parlamentskommissionen (Wirtschaft und Finanzen) meine Nominierung. Bei der Befragung durch die Kommissionen stellte man mir technische Fragen ohne politischen Unterton, und ich gab mir Mühe, objektiv zu antworten. Mir bedeutete es viel, auf eine breite Zustimmung vertrauen zu können. Ich wollte, dass die Politik in mir einen Mann mit unabhängigen Ideen sieht, der sich nicht von der Bindung an irgendeine politische Partei leiten lässt, sondern von seinem professionellen und moralischen Ethos. Dass zwei aufeinander folgende Regierungen, die im politischen Kampf auf entgegengesetzten Seiten standen, bereit waren, mir eine solche Verantwortung zu übertragen, beweist den Erfolg meiner Bemühungen.

Ich arbeitete fast sechs Jahre im Rat, bereitete mich akribisch für jede Sitzung vor und tat oft ein Übriges, indem ich meinen Standpunkt im Vorhinein schriftlich formulierte. Ich machte mich mit den neuesten Daten und anderen Informationen vertraut und studierte die theoretische Literatur, die für einzelne Tagesordnungspunkte relevant war, sowie die Analysen ähnlicher Situationen in der Vergangenheit. Das geschah im Hintergrund, hinter geschlossenen Türen. Der Zentralbankrat musste kurz- und mittelfristige Entscheidungen über die Geldpolitik fällen, vor allem die Zinspolitik. Zusammen mit der Regierung war der institutionelle Rahmen festzulegen, der die Gestaltungsmöglichkeiten für den Wechselkurs bestimmt.* Damals wurde die ungarische Geldpolitik weltweit gelobt, und die Vertreter der internationalen Finanzinstitutionen stellten Ungarn als Vorbild für andere Transformationsländer hin. Ohne zu prahlen darf ich sagen, dass auch ich zu diesem Erfolg beigetragen habe.

In dieser Zeit lernte ich viel. Ich erhielt einen tiefen Einblick, wie Wirtschaftspolitik auf dem höchsten Niveau gemacht wird. Die Vorbereitung wichtiger Ent-

* Ökonomen nennen das ein Wechselkursregime. Man muss zum Beispiel wählen, ob der Wechselkurs fest oder frei schwankend sein soll. Oder sollte man den Marktkräften einen gewissen Spielraum einräumen, innerhalb von im Vorhinein festgelegten Grenzen für die Wechselkursentwicklung? Wie groß sollte im letzteren Fall die Bandbreite sein, innerhalb derer der Kurs schwanken kann?

scheidungen war eine professionelle Herausforderung. Erfreulicherweise verliefen die Debatten ruhig, auch wenn politische Stürme um die Zentralbank tobten. Argumente wurden sachlich erwidert, nicht emotional. Es herrschte eine kollegiale Atmosphäre, in der man sich gegenseitig respektierte.

Wenige Wochen vor dem Auslaufen meiner Amtszeit erklärte ich im August 2001 in einem offenen Brief an den Präsidenten der Republik meinen Rücktritt aus dem Zentralbankrat. Ein neues Gesetz hatte den rechtlichen Rahmen der Ratsmitgliedschaft geändert. Danach wurden alle Mitglieder des neu gebildeten geldpolitischen Rates Angestellte der Ungarischen Nationalbank, folglich ihres Präsidenten, wodurch ihre Unabhängigkeit untergraben wird.* Die neue Situation vertrug sich nicht mit meinen selbst gewählten Prinzipien.

Damals konnte man nicht die Fehler vorhersehen, die in der Geldpolitik gemacht werden würden. Aber aufziehende Probleme deuteten sich an. In der Vergangenheit störte es mich nicht, dass die Ratssitzungen hinter verschlossenen Türen stattfanden und die Öffentlichkeit über den Standpunkt der Mitglieder nichts erfuhr. Doch jetzt befürchtete ich, ständig in der Minderheit zu sein und, ob ich wollte oder nicht, bei einer Geldpolitik mitzuwirken, die ich ablehnte, ohne die Möglichkeit zu haben, meine abweichende Meinung gegenüber den ökonomischen Kollegen und den Bürgern des Landes zu erläutern. Ein geschickterer politischer Taktiker oder Diplomat hätte in einer solchen Situation vielleicht mit mehr oder weniger Erfolg irrtümliche Auffassungen anderer Mitglieder durch seine Einwände verhindern können. Aber das wollte und konnte ich nicht leisten.

Reinen Gewissens schaue ich auf sechs Jahre zurück, in denen ich erfolgreich an den geldpolitischen Entscheidungen beteiligt war. Von den Pflichten der Ratsmitgliedschaft seit 2002 entbunden, war ich frei, geldpolitische Fehler in der Presse und in wissenschaftlichen Diskussionen zu kritisieren.

Bemerkungen zur Transformation in anderen Ländern

Die politischen Ereignisse von 1989–90 lösten in allen sozialistischen Ländern eine plötzliche Nachfrage nach ausländischen Beratern aus. Ich möchte mich hier nicht

* Nach dem vorherigen Zentralbankgesetz wurden einige Mitglieder des Zentralbankrats unter den hohen Funktionären der Bank („interne Mitglieder") ausgewählt, während andere, mich eingeschlossen, aus der Welt der Wissenschaft kamen („externe Mitglieder"). Letztere behielten ihre Positionen an der Universität oder in Forschungsinstituten als Vollzeitstellen bei, und die Beteiligung an geldpolitischen Entscheidungen war nur eine Nebentätigkeit. Dieser externe Status garantierte ihre volle persönliche Unabhängigkeit.

zu einem generellen Urteil hinreißen lassen. Ich kannte Berater, die sich gewissenhaft und mit Umsicht auf ihre Aufgabe vorbereiteten und die Region, in die sie gehen würden, sorgfältig studierten, um dann mit großer Zurückhaltung ihre Vorschläge zu unterbreiten. Leider tauchte auch ein anderer Beratertyp auf: Ökonomen ohne jegliche Landeskenntnisse, dafür aber umso entschlossener, ihre Ideen aufzudrängen.

Man hat mich verschiedentlich gebeten, an der Planung der post-sozialistischen Transformation des einen oder anderen Landes mitzuwirken. Viele ausländische Kollegen und Freunde, die ich aus der Zeit des intellektuellen Widerstands gegen das sozialistische Regime kannte, luden mich ein, ihr Land zu einem Meinungsaustausch zu besuchen. Aus dem bereits Gesagten folgt, dass ich die meisten dieser Einladungen ablehnen musste, die meisten, aber nicht alle. Auf keinen Fall wollte ich eine Rundreise machen und die Leute überreden, ausschließlich meinen Ideen zu folgen. Andererseits schien es mir nicht richtig, die Bitten völlig zu ignorieren. Meine Erfahrung konnte es den Transformationsländern erleichtern, ihren Weg zu finden, und ich konnte andererseits bei diesen Reisen viel lernen. Ich besuchte Russland und mehrere andere osteuropäische Länder, wo ich Vorträge hielt und lange Gespräche mit Ökonomen und Wirtschaftspolitikern führte. Mehrfach hielt ich mich in Washington auf Einladung des Weltwährungsfonds und der Weltbank auf, um in Vorträgen und informellen Diskussionen über meine Vorstellungen zu sprechen. Für mehrere Jahre war ich Mitglied des wissenschaftlichen Beirats der Europäischen Bank für Wiederaufbau und Entwicklung (EBRD), die die Transformation der post-sozialistischen Länder in Osteuropa mit Investitionskrediten und wirtschaftspolitischer Beratung unterstützt.

Soweit ein Selbsturteil überhaupt möglich ist, denke ich, mich nicht intellektueller Arroganz schuldig gemacht zu haben. Ich behauptete nicht, wie ich es mit eigenen Ohren von aufdringlichen Kollegen hörte, dass es nur einen Weg gebe und das sei der Ihrige. Ich betonte immer, dass die Entscheidung nicht bei uns Ausländern liege. Sie musste von Einheimischen gefällt werden, die Umstände und Situation wirklich kannten, denn sie trugen dafür die Verantwortung. Was wir ihnen vermitteln konnten, waren nur die Erfahrungen, die wir in anderen Ländern gemacht hatten, und die Schlüsse, die wir aus der theoretischen Literatur zogen. Je vorsichtiger und zurückhaltender ausländische Berater auftraten, desto größer war die Aussicht, dass man ihnen folgte.

Eine besondere Erfahrung war der Besuch in China 1999 und wieder im Jahr 2005, ebenso der erste Aufenthalt in Vietnam 2001. In beiden Ländern wäre es ein grober Fehler gewesen, mit doktrinärer Starre das gleiche Rezept wie im post-sozialistischen Osteuropa anzuwenden. Wenn mich die beiden Länder an etwas erinnerten, war es nicht das Osteuropa der 1990er-Jahre, sondern das Ungarn der späten Kádár-Periode in den 1980er-Jahren. Sie waren auf dem Weg der Wirtschaftsreform mit der Ausbreitung des Marktes und des Privateigentums schon ein gutes Stück vorangekommen, in vieler Hinsicht weiter als Ungarn in jenen Jahren. Doch von politischen Reformen war wenig zu sehen. Das Machtmonopol der kommunistischen Partei und die politische Repression blieben erhalten. Es war verboten, öffentlich die Ideologie und Rhetorik des Marxismus-Leninismus in Frage zu stellen. Wenn Leute mit anderen Ideen versuchten, eine unabhängige Bewegung zu organisieren, hatten sie mit Repressalien zu rechnen. Ausländer auf Besuch durften nicht vergessen, wo sie sich befanden. Sie mussten ihre Botschaft so verpacken, dass sie einerseits den radikalen Gegnern der augenblicklichen Verhältnisse gefiel, aber andererseits nicht die Zögerlichen abschreckte, die den Gedanken der politischen Reform bisher nur halb erfasst hatten.

Meine Besuche in China und Vietnam waren auch deshalb intellektuell so anregend, weil ich mich in dieser Welt zu Hause fühlte. Ich spreche weder Chinesisch noch Vietnamesisch, doch konnte ich in gewissem Sinn sehr wohl mit ihnen kommunizieren, da meine Erfahrung mir Einsichten in die Mentalität von Menschen gab, die vom Sozialismus enttäuscht einen Ausweg suchten oder hinsichtlich der Reform noch zögerten. Man ließ mich in offenen, freundlichen Gesprächen wissen, dass ich als Gesprächspartner viel leichter zu akzeptieren sei als amerikanische, französische oder deutsche Ökonomen. Denn sie spürten, dass auch ich Entwicklungsphasen durchgemacht hatte, die ihren gegenwärtigen ähnelten. Meine Worte waren glaubwürdig. Ich bin froh, dass verschiedene Bücher und Artikel von mir in diesen beiden Ländern erscheinen.* Vielleicht tragen sie auch zur geistigen Aufklärung und zur Vorbereitung des künftigen Reformkurses bei. Es wäre schön, den Tag zu erleben, da in diesen beiden fernen Ländern, die mir doch nahe stehen, die Demokratie siegt. Diese Freude hängt von zwei Bedingungen ab: dass ich lange lebe, und dass sie ihren Wandel beschleunigen.**

* Heute, im Jahr 2011, da diese Memoiren auf Deutsch erscheinen, kann ich berichten, dass sie 2005 auf Vietnamesisch und 2009 auf Chinesisch publiziert worden sind. In beiden Ländern trafen sie auf große Resonanz, vor allem bei Lesern, die meine früheren Arbeiten, soweit sie in ihrer Sprache vorliegen, kennen. Es fällt ihnen dadurch leichter, diese früheren Arbeiten im richtigen politischen Kontext zu sehen.

** 2004 schrieb ich für ein Universitätsinstitut in Florida eine Studie über die Lehren aus der osteuropäischen Transformation für Kuba, sollte es sich eines Tages der Demokratie und der Marktwirtschaft zuwenden. Dabei stand ich vor der gleichen geistigen Herausforderung wie bei den Problemen Chinas und Vietnams.

Anmerkungen

1 Kornai 1992d.
2 Kornai 1995b.
3 Solow 2000, S. 408.
4 Kornai 1997b, S. 100–20. Das Interview, geführt von László Zsolt Szabó, wurde von Duna TV am 9. April 1995 gesendet.
5 Blahó 2003.
6 Kornai und McHale 2000.
7 Csontos, Kornai und Tóth 1996, 1998.
8 Kornai 2000a.
9 Kornai 1998a.
10 Kornai und Eggleston 2001 (auf Ungarisch Kornai und Eggleston 2004a).
11 Der Briefwechsel befindet sich in meinem Archiv.
12 Eine Kopie des Briefes befindet sich in meinem Archiv.
13 Die Parlamentsreden sind auf der CD *Országgyűlési Napló 1990–2002* (Parlamentsjournal 1990–2002) zu finden, die vom Verlag Arcanum herausgegeben wurde und im Internet. Wir haben die dort anzutreffenden Verweise, nach unterschiedlichen Kriterien geordnet, gezählt. Die Tabellen, die die Ergebnisse zusammenfassen, befinden sich in meinem Archiv.

21 Fortsetzung – 1990 und weiter

Was der Systemwandel bedeutet und was nicht
Ehrlichkeit und Vertrauen

Wenden wir uns der anderen Seite meiner Tätigkeit zu, der Arbeit, die mir am wichtigsten ist und die ich für meine wahre Berufung halte: Forschung und Lehre.

Den Systemwechsel interpretieren

Mit dem Systemwechsel beginnt ein neuer Abschnitt in meinem Leben. Seit 1990 sah ich mich wieder in der Pflicht, normative Fragen zu beantworten und über praktische wirtschaftspolitische Maßnahmen für Ungarn und die Länder nachzudenken, die sich in den Geburtswehen der Transformation befanden. Gleichzeitig lag mir auch die positive Analyse am Herzen, um die aktuelle Situation und ihre Ursachen objektiv zu erfassen und mit theoretischer Reflektion zu verbinden. Während meiner gesamten wissenschaftlichen Karriere habe ich mich bemüht, das Konzept des Systems zu verstehen. Jahrzehntelang war ich damit beschäftigt, die herrschenden Systeme zu vergleichen. Jetzt bestand die einmalige Gelegenheit, zu beobachten und zu analysieren, was es bedeutet, wenn unterschiedliche Systeme nacheinander auftreten. Denn obwohl jeder den Begriff „Systemwandel" ständig im Munde führt, besteht keine Einigkeit darüber, was er bedeutet. Einige der gängigen Interpretationen widersprechen einander, und diese Meinungsverschiedenheit verursacht Verwirrung im politischen Diskurs.

Für mich selbst habe ich dieses Problem bei der Arbeit an meinem Buch *Das sozialistische System* geklärt, dessen Titel verdeutlicht, dass das „System" darin eine zentrale Stellung einnimmt. Auch wenn ich sie schon erwähnt habe, möchte ich hier die drei charakteristischen Eigenschaften zusammenfassen, die für mich die „großen" Systeme ausmachen: 1. die politische Struktur und die damit verbundene herrschende Ideologie, 2. die Eigentumsrechtsverhältnisse und 3. die Koordinationsmechanismen, das relative Gewicht der Koordination durch den Markt, die Bürokratie oder andere Mechanismen. Die Nummerierung unterliegt nicht dem Zufall, sondern entspricht der Rangordnung der drei Basiskomponenten. Die drei charakteristischen Eigenschaften bestimmen dann weitere wichtige Systemelemente: Verhaltensmuster, die relative Stärke der jeweiligen Marktseite usw.

Für das klassische sozialistische System ist das Machtmonopol einer kommunistischen Partei typisch. Sie lehnt Privateigentum und Markt ab, und daraus folgen öffentliche Eigentumsrechte und bürokratische Koordination. Dem Kapitalismus entspricht ein politisches System, das dem Privateigentum und dem Markt Raum gibt, und daraus folgen private Eigentumsrechte und Marktkoordinierung. Der Systemwandel fand statt, als das sozialistische System einem neuen System wich, das die charakteristischen Eigenschaften des Kapitalismus aufwies.

Ich habe hier versucht, die beiden Systeme und ihren Wechsel mit einem Minimum an Kriterien darzustellen. Deshalb ist vielleicht der Hinweis angebracht, welche Eigenschaften nicht zu meiner Interpretation des Systemwandels gehören. Ihm kommt kein Werturteil zu. Nicht dass ich vor solchen Urteilen zurückschrecken würde, wie sogleich klar werden wird, aber der Begriff für sich genommen ist positiv, deskriptiv und wertfrei. Ich mag mich über den Systemwandel freuen, während Sie ihn bedauern, doch wir können uns darauf einigen, was damit gemeint ist. Die Erwartung einer „guten" Gesellschaft mit der positiven Definition des neuen Systems zu verwechseln, führt in die Irre. Das sozialistische System ist nicht das Reich des Bösen, und das kapitalistische System nicht die gesellschaftliche Verkörperung von Recht und Freiheit. Wir diskutieren hier ein allgemeines Modell zweier real existierender, historischer Strukturen.

„Systemwandel" bedeutet die radikale Transformation der Strukturen, Institutionen, sozialen Beziehungen und der typischen Wechselwirkungen und nicht die Auswechslung von Machtgruppen oder Führungspersönlichkeiten. Natürlich besteht ein Zusammenhang zwischen dem Prozess des Struktur- und Institutionenwandels einerseits und dem Prozess des Positions- und Rollenwechsels von Personen auf der anderen Seite. Ersterer zieht letzteren irgendwann nach sich. Doch ist ersterer zweifellos die bestimmende Kraft, während letzterer eher ein Nebeneffekt ist.

Ein letzter Vorbehalt betrifft die politische Struktur: Von einem Systemwandel ist auch dann die Rede, wenn die neue Herrschaftsform nicht eine Demokratie, sondern irgendein totalitäres oder autoritäres Regime ist wie beispielsweise eine Militärdiktatur. Nach meiner Definition muss es nur offen für die Grundelemente einer kapitalistischen Wirtschaft sein, für Privateigentum und Markt, und deren Ausbreitung nicht behindern, sondern eher fördern. Die politische Struktur eines sozialistischen Systems kann z.B. dem Terror einer Militärjunta *à la* Pinochet weichen, oder ein Familienclan übernimmt von der alten *nomenklatura* die Herrschaft wie in manchen zentralasiatischen Ländern oder aber es bleibt bei der Vorherrschaft der marxistisch-leninistischen Partei wie in China oder Vietnam. Osteuropa hatte das unschätzbare Glück, einen Systemwandel zu vollziehen, bei dem die politische Struktur von der Diktatur zur Demokratie wechselte.

Eine kapitalistische Wirtschaft kann ohne Demokratie bestehen, wie zahlreiche historische Beispiele belegen. Doch das Gegenteil ist nicht der Fall. Keine Demokratie kann ohne ein kapitalistisches System existieren,* wie sich logisch und durch das historische Beispiel zeigen lässt.

„What a Change from Socialism to Capitalism Does and Does Not Mean" (Was der Wechsel vom Sozialismus zum Kapitalismus bedeutet und was nicht) ist der Titel einer Arbeit von mir, die diese Überlegungen zum Ausdruck bringt. Sie erschien im *Journal of Economic Perspectives*, eine der am weitesten verbreiteten Ökonomiezeitschriften in den Vereinigten Staaten.** Das Thema wird auf der theoretischen Ebene des sozio-ökonomischen Wandels abgehandelt, enthält aber auch eine politische Aussage. Oft trifft man auf demagogische und populistische Behauptungen, etwa dass der Systemwandel überhaupt noch nicht stattgefunden habe. Ich befürchte, die Leute, die so etwas predigen, haben keine Vorstellung davon, was „System" und „Systemwandel" wirklich bedeuten.

Natürlich lässt die nackte Tatsache, dass ein Übergang zwischen den großen Systemen stattgefunden hat, wobei der Kapitalismus auf den Sozialismus folgte, manche Frage offen. Es gibt viele Arten von Kapitalismus. In einigen kommt dem Staat eine wichtige Rolle zu, in anderen nicht. Einige haben auffällige, andere weniger auffällige Ungleichheiten in der Verteilung von Macht und Rechten oder Vermögen und Einkommen. Einige bieten stärkere, andere weniger starke Anreize für technischen Fortschritt usw. Die Kernfrage künftiger Auseinandersetzungen lautet nicht, ob der Systemwandel stattgefunden habe, sondern welche konkrete Richtung die Wandlungsprozesse nehmen. Damit verbunden ist die normative Frage: In welche Richtung möchten wir gehen? Und damit sind wir beim Problem der Werturteile.

Erwartungen und Enttäuschungen, Optimismus und Pessimismus

Viele Menschen in Ungarn und in der osteuropäischen Region sind enttäuscht. Sie hatten erwartet, der Systemwandel werde etwas anderes, etwas Größeres und Besseres bringen. Ich denke dabei nicht nur an jene, denen es konkret schlechter geht, die ihren Arbeitsplatz verloren haben, auf der Einkommensskala herunter gestuft

* Diese Behauptung bedarf einer Einschränkung: Ich spreche von der Demokratie in einer modernen industriellen Gesellschaft. Die Demokratie der alten Griechen, ein historischer Vorläufer, war natürlich mit einer anderen Wirtschaftsordnung verbunden.

** Eine längere Fassung war zuvor in Britain (1998a) veröffentlicht worden. Der leitende Herausgeber der Zeitschrift hatte mich um eine kürzere Fassung für die Millenniumsausgabe 2000 gebeten. Die Arbeit erschien auch auf Ungarisch und in mehreren anderen Sprachen.

wurden oder denen Privilegien genommen wurden. Enttäuschung findet man auch unter den Mitgliedern der Intelligenz, die keine finanziellen Verluste erlitten und vielleicht sogar profitiert haben, die persönlich nichts zu erleiden hatten und eher an Anerkennung gewannen. Was sie verbittert, ist die weit verbreitete Unehrlichkeit und Unaufrichtigkeit und die Vergeudung von Staatsvermögen. Sie missbilligen die unfruchtbaren Wortschlachten in der Politik, die unaufgedeckte Korruption, die Enthüllungen ohne Konsequenzen und die Verstrickung von Geschäft und Politik. Das Nebeneinander von stolz zur Schau getragenem Reichtum und bitterer Armut verletzt ihr Gerechtigkeitsempfinden. Diese Gefühle der Verstörung und Entrüstung teile ich. Aber daraus folgt nicht, dass ich desillusioniert wäre. Unzufriedenheit rührt meist von höheren Erwartungen her, und meine Erwartungen müssen bescheidener gewesen sein als die vieler Freunde und Bekannten, die vom Systemwandel enttäuscht sind.

In einem vorangegangenen Kapitel wurde ein Text aus dem Jahr 1980 erwähnt. Darin hatte ich ironisch über Leute gesprochen, die in der Geschichte einen bequemen Supermarkt sehen, wo man die ansprechenden Elemente verschiedener Systeme in den Einkaufskorb packt und mit einer Auswahl nach Hause geht, die ganz dem eigenen Geschmack entspricht. Die Geschichte bietet aber nur „Pakete" an, einschließlich des „real existierenden" Kapitalismus mit seinen systemspezifischen, immanenten Problemen.

1983 schrieb ich eine Studie unter dem Titel „The Health of Nations" (Die Gesundheit der Nationen), worin in knappen Worten die Pathologie von sieben schweren Krankheiten beschrieben wird: Inflation, Arbeitslosigkeit, Mangel, übermäßiges Ansteigen der Auslandsverschuldung, Wachstumsstörungen, verletzende Ungleichheit und Bürokratisierung.[1] Man könnte der Liste natürlich noch viele andere hinzufügen. Dann wagte ich die Behauptung, dass es kein sozio-ökonomisches System ohne Krankheiten gebe, aber dass wir unsere Krankheiten selbst wählen könnten. Zu unserem Glück hätten wir ein Sozialsystem entwickelt, das nur unter zwei oder drei dieser Krankheiten leide. Im schlimmsten Fall krankten Länder an vier oder fünf davon.

Die Massenarbeitslosigkeit nach dem Übergang vom Sozialismus zum Kapitalismus hat mich nicht überrascht. Man konnte sich bemühen, sie in Grenzen zu halten, aber sie nicht gänzlich vermeiden. Ebenso wenig hat es mich überrascht, dass die Einkommensunterschiede plötzlich zunahmen. Eine radikale Nivellierung wäre unmöglich gewesen, aber man konnte Maßnahmen ergreifen, um den Bedürftigen zu helfen und menschenwürdige Bedingungen für alle zu garantieren.

Mehrere Umstände verhalfen mir zu realistischeren Erwartungen als die meiner Umgebung. Ich bin von Beruf Forscher, der sich auf die komparative Sozialwissenschaft spezialisiert hat. Das ist mein Geschäft. Meine Arbeit hatte sich über Jahrzehnte darauf konzentriert, die Natur des Kapitalismus und des Sozialismus zu erkunden und beide miteinander zu vergleichen. Und mein Bild der entwickelten kapitalistischen Länder stammte nicht aus Büchern oder von kurzen touristischen Reisen, sondern aus der täglichen Erfahrung über einen Zeitraum von mehreren Jahren. Ich hatte Gelegenheit, die schriftlichen Zeugnisse mit dem zu vergleichen, was ich mit eigenen Augen sah, und kann getrost behaupten, mir keine Illusionen über den Kapitalismus zu machen.* Trotz vieler schlimmen negativen Eigenschaften wollte ich letztlich lieber unter dem kapitalistischen System leben als in der lustigsten Baracke des sozialistischen Lagers.

Noch aus einem weiteren Grund enttäuschte der Systemwandel mich nicht, denn ich habe eine wissenschaftliche Grundregel tief internalisiert: Die positive und die normative Analyse eines Phänomens sind strikt voneinander zu trennen. Jeder hat ein Recht auf seine Träume – wie traurig, wenn Dichter sie aufgeben. Aber mich irritieren Leute, die vorgeben, Sozialwissenschaftler zu sein, und Utopie mit Realität vermischen, vor allem wenn sie aus ihrer Geistesverwirrung eine Tugend machen und es nicht vertragen, wenn man ihren Träumen die Realität entgegen hält. Manchmal bin ich unter Intellektuellen mehr oder minder allein mit meiner Ansicht, der Systemwandel sei eine wirklich gewaltige Leistung. Mein Gefühl, einen glücklichen Wendepunkt in der Geschichte erlebt zu haben, endete nicht mit der ersten Euphorie von 1989–90, sondern dauert heute noch an, anderthalb Jahrzehnte danach.

Es gab Zeiten, da wollte ich in einem Koffer die vielen Dinge, die man nicht bekommen konnte, aus dem Westen mit nach Hause bringen. Jetzt ist die Auswahl in Budapest größer als in Boston. Damals brauchte ich persönliche Beziehungen, um einen Telefonanschluss zu bekommen. Jetzt bemühen sich die Telefongesellschaften um mich als Kunden. Vielleicht bin ich als Autor von *Economics of Shortage* der einzige, der der Beseitigung der chronischen Mangelerscheinungen hohen Wert beimisst. Erinnert sich niemand mehr an die frühere Unzufriedenheit, nicht einmal die älteren Leute?

Früher brauchte ich die Zustimmung des Parteisekretärs und des Personalmanagers meiner Arbeitsstelle, um ein „Ausreisefenster" in meinem Pass überhaupt

* Zwei Arten von Illusionen weisen gewisse Ähnlichkeiten auf. Die Neue Linke konstruierte sich Fantasien über ein sozialistisches Utopia und wandte sich angewidert vom aktuellen Sozialismus ab. Gleichzeitig machten sich vor dem Systemwechsel viele Mitglieder der Intelligenz ein verzerrtes Bild vom „Westen", seiner Demokratie und seiner Marktwirtschaft. Angesichts des wirklichen Kapitalismus waren sie entsetzt, denn sie verglichen ihn nicht mit realistischen Erwartungen, sondern mit ihren eigenen utopischen Vorstellungen.

beantragen zu dürfen. Jetzt kann ich in einen Zug oder ein Flugzeug steigen, wann immer ich möchte. Damals warfen wir uns einen wissenden Blick zu, wenn es einem gelungen war, eine kritische Bemerkung über das Regime in eine gedruckte Arbeit zu schmuggeln. Heute greift mit seltenen Ausnahmen jeder die führenden Politiker in der Zeitung oder im Fernsehen an. Ich kann es doch nicht einfach hinnehmen, dass wir so viel erreicht haben. Erwähne ich das meinen Freunden gegenüber, stimmen sie zu. „Oh ja, Du hast ja recht, aber ...", sagen sie und kehren zu ihren Klageliedern über ihre schlechten Erfahrungen zurück.

Natürlich gab es genug Enttäuschendes. Da waren Probleme, die ich nicht hatte kommen sehen und manches, was ich zwar vorhergesehen hatte, zeigte sich schwieriger als gedacht. Ich sage das durchaus selbstkritisch. Ich rede hier nicht von nachteiligen oder gar hässlichen Ereignissen, die einfach nicht vorherzusehen waren, sondern von Dingen, die ich hätte antizipieren können, wenn ich besser über die anstehenden Veränderungen nachgedacht hätte.

Ich machte zum Beispiel recht naive Annahmen über die Arbeit des Parlamentes. Man kann das im Buch *The Road to a Free Economy* nachlesen. Ich erwartete zu viel von der Gewaltenteilung, von der Möglichkeit der Legislative, die Exekutive zu kontrollieren. Ich dachte dabei vielleicht an das Verhältnis von Präsident und Kongress in einem der großen Momente der Geschichte der amerikanischen Demokratie. Watergate war eine wichtige Erfahrung für mich. Senatoren und Mitglieder des Repräsentantenhauses, darunter Männer aus Nixons eigener Partei, führten eine Untersuchung durch, die mit dem Rücktritt des Präsidenten endete. Ich verfolgte im Fernsehen die vielen Kommissionssitzungen des Senats und des Repräsentantenhauses, in denen die Vertreter der Gesetzgebung sich bemühten, die Arbeit der Exekutive zu überwachen, wobei sie häufig auch gegen die eigenen Parteiinteressen votierten. Ich sage „häufig", denn das gelang nicht immer.* Selbst in einer fest verankerten Demokratie reicht es offenbar nicht, ins Parlament gewählt worden zu sein, um ausschließlich an die Interessen seiner Wähler und seines Landes zu denken, ohne Rücksicht auf Partei- und Regierungsbindung. Ich hätte etwas mehr Pragmatismus walten lassen sollen bei der Einschätzung, wie Regierung und Parlamentsmehrheit unter normalen Bedingungen zusammenarbeiten. Diese Lektion habe ich aus dem Verhalten der neuen Demokratien in Ungarn und anderen osteuropäischen Ländern gelernt.

---

* Anhänger der amerikanischen Demokratie im Lande und auch außerhalb machen sich Sorgen, dass Regeln mit dem Ziel, terroristische Angriffe zu verhindern, die Menschenrechte einschränken könnten. Ich hoffe, die demokratischen Kräfte in Amerika sind in der Lage, ihre Errungenschaften zu schützen, wie sie es schon so oft getan haben.

Ich war nicht vorbereitet auf den aufflammenden Nationalismus, der sich über die ehemals sozialistische Welt ausbreitete. Man hätte vielleicht derartige Entwicklungen erwarten können, jedoch nicht ihre tief greifenden Auswirkungen – auf das politische und geistige Leben und auf die menschlichen Beziehungen. Als ethnisch heterogene Föderationen fielen die Sowjetunion und Jugoslawien auseinander. Im ehemaligen Jugoslawien brach ein Krieg nach dem anderen aus. Auf dem Territorium der Sowjetunion fand ein Krieg zwischen Armenien und Aserbaidschan statt, und der Konflikt mit den Tschetschenen setzt sich bis zum heutigen Tag fort. Aber auch wo es nicht zur bewaffneten Auseinandersetzung kam, flammten die unterdrückten Gefühle nationaler Unabhängigkeit auf. Die Tschechoslowakei spaltete sich in zwei Staaten. Mit stärkerer oder geringerer Intensität gibt es zwischen benachbarten osteuropäischen Ländern Spannungen wegen der dort lebenden Minderheiten. Ethnische Minoritäten fordern Rechte. Die Russen zum Beispiel, die bislang die dominierende ethnische Gruppe waren, fanden sich plötzlich in mehreren neuen Ländern als Minderheit wieder, sogar als unterdrückte Minderheit.

Neben diesen internationalen Konflikten, die starke nationalistische Züge aufweisen, gibt es in einzelnen Ländern ähnliche Entwicklungen, die nicht weniger schädlich und hässlich sind: zum Beispiel Fremdenhass, Missachtung benachbarter Völker und Formen einer Anti-Roma- und antisemitischen Gesinnung, anfänglich nur sporadisch, dann mit wachsender Häufigkeit auftretend, bis sie gegenwärtig gesellschaftlich fast akzeptiert sind.

In den ersten zwei Kapiteln dieses Buches kann man nachlesen, was es für mich als Kind und als Erwachsenen bedeutete, Jude zu sein. Ich habe das die letzten 50 Jahre über nicht vergessen, selbst wenn es für mich keine Bedeutung hatte. Für mich war es belanglos, dass Marx Jude war und Stalin nicht. Ich hatte zuerst an beide geglaubt und mich dann von beiden abgewandt. Für mich war es belanglos, dass Rákosi Jude war und Kádár nicht. Und es war belanglos für mich, wer Jude war unter denen, die mich beeinflussten, mich angriffen, meine Arbeiten veröffentlichten, mich von der Universitätslehre ausschlossen oder mich auf einen Lehrstuhl beriefen. Ich bin kein Rassist. Für mich ist es belanglos, wer nach den Nürnberger Gesetzen oder dem ungarischen Gesetz als Jude galt und den gelben Stern tragen musste. Doch ich erinnerte mich an mein Judentum, als ich einen Artikel des ungarischen Dichters Sándor Csoóri las, in dem er erklärte, nach Auschwitz sei es hoffnungslos, von Juden in Ungarn zu erwarten, echte Ungarn zu sein.* War ich in seinen Augen kein vollwertiger Ungar?

---

* „Mit der Räterepublik, der Horthy-Periode und vor allem mit dem Holocaust sind die Aussichten auf

Ich bin nicht bereit, von Antisemiten oder anderen Rassisten irgendeine Klassifizierung nach Rasse oder Religion zu akzeptieren. Ich bin aus Selbstschutz Jude, um meine Menschenwürde zu verteidigen. Einem Antisemiten gegenüber erkläre ich hoch erhobenen Hauptes, dass ich Jude bin. Anders kann ich mit so unmoralischen und widerlichen Diskriminierungen unter Menschen nicht umgehen. Ich muss gestehen, ich hatte nicht erwartet, den Tag erleben zu müssen, an dem einige Leute die „Judenfrage" wieder auf die Tagesordnung bringen würden. Die Zeit nach dem Systemwandel hat mich auch in dieser Hinsicht enttäuscht, zugegeben auch hier, weil ich nicht klar genug vorausgeschaut habe.

Ich habe ausführlich über erschreckende Vorkommnisse berichtet, die mich teilweise völlig unvorbereitet fanden. Daraus mag der Leser ableiten, dass ich den Veränderungen nicht kritiklos gegenüberstehe. Unsere Gesellschaft befindet sich in einem Gärungsprozess, in dem sich Gutes mit Schlechtem, Schönes mit Geschmacklosem vermischen. Zur Bestimmung des jeweiligen Mischverhältnisses gibt es keine objektiven Regeln. Jeder erfährt diesen merkwürdigen Verschnitt auf ganz persönliche Weise.

Um mich herum sehe ich viele Pessimisten. „Nun, was sagst du dazu?" fangen Freunde an und erzählen mir eine neue schreckliche Geschichte. Was soll ich sagen? Würde ich die positiven Merkmale des Systemwandels und die künftigen Erfolgsaussichten preisen, klänge das wie das optimistische offizielle Geschwätz, das kommunistische Volksaufklärer und Agitatoren vor etwa fünfzig Jahren auf dem Lande verbreiteten. Für eine Autobiographie reicht es aus, mich auf meine eigene Geschichte von Optimismus und Pessimismus zu beschränken.

Vor dem Systemwechsel tendierte ich zu einer pessimistischen Variante. Pessimismus sollte einen nicht daran hindern zu handeln, schrieb ich in der bereits erwähnten Studie „Health of Nations" von 1983. Ich zitierte Camus' Roman *Die Pest.* Der Arzt Rieux unterhält sich mit seinem Freund Tarrou, der ihm bei der Bekämpfung der Pest geholfen hatte. „ ‚Ja, aber deine Siege werden nie von Dauer sein; das ist alles.' Rieuxs Gesicht verfinsterte sich. ‚Ja, das weiß ich. Aber das ist kein Grund, den Kampf aufzugeben.'"[2]

Im Vorwort zur amerikanischen Ausgabe von *Contradictions and Dilemmas* schrieb ich 1986: „Ich muss den Leser warnen: Dies ist kein optimistisches Buch, auch kein ausgesprochen pessimistisches. Seit Jahrhunderten gibt es eine ungari-

---

eine geistige und gefühlsmäßige Integration an eine Grenze gestoßen. Jetzt ist es das liberale ungarische Judentum, das die Ungarn in Einstellung und Verhalten assimilieren möchte. Zu diesem Zweck hat es sich eine parlamentarische Plattform geschaffen, was ihm früher nie möglich gewesen ist" (Csoóri 1990, S. 5).

sche Tradition: Du bist resigniert oder verzweifelt oder wütend und die Aussicht auf ein glückliches Ende ist gering, und trotzdem arbeitest du hartnäckig und ehrlich, die Situation zu verbessern. Wer die Klassiker des ungarischen Dramas oder der Poesie gelesen hat (einiges davon ist ins Englische übersetzt) oder die Musik von Bartók hört, kennt diese widersprüchliche Stimmung. Vielleicht kann auch ein Vertreter eines farblosen, nicht-philosophischen Fachs wie der Ökonomie sich in diese Tradition einreihen."[3]

Seit dem Systemwandel neige ich zum Optimismus. In ein paar Zeilen Bilanz zu ziehen zwischen den Vorteilen und Nachteilen des Wandels, der sich im Land und in der Welt vollzogen hat, scheint mir nicht angebracht. Selbst ein weiteres, umfangreiches Buch wäre dafür nicht ausreichend. Ich möchte nur einige wenige Phänomene erwähnen, um die Wendungen anzudeuten, die meine Einstellung zum Leben verändert haben. Ich leugne nicht die Probleme und ich stelle mich ihnen, aber vor mir tut sich eine andere Zukunft auf, seit in der post-sozialistischen Region vielen Millionen Menschen die Chance der Freiheit geboten wird. Diese Chance löste eine neue, gewaltige Welle der Demokratisierung aus, die sich an frühere Wellen anschließt. Die Welt der Tyrannei wurde damit kleiner und die Welt der demokratischen Institutionen, seien sie nun stärker oder schwächer, hat sich erheblich erweitert. Es mag wohl sein, dass dieser Prozess an einigen Orten zum Stillstand kommt oder sich vielleicht sogar umkehrt. Doch ich bin überzeugt, dass solche Rückschläge nur von kurzer Dauer sein werden. Mit Schaudern höre auch ich von den schrecklichen Taten der Extremisten und mache mir Sorgen über die unvorhersehbaren Folgen, sollten Massenvernichtungswaffen in terroristische Hände geraten. Trotzdem glaube ich, dass der historische Ausbreitungsprozess der Demokratie sich dem Trend der Jahrzehnte und Jahrhunderte folgend fortsetzen wird.

Die Produktion wächst überall, wenn auch mit unterschiedlichen Raten. Die Technik entwickelt sich, und die Menge der für den Konsum verfügbaren Ressourcen nimmt zu. Natürlich tauchen immer wieder neue Schwierigkeiten auf, die es zu überwinden gilt. Trotzdem liegt es mir nicht, das Übel der Konsumgesellschaft oder der Überalterung zu beklagen oder die Ausbreitung des Computers. Für mich ist es ein Fortschritt, wenn in den Dörfern Licht brennt und das Abwasser entsorgt wird, wenn Epidemien gemeistert werden und die Lebenserwartung steigt und wenn die Menschen durch die moderne Informationstechnologie besser miteinander kommunizieren. Ich habe mich zu einem Optimisten gewandelt, der die Probleme kennt und sie zu lösen wünscht.

Collegium Budapest

Durch den Systemwandel änderten sich meine Arbeitsbedingungen in Budapest ganz wesentlich. Seit 1955 gehörte ich zum Stab des Instituts für Ökonomie der Ungarischen Akademie der Wissenschaften, unterbrochen nur von einem neunjährigen Zwangsaufenthalt in anderen Institutionen. 1992 erhielt ich die Einladung, dem Collegium Budapest beizutreten, einem Institut, das sich gerade in Gründung befand. Ich wurde ein Gründungsfellow und verlegte den Schwerpunkt meiner Aktivität in Budapest an meinen neuen Arbeitsplatz. Wohl verließ ich das Institut für Ökonomie mit gemischten Gefühlen, wie das in einem solchen Fall normal ist, und blieb ihm und vielen seiner Mitglieder durch emotionale Beziehungen, Freundschaft und Erinnerung verbunden.*

Die Gründung des Collegium Budapest hatte Professor Wolf Lepenies, der Rektor des Wissenschaftskollegs zu Berlin (Wiko), in die Wege geleitet. Das Berliner Institut war nach dem Vorbild des *Institute for Advanced Study* in Princeton eingerichtet worden, wo es, wie ich schon geschildert habe, für die eingeladenen Fellows hervorragende Bedingungen gab, um ein Jahr mit Lesen, Denken, Forschen und Schreiben frei von allen Lehr- und Verwaltungspflichten zu verbringen. Professor Lepenies und sein enger Mitarbeiter Joachim Nettelbeck, der Sekretär des Wiko, hielten die Zeit für reif, auch in Osteuropa ein Institut für höhere Studien zu gründen. Nach einigem Hin und Her und nachdem sie die Möglichkeiten in Polen und der Tschechischen Republik geprüft hatten, wählten sie Ungarn als Standort für die Schwesterorganisation und machten sich daran, eine Gruppe von Sponsoren zu gewinnen, darunter einige westeuropäische Regierungen und Stiftungen.

Am Beginn der Verhandlungen bat mich Professor Lepenies um meine Mithilfe. Das Amt des Rektors konnte ich nicht akzeptieren, vor allem weil ich die Hälfte meiner Zeit in Harvard verbrachte. Aber ich willigte ein, als „Permanent Fellow" dem kleinen Team anzugehören, das das Collegium Budapest leitet. Bereitwillig verwendete ich einen Teil meiner Kraft darauf, das neue Institut zu fördern. Beispielsweise nahm ich jedes Jahr an der Auswahl der einzuladenden Fellows teil. Das Collegium Budapest arbeitet in Ungarn als internationales Institut, wobei man Ungarn (aus dem In- und Ausland) und Wissenschaftler aus Ost und West in einem ausgewogenen Verhältnis einlädt. Es sieht eine Hauptattraktion in seiner Interdis-

---

* In Kapitel 11 habe ich das Leben im Institut für Ökonomie beschrieben und dabei erwähnt, dass es für meine Gruppe zur Gewohnheit geworden war, um halb zwölf gemeinsam zum Mittagessen zu gehen. Meine lange Dienstzeit hat ihre Spuren hinterlassen. Die ehemaligen Mitglieder der Kornai-Gruppe, die dort noch immer arbeiten, gehen weiterhin als erste um halb zwölf zum Essen, nicht nur wenn ich sie besuche, sondern auch an anderen Tagen.

ziplinarität, und so sitzen Musikwissenschaftler und Genetiker, Philosophen und Historiker am Mittagstisch in höchst angeregter Unterhaltung zusammen. Jeder Fellow stellt in einem Seminar den anderen seine Arbeit vor und zwar so, dass Vertreter anderer Disziplinen dem folgen können. Bei der Auswahl der Fellows wird besonders auf eine ausgewogene Mischung der Disziplinen geachtet.

Es gibt Forschungsprojekte, die von einzelnen betrieben werden, andere Wissenschaftler organisieren sich in Gruppen, manchmal mit dem Schwerpunkt auf einem besonderen Thema. Die jüngste zum Thema „Ehrlichkeit und Vertrauen im Licht der post-sozialistischen Transformation" leitete ich zusammen mit der Yale-Professorin Susan Rose-Ackerman. In der Zusammenarbeit von Ökonomen, Soziologen, Politologen, Anthropologen, Philosophen und Juristen aus vierzehn Ländern entstanden mehr als vierzig Studien mit dem Material für zwei Publikationen, die 2004 erschienen sind.[4]

Bei diesem Projekt wurde mir klar, wie hoch die Mauern sind, die Einzeldisziplinen der Sozialwissenschaften voneinander trennen. Als die Mitglieder der Schwerpunktgruppe ihre Arbeit präsentierten, zeigte sich immer wieder, dass Vertreter einer Disziplin nur ihr eigenes Idiom, den eigenen konzeptuellen Rahmen und die dort üblichen Forschungsmethoden wirklich verstanden. Alle kennen die klassische Literatur und die neuesten theoretischen Moden ihres eigenen Fachs, aber über Sprache, Literatur und Methoden anderer Felder sind sie nur am Rande informiert. Wenn sich in unserer kleinen Gruppe Vertreter der einen Zunft den anderen gegenüber verständlich machen mussten, war außergewöhnliche intellektuelle Klarheit gefragt, denn was für Ökonomen selbstverständlich ist, ist es keineswegs für Soziologen oder Juristen, die mit anderen Axiomen und Ansätzen arbeiten. Die Mitglieder der Schwerpunktgruppe haben sich auf diese Weise nicht nur besonderes Wissen und konkrete Forschungsergebnisse erarbeitet, sondern interdisziplinäre Kooperation auch als geistige Erfahrung mit anhaltendem Effekt erlebt.

Die Arbeit für das Collegium Budapest brachte oft schwierige und heikle Entscheidungen mit sich. Mancher Kampf musste ausgefochten werden, um die Integrität und die geistige und politische Unabhängigkeit dieser in Ungarn einzigartigen Institution zu bewahren. Es fiel nicht immer leicht, Interventionsversuche und politischen Druck abzuwehren – taktvoll, aber natürlich entschieden. Das fand außerhalb der öffentlichen Aufmerksamkeit statt und konnte dementsprechend auch keine Anerkennung finden. Aber es gehört zu den großen Erfolgen meines Lebens.

Jetzt bin ich der einzige Akademiker, der am Collegium Budapest von Beginn an gearbeitet hat. Seit ich den Titel „Permanent Fellow emeritus" erhielt, bin ich von Verwaltungsaufgaben freigestellt, nehme als Forscher aber weiterhin am Institutsleben teil. Die dortige Umgebung macht mir intellektuell und ästhetisch noch immer genau so viel Freude wie am ersten Tag. Trete ich in den Abendstunden aus dem Haus, habe ich den angestrahlten Turm der Matthiaskirche vor mir. Die Gassen und Plätze des Burgviertels von Buda verzaubern mich, und ich empfinde es immer wieder als Privileg, unter so ruhigen Umständen in dieser faszinierenden Umgebung zu arbeiten.

Ein schönes Intermezzo: mein siebzigster Geburtstag

Der letzte Abschnitt ging über meine Arbeit, und davon handelt auch der nächste. Aber dazwischen möchte ich ein etwas persönlicheres Ereignis berichten, das am Collegium Budapest stattfand. Meine Frau Zsuzsa bereitete unter größter Geheimhaltung eine Feier zu meinem siebzigsten Geburtstag vor. Wie ich hinterher herausfand, hatte der damalige Rektor Gábor Klaniczay ihr das Institut für diese Gelegenheit angeboten und sie tatkräftig unterstützt. Am Abend des Ereignisses sagte Zsuzsa, sie wolle mich zum Abendessen einladen, ich solle mich festlich anziehen. Ich legte sogar eine Krawatte um! Wir stiegen ins Auto und fuhren zum Collegium Budapest hinauf, und da kam es dann heraus: ein Geburtstagsbankett! Zsuzsa hatte zweiundfünfzig Leute eingeladen, darunter die Familienangehörigen aus allen Himmelsrichtungen und unsere engsten Freunde. Jeder war gekommen, und alle schwiegen bis zur letzten Minute. Noch als wir ankamen, hatte ich nicht die leiseste Idee.

Nachdem alle eingetroffen waren, gingen wir in den Vortragsraum, wo Zsuzsa als erste sprach. Sie dankte denen, die ihr bei der Organisation geholfen hatten und erwähnte als ersten unseren guten Freund, den Historiker Péter Hanák, der sich zu Beginn an den Vorbereitungen beteiligt hatte, uns aber noch vor dem Ereignis verlassen musste. Sie wollte mehr sagen, doch nach den ersten paar Sätzen brach ihre Stimme und ihre Augen füllten sich mit Tränen, so dass sie nicht fortfahren konnte. Unter stürmischem Applaus verließ sie das Rednerpult. Dieser anrührenden Szene folgte ein Streichquartett von meinem Lieblingskomponisten Mozart. Mein Freund Lajos Vékás, Gründungsrektor des Collegium Budapest und großer Musikliebhaber, hatte das Auer Quartett für diesen Abend gewonnen. Dann wurden einige lustige Reden gehalten, in denen Freunde unterhaltsame Episoden aus vergangener Zeit erzählten. Péter Kende erinnerte an unser gemeinsames erstes Jahr in der Volksschule. Als er Geburtstag hatte und seine Eltern vorschlugen, mich einzuladen, rief er: „Oh nein, nicht Hansi, das ist ein Schläger!" Ich traute meinen Ohren kaum! Ich, ein Schläger?

Dann folgten György Litván und András Nagy, der über unsere Zeit am Institut für Ökonomie sprach. Wer mich gut kennt, weiß, dass kaum eine Mahlzeit vorbeigeht, ohne dass ich etwas auf mein Hemd oder meinen Anzug fallen lasse. Das passierte in den frühen Tagen des Instituts für Ökonomie mit einem brandneuen Anzug. Freunde boten sich an, die Hose rasch in die Reinigung zu bringen, um den Flecken entfernen zu lassen. Ich wurde in der Unterhose in mein Büro eingesperrt. Da klingelte das Telefon. Die Reinigung könne es leider erst morgen machen, und ich möchte mich bitte bis dann gedulden. Gott sei Dank war das ein Scherz, und meine Hose kam wenig später unter viel Gelächter zurück. Auch Mihály Laki berichtete einige amüsante Begebenheiten. Er machte in Mátraháza Urlaub, als auch ich dort war, allerdings in Arbeit vertieft. Einmal luden mich die Lakis zu einem Spaziergang ein. Als wir losgingen, schaute ich auf meine Uhr und sagte: „Für diesen Spaziergang habe ich genau eine Stunde Zeit." Die Geschichte ist glaubhaft. Noch heute, wenn ich zu einem Spaziergang aufbreche, schaue ich auf die Uhr und stelle fest, wie viel „Laki-Zeit" ich habe.

Wir gingen zu Tisch. Dort hielt mein Sohn András im Namen der Kinder eine humorvolle Rede, und meine schwedische Enkelin Zsófi sprach im Namen der Enkel liebe Worte in perfektem Ungarisch. Schließlich ergriff Judit Rimler für unsere Freunde das Wort und überreichte mir feierlich eine besondere Plakette, den „Orden des Oberhundes". Das war in der Tat eine große Ehre, denn Hunde liebte Judit am meisten.

Ich schaute bewegt und glücklich in die Runde. Unsere drei Kinder, die Enkel und die nahe Budapester Familie zusammen zu sehen, war ein einmaliges Ereignis, und dazu die vielen Freunde. Das war kein Kreis, der regelmäßig zusammenkam. Manche kannten einander, aber andere trafen sich hier zum ersten Mal. Was sie an diesem Abend zusammenbrachte, war die gemeinsame Absicht, mir zu gratulieren. Ich bin schon früher gefeiert worden. Es gehört zu unserer Familientradition, einen Geburtstag mit einer Reihe von Festlichkeiten zu begehen, nicht nur eine kurze Gratulation und ein paar Geschenke. Ich bin stolz, an einigen anderen, sehr viel formelleren Feiern teilgenommen zu haben. Sie fanden aus Anlass einer Ehrenpromotion an verschiedenen Universitäten statt, als der französische Botschafter Freunde von mir zur Verleihung der Ehrenlegion einlud und als Kollegen und Freunde mir am Collegium Budapest zu meinem siebzigsten und fünfundsiebzigsten Geburtstag gratulierten. Zu meinem Siebzigsten wurde ich auch mit zwei Festschriften geehrt, die von ihren Herausgebern, von János Gács und János Köllő und von Eric Maskin und András Simonovits, überreicht wurden.[5] Jede dieser Zusammenkünfte machte mir große Freude, aber Zsuzsas Feier zu meinem Siebzigsten ließ mich ganz besonders fühlen, wie viel Zuneigung und Wärme mich umgeben. Das war einer der glücklichsten Augenblicke in meinem Leben.

Harvard: Lehre und Abschied

Nach dem Systemwandel behielt ich den zweimaligen Ortswechsel im Jahr zwischen Budapest und den Vereinigten Staaten bei. Auch in Harvard hatte ich den neuen Erwartungen zu entsprechen, die die Wende von 1989–90 mit sich brachte. Harvard war traditionell eines der intellektuellen Zentren der Forschung über die Sowjetunion und das kommunistische System und das aus mehreren Gründen. Hier arbeitete Alexander Gerschenkron, ein klassischer Wirtschaftshistoriker, nachdem er die Sowjetunion verlassen hatte. Das gleiche galt für Wassily Leontief und Simon Kuznets, beides mit dem Nobelpreis ausgezeichnete Ökonomen. Alle drei bewahrten sich ihr Interesse an dem, was in der östlichen Hälfte der Welt passierte. Jeder, der sich für die Sowjetunion, das kommunistische System und Osteuropa interessierte, tauchte irgendwann am *Russian Research Center* auf. Daneben gab es an der Universität ein berühmtes Zentrum für fernöstliche Studien, das einige herausragende China-Experten zu seinen Mitarbeitern zählte. Während meiner Zeit in Harvard unterhielt ich einen intensiven Kontakt zu diesen Zentren und vielen ihrer Wissenschaftler und gab bei zahlreichen Gelegenheiten Vorlesungen.

Der Fall der Berliner Mauer sorgte für große Aufregung. Eine Zeit lang gab es kaum einen Wissenschaftler, der sich nicht für die neuen Nachfolgestaaten der Sowjetunion und Osteuropa interessierte. Einige Fakultätsmitglieder opferten Zeit und Energie für ein oder zwei Blitzbesuche oder eine Reihe von Konferenzen. Andere, darunter hervorragende Talente, widmeten sich für mehrere Jahre ganz der post-sozialistischen Transformation. Das Telefon klingelte und ein Kollege war auf dem Absprung nach Budapest oder in ein anderes früher sozialistisches Land; er wollte sich über die dortige Lage informieren. Ich erhielt Einladungen, vor verschiedenen Harvard-Seminaren zu sprechen. Einmal musste ich in einer einzigen Stunde der Einführung in die Ökonomie etwa tausend Studenten erklären, wie das sozialistische System funktioniere und was die Transformation beinhalte. Es war ein denkwürdiger Augenblick und das in dem schönen, holzgetäfelten *Sanders Theater*, wo meine Frau und ich oft und gern Konzerte besuchten.

In den Jahren nach dem Systemwandel organisierte ich „Dinnerseminare" im Fakultätsklub, zu denen ich alle Professoren einlud, die mit der post-sozialistischen Transformation in Forschung, Lehre und Beratung zu tun hatten. Wir trafen uns regelmäßig, und jeder Teilnehmer berichtete beim Essen über seine Erfahrungen. Dem folgten spannende Diskussionen und heftig ausgetragene Meinungsverschiedenheiten. Die neue Situation faszinierte Studenten und Professoren gleichermaßen.

Meine Veranstaltung zum sozialistischen System hatten schon vorher eine zahlreiche Hörerschaft angezogen, für gewöhnlich mehr als die anderen Wahlfächer, die den Studenten im Ph.D.-Programm angeboten wurden. Jetzt stiegen die Zahlen um ein Mehrfaches. Im Verlauf der 1990er-Jahre kamen immer mehr Studenten aus den ehemals sozialistischen Ländern, darunter viele Russen, Ukrainer, Rumänen, Bulgaren, Usbeken und, wie vorher schon, Chinesen. Besondere Freude machten mir einige ungarische Studenten.

Die Lehre ist für mich immer mit umfangreichen Vorbereitungen verbunden, aber jetzt wurde die Aufgabe wirklich schwierig. Die politische Wende und der Systemwechsel stellten für den Vergleich der Wirtschaftssysteme, für die Sowjetforschung und alle Osteuropaspezialisten eine große Herausforderung dar. Einige verließen einfach das Feld in der Überzeugung, das erworbene Wissen werde sich unmöglich weiter nützlich einsetzen lassen. Andere wie ich krempelten die Ärmel hoch und machten weiter. Was ich über das sozialistische System zu sagen hatte, war gereift in jahrzehntelanger Forschung und Bibliotheksarbeit. Die Institutionen, die politische und ökonomische Struktur und das Rechtssystem der post-sozialistischen Region änderten sich andererseits fortwährend und das bis heute. Ich konnte deshalb nur vorläufiges, nicht ausgereiftes Material anbieten und gab das auch offen zu. Doch hielt ich selbst das für nützlicher, als gar nichts zu sagen.

Ein „Transitologe“ zu sein, ist, wie der Name schon andeutet, nur ein vorübergehender Job: Wenn die Übergangsperiode vorbei ist, findet auch diese merkwürdige Beschäftigung ein Ende. Doch nutzt man diese einmalige Gelegenheit richtig, kann das Ergebnis zu unschätzbaren Einsichten führen, die sich vielfältig einsetzen lassen. Die Geschichte zeigt uns wie in einem Labor den Ablauf einer großen Transformation in einer nach historischen Dimensionen unglaublich kurzen Zeit. Im Rückblick bedauere ich nicht, mich zusammen mit ein paar anderen in der Transformationsforschung engagiert zu haben. Zu meinem Leidwesen hat die Ökonomie oder, allgemeiner, haben die Sozialwissenschaften die damals verfügbaren aufregenden und enorm aufschlussreichen Angebote zu wissenschaftlicher Forschung nicht voll ausgeschöpft.

Als ich mit der Lehre über die Transformation begann, hatte ich das Gefühl, die Sache selbst nicht adäquat behandeln zu können. Ich organisierte eine Vorlesungsreihe und lud einige der „Stars“ auf diesem Gebiet ein. Die Studenten strömten auch in großer Zahl in die Vorträge und stellten interessierte Fragen. Trotzdem hörte ich im privaten Gespräch immer wieder, dass es ihnen schwer fiel, das Material systematisch zu erfassen. Jeder Sprecher brachte eine andere Perspektive, Forschungsmethode und vorgefasste Meinung in den Hörsaal mit, so wie es auch sein sollte, aber die Hörer konnten es nicht einordnen. Als die Grundzüge der Transformation deutlicher wurden, versuchte ich, eine Vorlesungsreihe mit einer einheitlichen konzeptuellen Linie und Struktur zu entwickeln, was von den Studenten bereitwillig aufgenommen wurde. Zehn Jahre früher hatte ich mein Vorlesungsmaterial zum sozialistischen System noch in Buchform veröffentlicht. Es besteht zwar ein Bedarf nach zusammenfassenden Monographien zur Transformation, aber das überlasse ich jetzt lieber einer jüngeren Generation.

Die Jahre verstrichen, und es schien mir an der Zeit, über die Zukunft nachzudenken. Dazu sind vielleicht ein paar Worte über die Bedingungen der Pensionierung in den Vereinigten Staaten angebracht. Das amerikanische Gesetz verbietet Diskriminierung auf Grund des Alters. Die Arbeitgeber können Angestellte, für die sie keine weitere Verwendung haben, im Alter von 30 oder von 70 Jahren entlassen. Aber das Gesetz erlaubt dem Arbeitgeber nicht, die Angestellten zu zwingen, mit genau 60 oder 65 Jahren in den Ruhestand zu treten. In der Regel ist „Alter" kein Entlassungsgrund. Diese Schutzmaßnahme verbindet sich im Fall von fest angestellten Universitätsprofessoren mit einem weiteren Privileg. Wie ich bei der Beschreibung der Institution schon erwähnt habe, können sie von der Universität nicht entlassen werden, von außergewöhnlichen Umständen abgesehen. All das bedeutet letztlich, dass es anders als in Europa, für diese privilegierte Gruppe, zu der ich gehörte, kein obligatorisches Pensionsalter gibt. In den Staaten entscheiden die Universitätsprofessoren selbst, wann sie in den Ruhestand treten. Wenn sie wollen, können sie so lange, wie sie physisch dazu in der Lage sind, aktiv bleiben.

Es gibt ein relativ bescheidenes staatliches Ruhegehalt ungefähr auf dem Subsistenzniveau, das jedem Bürger zusteht, der seine Sozialversicherungsbeiträge entrichtet hat. Zusätzlich dazu zahlt die Universität für alle aktiven Angehörigen Prämien in einen privaten Pensionsfonds ein. Im Fall der Pensionierung erhält man die kumulierten Prämien und den Ertrag, ohne dass eine konkrete Summe garantiert wäre. Die Auszahlung hängt vor allem von den Dienstjahren und vom Gehalt ab. Im Weiteren wird sie vom gewählten Investitionsportfolio und von den Erträgen der Investitionen bestimmt.

Was bedeutet in den Staaten Pensionierung für einen Universitätsprofessor? Was sein Einkommen betrifft, hat er mehrere Wahlmöglichkeiten: eine einmalige Zahlung oder eine Jahresrente usw. Er kann bestimmen, dass nach seinem Tod seiner Witwe eine Jahresrente ausbezahlt wird usw. Hat ein Lehrer vier bis viereinhalb Jahrzehnte unterrichtet und die üblichen Stufen der universitären Karriereleiter erklommen, dann ist die Pensionierung also nicht mit einem drastischen Rückgang des Einkommens verbunden. Gleichzeitig befreit einen der Ruhestand von den Lehr- und Verwaltungsverpflichtungen. Doch wenn man weiter in der Forschung tätig sein möchte, unterstützt die Universität für gewöhnlich Anträge auf Finanzierung. Universitätsräume und andere Hilfsmittel stehen weiterhin zur Verfügung. Man bleibt in der stimulierenden Atmosphäre der Universität, geht in die Bibliothek, nutzt die Schwimmbecken der Universität, schaut im Fakultätsklub vorbei und ist nach wie vor volles Mitglied des subventionierten universitären Krankenversicherungsprogramms. Kurzum, ein Universitätsprofessor in den Staaten verliert finanziell und intellektuell wenig, während er viele Verpflichtungen abgibt. Deshalb erstaunt es kaum, dass sich die meisten bald, d.h. im Alter von etwa siebzig Jahren, für den Ruhestand entscheiden.

Mein Fall lag anders. Weder das Gesetz noch ein Vertrag zwangen mich, in den Ruhestand zu treten. Doch meine Frau und ich mussten sorgfältig darüber nachdenken, ob wir in Zukunft die doppelte Belastung von zwei Anstellungen auf uns nehmen wollten. Wie lang würden wir damit fertig werden, zwei Mal im Jahr einzupacken, den Wohnort zu wechseln und wieder auszupacken? Wie lang würden wir noch die vielen administrativen Aufgaben bewältigen, die mit unserem parallelen Leben in Budapest und Cambridge verbunden waren, ganz zu schweigen von der Anstrengung, an zwei verschiedenen Orten zu arbeiten. Wir wollten nicht warten, bis eine unerwartete Krankheit uns die Entscheidung abnehmen würde. Stattdessen entschieden wir uns dafür, den amerikanischen Zweig unseres Arbeitslebens abzuwickeln, solange wir noch die Kraft hatten, das effizient zu tun.

Anders als für meine amerikanischen Kollegen bedeutete die Pensionierung für uns nicht nur Entlastung von den Lehrverpflichtungen, sondern gleichzeitig einen großen Verlust. Nach Ungarn zurückzukehren hieß, das unvergleichliche intellektuelle und kulturelle Leben, das in Harvard, Cambridge und Boston herrscht, zu verlassen. Ein Büro in der Universität, die Benutzung der weltgrößten akademischen Bibliothek und die Möglichkeit, mit alten Kollegen im Fakultätsklub zu speisen, sind für mich leere Privilegien – ich kann sie nicht nutzen.

Nach reiflicher Überlegung beschlossen wir, die Lehrtätigkeit in Harvard im akademischen Jahr 2001–02 zu beenden. Danach wollten wir endgültig nach Hause zurückkehren. Ich teilte meinen Studenten mit, sie seien die letzten, die ich unterrichten würde. Mit Rührung erinnere ich mich an die nette Feier, die sie am Ende veranstalteten und an die warmen Worte, die sie anonym auf ihre Beurteilungsfragebögen für den Fachbereich schrieben.

In Budapest haben mir ältere Leute erzählt, wie sie von Kollegen und Vorgesetzten auf recht unpersönlichen, formellen Feiern verabschiedet worden waren. Ich kann guten Gewissens berichten, dass auf meiner Pensionierungsparty herzliche Freundschaft und wissenschaftliche Substanz vorherrschten. Dale Jorgenson würdigte meine wissenschaftliche und öffentliche Arbeit in einer kurzen Vorlesung, die nicht nur seinen Respekt ausstrahlte, sondern auch die für ihn so typische Gründlichkeit. Als nächster Redner folgte Eric Maskin, der sich damals nicht mehr in Harvard, sondern am *Institute for Advanced Study* in Princeton aufhielt und extra für diese Gelegenheit nach Cambridge gekommen war. Er spickte seine Rede mit vielen humorvollen Anekdoten und berichtete, wie wir an der Theorie der weichen Budgetbeschränkung gearbeitet und wie wir unsere gemeinsamen Studenten behandelt hatten, eine Gruppe besonders talentierter Chinesen. Jeffrey Sachs erzählte von seinen fast ängstlichen Erwartungen, wenn er mir eine neue Arbeit zum Lesen gab; denn er wusste, ich beurteilte alles, was mir in die Hände kam, streng und unparteiisch. Er hob besonders hervor, dass ich in einer Welt, in der Tyrannei und Falschheit regierte, für die Wahrheit eingestanden wäre. In diesem Respekt vor der Wahrheit verglich er mich mit Adam Michnik und Václav Havel, was ich als großes Kompliment betrachtete.

Nach den drei ökonomischen Kollegen ergriff mein Sohn András das Wort und berichtete mit seinem liebenswürdigen Humor, was nach seiner familiären Erfahrung Wissenschaft und Harvard für mich bedeuteten. Auch ich sprach halb ironisch, halb ernst. Ich konnte und wollte nicht zeigen, wie gerührt ich war. Es fällt einem schwer, in dürren Worten zu sagen, was Schuberts Musik so schön ausdrücken kann: Zur gleichen Zeit glücklich und traurig zu sein. Achtzehn Jahre in dieser intellektuellen Umgebung verbracht zu haben, wo ich lernte, lehrte und Freunde gewann, das erfüllte mich mit Stolz. Es war sehr schmerzlich, das alles zurücklassen zu müssen.

Auf die Feierlichkeit folgte Abschied um Abschied: Freunden auf Wiedersehen sagen, einen kurzen Spaziergang durch vertraute Straßen und Plätze in Boston machen, ein letzter Blick auf unseren geliebten Harvard Square bei Nacht und ein kurzer Gang durch die Buchläden, die so spät noch geöffnet haben. Wir sagten András, seiner Frau Ági und den Enkeln auf Wiedersehen. Wir würden sie jetzt nur noch gelegentlich bei Besuchen in Ungarn sehen. Die Entfernung macht es uns nun besonders schwer, das Heranwachsen von Mishka, einem richtigen Lausbuben, und von Dani und Nóri zu beobachten, die gerade die besonders reizenden ersten Schuljahre durchmachten.

Wir fingen an, die Wohnung in der Mount-Auburn-Straße zu räumen, wo alles mit so viel Sorgfalt ausgewählt und angeordnet war. Einiges gaben wir weg, anderes ging mit nach Budapest. Kisten und Kartons füllten sich. Die Möbelpacker kamen und luden alles in einen Container, um es nach Budapest zu verfrachten.

Es war, als sähen wir einen Film aus unserer ersten Zeit in der Wohnung in der Mount-Auburn-Straße. Da schliefen wir wieder einige Tage auf Luftmatratzen auf dem Boden. Ich richte mir provisorisch einen Schreibtisch und ein Bücherbord in meinem Arbeitszimmer ein für den Computer und die Unterlagen, mit denen ich gerade arbeite. Es gibt bis zum allerletzten Moment immer etwas zu tun oder zu schreiben. „Einen standhaften Zinnsoldaten“ nennt mich Zsuzsa bei solchen Gelegenheiten nach dem Märchen von Hans Christian Andersen. Ein paar Videoaufnahmen dokumentieren diese lustigen, aber auch herzzerreißenden letzten Tage.

Schließlich war der letzte Tag gekommen, und wir reisten ab. Wie immer legten wir einen Zwischenstopp in Stockholm ein, um ein paar Tage bei unserer Tochter Judit und den Enkeln Zsófi und Anna zu verbringen. Dann flogen wir nach Budapest, wo mein Sohn Gábor und seine Familie, Tünde, Julcsi und Tomi uns am Flughafen in Empfang nahmen. Wir hoffen zwar, in Zukunft von Zeit zu Zeit nach Cambridge zurückkehren zu können. Aber das wird nicht die Rückkehr in unser amerikanisches Heim sein, wie wir sie Jahr für Jahr erlebten, wenn wir nach mehreren Monaten in Budapest wieder eintrafen. Ein Abschnitt unseres Lebens war unwiderruflich zu Ende gegangen.

Zu Hause zurück

Nach der Ankunft in Budapest beschäftigte uns der Umzug noch einige Zeit. Achtundzwanzig Jahre hatten wir in der Dobsinai-Straße gelebt. Zu Fuß in die dritte Etage zu unserer Wohnung hinaufzusteigen, wurde uns nun zu beschwerlich. Wir suchten ein Haus mit Fahrstuhl und fanden schließlich unsere Traumwohnung in Óbuda. Wir richteten sie mit den Resten aus den geliebten alten Wohnungen ein, mit Möbeln, Bildern und Büchern, die wir in Cambridge gekauft hatten, zusammen mit Möbeln, Dekorationsstücken und Büchern über Büchern aus unserer alten Budapester Wohnung.

Jeder der umgezogen ist, weiß, wie ermüdend das ist. In unserem Fall war es besonders anstrengend, da wir zwei Wohnungen, die amerikanische und die ungarische, in eine einzige zusammenzuführen hatten. Härter als die physische Ermüdung war die emotionale Belastung der Auswahl: Was sollten wir behalten, was verschenken, was wegwerfen? Wir hatten ältere amerikanische Freunde vor dem gleichen Problem erlebt, als sie aus geräumigen Vorstadthäusern in engere Stadtwohnungen umzogen. Jetzt standen wir vor Bergen von vertrauten Möbeln, Büchern und alten Papieren. Trotzdem kam der Umzug zur rechten Zeit. Verabredungen und Auseinandersetzungen mit Händlern, Installationen und Fliesen aussuchen, Bücher, Platten und Videobänder einordnen und Tausende andere Umzugsgeschäfte nahmen uns in Anspruch und ließen uns keine Zeit für nostalgische Gefühle und ein ständiges Rückerinnern an den traurigen Abschied aus Cambridge.*

---

* Unsere Erlebnisse beim Bau des Hauses in der Dobsinai-Straße waren eine Inspiration beim Schreiben von *Economics of Shortage*. Ich hätte jetzt eine gute vergleichende Studie über Hausbau 1974 und 2002

„Seid ihr verrückt geworden? Ihr wollt hierher zurückkommen, wo ihr dort drüben alles hattet – Job, Heim, eine glänzende Umgebung?" Das hörten wir mehr als einmal. Und in der Tat sehen wir um uns vieles, das uns missfällt und abstößt. Wenn ich die Fernseh- oder Radionachrichten einschalte, mache ich sie oft ziemlich schnell wieder aus. Ich mag es nicht hören, all die üble Nachrede, die Programme und falschen Ankündigungen, den schrillen Ton, der meine Ohren verletzt, die überflüssigen leeren Versprechungen und oberflächlichen Informationen. Nicht nur in der Politik, auch in anderen Lebensbereichen stoße ich auf zu viel Unhöflichkeit und Taktlosigkeit. Das ungeduldige Hupen eines Autofahrers, der an einer Ampel ein paar Sekunden warten muss, irritiert mich genauso wie die mangelhafte Aufmerksamkeit des Personals in einem Laden oder einem Restaurant.

Und doch fühle ich mich in dieser Welt zu Hause. Selbst das Hässliche ist vertraut. Ich kenne mich aus. Ich weiß oder kann es erraten, warum ein Fahrer ungehalten ist oder ein Mädchen in einem Geschäft an etwas anderes als an ihre Arbeit denkt. Es gibt einen alten Witz über eine ungarische Delegation in China. Mao Tsetung fragt die Delegierten nach der ungarischen Bevölkerungszahl. Wie er sie hört, meint er, „Wie schön für euch! Wenn ihr so wenige seid, dann muss ja jeder jeden kennen." Als Harvard-Professor stehen einem in Amerika viele Türen offen. Doch in dem weiten Land war ich ein kleiner unbekannter Punkt. Hier nicht. Ich habe hier siebenundsiebzig Jahre verbracht. Ich kenne viele Leute, wenn auch nicht jeden. Und selbst wenn ich nicht allen bekannt bin, wissen doch viele Leute, wer ich bin. Möchte ich einem Minister etwas sagen, dann empfängt er mich. Wenn ich den Herausgeber einer Zeitung anrufe, brauche ich mich nicht lange vorzustellen.

Geographisch sind mein Sohn András und seine Familie nun weiter weg, dafür wohnen Gábor und seine Familie in Budapest ganz nah. Judit und ihre Töchter lassen sich von Budapest aus ebenfalls leichter erreichen als von Cambridge aus, ganz zu schweigen von der Tatsache, dass wir jetzt gemeinsam Mitglieder der Europäischen Union sind. Es macht Freude, mit unseren erwachsenen Enkeln über ernste Dinge zu sprechen – mit Julcsi, Lehrer an einer Oberschule, und den Studenten Zsófi, Anna und Tomi. Wenn ich mit meinem Computer Probleme habe, kann ich auf die kundige Hilfe von Tomi rechnen. Natürlich ist das alles kein Tauschgeschäft. Die Abwesenheit eines Kindes oder Enkels wird nicht dadurch erträglicher, dass man ein anderes näher weiß.

---

schreiben können, nämlich darüber, wie sich der Verkäufermarkt in einen Käufermarkt gewandelt hat und die Angebotsbeschränkung der Wirtschaft in eine Nachfragebeschränkung. Im ersten Fall konnten wir nur über persönliche Beziehungen eine Badewanne mit einem Produktionsfehler bekommen und nur Ziegelsteine zweiter Wahl. Im zweiten Fall konnten wir Kacheln und Installationen aus einem reichen Angebot in mit Waren vollgestopften Läden wählen.

Wir haben uns wieder daran gewöhnt, abgesehen von gelegentlichen kurzen Reisen, ständig in Ungarn zu leben. Natürlich vermissen wir das Gefühl der früheren Jahre, wenn wir das Durcheinander zu Hause Leid waren und wussten, bald würden wir wieder im Flugzeug sitzen, Ungarns Probleme und Spannungen hinter uns lassen und alles für den Frieden, die Ruhe und die Schönheit von Cambridge eintauschen.* Kommt ein derartiges Bedauern auf, trösten wir uns mit einem anderen Gedanken. Endlich brauchen wir uns am Ende des Sommers keine Gedanken mehr zu machen über das Packen und Umziehen oder über die Aktualisierung meiner Vorlesungsnotizen. Achtzehn Jahre lang lebten wir im Rhythmus von Halbjahres- oder Jahresperioden, und das Hin-und-her-Pendeln hat die verstreichenden Jahre in Abschnitte geteilt. Jetzt fließt die Zeit gleichmäßig dahin. Wir sind zu Hause.

„Woran arbeiten Sie gerade?“

Das werde ich immer gefragt, wenn ich Freunde oder Bekannte treffe. Mit „nichts“ zu antworten, kann ich mir kaum vorstellen. Ich bin ein doppelter Emeritus, denn sowohl Harvard wie das Collegium Budapest haben mich mit diesem Titel geehrt. Ich hätte also ein Recht, mit der Arbeit aufzuhören. Wir kämen bequem auch ohne das Einkommen aus, das meine fortgesetzte Arbeit einbringt.

Die Zeit wird kommen, da ich tatsächlich aufhöre. Aber für die augenblickliche Situation habe ich eine Antwort. Meine Amtszeit als Präsident der *International Economic Association (IEA)* bringt verschiedene Pflichten mit sich. Sie erreichen im Jahr 2005 einen Höhepunkt mit dem IEA-Weltkongress, der in Marokko stattfindet, mit Hunderten von Teilnehmern und einer Flut von Papieren. Natürlich helfen mir viele Leute, aber letztlich trägt der Präsident die Verantwortung. Ich habe damit begonnen, meine Präsidialadresse vorzubereiten. Wie man allgemein vom ersten Präsidenten aus Osteuropa erwartet, werde ich die Probleme der postsozialistischen Transformation zum Thema machen oder grundsätzlicher die Eigenschaften großer historischer Transformationen.** Das sind Fragen, mit denen ich mich nach dem Ende meiner Verpflichtungen in der Forschung auch weiter beschäftigen möchte.

---

* Ruhe und Frieden bot diese Welt nur denen, die für jeweils ein paar Monate dorthin kamen. Letztlich blieben wir Außenseiter. Wir erlebten die politischen Stürme und öffentlichen Konflikte nicht mir derselben Intensität wie unsere amerikanischen Freunde.

** Inzwischen ist meine Präsidialadresse unter dem Titel „The Great Transformation of Central and Eastern Europe: Success and Disappointment“ auf Englisch und in mehreren anderen Sprachen veröffentlicht worden. Ebenso sind die wichtigsten Papiere des Kongresses in drei Bänden erschienen.

Andere Aufgaben habe ich vorläufig beiseite gelegt, um meine Memoiren zu verfassen. Das ist für einen Wissenschaftler, der über Jahrzehnte Monographien und wissenschaftliche Artikel geschrieben hat, ein ungewöhnliches Genre. Es ist an der Zeit, damit aufzuhören. Der Rest meiner Arbeit wartet auf mich.

Anmerkungen

1 Kornai 1983b.
2 Camus 1991 [1948], S. 21.
3 Kornai 1986b [1983], S. ix.
4 Kornai und Rose-Ackerman 2004; Kornai, Rothstein und Rose-Ackerman 2004.
5 Gács und Köllő 1998; Maskin und Simonovits 2000.

Literaturverzeichnis

Arbeiten von János Kornai

Kornai, János. 1948. Marx Tőké-je magyarul (Marx's *Kapital* auf Ungarisch). *Társadalmi Szemle* 3 (8–9), pp. 615–9.

– 1951a. A megnövekedett feladatok terve (Plan zur Aufgabensteigerung). *Szabad Nép* January 9, 1951, p. 1.

– 1951b. A munkaidő jobb kihasználásáért (Zur besseren Ausnutzung der Arbeitszeit). *Szabad Nép* July 4, 1951, p. 1.

– 1951c. A takarékosság – a munkaverseny egyik központi feladata (Sparsamkeit – eine der zentralen Aufgaben des Arbeitswettbewerbs). *Szabad Nép* March 18, 1951, p. 1.

– 1951d. Kövessük a csepeli példát (Folgen wir dem Beispiel Csepels). *Szabad Nép* April 7, 1951, p. 5.

– 1954a. A Központi Vezetőség iránymutatásával tovább a juniusi úton (Folgen wir unter der Führung des Zentralkommittees dem Juni-Weg). *Szabad Nép* October 11, 1954, p. 3.

– 1954b. A villamosenergia kérdése (Das Elektrizitätsproblem). *Szabad Nép* February 11, 1954, p. 1.

– 1954c. „Egy évtized" Nagy Imre elvtárs válogatott beszédei és írásai („Ein Jahrzehnt". Ausgewählte Reden und Schriften des Genossen Imre Nagy). *Szabad Nép* October 6, 1954, pp. 2–3.

– 1956. Gyökerestül irtsuk ki a bürokráciát (Die Bürokratie ein für allemal ausmerzen). *Szabad Nép* October 14, 1956, pp. 3–4.

– 1958. Kell-e korrigálni a nyereségrészesedést? (Sollte man die Praxis der Gewinnbeteiligung ändern) *Közgazdasági Szemle*, 5 (7), pp. 720–34.

– 1959. „Mennyiségi szemlélet" és „gazdaságossági szemlélet" (Die „quantitative Sicht" und die „ökonomische Sicht"). *Közgazdasági Szemle* 6 (10), pp. 1083–91.

– 1959. Overcentralization in Economic Administration. Oxford: Oxford University Press.

– 1967a. *Anti-Equilibrium. Esszé a gazdasági mechanizmus elméleteiről és a kutatás feladatairól* (*Anti-Äquilibrium:* über die Theorien der Wirtschaftssysteme und die damit verbundenen Forschungsaufgaben). Mimeographed. Budapest: MTA Közgazdaságtudományi Intézet.

– 1967b. Mathematical Programming of Long-Term Plans in Hungary. In *Activity Analysis in the Theory of Growth and Planning*, Hsg. Edmond Malinvaud

und M. O. L. Bacharach. London–New York: Macmillan–St. Martin's Press, pp. 211–31.
– 1967c [1965]. *Mathematische Methoden bei der Planung der ökonomischen Struktur.* Mit Beiträgen von Tamás Lipták und Péter Wellisch. Berlin-Budapest: Die Wirtschaft – Akadémiai Kiadó.
– 1970. *Anti-Equilibrium. Esszé a gazdasági mechanizmus elméleteiről és a kutatás feladatairól* (*Anti-Äquilibrium:* über die Theorien der Wirtschaftssysteme und die damit verbundenen Forschungsaufgaben). Mimeographed. Budapest: MTA Közgazdaságtudományi Intézet.
– 1972. *Rush versus Harmonic Growth.* Amsterdam: North-Holland.
– 1974. *Az adaptáció csikorgó gépezete* (Die knirschende Anpassungsmechanik). Mimeographed. Budapest: MTA Közgazdaságtudományi Intézet.
– 1975a [1965]. *Mathematical Planning of Structural Decisions.* With contributions by Tamás Lipták and Péter Wellisch. 2. erw. Aufl. Amsterdam–Budapest: North–Holland–Akadémiai Kiadó.
– 1975b [1971]. *Anti-Äquilibrium.* Berlin, Heidelberg und New York: Springer Verlag, Budapest: Akadémiai Kiadó.
– 1978. John Michael Montias: The Structure of Economic Systems. *Journal of Comparative Economics* 2 (2), pp. 277–92.
– 1979. Resource-Constrained Versus Demand-Constrained Systems. *Econometrica* 47 (4), pp. 801–19.
– 1980a. *Economics of Shortage.* Amsterdam: North-Holland.
– 1980b. Effizienz und sozialistische Ethik. *Budapester Rundschau* Jul./Aug. 1980, Vol. *14*; Jul. 21, No. 29, pp. 8–9, Jul. 28, No. 30, pp. 8–9, Aug. 4, No. 31, pp. 8–9, Aug. 11, No. 32, pp. 8–9.
– 1982. Comments on Tibor Liska's Concept of Entrepreneurship. *Acta Oeconomica* 28 (3–4), pp. 455–60.
– 1983a. Comments on the Present State and Prospects of the Hungarian Economic Reform. *Journal of Comparative Economics* 7 (3), pp. 225–52.
– 1983b. The Health of Nations: Reflections on the Analogy between the Medical Sciences and Economics. *Kyklos* 36 (2), pp. 191–212.
– 1984. Bureaucratic and Market Coordination. *Osteuropa Wirtschaft* 29 (4), pp. 306–19.
– 1986a. *Contradictions and Dilemmas.* Cambridge MA: MIT Press.
– 1986b [1980]. Efficiency and the Principles of Socialist Ethics. In *Contradictions and Dilemmas.* Cambridge MA–London: MIT Press, pp. 124–38.
– 1986c. The Hungarian Reform Process: Visions, Hopes and Reality. *Journal of Economic Literature* 24 (4), pp. 1687–737.

- 1986d. The Soft Budget Constraint. *Kyklos* 39 (1), pp. 3–30.
- 1988a. Individual Freedom and the Reform of the Socialist Economy. *European Economic Review* 32 (2–3), pp. 233–67.
- 1988b. Report from the President to the Members of the European Economic Association. *European Economic Review* 32 (2–3), pp. 737–39.
- 1989. *Indulatos röpirat a gazdasági átmenet ügyében* (Leidenschaftliches Pamphlet für die Sache der wirtschaftlichen Transformation). Budapest: HVG Kiadó.
- 1990a [1957]. *A gazdasági vezetés túlzott központosítása* (Überzentralisierung in der Wirtschaftsverwaltung) Budapest: Közgazdasági és Jogi Könyvkiadó.
- 1990b. Kiegészítések a „Röpirathoz" (Ergänzungen zum „Pamphlet"). *Közgazdasági Szemle* 37 (7–8), pp. 769–93.
- 1990c [1989]. *The Road to a Free Economy. Shifting from a Socialist System: The Example of Hungary*. New York: W. W. Norton.
- 1991 [1971]. *Anti-Equilibrium*. 3. Aufl. Amsterdam: North-Holland.
- 1992a. The Postsocialist Transition and the State: Reflections in the Light of Hungarian Fiscal Problems. *American Economic Review* 82 (2), pp. 1–20.
- 1992b. The Principles of Privatization in Eastern Europe. *De Economist* 142 (2), pp. 153–76.
- 1992c. *The Socialist System. The Political Economy of Communism*. Princeton NJ–Oxford: Princeton University Press–Oxford University Press.
- 1992d. Visszaesés, veszteglés vagy fellendülés (Rezession, Stagnation oder Prosperität). *Magyar Hírlap* December 24, 1992, pp. 12–3.
- 1993a. Market Socialism Revisited. In *The Tanner Lectures on Human Values*, Hsg. Grethe B. Peterson. Salt Lake City: University of Utah Press, pp. 3–41.
- 1993b. The Evolution of Financial Discipline under the Postsocialist System. *Kyklos* 46 (3), pp. 315–36.
- 1994a. A legfontosabb: A tartós növekedés (Nachhaltiges Wachstum als erste Priorität). (Artikelserie) *Népszabadság* August 29, p. 11.; August 30, p. 11.; August 31, p. 11; September 1, p. 11; September 2, p. 11.
- 1994b [1957]. *Overcentralization in Economic Administration*. Oxford: Oxford University Press.
- 1994c. Péter György, a reformközgazdász (György Péter, der Reformökonom). In *Egy reformközgazdász emlékére: Péter György, 1903–1969*, Hsg. János Árvay und András Hegedűs B. Budapest: Cserépfalvi Könyvkiadó–T-Twins Kiadó, pp. 75–89.
- 1995a. Lasting Growth as the Top Priority: Macroeconomic Tensions and Government Economic Policy in Hungary. *Acta Oeconomica* 47 (1–2) pp. 1–38.
- 1995b. *Highway and Byways. Studies on Socialist Reform and Postsocialist Transition*. Cambridge MA: MIT Press.

– 1995c [1993]. *Das sozialistische System. Die politische Ökonomie des Kommunismus.* Baden-Baden: Nomos Verlagsgesellschaft.
– 1996. *Unterwegs. Essays zur wissenschaftlichen Umgestaltung in Ungarn.* Marburg: Metropolis Verlag.
– 1997a. Adjustment without Recession: A Case Study of Hungarian Stabilization. In *Lessons from the Economic Transition. Central and Eastern Europe in the 1990s*, Hsg. Salvatore Zecchini. Dordrecht: Kluwer Academic Publishers, OECD, pp. 123–52.
– 1997b. *Struggle and Hope. Essays on Stabilization and Reform in a Post-Socialist Economy.* Cheltenham UK: Edward Elgar.
– 1998a. From Socialism to Capitalism. What is Meant by the „Change of System"? London: Centre for Post-Collectivist Studies.
– 1998b. *Az egészségügy reformjáról* (Zur Reform des Gesundheitssystems). Budapest: Közgazdasági és Jogi Könyvkiadó.
– 2000a. Hidden in an Envelope: Gratuity Payments to Medical Doctors in Hungary. In *The Paradoxes of Unintended Consequences*, Hsg. Lord Dahrendorf und Yehuda Elkana. Budapest: CEU Press.
– 2000b. What the Change of the System from Socialism to Capitalism Does and Does Not Mean. *Journal of Economic Perspectives* 14 (1), pp. 27–42.
– 2001. Ten Years After the Road to a Free Economy: The Author's Self Evaluation. In *Annual Bank Conference on Development Economics 2000*, Hsg. Boris Pleskovich und Nicholas Stern. Washington DC: The World Bank, pp. 49–66.
– 2004. *What Can Countries Embarking on Post-Socialist Transformation Learn from the Experiences So Far?* Cuba Transition Project. Institute for Cuban and Cuban-American Studies, University of Miami.
Bognár, Géza, Róbert Gál, und János Kornai. 2000. Hálapénz a magyar egészségügyben (Dankbarkeitsgeld im ungarischen Gesundheitssystem). *Közgazdasági Szemle* 47 (4), pp. 293–320.
Csontos László, János Kornai, und István György Tóth. 1998. Tax Awareness and Reform of the Welfare State: Hungarian Survey Results. *Economics of Transition* 6 (2), pp. 287–312.
Kornai, János, Zsuzsa Dániel, Anna Jónás, und Béla Martos. 1971. Plan Sounding. *Economics of Planning* 11 (1–2), pp. 31–58.
Kornai, János, und Karen Eggleston. 2001. *Welfare, Choice and Solidarity in Transition: Reforming the Health Sector in Eastern Europe.* Cambridge UK: Cambridge University Press.
– 2004. *Egyéni választás és szolidaritás. Az egészségügy intézményi mechanizmusának reformja Kelet-Európában* (Wohlfahrt, Wahlfreiheit und Solidarität in der Trans-

formation: Reform des Gesundheitssektors in Osteuropa). Budapest: Nemzeti Tankönyvkiadó.

Kornai, János, János Kovács, und Ádám Schmidt. 1969. *Észrevételek Intézetünk munkájához: Munkastílus, irányítás, nevelés, szervezet* (Kommentar zur Arbeit unseres Instituts: Arbeitsstil, Verwaltung, Ausbildung und Organisation. Mimeo. Budapest: MTA Közgazdaságtudományi Intézet.

Kornai, János und Tamás Lipták. 1959. *A nyereségérdekeltség matematikai vizsgálata* (Mathematische Analyse der Gewinnanreize). Mimeo. Budapest: Közgazdasági és Jogi Könyvkiadó.

– 1962a. A Mathematical Investigation of Some Economic Effects of Profit Sharing in Socialist Firms. *Econometrica* 30 (1), pp. 140–61.

– 1962b. Kétszintű tervezés: Játékelméleti modell és iteratív számítási eljárás népgazdasági távlati tervezési feladatok megoldására (Zwei-Ebenen-Planung: Ein spieltheoretisches Modell und ein iterativer Algorithmus zur Lösung langfristiger Planungsprobleme der Volkswirtschaft). *MTA Matematikai Kutató Intézetének Közleményei* 7/B (4), pp. 577–621.

– 1964 [1962]. *Die Planung auf zwei Ebenen: Das Modell der Theorie der Spiele und das iterative Rechenverfahren zur Lösung von Aufgaben der Volkswirtschaftlichen Perspektivplannung.* Mimeographed. Berlin: DDR Staatliche Plankommission.

– 1971 [1965]. Two-Level Planning. In *Selected Readings in Economic Theory from Econometrica*, Hsg. Kenneth J. Arrow. Cambridge MA–London: MIT Press, pp. 412–40.

Kornai, János und Béla Martos. 1973. Autonomous Control of the Economic System. *Econometrica* 41 (3), pp. 509–28.

– (Hsg.). 1981. *Non-Price Control.* Amsterdam: North-Holland.

Kornai, János, Eric S. Maskin, und Gérard Roland. 2003. Understanding the Soft Budget Constraint. *Journal of Economic Literature* 41 (4), pp. 1095–136.

Kornai, János und Ágnes Matits. 1987. *A vállalatok nyereségének bürokratikus újraelosztása* (Die bürokratische Umverteilung von Unternehmensgewinnen). Budapest: Közgazdasági és Jogi Könyvkiadó.

Kornai, János und John McHale. 2000. Is Post-Communist Health Spending Unusual? A Comparison with Established Market Economies. *Economics of Transition* 8 (2), pp. 369–99.

Kornai, János und Susan Rose-Ackerman (eds.). 2004a. *Building a Trustworthy State in Post-Socialist Transition.* New York: Palgrave Macmillan.

Kornai, János, Bo Rothstein, und Susan Rose-Ackerman (eds.). 2004b. *Creating Social Trust in Post-Socialist Transition.* New York: Palgrave Macmillan.

Kornai, János und Jörgen W. Weibull. 1983. Paternalism, Buyers' and Sellers' Market. *Mathemetical Social Sciences* 6 (2), pp. 153–69.

Arbeiten anderer Autoren

Aczél, Tamás und Tibor Méray. 1960. *The Revolt of the Mind. A Case History of Intellectual Resistance behind the Iron Curtain.* New York: Praeger.

– 1961 [1960]. *Die Revolte des Intellekts: Die geistigen Grundlagen der ungarischen Revolution.* München: Langen/Müller.

Ady, Endre 2004. *Ady Endre összes versei* (Die vollständigen Gedichte von Endre Andy). Budapest: Osiris.

Aghion, Philippe und Peter Howitt (Hsg). 1998. *Endogenous Growth Theory.* Cambridge MA: MIT Press.

Akerlof, George A. 1970. The Market for „Lemons." Quality Uncertainty and the Market Mechanism. *Quarterly Journal of Economics* 84 (3), pp. 488–500.

Antal, László. 1982. Fejlődés kitérővel – A magyar gazdasági mechanizmus a 70-es években (Entwicklung mit einem Umweg. Der ungarische Wirtschaftsmechanismus in den 1970er-Jahren). *Gazdaság* 14 (2), pp. 28–56.

Arrow, Kenneth J. 1951. Alternative Approaches to the Theory of Choice in Risk-Taking Situations. *Econometrica* 19 (4), pp. 404–37.

– (Hsg.). 1971. *Selected Readings in Economic Theory from Econometrica.* Cambridge MA: MIT Press.

– 1973a. Rawls's Principle of Just Saving. *Scandinavian Journal of Economics* 75 (4), pp. 323–35.

– 1973b [1963]. *Social Choice and Individual Values.* 2. Aufl. New Haven: Yale University Press.

– 1974. General Economic Equilibrium: Purpose, Analytic Techniques, Collective Choice. *American Economic Review* 64 (3), pp. 253–72.

Arrow, Kenneth J., Samuel Karlin, und Herbert E. Scarf. 1958. *Studies in the Mathematical Theory of Inventory and Production.* Stanford: Stanford University Press.

Babits, Mihály. 1998 [1936]. *Az európai irodalom története* (Die Geschichte der europäischen Literatur). Budapest: Merényi.

Bauer, Tamás. 1981. Tervgazdaság, beruházás, ciklusok (Planwirtschaft, Investitionen, Konjunktur). Budapest: Közgazdasági és Jogi Könyvkiadó.

Baráth, Magdolna. 1999. Az MDP vezetése és a rehabilitáció (Die Führung der MDP und die Rehabilitierung). *Múltunk* 44 (4), pp. 40–97.

Barro, Robert J. und Herschel I. Grossman. 1971. A General Disequilibrium Model of Income and Employment. *American Economic Review* 61 (1), pp. 82–93.

Bergson, Abram. 1948. Socialist Economics. In *A Survey of Contemporary Economics*, Hsg. Howard S. Ellis. Philadelphia: Blakiston, pp. 412–48.

Blahó, Miklós. 2003. A fő cél a tartós növekedés. Interjú Kornai Jánossal (Hauptziel ist nachhaltiges Wachstum. Interview mit János Kornai). *Népszabadság* January 25, 2003, pp. 23 and 27.

Blanchard, Olivier. 1999. An Interview with János Kornai. *Macroeconomic Dynamics* 3 (3), pp. 427–50.

Bolygó, János. 1966. Mit kutatott professzor Montias Magyarországon? (Wofür forschte Professor Montias in Ungarn?) *Magyar Nemzet* July 3, 1966, p. 7.

Bosworth, Barry P. 1990. Which Way to the Market? *New York Times Book Review* May 27, 1990, p. 17.

Boulding, Kenneth E. 1966 [1941]. *Economic Analysis*. 4. Aufl. New York: Harper and Row.

Böhm-Bawerk, Eugen von. 1926 [1896]. Zum Abschluß des Marxschen Systems. *Gesammelte Schriften* Bd. 2 . F.-X. Weiss Hsg. Wien, Leipzig: Hölder, Pichler, Tempsky, pp. 321–435.

Braham, Randolp L. 1981. *The Politics of Genocide: The Holocaust in Hungary*. Vols 1–2. New York: Columbia University Press.

Brámer, Frigyes. 1997 [1972]. Koncentrációs tábor a Rabbiképző épületében (KZ im Gebäude des Rabbinerseminars). In *Évkönyv*, edited by Sándor Scheiber. Budapest: Magyar Izraeliták Országos Képviselete, pp. 219–28.

Bródy, András. 1956. A hóvégi hajrá és gazdasági mechanizmusunk (Stoßzeit am Monatsende und unser Wirtschaftsmechanismus). *Közgazdasági Szemle* 3 (7–8), pp. 870–83.

– 1970. *Proportions, Prices, and Planning: A Mathematical Restatement of the Labor Theory of Value*. Budapest: Akadémiai Kiadó.

Camus, Albert. 1998 [1947]. *Die Pest*. Übers. Uli Aumüller. Reinbek: Rowohlt.

Carlin, Wendy, Steven Fries, Mark E. Schaffer, und Paul Seabright. 2001. Competition and Enterprise Performance in Transition Economies: Evidence from a Cross-Country Survey. *EBRD Working Paper* Nr. 62. London: EBRD.

Chikán, Attila. (Hsg.) 1989. *Készletek, ciklusok, gazdaságirányítás. A magyar gazdaság készletalakulása és befolyásoló tényezői, 1960–1986* (Lager, Konjunktur, Wirtschaftsverwaltung. Die Situation der Lager in der ungarischen Wirtschaft und ihre Einflussfaktoren, 1960–1986). Budapest: Közgazdasági és Jogi Könyvkiadó.

– 2004. A hiány szerepe az átmenet szellemi előkészítésében (Die Rolle des Buchs „The Economics of Shortage" bei der intellektuellen Vorbereitung des Systemwandels). *Magyar Tudomány* 49 (7), pp. 698–707.

Coles, Peter. 1999. *Einstein and the Total Eclipse*. Cambridge: Icon Books.

Csoóri, Sándor. 1990. Nappali hold. II. rész (Mond bei Tag, Teil 2). *Hitel* 3 (18), September 5, p. 5.

Dahl, Robert A. 1979 [1971]. *Polyarchy*. New Haven–London: Yale University Press.

Debreu, Gerard. 1965 [1959]. *Theory of Value. An Axiomatic Analysis of Economic Equilibrium*. New York: Wiley J.

– 1976 [1959]. *Werttheorie: eine axiomatische Analyse des ökonomischen Gleichgewichtes*. Berlin, Heidelberg, New York: Springer.

Denton, Nicholas. 1990. On the Brink of Transformation. *Financial Times* September 17, 1990, p. II.

Deutscher, Isaac. 1999 [1949]. *Stalin: Eine politische Biographie*. Augsburg: Bechtermünz.

Devons, Ely. 1959. A Study in Central Planning. Evidence from Inside. *The Guardian* October 22, 1959, pp. 10–11.

Dewatripont, Mathias, und Eric S. Maskin. 1995. Credit and Efficiency in Centralized and Decentralized Economies. *Review of Economic Studies* 62 (4), pp. 541–55.

Djankov, Simeon D. und Peter Murrell. 2002. Enterprise Restructuring in Transition Economies: A Quantitative Survey. *Journal of Economic Literature* 40 (3), pp. 739–92.

Donáth, Ferenc (Leitender Herausgeber). 1981. *Bibó-emlékkönyv* (Zur Erinnerung an Bibó). 2 Bde. Samisdat.

Dorfman, Robert, Paul A. Samuelson, und Robert M. Solow. 1987 [1958]. *Linear Programming and Economic Analysis*. New York: Dover Publications.

Draaisma, Douwe. 2004. *Why Life Speeds Up When You Get Older: How Memory Shapes Our Past*. Übersetzt von Arnold und Erica Pomerans. Cambridge–New York: Cambridge University Press.

– 2006 [2004]. *Warum das Leben schneller vergeht, wenn man älter wird: von den Rätseln unserer Erinnerung*. München, Zürich: Piper.

Durant, Will. 1991 [1926]. *Story of Philosophy*. New York: Simon and Schuster.

Ericson, Richard E. 1994. Book Review. *Journal of Comparative Economics* 18 (3), pp. 495–97.

Esterházy, Péter. 2003. Mik vogymuk. 1. könyv. (Wer sind wir. Buch 1). *Élet és Irodalom*, May 9, 2003, p. 3.

Esze, Zsuzsa. 1956. Egy kandidátusi értekezés vitája (Diskussion einer Kandidatsdissertation). *Közgazdasági Szemle* 3 (11–12), pp. 1483–95.

Eucken, Walter. 1989 [1940]. *Die Grundlagen der Nationalökonomie*. Berlin: Springer.

F. Liska, Tibor. 1998. A Liska-modell (Das Liska Modell). *Közgazdasági Szemle* 45 (10), pp. 940–53.
Fejtő, Ferenc. 1957. La Première Autocritique des „Communistes Nationaux“ Hongrois. *France Observateur*, *8*, 31 January 1957, p. 6.
Fóthy, János. 1945. *Horthyliget – A magyar ördögsziget* (Horthy-liget – Die ungarische Teufelsinsel). Budapest: Müller Károly Könyvkiadóvállalat.
Frey, Bruno S. 2003. Publishing as Prostitution? Choosing between One's Own Ideas and Academic Failure. *Public Choice* 116 (1–2), pp. 205–23.
Friss, István. 1957. Népgazdaságunk vezetésének néhány gyakorlati és elméleti kérdéséről (Einige empirische und theoretische Fragen zur Wirtschaftsverwaltung). *Népszabadság* October 2, 1957, pp. 3–4.
Gábor, R. István und Péter Galasi. 1981. A „második gazdaság“. Tények és hipotézisek (Die „Schattenwirtschaft“. Fakten und Hypothesen). Budapest: Közgazdasági és Jogi Könyvkiadó.
Gans, Joshua S. und George B. Shepherd. 1994. How Are the Mighty Fallen: Rejected Articles by Leading Economists. *Journal of Economic Perspectives* 8 (1), pp. 165–79.
Gács, János und János Köllő (Hsg.). 1998. *A „túlzott központosítástól“ az átmenet stratégiájáig: Tanulmányok Kornai Jánosnak* (Von „Überzentralisierung“ zur Transformationsstrategie. Studien für János Kornai). Budapest: Közgazdasági és Jogi Könyvkiadó.
Gáll, Ernő. 2003. *Napló* (Tagebuch). Bd. 1. Budapest: Polis Könyvkiadó.
Gimes, Miklós. 1956. Magyar Szabadság (Ungarische Freiheit). *Magyar Szabadság* October 29, 1956, p. 1.
Goldfeld, Stephen M. und Richard E. Quandt. 1988. Budget Constraints, Bailouts and the Firm under Central Planning. *Journal of Comparative Economics* 12 (4), pp. 502–20.
– 1990. Output Targets, the Soft Budget Constraint and the Firm under Central Planning. *Journal of Economic Behavior and Organization* 14 (2), pp. 205–22.
– 1993. Uncertainty, Bailouts, and the Kornai Effect. *Economics Letters* 41 (2), pp. 113–9.
Gregory, Paul R. und Robert C. Stuart. 1997 [1974]. *Comparative Economic Systems*. 6th ed. Boston: Houghton Mifflin.
Grossfeld, Irena. 1989. Disequilibrium Models of Investment. In *Models of Disequilibrium and Shortage in Centrally Planned Economies*, Hsg. Christopher Davis und Wojciech W. Charemza. New York: Chapman and Hall, pp. 361–74.
Gulyás, Emil. 1957–1958. *Az árutermelés, értéktörvény és pénz a szocializmusban* (Produktion, Wertgesetz und Geld im Sozialismus). Manuskript.

„Gy" (Initiale). 1991. Skizze eines Reformprogramms am Beispiel Ungarns. *Neue Zürcher Zeitung* Fernausgabe, 212, 30 June/1 July 1991, p. 7.

Haberler, Gottfried von. 1955 [1937]. *Prosperität und Depression. Theoretische Untersuchungen der Konjunkturbewegungen.* 2. Aufl. Tübingen: Mohr (Siebeck).

Hahn, Frank. 1973. The Winter of Our Discontent. *Economica* 40 (159), pp. 322–30.

Halda, Alíz. 2002. *Magánügy. Dokumentum/regény* (Eine private Affaire. Dokumentation/Roman). Budapest: Noran.

Hašek, Jaroslav. 1979 [1920–1923]. *Die Abenteuer des braven Soldaten Schweijk.* Berlin: Aufbau.

Hayek, Friedrich A. von (Hsg.). 1975 [1935]. *Collectivist Economic Planning. Critical Studies on the Possibilities of Socialism.* Clifton NJ: A. M. Kelly.

– 2004 [1944]. *Der Weg zur Knechtschaft.* Übers. Eva Röpke. Tübingen: Mohr (Siebeck).

Hegedűs, András. 1990. A bolsevik grand-seigneur tragédiája (Die Tragödie des bolschewikischen Grandseigneurs). *Pesti Hírlap* November 3, 1990, p. 8.

Heisenberg, Werner. 1967 [1958]. Az elemi részek. (Vorlesung in Budapest). In:

Heisenberg, Werner. *Válogatott tanulmányok* (Ausgewählte Schriften). Budapest: Gondolat, pp. 219–237.

Heller, Farkas. 1988 [1919–20]. *Közgazdaságtan* (Volkswirtschaftlehre). 2 Bde. 5. Aufl. Budapest: Közgazdasági és Jogi Könyvkiadó.

Hicks, John R. 1937. Mr. Keynes and the Classics: A Suggested Interpretation. *Econometrica* 5 (2), pp. 147–59.

– 2001 [1939]. *Value and Capital. An Inquiry into Some Fundamental Principles of Economic Theory.* New York: Oxford University Press.

Híd-csoport 1990. Híd a közeli jövőbe (Brücke in die nahe Zukunft). *Közgazdasági Szemle* 37 (4), pp. 442–58.

Hirschman, Albert O. 1988 [1958]. *The Strategy of Economic Development.* Boulder: Westview Press.

– 1967 [1958]. *Die Strategie der wirtschaftlichen Entwicklung.* Stuttgart: G. Fischer.

– 2004 [1970]. *Abwanderung und Widerspruch: Reaktion auf Leistungsabfall bei Unternehmungen, Organisation und Staaten.* Tübingen: Mohr (Siebeck).

Hoffman, David E. 2002. *The Oligarchs. Wealth and Power in the New Russia.* New York: Public Affairs.

Huizinga, Johan. 2006 [1919]. *Herbst des Mittelalters: Studien über Lebens- und Geistesformen des 14. und 15. Jahrhunderts in Frankreich und in den Niederlanden.* Stuttgart: Kröner.

„Hungaricus" (Sándor Fekete). 1959 [1956–1957]. *Quelques enseignements de la révolution nationale et démocratique hongroise.* Brussels: Imre Nagy Institute.

– 1989 [1956–1957]. *Az 1956-os felkelés okairól és tanulságairól* (Der Aufstand von 1956: Ursachen und Lehren). Budapest: Kossuth Könyvkiadó.

József, Attila. 1978. *Gedichte. Auswahl.* Budapest: Corvina.

– 2003. *József Attila összes versei* (Die vollständigen Gedichte von Attila József). Budapest: Osiris.

Juhász, Andor. 1934. *Halló, itt London!* (Hallo! Hier London). Budapest: Révai.

Kalecki, Michal. 1965 [1954]. *Theory of Economic Dynamics: An Essay on Cyclical and Long-Run Changes in Capitalist Economy.* 2. Aufl. London: Allen and Unwin.

– 1966 [1954]. *Theorie der wirtschaftlichen Dynamik: Eine Untersuchung der zyklischen Schwankungen und der langfristigen Entwicklung der kapitalistischen Wirtschaft.* Wien, Frankfurt, Zürich: Europa Verlag.

Karagedov, Rajmond G. 1982. Mechanizm funkcionirovanija socialističeskoj ekonomiki. (Der Funktionsmechanismus der sozialistischen Wirtschaft) *Isvestija Sibirskogo Otdelenija Akademii Nauk SSSR* 3 (11), pp. 115–28.

Kardelj, Edvard. 1982. *Reminiscences.* London: Blond and Briggs–Summefield Press.

Karinthy, Ferenc. 1994. *Napló* (Tagebuch). Budapest: Littoria.

Karinthy, Frigyes. 2001 [1914]. A felelős ember (Der Mann am Ruder). In *Humoreszkek*, Bd. 2. Budapest: Akkord, pp. 155–7.

Karsai, Gábor. 1993. A szocializmus genetikai programja (Das genetische Programm des Sozialismus). *Figyelő* 37, November 11, 1993, pp. 17–9.

Kék Szalag Bizottság 1990. *[A Bizottság] Gazdasági Programjavaslata* (Empfehlungen für ein Wirtschaftsprogramm). Budapest: Kék Szalag Bizottság.

Kende, Péter. 1955. *Kritikai jegyzetek a marxizmus gazdasági tanaihoz* (Kritische Bemerkungen zu den Wirtschaftstheorien des Marxismus). Manuskript.

– 1959. L'intérêt personnel dans le système d'économie socialiste. *Revue Economique* 10 (3), pp. 340–64.

– 1964. *Logique de l'Économie Centralisée. Une exemple: la Hongrie.* Paris: Société d'Éducation d'Enseignement Supérieure.

– 1966. *A Szabad Nép szerkesztőségében. Tanulmányok a magyar forradalomról* (Im Redaktionsbüro des Szabad Nép. Studien zur ungarischen Revolution). München: Auróra.

Kenedi, János. 1981. *„Tiéd az ország, magadnak építed“* (Das Land gehört Euch, Ihr baut für Euch selbst). Párizsi Magyar Füzetek Könyvei.

– 1996. *Kis állambiztonsági olvasókönyv. Október 23. – március 15. – június 16.* (Kleines Lesebuch zur Staatssicherheit. 23. Oktober – 15. März – 16. Juni). 2 Bde. Budapest: Magvető.

Keynes, John M. 2009 [1936]. *Allgemeine Theorie der Beschäftigung, des Zinses und des Geldes*. Berlin: Duncker&Humblot.

Klaniczay, Gábor. 2003. *Ellenkultúra a hetvenes-nyolcvanas években* (Gegenkultur in den 1970er und 1980er-Jahren). Budapest: Noran.

Klaus, Václav and Dušan Tříska. 1997 [1994]. Review of János Kornai's *The Socialist System: The Political Economy of Communism*. In *Renaissance: The Rebirth of Liberty in the Heart of Europe*, by Václav Klaus. Cato Institute: Washington, pp. 163–9.

Koopmans, Tjalling C. 1957. *Three Essays on the State of Economic Science*. New York: MacGraw-Hill.

Koopmans, Tjalling C. und John M. Montias. 1971. On the Description and Comparison of Economic Systems. In *Comparison of Economic Systems*, Hsg. Alexander Eckstein. Berkeley: University of California Press, pp. 27–78.

Kovács, András. 1968. Falak (Wände). *Új Írás* 8 (3), pp. 28–48.

Kovács, Imre. 1989 [1937]. *A néma forradalom* (Die stille Revolution). Budapest: Cserépfalvi–Gondolat–Tevan.Központi Statisztikai Hivatal 1996. *Magyar Statisztikai Évkönyv, 1995* (Statistisches Jahrbuch für Ungarn, 1995). Budapest: Központi Statisztikai Hivatal.

Krausz, Tamás. 1994. A történetietlen politikai gazdaságtan (Eine nicht-historische politische Ökonomie). *Eszmélet* 6 (24), pp. 157–78.

Kuhn, Thomas S. 2001 [1962]. *Die Struktur wissenschaftlicher Revolutionen*. Frankfurt a.M.: Suhrkamp.

Laibson, David und Richard Zeckhauser. 1998. Amos Tversky and the Ascent of Behaviorial Economics. *Journal of Risk and Uncertainty* 16 (1), pp. 7–47.

Laczik, Erika. 2005. Egy besúgó tisztikereszttel (Ein Denunziant mit einem Offizierskreuz). *Magyar Nemzet* January 29, 2005, pp. 1 and 5.

Laki, Mihály. 1989. Az új politikai szervezetek a gazdaságpolitikáról és a gazdaságirányításról (Die neuen politischen Organisationen zur Wirtschaftspolitik und Wirtschaftsverwaltung). *Tervgazdasági Fórum* 5 (4), pp. 1–16.

– 1990. *Rendszerváltás küszöbén. Az ellenzéki pártok gazdaságpolitikai programjai* (Auf der Schwelle des Systemwandels. Die wirtschaftspolitischen Programme der Oppositionsparteien). Mimeo. Budapest: Közgazdasági Információs Szolgálat.

Lange, Oscar. 1968 [1936–37]. On the Economic Theory of Socialism. In *On the Economic Theory of Socialism*, Hsg. Benjamin E. Lippincott. New York–Toronto–London: McGraw Hill, pp. 57–143.

Leijonhufvud, Axel. 1987 [1968]. *Über Keynes und den Keynesianismus. Eine Studie zur monetären Theorie*. Bodenheim: Athenaeum.

Lengyel, László. 2002. *A távol közelében. Kérdez: Hankiss Elemér* (Nah und fern. Der Interviewer Elemér Hankiss). Budapest: Helikon Kiadó.
Lengyel, László und Miklós Polgár. 1980. Gazdasági elvek, etikai elvek – és a valóság (Wirtschaftliche Werte, ethische Werte und Realität). *Valóság* 23 (9), pp. 101–7.
Lenin, Vladimir I. 1959 [1920]. Der „Linke Radikalismus", die Kinderkrankheit des Kommunismus. In *Werke*, Bd. 31. Berlin: Dietz.
Lerner, Abba P. 1975 [1944]. *Economics of Control. Principles of Welfare Economics.* New York: A. M. Kelley.
Lindbeck, Assar. 1977 [1971]. *The Political Economy of the New Left: An Outsider's View.* New York: Harper and Row.
– 1973 [1971]. *Die politische Ökonomie der Neuen Linken: Betrachtungen eines Aussenseiters.* Göttingen: Vandenhoeck und Ruprecht.
– 1988. Individual Freedom and Welfare State Policy. *European Economic Review* 32 (2–3), pp. 295–318.
Lindblom, Charles E. 1977. *Politics and Markets.* New York: Basic Books.
– 1983 [1977]. *Jenseits von Markt und Staat: eine Kritik der politischen und ökonomischen Systeme.* Frankfurt am Main, Berlin, Wien: Ullstein. Ungekürzte Ausgabe.
Liska, Tibor. 1988 [1966]. *Ökonosztát: Felkészülés a mechanizmusreformra* (Ökonostat. Vorbereitung zur Reform des Mechanismus). Budapest: Közgazdasági és Jogi Könyvkiadó.
Liska, Tibor und Antal Máriás. 1954. A gazdaságosság és a nemzetközi munkamegosztás (Wirtschaftliche Effizienz und die internationale Arbeitsteilung). *Közgazdasági Szemle* 1 (1), pp. 75–94.
Lőcsei, Pál. 1995. „Politikai és lelkiismereti lázadás volt…" (Es war ein politischer und moralischer Aufstand). *Respublika* 2 (13), pp. 36–40.
Lukács, György. 1973 [1945]. On the Responsibility of Intellectuals. In G. Lukács. *Marxism and Human Liberation.* Hsg. Epifaneo San Juan, Jr. New York: Delta Book, pp. 267–76.
– 1978 [1945]. *Studies in European Realism: A Sociological Survey of the Writings of Balzac, Stendhal, Zola, Tolstoy, Gorki, and others.* London: Merlin Press.
Magyar Dolgozók Pártja Központi Vezetősége 1955. A Magyar Dolgozók Pártja Központi Vezetőségének határozata a politikai helyzetről és a párt feladatairól (Die Entscheidung des Zentralkomitees der Ungarischen Arbeiterpartei zur politischen Situation und den Aufgaben der Partei). *Szabad Nép* March 9, 1955, pp. 1–2.
Malinvaud, Edmond. 1967. Decentralized Procedures for Planning. In *Activity Analysis in the Theory of Growth and Planning*, Hsg. Edmond Malinvaud und M.

O. L. Bacharach. London–New York: Macmillan–St. Martin's Press, pp. 170–208.

Malinvaud, Edmond und M. O. L. Bacharach (Hsg.). 1967. *Activity Analysis in the Theory of Growth and Planning*. London–New York: Macmillan–St. Martin's Press.

Marx, Karl. 1962–4 [Bd. 1: 1867, Bd. 2: 1885, Bd. 3: 1896]. *Das Kapital. Kritik der politischen Ökonomie*. 3 Bde. Berlin: Dietz.

Marx, Karl und Friedrich Engels. 1995 [1848]. *Das kommunistische Manifest*. Trier: Karl-Marx-Haus.

Maskin, Eric S. und András Simonovits (Hsg.). 2000. *Planning, Shortage, and Transformation. Essays in honor of János Kornai*. Cambridge MA: MIT Press.

Matolcsy, György. 1997. Kiigazítás recesszióval. Kemény költségvetési és puha piaci korlát (Anpassung mit Rezession. Weiche Budgetbeschränkung und harte Marktbeschränkung). *Közgazdasági Szemle* 44 (9), pp. 782–98.

McCloskey, Donald N. 1982. *The Rhetoric of Economics*. Canberra: Australian National University.

Molnár, Endre. 1957. Revizionista nézetek a szocialista állam gazdasági szerepéről (Revisionistische Anschauungen zur wirtschaftlichen Rolle des Staates). *Társadalmi Szemle* 12 (2), pp. 44–59.

Montias, John M. 1976. *The Structure of Economic Systems*. New Haven: Yale University Press.

– 1982. *Arts and Artisans in Delft: A Socio-Economic Study of the Seventeenth Century*. Princeton NJ: Princeton University Press.

– 1989. *Vermeer and His Milieu: A Web of Social History*. Princeton NJ: Princeton University Press.

– 2002. *Art at Auction in 17th Century Amsterdam*. Amsterdam: Amsterdam University Press.

Müller, Rolf. 1999. Napi operatív információs jelentések, 1979–1989 (Die operativen Tagesinformationen). In *A Történeti Hivatal Évkönyve 1999*, edited by György Gyarmati. Budapest: Történeti Hivatal, pp. 251–84.

Nagy, Csaba. 1994. Lázadás a Szabad Népnél 40 évvel ezelőtt. Beszélgetés Lőcsei Pállal és Méray Tiborral (Der Aufstand beim *Szabad Nép* vor 40 Jahren. Gespräch mit Pál Lőcsei und Tibor Méray). *Kritika* 23 (10), pp. 10–11.

Nagy, Imre. 1954. *Egy évtized. Válogatott beszédek és írások (1948–1954)* (Ein Jahrzehnt. Ausgewählte Reden und Schriften 1948–1954). Budapest: Szikra.

Neumann, John von. 1963 [1955]. The Impact of Recent Developments in Science on the Economy and on Economics. In *Collected Works* Bd. 6 . New York: Macmillan Company, pp. 100–1.

Nove, Alec. 1960. Overcentralization in Economic Administration. *Economica* 27 (108), pp. 389–91.
– 1992. No third way? *New Statesman and Society* June 19, 1992, p. 23.
Novobáczky, Sándor. 1956. Különös emberek (Seltsame Leute). *Irodalmi Újság* October 6, 1956, p 1.
Nozick, Robert. 2006 [1974]. *Anarchie, Staat, Utopia.* München: Olzog.
Nyiri, Sándor. 1994. A Péter György elleni büntetőeljárás (Das Strafverfahren gegen György Péter). In *Egy reformközgazdász emlékére: Péter György, 1903–1969,* Hsg. János Árvay und András Hegedűs B. Budapest: Cserépfalvi Könyvkiadó–T-Twins Kiadó, pp. 45–7.
Ortega y Gasset, José. 2002 [1929]. *Der Aufstand der Massen.* Stuttgart: DVA.
Orwell, George. 2006 [1949]. *1984.* Berlin: Ullstein.
Papandreou, Andreas G. 1972. *Paternalistic Capitalism.* Minneapolis: University of Minnesota Press.
Passel, Peter. 1990. Socialist Eggs, Market Omlet. *New York Times* April 11, 1990, p. 2.
Péter, György. 1954. A gazdaságosság jelentőségéről és szerepéről a népgazdaság tervszerű irányításában (Zur Bedeutung wirtschaftlicher Effizienz bei der planmäßigen Wirtschaftslenkung). *Közgazdasági Szemle* 1 (3), pp. 300–24.
– 1956. A gazdaságosság és a jövedelmezőség jelentősége a tervgazdaságban (Die Bedeutung wirtschaftlicher Effizienz und Profitabilität in der Planwirtschaft). *Közgazdasági Szemle* 3 (6), pp. 695–711 and (7–8), pp. 851–69.
– 1957. A gazdasági vezetés túlzott központosítása. Kornai János tanulmányáról („Überzentralisierung in der Wirtschaftsverwaltung". Zur Studie von János Kornai). *Magyarország* 1 (1), p. 2.
Péteri, György. 1997. New Course Economics. The Field of Economic Research in Hungary after Stalin, 1953–56. *Contemporary European History* 6 (3), pp. 295–327.
– 1998. *Academia and State Socialism.* Highland Lakes NJ: Atlantic Research and Publications.
– (Hsg.) 2001. *Intellectual Life and the First Crisis of State Socialism in East Central Europe, 1953–1956.* Trondheim Studies on East European Cultures and Societies, No. 6.
Phillips, Albin W. 1958. The Relation between Unemployment and the Rate of Change of Money Wage Rates in the United Kingdom, 1861–1957. *Economica* 25 (2), pp. 283–99.
Pigou, Arthur C. 2002 [1920]. *The Economics of Welfare.* New Brunswick NJ: Transaction Publishers.

Pogonyi, Lajos. 2003. A munkásosztály megsemmisítése. Interjú Vajda Mihállyal (The annihilation of the workers' class. Interview with Mihály Vajda). *Népszabadság* October 15, 2003, p. 14.

Portes, Richard und David Winter. 1980. Disequilibrium Estimates for Consumption Goods Markets in Centrally Planned Economies. *Review of Economic Studies* 47 (1), pp. 137–59.

Qian, Yingyi. 1994. A Theory of Shortage in Socialist Economies based on the „Soft Budget Constraint." *American Economic Review* 84 (1), pp. 145–56.

Rainer, M. János. 1999. *Nagy Imre – Politikai életrajz* (Imre Nagy. Eine politische Biographie). Bd. 2., 1953–1958. Budapest: 1956-os Intézet.

Rawls, John. 1979 [1971]. *Eine Theorie der Gerechtigkeit*. Frankfurt a.M.: Suhrkamp.

Réti, Pál. 1989. Miénk az ország (Das Land ist unser). *Heti Világgazdaság* November 11, 1990, pp. 3–5.

Révész, Sándor. 1999. *Egyetlen élet. Gimes Miklós története* (Ein einziges Leben. Die Geschichte von Miklós Gimes). Budapest: 1956-os Magyar Forradalom Történetének Dokumentációs és Kutatóintézete–Sík Kiadó.

Réz, Pál. 1961. Thomas Mann and Hungary – His Correspondence with Hungarian Friends. *New Hungarian Quarterly* 2 (3), pp. 84–99.

Réz, Pál. 1991 [1981]. Gedruckte Ausgabe von Donáth, Ferenc (Leitender Herausgeber): *Bibó-emlékkönyv* (Zur Erinnerung an Bibó), Budapest - Bern: Századvég and European Protestant Hungarian Free University.

Ripp, Géza. 1957. Revizionizmus „az új gazdasági mechanizmus" leple alatt (Revisionismus unter dem Schleier des „neuen ökonomischen Mechanismus"). *Népszabadság* July 23, 1957, p. 3.

Ripp, Zoltán (ed.). 2000. *A rendszerváltás forgatókönyve. Kerekasztal-tárgyalások 1989-ben* (Das Szenario des Systemwandels. Die Verhandlungen am Runden Tisch von 1989). Bd. 5. Budapest: Új Mandátum.

R.N.W.O. initial. 1959. Iron Curtain Economy. *Financial Times* December 28, 1959, p. 12.

Roland, Gérard. 1987. Investment Growth Fluctuations in the Soviet Union: An Econometric Analysis. *Journal of Comparative Economics* 11 (2), pp. 192–206.

– 1990. On the Meaning of Aggregate Excess Supply and Demand for Consumer Goods in Soviet-Type Economies. *Cambridge Journal of Economics* 14 (1), pp. 49–62.

Rosovsky, Henry. 1990. *The University. An Owner's Manual*. New York: W. W. Norton.

Rosser, J. Barkley Jr. und Marina V. Rosser. 2004 [1996]. *Comparative Economics in a Transforming World Economy*. 2. Aufl. Cambridge MA: MIT Press.

Salgó, István. 1990. Les propositions de l'économiste Janos Kornai provoquent un vif débat. *Le Monde* April 20, 1990, p. 3.

Samuelson, Paul A. 1980 [1948]. *Economics*. 11. Aufl. New York: McGraw-Hill.

– Samuelson, Paul A. und Nordhaus, William D. 2010 [1948]. *Volkswirtschaftslehre: Das internationale Standardwerk der Makro- und Mikroökonomie*. München: mi-Fachverlag. 4. aktualisierte Auslage.

– 1983 [1947]. *Foundations of Economic Analysis*. Erw. Ausg. Cambridge MA: Harvard University Press.

– 1990. For Plan to Reform Socialism, Listen to Janos Kornai. *Christian Science Monitor* April 4, 1990, p. 7.

Sartre, Jean-Paul. 1989 [1945]. *Ist der Existenzialismus ein Humanismus?* Frankfurt a.M.: Ullstein.

Schama, Simon. 1989. *Citizens*. New York: Alfred S. Knopf.

– 1989 [1989]. *Der zaudernde Citoyen: Rückschritt und Fortschritt in der Französischen Revolution*. Stuttgart, München: Dt. Bücherbund.

Schelling, Thomas C. 1980 [1960]. *The Strategy of Conflict*. Cambridge MA: Harvard University Press.

Schneider, Erich. 1973 [1952]. *Einführung in die Wirtschaftstheorie*. Bd. 3, *Geld, Kredit, Volkseinkommen und Beschäftigung*. Tübingen: Mohr (Siebek).

Schumpeter, Joseph A. 2005 [1942]. *Kapitalismus, Sozialismus und Demokratie*. Tübingen: Francke.

– 1997 [1911]. *Theorie der wirtschaftlichen Entwicklung*. Berlin: Duncker & Humblot.

Scitovsky, Tibor. 1985 [1976]. *Psychologie des Wohlstands. Die Bedürfnisse des Menschen und der Bedarf des Verbrauchers*. Frankfurt a.M.: Campus.

Semjén, András. 1990. A műtétet az orvosnak is túl kell élnie (Auch der Arzt muss die Operation überleben). *Figyelő* February 22, 1990, p. 7.

Sen, Amartya K. 1977. Rational Fools: A Critique of the Behavioural Foundations of Economic Theory. *Philosophy and Public Affairs* 6 (2), pp. 317–44.

– 1988. Freedom of Choice. *European Economic Review* 32 (2–3), pp. 269–94.

– 1997 [1982]. *Choice, Welfare and Measurement*. Cambridge MA: Harvard University Press.

Shove, Gerald F. 1942. The Place of Marshall's *Principles* in the Development of Economic Theory. *The Economic Journal* 52 (208), pp. 294–329.

Simon, Herbert A. 1979. Rational Decision-Making in Business Organization. *American Economic Review* 69 (4), pp. 493–513.

Simonovits, András. 2003. A magyar szabályozáselméleti iskola (Die ungarische Schule der Regulationtheorie). *Közgazdasági Szemle* 50 (5), pp. 465–70.

Solow, Robert. 2000. Stability and Growth: Commentary on a Commentary. In *Planning, Shortage, and Transformation. Essays in honor of János Kornai*, Hsg. Eric S. Maskin und András Simonovits. Cambridge MA: MIT Press, pp. 407–12.

Spengler, Oswald. 1998 [1918–22]. *Der Untergang des Abendlandes.* München: Beck.

Spulber, Nicolas. 1960. Overcentralization in Economic Administration – A Critical Analysis Based on Experience in Hungarian Light Industry. *American Economic Review* 50 (4), pp. 763–4.

Stackelberg, Heinrich von. 1993 [1934]. *Marktform und Gleichgewicht.* Düsseldorf: Verlag Wirtschaft und Finanzen.

Stalin, Iosif V. 1946. *Über den dialektischen und historischen Materialismus.* Berlin: Dietz.

– 1952. Zum Tode Lenins. Rede auf dem II. Sowjetkongreß der UdSSR. 26. Januar 1924, in: ders., *Werke* Bd. 6, Berlin :Dietz.

Streeten, Paul. 1959. Unbalanced Growth. *Oxford Economic Papers*, New Series (11), pp. 167–90.

Such, György und István János Tóth. 1989. A magyar közgazdaságtudomány a Közgazdasági Szemle tudománymetriai vizsgálatának tükrében (Die ungarische Wirtschaftwissenschaft im Spiegel der szientometrischen Untersuchung von *Közgazdasági Szemle*). *Közgazdasági Szemle* 36 (10), pp. 1163–241.

Szabó, Zoltán. 1986 [1936]. *A tardi helyzet* (Die Tard Geschichte). Budapest: Akadémiai Kiadó–Kossuth Könyvkiadó–Magvető.

Szakolczai, Attila. 2001. *Az 1956-os forradalom és szabadságharc* (Revolution und Unabhängigkeitskrieg 1956). Budapest: 1956-os Intézet.

Szalay, László. 1994. Előhang 1954-ből: a Szabad Nép taggyűlése (Overtüre 1954: Die Sitzung der Mitglieder der Kommunistischen Partei beim *Szabad Nép*). *Világosság* 35 (10), pp. 48–56.

Szegő, Andrea 1983. Érdek és gazdasági intézményrendszer (Zins und Institutionen im Wirtschaftssystem). *Valóság* 26 (6), pp. 22–36.

– 1991. The Logic of a Shortage Economy: A Critique of Kornai from a Kaleckian Macroeconomic Perspective. *Journal of Post Keynesian Economics* 13 (3), pp. 328–36.

Szegvári, Iván. 1990. Az egységesség mítosza. Vita az „Indulatos röpirat"-ról (Der Mythos der Einigkeit. Debatte zum „Passionierten Pamphlet"). *Figyelő* February 11, 1990, p. 5.

Szerb, Antal. 2003a [1934]. *Magyar irodalomtörténet* (Geschichte der ungarischen Literatur). Budapest: Magvető.

– 1975 [1934]. *Ungarische Literaturgeschichte.* Berlin: G. Farkas.

– 2003b [1941]. *A világirodalom története* (Geschichte der Weltliteratur). Budapest: Magvető.

Szénási, Sándor. 1983. Pató Pál elvtárs. Interjú Antal Lászlóval (Genosse Pál Pató. Ein Interview mit László Antal). *Élet és Irodalom* November 11, 1983, p. 7.

Tamás, Gáspár Miklós. 1989. A Kornai-bomba (Die Kornai Bombe). *Heti Világgazdaság* November 11, 1989, p. 66.

Tardos, Márton. 1982. Program a gazdaságirányítási és szervezeti rendszer fejlesztésére (Entwicklungsprogramm für das System der Wirtschaftslenkung und -organisation). *Közgazdasági Szemle* 19 (6), pp. 715–29.

– 1988a. A gazdasági szervezetek és a tulajdon (Wirtschaftsorganisationen und Eigentum). *Gazdaság* 22 (3), pp. 7–21.

– 1988b. A tulajdon (Eigentum). *Közgazdasági Szemle* 35 (12), pp. 1405–23.

Thassy, Jenő. 1996. *Veszélyes vidék* (Gefährliches Territorium). Budapest: Pesti Szalon.

Tinbergen, Jan. 2004 [1949]. *Econometrics*. London: Routledge.

– 1952 [1949]. *Einführung in die Ökonometrie*. Wien, Stuttgart: Humboldt-Verlag.

– 1981 [1969]. The Use of Models: Experience and Prospects. *American Economic Review* 71 (6), pp. 17–22.

Vasziliu, Georgiosz. 1999. *„Nagyon jó egyetemre jártam, a magyar forradalom egyetemére" Georgiosz Vasziliu elmondja életét Hegedűs B. Andrásnak* (Ich studierte an einer hervorragenden Universität: der Universität der ungarischen Revolution. Vassiliou Georgios spricht mit András B. Hegedűs über sein Leben). Budapest: 1956-os Intézet.

Veres, Péter. 1997 [1939]. *Gyepsor. Elbeszélések, versek* (Gyepsor. Geschichten und Gedichte). Budapest: Szabad Föld.

Vida, István. 1992. Sajtófogadás 1956. november 3-án. A Nagy Imre-per irataiból (Die Pressekonferenz vom 3. November 1956. Aus den Dokumenten des Falls Imre Nagy). *Rubicon* 3 (7), pp. 31–4.

Yergin, Daniel and Joseph Stanislaw. 1998. *The Commanding Heights. The Battle Between the Government and the Marketplace that is Remaking the Modern World.* New York: Simon and Schuster.

– 1999 [1998]. *Staat oder Markt: die Schlüsselfrage unseres Jahrhunderts*. Frankfurt am Main, New York: Campus-Verlag.

Bildnachweis

Bild 20, Gregory Grossman
Bild 30, L. Bianco, Genf
Bild 34, Studio Orop, Paris
Bild 46 und 117, Éva Kigyóssy-Schmidt
Bild 70, Rod Phillips, Memphis, Tennessee
Bild 74, Judit Müller, Budapest
Bild 114 und 115, Gyorgy Nagy, Budapest

Foto des Autors

András Mayer, Mindentudás Egyeteme

Stichwortverzeichnis

Abwanderung (Hirschman) 279, 280, 333, 492
Aczél, György 343
Ady, Endre 58, 59, 69, 183, 380, 488
Aghion, Philippe 331, 337, 488
Ajtai, Miklós 129
Akademische Karriere und Veröffentlichungen 134, 250, 260, 330, 334
Akerlof, George 360, 361, 488
Albert, Michel 393
Allais, Maurice 208
Allgemeines Modell des sozialistischen Systems 408. Siehe sozialistisches System
Allianz der Freien Demokraten (Szabad Demokraták Szövetsége, SZDSZ) 449, 454
Amercican Economic Review 149, 328, 329, 333, 334, 485, 488, 498, 499, 500, 501
Anhänglichkeit
  zu Ungarn 387, 390, 391
  zum Judentum 56, 57, 467
Anpassungs- und Stabilisierungsprogramm 442, 443, 444
Anreiz 123, 184, 252, 264, 295, 301, 325, 444, 463, 487
– schemata 448
  dezentralisierter – 168, 234
  Gewinn 173, 179, 287, 319, 321, 340, 341, 487
  materieller – 124, 414
  moralischer – 81, 86, 92, 124
  Problem des -es 123
Ansatz (Methodologie) 86, 114, 126, 166, 184, 235, 247, 284, 335, 373, 406, 421, 446, 471
  historischer – 58, 313, 414
  komparativer – 381, 464
  normativer versus positiver – 82, 407, 461, 462, 465
Antal, László 340, 348, 488, 500
Antall, József 449
Anti-Äquilibrium 229, 230, 235, 237, 238, 239, 240, 275, 286, 297, 309, 345, 392, 483, 484
Antisemitismus 54, 56
Aoki, Masahiko 369
Arany, János 38, 380
Arbeitskampagne 81, 82
Arrow, Kenneth J. 165, 177, 189, 206, 229, 233, 235, 253, 283, 336, 369, 427, 429, 487, 488
  andere Werke –s 246, 331
Arrow-Debreu Theorie 230, 236, 237
  Unmöglichkeitstheorem 194, 331
Augusztinovics, Mária (Guszti) 129, 135, 186
Auschwitz 31, 41, 467
Auslandsverschuldung 341, 464
Autonome Kontrolle 286, 287, 288, 290. Siehe Kontrolle
Autonomes Nervensystem 286
ÁVH (Államvédelmi Hatóság, Staatssicherheitspolizei) 22, 52, 74, 92, 138, 155, 225. Siehe Geheimdienste, politische Polizei

Babits, Mihály 38, 60, 488
Bácskai, Tamás 212, 213, 216, 352
Bajt, Aleksander 393
Balcerowicz, Leszek 392
Balzac, Honoré de, 38, 62, 495
Barro, Robert J. 309, 318, 374, 488
Barro-Grossman Modell 309
Bartók, Béla 380, 382, 469
Bator, Francis (Feri Bátor) 388
Bauer, Tamás 260, 262, 391, 488
Befehlswirtschaft 110, 123, 129, 147, 169, 231, 233, 339, 342, 395, 396
Beijing (Peking) 295, 371, 372, 393, 395, 413
Benedict, Ágnes 387
Berater, politischer 28, 76, 265, 374, 385, 393, 421, 430, 435, 437, 438, 439, 449, 450, 452
Berend T., Iván 351
Bergson, Abram 167, 194, 195, 368, 488
Berliner Mauer 313, 372, 407, 417, 418, 474
Berliner, Joseph 149
Berufung, Universität 176, 356, 363, 364, 365, 366, 368, 461
Berufungsprozedur 362, 367
und Veröffentlichung 134
Betlen, Oszkár 71, 72, 78, 79, 100
Bibó, István 315, 316, 490, 498

Bierut, Bolesław 54
Blanchard, Olivier 247, 489
Blindbriefe 364, 365, 368
Böhm-Bawerk, Eugen von, 113, 489
Bokros, Lajos 442
Bokros-Paket 442, 444
Bossányi, Katalin 423, 442
Boston 370, 384, 385, 386, 387, 397, 400, 419, 465, 477, 478, 491
Breuer, Marcel 359
Bródy, András 108, 125, 180, 186, 187, 206, 306, 318, 489
Brus, Włodzimierz 342
Budgetbeschränkung 321, 323, 325, 326, 454
 harte – 320, 322, 425, 428, 455
 weiche – 173, 302, 318, 319, 320, 321, 323, 326, 327, 328, 340, 345, 391, 395
Bucharin, Nikolaj 99
Bund Junger Demokraten (Fiatal Demokraták Szövetsége, FIDESZ) 449, 451
Bürokratische Koordination 353, 410, 462. Siehe Koordination

Cairncross, Alexander 393
Cambridge, Massachusetts 368, 369, 370, 379, 382, 383, 387, 388
Cambridge, England 207, 208, 267, 277
Camus, Albert 468, 482, 489
Ceaușescu, Nicolae 341
Chačaturov, V. R. 311, 312
Chakravarty, Sukhamoy 208, 294, 402
Chavance, Bernard 397
Chikán, Attila 267, 310, 312, 489
China 285, 289, 295, 307, 353, 370, 381, 393, 394, 408, 409, 429, 447, 458, 462, 474, 480
Chou, Enlai 411, 412
Chruščev, Nikita 131
Clinton, Bill 374
Collegium Budapest 25, 362, 470, 471, 472, 473, 481
Computer-Simulationstechniken 277
Csáki, Csaba 266
Csendes, Béla 108
Csikós-Nagy, Béla 138
Csoóri, Sándor 315, 467, 468, 489
Čubajs, Anatolij 313

Dahl, Robert A. 361, 489
Dantzig, George 230
Darstellung, nicht-formalisierte, verbale 21, 58, 332, 353
Das Kapital (Marx) 60, 61, 62, 72, 106, 111, 112, 116, 126, 187, 281, 299, 406, 495
Das sozialistische System 77, 323, 361, 368, 401, 406, 410, 415, 417, 428, 430, 434, 439, 461
Deák, Andrea 306
Debreu, Gérard 229, 230, 233, 235, 236, 237, 238, 243, 244, 248, 331, 489
 Arrow-Debreu Theorie 230, 236, 237
Debussy, Claude 33
Demokratie 142, 235, 317, 361, 419, 420, 440, 450, 451, 459, 462, 463, 469
 am Arbeitsplatz 90, 96, 139
 in Amerika 285, 295, 296, 298, 466
 in Ungarn 54, 65, 140, 142, 317, 466
Demokratische Opposition 267, 412
Demokratismus 90
Deng, Xiaoping 394
Dervis, Kemal 281
Deutsche Besetzung 34, 40
Deutscher, Isaac 95, 490
Devons, Ely 162, 207, 210, 219, 224, 336, 490
Dewatripont, Mathias 327, 329, 490
Dewatripont-Maskin Modell 327, 328, 329
Diamond, Peter 447
Diskriminierung 37, 56, 57, 468, 476
Dissertation 105, 106, 112, 117, 120, 122, 128, 134, 146, 387. Siehe auch akademische Grade
Disziplin (Plan, Lohn, Arbeit) 81, 82, 264, 350, 360, 383, 471
Djankov, Simeon D. 301, 490
Dlouhý, Vladimir 392
Dobb, Maurice 167
Dömölki, Bálint 205
Donáth, Ferenc 137, 138, 140, 315, 316, 490, 498
Dorfman, Robert 185, 187, 208, 388, 490
Dostoevskij, Fëdor Michajlovič 38, 62
Drèze, Jacques 392, 402
Dritter Weg 427
Durant, Will 38, 490

Econometric Society 200, 219, 308, 333, 391, 392
Econometrica 184, 189, 190, 207, 219, 286, 289, 333, 334, 487, 488, 492

Economics of Shortage 237, 284, 291, 305, 312, 322, 333, 352, 361, 396, 402, 454, 465, 484
Effizienz, ökonomische 295, 351
Egalitarismus 77. Siehe auch Verteilungsgerechtigkeit
Eggleston, Karen 25, 387, 448, 460, 486
Eigentum 82, 90, 96, 127, 169, 184, 296, 341, 352, 393, 426, 430
Kollektiv- 90, 94, 175, 347, 409
öffentliches – 346, 352, 353, 354, 410, 462
Privat- 82, 168, 203, 234, 304, 320, 341, 352, 353, 410, 459
Staats- 81, 90, 130, 139, 231, 304, 342, 346, 405, 410, 428
Überkreuzverflechtungen von Unternehmen 425
Ein-Partei-System 140, 421. Siehe System
Einstein, Albert 359, 417, 489
Eisenhower, Dwight D. 257
Eiserner Vorhang 153, 209, 222, 239, 313, 392, 420
Ellman, Michael 210
Emigration 111, 159, 172, 240, 392
Auswanderungswelle nach 1956 240
– in Paris 36, 98
politische – 98
Problem der – 280
Emminger, Otmar 393
Engels, Friedrich 53, 60, 62, 166, 245, 410, 496
Entscheidung
vergleichbare und nicht vergleichbare – 239
wiederholte und nicht wiederholte – 239
Entscheidungsträger, rationaler 179, 193, 195, 204, 234, 238, 240, 290, 435, 454
Entwicklung, technische 125, 126, 173, 185, 287, 301, 379
Erdős, Péter 25, 107, 118, 147, 150, 152, 291
Ericson, Richard 413, 416, 490
Erzwungene Substitution 301, 310, 311
Esterházy, Péter 27, 251, 490
Esze, Zsuzsa 135, 146, 162, 490
Ethik 20, 351. Siehe auch moralische Fragen
Anforderungen 375
Desillusionierung 71, 103, 114, 343, 464
Grundlagen 295
Probleme 260, 273, 375
sozialistische – 295, 343, 349
Eucken, Walter 165, 490
European Economic Association (EEA) 392, 485

Faktoren, meta-rationale 83
Faluvégi, Lajos 306, 307, 317, 343
Familie (des Autors) 27, 31, 35, 39, 44, 47, 48, 52, 128, 133, 161, 272, 280, 473, 479, 480
Familienmitglieder 27, 30, 43, 280
Farkas, Kati 258, 391
Farkas, Mihály 100, 101
Fehér, Lajos 98, 100, 102, 144, 160, 161
Fejtő, Ferenc 159, 491
Fekete, Sándor 98, 112, 135, 154, 155, 158, 161, 183
und Hungaricus Fall 113, 159, 160, 163, 171, 172, 182, 492
Feldstein, Martin 374, 429
Fellner, William (Vilmos) 211, 380
Flaubert, Gustave 38
Fock, Jenő 151
Fónyi Gézáné (Auguszta, Duci) 79, 162
Formalisierung den Theorien 331. Siehe auch mathematische Methoden in der Ökonomie der Theorie
France, Anatole 38
Freud, Sigmund 31
Freundschaft, Freunde 36, 78, 94, 111, 133, 161, 172, 211, 214, 220, 283, 315, 374, 386, 477
Frey, Bruno 334, 491
Friedman, Milton 329, 428, 429
Frisch, Ragnar 165, 194, 204, 275, 334
Friss, István 78, 100, 129, 131, 144, 159, 171, 257, 258, 262, 269, 270
Direktor des Instituts für Ökonomie 107, 120, 131, 137, 147, 255, 256
Führungspersönlichkeit der KP 72, 97, 129
Persönlichkeit 148, 152, 253, 256
Fünf-Jahr-Plan 90, 94

Gács, János 259, 292, 391, 473, 482, 491
Gajdar, Egor T. 313
Galbraith, John Kenneth 374, 375
Galilei, Galileo 128, 129, 175, 380
Gáll, Ernő 75, 491
Gangbarkeit 287, 288
Geertz, Clifford 360
Gefängnis in der Gyorskocsi Straße 144, 153, 158, 172

Gefängnis 47, 89, 102, 109, 137, 144, 160, 182, 343. Siehe Gefängnis in der Gyorskocsi Straße, Gefängnisstrafe
Gefängnisstrafe 124, 153
Geheimdienstdokumente 224. Siehe Geheimdienste, politische Polizei
Geheimdienste, politische Polizei 212, 214, 215, 217, 223, 355, 376
Aufzeichnungen 214
Spitzelberichte 212, 221
Staatssicherheitspolizei 22, 52, 74, 92
Geheimpolizei 213, 216, 221, 352. Siehe Geheimdienste, politische Polizei
Geldpolitik 455, 456, 457
Gerő, Ernő 66, 72, 78, 80, 82, 89, 97, 100, 181
Gerschenkron, Alexander 474
Gesundheitssystem 236, 320, 440, 444, 445, 446, 447, 448, 486
Gimes, Miklós 35, 51, 86, 94, 95, 98, 107, 110, 113, 134, 155, 157, 212, 214, 420
Prozess 71, 79
während der Revolution 137, 138, 142, 143, 144, 153, 158, 160
Glasnost 371
Gleichgewicht 189, 244, 245, 248, 275, 276, 277, 279, 308, 406, 432, 433, 434, 441, 442
allgemeines – 168, 191, 230, 232, 233 ,235, 236, 244
– spreis 168
Markt- 188, 231, 242, 301
walrasianisches – 191, 301, 309, 331
Wettbewerbs- 243, 244, 245
Gogh, Vincent van 385
Göncz, Árpád 159, 315
Gorbačëv, Michail S. 308, 313, 342, 418
Gorki, Maxim 165, 495
Grade, akademische (in sozialistischen Ländern) 105, 106, 128. Siehe auch Dissertation
Betreuer 117, 118, 267, 268, 330
Kandidat der Wissenschaften (Ph.D.-Ebene) 268, 269, 270, 305, 363, 364, 366, 368
Verleihung 473
Granick, David 149
Green, Jerry 25, 369
Gregory, Paul R. 354, 358, 491
Griliches, Zvi 388
Grosfeld, Irina 288
Grossman, Herschel I. 309, 488
Barro-Grossman Modell 309, 318
Gulaschkommunismus 282, 434, 444. Siehe Kommunismus
Gutachter 120, 218, 265, 305, 306, 307, 328, 330, 333, 334,
Güter 168, 294, 302, 309, 341, 433

Haberler, Gottfried von 165, 492
Hahn, Frank 208, 235, 251, 253, 277, 392, 492
Halda, Alíz 143, 153, 162, 315, 492
Hanák, Kati 162, 224, 225, 391
Hanák, Péter 161, 162, 225, 391, 472
Hankiss, Elemér 351, 494
Haraszti, Sándor 91, 92, 93, 94
Harmonisches Wachstum 275, 276, 277. Siehe Wachstum
Harsányi, John C. (János) 211
Harte Budgetbeschränkung 320, 322, 425, 428, 455. Siehe Budgetbeschränkung
Harvard Square, Cambridge 370, 386, 478
Harvard Universität 131, 194, 266, 362, 366, 369, 370, 373
Hašek, Jaroslav 184, 492
Hatvany, József 183
Havel, Václav 313, 427, 478
Háy, László 152, 153, 265, 270
Haydn, Joseph 250,253
Hayek, Friedrich A. von 165, 167, 168, 169, 177, 203, 406, 407, 424, 492
Lange – Hayek Debatte 167, 168
Hegedűs, András 37, 66, 67, 109, 135
Hegedűs, András B. 492, 485, 497, 501
Heisenberg, Werner 245, 253, 492
Heller, Farkas 110, 135, 492
Helsinki 401, 402, 403, 439
Hetényi, István 194, 449
Hicks, John R. 148, 165, 177, 311, 312, 331, 337, 492
Hirschman, Albert O. 276, 278, 279, 280, 296, 299, 333, 360, 362, 492
Hitler, Adolf 29, 30, 35, 36, 41, 54, 314, 418
Hoch, Róbert 107, 108, 150, 152
Hoffman, David E. 313, 318, 492
Holdinggesellschaften 353
Hollós, Ervin 64, 65, 67
Holocaust 41, 48, 390, 467, 489

Horn, Gyula 456
Horthy, Miklós 44, 46, 54, 91, 109, 161, 257, 467
Horváth, Márton 72
Huizinga, Johan 38, 492
Hungaricus 113, 159, 160, 163, 171, 172, 182, 492. Siehe Fekete, Sándor
Hurwicz, Leonid 208, 209
Husák, Gustav 341

Identität, Identifikation 65
  jüdische – 56, 57
  ungarische – 65
Ideologie, politische 59, 96, 117, 118, 167, 187, 235, 324, 357, 361, 373, 406, 411, 459, 461
Indien 200, 285, 294, 295, 296, 349, 374, 397
Individuelle Souveränität 407, 447
Industrialisierung, sozialistische 90, 276
Inflation 29, 68, 202, 341, 395, 419, 432, 452, 464
Information 67, 80, 98, 118, 156, 158, 191, 202, 213, 218, 221, 224, 234, 241, 284, 355
  asymmetrische – 360
  dezentrale – 190, 203, 234
  nicht-Preis – 287
  unsichere – 236
Innenministerium 144, 197, 227, 355
  Sektion III/III 197, 224
Innovation, technische 174, 244, 245, 267, 335
Input-Output Analyse 186, 187, 201, 287
Institut für Ökonomie 105, 149, 182, 255, 265, 268, 291, 306, 336, 422, 470. Siehe Ungarische Akademie der Wissenschaften
Institute for Advanced Study, Princeton 280, 359, 360, 361, 400, 401, 470, 477
Interdisziplinäre Kooperation 471
International Economic Association (IEA) 207, 481

Jasay, Anthony de (Jászay Antal) 148
Jayawardena, Lal 401
Jones, Leroy 393
Journal of Economic Literature 319, 328, 329, 487, 490
Journalismus 85, 107, 132, 387. Siehe Zeitung
József, Attila 38, 159, 183, 258, 273, 356, 380, 493
Juden 30, 37, 39, 42, 43, 44, 53, 57, 390, 467, 468. Siehe auch Antisemitismus
  anti-jüdische Gesetz 30, 54
  Deportation 42, 43, 409
  Elite 40
  Häuser 43
  Identität 56, 57, 65
  Verfolgung 30, 37, 50, 54, 56, 94
Jugoslawien 40, 339, 409, 425, 467
Juni-Programm, „Juni-Resolution“ 89, 90, 91, 93, 98, 100, 124. Siehe der „Neue Kurs“

Kádár, János 65, 76, 89, 91, 98, 146, 154, 214, 225, 266, 269, 305, 347, 351, 357, 390, 459
Kádár-Regime 129, 137, 141, 150, 160, 213, 260, 261, 262, 269, 306, 314, 315, 445
Kahneman, Daniel 241, 247
Kaldor, Nicholas 28, 209, 211, 278
Kalecki, Michał 165, 493
Kantorovič, Leonid V. 195, 222, 230, 245, 311
Kapitány, Zsuzsa 259, 286, 391
Karagedov, Rajmond G. 308, 493
Kardelj, Edvard 95, 104, 110, 493
Karinthy, Ferenc 35, 314, 315, 493
Karinthy, Frigyes 32, 84, 122, 380, 454, 493
Karl Marx Universität für Ökonomie 106, 152, 167, 266, 267, 386, 406
Károlyi, Mihály 382
Karsai, Gábor 411, 416, 493
Kass, János 307
Katseli, Louka 281
Käufermarkt 242, 243, 480. Siehe Markt
Käufer-Verkäufer Asymmetrie 284, 294
Kende B., Hanna 391
Kende, Éva 391
Kende, Péter 71, 102, 109, 134, 141, 142, 153, 159, 160, 171, 172, 391, 472
  Emigration 36, 98, 172
  Freundschaft 36, 60, 79
  während der Revolution 98, 100, 111, 137
Kenedi, János 25, 218, 227, 294, 315, 493
Kesey, Ken 433
Keynes, John, Maynard 166, 278, 279, 290, 291, 299, 331, 337, 360, 406, 444
keynesianisches Ungleichgewicht 279, 407
Kis, János 315, 450
Klaniczay, Gábor 315, 472, 494
Klassischer Sozialismus 98, 339, 342, 409, 410, 411, 462. Siehe Sozialismus
Klaus, Václav 414, 415, 430, 438, 494
Knapp, John (János) 149

Koestler, Arthur 314
Kolkata (Kalkutta) 294, 295
Kollektivierung 90, 94, 409
Köllő, János 260, 473, 482, 491
Kołodko, Grzegorz 397
Kommunismus 52, 53, 71, 72, 114, 209, 305, 313, 314, 323, 361, 408, 412, 419, 485, 495
Fall des – 385
Gulasch- 282, 434, 444
Reform- 90, 98
Kommunistische Partei 53, 67, 90, 240, 255, 261, 271, 291, 305, 342, 355, 395, 407, 421, 450
außerhalb Ungarns 52, 204, 289
Desillusionierung 103, 114, 343
Identifikation 51, 67, 73, 405
Jargon 127, 128, 146
Loyalität 69, 72, 199, 214
Machtmonopol 90, 96, 410, 413, 459, 462
Rolle 55, 304
Parteisoldat, Parteiarbeiter 256
Konflikt 40, 69, 95, 115, 121, 125, 145, 191, 248, 277, 298, 343, 350, 351, 376, 446, 467, 481
Konsistenz, moralische 235, 239, 240
Kontrolle 78, 100, 124, 146, 184, 173, 259, 262, 275, 287, 288, 289, 290, 321, 431
autonome – 286, 288, 290
Lagerbestandssignal 286
Kennziffer- 123
Koopmans, Tjalling C. 185, 208, 209, 219, 223, 224, 227, 230, 233, 332, 494
Koordinierung, Koordination 196, 287, 331, 428
bürokratische – 151, 174, 462
Markt- 90, 96, 129, 169, 343, 352, 353
Kornai-Gruppe (im Institut für Ökonomie, Budapest) 259, 260, 470
Kornai-Lipták Algorithmus 190, 191, 197, 198, 201, 219, 233, 236, 237
Kossuth, Lajos 382
Kosten-Nutzen-Analyse 185, 188
Kosztolányi, Dezső 38
Kouba, Karel 397
Kovács, András 303, 301, 494
Kovács, Imre 120, 494
Kovács, Mária (Marcsi) 25, 386, 387
Kowalik, Tadeusz 397
Krausz, Tamás 414, 415, 416, 494
Krüger, Carla 387
Kuhn, Thomas 246, 406, 494
Kulaken 94
Kun, Béla 53
Kupa, Mihály 449, 450
Kuznets, Simon 474

Lackó, Mária 259, 292, 391
Laibson, David 247, 494
Lakatos, Imre 211, 246
Laki, Mihály 25, 259, 346, 391, 438, 473, 494
Lange, Oskar 33, 96, 104, 110, 177, 190, 200, 209, 244, 353, 427, 494. Siehe auch Markt: Sozialismus
Lange – Hayek Debatte 167, 168
Lapham, Harvey 323
Lavigne, Marie 397
Legale oder illegale Publikation 130, 304, 315, 316, 317, 325. Siehe Publikation
Leijonhufvud, Axel 360, 361, 494
Lengyel, László 350, 351, 358, 494
Lenin, Vladimir I. 52, 59, 62, 53, 99, 102, 127, 166, 169, 268, 269, 312, 346, 407, 418. Siehe auch Marxismus, Marxismus-Leninismus
Marxismus 60, 99, 106, 110, 128, 134, 147, 166, 176, 187, 212, 231, 246, 256, 299, 316, 352
Marxismus-Leninismus 63, 72, 84, 96, 99, 152, 459
Leontief, Wassily 186, 474
Leontief Modell 187
Lepenies, Wolf 470
Lerner, Abba 167, 169, 495
Lieferzeit (in der sozialistischen Wirtschaft) 241, 287
Lim, Ed 393
Lindbeck, Assar 282, 297, 393, 400, 495
Lindblom, Charles 495
Lipták, Tamás 179, 189, 197, 198, 205, 206, 219, 233, 259, 392, 484, 487
Kornai-Lipták Algorithmus 190, 191, 197, 198, 201, 219, 233, 236, 237
Liska, Tibor 108, 135, 347, 348, 484, 490, 495
Literatur (Belletristik) 28, 35, 37, 38, 60, 62, 73, 123, 380
Litván, Éva 162, 391
Litván, György 155, 161, 162, 391, 471
Lőcsei, Pál 25, 79, 93, 97, 98, 100, 102, 104, 111, 141, 157, 160, 214, 391, 495

London School of Economics (LSE) 207, 210
Losonczy, Ágnes 162, 391
Losonczy, Géza 72, 91, 140
Loyalität (Hirschman) 279
Lukács, György (Georg) 62, 63, 495

MacKenzie, Lionel 208
Madarász, Aladár 260
MADISZ (Ungarischer demokratischer Jugendbund, Magyar Demokratikus Ifjúsági Szövetség) 53, 54, 59, 60, 65, 66, 67, 68, 69, 77, 92
Magyar Szabadság (*Ungarische Freiheit*) 141, 142, 143, 144, 157, 491
Major, Iván 260
Maléter, Pál 144
Malinvaud, Edmond 184, 190, 206, 207, 208, 219, 227, 402, 483, 495
Mándi, Péter 129, 130
Mangel 110, 126, 159, 242, 276, 297
  Bekämpfung 76, 325
  chronischer – 279, 293, 299
  – wirtschaft – 212, 243, 275, 279, 294
Mann, Thomas 38, 62, 63, 69, 498
Manne, Alan 283, 369
Mao, Zedong 54, 296, 410, 480
Maoisten 209, 294, 295, 401
Marglin, Steve 374, 402
Máriás, Antal 108, 135, 495
Markt 110, 184, 188, 196, 204, 241, 301, 320, 340, 346, 462
  Investitionsgüter- 310
  Käufer- 243
  Konsumgüter- 309, 310
  – gleichgewicht 231
  – koordination 169
  – sozialismus 90, 139, 190, 263, 313, 343, 353
  vollständiger – 191
  Verkäufer- 243, 430
Martos, Béla 205, 259, 277, 286, 296, 486, 487
Marx, Karl 53, 72, 96, 106, 126, 146, 166, 175, 245, 266, 291, 308, 325, 346, 406, 467, 482
Marxismus, Marxismus-Leninismus 63, 72, 84, 96, 99, 152, 459
  Anziehungskraft 57
  Bruch 113
  Kritik 113, 118, 119, 128, 131
  Rhetorik 360, 459
Marxistische Theorie
  Arbeitslosigkeit 299
  Krisentheorie 114
  Mehrwerttheorie 112
  Verelendungstheorie 114
  Werttheorie 112, 113, 114, 115, 116
Maskin, Eric 319, 327, 329, 336, 473, 477, 482, 487, 490, 496, 499
  Dewatripont-Maskin Modell 327, 328, 329
Massachusetts Institute of Technology (MIT) 131, 385
Mathematische Methoden in der Ökonomie 185, 186, 189
Matits, Ágnes 325, 326, 391, 487
Matolcsy, György 443, 444, 496
McCarthy, Joseph R. 363, 390
McCloskey, Don (Deirdre) 360, 361, 496
McHale, John 387, 446, 447, 460, 487
Meister und Lehrer 29
Menschenrechte 40, 285, 317, 343, 407, 466
Méray, Tibor 98, 100, 102, 104, 132, 488, 496
Michnik, Adam 313, 478
Mihályi, Péter 25, 260
Minoritäten, ethnische 467
Molnár, Endre 148, 152, 153, 169, 496
Montias, John Michael 222, 223, 224, 225, 226, 227, 228, 484, 489, 494, 496
Moralische Fragen 86, 358, 420. Siehe auch Ethik
  Gewissen 67, 75, 86, 103, 304, 316, 330, 418, 457
  Grundlagen 92, 295
  Imperative 34
  Rechenschaft 86
  Urteil 83, 215, 216, 317, 382
Móricz, Zsigmond 38
Morita, Tsuneo 397
Motivation der Kader 75, 77
Mozart, Wolfgang Amadeus 472
Münnich, Ferenc 146, 151
Murrell, Peter 301, 490
Musgrave, Richard 429
Musik 34, 121, 250, 283, 370, 385, 469, 471, 472, 478
Myrdal, Gunnar 425

Nagy, András 25, 108, 130, 148, 150, 152, 159, 162, 197, 208, 258, 391, 472

Nagy, Imre 89, 90, 104, 130, 131, 138, 151, 160, 163, 420
Juni-Programm 91, 93, 98, 103
Kreis, Fraktion 79, 102, 137
Prozess 94, 98, 99, 139, 144, 152
Umbettung 420
Wirtschaftsprogramm 93, 98, 137, 140, 342
Nagy, Tamás 84, 106, 108, 118, 130, 138, 140, 147, 152
Nash, John, F. 206, 248
Nationalsozialismus 452, 467
Nazi-Macht 29
Naturwissenschaften 115, 246, 290, 362
Nemes, György 73
Németh, László 175, 380
Népszabadság (*Volksfreiheit*) 144, 146, 442, 445, 485, 489, 491
Nervensystem, vegetatives 286
Nettelbeck, Joachim 78, 470
Neue Linke 427, 465
Neuer Kurs 89, 90, 91, 96, 98, 99, 100, 103, 124, 131, 139
Neuer Ökonomischer Mechanismus 139, 339, 341, 342, 354
Neumann, John von 206, 242, 253, 359, 360, 380, 496
Nguyen, Quang A. 397
Nicht-Preis Information 287. Siehe Information
Nicht-Preis-Signal 275, 287. Siehe Signal
Nomenklatura 462
Nove, Alec 149, 163, 211, 413, 416, 496
Novobáczky, Sándor 98, 160, 161, 163, 497
Nozick, Robert 374, 427, 497
Nutzen 194, 198, 203, 433, 446
– funktion 238, 239, 290
– maximierung 232, 238, 239
Nyers, Rezső 257, 262, 272, 273, 343

Obersovszky, Gyula 141, 142
Occam, William of 409
Ökonomie, neoklassische 187, 242
Kritik 229, 230, 236, 238, 241, 244, 247, 250
Mikro-Fundierung 290
Ökonomie 61, 80, 93, 109, 290, 297, 300, 321, 332, 363, 371. Siehe auch neoklassische Ökonomie
Hauptströmung („*mainstream*") 232, 246, 414
mathematische Methoden 184, 189, 191, 200, 332, 336
ökonomische Verhaltenswissenschaft 290
Vergleich von Wirtschaftssystemen 353, 370, 408, 475. Siehe auch Sowjetologie
Wohlfahrts- 166, 193, 194, 302, 368, 452
Oktoberrevolution (1956) 65, 105, 131, 137, 152, 256, 257, 266, 379, 419. Siehe Revolution, ungarische (1956)
1956. 66, 91, 104, 105, 131, 137, 152, 256, 257, 266, 379, 419. Siehe Revolution, ungarische (1956)
Operations Research 185
Oppenheimer, J. Robert 360
Optimismus 384, 463, 465, 467, 468, 469
Orbán, Viktor 451, 456
Originalität 59, 335
Örkény, István 84
Ortega y Gasset, José 38, 497
Orwell, George 154, 216, 250, 314, 497
Overcentralization 105, 122, 145, 147, 148, 172, 174, 199, 207, 219, 483, 485, 496

Palme, Olof 298
Pamphlet (Leidenschaftliches Pamphlet für die Sache der wirtschaftlichen Transformation) 60, 95, 140, 294, 403, 417, 429, 449. Siehe *The Road to a Free Economy*
Papandreou, Andreas 281, 321, 497
Pareto, Vilfredo 172
Pareto-effiziente Lösung 172
Parlament 28, 65, 89, 138, 139, 160, 239, 344, 422, 430, 431, 432, 437, 466, 468
Parteien (andere als KP) 78, 140, 147, 284, 327, 451, 454. Siehe auch Kommunistische Partei
Paternalismus 321, 322, 324, 326, 447
Peng, Xiaomeng 397
Perestrojka 371
Pessimismus 463, 468
Pete, Péter 260
Péter, Gábor 154
Péter, György 108, 128, 129, 130, 135, 138, 141, 146, 166, 167, 169, 212, 342, 485, 497
Péteri, György 108, 120, 135
Petőfi, Sándor 46, 131, 134, 135
Phelps, Edmund 447
Phillips, Albin W. 210, 497

Philosophie 37, 48, 57, 60, 175, 186, 373, 374, 380, 442, 445
- geschichte 106
Politische – 20, 77, 406
Wissenschafts- 211, 236, 417
Pigou, Arthur 165, 497
Pikler, Emmi 109
Planfeilschen 125
Planung 93, 144, 167
imperative – 204
indikative – 204
mathematische – 149, 195, 196, 198, 201, 255
perfekte – 191, 235, 237, 409
- ssystem 126, 321
und Wirtschaftslenkung 106, 118, 185, 193, 196
Zentral- 82, 152, 189, 190, 192, 200, 203, 204, 235, 288, 322, 405
Zwei-Ebenen-Planung 179, 187, 189, 190, 191, 197, 202, 205, 234, 449
Planungsamt 108, 119, 129, 137, 149, 175, 188, 193, 201, 204, 234, 281, 294, 306, 343, 449
Politikwissenschaft 335
Portes, Richard 309, 310, 311, 318, 498
Präferenzordnung 193, 234, 238, 239, 240
Prager Frühling 90, 342, 411
Pragmatismus 451, 466
Preis 19, 68, 85, 103, 109, 114, 121, 123, 169, 190, 208, 231, 241, 275
Gleichgewichts- 168
- angleichung 188
- bestimmung 340
- kontrolle 184, 287, 425
- nehmer 284
- setzer 284
- verzerrung 287, 340, 395
Schatten- 127, 188, 245
zentrale – 340, 354, 415
Presse 51, 101, 132, 149, 216, 352, 358, 372, 423, 431, 439
freie – 285
und Fernsehen in den Vereinigten Staaten 285
Princeton 171, 281, 327, 362, 379, 391
Institute for Advanced Study 280, 283, 359, 360, 361, 400, 401, 470, 477
Universität 280, 282
Privatisierung 348, 414, 428, 429, 430, 431, 433, 439, 440, 452, 455
beschleunigte – 428, 430
gradualistische – 433, 455
Grundsätze 440
Voucher-Privatisierung 347, 428
Privilegien 431, 464, 476
eines Akademiemitglieds 271, 272, 273
eines Parteiarbeiters 76, 77, 431
Produktionsgenossenschaft, landwirtschaftliche 139, 234
Professur, ordentliche 278, 365, 369, 379. Siehe Berufung, Universität
Profit, Gewinn 151, 157, 168, 195, 234, 259, 319, 326, 413, 429
Anreize 179, 321, 340, 487
bürokratische Umverteilung 340
- beteiligung 173, 174
Programmierung, lineare 185, 186, 187, 188, 195, 196, 198, 201, 230, 245, 311
Prokop, Jane 387
Proust, Marcel 27
Public Choice Theorie 414
Publikation 21, 128, 146, 159, 173, 190, 247, 263, 334, 364
Abhängigkeit der akademischen Karriere 146, 160
Auswahlverfahren 264, 271, 330
legale oder illegale – 134, 304, 315, 316, 317, 325
Samizdat 308, 315, 317

Qian, Yingyi 329, 330, 387, 498
Quandt, Richard 25, 211, 281, 327, 336, 491

Rabár, Ferenc 197, 449
Radner, Roy 208
Raile, Jakab 48, 49
Rajk, László 75, 89, 91, 108
Rajk-László-Kolleg 48, 267, 308, 310, 386
Rákosi, Mátyás 53, 72, 78, 91, 94, 98, 101, 108, 131, 137, 143, 146, 160, 166, 257, 294, 467
innerparteiliche Auseinandersetzungen 304, 403, 446, 467
Rákosi-Ära 151, 153, 225, 267, 390
Ránki, György 351
Rational Choice Theorie 166, 176
Rationalität 203, 234, 235, 238, 415

Rationierungssystem 302
Rawls, John 331, 361, 427, 488, 498
Reagan, Ronald 313, 374
Reform (in den sozialistischen Ländern) 99, 124, 151, 246, 257, 281, 294, 303, 380, 393, 447
  Anti-Reformkräfte 275, 339
  Chinesische – 312, 339, 357, 394, 429
– kommunismus 90, 98, 140, 261, 313
– ökonomen 111, 127, 345, 346, 348, 352
– sozialismus 342, 345, 353, 413, 425
Reformer, naiver 117, 130, 257, 341, 342, 343, 345, 422. Siehe auch Reform
Reichsdeutsche Schule 35, 36
Rejtő, Jenő 61
Rentabilität 179, 320, 340, 341
Rényi, Alfréd 180, 182
Repression 65, 94, 124, 213, 288, 314, 321, 322, 351, 358, 381, 390, 410, 411, 459
Révai, József 64, 65, 72, 73, 78, 95, 147, 493
Révész, Sándor 25, 141, 158, 498
Revisionismus 146, 147, 148, 152
Revolution, ungarische (1956) 66, 71, 105, 131, 140, 150, 157, 160, 257, 266, 342, 379, 419
RgW (Rat für gegenseitige Wirtschaftshilfe) 139, 225, 355
Ricardo, David 61, 62
Rimler, Judit 197, 258, 473
Ripp, Géza 146, 147, 162, 169, 498
Robinson, Joan 209, 278
Roland, Gérard 25, 310, 319, 336, 487, 498
Rose-Ackerman, Susan 471, 482, 487
Rosovsky, Henry 25, 363, 377, 498
Rosser, J. Barkley Jr. 454, 455, 498
Rosser, Marina V. 454, 455, 498

Sachs, Jeffrey 419, 429, 430, 439, 478
Sacharov, Andrej 313
Samizdat 308, 315, 316, 317, 348. Siehe auch Publikation
Samuelson, Paul A. 177, 187, 189, 195, 206, 209, 329, 377, 428, 429, 438
  Werke 145, 165, 166, 185, 490, 498, 499
Sartre, Jean-Paul 175, 499
Schama, Simon 411, 416, 499
Schauprozesse 63, 90
Schelling, Thomas 361, 499
Schiff, András 380
Schiffskonferenz (Bashan Lun) in China 396
Schmidt, Ádám 263, 273, 487
Schneider, Erich 165, 177, 182, 499
Schubert, Franz 478
Schumpeter, Joseph 245, 331, 337, 367, 373, 406, 499
Scitovsky, Tibor 209, 211, 283, 284, 369, 499
Selbstverwaltung 96, 104
Seleny, Anna 387
Sen, Amartya 194, 238, 361, 374, 388, 393, 402, 499
Shrinivasan, T. N. 294
Signal 83, 241, 280, 286, 287, 320, 390
  Katastrophen-Signal 287
  Nicht-Preis-Signal 287
  Warteschlange 287, 311
Sik, Ota 342
Simán, Miklós 152
Simon, Herbert A. 246, 499
Simonovits, András 25, 205, 259, 286, 299, 391, 473, 482, 496, 499
Smith, Adam 61, 62, 306, 331
Solidarität 44, 160, 161, 163, 211, 350, 390, 439, 447, 448, 486
Solidarność 419
Solow, Robert 185, 187, 211, 388, 442, 490, 499
Sólyom, László 443
Solženicyn, Aleksandr I. 314
Sonnenschein, Hugo 333
Soós, Károly Attila 260
Sowjetisch 59, 63, 84, 91, 95, 154, 204, 221, 272, 311, 339, 343, 391, 408, 417
  Blockstaaten 304
  Intervention 140, 151
Sowjetarmee 44, 48, 58
Sowjetologie 226. Siehe auch Ökonomie
Sozialismus 36, 62, 95, 111, 143, 167, 203, 232, 306, 320, 346, 401, 464
  existierender – 211, 233, 281
  klassischer – 98, 342, 409, 411
  Markt- 82, 96, 110, 130, 139, 263, 313, 343, 353, 427
  Reform- 342, 353, 413, 425
Sozialpsychologie 406, 426
Sozialwissenschaften 20, 106, 115, 246, 269, 330, 331, 335, 360, 471, 475
Soziologie 66, 68, 120, 241, 406

Spence, Michael 362
Spengler, Oswald 38, 58, 59, 500
Sperrklinkeneffekt 125
Spieltheorie 248, 328
Spitzelberichte 212, 221. Siehe Geheimdienste, politische Polizei
Spulber, Nicholas 149, 162, 500
Staat 28, 41, 89, 221, 279, 297, 322, 393, 427, 440
Führungsrolle 212
– seigentum 81, 90, 130, 139, 304, 342, 395, 405, 428, 431
Wohlfahrts- 205, 281, 393, 425, 445, 447
Stabilisierung 408, 419, 432, 433, 434, 439, 442, 443, 444
Stachanov 82. Siehe Arbeitskampagne
Stagnation, technische 302, 441, 442
Stalin, Joseph V. 52, 65, 69, 74, 82, 89, 91, 103, 118, 126, 160, 166, 339, 358, 410, 467, 500
Stanford Universität 229, 283, 370, 427
Stanislaw, Joseph 312, 318, 501
Stockholm 51, 297, 298, 300, 303, 315, 323, 326, 361, 379, 398, 425, 479
Stone, Richard 208, 277
Straub, F. Brunó 416
Streeten, Paul 276, 296, 500
Struktur, politische 127, 169, 231, 235, 321, 324, 346, 361, 373, 405, 413, 461
Stuart, Robert C. 354, 358, 491
Such, György 312, 500
Suchkommission (Harvard) 364
Summers, Lawrence H. 374
Surányi, György 455
Svenson, Lars 323
System 81, 185, 243, 261, 280, 334, 339, 354, 392, 424, 461, 463,
Ein-Partei-System 421, 140
Mehr-Parteien-System 421, 140
– paradigma 406, 127
systemspezifische Eigenschaft 300, 303, 345, 405, 406, 409, 413
– wechsel 222, 301, 339, 341, 347, 353, 372, 391, 435, 475
totalitäres – 78, 390
System, sozialistisches 192, 204, 238, 323, 342, 349, 361, 381, 401, 403, 407, 474
allgemeines Modell 233, 235, 462
Erosion 124, 312
politische Ökonomie 371, 323, 361, 401, 405, 426
Szabad Nép (Freies Volk) 71, 72, 75, 84, 91, 101, 107, 118, 130, 142, 154, 160, 256, 391, 493
Aufstand 100
Szabó, István 44, 380
Szabó, Iván 443
Szabó, Judit 259
Szabó, Katalin (Kati) 25, 399
Szabó, Zoltán 119, 500
Széchenyi, István 175
Szegő, Andrea 352, 358, 500
Szegvári, Iván 426, 438, 500
Székely, Éva 35
Szentágothai, János 344
Szerb, Antal 38, 60, 500

Tamás, Gáspár Miklós 423, 501
Tardos, Márton 197, 258, 353, 358, 501
Tardos, Tibor 100
Terták, Elemér György 352
The Road to a Free Economy 403, 417, 421, 423, 430, 431, 453, 466, 485
Theorie der kognitiven Dissonanz 55, 83
Theorie des *Social Choice* 194
Tiananmen Platz 371, 394
Tinbergen, Jan 165, 177, 182, 194, 204, 209, 275, 276, 391, 425, 501
Tito, Josip Broz 95
Tobin, James 230, 393
Toleranz 62, 258, 262, 288, 373
Toleranzgrenzen 288
Tolstoy, Lev 495
Tóth, István György 486
Tóth, István János 312, 446, 460, 500
Transformation 83, 120, 179, 301, 347, 357, 372, 392, 407, 417, 423, 439, 447, 471, 481, 496
Tříska, Dušán 414, 415, 430, 438, 494
Tversky, Amos 241, 247, 248, 494

Überschussangebote 190
Überschussnachfrage 190, 243, 310
Überwachung 98, 124, 466
Ulbricht, Walter 54
Ungarische Akademie der Wissenschaften 255, 268
andere angeschlossene Institute 105

Auswahlprozess 268
Institut für Ökonomie 105, 149, 182, 255, 265, 268, 291, 306, 336, 422, 470
Privilegien der Mitglieder 272, 273
Ungarische Nationalbank 455, 456, 457
Ungarische Sozialistische Partei (Magyar Szocialista Párt, MSZP) 454
Ungarischer Zentralbankrat 455, 456, 457
Ungarisches Demokratisches Forum (Magyar Demokrata Fórum, MDF) 443, 454
Ungarn
emotionelle Bindung 32, 79, 379, 386
Dichtung, Literatur, Musik 34, 121, 250
Ungleichgewicht 276, 406
keynesianisches – 279
– smodelle 308, 309
Universitätslehre. Siehe auch Grade, akademische
in den Vereinigten Staaten 359, 368, 476
in Ungarn 200, 467
Unmöglichkeitstheorem (Arrow) 194, 331, 350
Untersuchung 22, 92, 144, 157, 169, 197, 216, 225, 248, 277, 304, 332, 345, 376, 391, 466
Utopie 347, 465

Vacroux, Alexandra 387
Vági, Ferenc 108
Vahabi, Mehrdad 25, 397
Vajda, Mihály 117, 497
Varga, István 130, 150, 151, 169
Varga, János 387
Vas, Zoltán 109, 137, 138, 140
Vásárhelyi, Miklós 71, 72, 79
Vassiliou, Jorgos 159, 163, 171, 172, 501
Veesenmayer, Edmund 41
Vékás, Lajos 472
Vereinte Nationen 221, 277, 281, 391, 401, 439. Siehe auch WIDER (*World Institute for Development Economics Research*)
Veres, Péter 108, 501
Verkäufermarkt 242, 243, 480. Siehe Markt
Verteilungsgerechtigkeit 295, 331, 361, 427
Vielfalt 373, 374
Vietnam 353, 397, 409, 413, 424, 458, 459, 462
Vietorisz, Thomas 211
Vollbeschäftigung 350
Voltaire (François-Marie Arouet) 38
Vörösmarty, Mihály 381
Voucher-Privatisierung 347, 428. Siehe Privatisierung

Wachstum 350, 384, 441
forciertes – 62, 276, 395, 444
harmonisches – 275, 276, 277
ungleichgewichtiges – 276, 277
– stheorie 276, 329
Wagner, Richard 28
Wahrmann, Ernő 46
Wałesa, Lech 419
Wallenberg, Raoul 46, 48
Walras, Léon 168, 233, 235, 236, 238, 248
walrasianisches Gleichgewicht 168, 191, 192, 232, 234, 237, 243, 245, 301, 309, 331
Waltzer, Michael 360
Warteschlange 287, 311
Lieferzeit 241, 287
Watergate-Skandal 284, 285, 466
Wechselkurs 186, 340, 343, 429, 456
Weibull, Jörgen 205, 299, 326, 336, 487
Weiche Budgetbeschränkung 173, 302, 318, 319, 320, 321, 323, 326, 327, 328, 340, 345, 391, 395. Siehe Budgetbeschränkung
Weltbank 281, 284, 326, 374, 393, 434, 447, 458
Weltwährungsfonds (IWF) 458
Wert 33, 59, 68, 113, 121, 177, 186, 204, 220, 255, 264, 349, 373, 382, 407, 429, 432, 465
Normensystem 303, 407
– urteil 240, 409, 462, 463
Wettbewerb 82, 235, 243, 265, 301, 320, 322, 325, 336, 340, 350, 354, 365, 425, 451
unvollständiger – 209
WIDER (*World Institute for Development Economics Research*) 401, 402, 439
Widerspruch (Hirschman) 279, 280, 333, 351, 492
Williamson, Oliver 361
Wirtschaftspolitik 80, 90, 108, 138, 181, 201, 214, 256, 265, 299, 332, 403, 416, 434, 458
Vorschläge 130, 159, 169, 403, 421, 422, 425, 431, 433, 445
Wissenschaft und Politik, Grenzen 439, 440
Wissenschaftskolleg zu Berlin (WIKO) 470
Wohlfahrtsfunktion 193, 194, 195, 368
Wu, Jinglian 312

Xu, Chenggang 387

Yergin, Daniel 312, 318, 501
Ysander, Bengt-Christian 323

Zádor, István 148
Zaslavskaja, Tatjana 392
Zauberman, Alfred 211
Zeitschriften (wissenschaftliche), redaktionelle Übungen und Kriterien 120, 170, 183, 184, 264, 288, 308, 331, 333, 440, 453
Zeitung (kommunistische) 71, 72, 74, 76, 78, 80, 82, 84, 86, 91, 119
Zensur 221, 305, 307, 324
  Selbst- 303, 305, 316, 324, 325, 356, 405
Zentrale Führung, Zentralkomitee 89, 91, 99, 191, 495
  Sitzung 99
Zentralisirung 80, 96, 126, 151, 289, 357, 404, 411
  versus Dezentralisation 167, 235, 287, 289
  – des Managements 80
Zhao, Ziyang 394
Zielfunktion (in der Planung) 191, 193, 195, 202
Zinssatz 186, 290, 340
Zinspolitik 456
Zwei-Ebenen Planung 179, 187, 189, 190, 191, 197, 202, 205, 234, 449